《2019上海信息化年鉴》编纂委员会

《2019上海信息化年鉴》编辑部

主　　编：张晓莺

副主编：邵　娟

编　　辑：李　燕　李丹文　蔡晶静　殷晓磊
魏百慧　王　婷

承办单位：上海市经济和信息化发展研究中心

2018年11月5日至10日，首届中国国际进口博览会在上海国家会展中心举办。

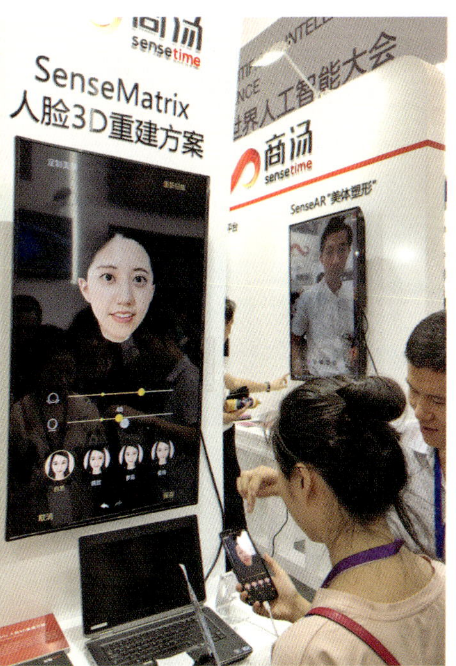

2018年9月17日至19日，2018世界人工智能大会在上海徐汇西岸举办。展会上，人工智能新技术、新应用亮点纷呈。

WAIC
2018 世界人工智能大会
WORLD ARTIFICIAL INTELLIGENCE CONFERENCE
中国 · 上海
人工智能赋能新时代

WAIC
2018
世界人工
智能大会
9.17-9.19

新松乒乓球机器人
庞伯特
PONGBOT
SIASUN

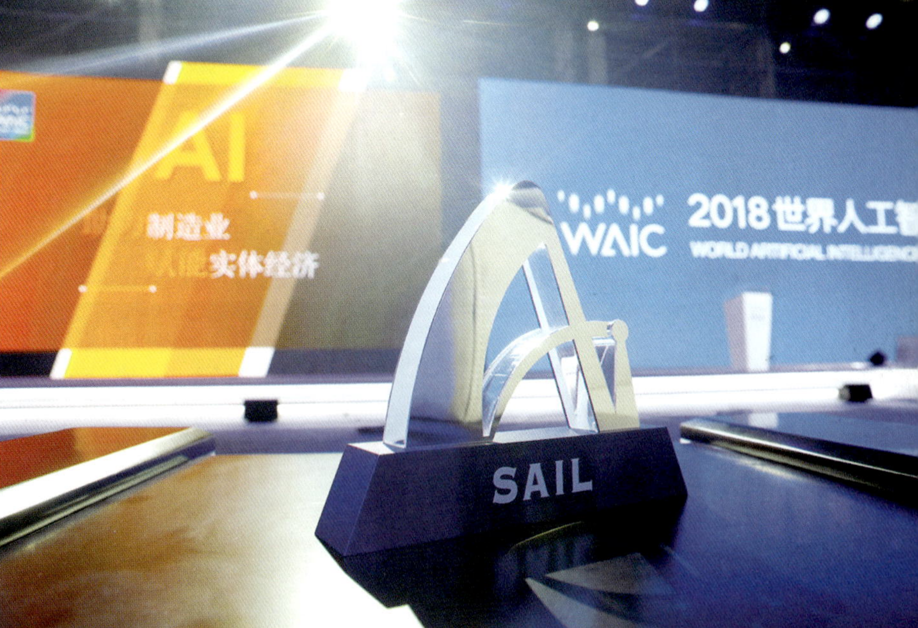
AI
制造业
实体经济
WAIC
2018世界人工智
SAIL

2018年6月27日至29日，以“遇见美好未来”为主题的2018世界移动大会在上海新国际博览中心举行。

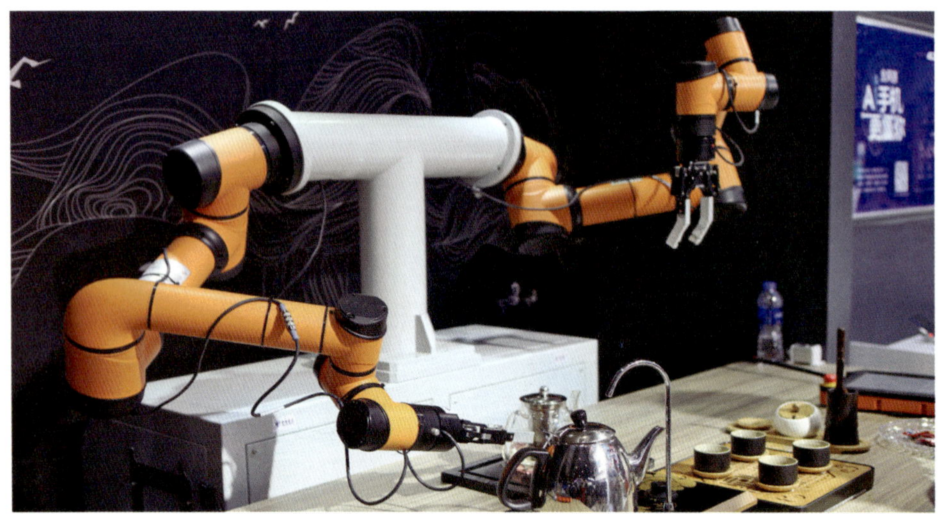

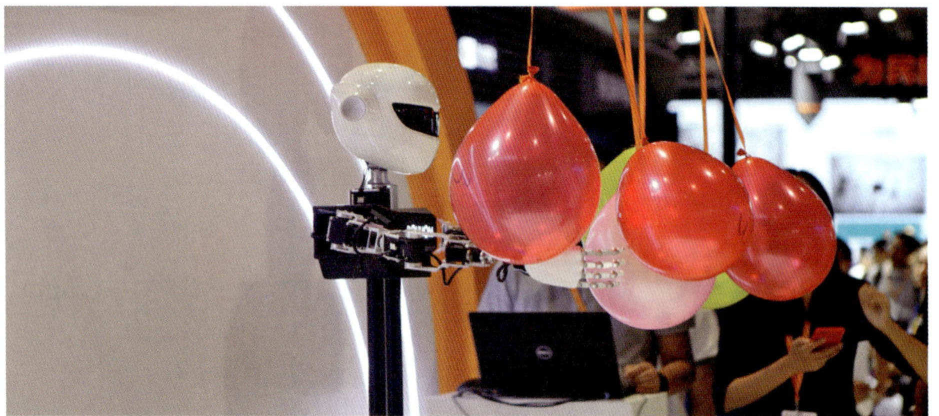

2018年9月19日至23日，第二十届中国国际工业博览会在上海国家会展中心举行。

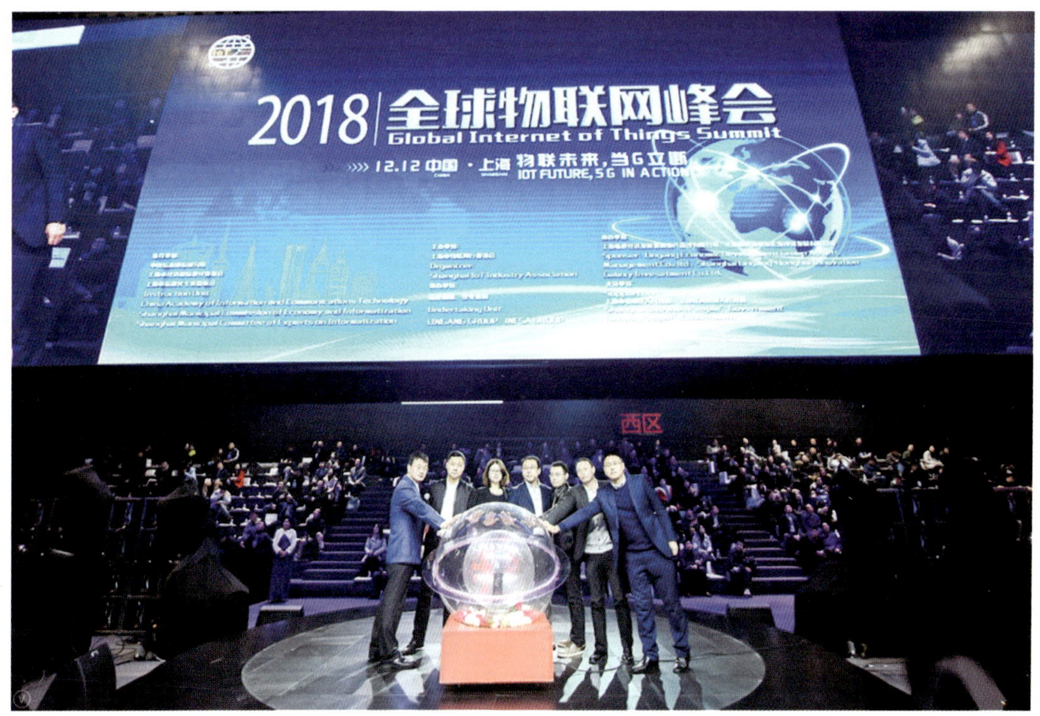

2018年12月12日，2018全球物联网峰会在上海举行。

2018年12月13日，2018“一带一路”信息产业国际合作高峰论坛在上海举行。

2018年，上海市委、市政府开展“一网通办”工作，运用大数据保障和改善民生。图为通过“一站式”办理，一家企业在申请当日即拿到了营业执照。

2018年，上海警方与邮政部门共同打造的“车管到家”车驾管服务模式正式对外开办业务，市民足不出户即可办理27类业务。

2018年，上海加速推进国家智能网联汽车（上海）试点示范区建设。图为市民试驾智能网联汽车。

2018年，上海加快推进重要区域、内环内主次干道以及内外环间射线主干道架空线入地及合杆整治工作。图为淮海中路、武康路路口整治前后对比图。

目　录

Contents

特　载

第一编　信息基础设施

第二编　信息产业

第三编 政务领域信息化

第四编　公共服务信息化

第五编　经济领域信息化

第六编　城市管理信息化

第七编 信息安全

第八编　信息化环境

第九编 区信息化建设

附 录

索 引

特载

Shanghai Informatization

2018年上海市国民经济和社会信息化工作综述

新一代信息基础设施建设加快推进，支撑新型智慧城市能级提升

2018年,上海市信息基础设施建设着重以软件化、知识化、智能化为导向进行重构提升,继续深入推进信息基础设施、信息通信管线、功能性设施等领域重点工程建设,全面打造城市战略性基础资源,支撑新型智慧城市建设。

全面打响“双千兆宽带城市”品牌。2018年累计完成千兆宽带网络覆盖900万户,家庭光纤宽带用户达644万户,平均接入带宽达140 M,固定宽带用户感知速率达31.86 Mbps,移动通信用户感知速率达25.63 Mbps。基础电信企业光纤到户用户占比达90%;4G移动电话用户占比达87.7%,位居全国第一。上海市固定宽带可用下载速率为28.01 Mbps,4G网络下载速率为25.02 Mbps,在各省、自治区和直辖市中均位列首位。有线电视用户总覆盖用户数为744万户,数字电视覆盖用户数为716万户,NGB(Next Generation Broadcasting Network,下一代广播电视网)网络覆盖用户数为696万户,高清用户规模达387万户,宽带用户规模近81万户。IPv6规模部署实现网络端到端接入能力,分配IPv6地址数2 757万个,活跃用户达1 623万户。聚焦居民住宅区累计完成629处4G网络弱覆盖区域的优化建设,同时完成5G百站规模试验网建设与5G新业务的领先试点和探索,已覆盖虹桥商务区、虹口北外滩、徐汇滨江、中山公园商圈、嘉定汽车城等区域。区域协同发展方面,长三角三省一市与运营商集团公司签署《5G先试先用推动长三角数字经济率先发展战略合作框架协议》,发布《长三角5G协同发展白皮书》及行动倡议,组建长三角5G创新发展联盟,对推进长三角区域5G一体化协同发展与IPv6(Internet Protocol version 6,互联网协议第六版)规模化部署具有重要意义。加快部署物联、数联、智联三位一体的新型城域物联专网,浦东、黄浦、徐汇、杨浦、虹口、静安、普陀、嘉定、崇明9个区的神经元感知节点数量超过了35万个,物联感知应用种类超过50种,有序推进城市管理精细化建设。i-Shanghai提速工程完成原有场所从2 M到10 M的普遍提速,全市i-Shanghai覆盖场所总数达到2 600处。

公共信息基础设施建设持续深化，支撑城市功能的综合服务能力全面提升。移动电话基站达到 11.1 万个，同比增长 13.0%，其中 4G 基站 6.2 万个，同比增长 8.3%，移动基站建设规模与功能全面提升。互联网省际出口带宽与国际出口带宽分别为 23.6 Tbps、2.6 Tbps，同比分别增长 32.4%和 85.6%。上海登陆的国际海光缆开通总容量达 13.3 Tbps，亚太直达海底光缆系统（APG）在崇明登陆站完成扩容 1 230 Gbps，在南汇登陆站完成扩容 300 Gbps。上海超级计算中心(以下简称“上海超算”)主机“魔方 2”使用率达到 79%，提供了 7 510.58 万核小时的计算资源，累计用户数 925 个，已完成过渡期升级改造项目立项，在现有环境内部署约 3.3 P 的计算能力，升级改造项目完成后上海超算的总计算能力约为 3.7 P，届时上海超算将成为全国通用芯片计算能力最强的超算中心，并逐步在新能源汽车智能网联、自动驾驶、AI 计算平台以及人才培养、科学研究、社会服务等领域开展新的应用。

系列专项规划与管理办法全面指导信息基础设施管理建设。发布《上海市推进新一代信息基础设施建设，助力提升城市能级和核心竞争力三年行动计划(2018—2020 年)》，为加快构建技术多样、主体多元、模式创新的新一代信息基础设施供给格局，打造“连接、枢纽、计算、感知”四大支柱体系奠定基础。为加强信息基础设施行业监管，相继出台《上海市通信架空线入地整治管理办法》《上海市信息通信架空线入地整治工程设计指导手册(试行)》《通信架空线入地工程质量监督管理办法》等指导性文件，有力指导全市通信架空线入地和合杆整治工作。上海市通信管理局(以下简称“市通管局”)、上海市发展和改革委员会(以下简称“市发展改革委”)、上海市住房和城乡建设管理委员会(以下简称“市住建委”)、上海市房屋管理局(以下简称“市房管局”)和上海市经济和信息化委员会(以下简称“市经济信息化委”)联合发布《五部门关于规范本市商务楼宇信息通信基础设施建设与运营的意见》，从确定楼宇通信配套设施的法律地位，明确产权人、物业服务企业和基础电信企业的权利义务，以及落实监管责任、形成监管合力三方面，对商务楼宇通信基础设施建设与运营进行了制度构建。编制《通信服务接入规程和技术规范》，并将其纳入上海市“一网通办”联审综合服务平台，方便各建设单位和业主通过全市“一网通办”平台办理各类民用建筑的通信接入服务申请。

信息产业呈稳步有序发展态势，产业结构与布局更加优化

上海信息产业稳定有序发展，整体产业结构持续调整优化，5G、物联网、大数据等成为产业发展重点方向，逐步形成多技术融合创新、应用示范性强的产业发展生态，为实施创新驱动发展战略，打造上海“四大品牌”提供强有力的技术资源与产业支撑。

电子信息制造业呈现加速发展态势，发力 5G 建设。电子信息制造业 2018 年实现工业总产值 6 450 亿元，同比增长 1.9%。集成电路产业规模达到 1 450.5 亿元，同比增长 22.9%，其中 IC 设计业销售规模达到 482 亿元，同比增长 10.2%；芯片制造业为 398.4 亿元，同比增长 41.3%；封装测试业为 368.9 亿元，同比增长 18.9%，占上海集成电路产业链的比重为 25.4%，出口额 55.36 亿美元，同比增长 73.9%；设备材

料业为201.2亿元，同比增长33.3%。规模为100亿元的上海集成电路装备材料基金完成设立，正式进入运作，设计业基金二期完成募资。总规模500亿元的集成电路产业基金全面启动，成立了国家集成电路创新中心、国家智能传感器创新中心及上海集成电路设计产业园。上海是国内集成电路产业链最完整、产业集中度最高、综合技术能力最强的标杆区域。通信设备制造业、数字音视频产业结构调整、转型升级特征显著，尤其在推进5G产业生态发展方面的力度加大，已在智慧交通、智慧园区、智能制造等领域开展无人驾驶技术、无人智慧工厂、工业远程运维巡检、5G火车站等场景应用示范，东方明珠、百视通、上海电信、富士康联合发布了首个基于5G测试网络的8K视频应用平台“5G+8K试验网”，积极布局5G网络视频业务。

信息服务业呈现总体平稳、稳中趋缓的发展态势。2018年上海市软件和信息服务业实现增加值2 387.87亿元，增长18.5%，营业收入8 690.52亿元，比上年同期增长11.2%，其中软件产业营收5 144.08亿元，同比增长11.3%，利润总额730.46亿元，同比增长1.8%，发展进入稳定期；互联网信息服务业营收2 487.02亿元，同比增长17.3%，增速有所回落；电信传输服务业营收748.13亿元，同比增长1.4%，传统业务发展进入饱和期，物联网、互联网、大数据等互联网业务收入全面增长。基础电信服务方面，2018年上海市完成电信业务总量1 432.0亿元，同比增长106.1%，电信业务总需求继续保持旺盛；上海增值电信业务收入总额3 695亿元，同比增长30%，其中信息服务收入3 488亿元，占增值电信业务收入的94%。上海市固定电话用户650.0万户，同比下降5.9%；移动电话用户3 722.3万户，同比增长12.8%，其中3G移动电话用户361.8万户，同比下降13.8%，4G移动电话用户3 265.2万户，同比增长36.7%，占比87.7%；手机上网用户3 010万户，同比增长20.8%。

以“一网通办”为核心的“互联网+政务服务”深入推进，全面推进政府职能转变

为深化全市“放管服”改革，推进政府职能转变，智慧政务工程持续深化在政务数据汇集利用、一体化政务服务等领域的建设，着力打造以“一网通办”为核心的“互联网+政务服务”，助推形成整体协同、高效运行、精准服务、科学管理的智慧政府基本框架。

公共服务渠道持续优化。12345市民服务热线共受理市民诉求4 420 952件，诉求量同比增加646 708件，增幅为17.13%，其中咨询类1 561 626件，占35.32%，同比增长12.81%；投诉举报类1 344 925件，占30.42%，同比增长10.69%；求助类1 290 558件，占29.19%，同比增长32.47%；意见建议类78 952件，占1.79%，同比增长24.56%；其他类144 891件，占3.82%，同比增长5.47%，诉求内容主要集中在治安交通、住房保障、工商消费、人力保障、交通港口、城乡建设、绿化市容、环境保护、卫生计生、邮政通信等方面。为优化营商环境、便利企业和群众办事、激发市场活力和社会创造力、建设人民满意的服务型政府，全面推进“一网通办”政务服务建设，以实现民众和企业办事线上“一个总门户、一次登录、全网通办”，线

下“只进一扇门、最多跑一次”。

政务服务“一网通办”工作有序推进。各区已相继启动政务云现有资源升级改造与政务应用上云迁移等工作，为各部门提供计算、存储、备份等云服务。上海市基本形成“1＋16”市、区两级云体系。全市汇聚政务数据资源目录2.1万条、数据项29.8万个，向社会开放数据资源数达2 100项，政务跨部门共享利用与公共数据开放程度大幅提升。2018年4月，组建上海市大数据中心，主要承担制定政务数据资源归集、治理、共享、开放、应用、安全等技术标准及管理办法的具体工作，部分区成立区大数据中心，通过构建数据资源整合、梳理、分析、共享、应用、展示的一体化服务平台，推动政务数据汇集共享与跨部门利用。各区、各部门通过市数据共享交换平台调用数据超过1.6亿次，平台与国家共享交换平台对接，打通了通过国家平台共享国家部委数据的通道。“一网通办”总门户自10月开通以来，已实现办理事项100%接入，累计办件总量819万件，日均办理量达到7.2万件，个人实名用户超753万人，法人用户达189万人，移动端用户超过1 000万人。

交通、健康、教育等领域的智慧化应用全面融入市民生活，信息惠民效果突出

信息技术的融合应用与服务模式的创新发展，推动形成以人为本、融合创新的智慧城市应用体系，智慧生活信息化应用已全面覆盖城市交通、生活服务、健康医疗、教育文化等市民生活的各个领域，为市民日常生活带来极大的便捷。

全市交通卡、旅游卡新增700多个代理服务网点，ETC(Electronic Toll Collection，不停车收费系统)新增30个安装服务网点，客户投诉时间缩短到18小时，其中近一半投诉量实现了全自动化处理，为市民群众交通出行带来更大便捷。公共交通一卡通累计流通量超过8 900万张，移动支付实名用户规模超千万人，苹果手机交通卡与安卓手机交通卡的快速发展带动全年开卡同比增长超200%。公共交通乘车码在微信、支付宝、银联云闪付等平台上线运行，已覆盖全市所有公交线路和17条轮渡航线，极大方便市民日常出行。截至2018年年底，CVM(Cloud Virtual Machine，云服务器)自助服务设备已投运超过千台，自助购卡、自助充值、自助退卡同比均实现大幅增长，实现了地铁场景服务模式创新。

“上海健康云”平台用户数突破277万人，注册医生10 688名，在全市16个区240余家社区卫生服务中心全面开展推广工作，平台突破传统单一的线下签约方式，实现在线签约、有效管理，拉近居民与家庭医生间的距离，为市民提供健康档案查询、家庭医生线上咨询、慢病管理、异常体征干预服务、预约接种、亲情账户、预约挂号等服务。

上海大规模智慧学习平台开通，已在全市超过200所中小学推进使用，注册用户逾9万人，汇聚近8 000个学习资源，平台已进入多服务、多平台、多群体推广阶段；高校信息化建设稳步推进，校园网络基础设施、信息系统等重点工作稳步推进，为学校教学、科研、管理提供优质、高效、安全的信息化技术支持

与服务。

“文化云”平台实现了与工人文化宫、科技馆、青少年宫等公共文化设施资源对接，同时创新推出面向居村的“公共文化云盒”，推动居村文化服务云端上线，平台服务功能进一步优化，平台注册人数约300万人，线上场馆数2 000余家，其中可预约场馆数1 200余家，平台日均浏览量达50万人次，为市民提供触手可及的公共文化服务。

付费通开通法院诉讼费缴纳、IC卡POS机充值圈存、少儿住院互助基金缴纳、物业联机收费服务、个人住房房产税查缴等功能，为用户提供更加方便快捷、安全流畅的使用体验。

旅游市场监测预警平台接入了全市45家4A景区、3家5A景区的监控视频，实现了景区实时客流数据统计、电子围栏测定等功能，平台的上线运行，为景区提供了全方位的景区管理与客流监测服务。AI识别技术、LBS(Location Based Services，基于位置的服务)地理位置识别、VR全景展示等技术广泛应用于旅游信息服务、景区智能化建设等方面，气象、邮政等领域信息化应用向纵深发展，为市民群众带来更多元、更便捷的智慧化服务。

信息技术驱动数字经济产业快速发展，有效推动全市经济高质量稳定运行

数字经济是引领科技革命和产业变革的核心力量，已成为推动经济社会高质量发展的核心动力，上海数字经济聚焦大数据、云计算、人工智能等前沿科技与实体经济的深度融合，全面推进企业数字化转型与产业创新升级，2018年上海数字经济规模已超过1万亿元，有效支撑经济高质量稳定发展。

2018年上海市商务运行总体平稳、稳中有进。得益于信息技术快速发展与市民消费理念转变，2018年上海新兴消费快速增长，网络购物交易额超过1万亿元，社会消费品零售总额超过1.2万亿元，电子商务交易额接近3万亿元，商贸业对全市税收增长的贡献率超过30%。

金融业信息化实现金融服务模式创新。银行、证券、期货、基金、保险等行业信息化建设持续深化推进，加快推进金融业务模式创新。以保险业为例，上海搭建中小微外贸企业融资服务平台，采取“银行+保险+政策性担保”合作模式，支持中小微外贸企业在无抵押情况下，通过担保和保单获得银行融资。基于互联网、大数据等信息技术应用，保险业在健康保险服务、普惠金融服务、出口信用保险、援外项目风险保障、“一带一路”业务、钢铁行业供给侧改革、支农服务、个人税收递延型商业养老保险、省际客运车辆安全监测等方面的融合创新应用取得显著成果。

信息化和工业化深度融合，大力推进“上海制造”品牌建设。上海市政府印发了《上海市工业互联网产业创新工程实施方案》，明确加强“533”顶层设计，力争到2020年全力争创国家级工业互联网创新示范城市，并带动长三角世界级先进制造业集群发展。工业互联网网络基础、平台建设、安全保障、开放合作、生态建设及两化融合管理体系推广等重点工作全面推进，基本形成了以传统产业改造提升和新模式新业态新经济培育发展为目标，以企业为主体，园区为载体，政府推动和政策支持为引导，高校、科研机构等社

会各方积极参与的两化融合发展的新格局。数据显示，上海两化融合发展总体水平 58.5，较上年上升4 个百分点，高出全国平均 5.5 个百分点，居全国第 2 位，其中处于集成提升和创新突破阶段的企业超过 30%，高出全国 2.8 个百分点；数字化研发设计工具普及率达 85.2%，生产设备数字化率达 49.6%，关键工序数控化率达 40.8%；实现网络化协同和服务型制造的企业比例均超过 20%。2018 年 9 月，长三角工业互联网峰会在上海举行，长三角百万企业"上云上平台"启动，发布第一批工业互联网平台、专业服务机构目录和 G60 科创走廊工业互联网协同发展实施方案，进一步推动长三角区域工业互联网联动协同发展。

农业领域，信息化建设惠农效果明显。整合现有资源和服务平台搭建益农信息平台，通过"上海农业"网、"农业云"APP、"农民一点通"等实现进村、入户不同层面、不同范围的信息服务。2018 年培训各级信息员共计 6 796 人次，共提供信息服务 112.9 万次，发布信息 1 056 万条，提供公共缴费服务 2 665 笔，发布 2017 年度涉农补贴资金数据 51.4 万条，涉及补贴资金 31.23 亿元。2018 年共有 624 个农产品行情手机短信订阅户，推送农产品田头价、批发价、零售价短信信息 12.8 万条，蔬菜、瓜果、畜禽、水产等农产品价格监测体系更加完善。种植业生产信息管理系统将 317 家蔬菜基地纳入监管，上海市境道口动物防疫监控系统将 8 个市境道口、全市畜禽屠宰场和 200 多家较大的动物产品接收企业纳入监管，上海市渔港渔船监管系统将全市 21 个渔港渔船集中停泊点、446 艘捕捞渔船纳入实时监管，行业监管机制更加健全。

智慧城管向纵深发展，推动城市管理"像绣花一样精细"

上海深入贯彻落实习近平总书记关于"上海要走出一条中国特色超大城市管理新路子"的指示精神，聚焦城市管理科学化、精细化、智能化建设，持续推进管理模式、机制的创新优化，将最新的技术及时应用到城市精细化管理创新中，初步探索出一条具有上海特色的"融、汇、贯、通"之路，实现高效治理。

基于平台功能与协同管理模式的优化，城市综合管理能力得到全面提升。上海城市网格化综合管理市级平台完成建设进入试运行，市级平台架构、原有地图服务和知识库、相关子系统等功能得到优化升级，并拓展了网格化综合管理内容，进一步加强城市网格的市、区、街道、镇的管理层级。上海城市综合管理信息平台实现了与绿化、市政、水务、民防等的数据共享交换、与"12345"市民服务热线衔接、与"12319"城建服务热线业务融合，城市综合管理得到进一步推进。上海地下空间信息基础平台拥有各类地下管线数据 11.8 万公里，初步为全市城市管理、前期规划设计、应急抢险、重大工程建设等提供了数据支撑。上海市物业管理监管与服务平台涵盖全市 1.3 万多个住宅小区、74 万门牌幢、800 多万分户，有效推进物业管理制度化、规范化。

信息化在城市运行管理重点领域深度应用，全面支撑城市功能提升。食品安全监管领域以食品安全监管和信息服务平台建设为核心，形成了一套以信息化为基础的食品安全监管管理体系，建成了以上海市食品安全网、行政许可、监督执法、食品抽检、督察督办、专项整治、法律法规、应急处置、食品追溯为核心的"一网八系统"，全面提升了上海市食品安全监管和信息服务水平。防汛防灾、河长制建设、水资源监

控等领域的信息化建设和应用全面推进，初步建成了以数据整合共享、业务协同联动为核心的市、区两级“1＋16”水务信息化应用体系。完成了上海市海域动态监视监测管理系统、海洋生态环境监督管理系统、“数字海洋”上海示范区地方配套项目建设任务，构建了“一个平台”“一个原型”“一个系统”“一张网络”的数字海洋总体框架，初步实现了对全市海域生态环境全覆盖、立体化、常态化的监督管理。“智慧公安”建设已布设街面、社区、楼宇(单位)、卡口、网络等领域50余万个智能安防感知“神经元”，研发了智能图像识别、风险洞察、智能安检等一批智能化应用，智能化感知和数据汇聚智能化处理具备PB级的数据存储能力和毫秒级的实时计算能力，创新实现“圈层防护、人物干净、宽松高效、有序安全”的智慧安保模式，为推动城市治理从经验管理向数据治理转变、从应急处置向风险管控转变探索了一条新路。

网络安全总体态势可控，形成各方力量共同参与的网络治理格局

2018年，上海市网络安全保障工作根据国家及上海市委、市政府工作部署，在市委网络安全和信息化领导小组的统筹领导下，围绕科技创新中心建设和智慧城市网络安全保障，强化各职能部门间工作协同，有序推进落实等级保护、关键信息基础设施保护、工业互联网安全保障等相关工作。

重点领域网络安全保障举措稳步推进，网信综合治理能力进一步提升。在优化网络安全管理体制机制前提下，推进实现网信、公安、通管、经信等多部门协同联动，圆满完成了首届中国国际进口博览会(以下简称“进博会”)网络安全保障任务。印发《上海市工业控制系统信息安全行动计划(2018—2020年)》，同时将全市8 300余家规模以上企业和重点运行单位纳入工业控制系统安全检查工作范围，持续强化工业行业网络安全保障。网络安全产业创新发展、前沿科技专业安全支撑、网络安全发展环境营造等工作稳步开展，基本形成网络安全保障和产学研用融合发展的良性循环，为加快发展与国际大都市相适应的网信事业营造良好的氛围。

信息安全服务工作深化推进，保障了上海市网络安全整体态势的可控可靠。关键信息基础设施安全防护、网络安全态势感知平台建设、网络安全责任制落实等领域的网络安全建设工作深度开展，城域骨干网全天候的网络与信息安全事件监控中，病毒蠕虫、后门、拒绝服务、漏洞攻击和网络扫描等各类安全事件量有所下降，2018年网络运行安全状况基本平稳，未发生大规模或高危害的网络与信息安全事件，各类网络与信息安全威胁基本可控。综合2018年上海市应急事务中心的监测数据统计，共监测到网站安全风险55个，未发现黑客入侵、后门文件、木马后门；未发现信息泄露、域名劫持、断开链接等安全事件，其中高危风险8种24个，中危风险5种31个，说明全市重点网站稳定运行仍存在安全隐患，安全保障工作仍需加强。2018年，全市“法人一证通”系统共为187万法人单位发放有效“一证通”数字证书228万张，“一证通”系统对接46个市区委办局，涉及的应用平台超过60个，行政审批事项超700项，进一步强化了网络信任和信息安全保障。在安全教育宣传推广方面，相继开展了第四届优秀首席安全官(CSO)评选、国家网络安全宣传周相关宣传活动、2018网络安全技能竞赛(ISG)等活动，并取得良好的社会反响。

在国家和市网信工作持续发力的背景下，上海网络安全产业发展环境不断优化。网络和信息安全产业年产值超过 59.19 亿元，产业链基本涵盖安全防护、安全集成、安全运维、安全评估、安全咨询与培训等领域。但网络安全产业体系建设方面有待完善，全市掌握芯片、自主操作系统等基础核心技术与区块链安全、威胁智能感知等领域的企业比较缺乏，网络安全产业发展的自主性、创新性有待提升，需要进一步加强信息技术研发攻关与信息产业创新发展。

信息化发展环境优化，为新型智慧城市发展营造良好氛围

信息化发展环境对推进上海信息化和智慧城市建设起到了重要的支撑作用。2018 年，结合新型智慧城市发展新理念、新模式，上海市信息化建设领域的政策制度、人才培训、宣传推广等工作稳步开展，为上海新型智慧城市建设创造良好的生态氛围。

政策法规建设更加完善，有序指导各项工作顺利开展。编制完成了《市经济信息化委 2018 年政策法规计划》，严格落实全市规范性文件统一发布的管理要求，对市经济信息化委规范性文件采取“沪经信规范”统一文号，加强了规范性文件的统筹管理。制定发布了《上海市公共数据和一网通办管理办法》《上海市智能网联汽车道路测试管理办法(试行)》《上海市工业互联网创新发展专项支持实施细则》等规范性文件与《中华人民共和国无线电频率划分规定》《上海市无线电管理办法》《上海市公共数据和一网通办管理办法》等政策法规，指导全市信息化工作有序推进。

开展各类政府服务事项优化工作，深化行政审批制度改革。上海按照优化营商环境相关要求，完成了政务服务窗口规范化工作自查整改、专项资金梳理反馈、行政审批事项办理和全市“一网通办”系统对接等政府服务事项优化工作，深入推进“放管服”改革，深化政府职能转变。开展了市经济信息化委 2018 年度政府效能建设情况评估工作，定期对行政权力管理情况和监督检查实施情况进行季度、年度统计，进一步加强政府机构效能建设。同时，完成市经济信息化委行政审批系统与市审改办标准化系统的数据对接，实现行政审批业务手册和办事指南执行情况数据实时更新，为提高群众、企业办事效率，优化办事流程奠定了基础。

信息化研究与咨询工作全面推进，为全市信息化工作提供智力支持。行业协会、发展中心等各类信息化支撑机构继续深化信息化研究与咨询工作，在智慧城市建设、信息产业环境营造、合作交流培训、信息化咨询服务等领域取得丰硕成果，为全市信息化工作稳步开展提供了强有力的支撑。

举办一系列宣传推广活动，为信息产业发展、创新资源集聚、外部环境营造提供良好的平台服务。以“人工智能赋能新时代”为主题举办的 2018 世界人工智能大会，有助于依托上海科教资源、应用场景、海量数据、基础设施等优势，以面向全球、面向未来的视野，聚焦创新策源、应用示范、制度供给和人才集聚，加快建设人工智能发展的“上海高地”。2018 年 11 月 5 日，以“新时代、共享未来”为主题的首届中国国际进口博览会在上海拉开帷幕，对激发全球贸易新活力、推动构建开放共赢新格局具有重要作用，有力推进

全球贸易发展、“一带一路”建设、长三角区域一体化及新技术创新应用；为保障进博会顺利召开，海量物联网通信、5G应用、网络安全等新技术、新应用得到广泛布局，进一步提升了网络通信、治安、交通、消防、刑侦等方面的保障能力，为上海市智慧城市和相关领域信息化建设发挥良好的示范效应。此外，第二十届中国国际（上海）工业博览会、国际信息消费节等展会顺利召开，为推进上海市工业互联网发展、新型技术应用及信息消费营造良好的发展氛围，有力支撑新技术研发创新与智慧城市各类应用。

上海产业发展和信息化建设2018年工作总结和2019年工作要点(摘要)

2018年工作总体情况

2018年,市经济信息化委认真贯彻市委、市政府决策部署,坚持稳中求进的工作总基调,深化供给侧结构性改革,加快打造实体经济发展新高地,圆满完成了各项目标任务,主要体现在四个方面。

一是聚焦打响制造品牌,立足全局抓统筹的机制加快建立。制定实施上海制造品牌三年行动计划,加强宣传解读、推进落实;上海全市53家上海制造企业获首批“上海品牌”认证,占总数七成以上。全面开展“技改焕新计划”,推动264项“六化”技改示范项目,技改占工业投资比重达到64%。智能制造“十百千”工程加快推进,试点建设20家智能车间、智能工厂。绿色制造加快发展,一批重点园区、产品及供应链项目入选国家示范名单。建立了市领导联系重点产业制度,形成分工方案,落实责任部门。发布了覆盖全产业链的上海市产业地图,加快汽车、电子信息、生物医药等产业集群,以及市西软件信息园、集成电路设计园、东方美谷等重点园区建设。创建20个国家新型工业化产业示范基地,工业区单位土地产值达到75亿元/平方公里。

二是聚焦培育新兴动能,科学谋划促转型的成效逐步显现。加快建设一批重大项目。推动中芯国际、和辉二期等重大产业项目加快量产,实现集成电路14纳米生产工艺量产。特斯拉超级工厂实现签约、供地、启动,推动大众MEB(车生产平台)、ABB机器人等项目开工建设。全年工业投资增长17.7%,创10年新高。集中突破一批创新成果。集成电路、智能传感器国家级制造业创新中心落户,工业强基等产业创新工程及平台加快推进。率先开放智能网联汽车道路测试,新能源汽车累计推广24万辆。38项高端智能装备实现国内外突破。战略性新兴产业制造业产值占规模以上工业总产值比重达到30.6%。

三是聚焦智慧城市建设,强化责任破瓶颈的路径更加清晰。实施智能上海行动。成功举办2018世界人工智能大会,发布全球AI产业地图等12项专业成果。成立微软—仪电等3个人工智能研究院,机

器人、脑智等8个人工智能创新平台，微软、亚马逊、商汤、BAT、科大讯飞等创新企业项目落地。全面推进智慧应用。会同市政府办公厅，制定公共数据和“一网通办”管理办法，推动全市50%以上政务信息系统上云迁移，支持大数据中心建设。开通工业互联网标识解析国家顶级节点，6个项目入选工信部制造业与互联网融合示范试点。加强信息基础设施及安全保障。千兆宽带基本实现全市覆盖，建成5G百站规模试验网，统筹云数据中心、城域物联专网建设；提升工控安全防护能力，举办工业互联网安全防护示范演练。

四是聚焦推动改革开放，转变职能优服务的作风继续深化。进一步加强开放合作。对接三项新的重大任务，依托自贸试验区推动汽车、航空等产业扩大开放，深化长三角大数据、安可应用等合作，配合科创板制度设计、推荐优质企业。大力发展服务经济，生产性服务业、软件和信息服务业、创意设计产业增幅达到了10%以上。进一步优化企业服务。发布民营经济“27条”，建立了市区四套班子领导联系服务民企制度，新增制造业单项冠军22家；市政府与中国商飞、中电科、中船邮轮等签署战略合作协议。进一步加强制度保障。出台了促进资源高效率配置、推动产业高质量发展“双高”意见，以及新一代信息基础设施、集成电路、工业互联网、工控安全三年行动计划。做好首届中国国际进口博览会能源、通信等保障，获得电力指标大幅度提升，成功举办第20届中国国际工业博览会。

2019年工作考虑及重点任务

2019年是新中国成立70周年，也是全面建成小康社会的关键一年，要贯彻落实好党中央、国务院和市委、市政府各项决策部署要求。2019年重点从产业经济高质量发展、智慧城市高效率运行、企业服务优质化供给、制度环境精准化配套四个领域，推动10项重点任务，加快推进一批品牌工程及专项行动。

一是要精准把握发展形势，明确方位、提高站位。

当前，国内外环境在变化中谋求动态平衡，经济发展在不确定中寻找稳定性。中央经济工作会议把推动制造业高质量发展，放到了2019年7项工作的第一位，对实体经济更加重视；国家部委围绕“六稳”，逐步制定实施加强宏观调控的系列政策。市委、市政府高度重视加强招商引资及大项目的落地开工，加快推进重点产业创新突破。要在准确研判大势的基础上，把握规律、保持定力，持续深化改革开放的成效。

同时，上海产业经济要积极应对下行的压力，从产业创新体系、重点区域转型、两化深度融合及产融结合等方面，加大攻坚突破、协同推进的力度。2019年，要坚持稳中求进的工作总基调，坚持以供给侧结构性改革为主线，围绕“五个中心”“四大品牌”建设，聚焦“三个下功夫”，全力稳增长、抓创新、促融合、强统筹，加快建设现代化的经济体系，持续提升城市能级和核心竞争力。

二是坚持“稳”字当头、以进固稳，加快高质量发展。

围绕培育创新经济：深化实施智能网联汽车、工业强基、网络安全等一批产业创新工程，促进科技与

经济的紧密结合。制定产业投资高质量发展三年行动计划，实施智能制造提升、企业内涵增强等六大重点技改，技改投资增速超过10％，促进新旧动能转换。推动生产性服务业与先进制造业深度融合，加快发展智能软硬件、服务型制造、创意设计等新业态、新模式，形成高端化价值链，加快培育形成新的经济增长点。

围绕打造品牌经济：宣传推介一批上海制造典型品牌。发布落实市领导联系制度、推动产业高质量发展的实施方案，抓紧推进集成电路、人工智能、生物医药等重点领域突破。加强集成电路、智能传感器两个国家级制造业创新中心能力建设，完善集成电路设计园配套。加快打造人工智能高地，集聚优势企业，揭榜挂帅推进十大应用场景落地，全力办好世界人工智能大会。

围绕发展集群经济：加强产业布局统筹。推动嘉定、临港、金桥优化新能源智能汽车产业链布局，聚焦张江、奉贤开展生物医药集群培育试点，推动市西软件信息园、绿色化工示范区、航空产业基地建设，打造新增长极。以“四个论英雄”为导向，明确“3＋5＋X”等重点区域产业定位、实施主体，推动南大车联网、吴淞新材料、桃浦中以创新港、金山二工区节能环保等产业集聚发展，实施资源利用效率评价办法，加快提高创新浓度、经济密度。启动实施5个重点区域、一批重点项目的结构调整，加快工业绿色发展、提升能效水平。

围绕提升数字经济：着力打造“双千兆宽带城市”。加强智能化基础设施建设，发布5G建设应用的实施意见，争取在全国先行，开展首批5G商用试点，推进“5G＋制造”、智慧安防等试点示范，发挥对数字经济的巨大牵引作用。优化智慧应用效能。深化智慧公安、智慧健康、智慧农业等应用，发布公共数据开放管理办法。支持工业大数据、区块链等技术产品应用，创建国家信息消费示范城市。加快以新兴技术赋能实体经济。打造一批智能制造标杆工厂，加快建设和推广工业互联网标识解析体系，推动10万家企业“上云上平台”。

三是全面落实三项新的重大任务，加强谋划布局。要善于开拓创造，再起发展宏图。

对接自贸试验区扩区：加强功能和制度的创新，推进生物医药、高端智能装备、绿色再制造、高端制造服务等基地平台，以及探索全球数据港建设；优化监管模式，进一步推动产业和信息化的开放融合发展，争取更多战略性项目、全球总部类项目落地。

落实长三角一体化国家战略：高标准规划智慧、集群长三角布局，制定先进制造业集群和信息化建设专项规划；加强长三角产业创新中心、IPv6(互联网协议第六版)及安可应用等协同推进，研究长三角数据交易中心建设；对接一体化示范区，开展5G、无人驾驶、智慧民生应用等先行先试。

配合做好科创板增量改革：构建上海科创企业培育库，统筹建立梯队培育机制；加强政策宣传、辅导培训，根据企业需求做好针对性的协调服务；优选首批上市企业，解决“AI＋IC”等长周期、高风险、大投资的新兴产业融资需求，打通金融流向创新的通道，提高服务实体经济能力。

四是加大整体统筹的力度，进一步优化营商环境。

加强招商引资的统筹：加强全市招商队伍和力量，完善招商引资体系机制建设。加强产业地图定位，

促进精准招商，尽快细化项目布局图、竣工投产图；加强大项目导向，加快推进一批在建及拟建重大项目落地开工。各区要发挥主体作用。加强市、区两级招商信息对接，加大招商力度，加快大项目建设，围绕稳增长拿出硬实招，聚焦重点产业精准施策。

加强企业服务的统筹：一方面，面向各类企业，要建立从招商引资、项目落地到全程服务的体系；深入拓展“市企业服务云”功能，完善民企联系服务机制，持续提升服务质量和社会影响力；依托中国国际工业博览会、央地融合平台等，服务好在沪总部型机构、创新中心。同时，要加快落实金融服务民企发展的意见和民营经济“27条”，进一步深化产融结合，更好利用金融科技、融资租赁、绿色金融等手段，帮助企业缓解融资难融资贵的问题，提升发展信心，持续推动上海产业经济和信息化高质量发展。

Shanghai Informatization

第一编 信息基础设施

综 述

2018年,全市信息基础设施建设围绕提升上海城市能级和核心竞争力,围绕加快推进"四个中心"、具有全球影响力的科创中心和卓越的全球城市建设,比照国际最高标准、最好水平,以软件化、知识化、智能化为导向重构信息基础设施,打造城市战略性基础资源。为将上海打造成世界级信息基础设施标杆城市,发布《上海市推进新一代信息基础设施建设 助力提升城市能级和核心竞争力三年行动计划(2018—2020年)》(以下简称"《三年行动计划》"),加快构建技术多样、主体多元、模式创新的新一代信息基础设施供给格局,打造"连接、枢纽、计算、感知"四大支柱体系。

提升信息基础设施服务能级。打造"双千兆宽带城市",加快部署千兆宽带网络。5G先试先用,结合世界人工智能大会、中国国际进口博览会(以下简称"进博会")等契机,完成5G新业务的领先试点和探索,组建上海5G创新发展联盟,持续开展4G网络弱覆盖区域优化建设,推进i-Shanghai公益无线网络优化。长三角一体化协同发展,IPv6(Internet Protocol Version 6,互联网协议第6版)规模化部署,开展基础网络IPv6改造,积极构建自主技术体系和产业生态。

保障新一代信息基础设施有序发展。推进数据中心布局,探索新建数据中心项目的全过程管理模式,启动多委办局和委内各处室的会商机制。拓展网络感知度评估体系建设。发布基于个人用户感知的固定宽带及公用移动通信感知度测评报告,促进区域和行业管理部门提升优化网络服务质量的主观能动性。

推进信息通信架空线入地。发布《上海市信息通信架空线入地整治工程建设导则》,明确信息通信架空线入地技术标准,完成进博会周边等区域130公里道路信息通信架空线入地工作。探索建立面向商务楼宇的宽带接入市场评估评价体系。规范商务楼宇宽带接入市场,五部门联合印发《关于规范本市商务楼宇信息通信基础设施建设和运营的意见》,规范全市商务楼宇通信基础设施建设和运营市场的秩序。

创建深度感知的新型智慧城市应用标杆。加快部署新型城域物联专网,组建上海感知专委会。

完成2018世界人工智能大会、进博会区域信息基础设施规划建设及通信保障工作，确保会展期间通信网络安全、畅通。强化工作导向和舆论宣传。配合发布《三年行动计划》、5G外场测试、长三角5G创新联盟成立、固定宽带和移动用户感知度测评发布等活动，通过上海发布、上海市经济和信息化委员会（以下简称“市经济信息化委”）官方微信和官方网站、各大电视台、报刊等各种渠道，开展针对全市信息基础设施提质增效的系列宣传。

（王慧婷）

二、广播电视网络

【下一代广播电视网(NGB)建设】 根据上海市委、市政府正式批准的上海市中心城区有线电视数字化整体转换方案,以及科技部与国家广电总局和上海市签署的《中国下一代广播电视网建设示范合作协议》要求,2010年起,东方有线网络有限公司(以下简称"东方有线")基本完成市中心城区整体转换。2011年起,从中心城区扩展至全市范围,开展大规模整体转换及NGB(Next Generation Broadcasting Network,下一代广播电视网)网络建设。同年4月,东方有线按照市委、市政府的要求和部署,完成郊县网络整合工作,实现上海一城一网。截至2018年12月底,上海全市有线电视用户总覆盖用户数为744万户,数字电视覆盖用户数为716万户。

自2012年起,东方有线在NGB示范网建设的基础上,在全市开展大规模的NGB网络建设。截至2018年12月,全市NGB网络已完成覆盖696万户,高清用户规模达387万户,宽带用户规模近81万户。NGB网络本质是DVB广播电视网和IP全光网的叠加,成为继上海电信后第二张全覆盖的城市光网,也是上海最为重要的城市网络基础设施之一。NGB网络的建成,实现了T级骨干、千兆进楼,用户端实现百兆接入,极大地释放了网络资源,有效提升了网络承载能力和传输质量,为智慧城市的建设提供了有力的基础保障。

(曹　莹)

【加强主动运维,提升NGB网络稳定性】 近年来,东方有线通过数字化整转和网络升级,逐步强化营销、运维等配套环节,加快形成与全业务运营相匹配的基础网络、产品业务、品牌营销和客服运维体系。东方有线成立网络建设、终端应用和产品质量等专项工作组,重点抓好新建光纤接入和存量NGB升级,优化和提升网络稳定性。加强主动运维,提升现有NGB网络的稳定性;在试点建设基础上加快实施光纤入户网络改造建设;落实NGB网络的升级技术方案,提高业务承载能力。加强用户研究和市场调研,针对性指导产品政策设计及管理策略;通过专项工作组,联合运维、市场、技术、信息、分子公司等部门,开展用户质量监测,解决用户痛点问题;持续推进终端和应用的升级优化,调整产品策略,提升用户使用体验。

(殷　炯)

【业务融合创新,拓展智慧广电运营模式】 东方有线构建的上海数字电视服务平台,全面提供广播电视业务和数字电视互动业务,快速推进家庭文化娱乐平台、家庭金融服务平台、互动教育、游戏平台、智慧家庭等各类增值服务,在NGB区域大力推广以"高清和实时交互"为主要特征的各类应用服务。通过用户研究和产品质量改善,持续提升用户体验。通过整体转换和NGB建设,上海有线电视网络已基本实现更新换代,网络承载能力得到大幅提升。

东方有线以电视作为家庭智能化生活入口,依托智能电视机顶盒开展各项智能应用。重点引进影视、游戏、教育、体育、娱乐、金融、商务、社区服务等各类应用。同时,不断加大开放合作力度,

各类业务融合创新取得显著成效。各区按照“贴近实际、贴近生活、贴近用户”的要求,根据各区特点,为广大用户提供电子政务、安全应急、教育培训、医疗养老、物流配送、生活资讯等多种公共以及民生信息化服务。

东方有线与市、区各级公安、综治、网格办、街道等单位积极对接,在了解多方面需求基础上,初步完成智慧城市总体框架设计,2018 年开展局部试点。经过各部门的通力协作,各子公司先后中标“雪亮工程”、智慧社区等智慧城市重大项目,在全市各区形成极具社会效益的智慧广电运营模式。

(曹　莹)

【IPTV 平台】 IPTV 是以电信宽带网络为传输通道,以电视机为终端,集互联网、多媒体、通讯等多种技术于一体,向家庭用户提供多种交互式服务的业务。自 IPTV 正式商用以来,业务量稳步增长,并逐步提供互联网电视、智能电视等新业务。

(张　军)

三、无线信息网络

【移动通信网加快发展】 2018 年年底,移动电话基站物理站址约 2.1 万个,同比下降 7.0%;移动电话基站达到 11.1 万个,同比增长 13.0%,其中 4G 基站 6.2 万个,同比增长 8.3%;4G 移动电话用户占比达 87.7%,位居全国第一。根据宽带发展联盟统计数据,全市固定宽带可用下载速率 28.01 Mbps,4G 网络下载速率为 25.02 Mbps,在各省、自治区和直辖市中均位列首位。

2018 年上海 5G 试点基站建设完成 160 个。5G 先试先用,按照 2018 年到 2020 年三年“百千万”的三步走计划,全市 2018 年完成建设 5G 百站规模试验网。结合世界人工智能大会、进博会等契机,完成 5G 新业务的领先试点和探索。组建上海 5G 创新发展联盟。持续开展 4G 网络弱覆盖区域优化建设,累计完成 629 处。

上海 5G 协同布局先试先用,长三角三省一市与运营商集团签署《5G 先试先用推动长三角数字经济率先发展战略合作框架协议》。举办长三角数字经济协同发展高峰论坛,组建长三角 5G 创新发展联盟,发布《长三角 5G 协同发展白皮书》及行动倡议。IPv6 规模化部署,开展基础网络 IPv6 改造,积极构建自主技术体系和产业生态。安可应用协同工程立足长三角各省市党政机关、企事业单位的实际需求,积极稳妥、高效有序地推进信息化系统的安全、可靠应用。

(胡永龙　王慧婷)

【公共无线局域网优化升级】 推进 i-Shanghai 公益无线网络优化升级,启动 i-Shanghai 提速工程,完成原有场所从 2 M 到 10 M 的普遍提速,全市 i-Shanghai 覆盖场所总数达到 2 600 处。2018 年,

上海市经济信息化委推进全市公用电话亭改造工作，结合技术演进，按照与城市街区相融合、与新一代信息基础设施功能布局相融合的总体要求，将公用电话亭升级改造成智能信息服务亭和街头新风景线。启动公用电话亭外形设计方案征集工作，编制布局规划，推动应用服务创新等。

【加快部署新型城域物联专网】 为加快部署深度感知的新型城域物联专网，创建新型智慧城市应用标杆，上海发布了《新型城域物联专网建设导则(2018版)》，包括浦东、黄浦、徐汇、杨浦、虹口、静安、普陀、嘉定、崇明在内的9个区加快以导则引领部署"神经元"，"神经元"感知节点数量已超过35万个；"3＋6"市场主体(中国电信、中国移动、中国联通＋中国电子科技集团有限公司、上海市信息投资股份有限公司、东方明珠新媒体股份有限公司、上海数据交易中心、上海仪电控股(集团)公司、北讯电信股份有限公司)基本形成竞合局面，创新服务应用，类别已超过50种；推进"神经元"感知综合服务平台建设。组建上海感知专委会。完成市政府与中国电子科技集团有限公司战略合作签约，推动建设嘉定基于物联网的未来城市项目。

(王慧婷)

第二章　网络传输设施

概　述

实施网络优化升级，改善用户使用感知。持续优化4G网络，探索基站建设与路灯等市政公共设施融合发展的集约化新模式，重点聚焦居民住宅区，累计完成629处4G网络弱覆盖区域的优化建设。开展公益WLAN优化升级，启动i-Shanghai提速工程，完成原有场所从2 Mbps到10 Mbps的普遍提速，全市i-Shanghai覆盖场所总数达到2 600处。积极提升用户使用体验，促进基础电信运营商与CDN(Content Delivery Network，内容分发网络)运营商合作，将用户访问量大的宽带资源引入本地，有效提升市民宽带使用体验，移动通信用户感知速率达到25.63 Mbps，继续保持全国第一。全市完成建设5G百站规模试验网，覆盖虹桥商务区、虹口北外滩、徐汇滨江、中山公园商圈、嘉定汽车城等在内的区域。结合世界人工智能大会、进博会等契机，完成5G新业务的领先试点和探索，组建上海5G创新发展联盟。

（王慧婷）

一、信息通信管线

【助力"上海连接"，推进管网布局】　根据《上海2017—2035年城市总体规划》及市政建设进度，2018年配套重点地区和重大项目新建、续建一批管道工程：杨浦滨江、徐汇滨江配套工程；临港主城区、产业区等市级重点新项目；新江湾城配套；北横通道；唐黄路和周祝公路迪士尼外配套工程；杨高路商务走廊骨干路网建设；张江科学城配套工程；宝山顾村大居、浦东民乐大居配套；康桥工

业区配套;六奉公路、川南奉区区对接等项目。密切跟踪高铁东站、机场联络线、上海城市轨交第三期建设、越江工程、世博A地块等重大工程的前期规划,适时、及时跟进。配套区域的楼宇接入,如世博B地块内楼宇接入、前滩商务区的地块接入、十六铺综合改造区的高级商务楼宇接入等。

在配合市政搬迁建设方面,配合完成北横通道、浦东东西通道、军工路快速通道、北翟路快速通道、杨树浦路改建;虹桥商务区会展中心外围配套道路、G228公路、G320公路、S7公路、武宁路快速通道、周家嘴路、龙耀路、沿江通道、江浦路隧道,以及轨道交通10、13、14、15、18号线等重点项目的信息管道搬迁建设。

2018年信息管道建设开工315.7沟公里(除架空线以外),信息管道楼宇接入131栋,信息管线在中心城区道路覆盖率达90%以上,近郊区覆盖率约50%～60%,金山、崇明、奉贤、浦东南片区约30%,市信息管线公司作为全市信息基础设施服务提供者的功能性主体地位凸显。

【推进架空线入地信息管道建设】 根据上海市政府第175次常务会议精神,为进一步加强城市精细化管理,上海将加快推进重要区域、内环内主次干道以及内外环间射线主干道架空线入地及合杆整治工作,2018—2020年三年期间将完成470公里的道路架空线整治入地工作。在市、区两级架空线入地和合杆整治工作指挥部的统一领导和各权属单位的支持下,市信息管线公司全力推进架空线入地沿线道路的信息管线建设。2018年完成架空线入地信息管道建设116公里,完成市指挥部下达的100公里架空线入地建设任务,各项工作得到市指挥部的肯定,有效发挥信息基础设施建设主力军作用。同时,完成进博会场馆周边45公里路段的信息管道建设,为进博会信息通信保障和环境整治任务提供有力支撑,收到长宁区和闵行区架空线入地和合杆整治指挥部的感谢信,并被闵行区指挥部授予最佳团队建设奖。

根据市架空线入地和合杆整治指挥部通知,2018年计划开工255.5公里,竣工132.5公里,涉及东方有线架空线光缆总皮长约1 039公里,时间紧、任务重、投资大、要求高。为此,东方有线成立专项工作组,按照市委市政府要求,采用新工艺、新技术、新材料,并结合公司业务开展需求和网络升级规划,全力以赴,确保做好架空线入地和合杆整治专项工作。截至2018年12月底,已完成架空线入地62条道路,涉及道路长度62.76公里。

(王迪戎　曹　莹)

【打造"智慧城市一张网"】 2018年,市信息管线公司坚持扁平化、单元化、精简化原则,创新管理体制、创新技术能力、创新业务模式,汇聚优秀人才队伍,以"光纤+"的理念,打造"智慧城市一张网",使市信息管线公司业务从"地下"管道建设转向"地上"光纤专网服务,助力"上海连接",布局新一代基础设施建设。至2018年年底,建设总量已超过6 800皮长公里,优化网络路由,使上海城市公共光纤网真正成为上海智慧城市信息基础设施的重要组成部分,成为推动各类信息化应用的开放网络平台。

市信息管线公司与普陀区发展改革委、公安、科委等相关部门多次协商沟通,制定满足政府综合需求的"智联普陀光纤专网"服务方案,通过"合缆分芯"集约化建设模式实现区政务网、"雪亮工程"、物联网等多网合一,有效提升区域网络服务能级,提高网络资源利用率,节约有限的地下空间资源。

(王迪戎)

二、海底光缆

2018年年底,在上海登陆的国际海光缆开通总容量达13.3 Tbps。2018年,亚太直达海底光缆系统APG在崇明登陆站完成扩容1 230 Gbps,在南汇登陆站完成扩容300 Gbps。跨太洋直达海缆NCP为新的中美直达系统,设计容量太平洋段60 Tbps、亚洲环段24 Tbps。2019年,崇明和南汇登陆站将分别投产1 700 Gbps直达美国容量。

表1-1 2018年上海国际海光缆资源情况

管理方	光缆名称	光缆方向	登陆容量(bps)
中国电信	亚欧光缆三号(SWM3)	连接北非、南亚、澳大利亚、中东、西欧	27.5G
	亚太直达(APG)	连接日本、韩国、中国香港、中国台湾、马来西亚、新加坡、泰国	1 720G
	亚太光缆二号(APCN2)	连接日本、韩国、中国香港、中国台湾、马来西亚、新加坡、菲律宾	6 020G
	跨太平洋(TPE)	连接美国大陆,分支与韩国、日本、中国台湾连接	2 560G
	新跨太平洋(NCP)	连接美国大陆,分支与韩国、日本、中国台湾连接	1 700G (建设中)
中国联通	环球光缆[FLAG(FEA)]	连接北非、南亚、中东、西欧	20G
	C2C光缆	连接韩国、日本、新加坡、菲律宾、马来西亚	880G
	亚太直达(APG)	连接北美、中东、北非、南欧、东南亚	2 080G
	新跨太平洋(NCP)	连接美国大陆,分支与韩国、日本、中国台湾连接	1 700G (建设中)

(胡永龙)

三、重大信息基础设施建设

上海超级计算中心

【概况】 上海超级计算中心(以下简称"上海超算中心")紧紧围绕服务国家科学中心优先战略和公共服务平台能力提升战略的总体部署,聚焦人工智能、大数据、云计算等新兴前沿领域,着力提高研究创新能力,力争建成国内最具实力、影响力的

高性能计算中心。

【加强计算资源建设和平台管理服务】 上海超算中心过渡期升级改造项目获上海市发展和改革委员会(以下简称“市发展改革委”)同意批复,该项目正式立项,在现有环境内部署约3.3 P的计算能力,升级改造项目完成后,上海超算中心的总计算能力约为3.7 P(含目前已有系统),上海超算中心将成为全国通用芯片计算能力最强的超算中心,初步缓解全市高性能计算资源短缺的局面。

【发挥有限计算资源的最大效益】 2018年,上海超算中心主机“魔方2”使用率达到79%,提供了7 510.58万核小时的计算资源,累计用户数925个。上海超算中心的资源服务也为用户带来巨大的社会效益,2017年上海超算中心用户中有6名用户专家被评为中科院院士,占比10%,2018年上海超算中心用户通过平台支撑,有112项成果发表在包括Nature子刊在内的国际权威学术期刊上。

【承担重大科技计划项目】 上海超算中心积极承担国家和地方重大科技计划项目,2018年在研项目共8个,其中国家科技部重点研发计划项目2个。

【支撑科技创新】 上海超算中心立足上海、辐射长三角、面向全国,用户遍及全国33个省、市、自治区,建立起符合行业特点并广受用户好评的服务和运维体系,支撑一大批国家和地方政府的重大科学研究、重大工程和企业新产品研发,带动一批重大科研项目和工程项目在上海落地,成为上海科技和信息技术领域重要的基础设施及交流平台。

主要服务的工业用户有中国商用飞机有限责任公司、中国航发商用航空发动机有限责任公司、沪东重机股份有限公司、上海汽车集团股份有限公司、上海电气集团股份有限公司、中国船舶工业集团有限公司等;科研院所有708研究所、中国空间技术研究院、上海技术物理研究所、上海航天局、上海市隧道设计院等。

【提供高性能计算机服务】 在进博会期间,集中力量为环境监测中心提供保质保量的高性能计算机服务,从10月25日到11月12日期间,上海超算中心向上海长三角区域空气质量预测预报中心每天提供115个计算节点和2 760核小时的计算资源,机时的稳定性与充足性,为提高超性能计算、提早数值预报的完成时间、充分发挥数值预报情景模拟和源解析功能、实现区域中心分时段、逐小时预报等功能提供保障。为进博会期间区域大气污染联防、联控等工作提供重要技术支撑。

【探索分中心合作运行模式】 有效提升上海超算中心在各领域的应用服务能力,2018年,上海超算中心与华人运通技术有限公司签订战略合作协议,成立“华人运通-上海超算技术研发分中心”,通过上海超算中心的“超级大脑”,在新能源汽车智能网联、自动驾驶、AI计算平台等方面开展研究;与上海电机学院签订战略合作协议,在人才培养、科学研究、社会服务、共建产业学院等方面开展合作与交流;与江西省计算技术研究中心签订战略合作协议,成立上海超算江西分中心,在科学计算、工业仿真、人工智能等领域,共同构建高性

能计算应用平台，全面提升江西省计算中心面向科学研究以及工程设计研发的综合服务能力；与甘肃中科曙光先进计算有限公司开展深度合作，共同挂牌成立“上海超算兰州新区先进计算分中心”，为甘肃乃至西部创新技术发展起到推动作用，助力实现东西部均衡发展。

【履行向社会普及科学知识职能】 在履行公共服务平台职能的同时，积极承担向社会普及高性能计算、云计算、大数据等科学知识的职能。上海超算中心被授予中国浦东干部学院上海超级计算中心现场教学基地。上海超级计算中心计算机科技馆，全年接待人数达 13 266 人次。面向政府机构和企事业单位，开展主题为“高性能计算、大数据和人工智能”的讲座 25 场；与 7 所高中签约并提供志愿者岗位 176 人次。

（戴松筠）

重大工程配套

【开展市政重大工程通信配套工作】 上海市通信管理局从组织机制、项目管理、联合监管三个层面强化与上海市重大工程建设办公室的工作对接。双方于 2018 年四季度密集开会，就 2019 年即将启动“吴淞江沿岸配套工程”“上海东站建设工程”等市政重大工程开展通信配套工作对接。双方共同搭建各通信企业（以行业有线、无线、设计、质监四个专业工作组形式组成）与上海城投集团、申铁集团、城际铁路公司、市政规划院以及铁四院等建设单位和设计单位的工作对接平台，确保 2019 年动工的重大工程通信配套工作从启动便纳入共建共享的轨道。

2018 年，市通信管理局牵头全市通信行业，对相关市政重大工程，量身定做通信基础设施专项规划（或总体设计），明确区域内基站、管道和机房的布局要求，推进行业内的共建共享工作，具体包括：轨道交通（9 号线三期、17 号线）、虹桥、浦东航站楼登机桥补充覆盖（进博会窗口场所通信保障），崇明大桥移动通信网络专项覆盖，上海迪士尼乐园“玩具总动员”项目室分建设，海昌极地海洋公园综合通信覆盖和杨高中路隧道室分建设等市级重大工程的通信配套和共建共享工作。

（胡永龙）

第三章　信息基础设施管理

概　述

2018年，市通信管理局、市经济信息化委根据市委、市政府的工作部署，架空线入地和合杆整治工作要求，出台多份指导性文件并成立相关指挥机构，指导全市通信架空线入地和合杆整治工作。针对商务楼宇宽带接入市场乱象、电信网络欺诈等进行整治和处理。推进将通信接入服务纳入全市“公用事业接入服务管理事项”，接入“一网通办”的联审综合服务平台。市无线电管理局从顶层制度设计、职能创新、行动监管方面加强无线电的管理。原市文广影视局通过建设“上海市广播电视监管系统”，强化广播电视管理。

一、通信行业管理

【保障新一代信息基础设施有序发展】　推进互联网数据中心布局，发布《市经济信息化委、市发展改革委关于加强全市互联网数据中心统筹建设的指导意见》；完成编制《上海市互联网数据中心建设导则》（草案）；探索新建数据中心项目的全过程管理模式，启动多委办局和委内各处室的会商机制。拓展网络感知度评估体系建设。发布基于个人用户感知的固定宽带及公用移动通信感知度测评报告，促进区域和行业管理部门提升优化网络服务质量的主观能动性。探索建立面向商务楼宇的宽带接入市场评估评价体系。

（王慧婷）

【商务楼宇通信配套管理】　市通信管理局联合全市相关部门，针对商务楼宇宽带接入市场存在的

乱象，尤其是物业指定第三方垄断接入服务的案例进行调查处理。并牵头市发展改革委、上海市住房和城乡建设管理委员会(以下简称“市住建委”)和市经济信息化委等五部门，发布《关于规范本市商务楼宇信息通信基础设施建设与运营的意见》，从确定楼宇通信配套设施的法律地位、明确产权人、物业服务企业和基础电信企业的权利义务以及落实监管责任、形成监管合力等三方面，对全市商务楼宇通信基础设施建设与运营进行制度构建。助力优化全市营商环境，保障电信用户自由选择权。

【“一网通办”联审综合服务平台】 借助全市推进“一网通办”“多规合一”“多图联审”等建设工程审批制度改革的契机，市通信管理局主动对接市审改办、上海市规划和国土资源管理局(以下简称“市规土局”)，联合市住建委共同推进将通信接入服务正式纳入全市“公用事业接入服务管理事项”。市通信管理局自 2018 年 12 月 1 日起，正式进驻市住建委工程联审办事大厅。根据市政府的统一要求，市通信管理局牵头行业加紧研究和编制《通信服务接入规程和技术规范》，将其纳入全市“一网通办”联审综合服务平台，并向社会各界公布，方便各建设单位和业主通过全市“一网通办”平台办理各类民用建筑的通信接入服务申请。

【反电信网络欺诈】 2018 年，在市通信管理局的组织下，全市三大基础电信企业配合支持上海公安部门，完成市反电信网络诈骗中心的电话号码和短消息类服务接入代码的测试开通，以及专项大型活动服务保障工作。

市通信管理局和全市三大基础运营企业会同市统计局等，积极发挥长效专项工作机制作用，在前三年专项工作的基础上，综合采用移动通信、地理信息、大数据等技术，协同完成四轮次的 2018 年度全市人口数据评估及相关人口数据的对比和研究工作。

2018 年，电话实名制工作继续保持严格管理态势。市通信管理局在工业和信息化部(以下简称“工信部”)的指导下，统一思想认识，推出多项工作举措，将提高电话用户实名登记准确率和人证一致率作为一项长期性和基础性工作来抓，开展人像比对试点、打击“实名不实人”现象、严控社会渠道销售行为、启动监测系统建设、引入征信管理、从源头上做好管控。年内，实名制志愿服务队伍累计检查基础电信企业门店 9 870 家次，移动转售企业门店 1 323 家次，抽检合规率为 100%。在 2018 年 10 月，在工信部电话用户真实身份信息登记工作领导小组办公室组织对 12 个省区市基础电信企业的抽查中，上海 3 家基础电信企业的实名准确率、人证一致率、“一证五卡”执行情况均达标。

(胡永龙)

二、无线电管理

(原)上海市无线电管理局(以下简称“市无管局”)2018 年全面落实市委、市政府、市经济信息化

委和工信部无线电管理局的有关工作部署，按照无线电管理“三个三”的总体目标有序推进各项工作，夯实基础、强化管理，着力提升体系化监管和精细化管理水平，创新创优、提质提效，更好发挥无线电管理对经济服务社会发展的支撑保障和促进作用。

【强化顶层设计，推动法制建设】 持续开展法制建设。为适应无线电技术和产业发展，进一步完善全市无线电管理法制体系，2018年年初启动《上海市无线电管理办法》的修订工作，综合各方意见，经反复研究修改，编制完成《上海市无线电管理办法》建议稿并上报市政府。经市政府常务会议通过，新版《上海市无线电管理办法》以上海市人民政府第12号令发布，共七章三十六条，自2018年12月1日起施行。

开展《无线电干扰投诉和查处工作办法》《上海市无线电管理局政府信息公开工作办法》及信访投诉规范化处理等课题的研究工作；会同市工商局等发布《关于加强无线电发射设备生产、销售活动监管工作的意见》，进一步提升无线电发射设备全流程监管效率；对行政执法流程进行重新梳理，制定《上海市无线电管理局行政处罚流程》《上海市无线电管理局罚没财物管理制度》等内部规定，建立重大执法案件的决定合法性审查制度，并按照“一案一卷”模式，修订规范30余种行政处罚文书格式，形成制度完备的执法流程闭环。完成“十三五”规划中期评估及动态监测，组建中期评估工作领导小组，完成中期评估和动态监测的工作方案，完成《上海市无线电管理机构动态监测评估报告》并上报。

【深化推进行政审批制度改革】 按照国家和市统一部署，积极协调局、站各部门推进“放管服”改革。围绕化解企业和群众办事创业的堵点、痛点，经调研座谈研究制定相关问题的整改措施和长效机制；对标《中华人民共和国无线电管理条例》(以下简称“《条例》”)新要求，组织修订权责清单和《业务手册》《办事指南》等标准化文本，重新确定11类53项行政权力和11类569条行政过错责任追究事项；编制更新政务诚信“三清单”和信用“三清单”；按照“双随机一公开”工作要求，继续对取得行政许可的相对人实施检查抽查，完成书面抽查35项、实地检查19项，对检查发现的实际使用频率、实际使用人与许可证记载不一致等问题现场责令当事人限期改正；积极贯彻《条例》销售备案管理要求，发布《上海市无线电管理局关于开展2018年无线电发射设备销售备案管理工作的通知》，以对讲机销售商为主要对象，组织小范围备案试点，完成备案116家。

【聚焦频率管理核心职能】 学习贯彻《无线电频率使用许可管理办法》，通过对频率审批事项的统计与梳理，基本形成较为规范的频率许可流程和科学的频率管理体制。全面梳理频率资源使用情况，研究修订800 MHz频率使用方案。在充分考虑轨道交通、民用航空及政务共网等现有网络的实际需求和业务发展需要基础上，有效整合该频段内频率资源，建立科学、合理的频谱使用配置和回收机制，使其符合业务需求和技术发展趋势，编制完成《上海市800 MHz频率使用规划方案研究报告》。

优化无线电频率使用的监管手段，开展频率使用率评价工作。重点对798—960 MHz频段内的数字集群、公众移动通信、铁路专用移动通信

(GSM-R)等无线电系统进行频率使用率评价工作,完成《2018年上海市798—960 MHz频段频率使用率评价报告》。促进资源公平分配和有效利用,探索频谱资源市场化制度研究。借鉴无线电频率市场化配置经验,密切跟踪国家频率规划政策变化,对上海地区的1 785—1 805 MHz、1 447—1 467 MHz、866—870 MHz、910—917 MHz四个频段进行评估测试,构建适合上海频谱资源招标拍卖的机制方案。争取卫星频率和轨道资源使用权益,配合完成地球站的国际协调。根据国家无线电监测中心下发的韩国卫星地球站频率协调请求函MSIT/RRA/ST-347等文件要求,对与上海有关的韩国拟建38个卫星地球站点进行干扰分析计算,按时完成环境模型计算和对比分析。

密切关注军队改革调整情况,做好重大军事任务频谱管控的配合工作。根据军地电磁频谱管理实际和发展需求,继续推进军民无线电管理技术设施建设,探索军地无线电监测网络信息共享工作,加强在监测工作中的军地协作。以频率资源使用安全性、有效性为导向,探索科学合理的频率使用评估制度。协调无线电新技术试验用频,鼓励企业、科研院所开展与频率使用相关的基础性、前沿性研究,支持频谱利用技术创新。

【创新、优化台站管理模式】 简化台站行政审批流程,取消室外宏基站的"年度设置计划"和"选址认定"、室外分布系统和室内分布系统的"月度设置计划"批准环节,简化公众移动通信基站台(站)执照的办理要件,将原来设台用户要提交的5项申请材料简化为2项申请材料。强化重点台站行政审批,针对民用航空、雷达站等重点无线电台站,加强对重点台站设台选址的电磁环境评估,审批过程加强现场验收检查,进一步规范重点无线电台站设台要求。继续推进基站精细化管理,开展对已批复区基站子规划的落地工作,实现对市级基站专项规划的合理补充;组织区域基站子规划编制,启动静安区、虹口区基站站址布局规划编制,并开展新设基站抽检工作。

推进"台站分类分级管理规范"编制,完成"无线电台站分类分级管理规范",厘清现有台站的基本分类结构和设置使用的行业分布情况,提出分类分级管理策略,配合《上海市无线电管理办法》的编制工作,完成《上海市无线电台站分级目录》编制工作,为进一步落实国家条例和台站分级管理理念奠定基础;积极配合国家无线电机构制定无线电相关政策的制定工作,牵头完成《微功率短距离无线电发射设备管理规定》《地面无线电业务台(站)管理规定》《3 000—5 000 MHz频段第五代移动通信基站与其他无线电台(站)干扰协调管理规定》《地面业务无线电台执照颁发指南》等规定的意见征询工作;积极完成2018年频率使用率评价相关工作,对台站数据库中798—960 MHz频段内的台站数据开展合规性检查工作,完成频率使用率评价报告中的相关部分的编制工作。推动区无线电管理实施主体相关工作。将"要求区人民政府应当指定有关部门或者安排有关人员配合市无线电管理机构做好日常管理工作"内容列入《上海市无线电管理办法》,明确区级管理职责;进一步做好市区二级台站协同管理相关工作,指导各区无线电管理办公室,对接本区运营商、铁塔公司做好基站选址、落地、投诉等事项。

【做好市场监管、打击"黑广播""伪基站"违法活动】 加大市场监管力度,2018年以来,会同市场

监管部门对虬江路电子市场等无线电发射设备销售市场进行联合检查执法，对违规用频设台、违法销售或产生干扰的行政相对人开具责令整改通知书87张，做出行政处罚16起，没收无线路由器、手机信号放大器等违法设备22台，有力整饬电波秩序。重拳打击“黑广播”“伪基站”违法犯罪行为，按照国家联席会议的总体部署，会同相关部门和各运营商，开展集中打击“黑广播”“伪基站”违法犯罪专项行动。通过加强部门协作，完善联合工作机制，整合优化监测手段，细致开展案件线索梳理、甄别，有力打击违法犯罪行为。截至年底，共定位查处“黑广播”71起、抓获犯罪嫌疑人3名；查处“伪基站”案件10起，抓获犯罪嫌疑人16名；出具“伪基站”设备检测报告30份，进一步净化无线电通信环境。按要求对上海广播电视台以及浦东新区、金山区广播电视台等单位设置、使用的调频广播电台进行专项检查。

【保障重大活动无线电安全】 根据市政府相关赛事组委会的工作要求，积极完成“F1中国大奖赛”“大师杯网球赛”等重大活动保障任务，完善保障工作方案，审批临时频率约550个/组，检测设备频点数240多个，比赛期间现场处理无线电干扰9起。协调监测车98台次、432人次，完成高考、中考及各类职业技术能力考试共27次考试保障任务。完成首届进博会无线电安全保障任务，共受理完成频率审批20件，许可频率255个/组，主要包括安保部门关于重点区域无线宽带专网临时用频，中央电视台、上海广播电视实时转播系统等临时用频，并协助国家局完成14件，共56个/组的涉外用频审批。组建包括40多人、5台监测车、8套监测设备、3套检测设备、1套便携式移动执法设备构成的保障力量，共6支值守队伍，分别驻守在展会现场的两个屯兵点、虹桥机场、浦东机场、云海大厦、铁路沿线等重点保障区域。展会期间共排查各类无线电干扰10起，特别是10月31日下午启动应急联动机制，迅速排除上海电信、民航华东空管局的干扰申报，使机场雷达系统和电信基站系统恢复正常运行。此外，协助国家做好2018年上合组织峰会期间上海两大国际机场的无线电监测和干扰定位工作，完成工信部无线电管理局部署的各项保障任务。

【加强重点任务宣传服务能力】 完善宣传工作机制，根据国家无线电管理局《宣传工作实施方案》的通知要求，结合年度重点工作和保障任务，上海制定2018年度宣传工作计划，完善工作机制，并在电视电话会议上介绍工作经验。专题宣传努力创新，以“电波无形　管理有序”为主题，在9月精心策划开展“讲好频谱故事”“无线电科普行”“专业论坛”三大主题、20余项活动，主题电子海报在上海十个主要地铁站点广告屏、社区电子屏、学校滚动播放，《解放日报》整版报道宣传月及2018年进博会无线电安全保障情况。日常宣传规范有序，结合实际业务工作开展情况，组织策划大调研的信息发布和宣传活动；围绕F1、高考无线电保障工作开展日常宣传；向工信部无线电管理局、市经信工作党委报送信息23篇；完成2017年度无线电管理十件大事的发布；围绕全市首起“黑广播”干扰民航事件，配合央视专门就上海“黑广播”查处工作进行3个小时的专题报道，扩大社会影响面。

宣传阵地不断夯实。除继续加强与全市主流媒体合作，加大与《上海信息化》《中国电子报》等行业内权威媒体的合作力度外；新媒体方面，发布

新浪微博 2 132 条、腾讯微博 2 016 条，粉丝 13 万余人；微信公众平台共发送图文信息 728 个，约 2 912 条信息，关注人数 1 852 人；自 3 月 30 日微信公众平台设立投稿爆料及问卷调查栏目起，收到社会投诉建议 27 篇以及 54 篇大调研反馈。社会宣传面效应显著扩大，以无线电科普基地为支撑，组织青少年参观科普基地 13 场次，累计 800 多人次；同时，组织无线电科普活动进社区和校园活动 11 场，15 000 人次参加；组织青少年无线电竞赛活动 2 次，参与 800 人次。组织无线电应急分队的培训与演练 2 次，共计 50 人次参与。

【技术基础设施建设和优化】 在监测设施方面，完成航头监测站站址的选址工作；完成金山亭林监测站的站址租赁事宜，进入现场施工阶段；完成化工区监测站点的建设工作，并接入水上监测系统，该站点已正常开展工作；完成上赛场监测的建设工作，且在 2018 年的 F1 赛事保障中发挥重要作用；完成网格化 2 期项目的建设工作，进一步提升监测能力。

在检测设施方面，完成并上报监测站实验室 CMA(China Inspection Body and Laboratory Mandatory Approval，中国计量认证/认可)体系内的检验检测资源统计、实验室自查结果，召开无线电检测行业联盟的一届二次理事会，新吸收 6 家具有影响力的会员入会。截至 2018 年 12 月底，检测公共服务平台共接受各类咨询或委托 30 多起，其中，申请使用开放实验室 10 起，包括数字通信系统、蓝牙射频检测等类型。在信息化建设方面，完成各类建设项目新增资产的验收、录入工作；完成互联网、国家专网、政务外网等外部接入网的日常运行维护保障，增加 8 个节点无线物联网的建设；加快推进无线电管理一体化平台一期项目建设，重点完善无线电业务行政审批系统、公共信息服务系统的开发和优化。

（熊利娥）

三、广播电视管理

【完成“上海市广播电视监管系统”一期项目建设】 为贯彻落实国家广电总局关于加强意识形态阵地管理、强化网上网下导向管理等工作要求，切实履行广播电视与网络视听属地管理责任，2018 年（原）市文广影视局完成“上海市广播电视监管系统”一期项目建设。该系统实现的功能有：对全市广播电视播出机构、传输机构、互联网视听节目服务机构、影视制作机构等各类传媒机构信息进行统一管理；对广播电视节目、网络视听节目进行分类管理，并通过收视收听率、网络播放量等综合数据评价体系，分析节目研发、制作趋势；对全市重点视/音频网站的网络视听节目上新数据、节目备案等信息进行汇总，并统计网站业务管理情况。该系统以调控科学化、监管精准化为设计理念，依托综合数据统计、分析功能，进一步提升对广播电视和网络视听领域的综合管理能力，为日常管理工作提供有效决策依据和方向指导。

（徐光道）

四、专项工作推进

【市通信管理局通信架空线入地和合杆整治】 2018年，市通信管理局根据市委、市政府的工作部署和架空线入地及合杆整治工作要求，出台《上海市通信架空线入地整治管理办法》（有线专业＋无线专业）、《上海市信息通信架空线入地整治工程设计指导手册（试行）》和《通信架空线入地工程质量监督管理办法》等10多份指导性文件，指导全市通信架空线入地和合杆整治工作。立足行业、提前部署、压实责任、逐项落实，完成通信架空线入地和合杆整治的阶段性工作目标，成立市、区两级的通信行业架空线入地和合杆整治的指挥机构，形成一系列架空线入地和合杆整治的工作流程和技术导则，为首届进博会的综合环境提升以及上海市“美丽街区”“美丽家园”建设做出贡献。完成110条路段的入地线缆敷设割接和废缆废杆拆除工作，累计公里数达到100公里。其中，进博会场馆周边重点保障区域（包含长宁区、青浦区及闵行区等28条道路，累计54.44公里）于大会开幕前完成整治工作。

（胡永龙）

【市经济信息化委通信架空线入地和合杆整治】 2018年市经济信息化委发布《上海市信息通信架空线入地整治工程建设导则》，明确信息通信架空线入地技术标准。完成《上海市公用移动通信基站与道路照明灯杆融合技术标准研究》，并纳入《上海市道路合杆整治技术导则》。配合市发展改革委、市财政局发布《信息通信架空线入地专项资金管理办法》，完成各类权属单位资金预算初审。完成进博会周边等区域130公里道路信息通信架空线入地工作。

（王慧婷）

第二编
信息产业

Shanghai Informatization

综　述

电子信息产业作为上海的支柱性产业，在全市经济发展中扮演着重要角色。近年来，上海电子信息产业逐步形成完整的产业链、先进的技术储备、良好的产业公共服务平台和国际合作经验，令上海在新一代信息技术和制造技术融合发展领域具备得天独厚的优势。2018年，伴随实体经济回暖，上海信息产业效益和结构整体向好。其中电子信息制造业加速发展，全年实现工业总产值6 450亿元，同比增长1.9%，增速高于全市工业增速。软件和信息服务业效益稳步提升，实现营业收入8 690.52亿元，同比增长11.2%，有力拉动全市服务业增长。

第一章　电子信息制造业

概　述

2018年,上海市电子信息制造业呈现加速发展态势,新旧动能转换顺利,传统产业不断升级、新兴产业加速成长。

一是产业呈现加速发展态势。电子信息制造业深化供给侧结构性改革,规模、增速稳步提升,全年实现工业总产值6 450亿元,同比增长1.9%,增速高于全市工业规模。新一代信息技术体系不断完善、产业加速向中高端迈进,全年实现工业总产值3 651亿元,高出电子信息制造业3.9个百分点,结构调整显示成效。核心环节形成突破,促进产业链整体跃升,电子专用设备制造业实现爆发式增长,全年完成工业总产值448亿元,同比增长20.1%。

二是产业基金全面启动,重点项目稳步推进。重大产业项目方面:规模为100亿元的上海集成电路装备材料基金完成设立,正式进入运作,设计业基金二期完成募资,总规模500亿元的集成电路产业基金全面启动。聚焦科创中心建设、提升产业创新影响力方面:国家集成电路创新中心、国家智能传感器创新中心在沪成立并正式进入运作,解决技术方向选择和可靠技术来源问题。以园区为载体推动产业集聚方面:上海集成电路设计产业园成立,在张江科学城核心区域规划3平方公里,集聚、培育一批国内外一流的设计企业,形成国际集成电路设计产业高地。

三是产业共性平台建设初见成效。国家集成电路创新中心、国家智能传感器创新中心两大平台积聚全国研发资源,形成技术联合攻关机制,瞄准国际集成电路前沿器件技术和关键工艺技术,以及传感器的设计集成、先进制造和封测工艺,开展前期基础性研究,创造前瞻工艺研发环境。完善新型显示公共服务平台。指导筹建激光制造业创新中心,组织金山区、上海大学、和辉光电等筹建上海市新型显示研发和转化功能性平台,在金山成立上海光电工业技术研究院,推动政产学研用形成合力。

四是新兴产业形成突破。聚焦5G推动通信产业创新:组织全市企业参加国家5G创新中心,

作为IMT-2020(5G)工作组成员参与标准制订;紫光展锐科技有限公司(以下简称"紫光展锐")加快5G核心芯片研发;上海诺基亚贝尔股份有限公司(以下简称"诺基亚贝尔")完成端到端5G新空口数据通话测试,会同中国移动通信集团有限公司(以下简称"中国移动")布置中国国际进口博览会(以下简称"进博会")5G试验网;组织东方明珠、上海电信等企业发布"5G+8K"试验网,成为国内首个基于5G测试网的8K视频应用平台。

物联网领域及智能硬件广泛应用:智能硬件产品覆盖智慧城市、智能家居、新零售、无人驾驶、机器人等,研制完成我国"天通一号"卫星终端,并批量出货;智能传感器方面,在消费、汽车、工业等领域培育了数家销售收入上亿元的潜力企业,在机器视觉、激光雷达、高分辨率红外感知等领域培育布局了一批创新企业,NB-IoT(Narrow Band Internet of Things,基于蜂窝的窄带物联网)网络基本覆盖全市,NB-IoT模组规模化生产,出货量国内领先。

汽车电子构建ADAS(Advanced Driving Assistant System,高级驾驶辅助系统)产业链:芯片行业率先打破国际垄断,77G CMOS(Complementary Metal Oxide Semiconductor,互补金属氧化物半导体)毫米波雷达自主芯片实现量产,激光芯片、图像处理芯片、车载通信芯片与国际研发保持同步;终端开发进一步缩小差距,基于自主车载智能操作系统的数字座舱为7个新车型量产配套;智能化系统开发有望弯道超车,车载域控制系统、自动驾驶系统试点应用,有望打破国际垄断,并在部分功能上实现超越。

医疗电子实现产业化突破:自主研发的氧化物平板探测器填补了国际空白;提供三维心脏电生理标测手术解决方案的产品出口多个国家;长宁区、卫宁健康等单位的29个项目入选国家智慧健康与养老试点示范、产品及服务推广目录,受到工业和信息化部(以下简称"工信部")表扬。

新型显示重大产业项目加快建设:和辉光电二期完成厂房土建工作,启动工艺设备搬入和调试,同时加快新产品新技术研发;上海天马在专业显示领域实现突破,高端医疗领域市占率全球第一、车载仪表市占率全球第二、航空航海领域市占率全球第二,被联合国工业发展组织认定为国际信誉品牌;上海奥来德项目完成企业注册,莱特光电项目完成土地招拍挂。

虚拟现实产业加速发展:筹备召开了虚拟现实商业化之路高峰论坛、长三角虚拟现实内容大赛;支持全市行业组织、企业参与国家信息技术标准化技术委员会(以下简称"信标委")关于虚拟现实领域显示、通信等技术标准的制定工作;推动全市虚拟现实龙头企业做大做强,上海曼恒数字技术有限公司获批立项组建全市唯一认定的虚拟现实领域工程技术中心,大朋VR(Virtual Reality,虚拟现实)成为全球首部虚拟现实长片电影唯一指定设备,叠境数字科技(上海)有限公司完成上亿元融资。

(罗 萍)

一、集成电路产业

概况

集成电路是国之重器，关系国家安全和国民经济命脉的战略性、基础性、先导性产业。上海一直高度重视集成电路产业发展，将其作为承接国家战略任务和打响“上海制造”品牌的重要产业。近年来，上海先后启动华力二期、中芯南方、中国电子特色工艺等一批集成电路重大项目建设，已发展为国内集成电路产业链最完整、产业集中度最高、综合技术能力最强的标杆区域。

2018年，上海集成电路产业规模达到1 450.5亿元，同比增长22.9%，与全国集成电路产业发展的增长率相当。其中，IC设计业销售规模达到482亿元，同比增长10.2%；芯片制造业销售规模为398.4亿元，同比增长41.3%；封装测试业销售规模为368.9亿元，同比增长18.9%；设备材料业销售规模为201.2亿元，同比增长33.3%。2018年上海集成电路产业及各行业销售收入及增长率见表2-1。2018年上海集成电路产业链结构见图2-1。

表2-1　2018年上海集成电路产业各行业销售收入及增长率

行　业	2018年营业收入（亿元）	2017年营业收入（亿元）	2018/2017年同比增长率（%）
设计业	482.0	437.45	10.2
芯片制造业	398.4	281.95	41.3
封装测试业	368.9	310.3	18.9
设备材料业	201.2	150.91	33.3
合　计	1 450.5	1 180.62	22.9

数据来源：上海集成电路行业统计网（SICS）

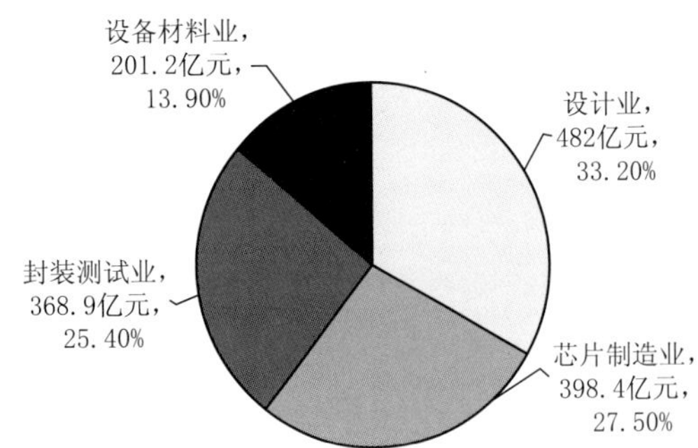

图2-1　2018年上海集成电路产业链结构

截至2018年年底，上海集成电路产业累计总投资额为369.84亿美元，其中2018年净增投资额为31.88亿美元；累计总注册资金额为204.19亿美元，其中2018年净增注册资金额为9.35亿美元。

截至2018年年底，上海从事研究开发、IC设计、制造生产、推广应用、配套服务和专业教育培训的企事业单位共有575家，比2017年增加52家。同期，上海集成电路产业的从业人员总数达176 945人，比2017年增加20 831人。在从业人员中，管理人员为7 818人，专业技术人员为75 330人，生产和其他人员为93 797人，分别占从业人员总数的4.4%、42.6%和53.0%。

技术创新是推动集成电路产业发展的不竭动力。2018年7月3日，国家集成电路创新中心正式在上海揭牌成立，创新中心是由复旦大学、中芯国际和华虹集团三家单位共同发起的国家集成电路共性技术研发平台，着力解决我国集成电路主流技术方向选择和可靠技术来源问题。

2018年上海集成电路产业的技术创新体现：一是继续沿着摩尔定律(More Moore)推进，最先进的技术已经推进到14纳米；二是继续扩展超摩尔定律(More than Moore)的技术内容，多种特色技术不断涌现，相继量产。

中芯国际集成电路制造有限公司(以下简称“中芯国际”)14纳米FinFET(Fin Field-Effect Transistor，鳍式场效应晶体管)开发成功，28纳米HKC+(高介电常数金属栅级工艺)投产。上海华力微电子有限公司(以下简称“华力微电子”)28纳米低功耗工艺PolySiON(氮氧化硅绝缘层栅极工艺)成功量产，在12英寸晶圆代工先进工艺节点制造领域迈出扎实步伐。紫光展锐加速开展5G领域技术研发和业务布局，计划2019年推出5G芯片。中微半导体设备(上海)有限公司(以下简称“中微半导体”)自主研制的5纳米等离子体刻蚀机通过台积电验证，计划用于全球首条5纳米制程生产线。上海微电子装备(集团)股份有限公司600系列IC前道投影光刻机荣获中国国际工业博览会银奖。上海新昇半导体科技有限公司(以下简称“新昇半导体”)300毫米大硅片正片通过中芯国际和华力微电子的验证，实现月产能10万片，提前完成目标产能。百亿级项目上海超硅半导体有限公司(以下简称“上海超硅”)的300毫米硅片全自动智能化生产线开工。

IC设计业

【概况】 2018年，上海集成电路设计业(以下简称“IC设计业”)销售收入为482亿元，比2017年的437.45亿元增长10.2%。其中，出口金额为10.17亿美元(折合人民币69.16亿元)。

【企业状况】 2018年，上海拥有IC设计企业265家，营业收入超亿元的设计企业有53家，其中营业收入超10亿元的有13家。

【技术水平及产品】 上海集成电路设计业的主流设计技术为40～28～16/14纳米，先进设计技术已进入10纳米领域，7纳米的设计技术正在研发之中。数模混合电路芯片的设计技术普遍采用0.18～0.11微米嵌入式存储器(eEEPROM/eFLASH)或嵌入式处理器(eCPU)SoC(System on Chip，系统级芯片)技术。模拟电路芯片普遍采用0.35～0.13微米BCD(Binary-Coded Decimal，二—十进制代码)技术。这些芯片设计技术在国内均处于领先地位。

上海设计企业较多，集成电路产品分布跨度大、涉及种类多，大致可以分成十几个大类，如移动智能终端、无线通信及互联网、智能卡、电源管理、显示驱动、电能计量及电力线载波通信、音视频多媒体、数字电视及机顶盒、微控制器(MCU)、存储器配套芯片、信息安全及安全防护、I/O接口及保护电路等各类芯片。此外，MEMS(Micro-Electro-Mechanical Systems，传感器)、汽车电子和高端通用芯片64位CPU和1 000万门的FPGA(Field-Programmable Gate Array，现场可编程门阵列芯片)是近几年研发生产的新兴领域产品。

芯片制造业

【概况】 2018年,上海芯片制造业实现销售收入398.4亿元,比2017年增长41.3%。

上海是我国大陆芯片制造企业最为集中、工艺技术相对最为先进的产业基地。上海集成电路芯片企业不断提升芯片制程技术、扩大高阶制程产能,以满足日益旺盛的晶圆制造需求。2018年,上海芯片制造业有两个重大项目:华力二期建成投片并进入量产阶段;积塔半导体特色工艺生产线项目开工建设。

华力微电子:华力二期12英寸先进生产线总投资55亿美元(387亿元),2016年12月30日开工建设,2018年10月18日正式建成投片。月产能4万片,技术水平28~14~10纳米(投产后,每月产值将增加6.5亿元)。2018年12月11日,上海华力28纳米低功耗工艺成功进入量产。

积塔半导体:致力于打造国内领先的汽车电子芯片生产线,建立国内领先的模拟和功率器件工艺能力,力争在国内首家实现12英寸/65纳米BCD工艺,打造国内唯一的汽车级IGBT专业生产线,在国内首家实现6英寸碳化硅量产线。该项目于2018年8月开工,计划2020年投产。

截至2018年年底,上海拥有芯片制造企业7家、12英寸生产线3条、8英寸生产线8条、6英寸生产线3条及5英寸生产线1条,各生产线的分布、工艺技术水平及计划产能见表2-2。

表2-2 2018年上海芯片制造业晶圆生产线的分布、工艺技术水平及计划产能

企业	生产线编号	晶圆尺寸(英寸)	工艺技术水平	计划产能(万片/月)
中芯国际集成电路制造(上海)有限公司		12	28纳米	3.5
		12	28~14纳米	3.5
	Fab8	12	65~40~28纳米	1.5
	Fab1	8	0.35~0.11微米	12.0
	Fab2			
	Fab8B	8	CMOS-MEMS芯片	5.0
	Fab3B	8	0.13微米~90纳米铜互连	3.0
	Fab9	8	CMOS图像传感器芯载彩色滤膜制作	1.0
上海华虹宏力半导体制造有限公司	华虹一厂	8	0.35~0.095微米	6.3(上海华虹宏力运营)
	华虹二厂	8	1.0~0.18微米	5.7(上海华虹宏力运营)
	华虹三厂	8	0.35微米~0.09微米	4.8(上海华虹宏力运营)
	华虹五厂	12	65~28纳米	3.5(上海华力运营)
	华虹六厂	12	28~14纳米	4.0(上海华力运营)
	华虹七厂	12	90~65纳米	4.0

续表

企　　业	生产线编号	晶圆尺寸（英寸）	工艺技术水平	计划产能（万片/月）
上海积塔半导体有限公司		12	65 纳米 BCD	5.0
		8		6.0
上海先进半导体制造有限公司	Fab1	8	0.50～0.25 微米数模混合	2.6
	Fab2	6	1.0～0.8 微米 BCD/BiCMOS/IGBT	4.2
	Fab3	5	4.0～1.25 微米模拟	0.7
台积电（中国）有限公司		8	0.35～0.13 微米	13.0
上海新进半导体制造有限公司		6	3.0～0.5 微米数模混合	6.0
上海新进芯电子有限公司		6、8 混合	0.6～0.18 微米数模混合	3.0

资料来源：根据 SICS 数据整理

【企业状况】 2018 年，中芯国际、上海华虹宏力半导体制造有限公司（以下简称“华虹宏力”）、上海先进半导体制造有限公司（以下简称“上海先进”）、上海新进半导体制造有限公司（以下简称“上海新进”）、华力微电子的销售收入均有较好的增长。利润总额方面，华虹宏力、台积电（中国）有限公司表现较突出。

【技术水平】 中芯国际是世界领先的集成电路晶圆代工企业之一，也是中国内地规模最大、技术最先进的集成电路晶圆代工企业。中芯国际向全球客户提供 0.35 微米到 28 纳米晶圆代工与技术服务，包括逻辑芯片、混合信号/CMOS（Complementary Metal Oxide Semiconductor，互补金属氧化物半导体）射频收发芯片、高压 CMOS 芯片、系统级芯片（SoC）、嵌入式闪存芯片和嵌入式 EEPROM 芯片、CMOS 图像传感器芯片、电源管理和微型机电系统芯片（MEMS）等。

华力微电子可以提供广泛的工艺技术平台及配套 IP 解决方案，全面应用于手机通信、消费类电子、智能卡、物联网、穿戴电子及汽车电子等终端产品。华力微电子力争自主研发先进工艺技术，工艺技术涵盖 55～40～28 纳米技术节点。专注于差异化技术的发展，重点布局射频、高压、嵌入式闪存、超低功耗和图像传感器等特色工艺平台。

上海华虹宏力按照超摩尔定律（More than Moore）发展规律，致力于扩展集成电路芯片功能为主要方向的多种特色工艺技术，发展成为国内特色工艺种类较多、产能规模最大的特色工艺晶圆生产基地。上海华虹宏力专注于嵌入式非易失性存储器、数模混合电路、模拟电路和新型功率器件工艺平台，推动适用于高端 32 位 MCU（Micro Controller Unit，微控制器）的嵌入式闪存（eFlash）/嵌入式电可擦可编程只读存储器（eEEPROM）工艺平台，处于国内领先地位。第二代 0.18 微米 5 V 40 V BCD 工艺平台于 2018 年

10月成功量产,对于工业控制应用等产品是理想的工艺选择。

封装测试业

【概况】 根据上海集成电路行业统计网(SICS)对上海30家主要封测企业的跟踪统计,2018年上海集成电路封测业的销售规模为368.9亿元,同比增长18.9%,占上海集成电路产业链的比重为25.4%。2018年上海集成电路封测业的出口金额为55.36亿美元,同比增长73.9%,全行业实现利润总额11.07亿元,同比下降36.5%。

【企业状况】 与我国大陆集成电路封装测试业进入黄金发展期不同,近几年上海集成电路封装测试企业有所流失。上海的集成电路封测企业以外资企业为主,从事集成电路封装测试的外资企业主要有:日月光封装测试(上海)有限公司、安靠封装测试(上海)有限公司、晟碟半导体(上海)有限公司、捷敏电子(上海)有限公司和葵和精密电子(上海)有限公司等。从事集成电路封装的中外合资企业主要有:环旭电子股份有限公司、紫光宏茂微电子(上海)有限公司、上海纪元微科电子有限公司、上海芯哲微电子科技有限公司等。这些企业积极引进世界先进的封装形式和测试技术,推动企业从传统封装形式向先进封装形式快速转型,为上海集成电路封装测试业进入新一轮发展奠定了技术基础。

【技术水平】 上海集成电路封装技术除了传统的封装形式,如DIP(Dual Inline-pin Package,双列直插式封装)、SOP(Small Out-Line Package,小型封装)、SSOP(Shrink Small-Outline Package,超小型封装)、QFP(Quad Flat Package,四边引脚扁平封装)和QFN(Quad Flat No-leadPackage,四边无引脚扁平封装)之外,先进封装形式也占相当比重,主要的先进封装形式有BGA(Ball Grid Array,球形列阵结构)、PGA(Pin-Grid Array,针栅阵列封装)、PBGA(Plasric Ball Grid Array,塑料球栅阵列封装)、FC(Flip Chip,倒装焊封装)、CSP(Chip Scale Package,芯片级尺寸封装)、WLP(Wafer-Level Package,晶圆级封装)、MCP(Multi-Chip-Package,多芯片封装)、MCM(Multi-Chip Module,多芯片组装)等,这些封装形式已占主流地位,甚至更先进的3D/2.5D叠层式封装也进行了小批量试产。技术水平与国外先进封装厂商基本同步,处于国内第一梯队。为了兼顾传统封装形式的部分市场需求,如DIP、SIP、SOP、SSOP、TSOP(Thin Small Outline Package,薄型小型封装)等也已大部分向世界先进封装形式转型。但QFP和QFN两种传统封装形式仍有一定规模的量产。

设备材料业

【概况】 根据上海集成电路行业统计网(SICS)对上海40家主要半导体设备材料企业的跟踪统计,2018年上海半导体设备材料制造业的销售规模为201.2亿元,同比增长33.3%。半导体设备和材料是集成电路产业发展的基础。近年来,由国家科技重大专项02专项以及由国家和上海市政府各主管部门支持的高端装备和关键配套材料研发项目连连突破,通过验收,并进入国内甚至国外部分集成电路大生产线实际应用。市场和创新成为造就上海半导体设备材料制造业的两大主要动力,也是培育上海新型半导体设备材料企业不断成长壮大的源泉。

【企业状况】 截至2018年年底，上海共有半导体设备材料制造企业40家。其中，规模较大的本土(内资或内资控股)半导体设备制造企业共10家，世界著名半导体设备厂商在上海设立的分公司(或分支机构)有10家。规模较大的本土(内资或内资控股)半导体材料制造企业共7家，世界著名半导体材料(或辅料)厂商在上海设立的分公司(或分支机构)主要有8家。

中微半导体设备(上海)有限公司(以下简称"中微半导体")开发并交付使用的各种先进的介质刻蚀设备反应腔已突破500台，在国内外十几条晶圆生产线上正常运行。2018年，其自主研制的5纳米等离子体刻蚀机通过台积电验证，拟用于全球首条5纳米制程生产线。同时，中微半导体是唯一进入台积电7纳米制程蚀刻设备的大陆设备商。在美国领先的半导体行业市场研究公司VLSI Research(Very Large Scale Integration，超大规模集成电路研究)发布的2018年终盘点中，中微半导体荣登全球薄膜沉积设备供应商排名榜首，以中微半导体为代表的上海半导体装备材料产业实现了爆发式增长。

上海微电子装备有限公司的先进封装光刻机出货100余台，占境内先进封装光刻机80%的市场份额。盛美半导体设备(上海)有限公司自主研发生产的单晶圆兆声波清洗机进入国内外大生产线使用，2018年在上海浦东设立亚太制造中心，进一步推动国产半导体设备行业发展。

上海硅材料生产企业共有6家，即上海新傲科技有限公司、上海新昇半导体科技有限公司、上海申和热磁电子有限公司、上海晶盟硅材料有限公司、上海合晶硅有限公司及上海超硅半导体有限公司。

2018年7月，上海超硅300毫米硅片全自动智能化生产线项目在松江开工，项目总投资约100亿元，预计投产后年销售收入约50亿元。该项目包括AST(Amorphous-Silicon TFT，非晶硅薄膜晶体管)综合研究院、300毫米硅片全自动智能化生产线、450毫米硅片中试生产线、先进装备研发中心、人工晶体研发中心等，预计建成后可形成年产360万片300毫米抛光片、外延片及12万片450毫米抛光片生产能力，对于构建完整的集成电路产业链具有重要的战略性意义。

上海超硅新项目及此前上海新昇半导体科技有限公司、上海新傲科技有限公司、上海硅产业投资有限公司等企业重大项目建设进一步激发了上海原有硅材料生产企业上马先进硅材料加工技术的积极性，形成了较完善的硅材料研发、生产新布局，巩固了上海在全国硅材料研发、生产领域的领先地位。上海市6家硅材料企业的产品布局见表2-3。

表2-3 上海市6家硅材料企业的产品布局

序号	企 业	4～6英寸硅片	8英寸硅片	12英寸硅片	SOI晶片
1	上海新傲科技有限公司		8英寸硅外延片，2018年上马12英寸硅外延片		6～8英寸SOI晶片，2019年上马12英寸FD-SOI

续表

序号	企　业	4～6英寸硅片	8英寸硅片	12英寸硅片	SOI晶片
2	上海新昇半导体科技有限公司			2017年量产12英寸硅抛光片和外延片，2018年为月产15万片，2020年为30万片	
3	上海申和热磁电子有限公司	4～6英寸硅切磨抛光片	2016年上马8英寸硅抛光片，2017年一季度量产	2018年上马12英寸硅抛光片	
4	上海晶盟硅材料有限公司	4～6英寸硅外延片	8英寸硅外延片，投资7亿元，在郑州建立8英寸硅抛光片生产基地		
5	上海合晶硅有限公司	4～6英寸硅切、磨及抛光片			
6	上海超硅半导体有限公司			2018年开工，2019年设备搬入，2019年年底产品下线	

资料来源：上海市集成电路行业协会设备材料企业调研组

（陈爱琳）

二、通信和网络设备制造业

概况

2018年，上海市通信和网络设备制造业呈现出显著的结构调整、转型升级特征，全行业备战5G产业生态发展，较上年总体增幅不大。上海市通信设备制造业2018年1—12月发展情况见表2-4。

表2-4　上海市通信设备制造业2018年1—12月发展情况

通信设备制造业	工业总产值		销售收入		利润总额	
	1—12月（亿元）	同比(%)	1—12月（亿元）	同比(%)	1—12月（亿元）	同比(%)
	1 794.61	5.3	1 858.86	4.7	37.07	1.4

数据来源：上海市统计局

第五代移动通信技术(5G)

上海通信和网络设备制造产业链企业积极支持配合5G国家战略,部分企业作为IMT-2020(5G)成员,参与了工信部5G测试规范制定工作。在通信终端整机、芯片设计领域,上海占据了重要的市场份额。

上海作为中国的金融中心,在港口物流、工业制造等领域,依托国内运营商网络建设及龙头企业带动,以新赋能与创新应用场景相结合模式推进5G产业生态在智能制造、智慧城市、大交通、金融等领域的关键技术研发与发展,发挥5G对行业发展的信息化支撑作用。上海在智慧交通、智慧园区、智能制造等领域初步开展了5G应用试点,如无人驾驶、无人智慧工厂、工业远程运维巡检、5G火车站等场景应用示范。

上海诺基亚贝尔股份有限公司

上海诺基亚贝尔股份有限公司(以下简称“诺基亚贝尔”)是国务院国有资产监督管理委员会(以下简称“国资委”)直接监管的央企中唯一一家中外合资企业,也是诺基亚在华独家运营平台。作为由中央和国务院决策成立的我国通信信息和高科技领域第一家中外合资企业,上海贝尔股份有限公司(以下简称“上海贝尔”)通过引进、消化吸收、再创新,响应“一带一路”倡议,在技术创新和国际化发展合作方面走出了中央企业独特的发展道路,为我国通信网络和通信技术实现跨越式发展做出了积极贡献,并有效带动了中国通信产业的群体崛起。2017年7月1日,上海贝尔与诺基亚在中国的业务完成整合,组建成立了新的上海诺基亚贝尔股份有限公司。

诺基亚贝尔拥有员工约15 000人,业务遍及50多个国家和地区,为全球电信运营商和各领域行业信息化提供端到端信息通信解决方案和高质量服务,在移动网络、固定网络、IP网络、光网络、软件应用及5G、物联网、云计算等下一代网络技术领域成为领先者。

诺基亚贝尔扎根中国创新,同时也是诺基亚全球研发的重要组成部分。诺基亚贝尔的研发人员超过10 000名,拥有6个产品研发中心和贝尔实验室强大的全球创新资源。作为国家创新型企业和国家企业技术中心,诺基亚贝尔积极参与国家创新战略《国家中长期科学和技术发展规划纲要》的实施,充分利用中国的创新生态和全球资源优势,提升世界级创新水平,成为互联世界的创新领导者。

(林文琦)

上海大唐移动通信设备有限公司

【概况】 2018年5G通信市场爆发前夜,通信行业大幅缩减传统领域投资,互联网共享热潮消退,万物互联的物联网呼之欲出,移动通信市场进入升级转型期。上海大唐移动通信设备有限公司(以下简称“上海大唐”)积极迎接挑战,在网建、网维、网优及系统集成、综合代维、移动配套等业务基础上,围绕物联网模组、智能终端、定位监控进行产品开发推广和业务拓展。上海大唐围绕打造核心竞争力,集中有限资源,在产品开发及配合集团战略方面,积极面向未来5G应用,向智能化应用方向开拓。

【主要产品】 上海大唐的环境监测产品实现了自主研发的软件、硬件结合。启动自主研发电动车

位置跟踪产品和智能安全帽，并形成了相关产品和解决方案。围绕智能化应用展开技术研发与市场探索，完成了 NB-IoT 物联网模组、智能井盖(含水位监测)、电动自行车追踪器、智能定位安全帽、水质监测浮标等产品的研发。2018 年，上海大唐取得软件著作权 8 项，申请专利 17 项，授权专利 21 项。

【重大项目】 围绕“物联、数联、智联”三位一体的新型城域物联专网，推出垃圾桶满溢传感器、环境监测传感器、地磁等多款物联网终端及相关解决方案，被国家国家发展和改革委员会(以下简称“国家发改委”)列为 2018 年数字经济试点重大工程支持项目——上海大数据交易中心的静安大数据城市精细化管理“151 项目”和东方有线网络有限公司的物联网传感器终端设备框架采购项目。

上海大唐的物联网业务取得重大突破：上海大唐烟火识别系统独家中标中国铁塔股份有限公司(以下简称“中国铁塔”)丽水市分公司的“2018 年秸秆焚烧烟雾监测系统采购项目”，该系统在江苏、吉林、山西、甘肃、江西等多个省份部署实施，夯实了上海大唐与铁塔公司的战略合作伙伴关系，拓展了两者在物联网领域的合作范围。

上海大唐还携手中移物联有限公司，共同开发智慧门锁、智能家居等多款产品，共同开展海南智慧社区项目，涉及智能井盖、烟感、水质监测、充电桩、监控等多类物联网应用。

【配套产品与工程服务】 聚焦移动通信领域，围绕无线通信主设备的延伸服务产业和配套产品开拓。

配套产品：机房配套产品是公司的重点布局产品，其中铁塔的通信位置服务模块 2018 年市场占有率超过 60%，深度参与铁塔微站电源的标准制度。新上线光电一体箱、分体计量、铁甲机房等配套类产品；终端类产品首次完成规模供货；NB 模组入围中国联通集采；在巩固传统运营商市场基础上，汽车行业取得重大突破，智能模组产品进入上海通用、武汉电动汽车等乘用车前装市场，为上海大唐扩大模块类销售打下了基础。

系统集成：上海大唐参与了湖北 5G 试验网建设，在湖北联通试验网项目中积极开展 5G 室分站点的勘察、设计和施工工作，并在集团统一组织下，有序开展市场化工作。通过混合经营模式，业务经营质量有所提升，传统市场和区域深耕细作，进一步巩固了传统室分、有线宽带业务的市场份额。

综合代维：综合代维市场增长稳健，实现收入、利润双增长态势，先后被中国通信企业协会评为“2017—2018 年度通信网络维护服务支撑先进单位”“2017—2018 年度通信网络运营维护服务用户满意企业”“中国铁塔三星级代维单位”荣誉称号。业务站址规模和金额位列中国铁塔代维单位的第二梯队。

“服务＋方案＋产品”理念取得重大突破：一体化机柜空调在多省份开展试点并率先在江苏形成小规模订单，为 2019 年业务市场规模稳固拓展，产品推广和客户深度合作打下坚实基础。

技术创新走差异化道路。业务部门配合中国铁塔集团响应国家绿色环保、节能减排号召开展梯次电池利用项目，积极探索和完善梯级电池“端到端”服务方案和理念，并与山东铁塔合作，率先在山东建立梯级电池分拣中心雏形，推行梯次电池利用试点，得到铁塔集团和山东省铁塔一直认

可和肯定;机房节能减排削峰填谷智能控制器完成了产品研发,模拟测试和基站测试环节,在铁塔新业务拓展上迈出坚实一步。

(冯璟艳)

华勤通讯技术有限公司

【概况】 华勤通讯技术有限公司(以下简称"华勤")创建于2005年,是全球领先的多品类智能通讯终端研发设计企业(智能通讯终端ODM),产品涵盖智能手机、平板电脑、笔记本电脑、服务器及IoT产品。总部位于中国上海,并在西安、无锡、东莞、南昌、深圳、中国台湾、日本、中国香港、美国、印度等国家和地区设有研发中心、制造基地、运输中心等多类型分支机构。

截至2018年,华勤拥有员工15 000余人,其中职员4 100余人(研发人员占75%),拥有近2 000项授权专利。华勤设计制造的产品远销亚洲、非洲、拉美、欧洲等100多个国家和地区,覆盖全球80多个运营商,服务全球数亿位消费者,让来自发展程度不同的国家和地区的消费者平等享受无线移动生活。

【研发实力】 华勤拥有5大研发中心支持核心业务,依托IPD、PLM高效的研发管理流程,雄厚的研发储备支持新技术快速产品化,截至2018年12月31日,专利及知识产权授权达2 273份。

【供应链管控能力】 每年超两百亿元采购规模,核心供应商优先稳定供货,多产品线互相支持,共享优势,拥有严格的标准化二级物料管理机制及卓越现场管理能力。

【运营能力】 多个国际制造基地保证大规模柔性交付,支持产品全生命周期维护,MES(Manufacturing Execution System,制造执行系统)全流程管控物料信息,完善的IT系统实现订单的无缝对接。

【质量管控能力】 拥有1 500人质量团队,质量全生命周期管理流程,专业实验室配备,严苛的品质把控。华勤在产品质量上通过持续不断地提升生产自动化投入、人员专业化建设、产线精益化要求,保障了准时、高效、可靠的产品质量与交付,极大地满足了大规模制造条件下的个性化客户需求。

【公司荣誉】 2018年,华勤入选中国电子信息行业创新能力五十强企业,取得了第24名的佳绩。在2018中国电子信息行业创新成果"盘古奖"评选中,华勤凭借ADAS智能驾驶安全辅助系统一举获得"2018年电子行业创新应用奖"。此外,华勤荣获联想"Perfect Quality"奖、小米"最佳交付奖"、LG"Best ODM Partner Award"奖、华为"2018 Excellent Quality Award"奖,并荣获国家知识产权局颁发的"国家知识产权优势企业"荣誉称号。

(朱群英)

上海博达数据通信有限公司

【概况】 上海博达数据通信有限公司(以下简称"博达")是业界领先的网络数据通信设备提供商和整体网络解决方案供应商,主营路由器、交换机、PON(Passive Optical Network,无源光纤网络)、无线WiFi及人工智能等多种网络数据通信

产品,在人工智能、天线技术、军工技术、网络安全、自主可控、云平台技术等领域进行了大量探索和技术积累,构建了企业核心技术体系,所有产品均拥有自主知识产权。

博达拥有发明专利授权 25 项,取得计算机软件著作证书 68 项。形成了完善的研发、生产、销售、服务网络,在电信运营商、电力、金融、政府、军队、教育等重点行业领域拥有大量客户,部分产品打入亚洲、美洲、欧洲等海外市场。博达设立了南、北、西北三个客户服务中心,在全国 32 个城市建立了服务网点,为用户和合作伙伴提供全方位服务。

【主要产品】 博达主营网络数据通信设备的研发、生产、销售和服务,最具代表性的产品包括:

操作系统平台 BDROS。该操作系统平台拥有 300 多万行源代码,支持 130 余种数据通信协议,并随着网络技术的发展不断升级创新。该操作系统平台应用于博达全线数据通信产品中,并以外硬内软的形式,广泛应用于金融、电信、教育、政府、税务、公安、气象、卫生等各大行业领域。

交换机。博达深耕行业多年,积累了大量业界领先的知识产权和专利,可提供从核心到接入十多个系列、上百款交换机产品。产品包括数据中心交换机、园区网交换机、个性定制交换机等,主要面向高性能云计算、数据中心和高端园区网等新一代高性能数据中心,可提供业界最高的交换性能和丰富的数据中心业务特性。

路由器。博达 1998 年研制成功第一台通过邮电部测试的商用路由器产品,是国内最早研发、设计、生产路由器产品的厂商之一。路由器产品是博达专业网络技术的集中体现。博达拥有高端核心路由器、企业级宽带路由器等几十款业界领先的路由器产品,凭借完整的解决方案和稳定可靠的产品,入围中国电信 15 个省市的项目,连续 10 年入围联通集团总部采集,参与了多个省市的无线城市建设项目。

G/EPON。博达通信 EPON(Ethernet Passive Optical Network,以太网)系列产品是面向融合性多业务网络推出的新一代智能型光网络设备,具备优越的接入性能、强大的业务承载能力、精细化的业务控制能力及完善的互连互通能力,是主流运营商首选光网络产品。博达在全国三网融合建设中,为广电客户量身定制产品和解决方案,成为行业领导品牌。

无线 WiFi。博达顺应无线网络发展趋势,针对市场上大量的商业 WiFi 需求,研发设计了全套的无线接入产品,产品包括无线 AP(Wireless Access Point,无线接入点)、AC(Access Controller,接入控制器)、云业务平台、无线接入网关、车载网关、远距离覆盖等,能够提供基于云平台的完整商业无线解决方案。博达无线产品已广泛应用于三大运营商的 WLAN(Wireless Local Area Networks,无线局域网)建设,通过自有品牌及合作伙伴在十余个省份参与无线城市建设,累计销售量达数万套。

工业通信。博达针对工业领域对网络产品的高标准要求,推出了全套工业网络产品解决方案。工业产品通过了国家电网 A 类认证,产品达到 IP40 以上的防护等级,关键产品指标及元器件选型优于国际知名品牌。产品能够在恶劣的工业环境下稳定工作,大量应用于国内地铁轨道交通、电力、铁路、风电、道路监控等工业领域。

网络安全。博达为了更好地保障网络安全性、可靠性,在传统安全产品防火墙基础上升级了

上网行为管理，并开发了更具竞争优势、支持国产芯片的网络通信设备，主要面向运营商、金融、政府、教育、企事业单位等，有效保障国家信息安全。

自主可控。博达自2013年开始与苏州盛科合作，采用其自主研发的全国产化交换芯片，成功开发了二三层以太网交换机产品，有力推动了安全自主可控设备发展。

【重大项目】 已完成重点科研项目："大规模智能AC/AP设备的研发及产业化"是2016年上海市软件和集成电路产业发展专项资金项目，其开发了WAP2100系列无线局域网设备，构建了AC/AP设备与云平台、统一网管于一体的大规模智能无线解决方案，实现了大容量AC接入和机框式多线卡无线接入，可支持多种典型应用环境（室外型、吸顶式、入墙式、放装型、室分型、集中型）的AP实现。项目产品成功应用于多个智慧城市建设、广电无线改造项目中。该项目完成验收，并达到预期目标。

在研重点科研项目："下一代互联网融合增强型网络模块"是2018年上海市产业转型升级发展专项资金项目。其面向融合FC(Fiber Channel，光纤通道)交换、以太网交换数据中心网络应用，开发下一代互联网CEE(Converged Enhanced Ethernet，融合增强型网络)模块。通过将低延迟、高可靠性的FC交换和最普遍、高速的以太网融合，极大方便数据中心网络建设，使数据中心网络的结构更灵活，有利于虚拟化、服务器和数据迁移的应用和发展，打破国外厂家垄断，填补国产产品在该领域应用的不足，满足下一代互联网建设需求。

下一步重点科研项目："自主可控安全的网络设备"项目拟采用全国产化的软硬件设计及自主研发方式，开发系列化自主可控高性能交换机，项目产品拥有完整的自主知识产权。该项目通过技术突破打破国外垄断局面，对国家促进下一代互联网核心设备发展起到积极作用。

【公司荣誉】 博达不断创新、锐意进取，获得"国家级软件开发基地重点骨干企业""上海市高新技术企业""上海市级企业技术中心""上海市软件企业""上海市创新型企业""上海市'专精特新'企业"等荣誉称号，并通过了ISO 9001质量管理体系认证及OHSAS 18000职业健康与安全管理体系认证，多次获得"上海市明星软件企业(经营型、创新型)"称号。

（张　毅）

上海汇珏网络通信设备有限公司

【概况】 上海汇珏网络通信设备股份有限公司(以下简称"汇珏网络")是一家集研发、生产、销售于一体的高新技术企业。2002年创立，秉承"技术求发展，客户携共赢"经营宗旨和"以制造为基础，以服务为导向"的经营原则实现快速发展，形成了以"智能网络通信设备设计制造为核心、智能网络通信系统集成应用为动力"的两大业务板块，拥有智慧网络解决方案、智能配电解决方案、智慧无线解决方案、光网络解决方案、数据中心解决方案、智慧城市一站式服务六大产品线，为国内外通信运营商、ICT设备商、网络集成商等提供智慧网络一站式解决方案。

【创新研发铸高端品牌】 汇珏网络以可持续创新为核心价值，保持技术领先优势，将"品牌创新"

"服务创新""文化创新"三者紧密结合,创造新技术、新产品、新服务,引领现代生产方式新潮流,全面优化产品的可靠性、安全性、先进性,成就行业高端品牌。汇珏网络导入品牌管理体系,建立市场驱动与技术驱动相结合的创新研发机制,加强品牌产品研发创新护城河工程建设,完善"销售一代,研发一代,储备一代"布局。截至2018年年底,公司申请专利46项,授权专利34项;参与9项国家标准及行业标准制定工作,公示"智能光分配网络"标准2项;多种新产品通过泰尔认证、3C认证、广电入网认定、欧盟RoHS许可等。公司荣获"上海名牌""上海著名商标""上海市品牌培育示范企业"等荣誉称号。

【抢占产业发展制高点】 2018年是5G预商用开启年和物联网爆发年,汇珏网络聚焦光载5G、物联网等关键发展方向,深入行业场景,研发了基于物联网的智慧灯杆平台、物联网大数据平台、基站天线系统、光模块、智能锁管理平台、信令平台等5G基础设施及智慧城市建设解决方案,使城市联动管理更安全、更精准、更高效、更智能,为抢占5G产业发展制高点奠定了坚实的技术基础和市场基础。

【加强"三化建设"新引擎】 汇珏网络顺应智能制造发展趋势,建设"无人工厂",完善产品全生命周期监控的PMS(Power Production Management System,工程生产管理系统),并使之与ERP(Enterprise Resource Planning,企业资源管理)、MES(Manufacturing Execution System,制造执行系统)、PLM(Product Lifecycle Management,产品生命周期管理)、WMS(Warehouse Management System,仓库管理系统)、OA(Office Automation,办公自动化)等系统或平台进行纵横向和端对端的无缝集成,从而实现柔性化生产、定制化制造,达到成本、质量、服务的最优化,打造中国"高质量发展"品牌。

【构筑产业集成生态链】 汇珏网络始终坚持以客户为中心,对客户进行全生命周期管理,加强与上下游产业链协同发展,提高上下游合作伙伴满意度。同时通过产学研合作、并购整合,推进"生产向研发,产品向系统,制造向服务"转型,构建发展新动能,实现企业可持续发展。

【布局国外市场】 围绕国家"一带一路"倡议,汇珏网络联手行业内的战略伙伴着手"走出去",制定有序稳健的市场国际化实施战略,参与全球竞争。

【重大项目】 2018年,汇珏网络"面向通信行业的新型智能锁管理系统"项目顺利通过国家工业和信息化部"服务型制造示范"遴选,该项目是汇珏网络探索以客户价值为中心的产品生命周期项目管理模式的成功实践,也是完善一体化信息增值服务健全体系的典型案例。

【公司荣誉】 2018年,汇珏网络荣获"智能光分配网络"标准2项、中国标准化协会团体会员、上海市品牌培育示范企业、上海生产性服务业促进会理事单位、2016—2017年度合同信用等级AAA级、2016—2017年度上海市守合同重信用企业、奉贤区财富百强、卓越绩效管理模式孵化企业、5S现场管理孵化企业、青村镇"亩均纳税十强"、青村镇

纳税总额十强、青村镇和谐发展奖、青村镇就业贡献奖等荣誉。

（丁　玮）

上海华湘计算机通讯工程有限公司

【概况】　上海华湘计算机通讯工程有限公司（以下简称“华湘”）2018年营业收入为7 465万元，实缴税收总额1 673万元，研发投入598万元，新产品销售收入在销售总收入中的占比超过60%。华湘成立于1993年，坚持“产业报国，以国家观念为基础来经营事业”的企业宗旨，是上海市高新技术企业，拥有军工四证。2010年引入上海科技投资集团股份公司资本（占公司总股份的15%），为企业可持续发展提供保障。

【研发生产】　华湘拥有106人专业团队，其中研发人员19人，占员工总数的18%，2位为享受国务院特殊津贴的专家。组建研发团队同时不忘研发基础设施和环境建设，华湘总部位于漕河泾高新技术开发区，拥有1 800平方米研发生产场地，同时在松江设立全资子公司上海蕾腾电子科技发展有限公司，拥有5 000多平方米生产厂房。公司拥有独立的研发实验室、精加工车间、芯片工艺生产线、各类加工设备、国际先进的测试测量仪表，研发了超过2 000个品种的微波产品，满足各行业领域需求。

【主要产品】　华湘采用新技术、新材料、新结构、新构件，研制开发了大功率同轴衰减器、负载、检波器、同轴开关、耦合器等十三大系列微波器件，替代进口产品，填补国内空白，为国家节约了大量外汇。

【公司荣誉】　2018年，华湘有7项实用新型专利获得授权，申请了10项实用新型专利和1项发明专利，2项产品的企业标准在区质量技术监督局备案，“衰减器（SMA型/2.92型/TS型）”项目获上海市高新技术成果转化认定，项目等级为A级。华湘进入“上海5G产业应用创新联盟”，获得“中国工合80周年先进单位”称号，并成为“军民两用科学技术促进会”会员单位。

（柳　弘）

上海易景信息科技有限公司

【概况】　上海易景信息科技有限公司（以下简称“易景科技”）创立于2008年7月，总部位于上海，下设中国香港、深圳、重庆、宜宾、南京等子公司，是一家从事2G、3G、4G移动通信终端产品、物联网模块（IoT）及系统、智能硬件产品、行业性定制产品设计开发的高新技术企业。

【主要产品】　2018年，易景科技与小米、搜狗、中兴、TCL等品牌企业建立战略合作关系，推出了TWS（True Wireless Stereo，真无线立体声）耳机、智能跟随行李箱、儿童电脑、智能手表等信息科技产品。

【重大项目】　易景科技完成了物联网产品线布局，四川易景智能终端产业园成功落地。成立了南京分公司。易景科技在中国、南亚、东南亚、中东、非洲、南美、欧美市场份额不断增加，为全球100多个国家和地区的品牌及运营商提供高性价比、有设计感的移动智能终端产品及解决方案，为国内知名品牌、互联网公司提供智能硬件产品和

行业解决方案。

（付 晓）

上海卡布奇诺电子科技有限公司

【概况】 上海卡布奇诺电子科技有限公司(以下简称“卡布奇诺”)成立于2013年，是一家专注于中老年智能机及相关电子产品研发生产的高科技公司。

【主要产品】 卡布奇诺依托集团持续推出专为中老年人量身打造的高端智能机，在软硬件设计方面实现突破性创新，具有字体大、声音响、界面简洁时尚的特征，并具备测量心率、紧急求助等功能。其第一代产品在京东首发，受到中老年用户青睐。

【重大项目】 卡布奇诺“为老服务”在上海市各个社区开设公益课程，到外滩、老西门、半淞园路、五里桥、豫园、打浦路、淮海路等街道社区教老年人学用智能手机和微信，在上海老年大学、上海老科技进修学院、黄浦区老干部大学等机构开设智能手机教学课程，与《新民晚报》联合举办“新民银发智能手机公益课程”。

2018年，卡布奇诺科协成为黄浦区第7家基层科协组织，公司积极开展创新争先行动，促进科学普及推广，成为党领导下团结联系企业科技工作者和人民群众的、科技创新的重要力量。

2018年8月16日，上海市经济和信息化委员会(以下简称“市经济信息化委”)联合上海市民政局开展以“走进社区，走进街道，走进老人，为‘银发’人群提供信息化服务”为主题的“智慧为老”服务，并举行开班仪式。卡布奇诺作为“智慧为老”系列培训班志愿者讲师团成员参加启动仪式。

2018年8月30日，华为上海终端业务部、上海市民信箱信息服务有限公司、卡布奇诺联合参加上海市普陀区甘泉街道智慧为老市民培训活动专场，卡布奇诺为普陀区甘泉街道的老年人带来了一场实用而又生动的智能手机科普讲座，受到当地老年人好评。

（杨旭辉）

烽火通信科技股份有限公司

【概况】 烽火通信科技股份有限公司(以下简称“烽火”)是信息通信网络产品与解决方案提供商、国家科学技术部(以下简称“科技部”)认定的国内光通信领域唯一“863”计划成果产业化基地和创新型企业。自1999年成立以来，烽火通信始终专注信息通信事业发展，资产规模翻了十倍，销售规模实现了近二十倍增长，年均复合增长率超过20%。

【主要产品】 烽火主营业务立足光通信，深入拓展至信息技术与通信技术融合而生的广泛领域，拥有华中、东北、华东、西北、华南、西南、南美、南亚、北非等产业基地，以及全资、控股、参股等数十个子公司。在全球50多个国家构建了完备的销售与服务体系，产品与服务覆盖90多个国家和地区，已跻身全球光通信最具竞争力企业十强，光传输产品收入全球第五，宽带接入产品收入全球第四，光纤光缆综合实力全球第四，运营商交换路由设备收入全球第七，是我国智慧城市、行业信息化、智能化应用等领域的领军企业。

【重大项目】 2018年2月9日，在日内瓦举行的ITU-TSG15(光和其他传送网)全会上，中国代表团在5G传送网技术标准化工作方面取得重要进展。由中国三大电信运营商、中国信息通信研究院、烽火通信等单位组成的ITU-T SG15中国代表团提出的5G承载方案获国外行业专家支持，获ITU-T立项批准。烽火携手OIF(Optical Interworking Forum,国际光互联组织)与业界多个厂家进行了智能光网络的物理层互联互通演示，标志着FlexE(灵活以太网技术)接口互联互通取得重大成果，推动了5G承载关键技术发展。

在2018年4月17—18日举行的中国SDN(Software Defined Network,软件定义网络)/NFV(Network Function Virtualization,网络功能虚拟化)大会期间，烽火以“烽火电信云：5G时代，高效、可靠、可控的电信云解决方案”为主题，首次向业界发布电信云解决方案，并公布了与风和公司在电信云领域的合作。2018年5G承载技术发展研讨会期间，烽火荣获“5G电信云接触解决方案奖”。烽火自主研发设计的有中继轻型海底光缆“LW-R”和有中继单层铠装海底光缆“SA-R”顺利通过国际环球接头联盟(UJC)颁发的UJ(UniversalJoint,万用接头)认证，获得了关键性的三张证书，意味着烽火取得了进入国际海缆市场的通行证。

2018年7月5日，IDC亚太区智慧城市大奖(SCAPA)揭晓评选结果，由烽火承建的武汉东湖综合保税区智慧园区项目荣获2018年IDC亚太区行政管理领域智慧城市大奖。

2018年7月20日，武汉邮电科学研究院(下属上市公司包含：烽火通信、光迅科技、理工光科、长江通信)和电信科学研究院联合重组并成立的“中国信息通信科技集团”正式揭牌运营。

【公司荣誉】 烽火荣获了2018年中国光通信最具综合竞争力企业十强、2018年中国光通信市场最具品牌竞争力企业十强、2018年全球光传输与网络接入设备最具竞争力企业十强、2018年全球光纤光缆最具竞争力企业十强、2018年中国光传输与网络接入设备最具竞争力企业十强、2018年中国光通信最佳技术创新奖等多项大奖。2018年7月，荣获“2018中国方案商500强”榜单两项大奖。2018年9月26日，烽火OXC(Optical Cross-connect,光交叉连接)获“光通信年度优秀技术创新奖”。

(王佳欣)

上海乐相科技有限公司

【概况】 上海乐相科技有限公司(以下简称“大朋VR”)2014年成立，是全球领先的人工智能虚拟现实产品与内容公司，用户遍及全球多个国家，自主研发从软件系统、硬件设备到内容平台运营的完整全栈VR解决方案，产品包括VR一体机、PC-VR头盔，和泛娱乐VR内容平台3D播播。大朋VR获得了迅雷科技、恺英网络、奥飞动漫等多家国际上市公司和机构投资，通过不断创新，持续打造性能强、体验佳的革命性产品和内容。

【主要产品】 大朋VR拥有包括VR一体机，PC VR头戴显示器和激光定位技术等全栈VR技术。自主研发了Polaris双目激光空间定位方案，独家拥有10余项激光技术发明专利，这一技术使E3

成为拥有全套自研激光定位技术的 VR 头盔，能实现 360°无死角定位、进行实时定位捕捉，满足桌面级、房间级、仓库级多种需求，支持多人同时使用。与七鑫易维合作打造眼球追踪和表情捕捉功能，为 VR 社交和游戏带来更多可能。与 5G 结合方面，大朋 VR 与华为、三大运营商合作，领头探索千兆云 VR 与 5G 云 VR 的落地部署。

【重大项目】 2018 年，大朋 VR 携新品 E3 和 VR 一体机 M2Pro 参展美国 2018 国际消费电子展(CES)，与 nVIDIA 和 AMD 达成战略合作协议。

2018 年 1 月 26 日，大朋 VR 获得南通 6 所小学 VR 智慧教室合作项目，实现构建以大朋 M2Pro 为基础的 VR 课堂；2018 年 10 月 9 日，大朋 VR 教育行业解决方案落地周浦中学，大朋 VR“轻松教学、乐享创新”沉浸式学习 VR 教育行业解决方案，包括一体播控解决方案和一拖多解决方案正式启动。2018 年 2 月 27 日，大朋 VR 联手中国移动研究院亮相 MWC 世界移动通信大会。大朋 VR 作为中国移动 5G 联创合作 VR 头显厂商，展示了“5G 边缘云 VR”技术最新应用项目。

2018 年 5 月 10 日，大朋 VR E3 巨幕影院系列产品入驻微软授权店，成为首家进驻的 VR 头显产品。

2018 年 7 月 18 日，福建移动发布面向家庭的运营商云 VR 业务“和・云 VR”，云 VR 正式迈出商用第一步。“和・云 VR”由千兆家庭智能组网、WiFi 网络和云化渲染技术组成，大朋 VR 一体机作为体验终端，联合包括华为等众多产业链内合作伙伴，为家庭用户带来丰富有趣且门槛低的 VR 应用体验。

2018 年 8 月 8 日，大朋 VR 发布全新 VR 一体机全景声 3D 巨幕影院 P1。新品采用全球首款 VR 专用芯片-全志 VR9 芯片，支持 6K 全景视频硬解码，进一步提高 GPU 渲染效果。针对使用眩晕感问题，做了独有的硬件结构和算法优化，为用户提供更好的视觉体验。产品拥有独家 MipMap 防闪烁技术、异步时间扭曲优化、透镜设计优化、全景声功放技术、深度功耗优化和 AI 语音助手等技术，是行业领先的高端消费级 VR 一体机。

【公司荣誉】 大朋 VR 是工信部中国电子信息产业发展研究院“虚拟现实产业联盟(IVRA)”理事单位、文化部“中国文化娱乐行业协会虚拟现实技术应用分会”副会长单位、中国移动“5G 联合创新中心”合作伙伴单位。

(王　智)

普华基础软件股份有限公司

【概况】 普华基础软件股份有限公司(以下简称“普华”)是中国基础软件领域的旗舰企业，肩负提升国家基础软件产业核心竞争力的重要使命，以打造基础软件国家队为己任。通过资源整合、技术与业务模式创新，构建完整的基础软件产业链，提升中国基础软件的核心竞争力，为用户提供安全可靠、高品质、经济实用的产品和服务，力争成为中国乃至世界的软件界的龙头企业。

【主要产品】 在汽车电子基础软件领域，普华是“核高基”软件领域唯一连续牵头承担“十一五”“十二五”任务的机构，面向汽车领域提供实时嵌

入式操作系统、开发工具链、测试工具链、仿真工具链等产品，是全球少数可以提供整体基础软件解决方案的厂商之一，产品量产规模近 300 万套。行业地位方面，普华是 Aspace 三级（国内最高）、Autosar 高级会员，客户不仅覆盖国内整车厂商，还包括博世、法斯特、萨博等跨国企业，市场占有率国内第一、全球第四，也是我国智能网联布局中，基础、关键、核心技术的核心依托单位。

2018 年，普华在通用操作系统领域持续完善自身产品体系，从微内核系统、桌面操作系统、服务器操作系统、云操作系统到云存储解决方案，形成了以操作系统为核心的单机、集群产品生态架构。在党政业务领域进一步扩大市场份额，在电力、轨交方面均取得较好成绩，业务持续稳定增长。

2018 年，普华汽车电子基础软件销售范围覆盖了吉利商用车、腾讯、联合汽车电子、联创、捷温、精进、陕西法士特、玉柴、慧翰、向晟、蔚隆、杭州三花研究院、华硕、科力远、珠海广通、翔迅、宁波洁程、台达、万向等品牌客户，新签合同额大幅增长。

【国家卫星气象中心指定供应商】 2017 年 9 月，普华公司中标国家气象卫星中心“风云三号 02 批气象卫星工程地面应用系统 D 星支撑平台设备 x86 服务器采购项目”，为其供货 355 套服务器操作系统、48 套高可用集群软件。经过近一年测试试用，2018 年 7 月，普华基础软件产品正式成为国家卫星气象中心风云三号 02 批气象卫星工程地面应用系统 D 星支撑平台设备 x86 服务器采购项目的操作系统供应商。该项目在统计产品生成服务器、产品处理服务器、数据服务与遥感应用、产品算法研制和仿真测试服务器集群、监视和管理服务器资源池等多处应用普华服务器操作系统及 i-HA 集群软件产品等共计 400 多套，采用普华高可用集群软件为操作系统提供主备模式、互备模式切换支持，满足了风云三号 02 批气象卫星资料汇集传输、业务调度、预处理、产品生成、监测分析服务、产品分发、产品质量检验验证系统、数据存档和服务、仿真和技术支持等技术系统对计算能力、处理时效、运行稳定性的要求。这是国家卫星气象中心首次大规模在“风云”卫星地面应用系统支撑平台中采用国产操作系统，经过前期项目部署测试，产品兼容良好，运行稳定。

【新能源汽车专项资金】 2018 年 4 月 18 日，普华承担的“基于国产基础软件的新能源汽车整车控制器研发及产业化”项目顺利通过上海市新能源汽车推进领导小组办公室组织的项目验收，受到验收专家组一致认可。项目研制成果为“新能源汽车整车控制器”，硬件部分参考发动机严酷等级设计要求，结合电动车特殊环境要求，进行目标定位、冗余设计及严格试验。所有端口满足对地对电源短路试验要求，所有端口防止浪涌及防高压要求，满足电动车 12 V 及混合动力 24 V 的系统供电要求，静态电流小于 2 mA 的严酷要求。软件部分采用普华参考 OSEK/AUTOSAR 标准自主研发的“普华灵智”（ORIENTAIS）汽车电子基础软件平台产品。

【上海市科技进步奖三等奖】 2018 年 8 月 20 日，普华基础软件的“国产汽车电子基础软件平台的关键技术及成果应用”项目荣获上海市科技进步奖三等奖。项目依托“十二五”核心电子器件、高

端通用芯片及基础软件产品国家重大科技专项，参照国际最先进的汽车开放系统架构，研制开发并形成了“汽车电子基础软件平台”成果。该成果突破国际巨头的技术垄断，在自主品牌汽车上实现了百万级的装机量。通过项目实施，普华成为国内唯一拥有自主知识产权的车控基础软件产品开发商，具备了与国际巨头同台竞争的能力。

【AUTOSAR高级合作伙伴】 2018年，普华公司与AUTOSAR(Automotive Open System Architecture，汽车开放系统架构)国际组织签署AUTOSAR Premium Partner协议，成为继长城汽车之后，中国汽车相关行业的又一个AUTOSAR组织高级合作伙伴，也是中国汽车零部件及软件企业中唯一的AUTOSAR高级合作伙伴。

【主办“2018华梦”大赛】 2018年4月，普华公司与中国软件行业协会教育与培训委员会共同主办的“2018华梦”全国大学生开源软件技术创意大赛启动。大赛以“可信物联，谁主沉浮。隧道飞鸿，开源卫士”为主题，结合智慧物联等新兴产业技术发展，以基于开源技术体系的“可信物联”为模型，重点思考在快速发展的公共网络中，如何实现前端感知信息与数据中心业务平台间的安全及有效传输技术，从而为将来步入社会打下坚实的数据安全理念。大赛聘请倪光南院士为总顾问，通过校园技术巡讲、组织线上学习、作品评审等赛事议程，并进行总决赛PK。共设置团队奖、最佳人气奖、“十年开源”勤奋奖、“开源耕耘”笑傲奖、“开源十届”相伴奖、“开源耕耘”追梦奖、“开源十届”携手奖等20个奖项。比赛历时8个月，于2018年12月在武汉闭幕。华梦活动面向国家信息化战略，围绕国产操作系统普遍基于的Linux开源技术，以完全公益的形式鼓励大学生尝试接触，帮助上百万学子开启通往开源世界的大门。

【中国软件信息服务业发展卓越贡献企业】 2018年10月12日，由中国软件和信息服务业网、日照市高新区管委会和智慧城市评价网共同主办，中国软件和信息服务业百人会承办的“2018中国(日照)软件和信息服务业领袖年会暨2018(第六届)中国智慧城市推进大会”召开。会上，普华入选“纪念改革开放四十周年——中国软件信息服务业发展卓越贡献企业”。

(宋　玲)

翱捷科技(上海)有限公司

【概况】 翱捷科技(上海)有限公司(以下简称“翱捷科技”)成立于2015年4月，注册资本3.25亿美元，总部位于上海张江高科技园区，在美国、韩国、中国香港、北京、大连、成都、合肥、深圳建立了分支机构，在全球拥有超过600名员工。

【主要产品】 翱捷科技是一家专注移动智能通讯终端SoC、物联网、导航及其他消费类电子芯片的平台型公司，产品线覆盖2G、3G、4G、5G以及IoT在内的多制式通信标准，包括移动通信基带芯片、射频芯片、电源管理芯片、LoRa(Long Range，超长距低功耗数据传输技术)芯片、WLAN(Wireless Local Area Network，无线局域网)芯片、GPS(Global Positioning System，全球定位系统)芯片、Bluetooth(蓝牙)芯片等多个领域，提供完善系统芯片SoC解决方案。翱捷科技拥有30余项具

有核心价值的海内外发明专利、10余项软件著作权登记,以及百余项专有技术。

【资本运作】 翱捷科技具备国际一流半导体设计公司的技术能力和管理水平,以打造中国有影响力的企业为目标。2015年6月,翱捷科技全资收购Avenue公司,并通过Avenue收购了韩国企业Alphean,2017年5月收购了Marvell移动芯片部门全部产品线、人员及IP。公司具备完整、强大的移动终端芯片和物联网芯片研发能力,是国内物联网技术覆盖面最广、移动通信领域技术实力最强的芯片设计公司之一。翱捷科技深受资本市场青睐,获得了包括阿里巴巴、浦东科投、深创投、IDG、Walden资本等国际一线投资机构多轮投资,累计融资金额超过3亿美元。

【重大项目】 翱捷科技积极响应国家和上海市大力发展集成电路产业的号召,近两年连续承担了国家新一代宽带无线移动通信网国家科技重大专项、上海市软件和集成电路产业发展专项等国家和市级项目。2018年5月,翱捷科技全球首颗集成RF(Radio Frequency,射频)的LTE(Long Term Evolution,长期演进)芯片成功流片。7月,翱捷科技完成第二轮融资,IDG、深创投、阿里巴巴及华登国际等共同投资超过1亿美元,并于9月联合阿里云IoT发布LoRa芯片系统解决方案,阿里云的LoRa物联网生态,结合ASR(Automatic Speech Recognition,自动语音识别)的低功耗LoRa SoC芯片,可以实现从端到云再到端的便捷连接。11月,翱捷科技与航天科工通信技术研究院有限责任公司、航天通信所属智慧海派科技有限公司达成初步战略合作意向,基于ASR相关芯片产品平台,采用科斗操作系统 (Tadpole OS)进一步拓展移动通信终端市场,满足军工、政企等对安全管控的需求。同月,翱捷科技WiFi芯片量产流片。12月,翱捷科技被评选为“张江独角兽企业”。

(俞剑箫)

三、消费电子产业

概况

消费电子涵盖产业门类非常宽广。近年来,云计算、大数据、AI人工智能、互联网等新技术推动传统数字音视频产业迅速发展,在纵深发展过程中全方位拓展应用。

信息家电是消费电子行业的支柱。电视虽是有近百年历史的“传统”产业,但正不断技术创新、与时俱进。2018年,4K在全球范围的火爆使电视行业取得了不错的业绩。4K电视在2017年占据全球平板电视总销量的三分之一,2018年4K平板电视出货量超过1.02亿台,占比攀升至全球平板电视总出货量的44%。2018年还被称为“8K元年”,8K电视全球售出1.8万台。

2018年,我国生产彩电1.6亿台,占全球出货

量的 70%；彩电市场零售量规模为 4 774 万台，同比微增 0.5%；零售额规模为 1 490 亿元，同比下降 8.6%；零售均价 3 121 元，同比下降 9%。

东方明珠广播电视研究发展有限公司

【普陀区“智慧城市”网络建设及应用示范建设】 2018 年，东方明珠新媒体股份有限公司与上海市普陀区人民政府签署《智联普陀合作框架协议》，东方明珠新媒体旗下上海东方明珠数字电视有限公司联合上海东方明珠广播电视研究发展有限公司(以下简称“东方明珠”)在普陀区政府的支持下完成 NGB-W(下一代无线智能网)网络覆盖建设，在普陀区范围内对 58 个双向网站点进行施工和设备安装，并已全部开通；物联网站点建设方面已完工 136 个站点，全区总体覆盖率皆达到 95%以上。8 月进行物联网传感器部署工作，截至 2018 年年底，共计部署 10 万多个传感器，涵盖全区 10 个街镇、20 多个委办、278 个居委会的 45 类应用。全年完成基于“智联普陀”项目的整体大脑产品设计工作，包括五套引擎和八个应用的前后端产品，建成面向物联数据全生命周期的支撑系统，设计了 45 类综合应用场景，并且可与政府存量数据实现多维度的关联。2018 年协助普陀区政府建成城市运营中心和城市大数据中心，为提升普陀区精细化城市管理水平提供了保障。

【开发物联传感器管理软件 V1.0】 2018 年，东方明珠基于普陀区“智慧城市”项目成立了物联城市平台开发团队，投入大量人力，克服了传感器种类繁多、数据接口不一致、存量数据不规范等问题，定义了通用化的数据对接协议，规范了传感器接口规范，通过对存量数据的比对分析完成了数据规范化处理，在极短时间内完成了东方明珠物联传感器管理软件 V1.0 的开发任务。该软件支持 LoRa、WiFi、4G 等多种传感器接入方式，基于城市地理信息库以及测绘院测绘数据构建区域地理模型；通过对各类传感器进行数据收集和统计，按空间、时间维度进行分析和计算，实现了传感器安装数据的实时在线录入、设备评估审核上线、在线运行监测和统计，最终实现面向物联传感器的全生命周期管理，为物联传感器运营管理提供了有力的支撑和保障，是城市大脑平台的重要组成部分。

数字电视国家工程研究中心

【自主知识产权技术导入 ATSC3.0 标准】 ATSC3.0(Advanced Television Systems Committee3.0)是由美国数字电视标准组织提议制订的新一代标准，自立项启动起，数字电视国家工程研究中心(以下简称“工程中心”)和上海交通大学未来媒体网络协同创新中心联合国内合作单位参与了美国标准竞争，牵头提交了中国技术提案，成功将包括导引信号、反向回传等多项具有中国自主知识产权的技术导入美国 ATSC3.0 标准，成为美国新一代数字电视标准关键研制单位之一，其核心专利也已成为国际专利池的重要组成部分。随着美国联邦通信委员会(Federal Communications Commission，简称 FCC)正式批准通过美国新一代数字电视标准 ATSC3.0，并将其定义为美国新一代数字电视“NEXTGENTV”，采用第一代 ATSC 标准的国家涵盖了美国、加拿大、韩国、墨西哥、多米尼加共和国、萨尔瓦多、危地马拉、洪都拉斯等多个国家和地区。ATSC3.0 标准制订的成功参与，有利于我国广播电视产业在新一轮国际专利

博弈中抢占有利先机、打破国际消费电子巨头的长期垄断局面、获得国际话语权。

【推进ATSC3.0标准实施】 ATSC3.0是为适应快速发展的超高清晰度数字电视技术以及广播与互联网、通信网络的融合趋势而开发的一项最新数字电视标准,为了加速相关标准推广应用,工程中心每年召开专题峰会,通过沟通加深对ATSC3.0标准的共识。2018年11月,由工程中心和上海交通大学未来媒体网络协同创新中心联合主办的中美新一代数字电视产业对接峰会在上海召开。来自美国数字电视标准化组织——高级数字电视委员会的董事代表和来自中国的消费电子终端制造、内容运营、芯片设计、高研院所等36家全产业链企业代表及成员汇聚一堂,共同探讨全球新一代数字电视技术发展趋势、产业升级发展及海外拓展机会。工信部、上海市发展和改革委员会、上海市经济和信息化委员会、上海市文化广播影视管理局、上海市知识产权局及浦东新区的领导共同出席会议。

上海索广映像有限公司

【概况】 2018年,上海索广映像有限公司(以下简称"索广映像")以"新风"为口号,技术上不断强化突破创新、推进内部各组织之间联动,在提高生产率同时增强员工工作积极性。2018年全年实现电视机销售228.7万台以上,其中液晶彩电及模组超过143.2万台,专业机及光机组件超过45.5万台;总销售收入超过100.3亿元。

【电视技术创新】 索广映像的超高清终端显示设备开发技术走在全球前列,具备自行设计、制造4K超高清液晶显示屏的能力,尺寸覆盖49至75英寸,不仅用于公司自身超高清液晶电视机生产需要,还出口到亚洲、欧洲、北美等地区。索广映像依托索尼公司的强大技术实力,参与设计并导入生产了一系列具有国际领先水平的索尼牌超高清OLED(Organic Light-Emitting Diode,有机发光二极管)和液晶电视机,尺寸覆盖43至85英寸,4K超高清电视机的生产比率超过98%。其中OLED电视机更凭借索尼独创的"音画合一"技术占据了国内30%的高端OLED电视机市场份额,成为当之无愧的第一品牌。2018年A9F OLED旗舰电视通过在屏幕中心增加索尼声场驱动器和额外的低音扬声器,形成了完整的3.2声道系统,音画定位出色精准,大大提升了用户观影、游戏、视听的沉浸感,从而获得2018年度"life+高端家电大奖"、2018—2019年度"十大精品电视"大奖。索广映像积极响应国家超高清视频产业发展战略,积极参与制订超高清显示终端设备的国家及行业标准,并与中央电视台(CCTV)合作,推进了CCTV 4K超高清频道在2018年国庆期间试验播出。

【IP&S生产率提升】 索广映像除开发生产消费类电子产品外,还把目光锁定在具有高附加值的高端专业类产品。从世界第一台激光投影机诞生,到迭代至第5代机型,从样机设计、试生产到所有部件一贯化生产,索广映像已成为索尼最大的专业机海外生产基地。

2018年,索广映像一方面针对"影像产品及解决方案(IP&S)"业务快速转型;另一方面导入亮度最高(12 000流明)的Longhorn激光投影仪、4K Home PJ Vesta Victoria机种、4K Laser HPJ Valon&Gecko机种和小型化Digital Cinema Kailas机种。为适应

高端机种对调试线体的要求，对原有线体进行兼容改造。超级混流线体成功启动，BP2 线兼容生产高亮度的 BPJ、4K Home PJ、小型 DC 机种，尤其是调试导入 Deep Learning，使生产过程得到改善，生产率提升 25%。

产品创新同时，索广映像通过知识产权和软件著作权积累，不断提升技术实力和产品附加价值。2018 年，索广映像的《文件托管服务系统 V1.0(登记号:2018SR1061546)》《整机防呆标签打印软件 V1.0(登记号:2018SR1060687)》《基板装配过程画像检查软件 V1.0(登记号:2018SR1062997)》3 项软件著作权申请获得授权。

上海索广电子有限公司

【概况】 2018 年，上海索广电子有限公司(以下简称“索广电子”)由大批量生产模式向小批量生产模式转换，为推进转型，公司展开了全方位管理变革，提出以“革新”为年度经营口号，并推出一系列措施：一是集结技术能力，实现能够充分运用五感(视觉、听觉、触觉、嗅觉、感觉)的现场制造；二是通过更快速度、更低成本、更巧妙的计划实施，做到问题防患于未然；三是通过现场可视化运用，构筑无浪费经营体制；四是改变个人思考为主的技术创新方式，积极推进协作型集体智慧创新模式；五是逐步扩大修理业务，活用索广电子自身优势，创造新附加价值；六是加强源流、品控、人才育成等管理方式，构筑企业发展新模式新常态。六大措施集中发力，成功实现了 2018 年经营目标，并为企业发展打下了良好的基础。

【小批量专业设备】 近年来，消费类摄像机销量持续萎缩。索广电子针对市场现状，将发展重点转向专业类摄像机产品。2018 年继续导入新型专业摄像产品，并首次导入带偏光功能的 XCG-CP510 数字视频摄像机。该产品搭载最新 5.1MP 偏光 CMOS 成像器，实现了在成像器上改变 4 个方向光线的功能，从而在不同光照条件下都能拍出清晰影像，成为工业摄像机行业的新标杆。索广电子还通过共通化设计方案，实现了在同一软硬件平台上量产满足不同需求的 4K 手持式摄录一体机。PXW-Z280 高端一体机采用 1/2 英寸 3CMOS 图像传感器，配备 17 倍变焦镜头，设有 4K 50p/60p 录制功能和 12G-SDI(双链路蜂窝功能)；PXW-Z190 中端一体机搭载 1/3 英寸 3CMOS 图像传感器，配备 25 倍变焦镜头，设有 4K 50p/60p 录制功能。这两款产品成为 2018 年视频采编行业的主力产品。

【研发生产配套设备】 索广电子注重生产配套设备的技术革新。PXW-Z280 机种在工程作业中需要导入一台用于产品的镜头与图像传感器平行度调整的设备，且要确保测量精度达到 5 微米。这类高精度设备一般由日本设计制作，整体导入使用。2018 年，索广电子以技术开发中心为主导，自主研发配套的专用高精度自动化生产设备。技术开发中心创新性地把原有的 3 个传感器集成为 1 个传感器，通过配合移动受台的模式，使作业后的部品自动移出；把传感器由原来的激光位移传感器改为同轴白光干涉式位移传感器；使用索广电子自行开发的全新算法。通过一系列创造革新，使作业效率提高 40%，并 100%保证作业的质量。平行度检测机的研发成功标志着索广电子高精度检测技术在同行业中处于领先水平，同时巩固其在索尼集团中的自动化技术地位。

上海国茂数字技术有限公司

【参与国家标准制订及超高清产业建设】 2018年，上海国茂数字技术有限公司(以下简称“上海国茂”)参加工信部和国家广电总局相关AVS2、AVS3系列标准的制订，参与了由中关村视听产业技术创新联盟联合国家广电总局规划院、广科院、中央电视台共同发起的《T/AVS105—2017 AVS2超高清编码器技术要求和测量方法》团体标准以及行标的起草工作。该标准适用于广播电视专业用AVS2超高清编码器的开发、生产、应用、测试和运行维护，为我国超高清电视与视频设备的开发及超高清产业发展奠定了基础。2018年，上海国茂作为国家超高清重点计划主要研发单位，还参与了国家重点研发计划“互联网+环境中基于国产密码的多媒体版权保护与监管技术”课题2“基于国产密码算法的超高清视频内容实时转码加密系统研发”项目，该项目对推动我国超高清产业发展具有重大意义。

【深化知识产权建设和应用】 上海国茂是我国编码器主要研制单位，从率先开发的AVS(Audio Video coding Standard，数字音视频编解码)到2018年的AVS3，都是上海国茂领头研发，自始至终拥有自己的知识产权。上海国茂极其重视专利建设，在管理上狠下功夫。2018年，公司将重点工作放在了加强专利管理标准化、专利数据库、预警平台建设、专利战略制定与实施及专利人才培训建设上。经过专利试点企业的项目实施，加强了公司研发和知识产权工作的紧密结合，从申请专利到规范化工作流程、多元化专利运营、切合实际的专利布局战略，上海国茂的知识产权管理工作水平飞速发展，2018年顺利通过了上海市专利工作试点示范项目验收。

相舆科技(上海)有限公司

【概况】 2018年，相舆科技(上海)有限公司(以下简称“相舆科技”)持续加大研发力度，领先阿里巴巴、百度提出并初步实现了基于XPOWER底层技术路线的多模态、分布式人工智能人居空间场景化应用模型，另辟蹊径地突破了唤醒词、指定对象等用户体验限制。

【自主创新的XPOWER技术应用】 相舆科技自主创新的XPOWER智能电力系统以独有的技术路线实现取代传统内装电力隐蔽工程和拖线板排插，填补了国际技术领域空白，先后获得国家级高新企业、高转成果认定、IF国际设计金奖，并逐渐为市场所认知和欢迎，进入精装修房地产楼盘、工程装修、连锁商业场所、办公家具、橱柜家具、智能家居等各类室内环境应用领域。2018年，相舆科技成功引入5 000万元B轮增资，持续推广建设应用市场，完成了首都机场、复旦大学、交通大学、朗诗地产、红星地产、中安广场、德威国际学校等应用案例，在COSTA、ZOO Coffee、LAWSON、永辉连锁、金宝贝等商业领域大量应用。与欧派橱柜、NOVAH办公家具等家居品牌达成战略合作。2018年实现订单金额过亿元，销售额增长300%。

移康智能科技(上海)股份有限公司

【移康人工智能自动门锁系统】 移康智能科技(上海)股份有限公司(以下简称“移康智能”)2018年积极拓展与AI人工智能相关的产品的研发。人工智能自动门锁系统是针对“AI+家庭”应用环境、满足用户智慧生活和智慧安防需求的智能化系统。由智能猫眼和智能门锁两部分组成，前者负责智能可视的主动防护，后者提供便捷牢

固的被动防御，两者互通联动，形成立体化的家庭防线。以“AI＋家庭”环境为例，智能猫眼能够主动识别门外访客，及时向家庭成员预警、推送实时影像；而智能门锁则通过指纹、数字密码等功能，为家庭提供便利解锁方式的同时，进一步强化家门防盗防撬能力。双方联动后，猫眼和门锁能够同步家门出入信息，为用户提供更加全面、有效的家门数据。移康智能物联网技术成功打通手机APP与门锁的链接通道，用户可以通过手机远程开锁。在远程可视前提下，让家门开启变得更加便利安全。“AI＋家庭”的创新产品“移康人工智能自动门锁系统”入选2018年12月12日发布的上海人工智能应用场景建设实施计划，这是全国首次面向人工智能应用场景需求的征集计划，上海有6家入选。

【全面完善管理】 2018年，移康智能对公司进行全方位管理完善，形成了新的制度体系框架。主要体现在四个方面：一是全面梳理公司运作流程，引进ISO9001体系认证、员工岗位制度规范化、建立知识产权管理及保护制度；二是注重人才培养及人才引进，对员工进行全面、完善的培训，包括岗位职能培训、中层管理技能培训、高层管理培训等，引进销售副总、研发副总、人力资源副总等高层管理人才，共助企业发展；三是加强品牌建设，通过新零售品牌建设、计划通过明星代言等方式，不断提升品牌影响力和市场竞争力；四是启动B轮融资计划，与多家投资机构洽谈，融资规模1亿元～1.5亿元。

2018年，移康智能取得了良好的业绩。2018年“双十一”全网销售额过千万元，单日总销量达13 713台，高居智能猫眼品类第一。移康智能已连续两年取得天猫平台智能猫眼/门镜品类销量第一的好成绩，线下更迅速发展2 000多个网点，海外远销美国、俄罗斯、德国、法国等51个国家，获得了一大批核心用户群体。

【重视知识产权，研发专利技术】 移康智能是上海市专利试点示范单位，十分注重技术自主研发、持续创新及自主知识产权建设。公司成立了专门的知识产权部门，有知识产权经理1名，知识产权管理人员2名，定期组织外部培训机构对公司研发人员进行培训。公司累计申请发明专利、软件著作权近200项，其中发明专利申请142项，包括多项PCT（Patent Cooperation Treaty，专利合作协定）国际专利。已授权专利56项，其中发明专利25项、PCT 1项；软件著作权17项，有效商标26项。2018年新获《基于太阳能充电的可视门铃、充电方法及太阳能电池装置（专利号：2012104647558）》《智能猫眼的语音提醒方法及智能猫眼（专利号：2015105596665）》《一种智能钥匙套、智能钥匙组件及上锁提示方法（专利号：2016101076172）》等发明专利授权13项，实用新型授权5项，外观专利授权3项，软件产品登记2项，以及《移康智能叮咚MINI2智能猫眼软件［简称：叮咚MINI2］（登记号：2018SR670973）》《移康智能叮咚手机软件［简称：叮咚］V1.0（登记号：2018SR837891）》等软件著作权6项。

上海蓝硕数码科技有限公司

【概况】 上海蓝硕数码科技有限公司（以下简称“蓝硕科技”）多年来一直专注于为客户提供包括需求分析、系统设计、产品研发、设备制造及专业咨询在内的LED显示系统整体解决方案，核心业

务包括:高端创意LED显示、高端LED数字多媒体车、创意方案设计及数字内容服务提供。蓝硕科技优秀、稳定的创意管理团队由一批具有丰富经验和学识的专业化人才组成,它奠定了蓝硕科技产品快速更新和满足客户特殊需求的基础。

【LED创意显示屏】 蓝硕科技陆续开发出多款迎合市场需求的创新型LED显示屏,通过了国家3C认证和多项国际认证,产品广泛应用于展览展示、广告传媒、文化体育、演示教学等行业。蓝硕LED创意产品遍布全球64个国家,累计荣获70多项国家专利、软件著作权及政府奖项。2018年获得了《升降旋转交叉显示异形LED显示屏(专利号:2017111644928)》《LED球形显示屏的设计方法及LED球形显示屏(专利号:2017112632453)》等20项专利授权,《蓝硕LED大屏幕协同工作管理系统(登记号:2018SR184995)》《蓝硕多媒体信息远程发布平台系统(登记号:2018SR176751)》等22项软件著作权,并新申请《LED显示旋转屏风(专利申请号:2018218642088)》《一种卷帘屏显示装置(专利申请号:2018218642088)》等12项专利。

【亮相进博会】 2018年,首届中国国际进口博览会在上海举办,蓝硕科技承担了部分场所的灯光照明任务。2018年11月4日,在上海国际会议中心举办首届中国国际进口博览会欢迎宴会上,蓝硕科技献礼"魅力长卷"宴会长桌,长桌共设38位各国首脑及政要贵宾席坐,26米"魅力长卷"屏幕通过展示浦江两岸风景建筑、一年四季景色、进博会标志等主题元素,向世界展示了"浦江恒流—上海恒新"的国际大都市风采。

【青岛上合峰会烟火艺术表演】 2018年6月9日,上海合作组织成员国元首理事会第十八次会议(以下简称"上合峰会")在青岛开幕,习近平主席在青岛国际会议中心举行宴会欢迎出席上合峰会的外方领导人,并观看在浮山湾海面上演出的《有朋自远方来》大型灯光焰火艺术表演。蓝硕科技团队用4个月倾力打造了直径13.8米、表面积达597.98平方米的半透明LED球体,成为整场灯光焰火艺术表演的"点睛之笔"。

上海泰金电子科技有限公司

【概况】 上海泰金电子科技有限公司(以下简称"泰金电子")成立于2004年2月,致力于通讯、计算机网络、智能安防系统的产品研究、开发、生产,是国家认定的高新技术企业,上海市智能化协会、安防协会、信息家电协会的会员,也是上海市最早获得系列电子报警系统产品生产许可证和CCC认证(强制性产品认证)的企业之一。

【主要产品】 2016年,泰金电子基于新型智慧城市的需要,在物联网、云计算、AI人工智能等新技术驱动下,自主研发了基于"联智云"平台的一系列智能化新产品和新应用,累计获得《TK-TA158R03联智云社区管理软件V3.01(登记号:2017SR431970)》和《一种楼宇智能出入管理控制系统(专利号:ZL 2017 2 0377406.0)》等20多项软件著作权及专利。

2018年,泰金电子中标上海金山区"雪亮工程",围绕"雪亮工程"三年计划相对应的新规范、新标准为导向,逐步调整系统和产品,完成了单目活体检测应用、网络视频对讲转电话语音对讲、二维码扫码开门、APP远程主动开门、电视机遥控器

开门等产品技术创新,脸库能支持5万人存量的智能动态人脸识别系统。项目的完成标志着泰金电子技术实力大大增强,其平台软件以管理控制、多媒体通讯、数据存储、智能统计为核心,兼顾微端APP、梯控屏幕等系统的商用及服务,同时拥有云平台、云智能、全网络、全移动、易安装、易扩展、高便利、高安全八大技术特色。

【重大项目】 2018年,泰金电子在产品拓展与系统应用方面硕果累累。一是承接的项目应用较广泛,二是产品、系统经受住考验,获得诸多项目方好评。智能动态人脸识别系统完成定型并接受市场检验,通过了徐汇区海上名邸项目验收;沈阳意大利风情小镇项目实施过程中,联智云平台在与其他大型物业平台的对接方面迈出了重要的第一步,研发的产品经受住了东北地区零下20多度的低温环境检验,为日后多样化、多广度的产品开发打下了扎实基础,积累了宝贵经验;上海普陀区音乐广场建设的核心产品经过市场检验,获得了物业、业主的一致好评,同时优化了管理员卡"一卡控制多门"功能,通过软硬件升级,使联智云系统在混合局域网中的运行得到进一步完善,对日后在老旧小区的复杂网络环境中应用提供了宝贵经验和技术保障,使企业市场竞争力得到稳步提升;参与北京保障房项目,在两个样板小区建设中大量使用了泰金电子的产品与系统:完成了系统本地化部署、Server和Oracle数据库转换对接、身份证保障卡人脸综合识别、无操作人脸识别开门、残疾人专用通道人脸识别自动开门等。

(解　放)

四、物联网产业

概况

2018年,物联网应用呈现三大主线:一是面向需求侧的消费性物联网,即物联网与移动互联网相融合的移动物联网,创新高度活跃,孕育出可穿戴设备、智能硬件、智能家居、车联网、健康养老等规模化的消费类应用。二是面向供给侧的生产性物联网,即物联网与工业、农业、能源等传统行业深度融合形成行业物联网,成为行业转型升级所需的基础设施和关键要素。三是智慧城市发展进入新阶段,基于物联网的城市立体化信息采集系统加快构建,智慧城市成为物联网应用集成创新的综合平台。从全球范围来看,产业物联网(包括生产性物联网和智慧城市物联网)与消费物联网基本同步发展。从国内来看,物联网应用落地节奏差别很大,政策驱动型的物联网应用远远快于海外市场。

物联网芯片

上海市物联网芯片行业具有一定基础,传统芯片厂商如海思半导体有限公司(以下简称"海思半导体")、紫光展锐科技有限公司(以下简称"紫光展锐")大力进军物联网芯片市场,成为上海市

芯片产业新的增长点，近两年来又有新的初创公司涌现，如上海移芯通信科技有限公司、芯翼信息科技(上海)有限公司等。表 2-5 列举了上海市物联网芯片产品及企业分布情况，可以看出：上海市物联网芯片企业布局较均匀，在物联网传感层、通信层、应用层，均有相关企业入驻。

表 2-5 上海市物联网芯片产品及企业分布

产品分类	细分领域	主 要 企 业
传感器芯片	CMOS 图像处理器	格科微电子
	指纹识别	思立微电子、箩箕技术、海栎创电子
	压力、加速度、陀螺仪、磁力、霍尔等传感器	深迪半导体、丽恒光微电子、艾普科技、麦歌恩微电子、矽睿科技
通信类芯片	WiFi、蓝牙等	博通集成电路、乐鑫信息科技、泰凌微电子、豪威科技、灿芯半导体等
	NB-IoT 等	移芯通信科技、芯翼信息科技、海思、紫光展锐等
MCU	微控制器(MCU)：8 位/16 位/32 位	钜泉光电、灵动微电子、芯原微电子、晟矽微电子、华虹挚芯、裕芯电子、云间半导体

2018 年物联网芯片产业总体稳中有升，上海博通营业额增速较快，增长了 50%，东软载波、晟矽微电子略有下降。上海物联网芯片企业近三年营业额情况见表 2-6。

表 2-6 上海市部分涉及物联网的芯片企业营业额

公 司	主要产品	2018 年营业额(百万美元)	2017 年营业额(百万美元)	2016 年营业额(百万美元)
上海博通	蓝牙	125	88	75
东软载波	MCU	130	142	144
中颖电子	MCU	123	98	77
晟矽微电子	MCU	25	32	35
海思		6 955	6 050	—
紫光展锐	射频芯片、物联网芯片等	1 375	1 511	—
格科微电子	图像传感器芯片	325	315	310

重点企业

【海思半导体有限公司】 华为集团旗下的芯片设计公司，也是中国最大的无晶圆厂芯片设计公司。成立于 2004 年，总部位于中国广东省深圳市，在

11 个国家和地区设立研发机构,全球超过 20 个研发中心,员工超过 5 000 人。主要物联网芯片产品:Boudica 系列 NB-IoT 芯片,可内置轻量级 Huawei LiteOS 物联网操作系统,高集成、低功耗。

【紫光展锐科技有限公司】 紫光集成电路产业链中的核心企业,致力于移动通信和物联网领域核心芯片的自主研发及设计,产品涵盖 2G/3G/4G/5G 移动通信基带芯片、物联网芯片、射频芯片、无线连接芯片、安全芯片、电视芯片。紫光展锐员工数量超过 4 500 人,在全球拥有 14 个技术研发中心、8 个客户支持中心,致力成为全球前三的手机基带芯片设计公司、中国最大的泛芯片供应商、中国领先的 5G 通信芯片企业,通过自主创新和国际合作双轮驱动,稳步成为全球领先的芯片设计企业。主要物联网芯片产品:春藤 8000 系列物联网芯片,包括 RDA8908A(支持 NB-IoT 单模)、RDA8909B(支持 NB-IoT/GPRS 双模)、UIS8915(支持制式 eMTC/NB-IoT/GPRS 多模)、SL8521E(LTE-FDD/LTE-TDD/WCDMA/GSM 多模)。

【泰凌微电子(上海)有限公司】 2010 年成立,致力于物联网无线通信芯片、国际标准蓝牙低功耗芯片、人机交互无线通信芯片、触控及多用途 MCU(Microcontroller Unit,微控制单元)芯片制造,可广泛应用于智能遥控、智能照明、无线音频、智能家居和触控/手写等设备和领域。主要物联网芯片产品:BLE4.2 标准多模芯片、BLE4.2 标准低成本芯片、BLE45.0 标准多模芯片、物联网多模芯片(BLE5.1)、WiFi 低功耗单模芯片、WiFi 低功耗+BLE 多模芯片、LPWAN(Low-Power Wide-Area Network,低功率广域网络)芯片等。

【博通集成电路(上海)有限公司】 2005 年成立,是上海最大的无线通信射频芯片和解决方案设计公司。公司多年保持良好的盈利状态和持续增长发展态势,持续开发完整、可靠的无线连接产品,用于打造中国物联网,充分利用先发优势和渠道合作推动中国智能交通行业发展。主要物联网芯片产品:2.4G、5.8G 通用无线芯片、ETC(Electronic Toll Collection,电子自动收费)芯片、蓝牙芯片、无线语音芯片等。

【乐鑫信息科技(上海)有限公司】 全球第二大 WiFi 芯片厂商。成立于 2008 年,总部位于中国上海,在大中华地区、印度、欧洲设立了子公司。作为全球化的无晶圆厂半导体公司,致力于前沿低功耗 WiFi+蓝牙双模物联网解决方案研发,开发了一系列绿色、用途广泛、高性价比的芯片组。主要物联网芯片产品:自成体系的 2.4 GHz 802.11 b/g/n WiFi 芯片 ESP8089;高度集成、低功耗、开源的 ESP8266;集成度极高的 WiFi+蓝牙双模芯片 ESP32 系列。

【上海移芯通信科技有限公司】 2017 年 2 月成立,致力于蜂窝物联网芯片的研发销售,创始人及开发团队大部分来自知名手机芯片厂商 Marvell。开发团队在蜂窝终端芯片领域积累了丰富实战经验,从算法、协议栈、射频到基带 SOC、系统软硬件解决方案,从低功耗设计经验到射频模拟开发能力,都拥有强大研发能力。通过移动和无线通信核心技术、集成电路及其软件研发,为"万物互联"提供通信解决方案。物联网芯片产品:超低功耗 NB-IoT 芯片 EC616。

【芯翼信息科技(上海)有限公司】 2017年3月在浦东张江注册,2017年4月完成天使轮融资,2018年1月NB-IoT芯片首次流片,2018年10月完成A轮融资,2018年12月第一批芯片商用。物联网芯片产品:XY1100是芯翼第一款芯片,具有超低功耗和超高集成度,使模组器件数大幅减少60%,模组成本整体下降30%,模组体积整体下降30%。可支持NB-IoT、LoRa及自定义协议。

(刘 宁)

第二章 信息服务业

概 述

2018年，上海市信息服务业在市委、市政府领导下，面对复杂严峻的国内外经济形势，把握上海建设具有全球影响力科技创新中心的契机，深入推进创新驱动发展，以“软件名城”建设为抓手，积极谋划产业发展新空间，推进软件产业高端化、智能化发展。以促进信息消费为着力点，加快创新发展。2018年，上海信息服务业呈现总体平稳、较快增长的发展态势。

一、软件和信息服务业

【概况】 2018年，上海软件和信息服务业实现营业收入8 690.52亿元，比上年同期增长11.2%，实现增加值2 387.87亿元，增长18.5%。2018年上海市软件和信息服务业主要指标完成情况见表2-7。2018年上海市软件和信息服务业与其他服务业的增加值对比情况见图2-2。2018年上海市信息服务业收入构成见图2-3。

表2-7 2018年上海市软件和信息服务业主要指标完成情况

主 要 指 标	单 位	绝对值	增长(%)
营业收入	亿元	8 690.52	11.2
其中:软件产业	亿元	5 144.08	11.3
互联网信息服务业	亿元	2 487.02	17.3

续表

主 要 指 标	单 位	绝对值	增长(%)
电信传输服务业	亿元	748.13	1.4
增加值	亿元	2 387.87	18.5
占全市生产总值比重	亿元	7.3	—
占第三产业增加值比重	亿元	10.5	—
从业人员	万人	75.1	4.7
超亿元企业数	家	727	—
超100亿元企业数	家	6	—

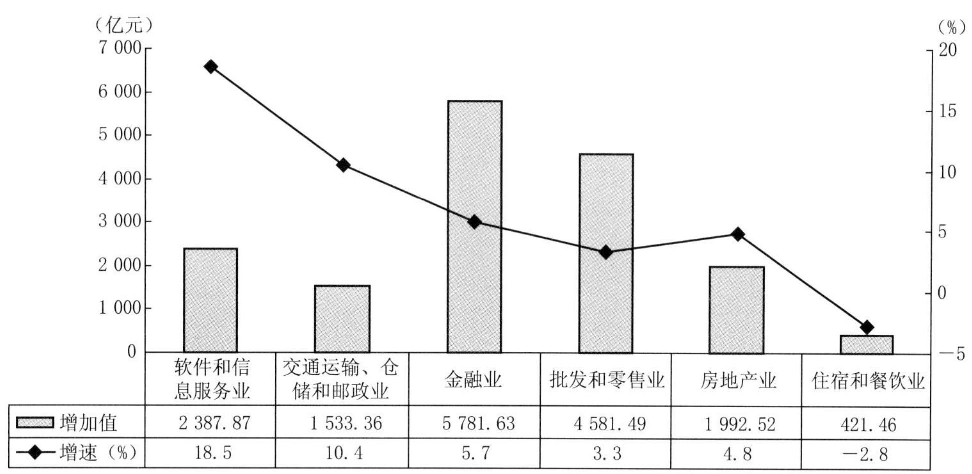

图 2-2　2018 年上海市软件和信息服务业与其他服务业的增加值对比情况

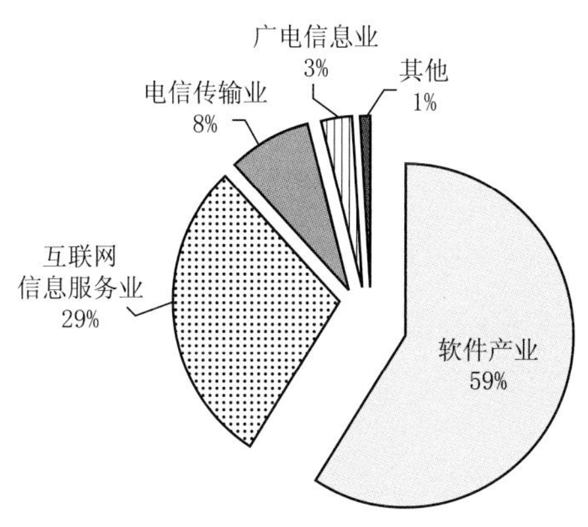

图 2-3　2018 年上海市信息服务业收入构成

【软件产业利润趋于优势企业】 2018 年,上海市软件产业实现营业收入 5 144.08 亿元,比上年同期增长 11.3%,发展步入稳定期。2018 年,上海软件出口额达到 41.39 亿美元,实现了增长恢复,同比增长 12.1%。其中软件研发及开发服务出口增速较快。2018 年上海市软件产业主要指标完成情况见表 2-8。中国银联股份有限公司、上海华东电脑股份有限公司、上海宝信软件股份有限公司等 8 家软件企业入选 2018 年中国软件业务收入前百家企业。2018 年上海入选中国软件业务收入百强企业名单见表 2-9。2018 年,上海软件类企业中共

有52家被认定为市级企业技术中心,同比增长40.54%,占全市549家企业技术中心的9.47%。

表2-8 2018年上海市软件产业主要指标完成情况

主要指标	单位	绝对值	增长(%)
营业收入	亿元	5 144.08	11.3
利润总额	亿元	730.46	1.8
软件出口	亿美元	41.39	12.1
从业人员	万人	52.8	3.3
超亿元企业数	家	532	—
超10亿元企业数	家	70	—

表2-9 2018年上海入选中国软件业务收入百强企业名单

序号	排名	企业名称
1	4	中国银联
2	21	华东电脑
3	35	宝信软件
4	39	华讯网络
5	59	卡斯柯
6	65	携程网络
7	69	万达信息
8	88	汉得信息

【互联网信息服务业增速回落】 2018年,上海市互联网信息服务业实现营业收入2 120.02亿元,比上年同期增长17.3%,增速有所回落。2018年上海市互联网信息服务业主要指标完成情况见表2-10。上海共有21家互联网企业入选2018中国互联网百强,数量名列全国前三。2018中国互联网百强(上海部分)见表2-11。

网络视听:上海是全国网络视听平台最为集聚的地区之一,覆盖动漫、音频、直播等类型。上

表2-10 2018年上海市互联网信息服务业主要指标完成情况

主要指标	单位	绝对值	增长(%)
营业收入	亿元	2 487.02	17.3
其中:网络游戏	亿元	683.6	11.5
网络视听	亿元	270.9	11.8
互联网金融	亿元	847.5	21.1

表2-11 2018中国互联网百强(上海部分)

序号	企业简称	排名
1	网宿科技	12
2	携程旅行网	15
3	二三四五网络	16
4	三七互娱	23
5	东方明珠新媒体	26
6	波克城市	37
7	米哈游	38
8	幻电信息	40
9	巨人网络	41
10	东方财富	50
11	游族网络	51
12	连尚网络	62
13	钢银电子	63
14	前锦网络	64
15	找钢网	65
16	东方网	71
17	景域文化	85
18	佳缘国际	89
19	创蓝文化	92
20	沪江教育	95
21	优刻得	100

海互联网视听节目服务持证机构逾30家，聚集咪咕视频、天翼视讯、聚力视频(PPTV)、喜马拉雅FM、蜻蜓FM、哔哩哔哩等一批知名企业，实现内容制作、集成播控、内容分发的产业链集聚，在全国占据重要的市场地位，形成了稳定的客户群。

网络游戏：上海网络游戏占全国近1/3的市场份额，2018年营业收入683.6亿元。上海原创游戏数量逐年增长，增速呈加快趋势。企业研发与新品比重也较为靠前。国家版权中心数据显示，上海游戏研发企业及产品的比重分别为13.6%和12.6%，仅次于广东和北京。同时，上海电竞产业链日渐完善，从顶端游戏开发，到发行、赛事、直播，再至电竞场馆等，聚集了一批有影响力、有代表性的企业，如游戏风云、七煌电竞、阿里体育等。

【产业集聚发展布局趋于合理】 经过十几年的发展，上海软件和信息服务业形成了"一中四方"的错位竞争发展格局——中心城区以互联网信息服务、人工智能软件和电子商务为重点；东面浦东软件园以移动互联网、行业应用软件、金融信息服务为重点；南面紫竹科学园区以网络视听、数字内容为重点；西面市西信息软件园以工业软件、物联网和信息服务为重点；北面市北高新区以基础软件、大数据和云计算为重点。

从规模看，浦东、长宁、徐汇位列前三强，三区的软件和信息服务业收入合计占全市总规模的比率超过50%。从增速看，闵行区通过完善产业规划和政策措施，促进产业发展，闵行区全年软件和信息技术服务业增速达26.3%，远高于全市增长。青浦区通过加强政策落实，吸引了华为、网易等一批重大项目落户青浦。同时，通过打造市西信息软件园，促进长三角协同发展。

【新技术带动细分领域增长】 2018年，上海信息服务业的创新紧跟技术发展热点，不断加快产品化进程，推进技术应用场景落地，推动行业创新发展，取得了丰硕成果，并荣获国家技术发明二等奖一项。工业互联网、大数据、云计算、区块链、人工智能等新兴技术的蓬勃发展为上海软件行业注入了新的活力，并为行业带来了新的增长点。

工业软件：上海是国内较早布局工业软件的省市之一，上海工业软件围绕上海市支柱产业和优势产业，在冶金、轨道交通、智能制造、智能汽车等行业应用领域形成一定特色优势。同时，上海工业软件跨国公司总部已形成集聚，西门子、ABB等一批工业软件领域领先跨国企业纷纷将地区总部、研发中心等机构设在上海，技术外溢效应明显。此外，传统工业集团纷纷成立专业信息化子公司，与紫通、机电所、西派埃、华通、宝立等上百家新兴企业共同丰富工业软件生态。

云计算：2018年，上海云计算服务产业收入达到1 039.2亿元，增长14.2%，蓝云网络、七牛云、宝之云的业务增势迅猛，营业规模呈倍速增长。云计算服务企业规模日益壮大，逐步成为行业龙头企业。同时，阿里、腾讯、百度、华为、微软等国内外企业的云计算平台齐聚上海，为上海各类企业用户提供了丰富的云计算平台服务和多样化的产品服务。

智能软件：随着人工智能加快与金融、制造、教育、医疗等经济社会各领域的渗透融合，AI+应用需求不断涌现，推动全市智能软件企业快速成长，2018年增速超过20%。其中，依图科技、小i机器人、氪信科技、玻森数据、森亿智能、合合信息、竹间智能、图麟科技、元趣科技、乐言科技等超过50家智能软件企业相继获得融资；英语流利说、触宝科技在美国上市；智臻智能、云从、熠知电

子等 8 个项目入选 2018 年工信部人工智能与实体经济深度融合创新项目。

数据管理:上海在数据管理领域形成了从数据库、处理工具到行业应用的完备产业链条。上海爱可生信息技术股份有限公司、上海热璞网络科技有限公司这两家公司的自主可控数据库平台产品和开源数据库整体解决方案处于全国领先地位;在数据处理工具领域拥有星环信息科技(上海)有限公司、华院分析(上海)有限公司等一批技术领先企业;上海的数据行业应用基础较好,在金融、交通、医疗等领域的应用居于全国领先地位。

区块链:上海是国内区块链产业发展较活跃的城市之一。从行业分布看,上海区块链项目主要分布在企业服务、金融、文娱传媒、汽车交通、物流、硬件、医疗健康、社交、农业、房产家居等领域。上海成立了上海区块链技术研究中心、上海区块链技术测评服务中心,编制了《区块链技术安全通用规范》团体标准。

【宏观环境改善带动信息安全产业发展】 2018 年,上海市从事网络安全产品销售、集成、服务的企业、机构、科研院所约 270 家,包括安全防护、安全集成、安全运维、安全评估、安全咨询与培训等类别。2018 年销售额超过 59.19 亿元,其中超过亿元的企业 13 家。从产业形态来看,安全产品和服务日趋集成化、智能化、融合化,等级保护等合规要求带来的安全检测、咨询和整改业务增长速度较快;受益于数据中心等大规模网络的部署、大型企业集中化管理的要求,防火墙、安全检测工具、身份管理和访问控制等安全防护类产品占据主要市场;安全令牌、加密芯片等商密产品继续保持稳定增长,销售额过亿的企业中半数为商密领域;以上海斗象信息科技有限公司、上海谋乐网络科技有限公司为代表的一批以态势感知、监测预警等安全服务为主营的新创型安全企业崭露头角;以上海观安信息技术股份有限公司、宝付网络科技(上海)有限公司等为代表的数据安全、工业互联网安全、人工智能安全、金融科技安全等具有混合、融合特征的泛安全业务有望成为新的增长级。从产融协同来看,企业投融资渠道和规模较上年有较大规模增长,上海观安信息技术股份有限公司、上海斗象信息科技有限公司、瑞数信息技术(上海)有限公司、上海点荣金融信息服务有限责任公司四家企业获得亿元以上融资。

(叶月明)

二、电信传输服务业

概况

2018 年,上海市电信业务总量继续保持高速增长,全年完成电信业务总量 1 432 亿元,同比增长 106.1%,增速大幅提升,电信业务总需求持续旺盛。电信业务收入 578.7 亿元,同比增长 1.9%。其中非话音业务收入 506 亿元,占电信业务收入的比例为 87.4%,占比较上年提升 4.8 个百分点。4G 业务发展步入成熟期,移动手机上网业务消费

大幅提升,移动数据及互联网业务继续保持着行业收入首要驱动力的地位,全年移动数据及互联网业务收入完成190.1亿元,同比增长11.2%。全市电信利润总额101.4亿元,同比下降8.4%;电信增加值279.3亿元,同比下降2.4%;固定资产投资完成额119.7亿元,同比下降4.0%。

【电信用户】 2018年年底,上海市固定电话用户普及率为26.9部/百人,移动电话用户普及率为153.9部/百人。固定电话用户650.0万户,同比下降5.9%;移动电话用户3 722.3万户,同比增长12.8%。其中3G移动电话用户361.8万户,同比下降13.8%, 4G移动电话用户3 265.2万户,同比增长36.7%,占比为87.7%;手机上网用户3 010.0万户,同比增长20.8%。

固定互联网宽带接入用户772.9万户(加上非基础企业用户合计为1 033.7万户),同比增长13.4%,其中FTTH(Fiber To The Home,光纤到户)/O用户为695.7万户,同比增长23.8%,占比达到90.0%,速率在100 Mbps(megabits per second,兆比特每秒)以上的用户为483.5万户,同比增长62.6%,占比达到62.6%。移动互联网接入流量1 327 137.8 TB,同比增长182.1%,其中手机上网流量1 311 050.3 TB,同比增长189.1%。月户均手机上网流量5 369.2 MB,同比增长98.4%。2018年上海各行政区通信业发展见表2-12。

表2-12 2018年上海各行政区通信业发展

指标 行政区	固定电话 用户普及率 (%)	移动电话 用户普及率 (%)	固定互联网 宽带接入用户 普及率(%)	固定互联网宽带接入 用户中FTTH/O用户 占比(%)
浦东新区	19.4	127.6	29.6	91.2
黄浦区	38.7	169.1	32.0	84.0
徐汇区	29.0	162.5	33.7	88.2
长宁区	34.7	140.8	38.5	87.1
静安区	32.0	152.7	32.2	76.6
普陀区	20.9	128.9	33.8	90.3
虹口区	27.2	134.3	46.6	88.9
杨浦区	21.8	114.6	34.2	89.1
闵行区	17.4	139.2	32.0	92.6
宝山区	13.5	126.2	31.4	93.3
嘉定区	16.6	143.5	34.9	93.5
金山区	12.1	121.5	32.6	92.5
松江区	11.8	135.6	33.0	89.9
青浦区	11.0	121.5	27.0	92.5
奉贤区	9.2	137.2	29.6	93.0
崇明区	12.7	112.4	25.6	93.1

【互联网网站】 2018年年底，全市共有281 619个网站主办者开办了391 483个网站。其中，33.10%的主体将网站服务器放置在上海，66.9%的主体将网站服务器放在外省；网站主办者中，85.62%为单位主办者，12.5%为个人主办者；全年网站数量较2017年实际减少了15 555个，平均每月减少网站1 296个。网站备案信息中涉及各类型前置审批的网站共计1 023个。

2018年年底，上海共有136家接入商开展网站接入服务，共为244 075个网站主办者的300 468个网站提供了专线、服务器托管、虚拟主机等各种形式的接入服务。其中，接入网站数量超过1万个的接入服务单位4家。4家接入服务单位接入的网站总数达202 717个，占上海接入服务单位接入网站总数的67.47%。上海接入网站数量最多的接入服务单位为上海美橙科技信息发展有限公司，接入网站数达98 045个。上海市主要互联网接入服务单位接入网站情况见表2-13。

表2-13 上海市主要互联网接入服务单位接入网站情况

单位名称	主体数量(个)	网站数量(个)
上海美橙科技信息发展有限公司	84 948	98 045
优刻得科技股份有限公司	43 703	52 276
上海臣翊网络科技有限公司	30 933	37 831
上海有孚网络股份有限公司	12 663	14 565

【增值业务】 2018年年底，上海市通信管理局合计向2 422家增值电信企业颁发了2 572个许可项目。其中信息服务业务数量占所有业务许可总量的73%。增值业务收入方面，截至2018年年底，上海增值电信企业电信业务收入总额为3 695亿元，较2017年同比增长30%。其中，信息服务收入比重最高，收入总数达3 488亿元，信息服务收入占增值电信业务收入的94%。2014—2018年上海增值电信企业数量见表2-14。

表2-14 2014—2018年上海增值电信企业数量

名　　称	2018年	2017年	2016年	2015年	2014年
增值电信企业总数	2 422	1 787	1 433	1 205	1 046
在线数据处理与交易处理业务	263	78	28	7	8
国内多方通信服务业务	4	5	5	2	0
国内互联网虚拟专用网业务	11	14	14	13	14
互联网数据中心业务	30	28	25	26	27
存储转发类业务	8	11	12	12	12
呼叫中心业务	72	79	87	94	101

续表

<table>
<tr><th colspan="3">名　　称</th><th>2018 年</th><th>2017 年</th><th>2016 年</th><th>2015 年</th><th>2014 年</th></tr>
<tr><td colspan="3">互联网接入服务业务</td><td>217</td><td>256</td><td>253</td><td>241</td><td>228</td></tr>
<tr><td colspan="3">信息服务业务</td><td>1 939</td><td>1 430</td><td>1 136</td><td>939</td><td>838</td></tr>
<tr><td rowspan="4">其中</td><td colspan="2">信息服务业务(仅限互联网信息服务)</td><td>1 902</td><td>1 351</td><td>848</td><td>734</td><td>618</td></tr>
<tr><td colspan="2">信息服务业务(不含互联网信息服务)</td><td>59</td><td>79</td><td>91</td><td>104</td><td>107</td></tr>
<tr><td rowspan="2">其中</td><td>移动网信息服务业务(原分类目录)</td><td>57</td><td>74</td><td>87</td><td>100</td><td>103</td></tr>
<tr><td>固定网信息服务业务(原分类目录)</td><td>2</td><td>5</td><td>4</td><td>4</td><td>4</td></tr>
<tr><td colspan="3">无线寻呼业务(原分类目录)</td><td>3</td><td>6</td><td>6</td><td>6</td><td>7</td></tr>
<tr><td colspan="3">模拟集群通信业务(原分类目录)</td><td>1</td><td>2</td><td>2</td><td>2</td><td>2</td></tr>
<tr><td colspan="3">固定网国内数据传送业务</td><td>1</td><td>—</td><td>—</td><td>—</td><td>—</td></tr>
<tr><td colspan="3">互联网域名解析服务业务</td><td>1</td><td>—</td><td>—</td><td>—</td><td>—</td></tr>
</table>

注:其中无线寻呼业务和模拟集群通信业务参照增值电信业务管理。

上海增值电信业务收入继续保持较高增长态势。截至 2018 年 12 月,上海增值电信企业总收入达 5 725 亿元,增值电信业务收入 3 695 亿元,较 2017 年同比增长 30%。其中,信息服务收入 3 488 亿元,同比增长 44%;互联网接入服务收入 22 亿元,呼叫中心收入 12 亿元。

【增值电信业务许可】 2018 年,上海市通信管理局共向 884 家经营者发放了 934 个许可项目。其中,信息服务业务尤其是互联网信息服务业务许可项目数量最多,共计发放了 709 个互联网信息服务业务。其中有 450 家企业经营网络游戏服务,占比达 63%,说明上海的网络游戏市场仍然持续活跃;发放了 184 个在线数据处理与交易处理许可业务,26 个互联网接入服务业务,5 个呼叫中心业务,3 个国内互联网虚拟专用网业务,2 个互联网数据中心业务,1 个固定网国内数据传送业务,1 个互联网域名解析服务业务。上海市增值电信业务许可证数量见表 2-15。

表 2-15　上海市增值电信业务许可证数量

增值电信业务名称	2018 年新增	总　数
在线数据处理与交易处理业务	184	263
国内多方通信服务业务	—	4
国内互联网虚拟专用网业务	3	11
互联网数据中心业务	2	30
存储转发类业务	—	8

续表

<table>
<tr><th colspan="3">增值电信业务名称</th><th>2018 年新增</th><th>总　数</th></tr>
<tr><td colspan="3">呼叫中心业务</td><td>5</td><td>72</td></tr>
<tr><td colspan="3">互联网接入服务业务</td><td>26</td><td>217</td></tr>
<tr><td colspan="3">信息服务业务</td><td>712</td><td>1 939</td></tr>
<tr><td rowspan="4">其中</td><td colspan="2">信息服务业务(仅限互联网信息服务)</td><td>709</td><td>1 902</td></tr>
<tr><td colspan="2">信息服务业务(不含互联网信息服务)</td><td>3</td><td>59</td></tr>
<tr><td rowspan="2">其中</td><td>移动网信息服务业务(原分类目录)</td><td>3</td><td>57</td></tr>
<tr><td>固定网信息服务业务(原分类目录)</td><td>—</td><td>2</td></tr>
<tr><td colspan="3">无线寻呼业务(原分类目录)</td><td>—</td><td>3</td></tr>
<tr><td colspan="3">模拟集群业务(原分类目录)</td><td>—</td><td>1</td></tr>
<tr><td colspan="3">固定网国内数据传送业务</td><td>1</td><td>1</td></tr>
<tr><td colspan="3">互联网域名解析服务业务</td><td>1</td><td>1</td></tr>
</table>

注:其中无线寻呼业务和模拟集群通信业务参照增值电信业务管理。

(胡永龙)

中国电信股份有限公司上海公司

【提速降费】 2018 年,中国电信股份有限公司上海公司(以下简称“上海电信”)贯彻国家相关部署,围绕提速降费工作,提供全方位的信息基础设施及优质服务,改善营商环境,让申城百姓和企业多渠道、立体化地享受智慧信息应用,为企业竞争力提速,为社会总成本降费,以差异化产品构建融合优势。

持续提速降费:上海电信积极响应《政府工作报告》提出的提速降费要求,2018 年 3 月 1 日,将手机本地流量畅享套餐全面升级为“十全十美”全国畅享套餐,为近 200 万户用户免费提速。5 月 17 日,全新上线 “智享会员”平台,满足个人通信、家庭娱乐、金融、支付等需求。7 月 1 日起,取消国内手机流量“漫游”费,手机用户省内流量升级为国内流量(不含港澳台流量)。

可感知的品质服务:经过 8 次宽带大提速,率先实现了“千兆光网”全市覆盖,城市光网覆盖超过 950 万户家庭和企业客户,千兆宽带接入突破百万户。推出“智能组网”服务,提供“一户一方案”的个性化智能组网方案,为申城 67 万户家庭提供高速、便捷、安全的互联网络。

持续优化营商环境:积极打通服务企业的“最后一公里”,实施 8 次宽带提速和 4 次专线提速,为商务宽带新老用户提供“百兆起步,网速翻番”宽带服务。截至 2018 年年底,享受免费提速的中小企业用户达 28 万户。满足中小企业日益多样的综合办公需求,提供八款增值应用产品:云主

机、天翼企业云盘、智能烟感监控、OFFICE 365、会易通、手机看店、商云通、云安全服务。推出综合智能信息服务云节点(CLoud Service Node,简称CLSN),提供属地化、定制化、一体化的ICT2.0服务。启动“企业上云计划”,包括云主机、云存储、云灾备、云桌面、专属云、混合云、CDN(Content Delivery Network,内容分发网络)等全线产品,为客户提供全方位解决方案。

【千兆第一城】 2018年10月20日,上海电信举行千兆宽带发布会,宣布正式在全市范围内推广千兆宽带接入服务,在上海全市有线宽带接入网中支持10 Gbps,千兆能力接入上海近2万个小区、覆盖1 000万户家庭,全面实现端到端的“万兆到楼、千兆到户”,将上海建设成为全球“千兆第一城”,实现上海信息基础设施建设的又一次跨越,为市民畅享信息生活提供基础,为互联网与上海经济社会各领域融合提供了强有力的支撑。

【5G示范商务区】 2018年5月17日,上海电信与上海虹桥商务区管理委员会共同建设的全国首个“5G示范商务区”正式启动,并发布了首批基于5G的创新应用:5G+VR、5G+无人机、5G+8K等。上海电信在首届进博会上展示了基于5G网络的创新业务应用。

【“5G+8K”试验网】 2018年5月17日,由上海电信与上海文广集团打造的全国首个基于5G试验网络的8K视频应用平台“5G+8K”试验网正式搭建完成。双方在5G试验网络上进行深入测试,不断完善5G网络承载8K超高清视频的传输能力、优化应用运行效果、探索商业推广模式。

【架空线入地专项治理】 上海电信贯彻落实市委、市政府加强城市管理精细化的工作要求,依据《上海市通信架空线入地整治管理办法》(讨论稿)的文件精神,成立了架空线入地专项办公室,按政府、行业要求,切实推进架空线入地工作。2018年完成编制通信架空线整治专项规划,做好与市架空线整治专项规划的衔接。完成《上海市通信架空线入地工程导则》《基于市政设施的移动通信基站建设技术规范》等技术标准的编制。以内环内重点区域、重要道路,进博会场馆周边为重点,完成100公里道路架空线中涉及通信线缆的入地及合杆整治,实施范围主要为内环内主次干道、内外环之间设线的主干道、市级历史风貌保护道路。在有条件的小区,结合小区修缮工程,实现架空线同步入地。在全市严重影响市容景观、存在安全隐患且不具备入地条件的区域,开展架空线规范梳理。同时,专项办公室还制定三年行动计划,聚焦重点区域,围绕重大工程,突出重点道路,充分注重联网成片,持续推进架空线入地治理工作,从而实现架空线整治达到“线清、杆合、景美”的效果。

【打造广富林项目成智慧旅游新标杆】 为落实上海市第十次党代会提出的建设生态宜居城市,全力推动“绿地、林地、湿地”三地融合发展,上海电信积极参与信息化规划建设。上海电信多次对广富林郊野公园实地勘查、与建设方沟通、修改设计方案,最终以深入的业务理解、新颖创新的设计理念、可靠的技术实力、优质的售前售后服务获得用户认可。由上海电信进行信息化规划建设的广富林郊野公园,为上海电信智慧景区开拓奠定了基础。开园首日,广富林郊野公园官方微信公众号

关注人数迅速增长到14 255人，官网新访客量超过80%，开园首日线上预约门票被瞬时抢空。该项目将智慧景区工程建设与松江“上海之根”历史文化展示成功结合，起到了可复制、可拓展的示范作用，为后续在全市乃至全国推进信息化全域旅游打下了重要基础。

【获腾讯数据中心运营大奖】 上海电信凭借高效的运营水平、专属个性化的规划设计服务，从众多数据中心企业中脱颖而出，荣获2017年度腾讯数据中心运营大奖，这是腾讯公司每年在全国范围内颁发的唯一奖项。

【科技节暨云物合作生态发布会】 2018年11月29日，上海电信召开了2018科技节暨云物合作生态发布会。会议以“云网融合 智联万物 共筑未来”为主题，邀请政府领导、行业领军专家、生态圈合作伙伴，共同展望新时代下的科技发展蓝图和企业转型之路。

【参会2018世界移动大会(MWCS)】 2018年6月27日，2018世界移动大会在上海召开。上海电信以“数聚万物，智胜未来”为主题，打造“5G”“物联网”“天翼大数据”“智能连接”“智慧家庭”“互联网金融”“新兴ICT”七大板块、63个展项，展示了领先的综合智能信息服务运营商推进各行业融合、助力国民经济发展和网络强国建设的成果。

【应急通信保障】 2018年，上海电信以“最高标准、最好质量、最快速度、最实作风”、高度的政治责任感和使命感，完成了工信部、集团公司和上海市通信管理局下达的各类应急通信保障任务150项，其中包括全国“两会”、进博会、上合峰会、工博会、平昌冬奥会等重大活动通信保障。

【跨年北外滩无人机视频监控网络保障】 2018年1月1日，上海电信顺利完成跨年北外滩无人机视频监控网络保障任务。2017年12月下旬，上海电信接到虹口公安元旦跨年北外滩无人机视频监控网络保障任务，对北外滩虹口区段安全状况进行空中实时图像回传，确保元旦假期平安无事。承接任务后，上海电信无人机项目组迅速完成了对6个基站的实地勘察、周边网络优化和无线电环境摸底测量，在元旦前使4G网络性能达到最优，为上海电信开展无人机飞控网应用营销树立了良好形象。

（张　军）

中国移动通信集团上海有限公司

【概况】 中国移动通信集团上海有限公司(以下简称“上海移动”)2018年持续推动党的建设，深入学习贯彻落实习近平新时代中国特色社会主义思想和党的十九大精神，组建党员突击队、临时党支部推动急难险重工作，获得市级以上荣誉60项。上海移动全力应对市场挑战，通信服务收入保持稳定增长，政企业务增幅明显，政企收入占比、数字化服务收入贡献度全国领先。家庭宽带增长实现突破，物联网连接实现“物超人”。参与政务云、“雪亮工程”、智慧社区等重大项目，承载市“一网通办”总门户。能力建设持续强化，楼宇资源同比提升184%，VoLTE(Voice over Long-Term Evolution，长期演进语音承载)语音占比全国领先，外环内主城区NB网络综合覆盖率达99.06%。开展百站规模5G规模试验。圆满完成首届进博会等

重大活动通信保障，被公安部授予“2018年网络安全管理优秀团队”。“三条红线”均优于工信部管控要求。打造了中国移动通信集团首家基于容器微服务化架构的计费系统。2018年，上海移动组织效能持续提升，公司流程标准化率达95%。组织开展集团重大重点联合攻关项目20余项、引入科创成果13项、专利管理通过集团评审23件、输出集团级专家5名。多项成果获得全国荣誉。管理提升深入推进，全面部署降本增效攻坚期任务目标，2018年合计节约关键指标成本3.08亿元。持续探索新审计模式，全面推进法治移动建设，完善安全生产体系建设。建设“集约高效、阳光透明、柔性敏捷”的供应链体系。

【首届进博览会综合运营保障】 上海移动根据进博会保障要求和上海市通信保障组具体部署，为场馆建立5G、云计算、大数据、物联网服务引领的智慧应用，提供优质的网络通信与信息安全综合保障。展会期间，网络信息安全实行7×24小时实时监测和传报。现场服务点累计接待来自35个国家的客户约737人次，信息驿站提供信息查询逾16 000人次，外语服务专席提供服务6 000余次，“智慧场馆综合管理平台”承载日均10余万人客流。综合保障工作开展以来，上海移动组建了19个通信保障专业组，组织三轮共108场多专业演练，累计投入保障人员11 350人次、应急通信车26辆，参与安全与后勤保障工作900余人次，成功实现零重大网络事故、零重大安全事件、零重大客户投诉的保障目标。

【双千兆第一城】 上海移动助力上海全面打造“建网最快、品质最优、应用最丰富”的“双千兆第一城”，进一步推动5G多方联动，探索和创新垂直行业深度融合的机制和模式，推动5G和云计算、大数据、人工智能、虚拟增强等技术融合创新应用。联合行业伙伴先后完成了首次5G无人机360度全景直播、首个宽带5G双千兆视频连线电话、首例跨省5G视频通话，并在多个国际性展会上展示5G安防监控等应用。同时，积极推进千兆宽带建设，上海移动千兆宽带已覆盖全市各行政区、街道，200多个小区正式挂牌“上海移动千兆宽带精品示范小区”。

【5G新一代信息基础设施】 2018年，上海移动出任“上海5G创新发展联盟”理事长单位和“长三角5G创新发展联盟”轮值理事长单位，携手从事5G相关标准及技术研究、开发、服务的企事业单位、院校，积极探索5G生态链打造及应用模式创新。一方面力争打造世界一流的5G试商用网络，另一方面大力培育5G创新应用，打造先进的5G创新孵化床，助力5G产业生态发展。2018年，上海移动全面展开工信部《5G产品研发规模试验》国家重大专项、5G多场景的端到端功能及组网性能验证及全量站点勘查，在嘉定城区、大虹桥、滨江区域等地建设5G基站，连片规模覆盖相关区域。

【助力卓越全球城市建设】 上海移动提升创新转型能力，积极融入上海地方经济社会发展：市政务云、区政务云、“雪亮工程”、智慧社区等重大项目取得历史性突破；以第一名中标上海市政务云平台，承载上海市“一网通办”总门户；5G技术精彩亮相2018年人工智能大会、首届进博会等重大活动；推动成立长三角5G创新发展联盟并任理事长单位；打造上海全球“极速双千兆，幸福满满第一

城”形象；进一步深耕智能网联无人驾驶行业应用。

【提速降费】 2018年3月30日，上海移动举办介绍会推出“幸福满满”计划，从个人、家庭、政企三大市场同步发布一系列新资费、新业务、优化营商环境新举措，并于2018年7月1日起全面取消国内流量漫游费。2018年，上海移动顺应用户需求，推出国内和大多数国家流量畅用的全球通无限尊享计划及全国大流量套餐，开展内容丰富的针对性定向流量资费、多轮次流量赠送活动等，积极落实保障消费者自主选择权，设计推出低门槛的自由选套餐、语音或流量模组化资费、阶梯定价套餐，全方位保障用户权益。

（蒋晓馨）

中国联合网络通信有限公司上海市分公司

【概况】 2018年是深入贯彻习近平新时代中国特色社会主义思想和党的十九大精神的开局之年、改革开放40周年，也是联通融合十周年。中国联合网络通信有限公司上海市分公司（以下简称“上海联通”）全面落实聚焦战略，深化混合所有制改革，全力推进互联网化运营，以党建为统领，牢牢把握四条主线，努力打造系统内“党建和党风廉政建设示范区”和“五新”联通示范区，整体保持稳定、健康、可持续发展。2018年，上海联通主要业绩指标达到预期，全年完成主营收入103.96亿元。

【基础网络能级全面提升】 2018年，上海联通网络感知持续向好，4G宏站全年动态扩容3 452个，在集团内率先完成中心城区L900网络部署，全网良好栅格比率提升4.4 pp，深度覆盖显著提升；政企网络10G PON技术全覆盖；积极开展5G试点，完成涵盖8个业务区域的75个试点站建设，成立中国联通5G创新中心（上海），构建行业创新合作生态圈。推进以DC（Data Center，数据中心）为中心的网络重构，扩大云联网覆盖范围，推动承载网络SDN（Software Defined Network，软件定义网络）化改造，简化网络部署、加快业务响应速度；推动网络虚拟化转型和统一电信云商用部署，满足VoLTE（Voice over Long-Term Evolution，长期演进语音承载）和NB-IoT商用需求。推动运维互联网化转型，持续打造“感知主动保障、业务敏捷编排、网络自治管理”三项能力，智慧运营能力初步形成。新兴动能加速培育。积极推进云化网络，推出五大类云连接产品体系，实现网随云动、云网一体。积极构建智慧应用能力，聚集“4＋2”领域输出各类解决方案151个，形成业内首个成体系的城市精细化治理通信解决方案——智城精治。积极建设领先行业的物联网能力体系，依托物联网“联·城”平台，接入37款终端、开发18类场景，成功打造上飞“5G未来工厂”项目。提升大数据对外合作能力，构建基于人工智能的语音质检、人脸识别等创新型产品。

【“智城精治”助力城市精细化管理】 2018年，上海联通全面对接上海智慧城市3.0、“五个中心”和“四大品牌”建设，聚焦产业互联网、工业互联网等重要领域，打造了业内首个“全制式、全要素、全时空、全态势”的城市精细化治理解决方案“智城精治”。4月27日，上海联通召开城市管理精细化解决方案发布会暨联通（上海）产业互联网有限公司成立大会，正式对外发布相关方案。方案围绕超

大城市的精细化管理需求，提出智慧城市数字“神经体系”建设思路，以城市感知为抓手推进城市数据的智能采集，以创新的智慧应用为依托解决城市治理场景的实际困难，以可视化城市智能综合调节平台为各级主管机构提供高效直观的管理工具，构建智慧城市神经元、城市脉络、城市应用和城市大脑，助力提高精细化城市管理水平，助力城市“美丽街区、美丽家园、美丽乡村”建设。

通过综合运用云计算、大数据、物联网、人工智能等技术手段，上海联通“智城精治”城市管理精细化解决方案面向城市治理中的公共安全、公共管理、公共服务三个方面、近20种常见场景形成了有效解决方案，从而实现城市人、物、事件等动态运行数据的有效感知，助力智慧决策、纵横协同、政企协作、连接市民的城市管理精细化新机制有效运行，服务于静安“151”、青浦平安城市、松江智慧水务、长宁政务云、商飞集团“智慧工厂”等多个项目。

【推动5G产业发展】 作为5G主要推动者之一，中国联通在16个城市开展了5G规模试点，计划2019年开展预商用、2020年实现规模商用。上海作为全国经济中心和流量高地，对于5G整体发展的牵引作用显著。上海联通一直致力于5G技术发展，2018年完成涵盖8个业务区域的75个试点站建设，着力构建5G生态圈，做好试商用首发准备。

2018年工博会上，联通展示了来自5G创新中心基于5G网络技术在无人机救援、自动驾驶、沉浸式滑雪、无线远程医疗等领域的创新成果，为观众呈现了完美的体验，令人耳目一新；进博会上，上海联通在会场核心区域率先布局5G网络，与SMG合作搭建5G高清演播室，同时，将5G智慧工厂搬到了进博会现场，演示运输机器人和装配机械手等智慧应用，为万商云集的进博会增添了精彩一笔。

2018年11月28日，上海联通举办以“5尽想象，G致未来”为主题的5G峰会，发布展示了六大行业应用场景，包含智慧城市、智慧医疗、无人驾驶、工业互联网、无人机、AR/VR。

中国联通5G创新中心(上海)正式揭牌并发布联通联合实验室招募令，同时宣告5G生态联盟成立。5G创新中心的成立，有助于5G重塑商业和社会应用探索，亦将加强联通与重点行业领军企业的合作，推动5G在垂直行业的应用。此外，上海联通与上海市虹口区科学技术委员会、复旦大学附属华山医院、上海工程技术大学等六家单位签署5G产业基地战略合作协议，利用5G技术共创通力合作新局。

【重大通信保障】 2018年，上海联通继续积极践行作为国有大型基础电信运营企业的社会责任，匠心保障各项重大活动的通信安全畅通。2018年3月3日—20日，上海联通切实做好全国“两会”通信保障与网络信息安全管理工作，涉及的16家重保用户435条重保电路运行稳定。5月10日—12日，首届中国自主品牌博览会在沪举行，上海联通投入60余人保障团队进行现场值守，并部署1辆应急通信基站车，有效保障了展商和现场观众的使用感知。7月，2018年俄罗斯世界杯期间，为保障用户观赛体验，上海联通全力做好通信保障工作。9月19—23日，第20届中国国际工业博览会在国家会展中心(上海)举行，上海联通前后台共投入30余人，出动应急通信车2辆，实时监控各类指标，并配合现场保障组的定时拨测情况，监

控网络运行状态，实现了网络问题的及时发现和迅速响应，现场通话正常，馆内视频业务流畅，整体网络指标稳定。11 月 5—10 日，举世瞩目的首届中国国际进口博览会在沪举行，上海联通经过夜以继日的精心准备，以顽强拼搏、锐意进取的精神，高度的政治责任感和使命感圆满完成了进博会重大通信保障任务，参加保障人员达 927 人，投入应急车辆 80 台，巡逻船 2 艘，全网通信网络运行平稳，未发生重大突发事件。11 月 18 日，2018 年上海国际马拉松赛期间，上海联通安排 5 组保障队伍，前台实时传递现场感知情况，后台监控主控站点状态，顺利圆满完成保障工作。

（叶一纬）

三、广电信息业

上海东方明珠新媒体股份有限公司

【EPG7.0 提升电视用户体验】 东方明珠新媒体股份有限公司（以下简称“东方明珠新媒体”）旗下百视通技术发展有限责任公司（以下简称“百视通”）非常重视 EPG（Electronic Program Guide，电子节目指南）的更新，不断增添完善新内容。2018 年，百视通完全自主研发完成的 EPG 升级至 EPG7.0。EPG7.0 紧跟 AI 人工智能技术潮流对界面重新设计，基于大数据的智慧编排、智慧推送、智慧组合实现个性化的内容呈现，通过人工智慧、亲切界面、迅捷操控、跨屏连接四大创新设计，使画面与界面智能响应，全面提升电视用户体验。EPG7.0 智能电视交互操作界面的最大特点在于，利用人工智能将“千人一面”变成“千人千面”。该技术已申请了《一种基于机顶盒的高清电视界面交互方法、系统及机顶盒（专利申请号：201811616255.5）》《一种用于智能电视的多屏展示和切换方法（专利申请号：(201811640005.5)》《一种跨平台的媒体下载及系统调试方法（专利申请号：201810602458.2)》等 5 项发明专利，以及《用于电视的图形用户界面（专利申请号：201830763612.5)》等 3 项外观专利，荣获中国网络视听大会年度产品/技术创新大奖。2018 年，百视通与福建电信、广电合作，上线最新 EPG7.0 产品，并接入 OPG（Ortho Pantomo Graphy，曲面体层摄影法）云服务，为合作伙伴提供了很好的智慧运营支撑能力，获得了运营商、用户的双重好评。

【发力“5G”布局 助力 8K 发展】 2018 年，百视通在视听发展与创新技术方面愈发努力。在 5G 方面，百视通不仅认为是技术升级的必然，更是国家战略的布局，为此，以全新的姿态迎接 5G 所带来的新机遇、新挑战。2018 年，东方明珠、百视通、上海电信、富士康联合发布了中国首个基于 5G 测试网络的 8K 视频应用平台“5G＋8K 试验网”，并联合其他伙伴宣布成立“5G＋8K”产业联盟，这标志着 5G 从概念走向具体发展已取得阶段性成功。现阶段，百视通一方面正在打造 8K 媒体实验室，与 8K 内容生产团队联合摄制影视作品；另一方面积极携手 5G 上下游合作伙伴，积极布局 5G 网络

第三编 政务领域信息化

Shanghai Informatization

综　述

2018 年是“十三五规划”实施的第三年，是贯彻党的十九大精神的开局之年，也是信息化发展的重要时期。上海继续深化改革、推进创新转型，各政府部门进一步强化业务系统信息化建设，不断健全体制机制，加强数据公开，全面提高办事服务水平，在完善自有平台建设、规范整合便民服务公众号和移动端 APP 的同时，将多项业务接入全市“一网通办”总门户，打造“12345”市民服务热线政务服务总客服。应用大数据、人工智能、物联网等新技术，提升政府管理科学化、精细化、智能化水平。全面推进线上线下政务服务流程再造、数据共享、业务协同，形成集一网受理、协同办理、综合管理为一体的政务服务体系。

第一章　电子政务支撑系统

概　述

2018年，在上海市委、市政府的统一安排下，全市电子政务工作紧紧围绕中心工作，牢固树立“互联网+政务服务”理念，推进实施“一网通办”工作，全面提升“放管服”实效；强化重点领域数据公开工作，不断提高数据开放广度和深度；并通过“12345”市民服务热线提升政务服务水平和质量。

一、“一网通办”平台建设

【概况】　2018年，上海市委、市政府运用大数据促进保障和改善民生，让百姓少跑腿、数据多跑路，不断提升公共服务均等化、普惠化、便捷化水平，推进改革开放再出发、“一网通办”工作，提升“放管服”实效。

【全力开展“一网通办”】　2018年，上海市委、市政府将“一网通办”作为深化“放管服”改革和优化营商环境的重要抓手、衡量政府职能转变的重要标尺，提出“一网通办”工作的基本目标是做到“两个基本实现和两个基本建成”：基本实现政府政务服务工作以部门管理为中心向以用户服务为中心转变，基本实现企业和群众办事线上“一次登录、全网通办”，线下“只进一扇门、最多跑一次”；基本建成“一网通办”框架体系和运作机制，基本建成整体协同、高效运行、精准服务、科学管理的智慧政府。截至2018年年底，“一网通办”制度架构及运行体制机制已基本建立，初步建成“1+1+X”框架体系，即以上海市大数据中心（以下简称“市大数据中心”）为重要推进主体，以全流程一体化在线服务平台为总门户、总操作台、总数据库，依托在线服务平台的各个节点共同组成一个框架体系，

全力推进数据归集、共享，加快推进“数据跑路”代替“群众跑腿”。在具体工作中，紧紧围绕“一网通办”四个字做文章。

“一”是一个总门户，服务事项一口进出，解决政务服务多口多头受理问题，实现从“找部门”到“找政府”的转变。整合各部门条线化、碎片化的政务服务事项前端受理功能，实现线上线下整体政府服务模式，打造“一梁四柱”架构的“一网通办”总门户，统一政务服务出入口。“一梁”即统一受理平台，一边连接全市 1 433 个办事点和 2 万余名政府工作人员，一边连接企业和群众。“四柱”即“四个统一”：统一身份认证、统一总客服、统一公共支付、统一物流快递，让政务服务享受“网购”一样的体验。已有个人实名用户超 753 万，占实有人口 30%，法人用户达 189 万，移动端（“随申办”）用户超 1 000 万。线下政务服务事项向“一窗”集中，建立“一窗受理、分类审批、一口发证”机制。

“网”是线上线下同步，服务事项全覆盖，解决政务服务标准不统一、服务不互动问题，实现从“人找服务”到“服务找人”的转变。一是全面接入服务事项，按照国家标准全面梳理接入各类行政权力、公共服务事项，已接入 1 274 项政务服务事项，日均办理量达 7.2 万件。二是融合线上线下服务，统一政务服务事项标准，发布政务服务指南，实现线上线下政务服务一体化。三是推出个性化服务，建设市民主页和企业专属网页，将涉及的线上线下各类政务服务记录“一网打尽”，据此主动研判企业市民潜在服务需求，提供个性化、精准化服务。市民主页已实现“我要出国”“我要给孩子上户口”等 130 项个人事项主题式服务。企业专属网页已实现“开食品店”“开超市”等 50 多项企业事项主题式服务，消防安全许可梳理出 768 种办事情形，餐饮行业食品流通许可梳理出 392 种办事情形等。

“通”是全市通办、全网通办、单窗通办，解决数据交换共享难问题，实现从“群众跑”到“数据跑”的转变。一是在线下服务大厅设立综合窗口，实现分领域“单窗通办”。二是 167 项个人事项实现在 220 个社区事务受理中心就近办、异地办，部分事项实现长三角地区通办。三是破解后台数据通瓶颈，以共享为原则、不共享为例外，以电子政务云为载体归集数据，以“三清单一目录”为依据共享数据。建成市级数据共享交换平台，推进政务数据按需 100% 共享。各区、各部门通过平台调用数据超过 1.6 亿次，并已与国家共享交换平台对接，打通通过国家平台共享国家部委数据的通道。

“办”是只跑一次，一次办成，解决办事反复跑、办理麻烦问题，实现从“单打独斗”到“协同作战”的转变。围绕“四减”推进业务流程革命性再造，实现所有审批事项平均减时间 26%、减材料 12%、减环节 14%、减跑动次数 60%，90%以上的审批事项具备“最多跑一次”服务能力。一是聚焦优化营商环境改革，出台 53 个专项政策和配套文件，整合开发 20 多个信息系统。世界银行发布的《2019 年营商环境报告》显示，中国总体排名位列第 46 名，6 项以地方事权为主的指标，办事环节平均压缩 30.5%，办事时间平均压缩 52.8%。二是加快推进电子证照的归集和应用，电子证照已入库超 5 000 万张，居民身份证、企业营业执照等 10 类高频证照已全量入库，并推进实体证照免交、现场电子亮证应用。三是完善综合监管模式，依托上海市事中事后综合监管平台，提升监管效能，建

立“双随机”“双告知”机制,强化跨部门、跨区域执法联动和数据共享,汇聚各部门 200 万余条监管信息,实施事前差异化服务、事中监测预警和事后联动监管。

【开展数据整合共享】 数据整合共享是“一网通办”的基础和关键。数据整合共享的总体思路,可归纳为“1234”:“1”是确立加强公共数据全生命周期管理的一条主线;“2”是实现全市公共数据完整归集、按需共享两个 100%的目标;“3”是实施“聚、通、用”三种方式汇聚、打通和共享数据;“4”是从平台、机制、标准、制度四方面建立数据整合共享体系,包括“三清单、一目录”制度、数据共享交换平台、数据安全管理机制、数据资源标准规范等,让数据安全有序地“跑起来”。具体来说,2018 年工作主要包括四项内容。

以电子政务云为载体汇聚公共数据。2018 年,数据整合共享实现数据基于政务云平台的物理汇集,为共享使用奠定基础。截至 2018 年年底,已完成各部门 362 个信息系统上云迁移,具备深化开展数据对接和数据归集的能力。

以“三清单一目录”为抓手共享数据。2018 年,上海市出台全市数据共享交换平台管理规范、对接技术规范,完成数据共享交换平台主体功能建设,实现与国家共享交换平台级联的同时,会同各区、各部门,以“一网通办”政务服务事项为主线,以部门需求为导向,梳理形成公共数据共享需求清单。结合数据共享需求,经相关部门梳理确认责任后,形成相应责任清单和负面清单。完成公共数据“三清单”(2018 年)编制工作,其中,数据需求清单 2 627 条,对应数据责任清单 2 709 条,负面清单仅 2 条。在此基础上,组织各区、各部门分批集中攻关,开展数据编目和归集等工作,已完成编目 12 043 条,覆盖“一网通办”责任清单 95%,已归集数据 4 947 张表、55 亿条。

以关键项目建设为切入点用好数据,加快电子证照建设应用。2018 年上海市电子证照库已完成 17 类高频电子证照归集,总量突破 5 500 万张。积极研究电子证照应用场景,实现减材料、减证明。

以安全体系建设为依托,切实加强数据安全管理。2018 年,上海市形成《上海市大数据中心等级保护安全管理制度体系》,编制《大数据中心项目测试流程规范》和《项目测试流程操作指南》,搭建质量管理平台,建立项目测试流程和操作规范,积极开展保密检查及安全测试,探索建立数据安全管理的制度程序,组织完成大数据中心进博会安全保障工作。

(杨　蕾)

二、重点领域数据公开

【概况】 上海市委、市政府长期以来对公共信息资源开放工作高度重视。在第 30 次市长国际企业家咨询会议上,针对多位企业家的建议,上海市委副书记、市长应勇表示上海要加快推进公共数

据开放立法，深化上海市公共数据开放工作。2018年12月，市政府秘书长汤志平召开专题会议，要求由上海市经济和信息化委员会（以下简称“市经济信息化委”）牵头尽快成立立法工作小组，按照“国内领先、国际一流”的标准，为全国数据开放立法打造“上海样板”，使数据开放成为上海政务服务“一网通办”一项新的重要内容，成为上海城市综合竞争力的一个新标志，成为上海扩大开放的一张新名片。

2018年，上海市作为国家公共信息资源开放五个试点城市之一，根据中共中央网络安全和信息化委员会办公室、国家发展和改革委员会、工业和信息化部等部委联合印发的《公共信息资源开放试点工作方案》（中网办发文〔2017〕24号）部署要求，市经济信息化委会同中共上海市委网络安全和信息化领导小组办公室（以下简称“市委网信办”）联合印发《上海市公共信息资源开放试点实施方案》（沪经信推〔2018〕190号）。2018年4月，市经济信息化委制定并印发《上海市公共数据资源开放2018年度工作计划》（沪经信推〔2018〕210号），联合浦东新区、静安区、徐汇区等试点区，共同开展公共信息资源开放试点工作。

【加强顶层设计】 2018年，上海市研究制定《上海市公共数据和一网通办管理办法》。该办法以地方政府规章的形式，明确公共数据开放的范围定义、原则要求和框架机制，于2018年11月1日正式施行。

完善组织保障机制。2018年4月，市大数据中心正式成立。《上海市公共数据和一网通办管理办法》中明确市经济信息化部门负责指导、协调、推进公共数据开放，市大数据中心具体承担上海市公共数据开放工作。

研究制定公共数据资源开放管理办法。在前期“数据开放的安全风险防范”“大数据发展基础制度研究-地方立法框架建议”课题研究成果基础上，研究制定“上海市公共数据开放管理办法（草案）”，并两轮征集相关部门的意见。后经市主要领导批示要求，该办法提升为地方政府规章。该办法将重点从开放平台、开放资源、开放过程、数据利用、数据安全、监督保障等方面，明确公共数据开放的职责分工、主体权责、分类开放机制、互动纠错机制等内容。

【加强机制创新】 建立分级分类开放机制。针对公共数据的数据类型、安全要求、应用能力要求等维度，2018年，上海市结合实际技术条件，选择合适方式实现数据开放。对数据处理能力要求高、实时性强、数据规模大、安全要求较高或可持续利用的数据资源，采用API（Application Programming Interface，应用程序编程接口）接口方式进行开放，并提供接口使用说明和样例数据。对于大规模、持续利用数据服务的机构和个人，实行网络实名登记管理，采用依申请开放方式加强对数据利用主体的审核和数据使用情况的追踪。

举办SODA开放数据大赛，推动政企数据融合创新。为推动社会各方对政府公共数据资源的深度应用和增值开发，上海聚焦城市管理和社会治理领域中的热点、难点、痛点问题，连续4年举办“上海开放数据创新应用大赛（SODA）”及其系列赛事，广泛吸引海内外5 000余人次的大数据专业人士及应用爱好者踊跃报名，实现开放数据、创

新应用、落地孵化三位一体目标，体现开放数据对于促进商业创新和产业转型发展的实质作用。2018年12月8日，本年度以“数联长三角，众创新生活”为主题的“上海开放数据创新应用大赛(SODA)”落幕，首次将开放数据范围扩大到长三角地区，充分利用长三角丰富的开放数据资源以及雄厚的大数据产业基础，在全球范围内征集基于开放数据的大数据创新应用解决方案，以开放数据创新应用服务长三角协同发展。获得大奖的两个作品分别聚焦城市水网渗漏问题和阿尔兹海默症的诊疗和预测，结合经济和社会价值，突出展现公共数据开放的重大意义。大赛的多个获奖作品获得后续投资对接和孵化服务。

建设大数据联合创新实验室。2018年，上海市聚焦金融、医疗、旅游、交通、能源、城市管理和开放数据7个领域，成立上海大数据联合创新实验室，探索数据开放新模式，打造数据融合创新应用，促进产学研用深度融合。此外，还建立定期走访、汇报的工作模式，加强实验室间的互动交流和资源共享。截至2018年年底，7个实验室均已建成数据共享服务平台，融合跨领域数据，为专病研究、交通状态发布、经济景气指数预测等多个大数据应用项目提供数据支撑和平台服务。

建立信息系统预算与数据开放工作联动机制。将公共信息资源开放工作与各部门信息化系统建设紧密挂钩，项目预算审核平台与公共数据开放平台联动，实行先编目、后验收的工作机制，全力推进政务数据资源的“全面梳理，摸清家底”。

强化绩效评估机制。按月形成各部门月度开放工作评估报告并报送至各部门，同时以简报形式报送开放试点工作进展情况至市委办、市府办，切实敦促各部门结合部门实际推进开放试点工作。开展数据共享开放工作年度绩效评估，对全市各部门进行全面评估和排名，形成总报告和部门分报告，并将年度评估结果纳入市政府“互联网+政务服务”年度考核体系。

建立专家会商机制。发挥上海市信息化专家委员会大数据专业委员会的作用，对各部门共享或开放中存在异议的政务数据资源进行研究讨论。

【建设统一开放平台】

加强技术创新，完善开放门户。2018年，上海市对“上海市政府数据服务网”的功能进行重新设计改造，新增数据资源图谱栏目，根据数据资源的服务对象、关键字、应用场景、应用方式等建立多维度“数据标签”，可视化呈现开放数据关联图谱。采用灵活的平台用户认证方式，在网站实名认证的基础上增加外部认证，实现分级分类开放。对开放数据实行动态管理，自动检测API接口可用性、接口服务地址失效、数据集到期或收到数据共享请求，系统将自动发短信通知数据提供部门。优化开放数据统计功能，实现多维度、可视化动态统计，包括访问情况、资源情况、数据种类等。完善用户个人中心，为用户提供订阅、收藏功能，用户可动态获取所收藏数据集的更新提示和所订阅数据集的更新记录。优化网站开发者社区，为开发者提供软件开发工具包，实现社区查询、发帖、管理、需求调查、问题反馈等功能。

建立标准规范体系。2018年，上海市制定数据开放标准，明确数据必须以数据产品或接口服

务的形式体现,以CSV(Comma-Separated Values,逗号分隔值)或API接口的格式进行开放。制定API接口开发规范,对接口概述、接口定义、样本数据、调用流程等方面做明确规定。对开放平台的总体架构、应用功能、服务接口、平台对接等方面明确具体要求,形成开放平台技术规范。在市级开放平台设置区级开放数据栏目,汇集所有区级开放数据元数据,实现统一展示、无缝跳转,提升用户一体化体验。

探索市、区两级联动。2018年,浦东新区、静安区、徐汇区等试点区结合各区工作基础和推进计划,按照统一技术标准,分别新建或升级改造区级数据开放平台。其中,浦东新区进一步完善"浦东数据开放网"的开放目录、接口发布、数据应用等功能,并与市级平台采用统一的网站界面风格;静安区结合区数据资源管理平台建设,积极推进区数据开放平台建设,并与区政务数据资源交换平台实现对接;徐汇区制定《徐汇区公共信息资源开放试点工作方案》,建设徐汇区公共信息资源开放平台,并结合徐汇区特色,增加人工智能、文化旅游两个特色方向的开放数据进行试点。三个平台均已实现与市级开放平台的对接。

完成平台上云迁移。2018年,上海市完成市政府数据服务网向上海市电子政务云迁移。由云服务商按需为平台提供网络安全、主机安全和容灾备份等安全保障服务。

【提高数据开放广度和深度】 扩大数据开放范围。2018年,上海市各市级部门在数据资源目录编制的基础上整合梳理部门开放目录清单,试点区结合区域特点制定区域开放目录清单。经整理形成上海市开放目录清单2 000余项(包含已开放目录清单和2018年新增开放目录清单),明确数据开放内容、开放形式、更新频率、开放属性等,该清单已通过上海市数据服务网统一向社会发布。

提高开放数据质量。截至2018年年底,上海市通过上海市政府数据服务网,已累计向社会开放数据资源近2 000项,已基本覆盖各市级政府部门的主要业务领域,开放内容涵盖经济建设、资源环境、教育科技、道路交通、社会发展、公共安全、文化休闲、卫生健康、民生服务、机构团体、城市建设、信用服务12个重点领域,提供包括社会保险、婚育、学校教育与终身教育、培训与就业、就医与保健、交通出行、社区周边生活服务、政府办事、城市安全、离退休、残疾人在内的11个应用场景。其中,相对静态的数据集优先采用CSV格式开放,可机读率达到98%;采用API接口方式开放的数据资源总量达到650项。

【推进政企融合应用】 打造典型应用案例。2018年,上海市探索多元化、多层次政企数据融合和协同创新模式,在前期问卷调查的基础上,选择在大数据领域比较有成果的重点企业进行走访调研,了解不同企业的数据开放需求。截至2018年年底,已同部分企业达成初步合作意向,共同打造政企数据融合典型应用案例。同时,收集整理历年上海开放数据创新应用(SODA)大赛的优秀参赛作品,围绕城市交通、城市安全、城市管理等主题形成一批典型应用案例。这些案例已通过上海市政府数据服务网中的"典型应用"专栏集中展示。

增强市场化运营服务能力。2018 年,上海市通过政府采购方式由具备相关资质与能力的第三方机构负责开放平台的运营管理。围绕数据治理、平台优化、系统运维、应用推广、决策支持等方面提升数据开放的公共服务能力,按季度形成运营报告。建立社会参与公共数据资源开放的互动机制,定期开展用户数据需求调研,形成用户数据需求报告,及时响应用户数据需求。

【**强化安全保障**】 加强平台安全管理。2018 年,上海市提升开放系统安全保障等级,由平台运营第三方机构负责平台运行状况的日常巡检、定期扫描,建立降级冷备份系统,加强平台安全保障。会同市委网信办建立安全应急管理制度,制定安全处置应急预案,定期组织演练,保障试点工作安全有序开展。

实现数据安全管控。2018 年,开放平台为每个注册用户的每项数据需求分配“访问秘字”,并与用户 ID 形成二元绑定关系,一旦发现用户非法使用某项数据资源,只需注销对应的绑定关系,即可禁止某用户访问特定数据资源。此外,平台还通过 IP 地址绑定、行为追溯、黑名单等技术措施,保障数据全生命周期安全管理。

【**存在主要问题**】 各机构对数据开放试点工作重视程度参差不齐。为切实推进公共信息资源开放试点工作,上海市建立以市经济信息化委、市委网信办、市政府办公厅等部门联合牵头,其他市级部门和试点区共同参与的试点工作协调小组,并要求各市级部门和试点区应“建立综合处室和信息化处室共同推进的工作机制,明确目标、责任、机构和人员”。在工作推进过程中发现,仍有极少数部门未建立协同推进机制,有少数部门或试点区未指定推进数据开放试点工作的责任处室和人员,不利于开放试点工作推进。

各机构需建立完善数据开放工作配套制度。标准化、规范化的数据管理制度是数据开放工作的基础和保障,有部分市级部门未建立本机构的数据开放工作配套制度,如数据资源目录管理制度、数据资源质量管理制度、数据资源更新制度等。有部分部门对社会公众通过上海市政府数据服务网提出的数据开放申请处理不及时或采纳度不高,未建立社会参与公共信息资源开放的有效互动机制,对社会公众的数据需求未能及时响应。

开放数据与社会需求仍存在一定差距。只有向社会开放真正能“用”的数据才能释放数据红利、创造数据价值,目前上海市的数据开放数量在全国属于领先水平,但是数据质量仍有待提高。截至 2018 年年底,上海市仍有少数部门没有向社会开放数据;在已向社会开放的数据中,以 API 接口方式开放实时、动态的数据资源仅占 33%,按照更新频率及时进行更新的数据资源仅占 81.6%;对于部分民生紧密相关、社会迫切需要的数据,如“幼升小”学区和招生计划等数据,仍未向社会开放。

(薛 威)

三、政务服务渠道优化

“12345”市民服务热线

【概况】 2018年,12345市民服务热线(以下简称“热线”)通过电话、手机客户端、网站、传真以及网上政务大厅等渠道共受理市民诉求4 420 952件,诉求量同比增加646 708件,增幅为17.13%。其中,电话受理诉求4 101 553件,占92.78%;手机客户端受理诉求247 591件,占5.60%;网站受理诉求46 869件,占1.06%;传真、网上政务大厅、手语视频等其他渠道共受理诉求24 939件,占0.56%。

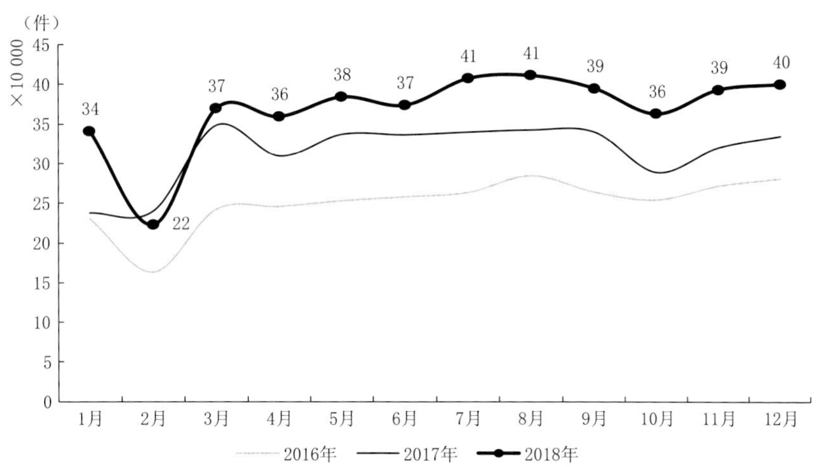

图3-1 2016—2018年“12345”受理市民诉求情况

市民诉求类型为:咨询类1 561 626件,占35.32%,同比增长12.81%;投诉举报类1 344 925件,占30.42%,同比增长10.69%;求助类1 290 558件,占29.19%,同比增长32.47%;意见建议类78 952件,占1.79%,同比增长24.56%;其他类144 891件,占3.82%,同比增长5.47%。

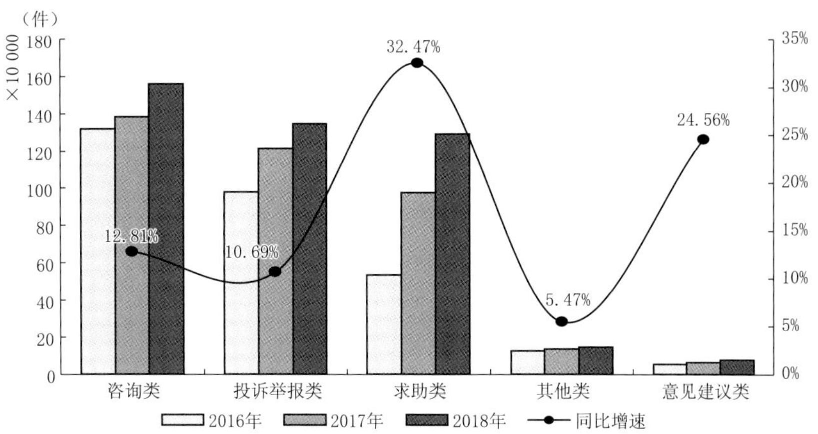

图3-2 2018年“12345”市民诉求类型数量变化情况

【诉求分类情况】 涉及领域主要有:建设交通类1 495 014件,占33.82%,同比增长17.78%;公安政法类1 054 322件,占23.85%,同比增长7.34%;社会管理类784 640件,占17.75%,同比增长28.50%;科教文卫类、公用事业类、经济综合类、安全监管类、社会团体类和其他类共1 086 976件,占24.58%,同比增长19.17%。

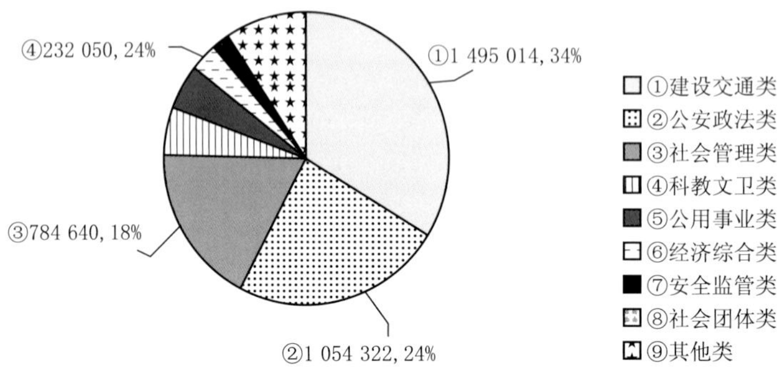

图3-3 2018年“12345”市民投诉一级分类占比

市民诉求领域变化情况为:经济综合类、社会管理类和科教文卫类增幅居前。经济综合类诉求增长,主要是由于税务和金融方面问题快速增长;社会管理类诉求增长,主要是受社区服务网点、售后服务、服务态度及业务办理等问题影响;科教文卫类诉求增长,主要是卫生计生相关问题的增长。

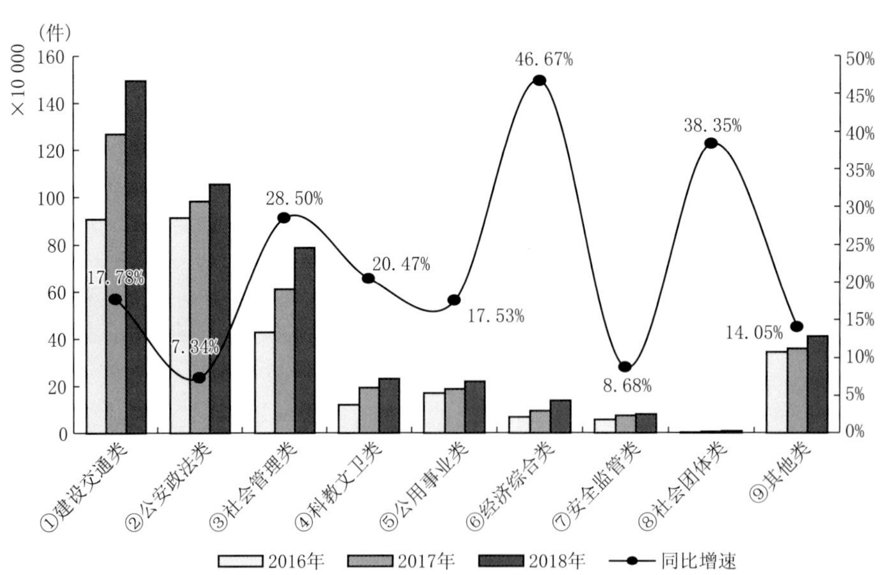

图3-4 2018年“12345”市民诉求占比变化

【诉求内容】 诉求内容主要集中在治安交通、住房保障、工商消费、人力保障、交通港口、城乡建设、绿化市容、环境保护、卫生计生、邮政通信等方面。

市民关注的具体问题主要有交通违章、违法

建筑、驾驶员审验、维修添置、售后服务、噪声污染、过户上牌、服务规范、纠纷协调、居住证、物业安保、身份证管理、社区服务网点、服务态度、垃圾清理等方面。其中，社区服务网点、驾驶员审验、垃圾清理、服务态度和服务规范等方面诉求量增幅较大；交通违章和身份证管理相对上年诉求量下降较快，同时违法建筑方面诉求相对2017年也有小幅度降低。

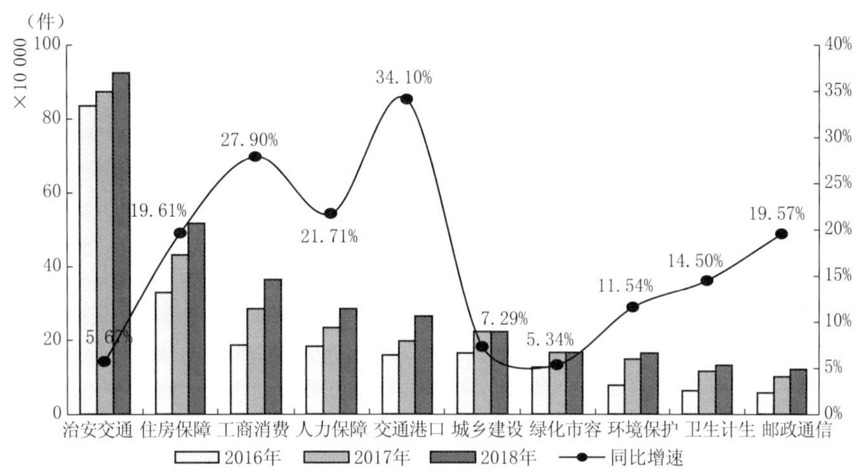

图3-5 2018年“12345”市民诉求主要内容

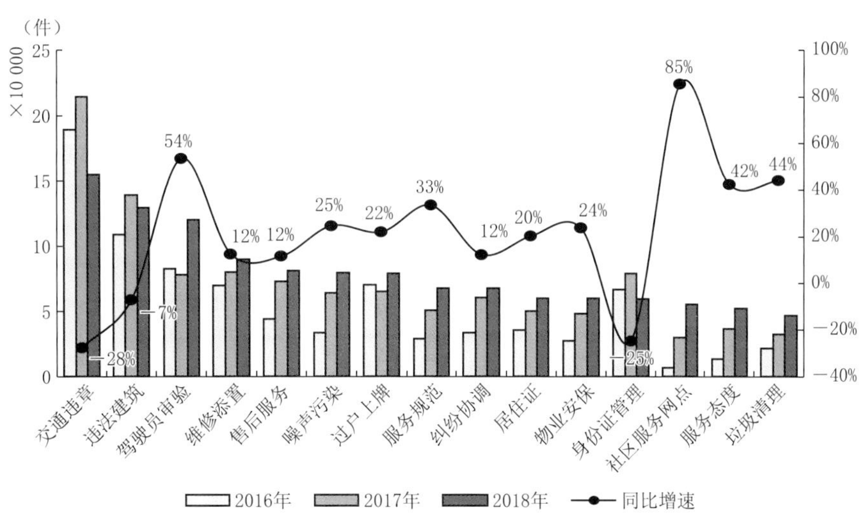

图3-6 2018年“12345”市民诉求主要问题

【市民咨询事项】 市民咨询事项主要涉及治安交通、人力保障、住房保障、工商消费、交通港口、民政、卫生计生、司法行政、机关事务管理、教育、出入境、税务、城乡建设、金融、质量技术监督等方面。

市民关注的具体问题主要是驾驶员审验、交通违章、过户上牌、身份证管理、居住证、社区服务网点、限流限行、机关事务信息、车辆年检、公安信息查询、医保政策咨询、法律援助、户籍政策咨询、

住房公积金、医院医疗信息等方面。

市民关注度增幅上升较快的主要有公安信息查询、社区服务网点、驾驶员审验、车辆年检等。其中,公安信息查询主要是咨询沪牌、居住证、身份证及民事案件等办理情况;社区服务网点主要是咨询街道居委会或社区服务中心的地址和联系方式以及工作时间等;驾驶员审验主要是咨询补办和换发驾驶证手续、考证转证标准以及流程等。

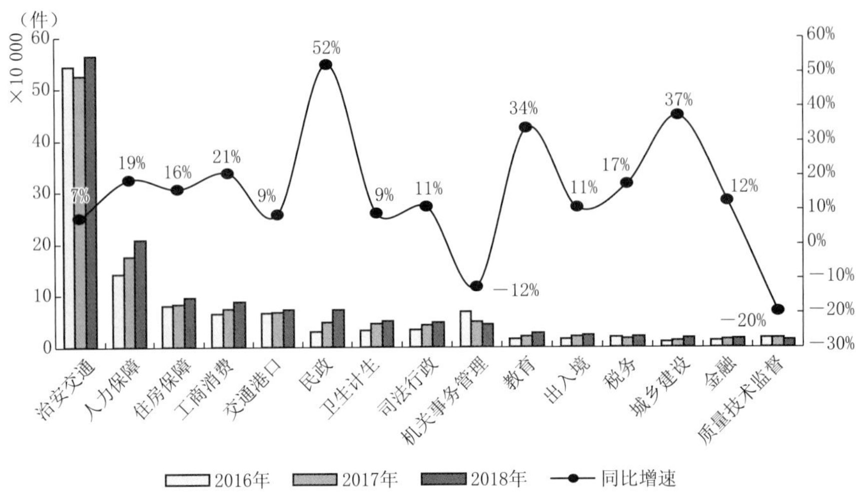

图 3-7 2016—2018 年"12345"咨询类市民来电主要问题

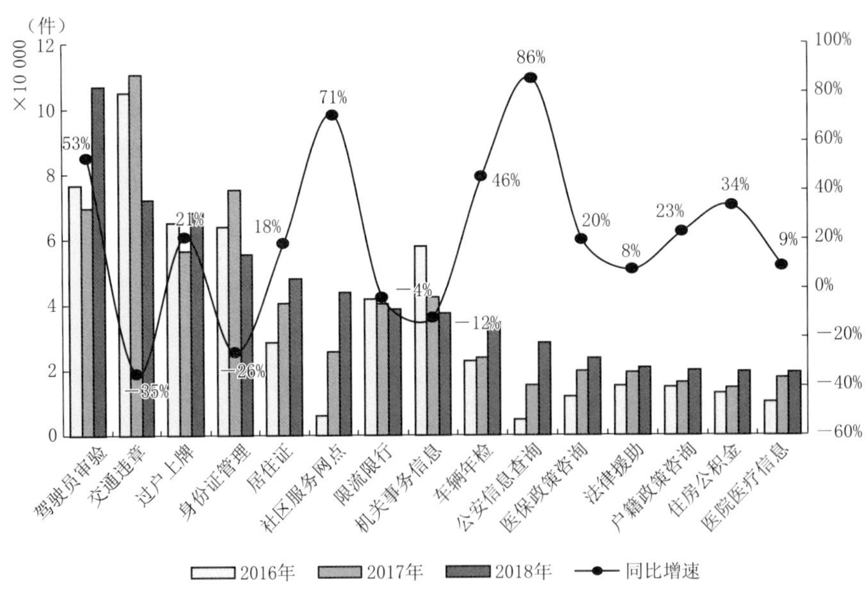

图 3-8 2016—2018 年"12345"咨询类主要问题

【市民求助、投诉举报事项】 市民求助及投诉举报类事项主要涉及住房保障、治安交通、工商消费、城乡建设、交通港口、绿化市容、环境保护、邮政通信、城管执法、卫生计生、人力保障、食品药品

安全、电力、教育、民政等方面。

市民关注的具体问题主要涉及违法建筑、维修添置、交通违章、噪声污染、售后服务、纠纷协调、服务规范、物业安保、服务态度、垃圾清理、网上购物、无证设摊、各类服务卡券、业务办理、食品安全等方面。

从求助和投诉举报量的增幅变化情况看，随着互联网快速发展，网上购物、服务态度、售后等问题诉求量增幅居前；另外，与工商消费、环境污染、食品安全及物业相关的问题诉求量增幅上升较快。交通、违建相关问题诉求量下降。

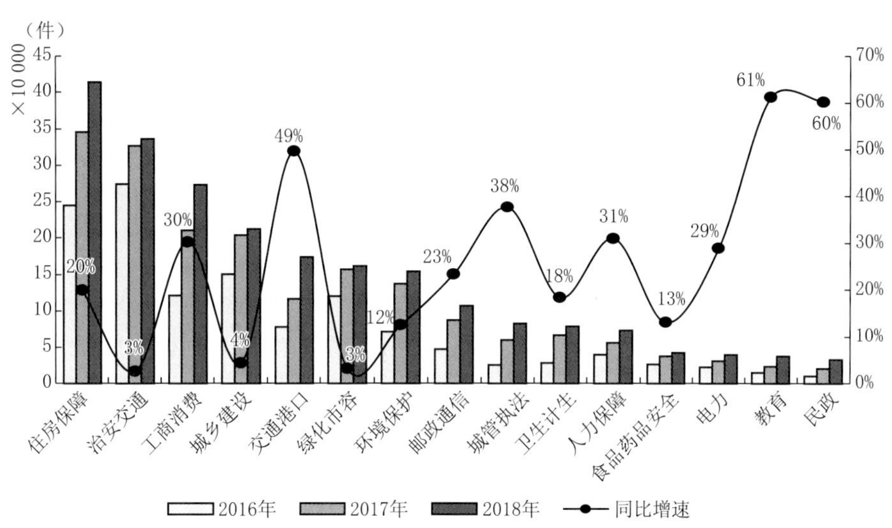

图 3-9 2016—2018 年“12345”市民求助和投诉主要问题

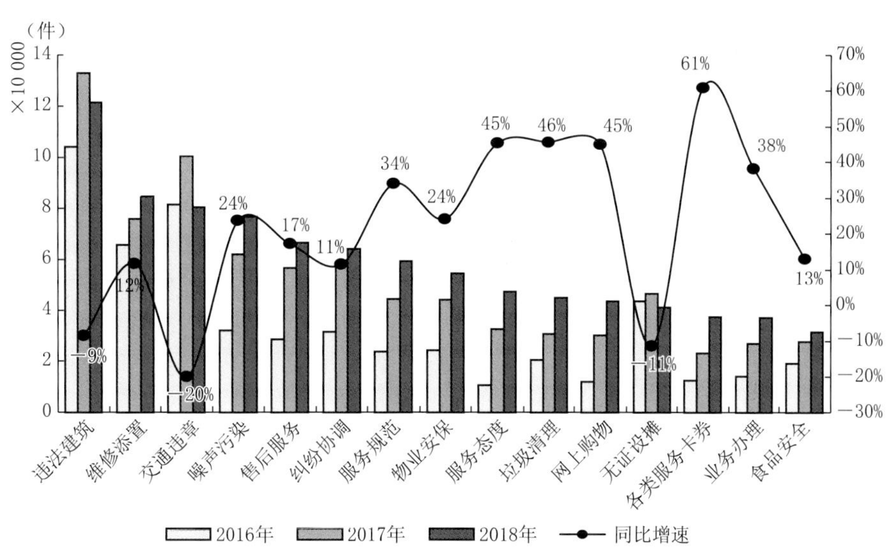

图 3-10 2016—2018 年“12345”市民求助和投诉量较多的具体问题

【意见建议事项】 市民对政府提出的意见建议主要集中在交通设施、线路设置、排堵保畅、交通违章、服务规范、地铁建设、机关事务工作、公共停车场、路标路牌、物业安保等方面。

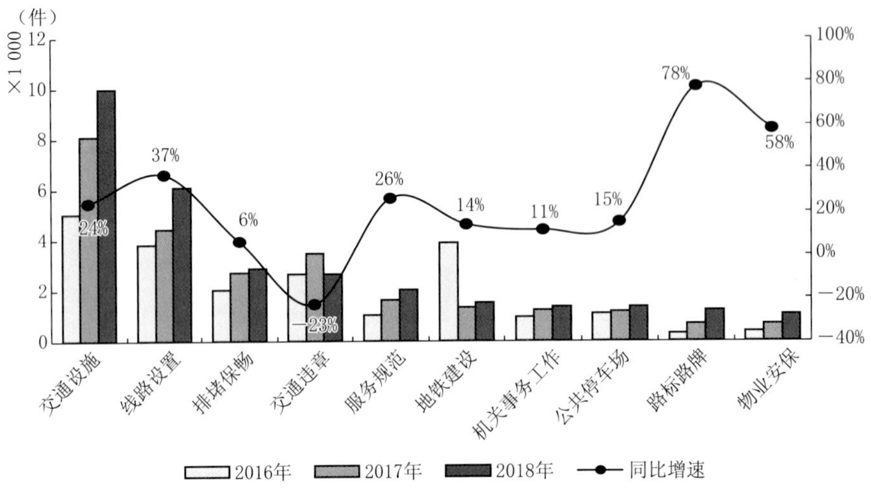

图 3-11 2016—2018 年"12345"市民意见建议量较多的问题

（银 峰）

第二章　机关信息化

概　述

2018年，经过机关改革，上海市建立了更加完善的部门、业务体系，在信息化推进过程中，各部门重点业务及机关信息系统各司其职，充分发挥信息化工作的创新支撑作用，不断提高政府经济管理、社会管理和公共服务的效率和水平。

一、上海市人民代表大会常务委员会

【概况】 2018年，上海市人民代表大会常务委员会(以下简称“市人大常委会”)办公厅按照常委会领导对机关信息化工作的指示要求，完成上海人大“一网通”项目、上海人大预算联网监督系统(一期)建设等工作，在上海市人民代表大会期间服务全体市人大代表。上海人大规范性文件审查备案管理系统实现全市联网运行，并对接全国人大备案审查系统。

【上海人大“一网通”项目建设】 随着手机硬件性能和人工智能技术的快速发展，移动办公也因为具备即时性、实用性、高效性和易用性，成为未来办公模式的必然选择。近年来，按照市人大机关信息化建设领导小组部署，市人大机关已经建成十大信息服务系统，但系统之间不同程度存在着“数据孤岛”现象。因此市人大常委会办公厅建设完成上海人大“一网通”项目，作为市人大机关移动办公、服务代表和事务办理的基础汇聚平台。

上海人大“一网通”项目基于腾讯公司“政务微信”平台开发建设，提供快捷专属政务沟通方式和精简移动办公操作模式，能够进一步规范市人大机关各项工作流程，为打通“数据孤岛”、解决数

据互通问题提供统一的政务工作入口平台。

上海人大"一网通"项目主要包含五大模块。

基础应用模块:能够智能呈现日常事务性工作,有助于理顺工作主次,提高工作效率,减少工作冗余。板块包含"常委会会议""文件盘""问卷调查""通知""日程安排"和"办公厅研究室"。

代表履职模块:整合人大代表履职工作常用功能,以提高人大代表履职工作效率为核心,为人大代表打造一体化移动政务平台。板块包含"公告""代表议案""代表建议""我的履职""代表团活动""履职学习""重点关注"和"委员会"。

机关移动办公模块:支持按照部门、岗位、职务、组别、安全级别等多种方式设置使用权限,支持批次量化处理,可以实现文件流转的拟稿、审核、签发、登记、打印、分发、阅读、归档等全流程管理。板块包含"公文流转""会议组织""事务办理""公示"和"机关党建"。

人大新媒体模块:整合上海市人大网上服务资源,提供统一入口。板块包含"上海人大公众号""人大月刊公众号"和"上海人大网手机版"。

即时通信模块:可以发起实时网络通话,视频会议,建立、管理工作群组,便于机关工作人员相互沟通,提高工作效率。板块包含"消息""通讯录"和"我"。

上海人大"一网通"项目借助成熟平台开发建设,适应随需而变的移动办公应用环境,能够满足市人大机关领导和工作人员个性化的移动办公需求,利用通用的 API(Application Programming Interface,应用程序编程接口),可以轻松实现本地资源与第三方应用之间数据交互,如可与上海电子政务平台——"一网通办"实现数据互通、共享。

【上海人大预算联网监督系统(一期)建设】 按照党中央、国务院确定的财税体制改革总体要求,2018 年,市人大常委会为进一步深化财税制度改革,改变以往人大预算监督手段相对单一、时效性不强、预算监督重程序轻实质的状况,建设一套互联互通的预算联网监督系统,使得人大预算监督工作能够全面反映政府收支总量、结构和管理活动,加大对预算各个环节的监督力度,实现预算监督从粗放型向精细型转变。

上海人大预算联网监督系统(一期)通过对一般公共预算、政府性基金预算、国有资本经营预算和社会保险基金预算的编制、执行、调整和决算全过程进行监督,实现报表查询、数据分析、比对纠错等功能,运用内置监督数据模型进行指标分析和预警,实现基于数据模型的智能分析和自动化监督功能,推进人大预算审查监督的信息化、自动化进程,提高人大预算审查监督的整体效率。

系统建设目标:采集预算编审、预算执行、预算调整、决算的统计报表等相关数据,建立监督数据中心,实现跨业务、跨级别关联,通过数据关联,实现预算指标及其变动情况的有效跟踪和动态监督;搭建查询分析模型,实现预算申报数据查询和统计分析,为预算审查提供数据及资料储备,实现对预算执行、预算调整情况查询和统计分析,为决算审查提供数据和资料储备;建设与财政管理、预算监督相关的法规资料库,为财政预算监督提供法律依据。

系统设计原则:面向用户进行设计,区别于传统报表体系,系统借助先进的商业智能分析工具,利用动态图形化的可交互界面直观展示财政数据信息,从宏观角度出发,重点分析趋势、构成和影响因素,切入微观角度,通过追溯方式来查看明细

数据；围绕业务主题进行查询分析，数据查询分析紧扣主题进行设计，逐步构建一个完整的预算监督体系，按照分析对象之间的业务逻辑和层次关系来组织设计语言，核心分析对象贯通分析体系中的各个主题分析模型，从宏观到微观逐级呈现；数据展现易操作、可阅读，使用鼠标或屏幕触摸即可对整个分析页面进行操作，页面设计上强调可阅读性，通过合理布局、页面描述、提示说明等方式，使得展现的数据清晰明了；整体设计安全可靠，系统设计遵循安全性原则，从软件模块、功能、数据等多个层面设置访问级别控制和数据加密机制，确保数据健壮、准确和安全。

系统功能设计：审查监督模块，模块主要提供全口径、全过程的预算报表数据进行多维度查询，并对报表数据进行统计分析，全口径预算数据包括财政预算报告与报表体系（包括一般公共预算、政府性基金预算、国有资本经营预算、社会保险基金预算）、部门预算报告与报表体系，全过程预算数据包括年初预算编审数据（包括前期调研和预审数据、初审数据、大会审议数据）、年中预算月度执行数据、预算调整数据和年终决算数据；监督预警模块，建立符合市人大预算审查要求的预警规则、标准和参数，实现对预算执行、指标、支付信息等数据进行智能预警提示，监督预警功能支持设置各种预警规则对预算执行进度、预算收支差异、年末结余情况等进行监督，支持对报表数据进行预警，预警任务运行时，对于触发预警规则的情况，能够自动报警，使用者可以简单“双击”穿透预警结果，追溯到原始数据记录；代表意见管理模块，包括代表意见提交、落实整改单位、落实整改反馈和代表意见跟踪查询四个子功能，专业代表可以对预决算草案、预算调整方案在线审查，提交审查意见，实时查询审查意见的整改反馈情况，代表之间可以就审查意见进行在线交流；政策法规模块，提供财政、预算、经济、税务、国资、人社、审计等类别的法律法规和政策文件，支持全文检索或模糊检索，支持多种格式文件的导入、导出和转换功能，支持批量入库；文档资料模块，包括市人大常委会审查批准的预决算报告、批复预算公文和财政资金专项报告，相关业务部门报市人大常委会的专项报告，预算监督审查报告、初审报告，代表意见等；人员与数据管理模块，对系统用户的基础信息进行管理和维护，提供接口自动采集和文件导入两种数据接入方式，可以定制数据采集时间。

系统建设特点：全局性，面向市人大整体工作平台的功能设计，将整个系统从单个部门推广到全体部门，从市人大内部监督扩展到政府、委办，各部门协同办公，同时系统具备良好的数据交换、信息获取的功能；高效性，基于智能审查计划、智能执行报告设计，将人工查询分析、处理预警的审查模式转变为智能查询分析、推送预警、人工处理预警的审查模式，把人力资源从海量的数据分析工作中解放出来，做好预警信息处理；灵活性，具备监督指标灵敏度微调功能，为可持续进化的指标体系建设提供技术基础，基于财政全库数据的立体分析模型设计和多维度指标体系设计，为全视角深度监管提供技术基础；共享性，破除数据孤岛壁垒，与市人大“一网通”项目实现数据贯通，日常待办业务可以实时推送，手机远程管理。

上海人大预算联网监督系统（一期）的建设完成，使得市人大预算监督管理模式满足电子政务发展的客观要求，实现预算的事前、事中、事后三

位一体全过程实时监督,通过系统内设的预警机制,能够更好地实现提前介入、及时干预。

【上海人大规范性文件审查备案管理系统建设】规范性文件备案审查是各级人大肩负的重要职责,加强规范性文件备案审查是建设法治中国的时代要求,是监督法赋予人大常委会的一项重要职权,也是"立党为公、执政为民"的具体体现,与广大人民群众的生产、生活息息相关。2018 年,市人大常委会加快推进备案审查的信息化建设工作,提高市人大规范性文件备案审查的信息化管理水平,实现与全国人大相关信息系统的无缝对接,转变原有"人工+纸质"模式,实现高效审查,及时备案。

系统建设目标:根据《中华人民共和国监督法》《上海市人民代表大会常务委员会关于规范性文件备案审查的规定》和备案审查工作流程,建立一套备案审查信息系统,实现"一口受理、双线审查、科学比对、专人承办、集体研究、专工委领导负责";利用信息化手段切实提升市人大常委会的备案审查工作能力,在全国范围内达到领先水平;按照全国人大对规范性文件备案审查信息系统的建设要求,结合市人大工作实际,建设一套由备案审查信息平台、文件报备系统、文件审查系统、文件自动比对系统、法律行政法规动态跟踪系统和审议意见分析处理系统构成的上海人大规范性文件审查备案管理系统。

系统技术特点:面向服务的应用架构,系统总体应用框架采用 SOA(Service-Oriented Architecture,面向服务的架构),灵活便捷,能够高效、快速响应系统业务变更情况,利用基于 SOA 的系统构建方法,将程序功能封装成特定功能模块,按需装配各类系统功能,并在此基础上实现组合共享;B/S(Browser/Server,浏览器/服务器模式)三层服务架构,表现层与业务处理层、数据通信层相互分隔,可以灵活处理访问渠道、渠道驱动、展示格式、交易处理和数据通信之间的关系;基于 Web Service 技术搭建,可以让分布在不同区域的各类信息化设备协同工作,实现数据共享,信息加工和处理更加便捷可控;组件技术和模块化构造,组件技术使得系统更加灵活、易于开发,模块化构造使得系统具有开放性、扩展性、健壮性和创新性。

系统功能设计:备案审查信息平台,作为主要工作界面,登录后通过权限判别,提供当前用户业务工作情况概览,快速展示待办任务和事务反馈情况,主要包括基础管理模块、待办业务提醒模块、业务情况展示模块、信息发布管理模块和信息链接维护模块;文件报备系统,主要实现各级政府单位对规范性文件的报送和备案业务流程的在线管理,实现文件报备、接收登记和反馈流程的跟踪管理,主要流程包括文件报备登记、文件接收管理、文件报备受理、文件版本跟踪管理、规范性文件目录管理、目录比对和催报管理、审查要求管理、审查建议登记、文件委员会分派流转和报备业务流程跟踪管理;文件审查系统,主要对法工委、相关委员会审查工作的全流程进行管理,跟踪审查过程中各节点状态,保留审查过程处理痕迹,最终完成文件审查与归档,在法工委备案审查处完成形式审核并分派给委员会后,各委员会工作人员可以根据分派情况,在线填写审查情况,反馈当前最新的审查信息,主要包括审查情况上报、审查时效管理、审查工作变更、审查报告登记管理、审查业务流程跟踪管理、可视情审查(被动审查)管理和审查依据管理;文件比对系统,整合审查依据库、报备文件信息和自动比对工具,对文件全文内

容与法规依据全文(可以是多篇文件)内容进行比对核实,并以窗口形式直观展示比对结果,主要包括比对范围管理、比对结果汇总与提醒、比对结果的展示和文件比对信息库建设;法律法规动态跟踪系统,对于新制定的法律法规,法制工作委员会备案审查处参照上海市地方性法规进行比对和人工分析,并网上征求专门委员会和市政府有关职能部门的意见,主要包括动态跟踪报告维护功能、动态跟踪报告意见征求流程管理、法律法规发布情况跟踪汇总和法律法规版本比对;审议意见分析处理系统,主要实现审议意见的分析处理流程管理,对审议意见的分析和处理过程进行跟踪,通过业务工作人员对审议意见登记、流转、采集、分类梳理、文件比对和处理反馈,最终将反馈情况录入系统,为后续审议意见的处理跟踪提供依据,主要包括审议意见采集流程管理、审议意见审核、限期答复管理、同意备案流程管理和撤销与废止流程管理;外部系统接口建设,通过外部接口实现信息内容的共享和交互,主要接口包括全国人大备案审查系统接口、市政府备案审查系统接口和立法系统接口。

规范性文件备案审查是宪法法律赋予人大的一项重要监督职权,是保障宪法法律实施、维护国家法制统一的重要举措。市人大常委会按照全国人大信息化建设工作部署要求,凸显"互联网+政务服务"理念,通过建设上海人大规范性文件审查备案管理系统畅通备案审查全过程、全环节的信息化渠道,实现对"审查标准、审查方式、审查质量"的流程式管理,推进备案审查工作的规范化、数字化进程。

(宋　兵)

二、上海市经济和信息化委员会

【概况】 2018 年,为积极贯彻落实上海市委、市政府(以下简称"市委、市政府")关于《全面推进"一网通办"加快建设智慧政府工作方案》的精神,进一步深入推进上海市经济和信息化委员会(以下简称"市经济信息化委")"互联网+政府服务"创新改革工作,市经济信息化委按照市委、市政府"一网通办"的总体部署要求,以"扩大市经济信息化委政务服务维度、提升市经济信息化委政务服务质量、增强办事群众和企业获得感"为总目标,做好顶层设计及详细工作方案,形成办公室牵头、各业务处室业务内容保障、信息中心技术支撑的工作机制,全力开展市经济信息化委"一网通办"建设工作,全面树立落实以政府部门管理为中心向以用户需求为中心转变的理念,最终实现纵横全覆盖、事项全口径、内容全方位、服务全渠道的"一网通办"部门门户,为全市"一网通办"建设做出贡献。

【集成政务服务效能】 2018 年,市经济信息化委全面实施"一网通办"委内政务服务事项改革。依照集约化建设原则,建成市经济信息化委"一网通办"专属平台,实现 11 个审批事项和 5 个服务事

项的首批次全部接入,实现统一规范的在线事项申报服务,全年受理企业申报事项101件,办结审批92件。

优化统一办事信息,合理精简审批流程,让"最多跑一次"成为常态。对审批服务事项76个基础要素信息实行统一管理、动态管理,实现线上线下办事服务信息的同源发布和管理。协同委内业务处室,科学研究减少申请人跑动次数,缩短审批流程的解决方案,精简业务审批流程,制定政务服务从"办成事"到"快办事"的目标。目前,实现全委80%的审批服务事项"只跑一次"、20%"零跑腿"的目标。

统一规范、统一标准建成用户身份认证体系。完成市"一网通办"与市经济信息化委门户网站"一网通办"平台间的用户双向认证以及用户信息共享,实现用户一次认证、全网通行的目标。

提升企业审批服务获得感,拓宽网上申报和查询入口。通过规范审批业务数据标准,提高数据交互质量,提升数据交互频率,实现办事事项全网办理,办事状态信息全网可查的目标。

完善业务场景、丰富办理方式。完成从"依机构办事"向"依业务办事",再向"依场景办事"的转变,通过打造多平台覆盖、多渠道服务,实现"网上办"和"移动办"的政务审批事项特色服务。

【委电子证照库建设】 2018年,市经济信息化委规范证照要素标准及证照使用场景。梳理市经济信息化委政务服务事项的证照要素信息,建立市经济信息化委电子证照资源目录,实现"一企一档、一人一档"基础类共享证照376张的入库,以及第一批4类政务服务事项证照基础要素信息入库。同时,研究证照使用场景及安全规范,制定市经济信息化委电子证照业务使用规则。

建立市经济信息化委电子证照制证系统。通过与上海市数字证书认证中心的系统对接,完成市经济信息化委审批事项结果证照的制证工作,组织开展存量证照数据信息的入库。同时,推行证照材料共享应用,有效解决重复提交证明材料等问题,优化电子证照在政务服务中的使用频率及使用方式。截至2019年1月,市经济信息化委共生成政务服务电子证照915张,覆盖事项四大类,并将所属电子证照的照面数据及结果证照交互至市大数据中心,充实全市电子证照基础数据资源,支撑全市电子证照库实现共建、共用、"一库查询"的目标。

【政务数据资源整合共享】 2018年,市经济信息化委编制委共享数据目录。通过摸查市经济信息化委业务系统实际数据资产情况,遵循"应编尽编"的原则,建成市经济信息化委全量政务数据库表目录,并结合当前市经济信息化委"三清单"推进情况,丰富政务数据资源目录开放维度。截至2018年年底,已形成编目66条,覆盖全委所有业务系统。

完成共享数据交互接入工作。通过与上海市大数据中心数据资源平台的对接,完成共享数据及数据库资源的部署,按要求提前完成共享数据的归集工作。截至2018年年底,已归集数据1 349条,涉及责任清单六大类,100%实现责任数据的共享。

制定数据共享安全规范,明确数据安全传输标准。通过身份权限验证、数据传输加密、传输通道监控、数据交互对账、HTTPS(Hyper Text

Transfer Protocol over Secure Socket Layer，超文本传输安全协议）等方式，确保委内数据归集、共享交换的安全可靠。

制定委内数据共享业务规则，构建统一发布、集中管理、动态更新、共享使用的市经济信息化委公共数据资源共享机制。

【大数据展示和分析平台】 市经济信息化委作为上海市工业及信息产业主管部门，经过多年信息化建设，已积累一批滚动更新的政务数据，涵盖各区、集团、产业园区等多层次产业与信息化发展状况。但长期以来，数据主要提供给各业务处室开展具体业务工作使用，未能在全委层面整合各类数据、进行总体层面的大数据分析。为有效把握全委各条线工作开展情况，为各项工作决策提供辅助判断，2018年，市经济信息化委建立涵盖现有各类业务数据的大数据平台，为洞察各类产业、信息化发展动态提供数据抓手。

市经济信息化委大数据展示及分析平台提供一套全面客观分析工具，对委内各条线工作现状进行分析。平台既可以全面宏观反映各条线工作的关键指标，也可以细致深入分析某一业务处室的具体业务。该平台既是市经济信息化委工作成果的展示平台，也是各处室工作的汇报平台。

平台建设包含基础设施建设和应用系统建设两部分。基础设施建设主要内容是改造1701会议室、1801会议室、1楼大厅的大屏及智能会议记录系统，以适应平台数据的大屏展示需求。应用系统建设包含数据展示系统和数据分析系统。数据展示平台可在液晶大屏、PC屏幕、移动设备（PAD/手机）等不同场景下，通过动态图形的形式展现各条线的业务数据。数据分析平台通过设定各种分析主题、分析模型，提供多角度、可定制的数据洞察手段。平台可视化展现，将外部委办数据和市经济信息化委内部数据相结合，以点概面、分层展示。围绕产业发展，对市经济信息化委各处室的产业支持重点进行全方位可视化展现。

大数据平台的数据主要来源于市经济信息化委现有业务系统以及市级基础数据平台，主要包括以下九类：

专项资金平台：委内各业务处室专项资金管理数据，对应委内各处室专项资金工作。

经济运行监测网：全市市属国有集团经营运行情况，对应经济运行处工作。

产业服务云平台：全市工业园区统计数据及用地、企业、项目情况，对应产业园区处工作。

产业项目信息库系统：未来三年内全市产业投资项目情况，对应产业投资处工作。

产业结构调整项目库系统：全市产业结构调整项目推进情况，对应产业结构调整推进处工作。

市本级信息化支出预算项目管理平台：全市各市本级委办局信息化预算投入情况，对应信息化推进处信息化预算工作。

软件和信息服务业统计系统：全市软件及相关服务业季度统计工作，对应软件和信息服务业处工作。

法人库：提供全市各企业法人信息。

空间地理信息库：提供全市道路、河流等地理数据的基本信息。

（朱铭杰）

三、上海市人民检察院

【概况】 2018年,上海市人民检察院(以下简称"市检察院")按照最高人民检察院(以下简称"高检院")、上海市委政法委员会(以下简称"市委政法委")和市检察院党组的部署要求,紧紧围绕政法智能化建设这一重点,持续加大检察业务和信息技术创新融合力度,持续深化智慧检务建设和应用,积极为上海检察工作发展提供科技助力。

【上海检察工作网基础建设】 2018年5月,市检察院启动全市各基层检察院政务外网汇聚接入调整工程,构建集中式检察工作网主干,极大提高检察工作网稳定性、有效性和可控性。6月,启动检察工作网应用支撑平台建设,混合采用虚拟化云技术,为全市各级院集中提供电子用印、身份认证、杀毒、即时通信、邮件等基础服务。12月,全市三级检察院检察工作网正式启用。

【开通实时性单向导入信道】 市检察院制定《网络安全隔离与信息单向导入安全保密方案》,经高检院和保密局批准后,于2018年5月完成部署调试,开通从检察工作网到专网的实时单向导入通道,大大提高非涉密数据导入汇聚的效率,奠定双网并行办案试点的技术基础。

【试点研发工作网版统一业务系统】 2018年2月,经高检院批复同意,上海检察机关在非密检察工作网络试点研发应用全国统一业务软件系统,先后完成"全国检察机关工作网版统一业务应用系统适应性改造"和"全国检察机关政法系统对接平台"研发工作。6月底,通过技术测试和实战测试,11月26日全面上线运行。

【深化应用刑事智能辅助系统】 2018年3月和11月,通过两次改造升级,市检察院实现统一业务系统和上海刑事案件智能辅助办案系统一门式登录、数据全流程共享、应用跨系统整合,让办案人员有一体化的操作体验。根据市委政法委统一部署,通过全市检察长推进会、市委网信办专题例会、党组成员基层院调研、沪检发文通知、纳入基层院重点工作考核等多种形式,构建起强有力的组织保障体系,推进刑事智能辅助系统深化应用,12月1日提前完成政法协同办案三个100%的应用要求。

【持续优化智能辅助办案系统功能】 2018年全年,以服务检察一线办案为主线,聚焦批捕、起诉和监督核心业务功能,以实现电子卷宗"单轨制"的目标,以简洁、实用、高效为设计原则,从案件管理、证据处理、智能指引、协作共享四个方面,持续优化卷宗审阅、文书生成、证据展示、类案推送、量刑建议、监督指引、案件导航等实用功能,为一线检察人员提供更好的智能办案辅助体验。

【规划建设上海政法互信互任体系】 为夯实政法网上协同安全基础,根据市委政法委任务要求,2018年,市检察院与上海市数字证书认证中心合作,组织三次专家论证会,设计《刑事智能辅助系统信任建设总体方案》和《基于信任体系的电子换押设计方案》,确定安全防护技术架构、电子印章互信模式、案件文档电子送达通道、配套工作机制创建及各自业务系统改造五方面的总体建设内容

和电子换押具体实现方案。

【打造检察大数据融合创新实验室】 2018年，市检察院围绕检察实务信息化支撑和前瞻科技应用研究两条主线，联合上海交通大学、复旦大学、东南大学、上海软件中心、科大讯飞等单位建立大数据融合创新实验室，初步完成400平方米实验室场地以及基础设施建设，构建起对外合作平台和长效运营体系，先后助力支持刑事案件智能辅助办案系统等5个项目，发布社会危险性评估模型构建等10个研究课题。

【创新上海检察机关大数据应用展示】 2018年，市检察院建设上海检察机关数据墙，创新数据资源在检察办案、业务管理、司法为民等方面的分析利用，根据不同检察业务主题，综合运用数据可视化、多媒体影音、操作演示等技术或方式，不断丰富大数据的多元展示形态，通过大屏幕窗口，对外宣传上海智慧检务建设成果。

【强化保障检察业务信息化需求】 为紧贴业务需求，着力为一线检察人员提供更好的应用体验，2018年，市检察院注重信息化项目建设以部门为主导，同步做好技术引导和保障工作。一年来，助力政治部、案管、控申、监所、法警等部门，先后推出基层院考核上报、教育培训、检察官办案全程监督考核、案件质量评查、案件流程监控智能预警、信访智能接待、农场院监控信息联网、法警业务管理等多项系统。

【统管全市检察机关信息化项目预算申报】 为适应司法改革关于市级财政统管工作的要求，2018年，市检察院积极加强与市财政局、市经济信息化委沟通，协商统管分工操作模式，统一各分区院历年信息化项目入库标准和预算申报流程。4月，联合市经济信息化委完成对全市16家单位历年信息化项目入库现场指导。5月，印发《2019年检察信息化预算申报指导意见》，指导全市各级院进行2019年预算申报，鼓励个性化创新的同时，进一步加强全市智慧检务建设资金统筹。

【组织跨部门智慧检务专题培训活动】 智慧检务离不开既了解检察业务又精通信息化的复合型人才保障。为促进跨界交流学习，2018年，市检察院先后组织4批140余人次参加跨单位、跨部门智慧检务体验式培训，赴阿里、海康威士、浪潮、科大讯飞等科技公司考察学习大数据、人工智能技术等前沿应用，赴2018年全国检察机关科技装备展，开阔检察信息化实务应用视野，促进技术与业务的深度融合。

（陈亚兵）

四、上海市高级人民法院

【概况】 2018年，上海法院坚持“科技强院”方针，大力推进现代科技与司法审判深度融合，信息化

建设与应用取得较好成效。上海市高级人民法院(以下简称"市高院")全年共完成信息化建设重点任务45项,开发完善应用软件53个,完成21项与最高人民法院(以下简称"最高院")间对接开发任务,解决大调研发现的问题25个;落实2项人大政协提案;全年接待信息化相关的参观交流137批3 527人次,保障全市法院近千场重大庭审、重要会议和接待的顺利进行。

【构建智慧审判模式】 为推进人工智能在司法领域的深度应用,2018年,全市法院进行一系列实践与探索,努力构建智慧审判新模式提升办案质效。

一是持续推进上海刑事案件智能辅助办案系统(以下简称"206工程")的研发与应用。截至2018年年底,软件系统已升级到3.0版,嵌入71个上海常见罪名证据标准与证据模型,具备21项功能(共26项)。系统功能已拓展至减刑假释等司法环节,应用普及到上海全市,形成刑事案件全流程办案大闭环。截至2018年12月底,公安机关累计录入案件24 873件,流转到检察院批准逮捕8 811件、审查起诉7 442件,流转到法院4 812件,审结3 438件。系统大数据资源库已汇集4 500万条数据。软件应用已基本实现三个100%(证据标准指引覆盖常涉罪名达到100%;全市常涉罪名案件录入系统达到100%;一线办案干警检察官法官运用系统办案达到100%)。

二是推进上海民商事、行政案件智能辅助办案系统研发与应用。截至2018年年底,完成27项功能中21项,解决实践问题45项,标注电子卷宗3 000余份,标注点数量达12万个。一期开发的道路交通、政府信息公开、银行卡3个案由已在全市法院全面应用,全市法院已录入8万多个案件,其余5个案由正在开展试点;二期12个案由研发工作正在有序推进。

三是推进智能语音智能识别技术广泛应用。截至2018年年底已推进大数据语音识别技术广泛应用于庭审、合议庭评议、审委会讨论、会议交流等活动中,扩展数据采集渠道,提高工作效率,全市已装备100多个智能语音法庭。

四是加强执行系统智能化建设破解执行难题。按照最高院新颁布的执行流程规定,重新设计上海法院统一的执行流程系统,涉及190多项功能模块、2 400多个信息点、174种法律文书,实现执行流程节点的全面管控;同步完善执行大数据管理系统,开发执行跨院委托模块,优化执行指挥平台;进一步完善执行联动机制,加强与社保部门公积金管理中心、上海市住房和城乡建设管理委员会(以下简称"市住建委")、公安局法制总队、交警总队、车管所等单位的数据交换与信息共享,提升执行效率。

【开辟诉讼服务渠道】 2018年,全市法院始终坚持司法为民宗旨,不断运用科技创新改善群众诉讼体验,让人民群众有更多获得感。

一是升级诉讼服务中心。完善网站、电话、短信、微信、APP、窗口"六位一体"的智能诉讼服务中心;创新自助服务模式,完善自助、扫码、微信立案功能;建立微法院诉讼服务中心(平台),充分利用移动互联网的便捷精确服务。

二是大力推进电子诉讼应用。在推进浦东自贸区数字法庭电子诉讼应用基础上,借鉴浙江杭州互联网法院应用经验,打造全流程无纸化上海法院电子诉讼系统,已在长宁互联网法庭、上铁法院试点应用。

三是完善12368诉讼服务智能平台。2018年,市高院研发12368诉讼服务微信公众号2.0版,完善12368诉讼服务智能平台的功能,拓展智能机器人服务领域,提供全天候不间断诉讼服务。2018年市高院的“12368微信公众号和诉讼服务机器人”项目被评为全国“智慧法院十大创新案例”。

四是完善上海法院律师服务平台。进一步优化网上办理流程,落实网上立案专人值班,实现与律师的线上联动功能;拓展服务内容,将上海市法律工作者纳入律师服务平台受众对象,并实现律师服务平台与全国律师工作平台对接。

五是开发完善在线调解平台。平台具有裁判规则引导、纠纷案例预判、在线调解、在线司法确认等功能,为在线调解纠纷提供最便捷的渠道。

六是开发电子送达系统平台。将律师事务所、金融机构等统一纳入电子送达对象范围,探索试行以网络、短信、微信等方式通知当事人参加诉讼,网络公开送达法律文书。

【落实司法改革成果】 2018年,全市法院坚持运用信息化手段破解法院工作面临的现实问题和发展难题,将各项司法改革的最新成果落实到位。

一是推进电子卷宗随案同步生成和深度应用。完善监督管理机制,优化系统的阅卷笔记、庭审调卷、文书生成等功能,提升电子材料识别与抽取能力,开展以电子档案为主、纸质为辅的案件归档“单套制”试点工作,并加大培训力度,基本实现案件全流程网上办理、网上审批、网上签名、电子印章、卷宗材料全部电子化数字化。截至2018年12月31日,电子卷宗覆盖率超过95%的法院有:虹口(99.63%)、二中(99.48%)、三中(99.25%)、海事(97.72%)、松江(95.81%)、长宁(95.16%)。

二是研发上海法院审判执行监督、预警分析系统。系统基于法官岗位风险防控模型,以审判执行岗位风险监督防控为重点,同时兼顾综合类风险,从近年来违纪违法案件中暴露出的问题出发,运用人工智能从海量数据中提取共性数据,真正实现监督、预警和分析三大功能,建立集监督、预警分析为一体的审判权力运行监督体系,克服传统人力监管的局限性。系统应用为确保在全面深化司法改革中实现“放权不放任”,保障审判权依法独立公正行使提供智能化保障。

三是建立案件繁简智能分流系统。系统充分运用司法大数据分析技术,结合电子卷宗电子化数字化信息的深度应用,及时辅助立案法官对所立案件进行繁简区分,精准分配审判资源,有效缓解“案多人少”矛盾。

四是支持金融法院信息化建设。根据金融法院设立方案,完成金融法院大楼弱电系统、办案系统、门户网站、诉讼服务、行政管理等软件建设与开发,确保如期挂牌使用。

【提升法院管理能力】 2018年,全市法院以提升法院管理能力为目标,加强信息化调研,推广关键项目应用,切实提高信息化应用水平。

一是积极开展信息化大调研工作。围绕“四好”要求,市高院信息处开展六方面大调研,并对大调研中发现的问题进行及时整改,收到较好成效。

二是大力推进上海法院协同办公平台应用。市高院上线新文秘系统及上海法院协同办公平台,全面改造院长办拟办单流程和督办流程,具备印章管理、车辆管理、会务管理、公文流转收发、首

页优化等功能,后台数据与移动APP、12368平台、审判管理等系统整合同步,实现实时提醒、即查即办、全程留痕、一体化办公,大大提高办公质效。

三是完善审判管理平台。在审判管理平台中增加主要审判质效指标精细化管理模块及审判流程信息公开、庭审直播公开等信息监督模块,加强法院质效管理。

四是开发上海法院大调研管理平台。平台具有细化调研安排、记录调研过程、梳理调研问题、监督即改进程、展示调研成果等功能,成为汇集全市调研成果资源的共享数据库和互动平台。

【夯实大数据应用基础】 2018年,全市法院高度重视数据资源的整合与利用,为开展大数据分析提供坚实的基础。

一是从源头上提升数据资源质量。健全完善上海法院司法大数据资源库,整合建立涉及审判执行、司法服务、司法政务、司法队伍、司法监督等的信息资源目录,构建采集信息项进行抽取、分析、定义、去重、归类规则,建立数据生命周期质量管理机制,确保数据准确、实时,不断提升数据质量。截至2018年年底,该资源库已有77个子库,存储数据达1.3 PB。

二是推动司法审判数据资源共享开放。推进上海法院司法审判与国家人口基础信息库,法人单位信息资源库、社会经济和空间地理信息库等国家基础数据资源的对接利用;同时也与市大数据中心"一网通办"、公安、检察、司法、工商、民政等部门,以及长三角地区等构建司法数据资源共享协作机制与渠道。

三是充分运用大数据服务好社会大局。积极运用司法审判大数据为上海自贸试验区、"五个中心""一带一路"、长江经济带、营商环境、产权保护、平安上海、法治上海等建设提供决策信息、相关案例、相关建议、相关法律等服务。2018年组织开发涉上海自贸试验区案件、知识产权、金融、海商等10个司法大数据专项分析模块,研发破产案件大数据分析系统,建立服务中国国际进口博览会(以下简称"进博会")的法院专题网站及涉"一带一路"、进博会案件管理平台。

【提升网络防护能力】 2018年,市高院加强全市法院网络安全保障体系建设,强化安全管理和防护,全面提升网络防护能力。

一是加大上海法院互联网各类网站及平台的等级保护建设力度。指导、督促全市法院继续开展互联网各类网站及平台的等级保护工作,完成定级备案、测评整改。

二是落实最高院安全试点项目。编制完成《上海法院信息安全保障建设试点项目》的项建书,并通过上海市发展和改革委员会(以下简称"市发展改革委")委托方的初审及专家评审。

三是编制上海法院政务外网业务网等级保护建设方案。具体方案已上报最高院,最高院同意市高院建设上海法院政务外网业务网,并允许通过测评后接入全国法院办公专网。

四是加强重要敏感时期全市法院网络安全保障。指导全市法院在节假日、全国两会、上海合作组织青岛峰会、进博会期间加强安全保障。采取有效措施,积极应对信息安全突发事件,同时开展自查及整改工作。

【促进基层信息化建设】 2018年,市高院下发任务清单、技术标准、预算指南、运维保障等多份文

件，指导基层法院信息化建设，取得较好成效。

一是加强预算指导。市高院编制下发预算指导性文件，还特邀市经济信息化委、市财政局相关专管员到各法院指导预算工作，帮助梳理预算项目，答疑解惑。

二是加强各类应用培训。先后开展206刑事、民商、单套制试点、随机分案、破产案管理平台、专业法官会议模块等专项应用培训，共计培训2 500余人；开展新信息技术、网络安全与保密、信息化运维等技术培训，共计培训350多人。

三是加强基层调研指导。深入各级法院开展基础项目建设、预算、安全保密、专项应用等工作的调研、检查、培训、指导，了解应用软件使用中存在的问题等。

四是加强信息化应用跟踪问效考核通报工作。明确各业务信息化应用问效要求，定期通报各法院在信息化应用上的成效情况，并将应用成效纳入各法院评先评优考核。

（杨　敏）

五、上海市商务委员会

【概况】　2018年，上海市商务委员会（以下简称"市商务委"）对历年各业务系统沉淀的3 200多个数据库表、37 000多个数据库字段开展全面编目清理。截至2018年年底，完成编目数据资源306项、数据项近4 000个，编目数据总量规模约400 GB。

市商务委继续结合商务工作及民生热点问题，新推动完成外资项目审批、食品追溯、家电服务热线等39项具有商务特色的政府数据向社会开放，累计开放总量达139项，总量居各委办前列。

截至2018年年底，市商务委完成可共享数据项1 800个，占数据项总数的92.54%，其中主动共享的数据项1 310个，占比67.35%。在市级资源服务平台上收到来自其他部门的数据共享申请，全部于10个工作日内回复。

【网络与信息安全】　2018年，市商务委下发信息安全工作文件、通知26次，修订编制《网络与信息安全工作文件汇编》《网络与信息安全管理制度汇编》等文件。多次召开进博会网络安全保障会议，相关单位主要负责人签署《信息安全保障工作责任承诺书》；对商务系统开展为期2个月的关键信息基础设施网络安全检查。开展等保三级复测工作，做好公务网、涉密终端保密检查工作。委托第三方专业安全机构，对市商务委信息系统进行7×24小时监控，建立应急制度。分别开展2次网站应急实战演练，进一步提高市商务委面对突发事件的应对能力，加强应急人员之间的协同处置能力。获得市委网信办2018年度网络安全先进集体的表彰。

【电商监督管理平台】　上海市电子商务综合管理平台可以方便查询和了解上海市电子商务企业主要信息及经营情况，为公众提供电子商务公共信

息服务,保护消费者权益。主要包括:网络零售第三方平台交易规则备案、电子商务企业信用系统、示范项目动态管理、监测应用系统和电子商务公共服务等功能。

【党建信息化平台】 市商务委党建信息化平台作为服务党建工作的重要支撑,为党员提供互动交流的平台,通过建立流程规范、数据标准、功能完善的党务管理信息系统,进一步提高机关党委和基层党组织的工作效能,主要功能包括"党建网站""党员社区""党员党组织管理系统"和"廉政纪检建设系统"四部分。"党建网站"主要提供网上资料库、稿件管理系统、领导信箱、反腐倡廉、网络党校、团工委建设、统战建设、工会园地等功能。"党员社区"通过社区博客为党员提供一个自我展示的空间、即时信息共享的场所、组织宣传的渠道,提高党员参与度和归属感。"党员党组织管理系统"可以实现党组织信息管理、党员管理、党内基本业务管理、党员党组织综合信息、党内统计报表、干部管理、人才管理、教育培训宣传、应急动员等工作管理功能,有效提升各级党组织的工作效能。"廉政纪检建设系统"实现了对机关/事业/协会三类单位中党员和干部领导的廉政信息管理。

(杨　珞)

六、上海市公安局

【概况】 2018 年,上海市公安局(以下简称"市公安局")信息化建设采取打造"公安大脑"、编织感知网络、拓展智能应用、推进"一网通办"等多种途径,不断提升数据治理、风险管控、精准警务、政务服务能力。

【打造"公安大脑"】 2018 年,市公安局对接市大数据中心,基于"1(市大数据中心)+3(公安、税务、社保三个分节点)"总体架构,深入谋划公安分节点建设,打造"公安大脑"。搭建 5 000 台服务器规模的智慧公安数据中心,并配备 30 PB 数据存储和 5 PB 数据实时计算能力,先行汇聚公共安全数据 17.9 PB,初步形成城市安全治理"神经中枢"。此外,智慧公安综合服务平台已建成 API (Application Programming Interface,应用程序编程接口)市场、标签中心、算法中心、消息中心、布控中心,承载各类应用和实战模型 400 余个、接口 1 200 个,并提供智能搜索、智能推送等全方位信息服务。截至 2018 年年底,"公安大脑"已基本具备感知、认知、行动三大能力,逐步展现出"会发现、会思考、会指挥"的智能化优势。

【编织感知网络】 2018 年,市公安局制定街面、社区、楼宇(单位)、卡口、网络五大智能安防建设标准,累计布设前端感知"神经元"55 万个,实现风险隐患信息即时感知、动态分析、自动推送。街面领域,建成智能监控探头 3.5 万套,覆盖区域发案数下降 30%。社区领域,以区、街镇为主体推广智慧

一体化的公证智能办证平台，实现人证比对、谈话笔录、文书自动生成等12项自动化辅助办证功能。一体化办证系统开通463个公证事项类型，集成392个中文公证书模版，覆盖在办所有公证类型。完成194间数字化标准办证室改造，打造公证赋码监管体系，实现公证业务全程留痕、全程可溯。建立公证行业统一查证中心，与公安、民政、工商等15个政府机构实现信息互联共享，提升公证办理效率。

二是"智慧调解"发力基层社会治理。建设调解业务系统并全面运行，实现调解案件全流程数据化，开发语音识别、文书自动生成、法案智搜等智能辅助功能，提高调解效率。建设移动调解终端，实现"指尖上"办案。建设调解智能调度平台，与公安110实时对接，实现案件与调解员自动匹配。推进调解大数据应用，研发社会矛盾风险感知系统，实现社会矛盾态势全面感知。积极参加司法部移动智能调解系统遴选，并作为示范应用进行推广。

三是"智慧司鉴"试点推广成效初现。构建司法鉴定关键环节、核心程序的全流程在线办案，实现司法鉴定业务全面数据化。强化司法鉴定全流程监管，建立案件数据实时收集、实时分析的信息化监管体系，从源头上把控鉴定违法违规现象的发生。

四是"智慧法援"建设积极推进。对原法律援助管理平台系统进行优化改造，重塑认罪认罚援助流程、案件流程，实现刑事案件法援律师在线指派等。开展法律援助数据分析系统建设，建设数据分析、案件风险防控等功能模块。加强对律师协会"数字律协"建设指导，着力发挥信息化对律师服务企业、服务进博会的信息支撑作用。

五是公共法律服务平台二期建设提升群众获得感。优化完善12348上海法网功能，推进线上、线中、线下的"三台融合"，实现17项行政许可审批事项和4项行政辅助类事项"一网通办"，推进103类公证事项网上申请，实现法援、司鉴、调解在线预约和申请。建设公共法律服务地图服务平台，汇聚上海律师、鉴定、调解等机构、人员等信息，提供统一的位置信息、导航及信息查询等服务。

【刑事执行信息化建设】 2018年，市司法局不断推进刑事执行信息化建设，在监管改造能级方面有新提升。

一是推进执行矫治子平台建设。初步实现监戒矫数据的聚类分析，为刑事执行管理和决策提供数据查询、数据分析及智能研判等支撑。

二是协调"智慧监狱"示范创建。参与"智慧监狱"顶层规划设计，协调"智慧监狱"示范创建，推进示范创建任务落地。

三是指导"智慧戒毒"建设。参与制定"智慧戒毒"建设推进方案，推进戒毒回归人员帮扶延伸平台等重点项目建设，初步形成"186"(1个智慧戒毒应用平台、8类基础应用、6大支撑体系)戒毒信息化建设框架。

四是推进社区矫正管理子平台建设。围绕社区服刑人员日常监管、重点人员管控，加强远程视频督察及移动监管平台建设，实现对社区服刑人员全方位实时监管。

五是206工程司法分平台实现在线业务协同。按市委政法委员会要求时间节点完成206工程司法分平台建设任务，减刑假释办案实现法院、检察院案件卷宗、公示文书、裁定书的线上自动流

转;刑事案件法律援助实现网上律师申请、指派,全程质量跟踪;刑满释放实现监狱、矫正与公安局监管总队、人口办之间信息互联互通,提升刑事执行及办案效率。

六是应急指挥实现可视化调度全覆盖。结合司法部要求,实现监狱 16 345 路、戒毒所 4 756 路、社区矫正中心 210 路及公共法律服务中心 55 路视频全接入,并将全系统所有视频资源实时汇聚到司法部。

【信息化基础建设】 2018 年,市司法局注重打基础、利长远,内强信息化统筹管理,外塑信息化基础设施。

一是制定"一办法一规范",提升信息化规范化水平。进一步指导和规范全系统信息化建设,结合新形势新要求重新编制完善《市司法局信息化工作管理办法》,发布《市司法局网络安全和信息化建设管理规范》等规范性文件。

二是完善信息化考核体系,提升信息化统筹管理力度。结合司法部信息化指标体系,进一步完善信息化建设考核指标,形成重点工作和具体工作"两张清单",建立全系统信息化工作群,加强对各单位信息化建设的日常沟通与指导。

三是网络及基础设施工作严守底线。加强网络安全防护,开展应用系统等级保护测评,有序推进等保、分保建设,网络及系统安全加固按计划部署推进。在重要节日、重大活动期间,加强对局系统网络安全防控,网络安全全年实现零事故。

(王月芳)

八、上海市财政局

【概况】 2018 年,上海财政信息化建设坚持以"一体化、数字化、智能化"为主线,突出工作重点,助力"一网通办"全流程一体化在线服务,加强安全防护能级,加快系统运行效率,保障财政业务的顺利拓展,全面推进财政信息化建设。主要从四个方面推进工作:一是全力推进上海市公共支付平台建设,支撑"一网通办";二是积极探索"一体化、数字化、智能化",改善用户体验;三是保障外网平台顺利迁云,提升安全防护能级;四是继续拓展系统业务功能,改进应用效率。

【上海市公共支付平台建设】 根据《全面推进"一网通办"加快建设智慧政府工作方案》(沪委办发〔2018〕14 号文),2018 年,上海市财政局(以下简称"市财政局")牵头建设上海市公共支付平台(以下简称"支付平台"),实现政府非税收入便民缴费,为上海政务"一网通办"提供基础支撑功能。一是全面梳理非税业务,选择发生频率高、受众面广、与老百姓密切相关的证照办理、考试报名、交通罚没等收缴事项作为工作重点,本着"成熟一个,上线一个"的原则,有计划、分批次开展接入,稳步扩大平台服务范围;二是依据上海市非税收缴和票据管理要求,结合试点单位业务办理、缴费、开票的实际业务模式,转变思路、积极探索,开

展电子票号的试点应用，完善信息流转方式，简化业务流程；三是针对银联、支付宝（蚂蚁金服）、微信（腾讯）三家支付机构支付运营模式不同的难题，创新性地引入清算银行来完成资金归集和对账工作，确定统一的对账、提现业务模式，确保国库资金按要求及时缴入国库。

为确保各执收单位顺利完成业务系统改造和对接上线，以周例会制度为保障，每周汇总各单位工作进展，集中解决各单位反映的技术问题。此外，利用微信建群、面对面讨论等方式，与执收单位进行业务沟通、技术对接，确保困难及时反映、问题快速解决、计划按时完成，保证各项任务能够并行高效地推进。第一批3家主管部门的20个收费事项比原计划提前一个月完成接入，第二批6家主管部门的18个收费事项于2018年年底全部完成接入。借助支付平台，执收单位基本实现线上线下支付场景的覆盖、个人非税缴费业务的覆盖和办事、缴费的“一窗式”服务，老百姓缴费更便捷、业务办理更高效。自支付平台上线以来，缴费业务累计完成近一百万笔，累计交易金额近一亿元。

【改善用户体验】 2018年，市财政局积极探索“一体化、数字化、智能化”，改善用户体验。

加强部门预算的优化和智能预算的探索。2018年，市财政局对预算智能化进行探索，对系统进行优化完善。一是预算编审方面，从智能预算辅助填报、智能预算辅助审核和强化预算分析等方面完善软件系统。基于预算编审和执行的3年历史数据，对预算单位用户增加智能预算辅助填报、主管部门用户和业务处室用户增加智能预算辅助审核，从横向对比、纵向对比、结构对比、自助分析等方面强化预算分析等功能。二是绩效管理方面，通过听取相关单位意见，将绩效目标申报延伸至部门项目进库上，缓减绩效目标集中于预算编审期的压力，同时可根据单位自身的工作需要将项目填报、绩效目标申报分解到相关业务部门，实现预算编制、绩效目标申报贯通。

继续开展税收数据的综合分析。一是在税收分析上，对税收数据按收入级次、行政区划、税种、行业、所有制等多个维度建立税收分析模型，设立总体情况、专题分析、按户分析等主题板块，提供按行业、所有制、纳税大户的层层追溯功能，采用结构分析、排名分析、企业画像等专题分析方法，对税收进行多维结构分析。对收入数据追本溯源，层层挖掘到每个纳税户的具体信息。二是在部门信息概览上，将预算管理全流程的数据进行归集，在一个查询入口便可查询到预算主管部门的所有预算管理信息。查询内容涵盖预算编审、执行、绩效、资产、决算、财务报告、财务核算、非税信息等，在时间纬度上能进行当年和跨年对比分析。三是在支出进度查询上，从一般公共支出、政府性基金、中央专款等多口径进行预算执行进度查询。内容涵盖部门预算、专项资金、中央单位预算、中央专款和对区转移支付执行进度，并提供对重点项目的支出进度查询，可逐层追溯、逐级展开，直至预算的构成和支付的具体明细。四是在专项资金查询上，对市级专项资金信息提供当年及跨年度查询，可从总体概况、专项资金目录、支出功能科目、受助区域、受助对象等维度进行支出结构分析，可追溯到受助区域、受助企业或个人的支付明细数据。

实现资产管理系统与综合办公系统的信息对接贯通。为进一步规范和加强各支出处室有关市

级行政事业单位国有资产的审批工作，有效解决资产管理系统与综合办公系统因相互独立而导致的专管员重复审核操作、系统间审核意见不一致和办理进度不同步等问题，根据市财政局资产处提出的资产管理系统与综合办公系统对接业务需求，开发实现资产管理系统与综合办公系统的信息互联互通，做到支出处室审批人员只需在综合办公系统中进行资产审批事项单据关联和填写审批意见，避免在两系统中重复操作，并确保综合办公系统中的审核意见与资产管理系统中数据审核操作结果相一致和两系统的办理进度同步，同时也方便资产处可以通过资产系统查询资产管理有关审批事项在办公系统中的办理进度及办理意见。

完成行政办公系统功能模块的智能改造。行政办公系统完成上下协同办公功能模块的改造，实现市财政局与直属单位协同办文，也支持直属单位独立处理自身单位办文业务。模块优化系统组织架构，能够体现直属单位内设部门，贴合各直属单位日常使用习惯。积极探索系统智能化操作空间，新增内容智能识别机制，主动抓取意见内容关键要素，在系统操作频率最高的发送环节智能提示勾选发送对象，极大降低操作点击数。该机制方便用户操作，提升办公效率，受到用户一致好评。开发会议管理功能，结合办公系统人员权限、待办提醒等功能，实现对会务资源、会议时间、会议地点、会议材料的高效管理。

【外网平台迁云】 2018 年，市财政局实现外网平台顺利迁云，提升安全防护能级。

平台迁云及上云后平稳运行。按照市政府办公厅和市大数据中心要求，2018 年非税系统和政府采购信息平台都整体顺利迁移到“市政务云”，由于外联系统多且数据量大，为确保迁移工作有序进行，市财政局设计周密的迁移计划与实施方案，克服加密机部署环境、服务器时钟同步、短信发送、数据交换、大数据量数据迁移等各类问题，并进行多轮测试。迁云过程中与人民银行网络无缝过渡切换，上云后系统运行稳定。非税系统平稳上云为后续上海市公共支付平台的建设做好保障和准备。政府采购信息平台为提高政务云环境下各业务应用系统的服务水平，多次配合电信政务云对系统进行升级：在数据库服务器间增设网络同步交换机，提高数据库的稳定性；部署应用级入侵防御系统，提高系统安全性；调整负载均衡网络配置，增加网络带宽，提升用户体验。

开展关键信息基础设施网络安全检查工作。2018 年，市财政局组织开展 2018 年关键信息基础设施网络安全检查工作，检查内容包括关键基础设施的数量、分布情况、主管单位、网络安全管理机构、运维机构以及联系方式等；关键基础设施的主要功能、服务范围、数据存储遭到破坏后的危害性等；关键信息基础设施的运行环境、运维方式、网络安全管理和防护情况等。根据市委网信办要求市财政局向其反馈检查文档，并顺利通过市委网信办对市财政局关键基础设施的抽查。

完成进博会期间信息系统网络安全保障工作。召集全市各区财政局、市财政局监督检查局、市财政局各直属事业单位分管信息安全的相关同志召开专题动员会，要求进一步提高思想认识，落实网络安全责任和保密责任，做好信息系统网络安全保障工作。与负责建设和运维财政信息系统的各个公司签订信息安全责任承诺书，发现安全隐患第一时间完成整改。进博会期间落实信息安

全工作值班制度，建立应急联系人表，完成在进博会期间不发生重大网络安全事件的总体目标。

开展信息系统等级保护安全测评工作。为进一步贯彻落实《信息安全等级保护管理办法》精神，提高财政信息系统的信息安全防护能力和水平，保障和促进财政信息化建设，2018年，市财政局配合上海市信息安全测评认证中心对内网网络、外网网络、预算系统、会计系统、门户网站、政采系统、非税系统进行等保测评，对于初测中发现的问题及时整改，并顺利通过复测。

组织开展业务网信息系统应用级灾备演练工作。2018年第三季度，市财政局分五次完成数据中心基础保障系统、业务应用信息系统及配套网络设施的应用级灾备切换及回切全过程应急演练。本次应急演练达到演练预期目标，并验证财政应用级灾备系统的功能及灾备系统的灾难恢复能力，锻炼应急响应技术队伍，提升应对信息系统突发事件的整体处置响应能力，提高财政信息化综合保障水平。

【拓展系统业务功能】 2018年，市财政局继续拓展系统业务功能，改进应用效率。

建设市级部门财政管理工作绩效考核系统。为规范市级部门财政管理绩效考核工作，提高绩效考核质量和效率，经与业务部门需求沟通，并进行相关业务调研，根据《上海市财政局财政管理工作绩效考核内部工作规程》，完成市级部门财政管理工作绩效考核系统建设。一是将原来分散的纸质流程改变为集中的线上系统考核。从预算编审、预算执行、部门结转结余资金管理、国库管理、预算绩效管理、预决算信息公开、财政监督七大方面开展进行绩效考核实施、考核结果审核确认等。二是数字化采集绩效要素。对接和利用财政业务系统数据，汇总采集绩效考核工作所需的基础信息，主要包括预算编审、预算执行、结转结余资金、国库管理、决算信息、公务卡考核等财政管理信息。三是可跟踪分析管理考核情况。考核过程中，管理人员可实时跟踪查看考核情况。考核结束后，系统形成财政管理工作绩效考核汇总表，以图形化的方式从不同的角度展示考核结果。四是考核资料为财政管理分析提供数据资源。考核过程归集的数据资料及考核结果等，可供后续的财政管理工作分析利用。

建设新版会计核算系统。根据《关于印发〈政府会计制度——行政事业单位会计科目和报表〉的通知》要求，市财政局完成新版会计核算系统建设。新版会计核算系统在满足会计核算基本功能基础上，增加财务会计、预算会计的智能平行记账功能，内置不同行业的会计事项记账模板，实现一键生成《本年盈余与预算结余的差异情况说明》，并与预算、支付、决算、政府财务报告等系统信息贯通，由预算、支付信息辅助生成单位、项目信息和记账凭证等，并生成报表对接决算系统、政府财务报告系统等。在市、区两级部分预算单位试点运行基础上，对市级行政事业单位进行全面推广应用，提高政府会计信息质量、提升行政事业单位财务和预算管理水平。

升级政府采购系统评标模块。针对普遍反映政府采购系统响应慢的问题，重点进行分析与攻关。市财政局从多方位入手，对评标环节的实现方法进行重构与升级：清理冗余的功能，减轻系统运算负担；调整数据存储方式，将逐条循环加载变更为按条件一次查询加载；升级页面参数传输的方式，将多参数拼接传参改为数组传参。升级后

评标流程在系统性能上有明显改善，一是提高对多包多供应商的复杂项目的兼容性，提升政府采购平台应对复杂项目处理应对能力。二是缩短页面响应速度，提升评标专家、采购人以及代理机构用户的操作体验。三是规避安全风险，保障平台安全、稳定运行。

优化资产管理系统和预算系统性能。为解决资产管理系统因资产卡片数据量大而引起的部分功能模块速度慢、性能差的问题，组织人力对资产系统的所有模块运行响应速度开展全面深入的摸查梳理行动，将性能存在问题、用户体验感差的模块全部排查出来，形成问题清单底数，排定解决问题的时间列表，并明确责任分工。按照责任分工大家分头开展行动，一一查找定位引起问题的具体原因，并针对不同原因分别提出有效解决办法，按时解决清单中所有问题。经过生产环境中性能测评验证，问题功能模块的运行响应速度得到大幅提升，满足用户使用要求。通过梳理归纳各方反馈意见，寻找原系统问题，并逐一克服，提升预算系统的运行效率和速度。对预算汇总分析、各环节信息提交回退等方面进行程序优化，预算编报系统性能有较大提高，使用户操作环节更顺畅，汇总统计环节更迅速。经过改善重要流程环节的运行效果，特别是加快支付执行环节的开单、审核等环节系统速度，协助提升相关部门的工作效率。

（李　政）

九、上海市规划和自然资源局

【概况】 2018 年，上海市规划和自然资源局(以下简称“市规划资源局”)信息化工作以建设城市空间基础信息平台为核心，启动空间平台首批平台应用系统开发建设，实现城市空间基础库“1＋4”数据的基本整合。推进市规划资源局全面实现网上办公，建设覆盖全市规划和自然资源系统的信息化体系，实现管理全业务、全流程的数字化、信息化、智能化。着力保障 8 项信息化项目新建和 14 项信息化项目运维。强化网信安全工作，完善信息化项目管理制度。

【启动城市空间基础信息平台建设】 2018 年，市规划资源局全面启动上海市城市空间基础信息平台(以下简称“空间平台”)建设。该平台以数据为核心，以应用和服务为宗旨，是开放协作、共享智慧的城市空间治理平台，共享各方既是空间平台数据利用者，也是空间平台数据建设者。对内支撑规划国土系统的管理提升，发挥“底数”“底盘”“底线”作用，为城市规划、建设和管理提供决策支持，对外支撑各级政府部门在空间基础信息方面的应用需求，促进公权力主体空间协同办公。2018 年 4 月 12 日，城市空间基础信息平台获市发展改革委批复。

【编制《城市空间平台数据共享目录》】 为支撑城市空间基础信息平台建设、强化空间基础数据在

市规划资源局系统的共享应用，2018年，市规划资源局在全面排摸局系统现有空间基础数据家底、管理现状和应用情况的基础上，于6月28日印发《城市空间基础数据共享目录（2018年局内版）》（以下简称"《共享目录（2018版）》"），重点回答空间基础数据究竟"有什么""在哪里""怎么用"等问题。经梳理，《共享目录（2018版）》共收录484条数据目录，包括139条规划数据、79条土地数据、134条地质地矿数据、69条测绘数据、63条档案数据，内容上基本全覆盖现有（截至2017年12月31日）上海市规划国土资源管理领域业务审批数据、成果数据、管理数据和档案数据目录。同时，还明确目录日常滚动更新机制，包括与项目验收相挂钩的同步更新机制；以及年度发布机制，原则上于每年第一季度发布截至上年年末的空间基础数据共享目录。

【制定《城市空间平台数据管理和服务办法》】 为统筹局系统数据管理、指导空间平台建设、配合审改明确信息管理机制，市规划资源局对标市政府办公厅、市大数据中心近期有关数据管理的新思路、新要求，于2018年11月9日印发《城市空间基础信息平台数据管理和服务办法》（以下简称"《办法》"）。《办法》主要体现三方面机制。一是数据应用以在线共享为原则。原则上，"1＋4"单位及局系统外单位通过在线方式，完成空间平台数据汇集；同时，平台用户可基于权限，在线查询浏览、接口调用、数据下载、数据二次开发、数据产品下载等。二是数据管理以成果更新为核心。明确数据成果入库要求、分工、机制、标准，以及数据成果更新原则、关联原则、历史数据管理原则，并规定纠错机制、补录机制、反馈机制等保障体系。三是强化管理以明确责任为手段。《办法》明确平台各主体角色的数据共享服务职责、安全职责，并明确监督管理职责和违规行为处置方式。

【推进全面实现网上办公工作】 根据市"一网通办"要求以及行政审批制度改革，结合市规划资源局信息化建设实际，于2018年2月27日印发《局全面实现网上办公工作方案》（以下简称"《"全网办"方案》"）。总体目标在2018年年底前，通过重新梳理全市规划国土资源业务流程和标准，升级办公自动化系统、业务系统、硬件设施、网络部署，实现局系统全面网上办公。对内支撑局系统公务人员行政办公和业务管理，实现规土政务信息互联互通、流程上网、透明公开。对外服务其他委办局、服务对象和社会公众，实现空间信息服务便捷、友好、准确。结合大调研工作，调研16个区规土局，在了解各区局信息化建设现状、各业务系统使用情况和需求的基础上，于9月30日印发《关于推进"全网办"工作加强市区局信息化建设联动的指导意见》。指导意见在《"全网办"方案》的基础上，重点保障市、区两级信息数据畅通，优化业务系统，加快区局信息化建设，完善硬件设施、网络部署、数据底板，进一步利用信息化手段提高政务办公效率。为明确细化考核要求，市规划资源局于9月30日印发《局"全网办"工作考核办法》。要求全局到2018年年底前完成"两覆盖一到位"，"两覆盖"一是行政办公业务全覆盖，达到具备无纸化运行条件、使用便捷界面友好、OA系统与审批系统分离三项要求；二是行政审批业务全覆盖，从行政审批收件、审批、办结三个环节达到具备无纸化运行条件、具备可不见面审批条件、行政审批要件不重复提交、审批过程均网上留痕、业务系统

互联互通、具备网上会签无纸化条件、“一键”归档、审批项目可在网上查阅审批状态等九项要求。“一到位”指软硬件配置到位,达到适应无纸化网上办公硬件要求、业务系统访问快速高效、政务外网即时通信软件布设到位、统一标识外网邮箱开设到位四项要求。

截至2018年年底,市规划资源局“全网办”工作方案涉及任务基本完成,基本具备市规划资源局全面网上办公信息化条件,完成4个信息系统的新建,实现行政审批、业务管理全面上网;9个行政审批系统的升级,实现审批事项网上电子报件;以及全过程网上流转审批、业务部门网上会签等功能设置。同时,根据审改要求,精简审批要件,优化审批流程;在局内系统间实现规划成果、土地出让、建设项目一书两证、地质资料汇交数据的共享,批而未供数据的比对;与委办局之间实现不动产登记信息与工商、税务部门数据共享,工程建设项目审批与相关市委办局间的业务协同。

【业务信息系统建设】 2018年,市规划资源局持续进行业务信息系统建设。一是开发上海市不动产基础数据与登记管理信息系统(农林海子系统),完成对农、林、海相关不动产基础数据调查入库和登记工作的系统支撑,实现上海市不动产统一登记工作对房、地、农、林、海领域全覆盖,形成完整的不动产统一登记业务体系。二是建设地名数据管理系统。为贯彻落实国务院地名普查办关于建设地名普查数据库和信息管理系统的要求,建设地名数据库以及覆盖市、区两级的数据库管理系统和地名更新移动采集系统,实现对上海市第二次全国地名普查成果的有效管理和应用。三是建设工程档案验收认可管理系统。以提升营商环境、统一规范管理全市城建档案、共建共享信息资源为目标,在市城建档案馆档案审批系统的基础上,建设全市版建设工程竣工档案验收审批和业务审批档案自动归档系统,实现全市统一建设工程竣工档案在线报验和在线审批,以及业务审批系统中所有与审批项目相关的数字文件自动沉淀、实时归档。四是建设土地整治项目审批监管系统。完善现有土地复垦审批平台和复垦乡镇业务平台,建立土地整治全过程数据标准,项目“一地一档”申报管理、减量化资金拨付管理、土壤环境质量监控管理以及项目大数据应用和统计,增加复垦巡视移动APP,实现土地整治项目实施动态监管。五是建设土地储备信息管理系统。以“业务流”和“资金流”为流程控制的主线,建立土地储备图形数据可视化展示、土地储备规划和计划管理、项目实施管理、资产管理、资金管理、档案管理等功能模块,实现土地储备各类管理信息的实时输入、有效整合和高度集成。六是建设基于BIM(Building Information Modeling,建筑信息模型化)的建设项目可视化辅助审批系统。对接一书两证系统实现基于BIM的三维规划审批流程,并利用VR、AR等技术,面向管理部门、建设单位、设计单位以及社会公众提供方案浏览、协同设计,辅助审批,推动工程建设方案设计与规划审批的精细化管理。七是开发上海市单元规划编制软件。将上海市主城区和新城街道单元规划、郊区新市镇总体规划暨土地利用总体规划的成果编制、质量校核、格式转换等工作纳入软件系统中,从而提高规划编制成果数据的规范性。同时,通过统一各个规划成果的数据内容和格式,将法定

规划成果的矢量数据纳入规土信息平台，便于进行批后管理、查询、比对等工作。建立单元层次规划成果动态更新机制，加大信息利用程度。八是建设上海市全空间三维时空数据平台。以城市地上、地下建(构)筑物及地下管线三维空间信息融合为重点，开展三维空间信息格式转换、空间位置一致性、跨平台应用和分布式在线应用等关键技术研究应用，建设形成上海市三维空间数据平台，促进上海市地下、地表、地上(建筑室内外)三维全空间资源的统筹规划、科学开发利用。

(刘　超)

十、上海市文化广播影视管理局

【概况】 2018年，上海市文化广播影视管理局(以下简称“市文广影视局”)围绕上海市政府电子政务重点工作安排，牢固树立“互联网＋政务服务”理念，以“一网通办”、事中事后综合监管平台、电子政务云建设为抓手，不断加强制度创新、强化基础支撑、深化政务应用，在转变政府职能、提高服务水平、提升现在治理能力等方面发挥积极作用。

【建设上海文化市场综合信息管理服务平台】 第十二届中国艺术节(以下简称“十二艺节”)将在2019年于上海举办，为满足“十二艺节”业务和管理要求，保证上海市顺利办节，需建设以“十二艺节”网站、节目管理系统及票务监管等为主要内容的上海文化市场综合信息管理服务平台。平台搭建涵盖文化票务监管、演出舆情监测、文化市场诚信管理的信息平台，为文化市场监管提供一系列及时高效的，能有效衔接演出票务事前、事中、事后全方位监管的信息化支撑手段。

【升级改造专项资金项目管理与服务平台】 市文广影视局专项资金项目管理与服务平台在2018年完成升级改造工作，包括项目申报、受理反馈、项目评审、项目审批、项目公示、资金拨付、情况反馈和项目验收8个环节，并整合各方资源，汇集历年专项资金申报项目和结果，集智能检索、数据分析、多维展示、舆情监测于一体，有效满足政府管理部门、各申报主体的管理、使用需求。系统改造后，运用“制度＋科技”的手段，全面强化系统的管理与服务功能，完善市文广影视局文化专项资金使用管理数据库，以信息化为手段，实现文化专项资金全流程、闭环式管理。平台秉承“五个统一”的原则，即统一发布、统一受理、统一评审、统一下发、统一评估，实现专业事情专业化管理、分散数据集中化管理、事前事中事后考核管理、网上申报诚信管理，借以达到全流程管理及控制目标。

【“文化上海”新媒体平台建设】 2018年，市文广影视局微博“文化上海”在新浪网平台运行平稳。截至2018年12月31日，“文化上海”在新浪网平台上累计发布微博2 381条，转评量占全部转评的78%左右，粉丝数总计229 328名。2018年，市文

广影视局官方微信“文化上海”全年发布演出、展览、公共文化、政府公告等相关资讯1 219条，拥有粉丝数104 865名。2018年，“文化上海”在全市委办局政务微信、微博中的影响力排行榜中名列前茅，获“上海发布”颁发的“2018年上海政务新媒体优秀奖”。

（符慧君）

十一、上海市审计局

【“上海数字化智能审计工程”通过专项验收】 近年来，上海市审计局(以下简称“市审计局”)按照“上海数字化智能审计工程”可研批复的建设内容和建设进度要求稳步推进，2018年基本完成工程项目建设，并通过第三方工程项目软件测评和安全测评。通过该工程建设，市审计局建成数据中心、审计数字化分析平台、审计内容综合管理平台等10个应用系统上千个功能模块，完成覆盖12个审计领域主要核心业务数据的采集和数据规划工作，编制相对应的审计常规分析模型。2018年10月顺利通过市经济信息化委组织的专项验收。

【持续推进大数据技术应用】 2018年，市审计局继续加大大数据审计工作的力度，多途径、多方式使力，走实科技强审之路。一是年初组织召开市局大数据综合利用工作推进办公室会议，审定《2018年大数据综合分析团队工作计划》，明确2018年大数据审计主题任务。二是修订完善《上海市审计局数据中心数据采集、管理和使用办法》，加强对数据采集、使用和管理各环节的安全把控。三是继续开发完善大数据审计四个平台的功能，积极实践“总体分析、发现疑点、分散核实、系统研究”的大数据审计模式。四是制定《关于促进“上海数字化智能审计工程”应用系统使用管理的试行办法》，强力推进已有建设成果的运用。

【推进“金审三期”上海建设前期工作】 根据审计署金审三期《重点任务实施方案》和《建设指南》等要求，市审计局推进“金审三期”前期有关工作。一是积极与市发展改革委沟通，修改完善《金审工程三期项目上海建设部分可行性研究报告》，并报市发展改革委。二是多次赴市大数据中心调研，商议金审三期项目系统的部署方式，为金审三期软硬件支撑环境建设提供有力保障。三是结合市审计局原有系统实际使用情况，优化局金审三期建设内容，提高局信息系统建设的整体效益。四是召开全市各区审计机关会议，解读金审三期《重点任务实施方案》的具体内容，明确市、区审计局负责建设的内容和实施时间。

【发挥门户网站信息公开平台作用】 2018年，市审计局高度重视政务公开、政务服务和政府网站管理等工作。一是政务公开和政务服务工作取得新成绩。全年主动公开政府信息53项，其中公告单项审计结果22项。按时完成38项政务服务事项以及市级建设财力项目竣工决算审计网上申请

接入全市“一网通办”总门户，受理在线办理服务事项67件。通过“上海市政府数据服务网”开放数据资源6项42条。二是信息宣传工作取得新进展。对涉及市审计局的重大活动和事项进行宣传报道，扩大审计信息传播范围和影响力。三是政府网站和政务微博管理工作取得新成效。加强网站日常监测和季度抽查，组织做好发现问题的整改及季度抽查情况公开。完成“上海审计”及公务网审计网站信息、图片等的更新、发布。对“上海审计”网站“在线咨询”系统进行升级改造，受理留言80余件，做到件件有回应。积极通过新浪网“上海审计”官方微博主动发布和转发审计相关重要信息，吸引粉丝4.2万余人次。

【大数据技术培训和课题研究攻关】 2018年，市审计局着力加大大数据团队培训培养力度。一是2018年面向全市审计机关组织举办4个大数据审计培训班，共有200多人参加培训。二是力争做好大数据团队月月活动。2018年分别组织大数据团队成员赴阿里巴巴、德勤会计师事务所、星环科技公司等单位进行学习和实地观摩，了解大数据前沿技术的发展和应用。还组织部分团队成员参加2018世界人工智能大会分论坛“大数据与城市智能”活动，现场感受世界技术大咖的观点分享，多途径提升大数据分析团队的能力。三是以走访和问卷调查等形式，在全市审计机关范围内开展专题调研，有针对性地改进和提升大数据审计工作。四是坚持跟踪、研究、了解新的技术方法和工具软件应用，研究知识图谱、时间序列分析技术、机器学习挖掘算法在审计中的应用场景，在相关审计项目中进行试点应用。

【完成相关平台和共享数据对接工作】 一是完成网上办事平台接入市政务服务统一受理平台，实现“市级建设财力项目竣工决算审计申请”等事项通过上海政务“一网通办”总门户进行申请和受理。二是完成与办公协同平台的对接，实现审计专网应用系统中的“文、会、报”与市办公协同平台信息交互。三是积极开展“上海审计”网站和市审计局“一网通办”应用上云工作，完成“上海审计”网站信息系统数据迁移和上云割接工作，并开设“上海审计”网站手机版，方便移动用户浏览审计相关信息。四是按照市大数据中心要求，市审计局建立数据共享需求清单、责任清单和负面清单，派专人做好数据共享交换平台的目录编制和数据对接工作。

（张云天）

十二、上海市国有资产监督管理委员会

【概况】 2018年，上海市国有资产监督管理委员会（以下简称“市国资委”）制定《上海市国有资产监督管理委员会信息化管理办法》《上海市国有资产监督管理委员会国资监管信息服务项目管理试行办法》《市国资委正版软件管理制度》《市国资委国资监管信息服务项目验收操作规程（暂行）》，完

善市国资委信息安全、信息化项目管理等相关工作规程，严格执行信息化管理相关制度。

【推进国资监管数据治理】 2018 年，市国资委组织专家学者、企业信息化部门负责人研究国资监管数据治理，制订《上海市国有资产监督管理委员会国资监管数据治理工作方案》，梳理国资监管存量数据，对 2004 年以来国资监管数据进行清洗，组织对业务处室大数据及信息系统现状进行调研，制定国资数据标准规范，初步建设大数据共享平台，实现财务、内审和收入分配数据的图形展现，变过去监管各业务条线信息化为监管数据互通的平台信息化。

【系统内企业间数据共享】 2018 年，市国资委推进久事集团、隧道股份积极探索公交企业与隧桥路运营企业间数据共享，并已初步形成隧桥突发情况应急处置、道路维护保养、路线临时变更等场景中的数据交换、共享的技术方案，成熟运行后将降低企业运营成本、便利市民出行。

【开展“国资大数据”课题调研】 2018 年，市国资委组织信息中心、华东理工大学金融大数据中心和上海市软件中心，对国资委系统 45 家企业开展大数据存量和需求的调研摸底工作，走访 32 家企业，研究国资大数据应用模式，通过访谈国资委系统相关企业、调研行业生态、调研外部相关标杆企业等方式，开展大数据领域应用前期的分析、治理体系建设、应用框架研究课题研究，完成《国资大数据应用和治理现状评估报告》《国资大数据治理体系研究报告》和《国资大数据应用框架和模式研究报告》系列研究报告。

【深入推进国资信息化项目建设】 按照政府招标要求及相关规定，2018 年市国资委完成 9 个信息化项目建设及运维，其中新建项目 2 个（“国资监管风控大数据信息系统”“上海市国有产权信息公开项目”）；信息化运维项目 7 个（“国资监管信息系统（运维）”“内、外网网站（运维）”“国资委业务应用信息系统（运维）”“信息系统安全防护”“数字证书管理统一权限和协同平台运维”“国资委系统信息交互处理”“监管数据提供委内服务”），同时，积极推动新建系统部署在政务云、旧系统逐步迁移至政务云的工作。

推动实施国资监管信息服务项目。2018 年根据市国资委内各处室国资监管信息服务需求，完成 2017 年度 6 个国资监管信息服务项目（“产权管理数据服务”“收入分配事中事后监管信息服务”“审计监管信息服务”“国资监管平台综合信息监管服务”“国资监管档案定制服务”“业绩考核信息服务”）采购、验收工作，同时完成 2018 年度 5 个国资监管信息服务项目（“国资系统干部资源管理信息服务”“2018 年度国资监管综合信息服务”“2018 年度内审内控监管信息服务”“2018 年度企业分配事中事后监管信息服务”“2018 年度国资监管基础数据服务”）采购工作，并开始实施。

完成 2019 年度市财政信息化项目申报工作。根据《关于做好 2019 年度市本级信息化项目支出预算有关工作的通知》要求，2018 年市国资委 2 个预算单位共申报信息化项目 9 个（建设类项目 3 个，运维类项目 6 个），获批信息化项目 6 个（建设类项目 1 个，运维类项目 5 个）。

完成市经济信息化委、市财政局关于国资委信息化项目绩效评价工作。2018 年，完成市国资委的“国资监管信息系统（运维）”、上海市国有资

产信息中心的“国资委业务应用信息系统（运维）”“内、外网网站（运维）”的综合绩效后评价等相关工作。根据《关于2018年市财政局开展重点绩效评价工作有关事项的通知》的规定，配合财务咨询公司完成“国资改革知识库信息系统”“内、外网网站（运维）”的绩效评价工作、“国资委业务应用信息系统（运维）”的绩效跟踪评价工作。

【推进企业信息化建设】 2018年，市国资委完成全年企业年度水平评价工作。完成2017年度企业信息化水平评价工作，摸清国资系统企业信息化建设水平，推进企业“两化融合”贯标，促进企业信息化建设。

2018年，市国资委召开市国资委系统年度信息化工作会议。组织年度优秀企业交流发言，通报市国资委监管企业2017年度信息化水平评价工作，回顾2017年国资系统信息化工作，部署2018年工作任务。

开展第二批示范工程评审。2018年，市国资委通过材料初审、前置辅导、网站公示、专家评审等方式，遴选出第二批示范工程14个项目，发布第二批示范工程名单，带动全系统企业进一步重视信息化建设，增强企业竞争力。

组织开展信息化培训及沙龙活动。2018年举办“国资大数据应用和治理”系列沙龙：包括“人工智能专场”“大数据治理国家标准宣贯及实践专场”，以及“国有企业云沙龙”“数字化时代下的数据安全”4场信息化主题沙龙活动，以及“市国资委系统信息安全培训”“市国资委系统信息化审计专题培训”“国资监管信息平台培训班”“软件工程造价师培训”4场培训，累计参与约850人次，通过信息化培训及沙龙活动提升市国资委系统企业人员信息化的业务水平和管理水平。

【完善机关信息化工作】 完成业务处室信息化需求摸底。2018年，市国资委主动对接业务处室，共同组成信息化项目组（如规划投资管理、产权及评估管理等工作组），通过学习借鉴兄弟委办局经验做法、邀请知名软件企业介绍宣传等方式，研究如何通过信息化强化业务基础管理、优化业务流程，梳理国资监管信息化实际需求。

2018年，市国资委加强与相关委办局的业务联系与沟通，会同信息中心对接沟通市委网信办、市网安总队等部门。向市委网信办、市公安局、市保密局、市经济信息化委报送《2018年关键信息基础设施登记表及安全检查总结报告》《2018年网络安全执法检查自查表》《涉密领域国产化替代工程工作计划》等文件6份。

2018年，市国资委加强与市经济信息化委沟通，指导信息中心做好2019年信息化项目申报工作，按计划完成2018年新信息化项目（含市政府政务公开工作要求新增的上海市国有产权信息公开项目、门户网站全面无障碍改造项目等）的建设。

加强机关信息化运维保障。2018年，继续整合市国资委数据中心托管后软硬件资源，市国资委宝山云数据中心通过BTIM（北塔）监控平台监测国资专网线路、网络设备、安全设备、服务器及服务器上中间件等设备的运行状况，有力保证国资监管平台的正常运行。强化运维体系建设，通过建立运维热线和运维团队，一年来共受理涉及浏览器、用户操作、权限、系统问题等运维工作3 266起，大大减少故障影响程度、缩短技术处理

时间、提升服务满意度。

配合开展政务数据资源共享和开放工作。根据《关于分批开展全市公共数据资源目录编制及共享交换集中攻关工作的通知》，2018 年，市国资委积极响应市府办公厅对公共数据资源整合和共享的工作要求，经过与相关业务处室多次沟通，以及在大数据中心驻场培训和集中办公，完成数据编目、共享数据初步归集工作。

完成市国资委新版门户网站上线及相关规程制定工作。2018 年，市国资委完成新版门户网站上线工作，并开展门户网站全面无障碍改造工作。同时，为规范网站各类信息发布流程，协助梳理细化门户网站信息发布流程、内网信息发布流程共计 12 条。

推动机关网络整合工作。市国资委办公内外网网络合并项目于 2018 年 11 月启动实施。通过对网络线路及用户终端调整，截至 2018 年年底网络线路部分已完成整合，用户终端部分已完成整合 238 个，未完成 21 个。为保障网络整合不影响业务工作的正常进行，市国资委对各处室进行国资改革知识库使用培训，协助处室将工作相关资料迁移至国资知识库平台。

【加强网络系统安全建设】 加强市国资委网络安全建设。结合进博会期间信息化系统安全保障要求，2018 年，市国资委加强 IT 日常运维，防止安全漏洞，落实技术保障和安全防范，保障系统不中断。建立运维制度，增配相关设备，强化市国资委门户网站、业务系统的安全防护工作，组织运维保障团队开展网络安全知识培训，并组织全体人员签订保密承诺书，通过安全等级测评。

督导企业落实信息安全工作。2018 年，市国资委定期转发市经济信息化委资金扶持政策，通报信息安全威胁预警，针对市国资委系统信息安全问题，督导相关企业做好整改，并部署开展全系统网络安全隐患排查工作。加强特殊敏感时期信息安全工作，督促系统企业落实市委网信办、上海市公安局网络安全保卫总队（以下简称“市网安总队”）关于加强网络安全相关措施要求，确保两会期间市国资委机关及系统企业网络安全。两会期间及进博会期间，通过加强日常运维（每半小时一次巡检）与技术手段安全防护，确保市国资委网站安全稳定运行。进博会期间，为配合相关部门更好地完成各系统安全保障工作，运维成员至现场配合安保指挥中心工作长达 10 天，进驻期间总计处理 3 起应急事件，网站成功阻止黑客攻击 70 183 次。同时，做好机关网络安全和信息化保障工作，每周巡检会议室 1 次，2018 年完成机关重要会议保障计 90 余次。

保障国资监管平台的安全稳定。目前国资监管平台 SSO（Single Sign On，单点登录）平台用户账户总计 7 329 个，VPN（Virtual Private Network，虚拟专用网络）账户数高达 4 025 个。为确保网络安全性，中心不断推进国资监管平台建设，做好国资专网、机房、云平台及灾备等工作，夯实国资监管平台运行的硬件和软件环境，保障平台运行安全稳定。

2018 年，市国资委不断完善等保测评意见整改，巩固机关信息化安全基础。对国资监管平台系统进行等保测评，针对测评机构的整改意见，明确责任单位和整改完成时限，积极进行系统修改完善，增加安全设备，顺利通过等保二级测评。

（赵　泉）

十三、上海市工商行政管理局

【概况】 2018年,上海市工商行政管理局(以下简称"市工商局")以深化商事制度改革为主线大力推进信息化建设,为推进市场准入便利化、强化事中事后监管、优化营商环境提供信息化保障和支撑手段。

【企业"一窗通"平台建设】 按照市政府《着力优化营商环境加快构建开放型经济新体制行动方案》要求,围绕企业开办便利化、缩减办事环节、提高工作效率的目标,市工商局牵头相关部门完成业务调研、需求交流和方案对接,基于市电子政务云信息基础设施,建设完成全市统一、涉及开办企业各相关部门、集信息推送和结果获取功能为一体的企业开办"一窗通"服务平台,实现工商执照、公安公章备案、税务涉税事项的"一表式"在线申请和银行预约开户、社保用工自助办理等服务便利功能,提高工作效能,优化营商环境。企业"一窗通"平台系统于2018年3月31日正式上线运行。

根据《工商总局关于开放企业名称库有序推进企业名称登记管理改革的指导意见》要求,市工商局先后开发完成并上线运行企业及分支机构网上名称自主申报功能(新设、变更)和网上名称预约功能;同时,利用企业"一窗通"平台,实现企业名称预先核准登记与企业实体登记合二为一。

【市场主体登记"多证合一"系统开发】 按照《国务院办公厅关于加快推进"多证合一"改革的指导意见》要求,在"五证合一"基础上,将19项涉企(含个体工商户、农民专业合作社)证照事项进一步整合到营业执照上(首批实行"二十四证合一"),市工商局负责采集登记、备案等信息并推送至相关部门,实行"一套材料、一表登记、一窗受理"的工作模式,相关登记部门直接核发加载统一社会信用代码的营业执照。本项目利用开办企业"一窗通"平台,根据企业登记申请中的经营范围规范表述和相关部门信息需求,通过上海市法人库系统将企业信息全量或部分实现共享;外商投资企业商务备案与工商登记"单一窗口、单一表格"受理工作等涉及商务部的数据共享,利用"一窗通"平台系统以应用接口和FTP(File Transfer Protocol,文件传输协议)服务方式直接与商务部相应系统实现数据共享。"多证合一"应用于2018年7月1日实现系统上线运行。

【电子营业执照系统和全程电子化登记系统建设】 按照推进商事制度改革相关工作要求和国家《电子营业执照管理应用平台技术方案》,2018年市工商局推进上海工商电子营业执照管理应用平台建设,包括电子营业执照管理系统、电子营业执照应用系统和电子营业执照库。

按照国家工商总局《关于推行企业登记全程电子化工作的意见》要求和业务需求,市工商局进一步完善企业登记全程电子化技术实施方案,基于总局电子营业执照系统和上海CA个人可信身份多源认证统一服务平台,实现企业登记全程电子化所需的身份认证、数字签名、档案封装、数据核验等功能,全面实现无纸化的网上申请、网上受理、网上审核、网上公示、网上发照。无纸化全程电子化登记于2018年9月28日上线运行。

【企业信用信息公示系统“多报合一”开发建设】 根据《工商总局海关总署关于做好年报“多报合一”改革有关工作的通知》要求，市工商局研究确定实施方案，完成企业信用信息公示系统年报应用功能改造以及海关管理企业名单下载、海关管理企业名单校核反馈、海关管理企业名单导入和企业年报数据上报等工作，实现在海关注册的报关单位、加工生产企业和有减免税设备企业（含个体工商户和农民专业合作社）不再通过海关相关业务平台报送海关年报，改为统一通过国家企业信用信息公示系统报送“多报合一”年报，落实“放管服”改革。改造后的年报应用功能于2018年5月1日上线运行。

【企业注销“一窗通”服务平台建设】 按照优化营商环境工作要求，在开办企业“一窗通”平台的基础上，继续推进企业注销“一窗通”服务平台建设。通过信息化手段打通工商、税务、商务委、海关、人民银行和人力资源社会保障部门各自的注销业务，实现流程的清晰透明和信息的互通共享，为企业提供各部门办理结果反馈、全流程进度跟踪等功能的电子政务服务，从而降低企业退出成本，进一步强化部门协同，提高工作效率，深化“放管服”改革，优化营商环境，提升企业在市场退出过程中的感受度和获得感。企业注销“一窗通”服务平台于2018年12月29日投入试运行。

【“一网通办”统一受理平台系统接入工作】 按照市委、市政府关于《全面推进“一网通办”加快建设智慧政府工作方案》要求，市工商局积极配合开展信息化相关工作，深入推进“互联网＋政务服务”，将企业名称预先核准登记、各类企业及其分支机构设立等8个审批事项以及企业基本信息查询等3个服务事项纳入统一受理平台，按照“受办分离”的原则和统一受理平台技术规范，对上述所有相关业务系统进行系统改造并纳入统一平台管理，实现业务办理系统与统一受理平台的线上和线下双对接。2018年10月底前完成全部11个事项的接入工作。

【市电子证照库系统对接工作】 2018年，市工商局按照市电子证照库的建设标准，确定电子营业执照系统与市电子证照库系统的对接方案，并向市电子证照库提供工商营业执照照面信息要素、营业执照底图模板文件和超过180万家企业的存量电子营业执照数据（PDF文件）；2018年4月底完成电子营业执照前置系统以及电子营业执照PDF文件有效性查验功能的软件开发、设备部署、应用联调，按系统对接方案实现数据自动更新；2018年年底实现电子营业执照系统向市“一网通办”应用系统提供电子营业执照的扫码验证服务，为用户提供更好的便利服务。

【法人信息共享与应用系统运维及迁云工作】 2018年，市工商局根据相关工作安排，充实法人库内容，加强数据质量管理。增加村（居）委会（民政提供）和农村集体经济组织（农委提供）两个法人类型。继续做好数据质量的检查、分析和数据质量报告发布工作；及时纠正错误数据，促进信息归集，推进政府部门信息共享应用。同时，按照市“一网通办”工作要求，市工商局制定市法人信息共享与应用系统向市电子政务云的迁移方案，做好与各相关单位的系统对接调整工作。法人库系统于2018年7月底完成整体迁移，完成“实现法人库上云，实现数据物理归集”工作目标，实现

与市共享交换平台系统对接和法人基础数据共享。

【总局一体化数据平台对接与相关数据共享】 2018年，市工商局完成与总局一体化数据平台对接工作，包括后台功能开发和数据部署，内容涉及企业迁入迁出数据流转、跨地域涉企信用信息流转与记名、总局归集涉企信息记名公示、照面异议信息接收和反馈、简易注销异议下发、安全生产不良记录"黑名单"记名公示等。同时，市工商局进一步做好数据共享应用工作，2018年年内完成与市国资委的数据对接应用，推进与智慧公安的数据对接；支持上海电信基于企业信用信息公示系统的市场主体身份核验与信息查询，继续做好与上海保险交易所、上海市通信管理局的数据共享。

【网络与信息安全相关工作】 2018年，市工商局按照市委"构筑坚实的网络安全防火墙"工作要求，夯实关键信息基础设施安全防护，做好2018年度市委网信办关键信息基础设施网络安全检查和市公安局网络安全执法检查工作，推进网络安全责任制和防范体系建设，严格落实网络安全主体责任，深入实施网络安全等级保护制度，及时排查发现和修复整改各类网络安全漏洞和隐患，提升信息系统安全防护能力；与市电子政务云承建单位上海电信联合组织实施2018年度网络与信息安全应急演练，保障进博会期间上海工商网络与信息安全。

（付学敬）

十四、上海市统计局

【概况】 2018年，上海市统计局(以下简称"市统计局")积极配合第四次全国经济普查工作，通过进行数据处理环境建设，夯实数据处理工作基础。并在信息系统安全、推进市经济社会发展综合数据平台建设方面取得成效。

【第四次经济普查数据处理环境建设】 第四次全国经济普查是一次重大国情国力调查，通过普查查实上海市第二产业和第三产业各类单位的基本情况，客观反映上海市第二产业和第三产业发展规模、结构和效益，反映经济结构优化调整、产业转型升级和经济发展新动能培育等方面新进展，进一步完善统计体制，深化国民经济核算改革，推动加快构建现代化统计调查体系，为加强和改善宏观调控，推进国家治理体系和治理能力现代化，提供科学准确的统计信息支持。

数据处理准备工作是做好普查各阶段数据处理工作的基础。2018年，市统计局按照《第四次全国经济普查数据处理方案》，数据处理工作按照"统一组织、分级负责，规范管理、注重质量，专业协同、各司其职，统筹规划、兼顾未来"的原则，组织完成移动终端、服务器、虚拟化平台、存储、安全等设备采购和部署，完成普查区划分与绘图、单位清查比对处理、PAD数据采集、普查数据处理等软

件的搭建,完成各级业务人员的技术培训工作,夯实2019年经济普查数据处理的工作基础。

【强化信息系统安全】 2018年,市统计局严格按照国家统计局等相关单位要求加强信息系统安全建设。一是整理完善信息系统物理安全、网络安全、主机安全、应用安全、安全管理与安全培训等方面工作情况,报送国家统计局信息安全考核办公室;二是完成三农普(三农(农村、农民、农业)普查)设备安全测评整改工作;三是完成四经普(第四次全国经济普查)清查比对数据处理环境安全扫描工作。

组织开展统计联网直报系统的等保测评,对信息系统物理环境、设备、应用和安全管理制度等方面认真进行测评和整改加固。组织开展市统计局关键信息基础设施安全自查工作,完成网络安全和责任制落实、系统网络安全等级保护和关键信息基础设施安全保护等情况自查,形成定期针对计算机终端的检查制度。

【推进市经济社会发展综合数据平台建设】 上海市经济社会发展综合数据平台作为上海市公共数据资源应用七大主题数据库之一,旨在建立上海市经济与社会发展数据库,以部门协同应用为重点,推进相关领域大数据分析应用,为市委、市政府提供一站式、全方位的综合数据服务,为上海市经济社会管理提供全面高效的数据支撑。市统计局和国家统计局上海调查总队是综合数据平台的建管主体。

2018年上半年,完成综合数据平台项目建议书和可行性研究报告的编制和立项审批工作。10月,完成招投标工作,正式进入项目建设阶段。在相关共建部门的大力支持和配合下,综合数据平台在2018年年底达成总体框架和基本功能的初步成型,在政务云上形成基础运行框架。

(赵冬晖)

十五、上海市新闻出版局

【概况】 2018年上海市新闻出版局(以下简称"市新闻出版局")信息化项目建设主要是完成"行政审批服务和标准化管理系统"项目验收,根据上级部门的要求,完成与上海市人民政府的"一网通办"平台的对接和"双公示"平台的对接,完成"双随机"抽取系统建设。直属单位新闻出版博物馆(筹)开展"数字新闻出版博物馆建设调研"和"国际视野下的新闻出版博物馆智慧博物馆一体化方案规划"课题研究;上海新闻出版职业技术学校通过二级等保测评、青浦校区信息化建设项目完成验收、继续教育电子证书管理软件上线使用。为更好地贯彻落实市委、市政府关于打造"上海文化"品牌的要求,集中展示各区红色文化、海派文化、江南文化的特色底蕴,上海阅读文化推广新媒体联盟成员"书香上海"和"上海发布"举办了上海十六个区区委宣传部长系列访谈活动。"书香上海"牵头积极动员联盟内出版社成员推出书展各出版社十大好书抢先看活动。2018年7月,"书香

上海”入选第三届“大众喜爱的50个阅读类公众号”。

【完成“行政审批服务和标准化管理系统”项目验收】 2018年11月,市新闻出版局召开“行政审批服务和标准化管理系统”项目验收会,与会专家听取项目验收汇报,审查项目验收相关资料,并进行质询。项目包括行政审批标准化管理系统接入、法人库二期、网上政务大厅印刷发行区级事项对接等建设内容,满足合同约定的要求,试运行情况稳定,项目提交验收文档资料符合验收要求。专家组认为该项目达到建设目标,一致同意通过验收。

【上海市新闻出版电子政务系统(2019升级改造)项目建设】 2018年5月,根据市委、市政府关于《全面推进“一网通办”加快建设智慧政府工作方案》(沪委办发〔2018〕14号)要求,根据《关于做好市新闻出版局“双随机、一公开”工作有关事宜的通知》(沪审改办〔2016〕125号)和《关于进一步规范行政许可和行政处罚等信用信息公示工作的通知》(沪经信征〔2016〕5号)要求,市新闻出版局在2019年信息化项目预算时申请上海市新闻出版电子政务系统(2019升级改造)项目,主要内容包括完成14个大项行政审批“一网通办”、10个电子证照库建设并对接、双公示平台对接、双随机抽取系统建设等。此外,2018年10月底实现29个大项136个小项的行政审批事项的“一网通办”,完成与市电子证照库的对接(由于机构改制,用出版物经营许可证(批发)作为试点对接,其余待新的许可证模板出来后对接),完成“双随机”抽取系统建设和市“双公示”平台对接。

(梁国奋)

【开展多项课题研究】 2018年,新闻出版博物馆(筹)委托复旦大学文博系开展“数字新闻出版博物馆建设调研”“国际视野下的新闻出版博物馆智慧博物馆一体化方案规划”两项课题研究。课题组对新闻出版博物馆现有馆藏资源和藏品信息管理系统进行调研和解析。期间走访调研国家博物馆、故宫博物院、南京博物院、上海博物馆、上海图书馆、广东省博物馆、敦煌研究院的数字化及智慧博物馆建设工作情况。在线调研与访谈美国史密森研究院、美国艺术档案博物馆、意大利佛罗伦萨博物馆、英国国家图书馆、德国古登堡博物馆相关数字资源建设及利用情况。组织专家座谈会,探讨数字新闻出版博物馆定位和馆藏特色资源建构、数字资源利用形式与对观众的吸引力。最终形成“数字新闻出版博物馆建设调研”“国际视野下的新闻出版博物馆智慧博物馆一体化方案规划”课题报告。报告在调研的基础上分析总结国内外数字智慧博物馆的特点及经验得失,并与新闻出版博物馆馆藏特色加以比较,指出可借鉴点。从方案规划、内容建设、建设原则、人员配置、预算经费等方面系统阐述未来新闻出版博物馆智慧博物馆架构规划及有关数字内容智慧展示策划方案,并运用“互联网+”的思维,以最小的试错成本和观众参与的理念,指导实体馆建设。新闻出版博物馆(筹)将进一步细化报告内容,认真研究,根据本馆实际情况,逐步开展新闻出版博物馆数字化建设工作。

(王　晨)

【上海新闻出版职业技术学校通过二级等保认证工作】 按照上海市教育委员会要求,2018年,上

海新闻出版职业技术学校针对校内核心业务系统实施安全等级测评申报、改造及等保测评的定级，并确定学校安全保护等级为二级。11 月，通过信息安全等级保护认证等工作。

【上海新闻出版职业技术学校青浦校区信息化建设项目完成验收】 上海新闻出版职业技术学校为更好提升青浦校区教学信息化管理水平，服务在校学生，在 2018 年完成青浦校区中心机房、数据中心、校园网络管理及安全、校园一卡通、校区无线网络覆盖等项目的建设工作。项目全程由第三方专业监理公司监理，专家组和上级主管单位一致认为本项目符合规定内容，同意验收。

【继续教育电子证书管理软件上线使用】 2018 年，上海新闻出版职业技术学校教师自主研发继续教育电子证书管理软件。软件强化继续教育培训管理功能和证书统计功能，并对学员电子证书生成采用加密手段，加强证书的信息安全。同时采用学员网上下载领证方法，为学员领证提供极大便利。

（刘　翔）

【“书香上海”政务微博、微信】 “书香上海”微博、微信内容注重拓展深度和广度。2018 年，“书香上海”微博、微信继续扩大传播力和影响力。先后举办沪上青年编辑元旦荐书、4.23 世界读书日、书香六一系列活动等十余次线上活动，保持“书香”底色。联合“上海发布”“文汇”APP 策划推出“享读”好书榜，每两周推出一期，截至 2018 年年底已推出近 20 期书单。2018 上海书展期间，联合“上海发布”组织开展“本市 16 区区委常委宣传部长访谈”和“区级主宾日”活动，邀请上海市 16 区区委宣传部长就“打响上海文化品牌”接受访谈，在全市文化界引发较大反响，扩大上海书展影响力。2018 年，新媒体联盟影响力继续扩大，新吸纳 19 名成员加入新媒体联盟，联盟成员总数增加至 83 家。“书香上海”联合联盟内出版社成员，于书展开幕前一个月精心遴选出版社参展上海书展的“十大好书”，每日持续通过“书香上海”和各出版社微博和微信公众号同步推出，发布近 60 家出版社的精选好书。推出新书《书香上海——人气编辑眼中的百种好书》，该书内容源自上海阅读文化推广新媒体联盟发起人“书香上海”联合上海市编辑学会，在过去四年里邀请联盟内各大出版机构共同主办的“书香上海 · 沪上优秀青年编辑新春荐书”活动。2018 年上海阅读文化推广新媒体联盟成员关于阅读的信息，累计吸引 600 余万次阅读、点赞和评论量。

（张　翼）

十六、上海市知识产权局

【概况】 2018 年，上海市知识产权局（以下简称“市知识产权局”）积极投入全市信息化统一平台

"一网通办"建设，将 15 个服务事项纳入"一网通办"平台；根据上海市公共数据资源需求，确认责任清单 19 条。此外，市知识产权局还完善上海知识产权(专利信息)公共服务平台应用，拓展数据分析服务。

【"一网通办"统一平台对接】 根据市政府统一部署，市知识产权局于 2018 年 6 月启动本单位与"一网通办"平台的业务系统对接工作，并于 9 月底按时完成对接任务。

市知识产权局共有 15 个服务事项纳入"一网通办"本部门主页面，其中行政审批事项 1 项，即"上海专利(一般)资助"，该事项对应的业务系统("上海专利(一般)资助系统")经过前期调研、需求确定、系统开发及后期调试，于 9 月底完成系统对接。公众可以通过上海市"一网通办"平台、"上海市知识产权局网站"首页进入统一的系统受理入口，完成业务的在线受理、预审和查询，实现业务办理"只跑一次"。

根据新修订的《上海市专利资助办法》，该业务系统于 2018 年 12 月底完成对应业务流程的调整。自 2019 年起，公众使用"上海专利资助系统"办理业务，可以实现全程网上办理，无需再到现场窗口，真正实现"零距离"。

【推进公共数据整合共享工作】 根据上海市公共数据资源需求、责任和负面清单("三清单")，市知识产权局 2018 年度共确认责任清单 19 条，其中涉及"一网通办"的责任清单 12 条。截至 2018 年年底，市知识产权局已编制数据目录覆盖责任清单 19 条，涉及"一网通办"责任清单的数据目录覆盖比例为 100%。

【完善上海知识产权(专利信息)公共服务平台应用】 上海知识产权(专利信息)公共服务平台是上海市专利信息传播利用的重要载体，还肩负着国家知识产权局区域专利信息服务(上海)中心和专利信息传播利用(上海)基地的职责。2018 年，除正常的系统软硬件维护、数据更新、用户管理、为广大创新主体提供基本的专利检索和一些统计分析功能外，该平台还开发了一些具有特色的数据分析服务。

继续推进张江高科技园区各子平台的各项工作。针对张江园区地域覆盖广，且产业集聚度高、高科技企业众多等特点，在全市统一部署下，设立不同类型和特点的子平台项目，在前几年建设和各项工作开展基础上，2018 年对这些平台进行中期回访以及跟踪调查以了解建设情况，重点就平台基本建设情况、平台类型、数据统计工作的开展、如何对园区企业进行服务、窗口服务情况及绩效情况等内容进行调研，以推进平台规划发展，提高平台运营能力，及时发现平台问题，切实帮助平台更好地发挥作用。

依托上海市知识产权公共服务平台资源、数据及后续开发的专利区域统计分析系统及其他各功能系统，开展有针对性的项目服务。为上海市张江高新技术产业开发区(1 区 22 园)提供《上海张江高新技术产业开发区 2017 年专利分析报告》，该报告所分析的对象涉及 27 000 余名专利申请地址位于张江高新区 22 园内的企业、高等院校和科研院所等各种类型的专利申请人，及与其相关的申请和授权专利，对张江高新区"1 区 22 园"从 1991 年 1 月 1 日至 2017 年 12 月 31 日的发明、实用新型和外观设计专利的申请和授权情况汇总分析，对"1 区 22 园"专利申请量、授权量、有效专

利拥有量的趋势、分类现状及申请人排名分别进行分析，为掌握各区的专利状况提供翔实数据。另外，为提供全市16区专利申请授权数据统计分析，10月底完成全市各街道乡镇的数字地图划分定位工作，使得此前平台开发的专利区域统计分析系统从仅能对浦东、松江、青浦、金山等部分区的专利数据进行高精度统计分析，上升到实现全市所有街镇的全覆盖，将为全市所有区提供精细化的统计分析数据。

截至2018年10月底，上海知识产权（专利信息）公共服务平台网站累计访问量为165余万人次，平台注册用户9 923家，自主建立专题数据库约1 380个，用户分布遍及包括中国港澳台在内的所有地区。

（丁文洁）

十七、上海市绿化和市容管理局

【概况】 2018年，上海市绿化和市容管理局（以下简称"市绿化市容局"）深入推进"互联网＋政务服务"，依据顶层设计，落实重点任务，推进信息化支撑精细化管理，各项工作顺利推进，取得一定成效。

【启动绿化市容行业信息化顶层设计】 2018年，市绿化市容局启动《绿化市容行业新一代人工智能等信息技术应用设计》研究工作。在对行业管理需求分析的基础上，构建行业大数据顶层架构，并梳理基于大数据分析的行业数据标准体系；同时，围绕行业管理和服务中的热点、难点问题，兼顾当前行业需求与长远发展，进行面向行业四大业务板块的智能化应用设计，为日后行业信息化工作迈向智能化时代提供方向。

【开展绿化市容行业视频建设技术架构研究】 2018年，市绿化市容局通过开展行业相关管理部门及所辖企事业单位视频监控系统建设现状的调研，进行绿化市容行业视频建设技术架构研究，制定行业视频建设、改造等项目的设计规范，形成绿化市容行业视频监控系统建设的统一规范标准，为行业实现视频资源共享提供技术保障。

【启动生活垃圾全程监管信息化管理需求和相关技术研究】 利用物联网和大数据分析等技术，实现对生活垃圾分类品质的源头追溯及流量、流向等全过程监管，为构筑生活垃圾全程监管信息化系统，做好技术支撑。

【上海市林业"三防"项目稳步推进】 林业"三防"信息化项目从申请到批复历时三年，截至2018年年底已完成12个智能防火视频监控点、森林防火、有害生物监测防控和野生动物疫源疫病监测等智慧化监管系统和指挥大厅的建设。项目以联调中发现的真实火情案件为依据，实际验证系统的信息采集、传输、处理和决策反馈功能。结合2021年崇明花博会管理需求，2018年10月，项目

获批在保持95个监控点不变的情况下，增加前端智能监控18套，总投资额由1 667万元调整为1 942万元。建成后的智能防火视频点将覆盖上海市314平方公里林地区域，占全市林地总面积的28%。“森林防火监管系统”已接入市政府办公厅总值班室综合信息展示平台。

【行政审批系统改造】 为打造优化营商环境新名片，开展行业行政审批系统升级改造工作，打通市局、工程站、林业总站三处数据“壁垒”，2018年，市绿化市容局已经基本实现“建设项目配套绿化方案的意见征询”及“对建设项目配套绿化的竣工验收”与工程站“绿化工程质量监督”的系统内数据共享。同时，按照市大数据中心的统一要求，排摸市绿化市容局45个“一网通办”事项，理清40个行政审批事项证照，完成电子证照库、物流交换平台及数据交换平台的对接，实现100%接入市统一受理平台。

【智慧公园、智慧东滩建设】 2018年，市绿化市容局根据《智慧公园建设导则》要求，进一步深化行业智慧公园基础平台建设设计，推进智慧公园平台建设。同时，根据不同公园类型，在全市范围内选取共青森林公园、辰山植物园、上海动物园、滨江森林公园4个直属公园，以及静安雕塑公园、滨江南园、闵行体育公园、炮台湾公园4个区属公园进行示范建设。系统整合各个公园的公共视频资源、生态环境数据、公园游客量等信息；建设行业动植物名录标准数据库，共录入550种动物信息及173种植物信息，统一并规范行业内动植物数据库信息和二维码标识；在智能灌溉、志愿者管理、停车场管理等方面，选取若干公园进行示范建设，实现智能化服务探索。与此同时，紧紧围绕构建“智慧东滩”的发展目标，建设崇明东滩鸟类国家级自然保护区综合管理信息系统，整合现有东滩鸟类保护区管理地理信息系统、物种信息系统、视频监控平台等各自相对独立的信息系统，构建集信息管理、展示和发布为一体的综合信息管理平台，实现信息共享交互，提高保护区各类信息的利用效率，增强保护区建设和管理信息化、智慧化工作水平。

【野生动物栖息地视频建设】 2018年，市绿化市容局在松江区、嘉定区、崇明区、浦东新区、奉贤区等6个野生动物栖息地开展视频监控建设的可行性研究，选取3个条件较成熟的栖息地开展视频监控示范建设。截至2018年年底，已完成嘉定浏岛野生动物栖息地视频建设与接入工作，初步实现行业主管部门对野生动物栖息地现场的实时信息查看。

【森林资源APP(二期)升级完善】 2018年，市绿化市容局充分利用地理遥感信息技术和移动终端技术，打造集森林资源属性数据、地理空间数据为一体的“上海市森林资源管理系统”APP。建立上海市森林资源数据采集、建库、传输、统计和管理的一整套技术体系和管理流程，实现年度森林资源数据采集更新、对林业小班数据的查询、浏览、定位等功能，为林业业务管理和社会大众提供林业基础信息服务，大大降低采集人员工作量，减少工作重复性，并提高数据采集的准确性和汇总统计工作效率。

【完成绿容局数字档案系统项目建设】 2018年，

市绿化市容局完成绿容局数字档案系统项目建设。系统包括首页展示、档案收集采集、整理、保存、利用、鉴定处置、系统管理七大模块及各个模块下若干子功能,并且系统以接口调用形式,自动对OA、财务、行政审批、媒资系统中需归档的数据进行采集。同时完成新组建局机关2009—2017年会计、许可、照片、录音、录像档案目录共计290 330页数字化入数据库。

【"绿色上海"门户网站建设】 "绿色上海"门户网站近年来一直致力于打造服务型政府网站平台。2018年,市绿化市容局以网上政务大厅为主线,在充分调研的基础上,正式启动智能平台项目,打造智能搜索和智能问答功能,通过切换版面、优化栏目结构及人性化显示,不断强化便民服务功能。2018年全年,"绿色上海"微信共发布推文685篇,平均阅读量超过1 500人次,粉丝数突破十万大关,破万推文10篇,推文内容着眼专业、精准、多元化,紧跟时事热点,及时发布权威信息;应对舆情发展,更新行业重点工作、便民信息与活动招募,受众群体进一步增加。"两微一站"通过将主题活动、原创推文与权威发布深度融合,推送市民喜闻乐见的文章,做到一周7天宣传无盲区,通过线上微活动和线下推广,在引导网络舆论、推进服务型政府建设等方面发挥着越来越积极的作用。

【拓展核心办公系统应用功能】 在强化日常运维和督促检查的基础上,完成"行业大调研信息系统"建设,通过建立网上电子台账、自动抓取统计分析等功能,为市绿化市容局大调研工作走向深度数据挖掘奠定基础;在六家直属单位推广试点"三重一大"管理系统,依托信息化手段促进"三重一大"事项日常管理走向长效化。

【网络安全总体可控】 2018年全年,市绿化市容局完成机关网络保障与巡检896次;电子政务服务与设备巡检1 374次;会务保障369次,其中大型会议保障26次,视频会议保障26次。针对进博会保障,开展机关处室计算机全面检查,共检查公务网计算机38台、涉密单机2台、非涉密计算机185台。根据《关键信息基础设施确定指南》,完成市绿化市容局门户网站"绿色上海"和市绿化市容局行业管理的"上海绿色账户信息系统"等关键信息基础设施检查工作。此外,通过对铜仁路、胶州路机房环境监控系统进行改造升级,通过短信、远程摄像头、APP等手段,实时监控机房供电、空调、温度、湿度、空调漏水等情况。积极研究行业网络信息安全态势感知方案。增强市绿化市容局对网络安全现状、趋势以及潜在风险与隐患的把控和应对能力。

【推进市电子政务云工作】 响应市政府办公厅要求,2018年,市绿化市容局按照"整体规划、先易后难、分步实施"的原则,完成智慧公园示范建设等新建项目上云部署,行业电子政务系统、综合监管系统9个运维项目启动上云部署,完成两个系统的正式割接,力争以云计算促进资源整合、业务协同和集成应用。

【开展数据资源开放与共享工作】 为促进政府职能转变和信息服务业发展,近年来,市绿化市容局对已经建成的50套业务系统进行逐个编目,2018年共新增5个对外开放的数据接口,完成自然保护区、林荫道、信得过果园等20个数据产品内容

更新，共计收到松江区绿容局、杨浦区绿容局等数据服务需求47项。通过不断扩大数据资源范围，为广大市民群众提供一站式信息惠民融合服务。

【落实局管项目等级保护备案工作】 2018年，市绿化市容局以增强网络安全保障能力为目的，开展17个主要管理应用系统和局15个子网站的安全等级保护备案测评工作。按照“统筹协调、分批推进、交错实施、制度规范”原则，经预测评、整改、再整改三个阶段，完成全部系统的安全测评。

【加强信息化项目建设全过程管理】 2018年，市绿化市容局局属各单位新建信息化项目共计55个，总投资2 620.98万元；在建信息化项目9个，总投资553万元。各区在建信息化项目32项，总投资572.31万元(各区数据为2017年统计数据)。根据信息化专项的管理要求，完成项目的立项申报、项目建设、验收管理、绩效评估等各个环节，规范信息化项目建设流程，保障项目建设进度与质量。

【召开2018年度上海绿化市容行业信息化工作会议】 2018年11月27日，2018年度市绿化市容行业信息化工作会议暨CIO信息化主管培训会召开。会议总结绿化市容行业2018年度信息化工作的成果，分析信息化发展建设中面临的形势和存在的主要问题，同时，有针对性地对2019年行业信息化工作进行全面部署。会议提出三点意见：一是充分肯定成绩，正视存在问题，进一步增强做好信息化工作的责任感和使命感；二是围绕发展大局，突出工作重点，力求使绿化市容信息化工作取得新突破；三是加强组织领导，密切协调配合，为信息化发展提供有力保障。

(王　平)

十八、上海市民防办公室

【概况】 2018年，上海市民防办公室(以下简称“市民防办”)不断强化信息化建设，完成民防行政审批系统升级、市民防通信和信息系统日常维护保障等工作，并在全民国防教育日、全国两会和进博会期间完成各项技术保障工作。

【民防行政审批系统升级】 市民防办根据2018年度工作计划安排，于6月底前完成民防审批系统和民防网站网上办事功能改进与完善的系统开发工作，进入试运行阶段。通过本次升级改造，实现民防行政审批业务各办事事项的网上申请、电子资料在线提交、网上审批、网上信息反馈、证书打印等功能，为民防行政审批实现“一网通办”的各项要求打下坚实基础。根据上海市推进“一网通办”建设工作的总体计划，按照市大数据中心的要求，市民防办采取模式三的对接方式，分拆现有受办一体的行政审批系统，将现有业务系统中申报受理部分整体迁移至统一受理平台(包括网上及线下)，纳入统一平台管理，并与统一受理平台进行数据对接。同时，按照统一规范、统一标准进

行用户认证、界面改造。完成事项梳理并选择相应模式、规范网上申报展现形式、规范线下受理展现形式，解决单点登录兼容性问题，并对统一审批编码取码方式进行调整。于9月21日完成与市统一受理平台的对接工作。

【市民防通信和信息系统日常维护保障】 市民防通信和信息系统的主要工作包括有无线通信保障、计算机网络维护、网站信息发布等，确保网络和系统正常运行。

有无线通信保障方面：坚持每天对各区人防有线电话和800兆应急通信电台等开展试机试线工作，确保相关通信线路畅通。新装电话41部、移装电话43部、撤销电话32部、处置电话线路故障20次、程控交换机远程巡查每月1次、民防总机话务量50 108次、114电话查询量8 500次、电话留言转告598次、收发各类传真840份、传真发送单位4 002个。

计算机网络维护方面：完成中心机房、各接入网络、政务外网、互联网及服务器巡检和计算机终端维护。完成机房消防设备更换及机房空调更新扩容。指挥中心全年保障重要会议42次。开展软件正版化检查和台账登记工作，完成互联网电子邮件系统安全专项整治。参与《城市建设空间信息基础数据规范第一部分：分类与代码》上海地方标准修订。

网站信息发布方面：及时发布工作动态、信息公开、防空防灾等信息，同时筛选报送上海门户网站工作平台。首页添加“群众办事、百项堵点、疏解行动投票活动”“中国国际进口博览会”“大督查”等链接。网站新开设“9.15防空警报试鸣”“民防大调研”“请您来找茬”“社会投资项目结合民用建筑修建防空地下室审核”“政府网站找错”“2018上海市中学生民防知识竞赛”等专栏。做好市政府对市民防办政务公开工作的中期检查，及民防网站的政府网站普查工作。做好“5.12防灾减灾”“9.15全民国防教育日”新媒体集中宣传工作，发布相关动态、知识信息及微直播22条。网站全年发布信息1 129条，上报门户网站信息85条(采用46条)。实时监控网站发布平台的网上咨询、监督投诉等互动栏目，做好问题咨询和投诉内容的接收与回复工作，共计处理网上互动办理单71条。

【9.15警报试鸣演练和各项技术保障工作】 根据警报试鸣和演练的技术保障工作要求，2018年，市民防办在全民国防教育日(2018年9月15日)组织全市范围内的防空警报试鸣工作。分别完成警报控制系统巡检和全网联调测试，警报巡检和专管员培训任务，防空警报试鸣预演技术保障，做好卫星通信、800兆集群通信系统、视音频系统等相关设备设施的检测、检修、通联工作。在警报试鸣当日开设市民防指挥中心，建立与各区民防指挥中心视频会议、800兆超短波和卫星通信的通联。同时，信息采集车赴静安区演练现场，通过“动中通”卫星通信系统完成现场转播工作。并通过上海电视台、上海民防网站、上海民防官方微博、微信公众号等多种途径同步发布警报试鸣演练信息，完成此次试鸣各项保障任务。

【全国两会和进博会期间网络安全保障工作】 在2018全国“两会”期间，市民防办高度重视网络安全保障工作，严密监控网站运行情况，认真做好网站安全自查和网络安全信息通报等工作。为保障

进博会配合做好上级部门的网络安全检查工作，进行网站安全扫描等自查，并于8月协助填报关键信息基础设施情况相关表格。配合开展2018年上海市网络安全执法检查的落实和整改工作。

（陈奕平）

十九、上海市国家保密局

【概况】 2018年，上海市国家保密局（以下简称“市保密局”）继续强化网络保密管理，做好涉密信息系统测评审批和风险评估，推进重要保密技术项目建设，开展保密监督检查和保密技术监管，加强保密技术交流研讨，为全市党政机关和涉密单位的信息安全保密提供坚实保障。

【完成进博会保密保障工作】 2018年进博会筹备和召开期间，根据中央、市委相关决策部署和市委保密委工作要求，上海市保密行政管理部门及时研究制定保密工作方案及应急预案，加强日常保密技术监管，加快网络测评审批进度，及时为重要会议活动及办公场所提供手机信号屏蔽、空中信号监测、保密应急检查、涉密载体现场监销等技术服务，确保进博会期间全市保密工作零事故、零差错。

【保密教育实训平台发挥作用】 2018年全年，上海市保密行政管理部门依托上海市保密教育实训平台，对67家机关、单位的4 400余名涉密人员开展轮训，范围覆盖全市各级党政机关、企事业单位、高校及科研院所，参训人员考试合格率达97%。一年来，保密教育实训平台的硬件设施不断优化、展示内容定期更新、教育效果不断增强，在全年保密教育培训工作中发挥重要作用。

【健全保密技术服务和科技测评体系】 2018年全年，上海市保密技术服务中心（上海市保密科技测评中心）全面启动涉密设备维修维护、数据恢复中心建设，保密技术服务的项目覆盖面日益扩大。保密科技测评中心完成基础设施建设，积极面向社会吸收技术人才，初步建成一支专业型、年轻化的科技测评队伍，涉密信息系统分级保护测评的支撑能力基本形成。2018年，市保密局协助国家保密局保密科技测评总中心完成相关任务，对上海市43家单位用户开展涉密网络测评。

【加大保密科研和自主创新力度】 2018年，市保密局继续做好保密科研管理，稳步推进2个国家保密局立项项目、5个市科委立项项目及相关科研工作，探索建立“政产学研用”工作平台，大力促进保密科技成果转化应用。23家优秀信息安全企业代表上海参加第二届全国保密技术交流大会暨产品博览会，展示最新保密技术产品。

【保密技术监管继续发挥积极作用】 2018年，市保密局依法开展保密技术监管工作，加强非涉密

网络保密管理,加大对互联网门户网站信息公开保密审查监督力度和互联网违反保密规定行为的技术监管力度。违规外联监管平台、木马检测监管平台、党政机关门户网站保密检查平台等各类保密技术监管平台持续发挥积极作用,为保密技术防护提供有力保障。

(赵星星)

二十、上海市人民政府法制办公室

【概况】 2018 年,国务院法制办公室与国家司法部合并成立新的司法部。在全新形势下,上海市人民政府法制办公室(以下简称"市政府法制办")全年信息化工作重点围绕三个方面开展:一是全面改版"上海政府法制信息网"和"上海市政府法制办公室办公应用系统";二是建立健全的覆盖全面的上海市政府规章库和上海市规范性文件库;三是根据新组建司法部的部署,结合原有信息化项目升级改造工作,积极开展"数字法治、智慧司法"建设。此外,为推动市政府法制办产生的政务数据资源优化配置和增值利用,进一步提高上海市法治建设和公共服务水平,2018 年,市政府法制办每季度更新"上海市政府数据服务网"上的各类信息,及时提供法治信息服务。

【上海政府法制信息网改版】 2018 年,市政府法制办从业务实际出发,突出功能的易用、管用特性,将行政立法、行政执法、行政复议、规范性文件备案等方面业务工作整合在一个平台上。不仅需要建立贯通国家、市、区三级的业务应用系统,而且要分类统筹各类信息资料,向全社会提供比较完善的法治信息服务。为适应上述需求,市政府法制办较大调整原有版面,形成"新闻中心、政务公开、政务服务、法规规章、法制研究、智慧法制"六大板块。为突出社会参与和为社会服务理念,在"政务服务"板块设立规章听证报名、全市行政执法证查询、行政复议办事指南和知识问答、规范性文件数据库等栏目,为群众提供全方位法治服务。为加强智慧法制建设,进一步优化制度供给,方便市民、企业获取政策文件信息,根据上海市"互联网＋政务服务"改革部署,市政府法制办将上海市各级行政管理部门现行有效的行政规范性文件以及新制定的行政规范性文件都在网站上予以集中公布。经过梳理,全面更新原有政府规章库,并及时将新发布的规章纳入库中,方便法律工作者和市民查询。

【办公应用系统改版】 2018 年,市政府法制办按照打造"信息集中展示平台、业务办理支撑平台、知识学习交流平台、部门业务联系平台"的要求,全方位改版办公应用系统:调整完善办文、立法、文件审查、执法管理、行政复议、行政应诉各板块;增设领导讲话、机关党建、处室信息发布、信访等适应新需求的板块。改版后,界面美观、功能清晰、交互便捷,有效提升系统对日常办公的支撑服务水平。

【"数字法治、智慧司法"建设】 2018年年初，司法部提出采用云计算、大数据、人工智能等新信息技术建设"数字法治、智慧司法"的决策部署。要求以数据集中和资源共享为手段，推动技术融合、业务融合、数据融合，打通信息壁垒，形成覆盖全系统，统筹利用、统一接入的数据资源平台与共享服务平台，促进全系统的业务全面协同和资源融合共享。2018年是推进"数字法治、智慧司法"工作的第一年，市政府法制办主要进行原有"政府立法信息平台""行政执法管理信息平台"和"行政复议和应诉信息平台"的对接、升级工作。

【政府立法信息平台】 2017年市政府法制办依托市政府系统办公协同平台，基本建成政府立法信息平台。根据司法部深化立法审查全过程信息化管理系统建设的要求，2018年市政府法制办进一步强化流程控制，确保各项环节不遗漏。在原先以立法计划制定、立法审查为主的基础上，向公布实施、清理修改、废止失效、立法评估等全生命周期扩展，并努力实现全流程实时记录。通过程序设计控制，实现"无法遗漏"，即前一环节不通过，无法进入下一环节。为充分发挥信息化优势，通过立法平台与市政府办公厅公文系统、司法部公文系统进行关联，彻底改变以往草案征求意见等文件传输过程中"复印、装订、邮寄"的繁杂程序，确保第一时间收到材料，避免邮寄的时间延迟。对于立法过程材料，以前只保留纸质文件，且材料"丰简"不尽统一。司法部推进建设全国"司法公有云"，构建覆盖司法部和全系统统一标准的云架构体系，承载全系统的非涉密业务工作与数据资源。通过这一平台，进一步规范立法流程和材料，体现立法档案管理的高标准、严要求。

【行政执法管理信息平台】 2018年司法部提出，要加强行政执法监督领域信息系统建设，系统主要功能分为两个方面：一是收集分析具体行政行为信息，督查具体行政行为，保证执法主体、执法人员、执法过程合法，执法权力于法有据；二是通过具体行政行为的执行评估法律法规质量，通过信息化大数据手段促进科学立法，另外，保证行政执法"三项制度"（行政执法公示制度、执法全过程记录制度和重大执法决定法制审核制度）有效落实。为实现上述目标，市政府法制办不断优化行政执法主体管理、行政执法人员资格管理、行政执法行为监测、行政执法监督管理、指导服务等系统，着力推进建设行政执法公示、执法全过程记录和重大执法决定法制审核制度的信息系统。

【行政复议信息平台】 2018年，司法部推进建设全国统一的"全国行政复议工作平台"。为做好数据库、输入字段等各方面事项顺利对接，市政府法制办对原行政复议、行政应诉案件信息管理平台进行改造升级，与"全国行政复议工作平台"实现无缝对接，实现行政复议案件全流程管理，实现在办案件的办理进度查询及办理时限提醒，已办结案件的结果查询分析并可生成各类统计报表。该系统一方面继续服务于全市级各行政复议机关及各市政府委办局、区级人民政府及其所属街道办事处、镇政府，同时又与国家数据库实现连通，可实现全国行政复议案件的联网查询和监督管理。

（俞四海）

二十一、上海市地方金融监管局(上海市金融工作局)

【概况】 2018年,上海市地方金融监管局(上海市金融工作局)(以下简称"市地方金融监管局")积极履职尽责,加强制度建设,强化工作举措,扎实推动信息化工作有序开展。

【加强制度建设】 2018年,结合新形势下中央和市委、市政府对网络安全与信息化工作的具体要求,对市地方金融监管局网络安全和信息化制度汇编进行修订完善,开展信息化项目管理规范和信息化项目运作细化流程研究,做实信息化工作管理机构职能分工,实现信息化规划、项目、资金的统筹管理,针对政务信息系统分散部署的现状,研究形成市地方金融监管局信息系统整合规划,逐步改善信息化基础环境。统筹有力、权责一致、分工协作的信息化工作组织管理体系日趋完善。

【推动"一网通办"建设】 2018年,市地方金融监管局不断加强政务信息化建设。一是对金融在线服务系统进行功能升级,增加多个实用模块,大幅提高机关行政管理和服务效率。对"上海金融"门户网站进行版面优化,丰富网上咨询、政策解读等便民内容,加强网上政务大厅建设,完成"一网通办"部门门户建设,实现行政审批事项接入市政务服务统一受理平台。二是积极推动"上海金融发展扶持和金才工程管理平台""上海金融数据运行监测平台升级改造"等信息化项目立项研发,完成"各类交易场所统计监测和风险预警平台"验收测试实现系统上线运行,积极推动"上海金融"APP二期升级。三是协调保障"上海金融"门户网站等5个信息系统迁移至电子政务云的相关工作,常态化做好上海金融服务信息系统和上海金融监管信息系统的日常运维,不断提升"互联网+政务服务"能级。四是利用信息技术手段配合保障委局大调研、金融创新奖评选、陆家嘴论坛记者报名等重点工作开展,提高机关行政管理和服务效率。

【已建信息系统情况普查】 2018年,市地方金融监管局结合关键信息基础设施网络安全检查工作,对机关和下属单位相关信息系统情况进行全面普查,并重点对"上海金融"门户网站、上海金融人才网、上海股权托管交易中心网站、上海股权托管交易中心综合金融服务平台和上海股权托管交易中心股份交易结算系统5个关键信息基础设施的系统建设情况进行核查,梳理形成信息化建设底数情况,为相关信息化工作决策提供有效参考。

【加强网络安全管理】 2018年,市地方金融监管局持续加强网络安全管理,保障信息化系统安全稳定运行。一是加强"上海金融"门户网站后台内容管理,加大网页巡查监测力度,配置网页防篡改专用安全设备,密切关注网络舆情,营造良好的金融舆论环境。二是全年不间断密切关注重要信息系统运行状态,加强网络基础设施安全监控,严密监测骨干网络数据传输、核心路由、数据交换、数据存储等关键网络设备的系统运行状况。三是做好网络架构优化设计,加大网络安全经费投入,采

进行说明；市监狱管理局教育改造处要求承建方按照建设内容抓紧时间完成建设任务；市监狱管理局科技处对项目的设计思路、数据整合、进度管理和费用控制等提出要求。

【域外监狱罪犯个人资金计息管理系统启动】 2018年8月20日，市监狱管理局在北新泾监狱召开域外监狱罪犯个人资金计息管理系统推广启动会。会上，中国农业银行上海市分行北新泾支行介绍监狱罪犯个人资金计息管理系统相关功能和操作，北新泾监狱现场演示该系统运行情况。会议要求，一要在思想上要高度重视，把罪犯个人资金计息工作作为监狱公正执法和保障罪犯合法权益的重要措施抓紧抓实；二要在业务上要加强协同，完善方案，农业银行要继续提供业务指导和相关培训，生活卫生科、财务科、信息科之间也要密切配合，齐心协力做好工作；三要在具体操作上要认真仔细，落实责任分工，规范操作流程及相关制度，确保实效。

【司法部监狱局规划科技处调研】 2018年11月12日，司法部监狱管理局规划科技处赴青浦监狱、宝山监狱调研监狱信息化工作情况。司法部监狱管理局听取青浦监狱、宝山监狱各类安防信息化建设及应用情况，实地调研参观指挥中心、AB门、远程法庭、会见楼、高危监区、习艺车间等处安防信息化情况，对监狱信息化建设发展方向进行交流。

【召开软件升级、改版项目验收会】 2018年11月13日，市监狱管理局召开综合治理管理软件(2018升级改造)项目验收会。会上，承建公司汇报软件功能完成情况、监理单位汇报监理总结情况，综治办对项目建设成果进行点评、对软件投入使用后的功能微调和完善提出具体要求，科技处对数据迁移、质保期运维工作等进行布置。11月14日，市监狱管理局召开教育改造管理系统(2018升级改造)项目验收会。会上，项目承建方汇报软件功能完成情况、项目监理方汇报监理总结情况，教育改造处对项目建设成果进行点评、对软件投入使用后的功能微调和完善提出具体要求，科技处对软件"上云"工作、质保期运维工作等进行布置。11月15日，市监狱管理局召开信息网改版项目验收会。会上，承建公司汇报软件功能完成情况、监理单位汇报监理总结情况，市监狱管理局办公室对项目建设成果进行点评、对数据迁移、投入使用后的功能微调和完善提出具体要求，科技处对应用"上云"、质保期运维工作等进行布置。

【召开"智慧监狱"建设工作推进会】 2018年12月11日，市监狱管理局召开"智慧监狱"建设工作推进会，传达12月4日市司法局智慧监狱工作研究专题会议精神，听取有关技术公司落实会议要求情况的汇报。与会人员就开展"智慧监狱"建设进行讨论。会上，市监狱管理局局长吴琦指出，对照司法部"智慧监狱"技术标准，因地制宜开展工作，以现实目标、最少投入、最快速度完成"智慧监狱"试点建设。12月18日，市监狱管理局在宝山监狱召开"智慧监狱"试点建设第二次专题工作会议。吴琦出席会议并指出："智慧监狱"试点建设要立足现有基础信息系统，充分发挥监狱信息化在坚守安全底线、践行改造宗旨中的重要作用，逐步实现监狱工作由"智能化"向"智慧化"转变。

(龚爱英)

第四编 公共服务信息化

Shanghai Informatization

综 述

2018年，上海公共服务信息化平稳发展，在智慧交通、智慧健康、智慧教育、智慧生活、智慧文化、智慧旅游等领域均有建树。

智慧交通领域，上海市交通委员会进一步加强交通运输支撑体系建设，完成进博会期间保障任务，开展政务数据资源共享和开放工作等。

智慧健康领域，上海市卫生健康委员会积极推动智慧管理、智慧医疗和信息惠民，发展"互联网+医疗健康"，为全面深化医改和推进健康城市发展提供信息化支撑。

智慧教育领域，推进"一网通办""上海教育"新版OA系统以及教育信息化融合工程建设。同时，在"一网、三中心、两平台"的基础上，拟建设教育城域网统一接入互联网及云网融合工程、统一数据管理工程、教育信息化项目治理优化工程等9项工程。

智慧生活领域，智慧民政、智慧社区、智慧气象、智慧邮政等领域重要项目持续推进。智慧民政方面，上海市民政局以提升信息化应用能力、便民服务能力和信息化管理能力为抓手，推进民政业务数据海建设，推进"一网通办"以及信息化管理工作。智慧社区方面，上海新版社保卡项目建设工作有序开展，新版社保卡的集中换发工作平稳推进。同时，为了配合新版社保卡换发，一系列便民服务也应运而生；付费通以家庭公用事业电子账单管理为核心，账单支付为支撑，通过互联网、移动终端、POS机等方式为终端用户提供一站式家庭电子账单管理支付服务。智慧气象方面，上海市气象局继续推进基础设施建设，促进气象核心业务技术水平提升，助推智能气象观测业务发展。智慧邮政方面，中国邮政集团公司上海分公司不断推进科技创新，以信息技术为引领，重点研究将仓储、运输、投递、人员、场地、车辆等信息全部集成到一个信息系统中，投资开发大都市邮政智能化物流综合处理系统。

智慧文化领域，上海在数字新媒体、数字出版方面继续发力。数字新媒体方面，上海5家企业入选2018年中国"游戏十强"。数字出版方面，上海地区的9部作品入选"优秀网络文学原创作品"。上海图书馆、上海博物馆、上海科技馆等重

要、重点文化机构不断加强信息化建设。

智慧旅游领域，上海市旅游局继续推进景区智能化工作，利用上海旅游信息管理与发布平台和上海景区实时信息发布系统的数据汇聚功能，接入新建景区实时信息，助推景区在管理和服务上的智能化建设。

第一章　智慧交通

概　述

2018年，上海市交通委员会(以下简称“市交通委”)进一步加强交通运输支撑体系建设，完成进博会期间保障任务，开展政务数据资源共享和开放工作。同时，“上海市交通行业数据中心(二期)”通过项目验收，“上海市非营业性客车额度资格业务办理管理系统”完成建设，提高了交通管理能力。

一、交通信息化建设

【召开上海交通大数据创新发展和应用研讨会】 为进一步促进交通港航行业数据交换共享，推动行业内外数据融合、跨界协同管理和综合应用，2018年7月31日，市交通委科技信息中心会同上海市交通运输行业协会智能交通工作委员会召开2018年上海交通大数据创新发展和应用研讨会。作为行业内首次对交通大数据创新应用发展开展交流、探讨的专业会议，市交通委科技处、安监处、道运处、轨道处和港航发展研究中心，以及上海市城市交通运输管理处、上海久事(集团)有限公司、上海申通地铁集团有限公司、上海市城乡建设和交通发展研究院、上海公共交通卡股份有限公司、中国联通有限公司上海分公司等职能部门和单位参加了这次会议。会议主题为数据创新发展、服务行业管理，行业内外专家分别就上海交通大数据应用、数据驱动公交管理与服务提升、网约车营运特征、交通卡数据挖掘、轨道交通突发事件及出租车数据分析、交通行业数据开放互联共享机制和发展对策等课题进行演讲，同时对交通行业大数据开放与应用问题展开深入探讨交流，并达成共识：交通管理部门在交通执法、安全预警、交通研判、辅助决策等方面，对大数据的应用需求迫

切,建立交通数据开放互联共享机制十分必要和紧迫,需要改变项目导向下的大数据单点应用模式,在交通行业数据中心建设和内外跨界互联基础上,为政府交通决策和行业监管提供技术支撑。

【做好"上海交通"APP进博会专题的交通资讯工作】 2018年进博会期间,"上海交通"APP共发布进博会相关便民交通资讯13条,涉及进博会交通须知、进博会参观须知、市政府公告、进博会出行攻略等内容。进博会期间,为方便观展游客自主选择最高效的离馆方式,"上海交通"APP每天9点起还定时发布接驳线、轨道交通、出租车的实时等待时间,直至晚间观展游客全部疏散完毕,共计发布快讯222条。

(陈　豪)

【进博会交通信息服务系统顺利完成展会期间保障任务】 2018年10月,市交通委科技信息中心完成了进博会APP系统安卓版和iOS版的研发工作。该系统实现了多模式交通资源的整合,主要功能包括进博会管控区展示、周边实时路况查询、区域交通导航服务、进博会管控区周边公交、出租、网约车、接驳车等交通动态信息展示、停车预约以及交通资讯信息服务等功能。该系统与高德、百度实现接口对接,形成全方位交通信息服务保障体系。进博会APP的建设及应用,提高了进博会交通服务质量,为立足大客流做好交通保障工作、发挥集约交通功能起到了支撑保障作用。

(孙　健)

【开展政务数据资源共享和开放工作】 根据市经济信息化委以及市大数据中心的工作要求,市交通委开展了数据全面梳理工作,以"一网通办"数据和"市政府数据资源服务平台"为基准,编制了公共数据"三清单",形成公共数据表目录,并做好各部门数据资源归集工作。数据中心的初步建成,为将来完善公共数据共享机制、促进公共数据开放打下良好的基础。市交通委及直属单位在上海市政务数据平台上编目的运维系统总数为35个,编制目录总数为791条,包含数据项14 977个。截至2018年12月,市交通委已累计向社会开放数据资源137项,19项数据资源接口服务地址可访问。

(余玲莉)

【"上海市交通行业数据中心(二期)"通过验收】 2018年11月30日,"上海市交通行业数据中心(二期)"[以下简称"数据中心(二期)"]通过专家评审完成项目验收。在数据中心(一期)的行业数据交换平台建设及积累的行业数据基础上,数据中心(二期)建成和实现了地理信息平台建设、交通大数据分析和利用、主题定制推送平台建设以及外部数据互联互通。同时,基于以上几个重要功能,数据中心(二期)实现了对网约车、道口信息、交通事故、实时路况等海量数据的图形化建模、分析、展示,为上海交通行业数据应用提供了一站式服务。

(赵　瑜)

【"上海市非营业性客车额度资格业务办理管理系统"完成建设】 为了有效遏制全市机动车数量快

速上涨，减缓城市交通拥堵状况，为发展城市公共交通建设和道路建设赢得时间，上海自1994年开始，对新增非营业性客车额度实行拍卖制度。2016年，根据《上海市非营业性客车额度拍卖管理规定》和《上海市交通委员会关于加强非营业性客车额度资格审核管理的有关工作的通知》文件要求，个人申请参加车牌拍卖必须事先进行资格审核，审核通过者才能参加车牌拍卖。

为此，2018年市交通委行政服务中心启动建设“上海市非营业性客车额度资格业务办理管理系统”。该系统紧密结合行政服务中心具体的业务实际新要求，充分利用电子政务相关信息技术、网络技术，构建上海市非营业性客车额度业务资格办理、资格审核、异议复核、公众服务等应用支撑平台和辅助决策等多功能、高效便捷的公共服务体系。

至2018年11月中旬，“上海市非营业性客车额度资格业务办理管理系统”完成建设并通过验收。通过该系统进行的非营业性客车额度月均新增受理办理业务可达到7万人次，额度流转业务受理办理达到月均2 000人次，异议复核业务受理办理达到月均1 000人次。系统主要包括额度业务资格办理、资格审核、异议复核和公众服务四大核心业务功能。系统建设有3个子系统、2个平台、4个渠道。3个子系统分别为业务受理办理子系统、资格审核监管子系统和辅助决策子系统。2个平台为公众服务平台和应用支撑服务平台。4个申请渠道为互联网渠道、移动互联网渠道(交通委APP新增功能)、语音电话渠道(新增语音服务平台)和窗口渠道，公众可以从4个渠道进行业务申请、信息查询等。

【“航运交易平台”正式上线运行】 根据上海航运交易所(以下简称“航交所”)业务发展要求，2018年7月起航交所开始着手开展官网“航运交易平台”的项目建设，于2018年11月实现系统上线，按期保质保量完成了平台建设任务。全新上线的“航运交易平台”探索在“互联网＋航运”模式下提供线上航运交易相关服务，包括在国家外汇管理局支持下，与中国建设银行合作开展境内在线美金支付业务，提供船舶资产网上交易、拍卖、评估、中介及航运信息产品在线订购等各类特色服务，体现了“降本增效、安全可靠”的特色，力求引领行业转型升级，并促进上海国际航运中心建设。该平台发挥了上海航运交易所的独特优势，主要体现在其作为国家级航运交易所的“国家队”地位和超脱船货企业的“第三方”性质。

【“上海港码头视频综合管理系统”应用上线】 “上海港码头视频综合管理系统”利用GIS(Geographic Information System，地理信息系统)、AIS(Automatic Identification System，船舶自动识别系统)及CCTV(Closed-Circuit Television，闭路电视监控系统)技术，构建了集视频图像、动态预警、综合业务、移动执法等涵盖码头中心日常业务功能为一体的综合应用系统，结合日常巡查形成全方位立体化的监管格局，从人力、时间、空间上弥补码头中心人员、装备以及工作机制上的不足，以适应港口行政管理内涵和外延不断拓展的趋势，实现“六个转变”，满足“两个全覆盖”的监管要求。在具体应用上，码头视频图像模块创新监管模式、监管方式和监管手段，利用“互联网＋”全面实现码头动态全过程监管；结合视频图像的接入，视频截图、视频动态预警分析模块与AIS预警模块，最

有效地利用数据挖掘等大数据分析手段提供动态分析数据，帮助执法人员掌握第一手动态资料；移动执法模块全面转变了勤务模式，以人手配置的执法终端，将人力从来回奔波于码头的情况中解放出来，突破时间、空间的限制，不再局限于5×8小时、每天百多公里的传统工作模式，从人车巡查为主全面转向依托信息技术，人车巡查为辅，实现7×24小时全天候的港口、码头、航道、船舶全方位智能化监管。

【交通建设工程施工安全质量检查电子台账工作有序推进】 2016年2月，上海市交通建设工程安全质量监督站以北横通道新建工程为契机，针对全市交通建设工程施工安全(文明)质量管理要点，成功探索建立了电子台账平台，并形成"北横经验"，于2017年6月全面推广应用至公路、水运、轨道交通、枢纽场站类项目。在落实项目现场检查责任、提升一线人员执行技术标准和发现解决问题能力等方面发挥显著作用。2018年3月，电子台账在全市交通建设工程工地全面推广。为体现电子台账"四个理念"和"五项结合"的各项要求，实现现场安全质量问题"一本账"、分包落实整改回复、各级管理角色达到阅读及批示等功能，2018下半年又对电子台账进行了升级开发。

电子台账能够做到从发出整改指令到完成闭合销项均有迹可循，很好地避免纸质台账记录周期不规律、格式不统一、内容不专业、"做资料"等问题。其次，电子台账信息平台深入融合了行业标准对施工、安全、质量三大员的要求，能够使三大员做到"履职到位、尽责到位、负责到位"。再者，电子台账将管理各方整合在同一平台，根据不同的管理职责，履行安全质量监督管理职责，并进行合理的层级与流程设计，让管理程序更加清晰，责任主体面对安全质量隐患整改时，不想、不能也不敢推诿。最后，电子台账全面推广后，将公路、水运、市政、轨道交通、场站枢纽的分部分项、重大危险源、安全质量文明施工的检查事项和常见问题不断充实入库，形成上海市交通建设工程安全质量问题数据库，该数据库在大量项目的运用中将不断得到升华和完善，为提高整个行业的管理水平提供数据支撑。

(俞婷莉)

二、典型应用

公共交通信息系统

【概况】 上海公共交通卡股份有限公司(以下简称"公交卡公司")以服务城市交通发展为使命，以数字化创新为驱动，聚焦"移动支付"和"智慧出行"，攻坚克难，持续发力，信息化建设取得新突破。全年清算系统运行完好，清算准确、及时，"一卡通"累计流通量超过8 900万张，移动支付实名用户规模超千万；一批创新项目有序推进；继续维持优良的公共服务口碑。

【手机交通卡高速发展】 NFC手机交通卡具有免亮屏、免联网、快速通行等优势。为了让众多苹果手机用户享受到手机交通卡带来的便捷，苹果手机交通卡于2018年3月30日顺利上线，开创国内先河，带动华为、三星、小米等主流安卓手机交通卡快速发展，开卡同比增长超200%。

【公共交通乘车码开创先河】 作为国内首个基于交通部标准研发的二维码，上海公共交通乘车码于2018年6月15日在微信平台上线运行，并在年内先后登陆支付宝、银联云闪付平台，为长三角乃至全国交通"一卡通"互联互通迈出了关键一步。上海公共交通乘车码应用已经覆盖全市所有公交线路和17条轮渡航线。

【自助服务设备快速增长】 截至2018年年底，CVM(Card Vending Machine，自动加值机)自助服务设备已投运超过千台，2018年自助购卡、自助充值、自助退卡同比均实现大幅增长。自助服务设备的规模不断扩大，为实现地铁场景服务模式向智能化、数字化转变，加快形成"人工服务＋自助服务"比翼齐飞的服务格局，发挥了强大的支撑作用。

【小型智能投币一体机研发应用】 为服务进博会，提升上海公共交通支付的集约化、智能化水平，公交卡公司牵头协调各方，推进新一代小型智能投币一体机的研发。新一代一体机兼具现金、刷卡、扫码支付等诸多功能，在进博会周边公交线路440辆车完成安装应用。

【ETC车载设备功能拓展】 为了缓解交通压力，提高收费通道通行能力，具备蓝牙通讯功能的新一代ETC(Electronic Toll Collection，电子不停车收费系统)车载设备于2018年5月正式推出，实现APP移动自助充值，大大方便用户。

【用户服务进一步优化】 2018年，全市交通卡、旅游卡新增700多个代理服务网点，ETC新增30个安装服务网点；投运客诉处理系统的应用，使客诉处理时间缩短至18个小时，近一半的投诉量已实现全自动化处理。

【软件服务实现新突破】 2018年，公交卡公司软件开发服务在拓展市场上取得了新的突破，旗下久誉公司先后中标上海城投集团绿色账户、垃圾分类等三个项目的开发与运维，完成东方航空公司统一支付平台四期等系统项目研发并成功续约五期项目，合作开发第三方金融支付项目等。软件服务首次实现单体合同超千万、合同总额破亿元。

【巡游出租车信息平台作用显现】 配合市交通委相关部门做好信息报送和巡游车监管等工作。2018年春节期间，巡游出租车信息平台协助交通执法总队，开展统一亮灯打击克隆车行动，取得良好的效果。

【网约车信息平台功能不断提升】 完成全量数据实时同步上传市交通委信息中心、政府审批数据实时接收功能的开发。配合交通执法总队，优化系统监管功能。开展新增网约车公司的接入测试、上线工作。2018年全年，10余家网约车公司正式接入平台，另有9家公司完成接入测试；2家

合乘车公司正式接入平台,另有 6 家公司完成接入测试。

【停车信息平台数据进一步充实】 2018 年全年,停车信息平台过检的公共停车场库约 3 300 个,其中有备案证的场库近 3 000 个、能在“上海停车”APP 中显示的场库数量超 2 900 个。进博会期间,配合完成会场周边临时停车场及虹桥开发区 30 多个停车场库的信息化改造。

(郭玉婷)

智能网联汽车

【概况】 2018 年,在上海市政府重点推进智能网联汽车发展的促进下,上海智能网联汽车产业发展基础较好,示范应用走在全国前列。

【研发及产业化提速】 目前,上海汽车集团股份有限公司(以下简称“上汽集团”)、上海蔚来汽车有限公司(以下简称“蔚来汽车”)等一批国内外知名企业正在加快实施智能网联汽车研发和产业化。上汽集团将继续依靠“新四化”战略来抢占市场制高点。目前,在电动化上,上汽集团成为国内唯一一家坚持纯电动、插电混动、燃料电池三种新能源技术同步发展的整车企业。在无人驾驶方面,上汽集团拥有 5 万公里的封闭路线测试经验,并拿到了国内第一张无人驾驶上路测试的牌照。在国际化上,上汽集团在泰国、印度尼西亚和印度建立生产基地,在英国、美国和以色列设立了研发创新中心。2018 年,上汽集团的市场销量目标是超过 720 万辆。未来,上汽集团将以智能网联汽车、智慧出行方案,以及智能制造作为重要抓手,探索实践将大数据、云计算和人工智能同汽车产业进行更广泛、更深入的结合,为中国汽车产业加快转型升级贡献力量。

【产业链布局加快】 在以上汽集团等企业为代表的智能网联汽车整车研发及产业化带动下,智能网联汽车零部件产业链加快布局发展。本地科技创新型企业加快开发毫米波雷达、中央域控制器、驾驶脑软硬件、车载视觉系统、高精度地图、北斗定位系统等关键零部件产品,加强政产学研合作,进一步协同研发达到世界先进水平的 77 GHz 毫米波雷达、智能驾驶中央域控制器等,打破国外厂商垄断,为国内自主品牌网联汽车配套。同时,上海利用战略性新兴产业、高端智能装备首台突破和示范应用、工业强基等产业发展专项进一步聚焦支持智能网联汽车产业重大科技攻关、平台建设和示范应用等项目,推进关键零部件产品实施产业化。上海国际汽车城创新港为智能网联汽车发展搭建专业型孵化器,提供一流的创新环境和完善的服务功能,吸引了蔚来汽车、上汽阿里、东软集团、地平线机器人等几十家企业入驻,形成了较完整的智能网联汽车产业链。

【公共服务平台能力提升】 上海国际汽车城正在着力打造智能网联汽车前瞻共性技术研发平台、产品技术测试认证平台、标准规范研发制定平台、数据与信息安全评测平台、技术成果转化孵化平台、集成创新与应用示范平台六大功能性平台。同时,集中全力打造三个公共服务基地,包括高端人才培养基地、机制体制创新基地和国际交流合作基地。开展“昆仑计划”,聚焦于构建十大平台,包括智能驾驶全息场景库、智能网联汽车仿真测

试平台、人机交互实验室、整车及关键零部件硬件在环实验室、封闭测试区、开放道路测试环境、V2X实验室、信息安全研究院、智能网联汽车云控制基础平台、综合交通数据中心。“昆仑计划”致力于打造全球最完整、最系统、最先进的智能网联汽车测试能力，在100平方公里范围内为智能网联汽车产业链上的各个环节，包括整车厂、零部件供应商、整体解决方案提供商等，提供所需要的测试工具，加快推进中国智能网联汽车产业技术进步，在缩小国际差距、参与全球竞争与合作中发挥重要作用。

（殳天盛）

卡斯柯信号有限公司

【概况】 作为轨道信号行业内领先的列车运行控制系统集成商之一，卡斯柯信号有限公司（以下简称“卡斯柯”）是行业内唯一一家具备城市轨道交通、铁路、有轨电车列控系统全产业链的高新技术企业，致力于打造全方位的轨道交通控制系统集成方案。2018年，完成新签订单25.7亿元，销售收入34.82亿元。卡斯柯拥有3个子公司、6个分公司和14个项目部，分布在全国各重点城市，多项业务拓展并成功应用至海外“一带一路”国家及地区，国铁系列产品覆盖18个铁路局，站点超过10 000个。

【保障轨道建设，屡屡获奖】 持续保障中国高铁及普速铁路建设，2018年荣获“中国铁道学会科学技术奖”。城市轨道交通方面，建设CBTC（Communication Based Train Control System，基于通信的列车自动控制系统）线路63条，覆盖21个城市，占据国内33%的市场，居市场首位，产品获“上海市科技进步奖”“中国国际工业博览会银奖”等。有轨电车智能控制系统近年来在深圳、成都成功示范落地，并获得“中国智能交通协会科学技术奖”。卡斯柯作为国家级企业技术中心、国家技术创新示范企业、国家服务型制造示范企业、上海市卓越创新企业、上海自主创新十强，秉承创新驱动发展宗旨，每年研发投入占销售收入的8%～10%。持续对标国家标准，加强知识产权体系建设，于2018年取得“国家知识产权示范企业”称号。

（卡斯柯）

第二章　智慧健康

概　述

2018年，上海市卫生健康委员会（以下简称“市卫健委”）积极推动智慧管理、智慧医疗和信息惠民，发展“互联网＋医疗健康”，为全面深化医改提供信息化支撑。信息化建设方面，进一步做好数据采集统计工作，同时开展跨部门数据共享，与人保、公安、征信等部门进行数据共享交换。配合开展“一网通办”，指导行业内31个市级和29个区级行政审批事项接入统一受理平台。应用平台建设方面，加快推进“上海健康云”平台建设，规划全市卫生行业信息基础设施云项目，推进健康保险服务业发展平台建设。网络安全保障方面，圆满完成首届进博会网络安全保障工作，并严格落实各项网络安全检查和整改，大力推进全行业信息系统等级保护工作。

一、卫生大数据建设

【提升卫生计生统计数据质量】　进一步加强卫生计生统计技术规范化培训，督促推进全市医疗机构医疗服务日报、月报上报。联合市统计局组织专家对全市21家三级医疗机构、18家二级医疗机构开展卫生统计数据质量专项督查，并下发相关督查通报。全面启动“国家第六次卫生服务调查”工作，顺利完成抽样、培训、调查、质控等前期工作。

【开展跨部门数据共享】　完善“双公示”数据导出安全工作流程，新建字段25个，按时将数据提供给“双公示”信息报送平台。按季度向上海市公共信用信息服务平台提供非法行医数据。做好2018年度的“三清单”报送工作。新增6条数据产品在市政府数据资源服务平台上发布，居全市委办局第三。与人保、公安、征信等部门进行数据共享交

换工作，截至2018年年底，市卫健委向市公安局人口办提供数据53万条，向市人保局提供数据约39万条，向市征信办提供数据约85万条。

【配合开展“一网通办”】 指导行业内31个市级和29个区级行政审批事项接入统一受理平台。实现包括出生医学证明电子证照在内12个事项的电子证照库建设。完成数据共享需求清单、责任清单、负面清单“三清单”的核对确认。积极配合市政府稳步进行电子政务云迁移工作。

【卫生大数据开发利用】 完善病种目录，优化评价体系，为医疗费用控制等政策的贯彻执行提供全面数据支撑。开展医疗服务收费项目调整、医改目标制定等工作，配合完成各类监测报告，确保医改工作平稳推进。支持医院精细化管理，为近40家二级、三级医院院内管理提供数据服务，推进医院精细化改革。

【健康档案数据利用】 会同上海申康医院发展中心扎实推进电子健康档案查询调阅信息化应用，依托全市突发公共卫生应急网络和市、区两级健康信息网，实现市、区属医疗机构的档案调阅。试点建立电子健康档案服务诊疗应用新模式，从传统的信息调阅逐步提升到数据融合，探索电子健康档案的主动推送服务功能。

二、卫生系统信息化应用

【加快推进“上海健康云”平台建设】 推动“上海健康云”平台建设，整合基本公共卫生服务、医疗服务、家庭医生服务、社区健康管理等“互联网＋医疗健康”领域的公共服务，打造“医防融合、全专结合、全程管理、全民健康”的新型健康服务模式。新增家庭医生线上咨询、亲情账户、免疫接种预约等服务功能。

【规划全市卫生行业信息基础设施云项目】 在市经济信息化委和市大数据中心的指导下，积极开展全市卫生行业信息基础设施云项目规划。该项目拟在满足网络和信息安全要求的前提下，统一接入各类云平台，建成覆盖市、区两级卫生管理部门和医疗机构的卫生行业基础设施云管理体系，实现全市卫生行业信息化基础设施资源的统一规划、按需调配、即需即用、有效共享。

【推进健康保险服务业发展平台建设】 与上海保险交易所签订合作协议，推进健康保险服务业发展平台建设。以核保核赔调查和产品创新设计为切入点，利用大数据分析，助力健康商业保险发展，打造减低保险费用、提高保障力度、优化核保理赔环节的健康保险，切实贯彻健康信息惠民政策。

【指导行业内有关信息化项目管理工作】 承接第四轮《上海市公共卫生体系建设三年行动计划》中信息化项目的建设指导和管理工作，完成23个信息化项目中已有17个的验收工作。指导《上海市儿童健康服务能力专项规划》和《上海市妇女健康服务能力建设专项规划》中涉及的信息化项目建设。

【试点推进长三角卫生信息一体化体系】 会同江苏南通争取国家卫生健康委员会(以下简称"国家卫健委")试点政策支持,完成两地互联网诊疗、基于双向转诊的有序就诊和两地电子健康档案的互联互通。

(唐怡雯)

【上海优医基医疗影像设备有限公司】 上海优医基医疗影像设备有限公司(以下简称"优医基")于2013年成立,是环宇国际集团(香港)有限公司旗下专注于口腔影像设备的子公司。优医基在上海医谷有1 200平方米研发基地,拥有一支由影像学博士带领的专业研发团队,致力于研究开发引领时代科技的最新影像技术,并获得重大技术突破,拥有多项高新科技自主知识产权及技术专利。优医基在上海松江区有2 700平方米的生产工厂,并在无锡建有20 000平方米的生产基地,在国内外皆设立多个维修中心。优医基影像了解市场需求,倾听医患心声,为提供更尖端、更人性化的影像设备不断钻研。2016年,优医基在比利时鲁汶大学设立UEG口腔CT研究席位;2017年,获得UEG CBCT(Cone Beam CT,锥形束CT)能谱技术专利;2018年,与中华口腔医学会签订"一带一路"CBCT捐赠项目;2019年年初,在缅甸捐赠第一台"一带一路"UEG CBCT;同年,UEG CBCT亮相德国弗莱堡大学,吸引了国内外影像专家共同探讨能谱CT在口腔临床中的应用。

(优医基)

三、网络信息系统安全保障

【圆满完成进博会网络安全保障工作】 市卫健委下发《首届中国国际进口博览会本市卫生计生行业网络安全保障实施方案》。组织各定点医疗机构和执行重点保障任务单位与市公安局签订《信息安全保障工作责任承诺书》。对18家进博会定点医疗机构和5家执行重点保障任务单位开展了2轮现场巡检和驻场保障。

【严格落实各项网络安全检查和整改工作】 积极配合国家卫健委和市委网信办组织开展关键信息基础设施专项抽查。指导行业内3家单位接受2018年度上海市关键信息基础设施网络安全检查工作,并取得优异成绩。采用"飞行检查"制度加强网络安全抽查力度,督促各单位提高落实网络安全整改意识,指导各单位认真整改主管部门及市卫健委下发的风险漏洞通报。

【大力推进全行业信息系统等级保护工作】 完善卫生行业三级信息系统和关键信息基础设施的管理制度,明确标准、任务和要求,大力推进全行业信息系统等级保护工作,提升信息安全保护能力。2018年,全行业通过三级等保测评的系统数为172个,通过二级等保测评的系统数为114个。

(唐怡雯)

达34 353名,其中共有33 154名学生进行了选课,选课的初中学生18 114名,占选课群体的55%;高中学生15 040名,占选课群体的45%,共计涵盖718所初高中学校。其中,同济大学第二附属中学、上海市曹杨中学、华东政法大学附属中学、华育中学、上海市位育中学、上海中学、上海市吴淞中学等学校的学生选课人数居前列。

(许 哲)

三、高校信息化

复旦大学

【概况】 2018年,复旦大学信息化办公室(以下简称“信息办”)在推进多项实事工程的基础上,网络升级改造工作稳步推进,基础平台与系统建设成果丰硕,网络与信息安全体系逐步健全,数据服务和用户信息化体验提升效果明显。在校内外调研基础上,制定《复旦大学智慧校园三年行动计划(2018—2020)》,完成“上海市信息化标杆校建设(2019—2021)”项目申报,为信息化支撑学校“双一流”建设做好规划。

【校园无线网络建设】 校园无线网5 GHz覆盖率翻倍,无线网络整体可靠性显著提升。完成无线网用户认证系统升级,完成近8 000台AP(Access Point,无线访问节点)部署,涉及四个校区78栋楼宇及室外区域,再创历年新高。教学科研区域5 GHz无线覆盖范围至140处区域,占教学科研区的81%,完成了2018年年底达到80%的目标。

【用信息化手段助力学校重大工作】 为迎接教育部本科教学质量评估,信息办配合学校做了大量技术保障和支持工作。中国共产党复旦大学第十五次代表大会(以下简称“党代会”)召开期间,配合对会议的签到系统进行了升级,代表无需停留即可无感知签到,确保了党代会有序顺利进行。2018年9月,研究生院和信息办在邯郸校区研究生新生报到现场和部分院系试点推出了人脸识别迎新报到服务和注册服务,为管理部门统计报到和注册情况带来新体验。

【信息系统助力优化校园服务管理】 继续推进本研贯通工作,于2018年春、秋两个学期继续为本科生、研究生课程互选提供服务。推广OA系统部门园地功能,组织院系和职能部处试用并完善系统功能;遵循学校“大后勤、大资产”管理思路,新建资产系统,优化了资产报账流程,实现与财务系统报账数据的实时交互。资产变更、调拨、报损核销、报废等资产管理由线下模式转变为线上流程。新版“复旦云”已按原计划上线,并对接业务系统,保障研究生招生业务进行。

【加强网络安全工作】 两会、招生、国庆假日、进博会、教育部本科教学评估等重点保障期间,信息办真正落实了四校区7×24小时现场网络安全值

守，快速部署了下一代防火墙、态势感知、防篡改、应用交付平台等设备，实施了持续安全评估、安全监测巡检、渗透测试抽查及应急响应演练等技术措施，确保重要保障期间校园网络安全零事故。

【推进校园网络建设】 完成本部第六教学楼、第五教学楼，本科教学实验中心群楼部分区域，综合楼，相辉堂，陈望道故居，北区国际交流中心，枫林校区13号楼、8号楼，张江校区脑影像中心、食堂三楼的网络建设工作；规划并推进枫林校区科研二号楼，江湾校区交叉一号科研楼、交叉二号科研楼、体育馆、发育生物所，邯郸路新金博大厦的网络建设工程。配合学生宿舍修缮工程，推进网络多运营商接入，完成各校区共计60余栋学生公寓楼的网络设施和线路改造。

完成本部第五教学楼光纤汇聚点的移位升级和其辐射的邯郸路以南区域楼宇光纤扩容；完成本部第五教学楼、第六教学楼和本科教学实验中心的教学设施专网、电子班牌系统建设；完成校内重要会场的视频专网改造，包括光华楼东辅楼102室和202室、逸夫楼一楼报告厅、逸夫科技楼一楼报告厅，二楼音控室、相辉堂北堂音控室等区域。

继续完善校园主干网络设施，坚持新旧设备平滑替换和新设备独立组网并举，初步完成本部主干网络的升级，提升主干带宽达40G、汇聚带宽达10G，支持IPv4/IPv6双栈接入。

【网络视频保障】 全面提供网络保障及视频服务供给190余次，为学校党代会、校党委理论学习中心组集体学习(扩大)暨中层领导干部专题辅导报告会、2018年复旦研究生开学典礼等大型活动提供了视频直播支持。

【系统升级服务】 为保卫处新增了户籍证明服务，并增加了自助服务网点，在4个校区新配置了7台自助打印设备。对重要业务系统进行全面升级。人事业务方面，对光华青年学者论坛、职称申报、专家外审和新进人员管理等功能做了升级。研究生业务方面，对研究生学籍、培养管理系统做了升级，对导师管理系统和遴选业务做了相应优化。

【相关业务系统完善与提升】 eHall网上办事大厅2018年度新增服务43项，调整服务功能10项，开发中待上线9项，表单迁移32项，信息办内部服务新增8项，eHall服务接入达到203项。对“一表通”系统既有功能进行了优化升级，基于“一表通”系统的改造，有效支持了2018年本科教学评估数据采集的相关工作。工作流平台优化了移动端支持，强化了与微信公众号的集成，增加了后台管理功能。个人数据中心新增以院系部门为访问切面的数据服务。上线党费查询与本科教学评估数据采集相关功能。

【新业务系统建设】 2018年5月，基于Canvas LMS的新一代eLearning系统正式上线。在秋季学期中，51个教学班使用了新系统。GitLab代码管理服务上线，包含42个代码库。

【完成“一卡通”配套工程】 根据学校修缮进度，完成相关楼宇的“一卡通”配套工程。24栋楼宇新增的“一卡通”总计水控500余套、门禁设备30套。完成“一卡通”自助补卡机开发及上线工作。4个校区各食堂共新增10台自助补卡机，为师生提供7×24小时自助补卡服务。

【网络安全与病毒防范工作】 2018年,校园主干网络抵御攻击6亿余次,拦截病毒垃圾邮件2亿余封,处置校园网站、信息系统安全事件40余起,在勒索病毒大范围爆发期间达到安全事件零报告。2018年5月和2018年10月,信息办分别配合市公安局文化保卫分局进行了网络安全等级保护及网络安全执法检查,并完成了系列安全整改工作。9月17—23日“网络安全周”期间,由上海市委网络安全和信息化委员会办公室、杨浦区委联合复旦大学及上海有关部门共同主办的“网络安全高峰论坛”在复旦大学成功举行。

(王明洁)

上海交通大学

【概况】 2018年,上海交通大学信息化工作主要包括持续推进网络基础设施和管理信息系统建设、继续加强网络信息安全工作、深入拓展计算平台建设,全面促进信息服务能力稳步提升。

【校园网络建设】 校园网新增10G运营商出口带宽,出口总带宽达33.6G。徐汇、闵行两校区间互联带宽升级为40G,徐汇、黄浦两校区间互联带宽升级为10G,零号湾、中英低碳学院临港校区接入校园网,可实现与学校本部一样便捷、无差别的校园网服务。完成无线网六期、七期项目建设,扩容和优化40多幢楼宇无线网络,为学术活动中心定制开通SJTU-Hotel无线信号。

【基础信息服务升级】 交大邮箱和交大云盘服务实现按需自助扩容,邮件系统软硬件全面升级,反垃圾邮件能力进一步增强。正版软件2018年全年服务师生近4万人,11月新增微软Office 2019下载。IPv6覆盖度和服务能力提升,师生上网IPv6流量显著增长。

校园“一卡通”服务不断拓展。2018年6月,“一卡通”网上收费系统上线,取消现金收费。8月,学校与腾讯公司开展战略合作,签署“数字校园”合作协议,共同推进虚拟校园卡建设。12月,虚拟校园卡正式上线,首期在闵行校区第一、第二、第四餐饮大楼和哈乐餐厅开通,领卡数超过6.4万张。学校所有在校师生只需要通过一次实名认证,就能申领一张虚拟校园卡,享受各项校园服务。虚拟校园卡绑定个人微信账号,并存储于微信卡包中,首期支持餐饮消费,通过手机就能扫码付费,为师生们就餐开辟了新的支付途径。

【管理信息化建设】 “一门式”服务平台应用持续扩展,新上线服务事项85个,完成业务流程实例84 047个,流程环节460 378个,同比分别增长44%、75%和55%。数据交换平台2018年全年共为44个系统提供数据同步,维护同步流程192项,API(Application Programming Interface,应用程序编程接口)新增85项。自助打印服务新增开具银行开户许可证、电子缴费凭证、资信证明和多种财务资料复印件的业务。

持续推进全校管理信息系统的建设工作,推进OA办公、人事、教务、资产、外事、财务等多部门信息系统建设,为提高学校治理能力和治理水平奠定基础。在线教学平台Canvas上线试运行,该平台提供了对教学过程各环节的支持,包括分发课件、布置/收取作业、组织在线测验、发送课程通知、反馈过程成绩、分析学习情况等,并提供多种语言界面支持。推进院系信息化系统建设,把

分散在学校教务、科研、财务以及学院内部的数据进行整合,综合数据治理,提供高质量数据、灵活的查询分析,为校院管理者提供全方位、有纵深的分析和辅助决策。

【网络信息安全建设】 校园网出口100G流量镜像平台上线,增加对IPv6流量监测支持,安全监测能力进一步提升。通过漏洞自动发现和跟踪系统,提供闭环的主动安全服务。面向校内网站和域名推出免费HTTPS证书服务,提升网站安全保障。

【计算平台建设】 开展云、超算、人工智能三大计算平台建设,为全校提供软硬件基础设施服务,打通各领域边界,实现资源共享和统一服务入口。启动超级计算机二期和AI计算平台二期建设。2018年8月,联合英伟达半导体科技有限公司,举办了国内首届OpenACC GPU Hackathon活动。12月,jCloud云计算平台二期开始试运行,面向校内理、工、生、医学科提供服务。同月,学校网络信息中心和瑞金医院联合召开"核心结合因子相关急性髓系白血病的临床治疗和转化应用研究"的医工交叉重点项目启动会。

【信息化人才队伍建设】 2018年9月,学校网络信息中心姜开达荣获上海市第四届首席安全官评选十佳CSO(Chief Security Officer,首席安全官)"稀锁奖"。12月,在上海市高等教育学会校园网络专业委员会、信息管理专业委员会2018年度学术年会暨会员大会上,章思宇带领的安全团队研究的安全项目"漏洞管理和自动化跟踪平台"获得"上海市高校信息化建设与应用优秀案例金奖",章思宇获得"上海市高校校园网络工作先进个人",高淑娟获得"上海市高校信息化工作先进个人"。

【信息化人才培养】 2018年5月5—9日,世界大学生超级计算机竞赛ASC18总决赛在江西南昌大学举行,上海交通大学以总成绩第四获得一等奖和应用创新奖。ASC18是全球最大规模的超算竞赛,共收到来自全球六大洲300多支高校代表队报名,经过预赛选拔,有20支队伍进入总决赛。本次赛事中,上海交通大学超算代表队由网络信息中心老师文敏华、韦建文带队指导,队员分别来自计算机科学与工程系、电子系和网络空间安全学院。2018年12月4—7日,第三届全国高校网安联赛(X-NUCA 2018)总决赛在深圳大学举行。上海交通大学"OopsJunior"代表队在前期举行的线上专题赛中,以积分排名第一的成绩晋级总决赛,并最终以第一名的成绩荣获团队赛"特等奖",代表队指导老师、上海交通大学网络信息中心章思宇也被评为"最佳指导老师"。上海交通大学代表队OopsJunior成员为来自网络空间安全学院、计算机科学与工程系密码与计算机安全实验室(LoCCS)的本科生和硕士研究生。

(张 瑞)

上海外国语大学

【概况】 2018年,上海外国语大学进一步做好信息化统筹工作,统一组织院系部门申报信息化项目;有效完成了各项网络安全工作,校园网络基础设施、信息化系统运行可靠稳定,较好地支持了学校各项工作的开展;多媒体教室和实验室的管理服务、多媒体技术服务有明显提升。

【统筹信息化建设】 制定和发布《上海外国语大学信息化项目管理办法》《上海外国语大学信息化经费管理办法》，统一组织各院系部门申报信息化项目，通过具体的制度和流程对信息化工作进行归口管理，逐步实现信息化建设“一盘棋”。

【召开信息化工作领导小组会议】 2018年5月7日，学校召开信息化工作领导小组2018年第一次会议，听取信息化总体建设情况汇报，听取人事系统、学工系统、网上服务大厅3个项目的建设情况报告；审议《上海外国语大学信息化项目管理办法》《上海外国语大学信息化经费管理办法》。2018年11月23日，学校召开信息化工作领导小组2018年第二次会议，听取信息技术中心汇报数据共享工作情况、学生处汇报学工系统建设情况、人事处汇报人事系统建设情况；审核2019年全校拟建设信息化项目。

【保障校园网络运维、服务和安全】 完成上网认证管理系统上线及账户迁移、SSL VPN(Secure Sockets Layer Virtual Private Networks，安全套接层虚拟专用网)、松江网络出口防火墙、数据中心防火墙、校园无线网络增补(二期)综合布线及设备安装调试等工作；运维管理6个校园网出口，发现并处置12起网络出口线路中断事故，完成两校区教科网MPLS(Multi-Protocol Label Switching，多协议标签)网络及电视信号数据传输线路的互联互通。运维管理12台路由器、327台交换机、2 932个无线访问接入点等设备。负责处理校园网主干线路和各楼宇交换设备的日常维护工作，支持和保障学校网上高考阅卷工作；完成松江生活区本科生公寓26、29号楼，小别墅22、23、24、25、26、27号楼的弱电设计工作；完成虹口2号楼有线、无线网络改造，虹口生活区5、10号楼无线网络覆盖；运维管理两校区91台服务器、13套存储以及500多台虚拟机；运维管理超融合基础架构系统、SSL VPN、云盘、Web应用防火墙、信息安全漏洞扫描等系统。对学校的信息系统(网站)进行安全漏洞扫描196次，并督促网站管理员进行漏洞修复；完成29次服务器及存储设备维修维护工作。

【公共服务平台运维管理服务】 完成统一身份认证系统、信息平台、短信平台、邮箱、网站群、网上服务大厅等协助和支持各部门业务系统的建设和应用，重点支持了学工管理系统(含迎新、离校)、人事管理系统建设；推进校园基础数据的统一共享，以职称评审流程为抓手，建设教职工主题数据库；完成公共服务平台的运维管理和用户服务工作；完成“一卡通”系统的运维管理、卡务办理和用户服务工作；完成网络视频会议系统、网上服务大厅项目验收工作。

【教室实验室管理服务】 处理多媒体教室359次设备报修，完成各类配件更换500余件；支持保障语言实验室13 520课时、计算机实验室672课时、松江和虹口跨校辅修130课时；保障本科生和研究生的新生心理测试、2018年下半年翻译专业资格考试；保障38次专四、专八、托福等各类考试；完成松江校区19间公共教室投影机更新及虹口校区第二报告厅的LED(Light Emitting Diode，发光二极管)大屏安装调试工作。

【多媒体技术服务】 为学校的重要会议、庆典仪式、论坛讲座、学术研讨、外事来访、精品课程、赛

事活动等提供摄影摄像保障，完成各项拍摄工作268次，完成精品课程拍摄制作40多课时；完成各类直播111场，讲座点播视频后期制作近10 000分钟，“影像上外”网站点击量50 374次；制作和播出上外新闻12期，播出各类广播节目6 000多小时，两套高清自办频道累计播出电视节目约8 000多小时，转码及上传素材达5T；做好学校卫星和有线电视系统前端系统、两校区有线电视网络10 000多用户终端和600多台设备的运行维护工作，维修各类前端设备故障20台次，维修调整和更换卫星专用接收天线10付，维修较大的光缆和网络故障5起，维修和处理两校区有线电视网络各类故障50余次；“上外电视台”“上外广播电台”“影像上外”3个微信公众号共计推文414篇，累计阅读量84 011次，新增关注人数1 828人；完成两校区的专四、专八等各类专业考试FM播放和发射任务13次；完成两次学生党校网络考试，共计415人次。

（赵　衍　何秀全）

上海海事大学

【概况】 2018年，上海海事大学信息化建设工作主要包括：促进学校成立网上行政办事中心工作小组，以网上行政办事中心改版和流程再造为抓手，进一步做好学校行政事务综合改革，降本提效；根据上级安排，以《网络安全法》为依据，做好学校互联网网站管理、电子邮箱管理和信息安全工作；扩展综合移动服务平台内容；确保学校数据中心、云计算和云桌面系统正常运营；确保30多个应用系统及其他弱电、“一卡通”系统正常运行。完善全校信息化相关制度建设，做到信息化工作有据可依、按章办事。

【党风廉政建设】 严格落实“三会一课”制度，牢牢把握教育改革发展的“九个坚持”，结合信息化工作实际，起到党员先锋带头作用。同时，借助网上行政办事中心重点工作的引进，加强对业务的梳理，提高流程办理效率，避免人为障碍。

【网上行政办事中心工作】 全面开展全校网上行政办事中心的建设与推进工作，发布网上行政办事中心管理办法，撰写网上行政办事中心和数据治理的规划报告。进行全校各部门的理念宣传和培训，流程收集、整理工作，走访全校各职能处室，对新建流程的开展进行全面调研。截至2018年年底，上线流程41个。全面开展流程运行维护工作，从管理上理顺，从技术上、人员上多角度出发进行现有流程的规范使用。进行网上行政办事中心改版工作，全面提升用户体验。

【规章制度建设与质量管理体系】 完善全校网络安全与系统管理相关制度建设，对相关制度建设进行修订和制定，重新修订《上海海事大学“一卡通”管理规定》和相关细则。制定《上海海事大学IT资源管理制度》《上海海事大学云桌面使用暂行管理办法》。

【网络升级改造】 主要完成校园网VPN系统建设及防火墙日志系统建设以及汇聚机房UPS系统建设工作。引入上海联通资源，完成校园网学生宿舍部分升级改造工作。协调中国电信、中国移动、中国联通三家运营商，对学校手机信号薄弱的区域进行完善。调整学校无线网的布局，将一些利用率低的AP迁移至使用需求比较强、覆盖相对薄弱的区域。

【数据中心】 完成虚拟化及中心机房的日常维护和管理工作。云桌面根据一期建设(电教中心和图书馆普通云桌面297个、三维云桌面71个)的使用测试情况,调整图书馆云桌面置备方式为MCS(Modulation and Coding Scheme,调制与编码策略)。网络虚拟化后,修改服务器IP地址。解决各二级部门使用虚拟机及服务器操作系统大面积中毒问题。

完成中心机房废弃设备(服务器、存储和交换机等)清理及资产报废工作。中心机房建设各个机柜到F排机柜的跳线架,调整后续飞线。对机房、弱电间中的UPS(Uninterruptible Power System,不间断电源)等相关系统开展巡检及维护工作。

【服务师生】 信息化管理运维团队进一步优化全校教师邮箱系统的安全策略和使用体验。为在校新生开通学生电子邮箱,提高对学生邮箱的服务和管理水平。为全校师生提供桌面级维护服务。完成校园开放日、美食节、工会活动、教代会等各类大型校园活动的配合工作。

完成教师工作证卡10年有效期到期处理。改进新生发卡工作,取消新生临时卡发放和回收,向新生直接发放正式学生卡。定期巡检学校"一卡通"多媒体设备,并及时响应用户报修,及时维修。为学生提供新的"一卡通"多媒体查询机,并在学生宿舍逐步更换。

加强网络安全教育宣传,依据《网络安全法》要求,通过校园网络,对全校师生进行《网络安全法》相关宣传,增加了师生的安全意识。组织网络安全专家对全校各部门负责人及信息员开展网络安全培训。参加上海市教育委员会(以下简称"市教委)组织的网络安全的培训班。多次配合公安机关在校内开展安全管理及安全技术工作。

【对外交流】 2018年度,接待中央财经大学、大连理工大学对学校信息化工作的参观调研等,同时对中山大学、广州工业大学信息化工作进行调研;参加上海MIS协会年会、2018年教育信息化2.0时代高校信息化发展研讨会、参加2018年校园卡工作组年会。

【管理校园"一卡通"】 负责校园"一卡通"系统的运行管理。完成部分学生公寓水控项目整改。完成新建研究生公寓的校园网、水控、"一卡通"专网等建设工作。根据新修订的"一卡通"管理办法及管理实施细则,规范"一卡通"制卡、发卡等工作。进一步完善"一卡通"运维管理体系,形成围绕自助现金充值、银行卡充值、支付宝充值、自助拍照、自助补办校园卡、自助购电、复印等全方位自助服务模式理论与实践。

【系统维护与管理】 完成数字平台、教师邮箱、综合移动服务平台、所有老系统(包括科研系统、人事系统、OA系统、党务公开、校务公开、档案系统、干部测评、迎新系统、班车预订系统等32个职能业务子系统)的运行维护工作。运维学校的单点登录系统。运维学校的Oracle数据库RAC(Real Application Clusters,实时应用集群)双机。配合完成资产管理系统、质量管理系统、科研系统的建设开发与运行维护,包括虚拟机提供、数据库文件提供、数据同步、统一身份认证、网上行政办事大厅的流程对接等。配合完成图书馆闸机系统、保卫处消防检查系统、图书馆寄包柜系统、图书馆新

生培训系统统一身份认证的相关工作。

扩展综合移动服务平台内容，新增“网上行政办事中心”“实验信息”“教务信息”“资产信息”等移动应用。并将相应内容在“教师门户”和“学生门户”中进行整合发布。

处理网站系统漏洞通报12起，敦促相关部门整改并完成上报。批量关闭2013级以前学生数字平台访问权限。完成学校主页的日常维护和管理工作。管理学校主页和各学院(部门)共130多个网站，管理网络应用防火墙WAF(Web Application Firewall，网站应用级入侵防御系统)。为了保障系统安全，完成绝大部分信息系统服务器内网IP迁移工作。联合校党委办公室和校长办公室开展校内网站系统安全自查及备案工作，已备案信息系统(网站)225个。协助校长办公室完成信息公开年度检查评比工作，做好信息公开网的运行保障和技术支持。保障校园网网站在十九大、进博会等关键期间的安全防护工作。

此外，还开展了上海海事大学中文主网站的响应式设计改造、等保测评服务和安全加固工作；撰写市教委信息化标杆项目申报工作；协助校内各部门完成2019年度信息化项目建设申报工作。

(吴慧韫)

上海师范大学

【概况】 2018年，学校信息化建设以完成校园网全面升级改造工作为重点，以提升校园大数据服务能力为突破点，以提高网络安全管理水平、强化数据标准执行、创新应用服务建设为着力点，扎实推进各项工作任务，为学校教学、科研、管理提供优质、高效、安全的信息化技术支持与服务。

【校园网“一网融合”】 以校园网全面升级改造工作为重点，完成校园网“一网融合”工程。升级后的校园网能够一网承载“一卡通”金融、视频安防、视频直(点)播、财务、门禁、医疗、语音及广播等10余个信息化专网业务，支持移动、物联、智能等技术的应用，实现多元化信息技术的融合，并采取了多项技术措施提高校园网基础设施及网络业务的安全性、可靠性，保障校园网7×24小时稳定运行。本次升级改造还基于最新的互联网协议第六版(IPv6)部署，全线设备支持IPv6网络协议，满足IPv6部署的要求。推出eduroam(education roaming，全球教育无线漫游)全球无线漫游服务，为学校教师与全球高校之间的互访和交流带来便利。为无线校园网增扩500M联通出口带宽，完成两校区行政教学区域多幢楼宇的无线校园网拓展。

【数据管理和数据服务】 以提升校园大数据服务能力为突破点，强化数据标准执行，增进数据管理和服务的内涵力。以数据标准为依据，规范信息系统建设和运行中的数据形成和交换，进一步增加数据中心数据的覆盖面，稳步提升公共数据库数据质量。新增教师主页、本专科学生参加讲座、电子校园卡、留学生、研究生信息系统数据的采集，为信息门户、提案系统、研究生管理系统、留学生管理系统等11个业务系统提供同步数据源，扩大数据中心的服务范围，提升校园大数据服务能力。贯彻信息化项目实施过程中的数据标准规范，结合实际业务需求，形成既能满足业务需求，又有利于数据交换和共享的数据管理方案。推进数据统计分析服务，试点根据公共数据库数据完成相关高等教育事业基层统计报表的自动生成，

为探索提升数据中心的统计分析功能和基础数据报表服务能力奠定基础。

【网络安全管理】 提高网络安全管理水平，保障重要时期校园网络信息安全。以贯彻国家《网络安全法》为支撑点，落实学校《校园网信息系统安全管理办法》等网络安全管理制度，做好学校网站的公安互联网安全备案、ICP备案、域名备案工作，推进学校网络安全等级保护备案及测评工作，完成教务管理系统、BB教学平台、图书馆系统3个信息系统的安全等保测评工作。加大网络安全基础建设，落实网络安全技术措施。推进网站群统一管理，提升网站安全。加强对网站管理人员的安全意识和建站能力培训，提升网站群自建能力和网站安全。严格落实市公安局、市教委等上级部门对重要时期网络安全工作的要求，层层落实网络安全责任人，开展信息系统网络安全自查自纠行动，加强学校网络安全监管检查，保障进博会、两会等重要时期学校网络信息安全。

（瞿雪萍　李若宝）

【开通eduroam全球无线漫游服务】 2018年3月26日，学校为在编教职工正式推出eduroam认证服务，供学校用户在校外的联盟成员单位内免费使用无线漫游网络；部署eduroam无线接入服务，为到访的eduroam联盟成员用户提供无线漫游接入服务。此项服务的开通，为学校及联盟成员单位的人员互访交流提供了便利，有利于推进学校国际化发展。

【推出教师微软云邮箱自助开通服务】 2018年5月上旬，正式推出教师微软云邮箱的自助开通服务。微软云邮箱采用Microsoft授权，世纪互联运营的Office 365云服务。用户可在线使用Office Online版本，包括Word、Excel、PowerPoint和OneNote，拥有1TB云端存储，轻松实现文件共享和文件同步，拥有50GB容量的企业级电子邮件，管理日历和联系人。

【校园证件卡照片上传服务上线运行】 2018年5月中旬，校园证件卡照片上传服务正式上线。该平台为校园证件卡用户提供了自助上传校园证件照片的渠道，服务对象为教职工、本科生和研究生。用户上传的照片经审核通过后保存在学校数据中心，并用于校园证件卡制作。如照片审核不通过，系统将提醒用户重新上传照片。2018级本科生和研究生新生的照片采集通过该服务顺利完成。

【上海师范大学电子校园卡上线】 2018年上半年，学校在中国银行的支持下，与支付宝合作，共同推进支付宝电子校园卡建设。通过暑期的部署与实施，8月下旬，上海师范大学电子校园卡全面上线。上海师范大学电子校园卡是内置于手机支付宝卡包中的虚拟卡，在校师生只要有个人实名认证的支付宝账号，就能轻松领取与支付宝个人信息对应的上海师范大学电子校园卡。电子校园卡基本实现了与实体校园卡相同的身份验证和电子支付功能，成功领卡的师生用户可以通过手机在校内便捷地用餐、购物。上海师范大学电子校园卡服务的推出，宣告上海师范大学校园卡迈进无卡时代，也标志着学校智慧校园建设开始进入新阶段。

【建设符合信息安全二级等级保护规范的数据中心环境】 2018年上半年，学校从制度落实、分级管理及环境建设等方面着手，从落实二级等级保护要求出发，建立了核心系统专用机房，形成学校分级管理、确保关键的数据中心信息安全环境体系。学校将现有数据中心机房作为关键应用系统运行的物理环境，定义为核心区域，并采取措施加强网络环境建设和系统环境建设，配置专用运维区和基础服务区，通过运维审计系统实现运维操作的集中化管理和审计。建成后的专用数据中心，配置服务器20台，网络交换设备11台，安全及运维设备8台，涉及17个网络地址段，总计CPU核数360个，内存资源2 335G，存储资源150TB。首期，已将学校关键性业务“学校网站群系统”迁入。

【召开专题会议部署网络信息安全工作】 2018年10月16日，召开网络信息安全工作会议。副校长蒋明军主持会议并讲话，各学院、各单位分管信息化工作负责人参加会议。学校信息化办公室主任顾益明通报了学校网络信息安全的态势和上级部门在网络信息安全方面的工作要求，并对学校网络信息安全相关规定和重要时期网络安全保障部署工作进行了解读。学校信息化办公室副主任瞿雪萍分析了学校目前存在的一些使用不规范、措施不到位等方面的问题，结合上级部门的要求和学校的规定，对下一阶段网络信息安全工作做了具体部署。副校长蒋明军在总结讲话中指出：当前网络信息安全工作形势严峻、责任重大，各单位必须充分认识这项工作的重要性和紧迫性，要抓紧压实网络安全责任，提升网络安全防范意识，落实网络安全保障工作。各单位要根据会议部署和要求，明确分工、责任到人，确保重要时期网络信息安全各项保障工作落实到位。会议还邀请了市公安局文保分局警官徐汀汀作高校网络安全专题报告。

【召开网站信息发布与管理专题培训会议】 2018年11月29日，学校召开网站信息发布与管理专题培训会议。各学院、各单位部门网站管理员、网络信息员参加培训。学校党委宣传部副部长颜琪传达了学校网络意识形态工作相关要求，要求各单位健全体制机制建设，强化意识形态，落实工作责任制。学校信息化办公室主任顾益明对《上海师范大学网上信息发布与管理办法》中关于网站建设管理方面的要求进行了说明，并结合学校发布的《关于规范网络安全事件通报整改报送工作的通知》，进一步明确网络安全事件整改要求，提升网络安全应急处置能力，提高学校网络信息安全。学校信息化办公室副主任瞿雪萍介绍了当前网络安全态势、分享了网络信息安全存在的典型问题，并对网络信息安全工作提出具体要求。学校信息化办公室技术人员围绕CMS（Content Management System，内容管理系统）建站等内容对管理员进行了业务培训。

【完成校园网“一网融合”工程】 2018年11月，经过一年多的筹备与9个月的施工部署，校园网“一网融合”工程顺利完成。徐汇、奉贤两校区之间的互联带宽，由原来的20G升级为40G，七大汇聚节点与数据中心机房互联带宽由原来的2G升级为20G，部分教学办公楼宇到数据中心机房实现10G连接，保证骨干线路的稳定与通畅。学生宿舍网络全面升级，互联带宽升级为千兆，保障学生生活

区域网络带宽高速上联。实现了一网承载十余个信息化专网业务,并采取了多项技术措施提高校园网基础设施及网络业务的安全性、可靠性,全线设备支持 IPv6 网络协议。网络基础设施的升级,加快了学校推进网络宽带泛在和应用业务融合的基础环境建设步伐。

【荣获市教育系统信息化个人和集体奖项】 2018 年 12 月中旬,上海市高等教育学会校园网络专业委员会、信息管理专业委员会分别召开 2018 年度学术年会暨会员大会。上海师范大学教师陈波从事的“一网融合”的校园网整体升级改造工作得到上海市高等教育学会校园网络专业委员会认可,被该委员会授予“2018 年度上海高校网络工作先进个人”。教师储波因在学校数据中心信息安全环境体系建设中的贡献,被上海市高等教育学会信息管理专业委员会评为“2015—2018 年度上海市高等学校信息化建设与工作先进个人”。此外,学校报送的《分级管理、确保关键的数据中心信息安全环境体系建设》案例获得“上海市高等学校 2016—2018 年信息化建设与应用优秀案例银奖”。

(李若宝)

上海体育学院

【概况】 2018 年是学校“十三五”规划实施的承上启下之年,也是国家狠抓网络安全的一年,学校信息中心的工作重点继续放在加强网络安全保障体系建设上,保障校园网络和各个信息系统的平稳运行。同时,结合学校 2018 年度工作要点,积极推进学校信息化建设。

【校园网络安全建设】 完成市教委开展的教育行业网络安全综合治理行动,完成网络与信息安全自查工作,接受了市公安局文化保卫分局信息安全等级保护的执法检查、市公安局网络安全大队的网络安全检查、属地派出所的网络安全检查,取得了公安部门的认可。在 2018 年两会期间、国庆节期间、进博会期间等重要时间节点,都进行了 7×24 小时安全值班,做好网络安全保障工作。出台《上海体育学院网络信息安全管理办法》,将网络安全责任落实到位。处理上级单位通报的信息系统中的安全漏洞 5 次;对全校 67 个网站全面开展敏感信息排查清理;针对 JavaScript 漏洞,更新了全校 67 个网站的模板文件。

【校园数据中心建设和管理】 完成研究生系统(学生导师情况、学籍异动状况、学生注册情况等)、本科教务系统(学籍异动状况等)、资产管理系统(校区、建筑物、教学场地等编码规范,命名规范,数据流转规范)数据的整理和流转工作。调整了本科生基本数据源,使数据中心内部数据更准确。校园数据中心向门诊部医院管理系统、考勤系统、自助打印系统、网上办事大厅等系统提供了 27 个数据接口;完成新版本核心数据库(Oracle)的升级建设,对接考勤系统、自助打印系统、网上办事大厅、人事系统、休闲体育平台等多个系统。2018 年度,数据中心新增 6 台服务器,新开 9 台虚拟服务器用于支撑考勤激励计划自助打印、财务电子影像审核系统、IDS5.0_Nginx 代理、校医务信息系统、后勤电表系统、竞校教务系统中台服务、竞校教务系统数据库服务、网上办事大厅、休闲体育信息平台等系统。

【信息化归口管理和信息化项目建设集中申报】 学校信息中心承担了校园信息化建设的归口管理工作，定期开展学校信息化工作例会，推进例会确定的各项信息化专题工作；完成信息化相关合同的审核、会签工作；组织和协助各部门进行信息化项目申报。其中，完成2019年度市经济信息化委的信息化项目集中申报，获批“本专科招生考试管理系统”“教学场所无线网络覆盖工程”“主数据管理与应用”3个项目；申报2018年地方高水平大学信息化项目，获批“智慧足球场”“羽毛球智能球场”“实验仪器智能物联网管理系统”“乒乓球运动智能化研发”“汉语国际教育信息化平台”5个项目。

【信息系统建设】 完成了网上办事大厅基础平台建设和验收工作，完成21个办事流程的流转工作，并实现了网上办事大厅与信息门户、移动校园“i绿瓦”、企业微信、短信平台、数据中心等多个平台的对接。

【邮件系统建设与管理】 完成邮件云平台服务产品的调研和采购，为师生开通“网易校园邮箱”服务。完成现有邮件网关升级迁移工作，完成邮件系统及邮件网关系统的https加密传输证书的部署与测试。

【优化数字离校和数字迎新工作】 数字迎新和数字离校是重要的常规工作，通过多部门协同工作，顺利完成了数字迎新和数字离校任务。数字迎新工作中，从数据准备阶段到新生报到当天，全程进行系统运行保障；协调数字迎新各环节的数据准备，使各部门按照迎新工作安排的时间节点完成工作，并协调解决迎新过程中遇到的故障及使用问题。数字离校工作中，根据不同类型的学生，将离校流程扩展到7条；移动校园中的“告别校园”APP上线使用，在集中离校期间，每天有6 000多人次使用。

【学校网站建设】 宣传网站和邮件是学校最基本的信息服务，完成建设两个新网站，关停长时间无人管理运维的10个网站；完成18个网站的站内搜索功能配置；完成网站群平台与媒体资源系统对接的二次开发工作，使网站群平台也可以发布视频；完成网站群平台https加密传输证书的部署与测试，增强了安全性；多次集中或分批对网站管理员开展安全培训工作。

【校园网络工程建设】 网络基础建设是2018年学校信息化的重点工作之一。完成了校园网络结构的优化改造，包括校园网络主干网络改造工程，将原来千兆带宽、星形结构改建为“一环五星”的万兆带宽、环形结构，大大提高了网络可靠性和传输速率；完成体教武术楼、经管休闲楼、学生活动中心、二餐四楼(科学研究院)的网络改造工程。

【校园网络出口带宽提升】 拓宽校园网带宽资源。经与运营商协调，将校园网中国电信出口带宽升至600M。

(罗海林)

上海第二工业大学

【概况】 2018年，上海第二工业大学信息化工作办公室、信息技术中心围绕职业导向的高等教育，提升信息化服务水平与支撑能力，完善数字校园建设。

【校园网络基础设施配套建设】 配套建设学生活动中心有线点位192个、门禁14个、监控探头28台、无线访问点20个，配套16号楼工学部/高职学院实验室、15号楼整栋进行弱电线路改造，更新多媒体教室投影仪22台、云桌面50台，校园视频监控探头模改数186台，将校园监控视频存储设备搬迁至数据中心机房，建设实施了学生活动中心剧场大屏显示系统、舞台机械、音响、视频系统，建设了图书馆400人报告厅侧屏，数据中心机房新增存储容量36TB，进行了学校新校区二期半、三期的弱电规划。

【服务科研、教学】 校园内开通eduroam信号，并与全球6 000多所科研与教育机构实现了eduroam认证互联，学校师生在这些机构内可用校内账号登入无线网络，这些机构的人员也可用自己账号在学校登入eduroam无线网络。建设实验实训教学管理系统、基于用户行为的图书馆综合服务平台、干部党员在线教育培训及考核管理综合平台、图书馆移动互联网综合服务平台、上海第二工业大学党务公开平台、学生综合管理服务系统(二期)等。进行办公系统自动化的改造和流程平台的建设，为2019年各类流程上线建设提供基础。

【学校网站群内容优化】 对学校各级网站内容进行调整。完成学校英语网站的建设，梳理了英文网站运行管理流程。进行老干部协会、金桥培训中心、艺术教育中心、离退休处、创建在线、2018年伙伴周、档案馆等网站建设或布局调整。

【应用系统上云】 与上海教育云实现专网互联互通，并作为市教委首个应用试点，将学校关键信息系统(网站群系统)迁移至上海教育云，为市教委信息化政策制定提供了案例依据，也为学校后续其他应用系统上云积累经验。

(王　见)

上海健康医学院

【概况】 2018年，上海健康医学院围绕学校“十三五”信息化建设规划，继续推进系统集成、数据融合和移动应用建设，完成学校“十三五”信息化建设规划中1项二级指标、5项三级指标的10余项任务，实现对标补缺、扶优助强、深化内涵。

【校园网络建设】 2018年，学校信息化建设通过积极开拓促进共享服务，完成“全球漫游eduroam”无线上网认证工作，完成IPv6地址部署。增加校园无线覆盖密度，校园网增加1G带宽。浦东南苑核心机房二期建成并启用，北苑有线网络完成改造升级，全校新增有线点位1 001个。

【智慧门户建设】 通过增量新建，促进师生信息化服务质量提升，管理维护56项智慧门户业务；完成学校主页改版升级，新建12个二级网站。完成智慧门户中108项“E办事”业务，新上线5个业务系统。

【信息化管理制度优化】 通过精细化服务，促进校园信息化工作进步，对接完成100多个接口服务等。优化信息化管理相关制度，探索项目管理长效机制建设，统筹规划学校的信息化资源管理。探索实践弱电保障入围机制、服务商入围机制、IT监理及弱电保障机制，加强项目监督管理。同时，

总结实践路径及成果经验，入选 2018 年全国教育管理信息化应用优秀案例 2 项。

【优化平台提升服务】 完成电子邮件系统、新版移动校园平台(i-健康)、运维工单报修等业务系统并上线；加强信息系统统筹管理，杜绝信息孤岛，完成系统对接及集成 9 个；开启教师及学生个人主题档案数据库建设。配合学校"一门式"服务，推进线上办理服务，推进"一网通办"、最多跑一次工作，优化业务部门流程，"让数据多跑路"，提高办事效率。

【校园"一卡通"建设】 完成校情数据呈现平台以及"一卡通"数据分析平台的完善和优化建设。启用校园"一卡通"建设，依托支付宝平台开通校园电子卡快捷扫码支付功能，提供支付交易的选择，为学生开通手机电子校园卡支付方式，提升学生支付便捷体验。2018 年度累计制作新卡 4 714 张，注销校园卡 3 009 张，补办校园卡累计 4 852 张，挂失校园卡累计 7 933 次。

【智能设备监控平台建设】 网络智能监控平台完成建设并上线，实现学校各类信息化设备的数据采集、处理、存储，通过对设备信息进行统一集中展示，提高监控的实效性、及时性及管理人员故障排查、问题溯源效率。

【虚拟校园平台建设】 完成虚拟校园平台的建设并上线，通过与学校现有数据中心等进行数据共享与对接，建设校内统一的物联网及信息采集平台，在学校教学、师生服务、各项业务中融合 GIS(Geographic Information System，地理信息系统)、物联网、人工智能等各项技术，实现智慧校园物联化。

【网络安全建设】 积极落实上级部门有关网络安全工作会议和文件的要求，强化网络安全管理，完善网络安全管理制度，优化网络突发事件应急处理流程，完成关键信息基础设施自查及整改。落实各二级部门网络安全责任制，明确"谁运行谁负责、谁管理谁负责、谁使用谁负责"的原则，签订网络安全责任承诺书。开展网络安全培训和宣传工作，2018 年全年，在学校范围内开展 2 次网络安全应急演练，顺利完成 4 次重要网络安全保障任务。

【开展网络信息服务月活动】 开展以"FACE to FACE"为主题的第三届网络信息服务月活动，向师生推广校园智慧应用，推送网络安全信息、提供技术服务、开展专项学习讲座、进行问卷调查，提高全校师生的网络安全意识和素养，提升校园信息化技术服务的专业化、规范化水平，为智慧校园建设奠定基础。

【推进迎新、离校智慧化】 在 2018 年度的迎新工作中，不断创新智慧化应用，推动学校迎新工作进入"微时代"。首次启用"刷脸报到"；启用微信企业号进行"移动迎新"；发布 2018 年新生大数据，迎新当天还设置了"一屏知晓"，可以实时动态地了解和掌握新生报到情况、住宿情况等各类数据。迎新结束后，第一时间多元化统计分析学生报到数据，并对各学院各专业报到情况进行分析总结。2018 年的毕业生离校工作也充分体现了学校智慧校园建设的基本理念。师生可通过扫描二维码轻松办理各类相关手续，实现了办理离校手续网络化、自动化和无纸化。

【对外交流】 承办 2018 年上海高校网络安全与数据安全研讨会；承接 2018 年"华为 ICT 人才联

第四章　智慧生活

概　述

2018年，上海持续优化智慧民政、智慧社区、智慧气象、智慧邮政建设。智慧民政方面，上海市民政局推进民政业务数据海建设，推进“一网通办”以及信息化管理工作。智慧社区方面，上海新版社保卡项目建设工作有序开展；付费通通过互联网、移动终端、POS机等方式为终端用户提供一站式家庭电子账单管理支付服务。智慧气象方面，上海市气象局继续推进基础设施建设，促进气象核心业务技术水平提升。智慧邮政方面，中国邮政集团公司上海分公司不断推进科技创新，重点研究将仓储、运输、投递、人员、场地、车辆等信息全部集成到一个信息系统中，投资开发大都市邮政智能化物流综合处理系统。

一、智慧民政

【概况】　2018年，上海市民政局(以下简称“市民政局”)以党的十九大精神为指引，牢固树立“民政为民、民政爱民”工作理念，围绕民政“十三五”规划的总体要求和年度目标任务，以提升信息化应用能力、便民服务能力和信息化管理能力为抓手，强化科技引领，各项信息化重点工作得到有效落实，有力支持了上海民政事业的发展，不断提升市民的获得感和满意度，为增添上海城市温度、推进城市高质量发展贡献力量。

【推进民政业务数据海建设】　广泛进行调研，征集应用需求及建议，制定“数据海”应用推广方案；2018年上半年，在先期试点基础上，召开应用推广工作部署会、管理员和用户培训会，并制作教学视频，发放用户手册246本，184人参加培训；2018年6月1日起，“数据海”应用正式在全市民政系

统推开。结合“数据海”运行情况，进一步完善系统功能，优化 ETL(Extract-Transform-Load，数据萃取、转置、加载)抽取和接口功能，比对跟踪处理异常数据和待修正数据。积极筹划召开“数据海”二期建设，多次召开需求座谈会，研究各业务条线数据模型构建需求，从研究数据扩容、数据分析、产品推送和数据模型构建等方面入手，确定“数据海”二期建设目标、编制建设方案，并申报 2019 年信息化项目预算。

【推进“一网通办”】 根据市委、市政府要求，研究制定《市民政局关于落实〈全面推进“一网通办”加快建设智慧政府工作方案〉的专项行动计划表》，梳理业务系统建设模式、网络情况、办件量、接入模式等要素，确定市民政局行政服务事项接入市统一受理平台的模式和时间；组织开展接入事项系统改造、业务流程梳理等工作，升级市民政局网站网上办事功能模块，2018 年 10 月底前，按计划完成婚姻登记、福利企业资格认定、社会组织登记等 16 个民政事项以及社区事务受理系统(包括 11 个部门的 169 项政务服务事项)接入市统一受理平台。开展电子证照建设，梳理报送市民政局汇入市电子证照库的 17 类证照清单目录及相关信息，研究确定制发证模式，开展身份证、居住证、出生医学证明免提交应用探索，组织结婚证、离婚证等高频用证向电子证照库归集。至 2018 年年底，完成制证归集相关证照 540 万张；开展电子证照应用，至 2018 年 11 月底，社区事务受理中心共接收居民电子亮证 1 452 次，证照打印 129 次。组织信息系统上云迁移，梳理上云项目，制定计划表，并与大数据中心对接，基本完成市民政局门户网站、社区事务受理、婚姻收养等 16 个系统上云工作。

【组织重点信息化项目建设】 继续组织社会救助信息系统翻建，建设社会救助业务管理、数据交换与共享管理、业务应用支持管理等功能模块，构建救助信息共享平台；开展换届选举系统改造，升级建设选举工作计划管理、选民登记管理和统计分析功能等模块；开展社区云项目的筹划工作，着力建设统一的区级标准平台及社区互动平台，为居村工作人员提供便捷的数据服务，该项目已列入市委重点项目；推进上海市志愿服务监管系统建设，实现志愿服务机构和个人全口径数据归集、共享、监测和统计；完善养老信息系统，新增居家养老补贴调标及结算报表调整功能等，开展统一需求评估、居家养老和养老机构系统存量老人向长护险数据平移。

【推进信息化管理工作】 2018 年 7 月 31 日，市民政局组织召开“2018 年上海市民政信息化工作推进会”，总结上海民政信息化建设取得的进展，分析存在的问题，部署下一步工作。组织 2019 年信息化项目支出预算集中申报工作，共计申报信息化项目 51 个，其中批复建设类项目 13 个，运维类项目 26 个；完成 2018 年度 3 个信息化项目支出预算日常申报工作(社区事务受理系统、社区服务网升级改造和新建医疗救助项目)。组织“上海市社区工作者队伍信息管理系统(升级改造)”“上海市民政业务数据海”“民政信息化项目管理系统”等 19 个信息化项目验收。制发《上海市民政业务数据海数据对外交换规范》，使汇入民政业务“数据海”的数据更加标准、规范、有序。举办民政信息化工作培训，邀请上海市大数据中心和市经济信息化委有关专家授课，进一步提升市民政系统信息化工作队伍的能力和水平。

(费文东)

二、智慧社区

【上海智慧社区与村居信息化建设】 2018年，为贯彻落实党的十九大“加强社会治理制度建设，提高社会治理智能化水平，打造共建共治共享的社会治理格局”，以及上海市、区推进“互联网＋政务服务”相关要求，上海仪电数字技术股份有限公司(以下简称“仪电数字”)在上海仪电集团领导支持下，承建了上海各区的智慧社区、村居信息化建设。2018年初步完成崇明区一期区村务信息化建设，建设成果得到崇明区领导的肯定。

社会保障卡

【概况】 2018年，上海新版社保卡项目建设工作有序开展，对新版社保卡的集中换发工作平稳推进。同时，为了配合新版社保卡换发，一系列便民服务也应运而生，例如增设申领渠道、实现数据共享、补换补领即时办理等。

【开展新版社保卡换发】 2018年，围绕新版社保卡项目建设工作主线，会同相关委办局全面统筹、协调、推进，在较短时间内完成发行注册、系统改造、全市应用环境布设等工作，并指导静安、普陀、浦东3区开展试点换发工作，覆盖换发主要人群以及主要申领渠道，顺利通过技术验证。2018年12月27日，市政府副秘书长赵奇主持召开全市新版社保卡集中换发动员工作视频会议，市委常委、常务副市长周波作重要讲话，明确自2019年1月起本市全面启动新版社保卡换发工作，2020年年底前本市户籍人员新版社保卡换发全面完成、非本市户籍参保人员换发基本完成。根据启动大会精神及《关于印发本市新版社会保障卡集中换发工作实施意见的通知》要求，全市积极贯彻落实，采用多种宣传手段，对新版社保卡申领、制作、使用等具体操作进行集中宣传，集中换发工作平稳推进。

【深化便民利民举措】 策应新版社保卡换发，一系列便民服务应运而生：一是申领渠道多种多样。通过社区网点、银行网点、网站、手机APP及微信公众账号均可申领新卡。二是数据信息实现共享。通过公安实有人口数据库等相关渠道实现二代身份证照片共享，确保绝大多数申请人无需网点拍照。三是补换补领即时办理。截至2018年年底，全市共有627家网点可办理即时补换，296家网点可办理即时制卡，实现即到即补、即补即领。四是挂失、开通一次办结。公安、人社、医保、银行信息四同步，市民前往银行网点可同步挂失或开通社会保障和金融服务功能。五是邮政配送安全快捷。采用邮政专送、社区托底方式，将新版社保卡点对点直接发放至个人，投递不成功的，则转送至备用社区网点，方便申领人及时领取。此外，协调服务银行针对不同人群，尤其是高龄、重病、伤残等行动不便人群，开展上门服务、定点设摊等便民服务。

【持续保障卡证制发工作与声讯服务】 2018年，全年共制发(包括补换)一代社保卡、新版社保卡、居住证件、新版敬老卡393.42万张，其中一代社保卡(红、蓝、金卡)48.44万张、儿童卡0.20万张，新版社保卡200.00万张，居住证(境内)112.11万张、居住证(境外)0.19万张，新版敬老卡32.48万张。“962222”热线全年接听来电咨询61.88万人次，接待来访1 443人次，处理来信1 534封。

(王晓炜)

【保安集团以“智慧”助力“安防”】 2018年,上海市保安服务(集团)有限公司(以下简称“保安集团”)大力推进科技强企战略,调整优化产业结构,加快企业转型步伐,提升企业核心竞争力,充分依托大数据、云计算、人工智能等高新科技,建设科技型保安服务企业,形成了综合性的保安服务体系,不断做大、做强、做优企业,努力打响“上海保安”服务品牌。一是稳步推进企业改制工作,完成上海市保安服务总公司由全民所有制企业改制为有限责任公司,更名为“上海市保安服务(集团)有限公司”,新组建的集团公司下属共14家全资子公司,总资产规模达到27亿元,员工人数2.6万人,业务范围涉及人力防范、智能安防、联网报警、武装押运、交通设施、保安培训、无人机七大业务板块。二是在首届进博会安保工作中,保安集团作为进博会红线区域内“智慧安防”建设项目的总承包商,圆满完成进博会19个“智慧安防”建设项目;牵头25家加盟公司,完成进博会人力防范安保任务,共派出保安5 000余人;同时完成进博会国家会展中心、上海社会面监控和警卫住地黄浦、静安、虹口、徐汇、长宁5个重点区域无人机低空防卫任务。另外,积极参与“智慧公安”建设,有效运用精细化、信息化、智能化手段,全力配合公安机关保障城市安全有序运行、提升社会治理能力。截至2018年年底,保安集团累计获得各类国家级软件著作权、专利、科技成果转化证书和检测报告60余项。

(保　安)

付费通

【概况】 上海付费通信息服务有限公司(以下简称“付费通”)以家庭公用事业电子账单管理为核心,账单支付为支撑,通过互联网、移动终端、POS机等方式为终端用户提供一站式家庭电子账单管理支付服务。同时,深入践行“互联网+政务”,领域涉及民生、交通、法律等各方面。

【提供上海市建设工程招投标交易服务费在线缴纳服务】 2018年第一季度,付费通与上海市住房和城乡建设管理委员会(以下简称“市住建委”)合作,搭建工程交易服务费网上缴费信息平台。办事企业可通过付费通网站或手机APP进入“工程招投标交易费”页面,输入“账单编号”“报建编号”或“交易登记号”进行交易服务费查询、缴纳等业务。通过网上缴费平台,实现自助式交易服务费查询、缴纳。缴费成功后,还可按需进行增值税电子普通发票开具及下载或增值税专用发票邮寄服务。网上缴费信息平台的建设,既方便了企业办事,也可减轻窗口收费的压力,提高缴费工作效率,并实现了系统之间的数据共享和收费、开票、核账的全过程管理。

【法院公众号缴费功能上线】 2018年5月28日,上海市高级人民法院(以下简称“上海高院”)举行了2.0版“12368”微信公众号和诉讼服务机器人发布仪式。付费通作为上海高院唯一指定的线上便民缴费平台,继续与上海高院深入合作,为2.0版法院微信公众号提供技术支持。用户由“12368”微信公众号入口进入,通过链接在付费通完成法院诉讼费快速缴费。此外,二维码缴费功能上线,通过二维码解析,便于用户在第一时间缴费,提升用户缴费体验。

【拓宽上海燃气IC卡自助充值方式】 2018年5月,付费通完成90秒POS机升级改造,用户可通过POS机进行IC卡充值和圈存,不再局限于“口袋充”单一充值方式,同时实现了嘉定燃气线上充值功能。POS机圈存设备上线后,分别入驻奉贤、临港、嘉定等地区的多个社区,惠及上万上海居民。该产品投入使用,意味着公共事业费账单查询和支付在电子化的进一步提升与优化,在增强用户自助选择性的同时,更切实地方便居民生活。

【网上缴纳少儿住院互助基金】 2018年9月,付费通作为第三方缴费平台与市少儿住院互助基金管理办公室合作,参与网上缴费参保工作。全市各区的各社区卫生服务中心所属的0—3岁沪籍儿童都可在付费通网站、付费通APP以及“付费通账单查缴”微信服务号中直接进行费用查缴。2018年,付费通优化完善了用户信息更新环节及用户操作指导说明,便于用户更便捷使用付费通缴费。据统计,2018年少儿基金付费通线上渠道缴费占比58%,比2017年提高13%。

【推出“物业收费云服务”产品】 2018年,付费通提出“物业收费云服务”产品概念,并于9月完成了“物业联机收费服务包v1.0”产品开发上线工作,针对社区传统物业收费的收费难、成本高、效率低、风险高等痛点,围绕“计费、收费、管账”三个核心环节,向物业机构提供联机收费服务,同时便利社区住户。根据物业提供的原始数据,该服务可生成标准格式的二维码纸质账单及电子账单,并提供实时的交易记录和统计报表的查询、多渠道多平台(POS机、社区公众号、二维码等)的物业费收缴方式。

【提升个人住房房产税查缴用户体验】 2018年11月,作为上海市税务局唯一指定的房产税线上缴费渠道,付费通网站开通个人住房房产税的查询与支付业务,纳税人只需登录上海付费通网站、付费通APP或付费通官方微信服务号“付费通账单查缴”,在房产税页面输入房地产权证号或不动产权证号,即可查缴2018年度个人房产税税额,同时支持2017年度及以前逾期房产税补缴业务。APP登录流程、支付通道的进一步完善,为用户提供了更方便快捷、安全流畅的使用体验。

(张蓉蓉)

三、智慧气象

【概况】 智慧城市建设已成为上海提升国际竞争力和城市软实力的强大支撑和重要标志。上海气象部门以信息化带动业务一体化,助推智慧气象建设,其关键点在于创新与改革。为全面深化改革,探索体制机制创新,推进以智慧气象为特征的更高水平、更高质量、更可持续的气象现代化建设,明确到2020年通过深化改革,建立适应智慧气象业务发展的运行机制,形成开放式发

展、多元化投入、产用研一体化运行的新型科研运行机制，形成激发人才创新活力的制度环境，以及开放、安全、高效、活跃的气象服务市场发展环境。

【基础设施建设和信息安全保障】 完成曙光计算机四期部署，并实现与二期、三期资源融合，统筹调度高性能计算总量达 450 T。整合上海市气象局(以下简称“市气象局”)信息资源与数据资源，建设市气象局统一的数据云平台，开展上海一体化气象信息共享平台建设。强化信息安全责任制，与各单位主要领导签订信息安全保障工作责任承诺书。成立市气象局气象信息网络安全检查技术组，开展全局检查，定期开展信息网络安全演练。布设市气象局信息网络安全感知系统，开展信息网络安全实时监控与定期通报。

【促进气象核心业务技术水平提升】 2018 年 7 月 1 日起，供全国气象部门内网参考应用的华东数值预报网页增加 9km-WARMSv2.1a 和 3km-WARRv2.1a(一小时快速更新系统)的测试产品。实现新版本 3km 模式上数值预报云全国共享。其中，9km-WARMSv2.1a 版采用了新的雷达资料质量控制算法、PBL(Problem-Based Learning，问题式学习)背景扩散修正、增加了边界层云底的向下混合、全新的业务运行软件架构、并行计算更新等，图片产品增加了中国中部和西北部区域；3km-WARRv2.1a 的预报时效延至 24 小时。华东模式在 2018 年台风“温比亚”“摩羯”等来袭期间表现出色，准确预测了台风路径及登陆后河南、山东等地的强降雨过程。

【助推智能气象观测业务发展】 一是推进大城市综合观测试验，开展长三角协同观测增强试验，与江、浙、皖三省共同开展增强观测试验、雷达协同观测、环境气象共享。新增毫米波测云雷、微雨雷达，与已布设的 L 波段探空仪、微波辐射计、移动风廓线仪、激光测风雷达、激光云高仪、毫米波测云雷达、气溶胶激光雷达等共同开展大气垂直廓线观测。完成 3 台相控阵雷达组网观测试验方案设计，完成宝山相控阵雷达建设。二是开展基于数值预报应用效益的综合观测网需求滚动评估平台(二期)的建设，开展 OSSE 试验平台化探索。三是进一步完善自动探空系统。在与浙江嵊山当地政府、航运部门、厂家、浙江气象部门等众多单位进行多次协调的基础上，在华东最东部的嵊山岛开展自动探空系统建设，并正式通过业务验收。四是推进地面无人值守工作，编制并实施上海国家级地面气象观测站无人值守工作实施方案。

【信息化助力智能网格预报业务】 围绕人工智能灾害性天气快速识别、强降雨短临预报、数值预报智能订正技术、基于自然逻辑语言的预报产品快速生成技术四个方面，加强市气象局人工智能应用顶层设计，推动与清华大学、复旦大学、国家气象中心等高校和国家级单位的合作，建立适合上海的雷达图像外推和降水短临预测框架和模型，实现对未来 0～2 h 雷达回波和降水的预测。

【提升智慧气象服务水平】 一是气象风险预警融入城市治理。根据徐汇区城市运行管理需求，以暴雨内涝、低温寒潮、高温热浪等灾害影响为切入

点，将风险预警嵌入徐汇区城市运行综合管理平台，开发城市运行风险预警系统，为徐汇区城市运行管理提供支撑。

二是开展远洋气象导航气象服务。建立全球大气海洋数据支撑平台，实现东黄海海域监测、模式、预报和预警信息共享，开展常规海洋气象要素的确定性和概率预报，提供远洋气象导航服务和其他专业服务。

三是开展交通气象服务。推进上海市交通气象中心建设，建立面向多部门的交通气象风险预警系统，并发布基于位置的道路湿滑和道路结冰等预报产品。

四是开展智慧气象移动APP建设。打造“上海知天气”APP，为决策用户和公众提供实时获取的气象实况和预报信息。后台实时对接上海200多个自动站，数据更新频率达到分钟级别，并且提供多种专业观测和预报产品，充分满足气象专业人士和广大公众的需求。

【重大活动气象服务保障】 一是建立扁平化组织管理架构，汇集多方资源保障进博会顺利进行。组织编制进博会“1+8+1”工作方案，形成了垂直与平行双向联动的组织架构。建立以进博会气象台为中心的“一台四部”服务机制，明确唯一气象服务需求通道和产品出口。二是信息快速获取，精细化、无缝隙的气象监测预报服务为进博会成功举办保驾护航。开发进博会气象服务保障系统，并成功接入进博会安保指挥部、进博会执行委员会(以下简称“执委会”)、虹桥枢纽应急指挥中心等决策指挥部门。同时，安排现场保障、气象专家进驻执委会、国家会展中心开展工作对接。气象服务信息纳入执委会《每日要情》《工作简报》，呈送各级领导。依托“上海知天气”APP增设进博会板块，成为国内外来宾获取参展气象服务的重要渠道之一。

(矫　健)

四、智慧邮政

【概况】 2018年，中国邮政集团公司上海分公司(以下简称“上海邮政”)不断推进科技创新，加大顺应科技和产业变革趋势的能力建设投入，以信息技术为引领，重点研究将仓储、运输、投递、人员、场地、车辆等信息全部集成到一个信息系统中，投资开发大都市邮政智能化物流综合处理系统。在中国邮政集团公司统版系统规划和建设的基础上，因地制宜地引入、建设、优化更适宜上海业务发展需求和管理要求的信息系统。2018年全年启动信息化项目70余项，充分发挥信息科技引领作用，增强企业核心竞争力。

【助力新社保卡投递项目】 为深入推进上海智慧城市建设，上海市社会保障卡服务中心于2018年正式启动新版社会保障卡试点换发相关工作。6月，经政府部门审核通过，上海邮政与上海市社会保障卡服务中心及11家发卡银行签订合作协议，于3年内完成近2 400万张新版社保卡的同城

投递工作。为使项目获得有效的技术支持,上海邮政专门成立了项目组,深入参与前期对接、网络开通、应用开发等各项工作。根据项目需求,调整上海邮政同城商投系统相关应用,确保打印、交接、清点、反馈、查询、统计等功能运行稳定。此外,为便于申领人及时查询信息,通过对接"上海邮政"微信公众号"掌上营业厅"的"社保卡专区"及"11185"社保卡专线,确保线上线下售后服务的及时性。

【新一代寄递业务信息平台上线】 2018 年 8 月 17 日、21 日、23 日,由中国邮政集团公司开发的新一代寄递业务信息平台先后在上海南站、王港、上海站成功推广上线。新平台采用云计算技术和开放性技术架构,实现邮政包裹各板块和各环节业务在同一系统办理,并实现邮务和速递物流两个板块用同一信息系统进行产品、资费、机构、客户、资源的统一管理。建立看板库体系,可以按照事前、事中、事后,不同业务环节、不同产品种类、不同机构层级,定制自身需要的看板,实现全环节可视化;开发智能化监控与预警控制系统,能够对实物邮件处理过程中出现的各类异常邮件信息进行全网统一捕获,按业务规则进行智能化调度和处理,并可以按要求派发到生产、调度等部门,建立三位一体的运营管控体系。

【浦东邮件处理中心双层分拣机工程通过初验】 2018 年 11 月 8 日,上海浦东邮件处理中心(北楼)二期工艺改造工程通过中国邮政集团公司的初验,分拣效率、差错率、线速度等主要指标均符合标准,正式交付上海邮区中心局使用。工程于 2017 年 10 月启动,双层分拣机位于浦东邮件处理中心北楼南侧,上下总长约 811 米,含 29 个供包台、1 352 个托盘小车、209 个格口。工程投产后,浦东邮件处理中心处理能力提升至 90 万件/天。

(陆怡琼)

第五章　智慧文化

概　述

2018年，上海在数字新媒体和数字出版领域取得良好发展。数字新媒体方面，上海多家企业入选2018年中国“游戏十强”，网络视听产业平台生态也健康发展。数字出版方面，《南方有乔木》《大荒洼》等上海地区的9部作品入选“优秀网络文学原创作品”。上海图书馆、上海博物馆、上海科技馆等重要、重点文化机构不断加强信息化建设。

一、数字新媒体

【概况】 2018年，上海在数字新媒体方面取得了丰硕成果。在中国音像与数字出版协会主办的“游戏十强”盛典活动中，上海5家企业入选“2018年度中国十大品牌游戏企业”。在第五届上海游戏精英峰会暨游戏出版产业报告发布会上，《2018上海电子竞技产业发展评估报告》《2017上海游戏出版产业报告》等多份产业报告发布。上海网络视听产业骨干企业2018年营收139.4亿元，上海主要视频网站健康有序发展。

【《2018年度中国游戏产业年度报告》发布】 2018年12月19日至21日，2018年度中国游戏产业年会在海南海口举行。年会上正式发布了《2018年中国游戏产业报告》，该报告显示，2018年中国游戏市场实际销售收入共2 144.4亿元，同比增长5.3%；自主研发的网络游戏实际销售收入1 643.9亿元，同比增长17.6%。

【上海多家企业获2018年中国“游戏十强”】 2018年，在中国音像与数字出版协会主办的“游戏十强”盛典活动中，来自上海的上海巨人网络科技有限公司、上海数龙科技有限公司(盛大游戏)、三

七互娱(上海)科技有限公司、上海恺英网络科技有限公司、游族网络股份有限公司获得“2018年度中国十大品牌游戏企业”。多家企业的产品获得“2018年度十大最受欢迎电脑网络游戏”“2018年度十大最受欢迎移动网络游戏”等多项奖项。上海市新闻出版局荣获“2018年度中国游戏产业支持奖”。

【上海游戏精英峰会举行】 2018年7月10日,第五届上海游戏精英峰会暨游戏出版产业报告发布会在沪举行。会上,发布了《2018上海电子竞技产业发展评估报告》《2017上海游戏出版产业报告》等多份产业报告,大会还邀请了完美世界控股集团有限公司高级副总裁顾黎明、上海巨人网络科技有限公司市场总监王娅、上海综皇文化传播有限公司COO王翔、叠纸网络科技有限公司副总经理郑婕等游戏企业高管分别做了发言。据统计,2017年上海网络游戏销售收入达到683.8亿元,自主研发占据了近8成份额,上海移动游戏用户数达到2 360万,在产业规模和用户体量上均位居全国前列,对国内产业的发展起着带头示范作用。上海市新闻出版局局长徐炯、副局长彭卫国,上海市出版协会理事长胡国强及上海温哥华电影学院、上海美术学院相关负责人出席会议,并共同启动“原创艺术类精品游戏大赛”。大赛由上海市新闻出版局指导,上海市出版协会、上海温哥华电影学院主办,对艺术性、思想性、娱乐性兼具的原创游戏进行扶持,鼓励开发者进行艺术游戏创作,并为其提供与用户接触的优质服务平台。徐炯在致辞中指出,党的十九大报告提出,要坚持中国特色社会主义文化发展道路,激发全民族文化创新创造活力,建设社会主义文化强国的宏伟蓝图。因此,推动文化产业发展,尤为重要的是体现文化的发展。“原创艺术类精品游戏大赛”就是要让游戏通过对艺术的本真诉求,结合游戏的独特魅力,展现关怀现实、关怀人文的磅礴力量。

(王一行)

【网络视听产业平台生态健康发展】 2018年,上海网络视听产业骨干企业营收139.4亿元,土豆网、PP视频、哔哩哔哩、PPS等上海主要视频网站健康有序发展。根据中国网络视听节目服务协会发布的《2018中国网络视听发展研究报告》数据统计,截至2018年6月,我国网络视频用户6.09亿,占网民总体的76%,半年增长率5.2%。手机视频用户数量达到5.78亿,短视频用户5.94亿,直播用户4.25亿。土豆网、PP视频、哔哩哔哩、PPS等视听网站开发的移动客户端APP内容类别众多,装机量、用户数达到一定市场规模。全市互联网音频服务原生内容创作不断加强,付费用户占比不断提升,继续在全国移动音频行占据领先地位。截至2018年年底,喜马拉雅已拥有近5亿的手机激活用户,活跃用户每天平均收听时长147分钟,汽车、智能硬件和智能家居用户超过3 000万,主播创作有声内容已超1亿条;蜻蜓FM手机APP下载用户总数突破3亿,日活跃用户量1 200万,聚合有声内容1 200万小时,用户对优质内容的需求进入快速上升期。

(徐光道)

二、数字出版

【概况】 2018年，上海数字出版产业平稳发展。在2017年优秀网络文学原创作品推介活动中，上海9部作品入选优秀网络文学原创作品。在第十四届中国(深圳)国际文化产业博览交易会上，上海馆汇集13家重点企业参展。第十六届中国国际数码互动娱乐展览会在上海举办，展会规模等多项数据再创历史新高。

【上海9部作品入选优秀网络文学原创作品】 由国家新闻出版广电总局和中国作家协会联合组织开展的2017年优秀网络文学原创作品推介活动，于2018年1月24日公布了推介作品名单。经初审、复评、终审等程序，最终遴选出《南方有乔木》《大荒洼》等18部作品。上海地区9部作品入选，占获推作品总数的近4成。这9部作品均为上海阅文信息技术有限公司(以下简称"阅文集团")旗下"起点中文网"和"创世中文网"的网络文学作品，分别为:《复兴之路》《草根石布衣》《君九龄》《如果深海忘记了》《天域苍穹》《完美世界》《雪鹰领主》《原始战记》以及《择天记》。

【参展中国国际文化产业博览交易会】 2018年5月10日，第十四届中国(深圳)国际文化产业博览交易会在深圳举行。上海馆以"创新创意活力上海"为主题，围绕打响"上海文化"品牌，汇集了上海报业集团、上海世纪出版(集团)有限公司、上海东方网股份有限公司、上海东方传媒集团有限公司(SMG)、上海电影(集团)有限公司等13家重点企业参展，重点展示一批文化产业发展新成果和新亮点。在新闻出版馆举办的数字出版展示交易会上，全国20家数字出版龙头企业参展，其中上海企业4家，分别是阅文集团、上海证大喜马拉雅网络科技有限公司(以下简称"喜马拉雅")、沪江教育科技(上海)股份有限公司和上海黄豆网络科技有限公司(樊登读书会)。开幕日当天还举办了"2018数字出版高端论坛"，阅文集团、喜马拉雅、樊登读书会3家上海企业代表发表演讲。

【中国国际数码互动娱乐展览会举办】 2018年8月3—6日，第十六届中国国际数码互动娱乐展览会(ChinaJoy)在上海新国际博览中心举办。展会规模等多项数据再创历史新高:展会总面积17万平方米，启用展馆首次增加到15个。其中，B to C (Business-to-Consumer，商家对消费者)互动娱乐展示区设11个展馆，汇集中外参展企业近300家，展出产品4 000余款，现场体验机超过5 000台;B to B(Business-to-Business，商家对商家)商务交流洽谈区展商总数600余家，其中海外展商约4成，来自全球30余个国家和地区。本届展览观展人数累计35.45万人次，比上年增长1.18万人次。其间举办了中国国际数字娱乐产业大会、2018全球电竞大会等一系列重要论坛和峰会。2018全球电竞大会以"更竞一步"为主题，国内外知名电竞企业代表济济一堂，立足产业前沿，分享电子竞技领域的新锐智慧，探讨全球最新趋势。从展会规模、国际化程度和全球影响力等各项指标来看，ChinaJoy已超越日本东京电玩展、韩国GSTAR游戏展等全球众多数字娱乐国际性展览，并与全球最大的德国科隆游戏展、最专业的美国E3游戏展比肩。

【网络原创文学现实主义题材征文大赛结果揭晓】 2019年1月24日，由上海市新闻出版局支持、阅

文集团主办的第三届网络原创文学现实主义题材征文大赛颁奖仪式举行，本届大赛共有10 200位作者参与征文比赛，创作现实题材作品累计达11 800部。相比上一届征文大赛，参赛作者增长了32.5%，参赛作品增长了31%。本届大赛以“风云激荡四十载，逐梦创造新时代”为主题，旨在以改革开放四十年为时代背景，挖掘体现时代精神、抒发家国情怀的优秀作品。经过激烈的角逐，大赛共评出14部获奖作品，其中《上海繁华》荣膺特等奖，《中国铁路人》斩获一等奖。会上同时启动了第四届现实主义网络文学征文大赛。

【《大国重工》影视版权在沪签约】 2018年6月29日，网络文学现实主义大赛获奖作品影视签约仪式暨第三届大赛推进会在上海举办。阅文集团正式宣布与合宝文娱集团有限公司达成合作，共同启动《大国重工》IP(Intellectual Property，知识产权)开发项目，进一步深化现实主义优质作品的内容价值。上海市新闻出版局副局长彭卫国出席并致辞。他指出，网络文学所特有的想象力丰富、立足大众视角、呈现百花齐放等特点与现实主义题材相结合，形成了一部部与当下多数普通人的生活和情感产生共振共鸣的、人民喜闻乐见的正能量作品。现实主义题材征文大赛这一平台已孵化出了许多优秀的现实主义题材作品。第一届获奖作品《复兴之路》《二胎囧爸》《相声大师》等5部作品已出版纸质书。第二届获奖作品《大国重工》《明月度关山》和《朝阳警事》将于2018年8月由上海文艺出版社出版纸质书；《韩警官》《贼警》的影视版权已签约，将以影视形式与大众见面。

【融合出版沙龙举办】 2018年6月27日，上海市新闻出版局举办融合出版沙龙，邀请上海第九城市信息技术有限公司区块链首席科学官王思谥、区块链商务副总经理吴焓与两位专家，以“打开新时代区块链大门”为主题，为上海30余家传统出版单位的编辑和数字出版从业人员介绍区块链技术的发展以及在融媒体出版方面的应用案例。上海市新闻出版局持续推动传统出版数字化转型升级与融合出版，联合张江国家数字出版基地举办沙龙活动，搭建融合出版交流平台，除了传统出版人“走进”张江学习交流，也请“张江人”走出张江，促进了新兴企业与传统出版的业务合作。

【网络文学编辑人员业务培训班举办】 2018年10月22—23日，上海市新闻出版局举办网络文学编辑人员业务培训班。网络文学作为社会主义文艺的有机组成部分，近年来高速发展。上海一直以来保持网络文学产业发展优势，据统计，2017年上海原创网络文学产业营业收入约40亿元，同比增长74%。培训邀请业界知名法律专家、上海市民族和宗教事务委员会专家、上海市新闻出版局审读中心专家、网络文学评论家等授课，上海市网络文学出版机构60余位从业者参加培训。

(王一行)

【多款词典APP上线】 上海海笛数字出版科技有限公司(以下简称“海笛”)前身为“海词词典团队”，其运营的《海词词典》是中国第一部在线词典，曾是百度、腾讯、搜狗、有道等公司的词典OEM(Original Equipment Manufacturer，原始制造商)。海笛以“科技服务出版”为核心理念，与国内外众多知名出版社达成长期合作，制作并发行了上百款语言类APP，版权合作覆盖纸质辞书约80%的市场份额。2014年，和牛津大学出版社达

成深度合作，联合推出国内第一款正版《牛津词典》APP。2015年制作的《辞源》U盘版发布，获"中华优秀出版物奖"。2017年，与商务印书馆合作的《新华字典》APP推出，可通过移动客户端、微信小程序、智能手表等多种形式使用。2018年，为弥补市场缺口，海笛推出日语、法语、德语等多款小语种词典APP，为广大外语学习者带来更实用的学习工具。

（海　笛）

三、重点文化机构信息化

上海图书馆（上海科学技术情报研究所）

【概况】 2018年，上海图书馆（上海科学技术情报研究所）（以下简称"馆所"）深入学习和宣传贯彻《中华人民共和国公共图书馆法》，紧紧围绕"抓学习、重调研、树品牌"的工作主线，根据馆所"十三五"规划的要求和上海图书馆（以下简称"上图"）东馆建设的迫切需要，在保障馆所主要信息系统稳定运行、相关业务工作顺利开展的基础上，以建设完成第三代图书馆管理系统中期项目为抓手，把"数字人文"等建设项目作为创新龙头，做好信息技术平台的建设工作，优化基础设施，加强数据服务，注重人才队伍的培养与支持，强化科研力量，着力推进东馆建设的信息化布局，继续提升阅读推广服务效能和新技术应用的覆盖面，为馆所在"十三五"期间的创新发展提供一个良好的信息基础环境。

【数字阅读服务】 为适应不断移动化、轻量化、碎片化的城市居民阅读需求，积极布局微信、微站和手机客户端，形成实用高效的移动数字阅读服务体系，从而提高数字阅读产品和服务的供给能力，促进优秀传统文化瑰宝和当代文化精品的网络传播。"上图·微阅读"已为广大读者免费提供20 000多种全文电子书、约3 000种英文电子书、约300种电子期刊、约30 000集有声书和3 000部阅读视频等数字阅读资源。经过不断完善和改进，平台已形成了"微阅读""微文堂""听书馆""悦视频""少儿英文原版书"等众多移动阅读服务品牌栏目，成为"看听说读"四位一体的数字阅读平台。2018年，"上图·微阅读"以每周7本书的速度向读者推荐主题电子书，全年共推荐350本，年整体数字阅读访问量达到66万人次，平均每本电子书被阅读20次以上。

少儿英语电子书作为"微阅读"平台的特色资源，已上线服务三年，2018年增购了"古腾堡计划"不限复本数的电子书、诺贝尔文学奖获奖电子书，并增补了部分热门书的复本数，形成了每月一期"原版读物推荐"的定期推广机制。少儿电子资源全年外借量超过了10 000册次，较2017年同期大幅增长，外借率维持在400%以上，独立用户数超过5 000人。

【新媒体服务】 打造新媒体服务矩阵，实现"互联网+图书馆"的全方位发展。由上海图书馆微信、微博、头条号、阿基米德音频社区等组成的新媒体矩阵对宣传馆所服务品牌、资源品牌、数字阅读、

读者讲座、展览和培训、馆所重大新闻宣传和高品质的阅读推广起到了不可替代的重要作用。2018年开展了以下服务:

微信方面,2018年"上海图书馆"微信服务号的用户使用量、读者关注量及咨询量都有大幅增长。其中,微信功能使用量全年累计3 977 639次,同比增长44.9%;微信粉丝关注数共307 261人,全年增长83 368人,同比增长37.2%;微信参考咨询量全年累计75 394次(其中人工回复42 454次,智能咨询33 430次);全年"上海图书馆"微信服务号共推送48次440条图文信息。

微信订阅号方面,2018年"上海图书馆信使"订阅号进入常态化运营。粉丝关注数也有所提高,累计关注数达24 997人,同比增长9 564人。订阅号累计推送253次,共322条图文信息。

"头条号"服务方面,至2018年,全国图书馆界首个在"今日头条"开通的"上海图书馆"头条号关注用户数已达1 253人,共发文221篇,全年累计阅读量156 036次,在大众新媒体新闻渠道取得了长足的进步。

微博方面,2010年7月全国图书馆界首个认证微博"上海图书馆信使"微博诞生,至2018年粉丝数已达164 718人,全年推送原创微博1 460条,同比增长9.9%,博文累计阅读量5 051 466次。

"阿基米德-上海图书馆社区"方面,2017年8月,上海图书馆尝试在"阿基米德"音频平台开通"上海图书馆"社区。至2018年,关注用户数已有496人,全年累计发帖216篇,已开设"书里的声音"线上朗读活动、每日书单推荐、大型活动音频直播三大特色栏目,全年音频收听量累计达到260 000人次,发展势头迅猛。其中"上海话绕口令"活动直播单场收听量高达3 107次。制作讲座音频录播9场,总点击量72 240次;制作"如水说史"系列讲座5场,总点击量69 387次。

开通网络直播服务方面,与国家图书馆直播平台合作,将优质的读者培训活动依托国家图书馆公开课直播平台"走出去"和"引进来"。截至2018年10月,全年申报国图直播3场,实际直播1场;转播国图直播6场,到场人数206人。在直播平台定期举行馆藏数据库使用方法介绍直播培训活动,将上图资源介绍到每个读者身边。上图2016年10月开始尝试网络直播读者培训、读书会活动,至2018年累计进行线上直播20场,到场人数568人,在线收看直播人数20 545人,在线人数是到场人数的36倍。

探索微阅读大客户服务模式方面,2018年内完成"上海图书馆"微站入驻"上汽集团工会"公众号和"上海金融"APP,进一步尝试与社会机构基于上图线上数字阅读推广的合作。

2018年6月12日,在上海市闵行区图书馆组织召开了第五届图书馆微服务研讨会。本次会议面向全国图书馆界的新媒体微服务馆员,主题聚焦"微服务 新智能",会议同时举办了第一届图书馆新媒体创新服务案例评选活动,共收到来自全国72家图书馆的77个新媒体创新服务案例,都是各图书馆自2017年1月1日以后在"两微一端"上推出的新服务举措。通过评选,体现出新媒体作为图书馆创新服务主渠道的重要作用,新媒体微服务已成为图书馆创新服务的主阵地。

【数字人文服务】 "上海记忆——从武康路出发"项目的设计研发,彰显了图书馆作为城市文化记忆机构的重要价值。该项目利用现代信息技术和上海图书馆的海量馆藏资源,从历史照片、报刊图书、名人档案、老地图及影像资料中挖掘知识,重现武康路在不同时期的历史风貌,将不可移动的

历史文化建筑与文化记忆资源深度融合，展现城市人文遗产的独特魅力，同时体现现代图书馆兼具公共性和人文关怀的重要价值。该项目设计了将上海城市历史文化中的重要元素（马路、建筑、人物、事件等）融为一体的内容架构，利用手机网站构建并重现了武康路100余年的历史，将图书馆的馆藏资源智能地推送到读者指尖，并在“老洋房阅读之旅”活动中，成为活动参与者的移动导览工具，同时提升了馆藏的利用率，拓宽了馆藏的使用范围，将图书馆与市民的现实生活紧密地联系起来。

历史文献众包平台正式上线，验证码项目成果初现。众包平台项目二期增加了多种新功能，为发布者、抄录者提供了可用性更强的历史文献众包加工方式。项目于2017年年底提出需求，经过半年多的开发测试，2018年下半年进入使用推广阶段，完成信函抄录近百封。验证码项目尝试将手稿文献切割成单字嵌入验证码中，借助登录用户完成文字识别工作。项目于2018年年初启动，已正式用于上图官网首页登录界面、数字人文各项目的登录界面。

人名规范库建设取得重大进展。随着家谱、古籍、手稿、档案、武康路、红色文献、电影等知识库的建设，逐步建设了可扩展、可共建共享、基于互联网提供人名规范控制的人名规范库，完成了可容纳多种来源人名数据的数据建模，逐步实现了对家谱、古籍、盛宣怀档案、名人手稿、武康路、红色文献、老电影库电影库中人名的规范控制。至2018年，该人名规范库的数据量已达到1 203 584人的规模。

家谱知识服务平台二期项目方面，进一步实现了界面和用户体验的重新设计。在内容上增加了300余种家规家训数据，并提供查询和展示功能。在功能上实现了上传家谱、在线修谱、在线识谱功能，大大增加了用户参与度。在性能上引入了索引机制，提升了系统性能。

古籍联合目录与循证平台方面，在数据建模上增加了对古籍间不同关系的揭示。在联合目录部分，实现了单个机构的界面、数据、功能管理和全文浏览，已有柏克莱加州大学东亚图书馆、哈佛大学哈佛燕京图书馆以及澳门大学图书馆3家图书馆加入联合目录，提供古籍书目数据查询和全文影像浏览。为各机构提供独立古籍目录站点，支持各机构管理员设置个性化的站点主页和全文影像浏览权限、上传并修改数据。在循证研究部分，重新梳理了循证研究的需求和脉络，将循证查询和循证研究分离，将作者查询和作者分析合并。在数据清洗方面，研究了Work的合并规则，重组数据，形成更准确的源流探索功能。在全文浏览方面，引入了IIIF框架，有着更加平滑友好的用户体验，并支持标注功能。在知识库建设方面，建设了包含22 000余藏印数据、54家藏书楼、424位藏书家的藏印知识库。

【数字资源长期保存与开放服务】 数字资源长期保存平台稳定运行，长期保存工作稳中有进。2018年，进入长期保存的自建资源共26项，存储总量达382 TB，增量48.78 TB。

完成新加工古籍地方志、家谱、民国图书、家谱的应用服务级数据转换加工，并投入历史文献统一平台服务。修复、调整、补档若干历史文献平台中的服务对象。应用服务级数据总量9.72 TB，增量851 GB。保存级与应用服务级的数字对象总数达到1.4亿个，增量1 563.3万个。

资源开放方面，继续扩容数字资源服务能力。互联网开放资源中，增加近2 000种家谱数字化资

源、若干古籍数字化资源上线，使在线的家谱总数达到8 007种、古籍113种。继续对开放数据应用开发竞赛进行技术支撑。2018年在开放数据的数量(60余万种古籍书目数据，1.5万余条藏印数据，89万余个人名规范数据)和接口调用量(25万次)上均远高于2017年。

【公共图情服务体系】 2018年，上海市中心图书馆“一卡通”三级服务体系稳定运行，“一卡通”市、区县、街镇以及其他基层服务点总节点数达到355个，另有图书分拣中心节点1个，服务用微机总量达1 168台。读者办证数和书刊保有量持续增长，有效读者证数量达4 743 440张，同比增加8.91%；书目记录总数达4 277 963条，总馆藏量达31 266 699册。在图书借阅方面，总流通量为6 264.06万次。其中，中心图书馆“一卡通”流通量为6 153.72万次，成人流通量为3 990.52万次，少儿流通量为2 163.20万次。

加强数据服务，发布“我的悦读2017”上海图书馆年度阅读账单，包括通用版、个人版、微信版，以及《上海市公共图书馆2017阅读报告》。发布《上海市公共图书馆行业发展报告2017》。进一步为分馆提供数据服务，为部署有数据实时展示模块的7家区级馆提供内容更新；为4家分馆自行开发各类应用提供数据实时展示接口。

【上图东馆信息化建设】 为了支持东馆的信息化建设，馆所于2017年年底启动东馆信息化调研计划，组建了一支由各领域馆外专家、上图信息化建设人员为主的项目组。该项目组制定调研大纲，将调研任务分成“下一代图书馆自动化系统&资源中心”“历史人文大数据中心”“接口平台&总体架构”“智慧情报”“基础建设&智能楼宇”五个专题并行推进。通过第一阶段文献调研、第二阶段的馆所业务中心调研、第三阶段馆所领导班子调研，最终形成调研总报告以及五个分报告，对馆所的信息化需求进行了排摸与汇总，为东馆信息化建设方案的编写打下坚实基础。

【应用服务的移动化改造与新技术探索】 完成新主页门户的技术架构搭建与开发，重构主页门户，使用轻量便捷的数据接口、通用的HTML5规范，从零开始进行功能梳理、设计与开发。着重考虑移动端的体验，通过限制没有或移动端显示不佳的服务暂缓接入或重构，来保证主页的移动化体验。新主页门户已正式上线。

探索手机借书的创新模式。继2018年尝试用手机APP扫码借书后，经反复论证，解决了读者自携手机各种操作系统在同一平台借书的难题，并实现借出图书门禁瞬间检查通过的效果。该系统于2018年8月14日在上图中文书刊外借室推出，节约了图书馆流通硬件成本，方便读者借书，减少高峰时间读者排队的情况，避免读者共用一台借书机产生误借的问题。

采用国外先进的数字阅读解决方案，升级数字阅读服务。通过对国外图书馆数字阅读解决方案的调研，采用Exchange＋SimpleE作为上图数字阅读的基础方案，并通过与纽约公共图书馆沟通交流，形成上图自己的落地方案，采用readium-LCP作为DRM(Digital Rights Management，数字版权管理)解决方案，并实施系统集成与开发。至2018年，已初步建成包含内容管理平台、馆配平台、阅读客户端在内的上图数字阅读集成平台。

继续升级和完善现有“爱悦读”产品功能，简化部署配置、培训维护人员，简化大屏配置和部署的流程。完成“爱悦读”WiFi盒子的二期开发，对

盒子进行了二合一改造，并赠送到相关单位，受到欢迎与好评。

【信息基础设施优化与升级】 网络基础设施建设持续投入较大力度。2018年全年完成馆所网络核心交换机升级工作，包括电源升级和万兆光板卡的扩容，从而实现网络核心层至汇聚层整体的万兆升级改造，大大提升了核心网络的处理能力。同时，对馆内的有线网络桌面节点交换机进行更新升级，全面实现了馆内桌面层局域网络的千兆接入部署，使得馆所绝大部分区域的桌面层网络速率有了大幅提高。

无线网络服务进一步优化。2018年，通过部署相关应用控制系统，实现了馆所无线网络的无痕登录，极大简化了读者的登录过程，增强了读者使用馆所无线网络的方便性。此外，还完成了对馆所报告厅和部分学术会议室的无线信号覆盖，并首次采用超高密度区域覆盖模式，较大地改善了相关区域的无线网络使用性能。

服务器及终端设备的运维工作继续保持稳定，各类服务器的应用规模进一步扩大。至2018年，已形成146台物理服务器、427台各类虚拟机的系统环境，虚拟服务器的数量进一步增长，支持包括实体机迁移整合、新应用部署运用、系统测试等在内的多种应用场景，进一步提升了物理计算资源的利用率及可靠性。此外，在2018年的工作中，以物理资源集中化、虚拟资源群集化、存储资源分类化为指导思想，对计算与存储资源的架构进行了调整整合，将原先分散的虚拟服务器资源向故障转移集群迁移，初步形成了内网应用、外网应用、核心应用、桌面(应用)虚拟化四大故障转移集群，迁移至集群中的虚拟机已占到虚机总量的52%；通过对存储资源的整合与分类，形成了四套各有分工的存储集群。此外，还对现有的应用虚拟化系统进行调优，对在用瘦客户机进行了全面检查，根据需要进行了硬件更换、操作系统重装和用户设置更新，使其保持良好的运行状态。

继续尝试租赁公有云服务。至2018年，租赁各类公有云服务器的总数已达到12台。通过对不同服务商提供的云服务进行使用与对比，一方面提升了相关信息系统对外服务的稳定性，降低对馆所网络带宽与硬件资源占用的压力；另一方面也进一步积累了对公有云服务的使用经验，方便未来更多信息系统采用公有云服务。

在终端设备运维方面，利用好社会化采购运维服务，继续采用微机定期巡检服务外包和终端设备维护驻场服务，进一步提高终端设备维护的效率与服务水平，保证各业务部门终端设备的稳定运行。

信息安全保障工作进一步提升，顺利完成关键节点的安全防范工作。完成互联网出口防火墙、上网行为管理设备的更新升级，进一步提升了馆所信息安全防护设施的性能与高可用性。继续对馆所网站应用进行安全扫描与防护策略调优等防范工作，结合2018年信息化项目中入侵防御设备以及Web应用防火墙设备的调研选型，对馆所信息系统的安全防护架构进行了调优规划。对发现问题的站点，及时组织相关人员进行检查与整改，迅速排除有关漏洞与问题点，确保相关站点稳定运行以及馆所整体信息系统安全。

【优化办公自动化系统】 注重优化调整办公自动化系统，提升办公自动化系统的移动化水平。根据相关业务处室的需求，完成馆所资金管理系统升级改造的招标、前期调研、开发、测试等工作。本次升级改造根据国家和上海对预算资金管理的

要求,采用最新建站技术对整个系统的基础平台进行升级。建立馆所项目管理、公用经费管理、社会项目管理、其他事业支出管理、内部结算费用管理、招标管理、合同管理、设备请购管理、出差审批、会议计划执行申报等模块。对已有的数据进行有效利用和挖掘,有利于实现对各类预算资金的科学管理和风险控制。

【建设公共数字文化工程】 2018 年,在文化部、全国公共文化发展中心、上海市文化和旅游局的指导下,上海各级图书馆密切协作,深入开展上海市公共数字文化工程建设,取得显著成效。

在项目建设方面,完成 2018 年核定项目的立项申报,开展 2019 年公共数字文化项目申报。在共享工程地方资源建设方面,全国文化信息资源共享工程上海市分中心(以下简称“上海市分中心”)申报的 5 个项目全部通过专家评审。在数字图书推广工程项目申报方面,共有 13 家图书馆参与申报,申报内容包括政府信息公开、地方图书数字化、地方报纸数字化、元数据仓储、网事典藏、图书馆公开课和专题资源建设。2018 年,上海市分中心申报的 6 个地方资源建设项目顺利完成,经专家评审通过国家文化部验收,另有 7 个地方资源项目通过市文化和旅游局审核并报全国公共文化发展中心验收。此外,还完成《海纳百川——上海本土文化特辑》慕课项目建设,60 讲共享工程讲座资源征集。

在公共数字资源推广方面,组织开展了“网络书香过大年”新春活动;组织开展了世界读书日“图书馆公开课直播”活动;举办了共享工程地方资源建设成果展;组织开展了残疾人文化共享推广活动;组织开展了 2018 年“童音诵古韵 · 经典有新声”活动;文化共享工程数字资源首次落户澳门大学。

在数字人才队伍建设方面,组织各区图书馆开展共享工程网络培训 5 次,共计 6 547 人次;数图推广工程培训 3 次,共计 2 735 人次。组织各区级图书馆推进实施“数字图书馆推广工程 2018 年人才培训计划”,为数字图书馆推广工程人才培训工作扎实推进打下了基础。

(夏　海)

上海博物馆

【概况】 2018 年,上海博物馆不断加强信息化建设,具体表现在开通网上课程、上线移动导览系统(APP)、开展古籍及碑帖数字化工程、完成“上海博物馆数字中心”项目和“董其昌数字人文”项目等方面。

【开通网上课程】 开设远程教育栏目,并设置网上课程。这是全国博物馆第一个文博类的慕课课程,为社会大众获得文博知识提供了又一条有效渠道。2018 年,已拥有“考古中国”“中国碑刻”“博物馆与世界文明”“水与古代文明”等十多个课程系列。

【移动导览系统(APP)上线】 移动导览系统以移动网络为骨架,以多媒体为表现形式,以移动终端为载体,形成有效的知识导览服务体系。移动导览系统从地图和展品两个入口引导观众,将陈列品、展示环境与自身的经验相连接,并逐步将感性认识上升为理性认识,完成认识的过程,达成学习的效果,最终达成服务观众、文化共享和高效沟通的总体目标。同时,还对展室触摸屏上的多媒体系统进行分批改造,使其能与移动导览系统进行

资源整合，优势互补，共同创造公众主动学习的空间，为观众提供更舒适的数字化导览体验。

【开展古籍及碑帖数字化工程】 2018年，完成高精度扫描古籍图书25万多页的古籍扫描，采集古代碑帖近千册的数据。采集藏品三维数据近200件。

【完成“上海博物馆数字中心”项目】 “上海博物馆数字中心”是一个对应用系统与数据资源进行集中管理、科学分析、调度监控及可视化展示为目的的数据平台，初步实现了博物馆资源的核心汇集与发布。该项目涵盖展馆、展览、藏品、观众等核心指标，描述博物馆信息资源及其载体，构建、挖掘、分析呈现信息资源及核心指标之间的相互联系。“上海博物馆数字中心”项目是上海博物馆从管理上，由“经验驱动”转向“数据驱动”做出的初步尝试，此做法在国内文博界尚属首次，是博物馆进行大数据挖掘和利用的有益尝试。2018年，该项目通过验收，受到博物馆业内专家的好评。

【完成“董其昌数字人文”项目】 “董其昌数字人文”项目是国内博物馆在数字人文研究领域进行的一次开拓性实验。它初步打通了藏品基本数据和研究数据之间的壁垒，依靠数据关联和量化分析，以可见的形式展现与董其昌相关的时、地、人、事，并尝试引入最新的机器学习技术，通过人工智能分析中国古代绘画的元素及特征，构成素材数据抓取和聚类的自动化模式，这也是目前中国书画研究中首创的新手段。该项目在2018年年底的中国博物馆及相关产品与技术博览会及上海博物馆董其昌书画展中都进行了展示，受到了业界的一致好评及观众的热烈欢迎。

（刘　健）

上海科技馆

【概况】 2018年，上海科技馆加快智慧场馆建设，以需求为导向，推进信息化项目建设与优化。信息技术在支撑场馆运行、服务中外游客、拓宽科普边界、提升管理效能、助力廉政建设、加强基础保障等方面得到充分运用。

【票务系统持续优化】 2018年4月，票务系统推出在线退票自动审核功能，可自动处理游客发起的普通退票申请，将票款直接退给游客，从发起到退回最快可在3分钟内完成。全年自动处理占游客退票总数的96.2%，准确率达100%，将结算人员从重复劳动中解放出来。2018年4月20日起，四维影院和太空影院的网售功能开放，游客可在线购买上海科技馆四个影院全部场次的电影票。国庆期间，70%的电影票通过官方网售渠道购买，极大地减轻了售票窗口和现场运行的压力。6月，第三方渠道商（驴妈妈旅游网、同程旅游网、携程旅行网）网售功能陆续投入使用，游客可凭身份证在合作渠道商的官网上实名购买上海科技馆门票，现场刷身份证入馆。2018年全年，第三方渠道购买门票数占网售票总量的21.6%。

【公众互联网信息服务平台建成】 2018年12月，上海科技馆公众互联网信息服务平台项目完成整体验收。全年官网注册用户总数超过54万人，年浏览量达1 204万次。

在服务公众方面继续做深做实。2018年春节，展项预约功能上线，取代之前的人工发纸质预

约券模式，游客可通过微信预约馆内热门展项，节省了排队时间，极大缓解了展区运行压力。5月的国际博物馆日，英、法、日、韩外语网站上线，全年共有来自80个国家的人群浏览。外语网以参观服务和新闻资讯为主，展示馆内各类展览、电影、教育活动、重要新闻和国际交流活动，成为外籍人士了解上海科技馆的重要渠道。进一步提升"一门式"服务体验，升级PC版在线购票，优化活动预约模块，联通"机器人画家"互动展项系统。加强线上线下互动，完成评论模块开发，推出"2018狗年生肖展之特别展品征集令"活动，让公众参与策展过程，线上作品首次变为线下展品。加强科普资源建设共享，新闻、活动、展览等10类共计2万余项科普资源入库，为馆内外用户提供不同的资源搜索应用。完成数据平台搭建，辅助运行管理。

【跨平台协同办公系统继续深化】 2018年，跨平台协同办公系统共发起流程15 461条，办结流程14 092条，办结率91.15%，在提升管理效能方面发挥重要作用。继续深化项目建设，实施内容包括：项目管理模块建设、HR(Human Resource，人力资源)模块建设、展区展品展项保修模块建设、U8库存软件集成及出入库模块建设、报表模块建设、采购模块新增业务建设、合同模块新增业务建设、预算模块新增业务建设、薪资查看、单价合同采购模块、会议室模块建设及其他业务流程。

项目管理模块首次实现馆外课题预算登记、管理、使用、一次性项目立项、入库、出库及预算下达平台化电子化管理。上线后共有67个馆外课题预算通过平台登记，主管部门可实时查询项目执行率，实现精细化管理。在线申报38个2019年一次性项目，其中21个批准出库的项目进行项目及预算下达。HR模块的上线取代了原先人事档案、人事合同、人事变动及证照管理等线下纸质流程，带有详细的权限分级。U8库存软件的对接实现一次操作同步2套系统数据，直接减少仓库管理50%的工作量。已上线模块继续优化，全年共发起7条20万以上合并采购流程、57条单价合同请购流程、491条办公用品请购流程、5条合同合并会签流程、4条补充协议会签流程，办结率100%。

【客流系统改造优化】 2018年4月至11月，上海科技馆对客流系统进行改造优化。新客流系统的探头覆盖科技馆所有6个出入口，安装有16个可见光探头及9个红外热成像探头，统计准确率提高至±8%。新系统除了保留原有系统的功能以外，新增自定义数据对比及天气报表。自定义数据对比能从更多维度分析场馆客流规律。支持按不同年份、不同时段或年内多个时段自定义组合、对比数据，最多可支持10个不同时间段的客流数据对比。天气报表则可通过天气维度的变化，展现天气与客流之间的关联，完善客流报表的呈现方式及维度。新系统整合导入了老系统上线至今的所有历史数据，保证了数据完整性。

【"四责协同"记实平台PC端上线试运行】 项目于2018年10月启动，年底前PC端建成并上线试运行。平台以全面从严治党"四责协同"机制为核心，为馆领导班子、中层干部、重点岗位、"三重一大"项目负责人等履职工作提供了有效的记实和监督手段。系统支持党务工作填报及查询，并与上海科技馆"三重一大"核心业务流程做深度集成，部分填报流程自动触发，将日常业务工作与履责机制紧密结合并高效准确地记录，用信息化手段有效提升了"四责协同"机制建设。

【强化网络和信息安全及基础环境保障】 2018年，上海科技馆加大了网络和信息安全的投入，对网络结构进行优化，接入多台网络安全设备，提高了安全防护等级，保障互联网业务的稳定运行。进一步加强基础环境建设，采购了一批服务器和存储，并搭建新的虚拟机集群，为今后更多的信息化系统提供资源保障。机房建设方面，对机柜和UPS(Uninterruptible Power System，不间断电源)容量进行了扩容，以满足未来更多的设备入驻。

【短信系统升级改造】 2018年3月，上海科技馆短信系统正式上线。系统采用直通上海移动、上海联通和上海电信3家运营商服务器的短信发送模式，为馆内外用户提供便捷的短信服务。对外，联通公众互联网信息服务平台、票务系统和机器人画家展项系统，提供用户注册、在线购票、在线预约，取画通知等短信服务；对内，支撑跨平台协同办公系统，可群发会议通知、招聘通知、专家信息通知等。6月，进一步优化短信服务接口，确保高并发时的处理能力，有力保障了高客流期间展项预约服务正常运行。12月，对接上海科技馆客流系统，提供馆内客流预警服务。数据统计报表显示，2018年，全年共发送短信约184万条。

【在线教育平台“自然探索在线”开发上线】 上海自然博物馆(上海科技馆分馆)在线教育平台“自然探索在线(NAO, Natural Adventure Online)”于2018年10月上线，该平台主要包含在线教育游戏、配套卡牌收集展示系统和站内资源检索三大板块。20个在线教育游戏主要基于H5技术，内容依托场馆展览、教育、研究特色，并对标“鸟类、昆虫、古生物、植物、地质”五个学科领域的核心科学概念。用户将扮演科考队员、厨师、侦探等一系列角色，在问题、任务的引导下开展主动探索，获得沉浸式体验。为了鼓励用户反复探索，配套开发了卡牌收集系统，内含98张动物、植物、古生物、地质卡牌。用户将在游戏通关后获得相关卡牌，并在展示系统中点亮“生命树”。该平台还收录了音频、视频、科普文章、藏品精粹等1 500余条原创资源，用户可以通过关键字对站内资源进行主题式检索，以获得个性化的、完整的学习方案。平台在推动博物馆资源开放共享、提升公众科学素质等方面发挥了重要作用，这也是国内博物馆对跨界教育的率先尝试。

【“我的自然百宝箱”微信小程序开发上线】 上海自然博物馆“我的自然百宝箱”微信小程序于2018年9月正式发布上线，该应用基于原“我的自然百宝箱”网页数据，打造了移动便携、操作功能更强的交互体验，成为秀一秀“动物”收藏、聊一聊“动物”记忆与故事分享眼中的“万物·家园”的专属平台。在保留原来整体风格特点的基础上，小程序在板块架构设置、版面风格、页面底纹、细节设计方面，精简首页、简易化按键设置、采用瀑布流浏览方式、加强搜索引擎功能、加入收藏关注功能等，让用户界面更友好，让用户得以快速注册、一键上传、了解填写要求等。“我的自然百宝箱”网站点击量及微信小程序点击量超1万人次，在线共收到982组上传作品，主要涉及昆虫、鸟类、两爬类、哺乳动物、鱼类、软体动物六大类。小程序在增强公众活动的参与互动体验、传播科学的自然观察法方面起到良好效果，并吸引公众在日常生活中，参与自然观察活动，拓宽了场馆科普教育的边界。

(曹　敏)

"文化上海云"平台

【推动服务能级提升】 制订《2018年"文化上海云"公共数字文化服务升级工作方案》,部署进一步提升"文化上海云"平台服务功能工作,推动资源集聚、技术更新及大数据分析,促进公共文化机构服务效能的显著提升,实现空间利用更充分、内容供给更精准、场馆服务更规范、活动反应更有效、保障投入更有力。推进建立地方标准《公共数字文化平台服务规范》。在云平台与上海16个区级子平台有效打通、对接的基础上,加大与共青团上海市委、上海市总工会、上海市文学艺术界联合会等单位的对接,积极推动工人文化宫、科技馆、青少年宫等公共文化设施逐步上线。结合2018年市政府实事项目"提升居村综合文化活动室服务功能",探索创新面向居村的"公共文化云盒",推动居村文化服务云端上线,并成功上线786家。创新举办"2018云上市民文化节""5·18云上博物馆日""云上影视文化季""公共文化万人培训"等线上品牌服务,实现线下线上同步办节,盘活、用好各类资源,将公益活动、公共服务直接延伸到市民"手中"。至2018年年底,平台注册人数约300万,线上场馆数2 000余家,其中可预约场馆数1 200余家,平台日均浏览量达50万。

(杨燕娜)

第六章　智慧旅游

概　述

在"十三五"规划旅游公共服务供给侧结构性改革的深化之年，上海市旅游局(以下简称"市旅游局")坚持以信息技术为手段，全面提升旅游信息化工作，全面提升旅游公共服务的品质，为建成具有全球影响力的世界著名旅游城市夯实基础。2018年，市旅游局继续推进景区智能化工作，利用上海旅游信息管理与发布平台和上海景区实时信息发布系统的数据汇聚功能，接入当年新建景区实时信息，助推景区在管理和服务上的智能化建设。

(刘　昊)

一、应用推进

【概况】　2018年，市旅游局在应用推进方面做了诸多尝试。"乐游上海"小程序上线，为游客提供各类服务。全力推进市政府实事项目建设，在全市重点旅游休闲区域、交通口岸，完善和提升22座综合旅游服务中心。"962020"上海旅游热线在多个重大活动期间提供咨询服务。市旅游局信息系统不断升级，并建成数据中心，实现了原有系统的数据归集。

【"乐游上海"小程序上线提供服务】　"乐游上海"小程序包含了中英文两种语言版本，不仅有旅游场景中的吃、住、行、游、购、娱、旅游公共服务等要素信息，还结合了AI(Artificial Intelligence，人工智能)识别技术、LBS(Location Based Services，基于位置的服务)地理位置识别、VR(Virtual Reality，虚拟现实)全景展示等技术，让游客在旅游中收获全新体验。小程序主要包括"阅读建筑""发现上海""达人推荐""缤纷生活""浦江游览"

"为您服务"6 个板块,并接入上海旅游集散总站和旅游观光巴士的在线购票平台,在为游客提供丰富旅游信息的同时,也提供了相应的旅游产品,解决出行需求。"乐游上海"小程序的技术亮点是:利用 AI 技术识别,可迅速获取建筑名称与详细介绍,系统可以对上海 80 余座浦江沿岸建筑实现图像识别,其中 33 栋建筑白天识别率已达 95%以上,其中 23 栋建筑还可以在夜间浦江游船上进行识别。同时,该小程序还录入了全市近 400 座优秀历史建筑、名人故居等,游客可通过行政区、建筑类型等标签,获取上述建筑物的有关文字、图片、音频等的讲解,真正让"建筑可阅读"。

【提供智慧化旅游服务】 2018 年,市旅游局全力推进市政府实事项目建设,把民生工程办好做实。在全市重点旅游休闲区域、交通口岸,完善和提升 22 座综合旅游服务中心。面向来沪游客和上海市民,以"城市迎客厅、上海第一站"为目标,以"功能综合化、服务智能化、设施人性化、形象时尚化"为核心,建设有效提供旅游者咨询、旅游者服务、旅游者体验的市民游客公共空间。旅游服务中心既准备了各类宣传资料、出游提示,也为游客提供 VR 体验、移动端的咨询服务、电子优惠券领取平台等各项在线服务。各旅游服务中心的旅游咨询人次数、资料发放量及类别,每日填报至旅游咨询业务管理平台,供相关部门决策参考。

【做好进博会网络信息安全保障工作】 为保障进博会期间网络信息安全,市旅游局落实网络安全等级管理办法的有关规定,对机关运行的网站和信息系统进行了全面排查,全部进行渗透性测试,一经发现隐患立即进行整改。对本单位的政务网和各类对外宣传网站配齐网页防篡改措施,严格配置各类网络安全设备,对摆放在星级饭店的旅游多媒体触摸屏设备进行逐一排查。会同市公安局召开全旅游行业网络信息安全工作会议,部署全市旅游企业的网络信息安全工作。

【"962020"上海旅游热线运行情况】 2018 年,"962020"上海旅游热线全年接听旅游热线电话 4.9 万通。上海旅游热线根据实际运营中的情况,持续不断地对系统设计提出新的优化方案,与开发单位沟通优化了 IVR(Interactive Voice Response,互动式语音应答)系统流程及统计数据报表等模块。热线完成了与上海旅游质量监督所旅游投诉电话的合并。热线还参与了中国旅游日、上海旅游节等多项重大活动的咨询服务工作。

【景区智能化】 2018 年,新增的 A 级景区完成景区客流数据的上报。景区通过客流统计系统的建设,将客流数据对接至上海景区实时信息发布系统。对于新增的 4A 级旅游景区,对接景区视频信号,通过上海市旅游专项资金的扶持,完成景区智慧化管理系统的建设。

【旅游市场监测预警平台建设】 市旅游局信息系统(以下简称"系统")完成了 4A 及以上景区的视频接入、内外部行业数据持续接入,突发事件应急系统的设计和开发、数据统计和展示移动化,并建成数据中心,实现了原有市旅游局信息系统的数据归集。2018 年,系统上线运行。景区视频接入和客流监测方面,接入全市 45 家 4A 景区、3 家 5A 景区的监控视频(共计 181 路视频信号)。客流监测方面,在项目一阶段实现景区实时客流数据统计的基础上,协同三家运营商开展了共计 22 家景区(其中 A 级景区 17 家,开放式游客密集场所 5

综　述

2018年，上海加快信息化和工业化两化融合，发展水平名列全国前茅。持续推动电子商务、工业、农业、金融业等领域信息化建设，增强产业创新动力，推进产业转型发展。

电子商务方面，持续推进电子商务示范基地建设，全面推进具有全球影响力的电子商务中心城市建设，积极开展电子商务监管与服务，推动全市电子商务发展工作取得较好的成效。

制造业信息化方面，加快工业互联网创新步伐，促进制造业转型升级，推进供给侧结构性改革，提升上海产业整体竞争力。全力争创国家级工业互联网创新示范城市，并带动长三角世界级先进制造业集群发展。

农业信息化持续推进“互联网＋政务服务”、农业物联网、农业信息服务、农产品价格监测等方面建设。

金融行业各类主体继续加强集聚态势，证券、期货、基金、保险业交易量持续上升，信息化水平进一步提高，积极应对信息安全挑战，拥抱移动互联网、大数据、人工智能等技术。

电子口岸办公室根据市委、市政府口岸工作总体安排，继续深入上海国际贸易单一窗口等建设，推进亚太示范电子口岸建设，取得积极成果。

第一章 智慧商务

概 述

2018年,上海电子商务规模继续保持领先,电子商务示范工程建设能级全面提升,B2B电商多极发展高地基本形成,同时,消费电商新技术应用特色突出,生活服务电商生态圈优势明显。借助首届中国国际进口博览会举办契机,上海加速发展电商国际化,全力优化营商环境,不断强化监督管理,持续推进电子商务行业融合创新。

一、电子商务发展概况

【电子商务规模继续保持领先】 2018年,上海实现电子商务交易额超2.8万亿元,同比增长19.3%,其中,B2B交易额超1.8万亿元,同比增长14.1%;网络购物交易额首次突破1万亿元,同比增长29.7%,商品类网络购物交易额4 704亿元,同比增长26.4%,服务类网络购物交易额5 681亿元,同比增长32.5%,在网络购物总额中的占比为54.7%,创历史新高。电子商务示范工程建设能级全面提升,普陀中环商贸区、唐镇电子商务创新港在全国百家电商示范基地评估中分列第一、第六名。20家企业获评全国电子商务示范企业,在全国省市中名列第一,涌现出一批电子商务高成长性创新型企业,拼多多实现赴美国上市。

【B2B电商多极发展高地基本形成】 钢铁、石油化工、有色金属、成套设备等B2B电商持续保持全国领先,交易额占上海B2B交易额比重超六成,27家上海企业入围2018年中国B2B行业百强,其中钢铁行业4家,数量占全国三分之二。

B2B电商在规模优势基础上全面创新内涵特色，提升在全国产业版图中的综合服务能级地位，不断在各专业领域形成行业高地。找钢网、上海钢联、欧冶云商等延伸贸易、物流、仓储和金融服务，打造基于大数据服务的综合产业链。B2B电商细分行业多点开花、多元发展，在纺织面料、化工塑料、机电产品、维护维修等领域，链尚网、摩贝、爱姆意、西域机电、震坤行等成为行业龙头企业。

【消费电商新技术应用特色突出】 紧密围绕全面打响“上海购物”品牌，加快推动成为全国消费领域新技术的试验点和孵化场，形成一批智能盒子、机器人餐厅、刷脸购物等首创型零售典型场景。基于消费大数据分析处理的盒马鲜生、叮咚买菜等限时生鲜配送服务消费模式领跑全国。天使之橙智能售货柜、便利蜂无人零售店等一大批智能和无人业态，大幅提升城市商业楼宇和居住社区末端服务能力，上海智慧门店已超1万家，率先在国内发布城市新零售地图。电商平台积极开展在线首发和线下体验活动，全年发布新品超10万类，菜鸟分钟级配送、京东原生无人机、苏宁AGV(Automated Guided Vehicle，自动导引运输车)机器人仓库群等均在沪首发。

【生活服务电商生态圈优势明显】 旅游、生鲜、餐饮等电商进一步打造满足市民群众全渠道、多元化、个性化需求的生活服务生态圈。携程拓展餐饮购物、境外通信、货币兑换等综合性旅游服务，交易额同比增长近四成。易果、大润发等完成数据化生鲜供应链搭建，开拓转型向国内大型电商和数百家门店提供第三方综合物流服务。上海新增社区智慧微菜场575家，累计达1 978家。

【国际化发展全面加速】 国内知名电商组建中国国际进口博览会(以下简称“进博会”)跨境进口电商联盟，搭建“6天＋365天”常年展示交易平台。67家上海市电子商务企业参加进博会采购团，阿里巴巴、网易、小红书等在进博会场馆举办近10场主题论坛。带动溢出效应逐步显现，进博会举办期间，上海口岸跨境电商申报通关量达480万单，同比增长100%。全球电子商务总部加快在上海市集聚，阿里巴巴、京东、唯品会等入驻虹桥商务区。百联全球购、绿地、城市超市等传统商业龙头企业纷纷推出保税展示、前店后库等线上线下互动业态。跨境电商出口功能实现零的突破，星谷、特易等互联网外贸信息综合服务平台领跑行业。

(杨　珞)

二、电子商务监管和服务

【概况】 2018年，上海抓住首届中国国际进口博览会举办契机，继续全面落实《上海市电子商务发展“十三五”规划》，坚持市、区联动，部门联手，坚持以问题清单为导向，重点推进各方面工作。

【全面对接服务首届进博会】 深入推进跨境电商

综试区建设，推动跨境电商公共服务平台全面完成升级改造，保障能力居全国前列，新增漕河泾出口加工区为跨境电商示范园区，累计认定已达 9 家，跨境电商“海外仓”突破 50 个。制定进博会展销消费品便利化监管等系列措施，实现跨境产品预检验与口岸快速验放。推动全市电商领域各行业协会组织近 70 家电商企业，开展进博会电子商务“文明窗口服务月”创建活动。支持指导大型电商平台开展进博会东方明珠线下体验周活动，覆盖近 10 万参观者。

【切实破解行业发展瓶颈问题】 编制《上海电子商务与物流快递协同发展实施意见》，深入完善电商快递配送车辆通行管理政策，开展“快递揽投专用电动自行车”试点，支持重点电商快递物流企业车辆办理通行证并给予临时停靠便利。将智能快件箱、电商快递末端网点等纳入全市居住区公共服务设施相关设置规划，结合住宅小区建设“美丽家园”三年行动计划，推动设置智能快件箱。研究制定全国首个《上海市快递末端综合服务站通用规范》，推进快递末端综合服务站点消防安全设置、快递配送车辆充电等规范性要求建设和改造。

【持续深入推动融合创新】 制定《上海智慧商圈建设评估标准》并组织开展上海智慧商圈发展水平评估，建立、完善上海智慧社区商圈融合创新联盟，编写《上海智慧商圈建设指南 2.0 版》，全面推进上海智慧商圈示范。积极推广电子合同签订和管理，2018 年实现合同备案超 55 万份，服务游客超 180 万人次，同比增长 160%。

【全力优化营商环境】 继续推进电商领域增值税电子普通发票应用，持续降低企业运营成本，全市应用企业已达 6 200 家。制定发布《上海市企业“一照多址”备案管理试行办法》，在全市范围内复制推广“一照多址”，支持电商业态健康、快速发展。

【不断强化监督管理】 开展 2018 网络市场监管专项行动，共检查网络经营企业及相关企业 10.8 万家(次)，清理网上各类违法有害信息 344 万条，关闭违法网站 286 家。聚焦侵犯知识产权、金融诈骗、传销等重点领域，处理涉网案件 170 余起。制定发布《上海市药品零售企业许可验收实施细则》，开展网络销售化妆品安全专项检查工作。

(杨 珞)

三、跨境电子商务公共服务平台

【上海跨境电商服务能级提升】 2018 年，上海跨境电子商务公共服务平台(以下简称“公服平台”)在上海市跨境电商工作领导小组的指导下，持续完善系统、不断优化服务，实现服务能级全面提升。一是系统性能升级，公服平台于 2018 年 5 月中旬整体迁移至上海电子口岸，迁移后稳定性达 99.9%；升级技术框架，搭建监控系统，平台可用性及系统运维保障能力大幅提升。二是平台功能升

级，公服平台大力推进监管措施有效落地，根据监管部门要求，及时优化、拓展系统功能，开发数据加签、关检融合等功能，保障上海口岸跨境电商进出口业务良好开展。三是服务水平升级，公服平台积极组织跨境电商业务培训工作，建立、健全客户服务体系，强化新媒体服务功能，多渠道开展口岸宣传。2018 年，公服平台新增入驻企业近 200 家，年度交易增速持续保持两位数增长，在当年的“双 11”大促中，上海口岸跨境电商交易规模位居全国前列，切实满足上海跨境电商的高质量发展要求。

【上海跨境电商出口业务落地】 公服平台于 2018 年第一季度启动直邮出口实货测试，积极协助海关、电商企业、物流企业、监管场所等相关单位，以真实环境开展直邮出口全流程测试，实现结关数据向税务部门传输，达到检测线下实体运作效果的目的。结合测试结果梳理业务操作问题，开展业务操作简化需求研讨，于 5 月下旬组织企业开展批量测试，并进一步完善三方信息处理联动机制。9 月 1 日，全面切换至海关总署出口新统一版，实现直邮出口业务当日申报、当日放行、全天运作。公服平台全力支持、协助一般贸易出口企业开展跨境电商直邮出口业务，2018 年共对接 20 余家出口企业，单日最大申报单量约 25 000 单。上海口岸跨境电商直邮出口业务全面落地，完善上海跨境电商产业结构，极大推动上海跨境电商产业规模化、标准化、集群化发展。

【跨境收付款服务】 2018 年，公服平台进一步推进跨境收款服务，跨境收款服务是为中国大陆境内居民从事出口跨境电子商务贸易的卖家(个人/企业)提供的境外外汇收款服务。境内的跨境电商出口卖家(个人/企业)在销售货物时，通过公服平台进行跨境出口清关，并授权公服平台使用相应具备交易真实性的清关数据。公服平台通过对接境外收款机构、境内第三方支付企业及合作银行，以该清关数据为跨境收款依据，完成收款申报，将境内跨境出口卖家(个人/企业)的外币及跨境人民币，通过结汇成在岸人民币代发至境内卖家(个人/企业)的境内银行卡账户。2018 年全年，公服平台外汇结算业务量超过 130 亿元，同比增长 4.8 倍，C2C 跨境收款业务、B2C 跨境收款业务落地，两项跨境收款新渠道上线。

【跨境资金结算风险监测体系】 按照上海市外汇管理部门对跨境外汇结算的贸易真实性、实施智能化风险防控要求，公服平台利用大数据等信息化手段，对跨境电商各项交易数据进行交叉验证，搭建跨境结算风险监测系统，实现跨境电商资金结算申报及明细数据的统计、分析、线上抽查、预警等功能。

该系统根据资金流向分为资金汇出、资金汇入两大模块。公服平台在上海外汇管理部门的指导下，在资金汇出模块，通过系统比对试点企业跨境电商订单和国际贸易单一窗口中的相应报关单数据，统计相应未付汇额度，设计开发资金汇出风控系统，辅助市外汇管理部门对大额未付汇的跨境进出口资金进行监管。在资金汇入模块，通过事前审核、事中预警、事后调查进行全过程管控。事前根据历史交易记录及卖家资质建立卖家信用等级与黑名单，协助市外汇管理部门开发随机抽查功能；事中根据市外汇管理部门的要求设置风控阈值，对高频、大额、异常数据进行主动预警或

转人工核查;事后为市外汇管理部门提供统计分析报告及交易过程回溯。

【跨境电商数据动态统计分析】 2018 年,公服平台积极配合监管部门,紧密对接中国邮政集团公司上海市分公司、东浩兰生(集团)有限公司等出口数据纳统试点企业,推进出口纳统数据标准化工作,将国际邮政小包、B2B、B2B2C 等出口模式的跨境电商数据纳入规模测算,推动 B2B 等业务规范化运作,进一步扩大出口业务统计监测范围,以便全面、真实地反映上海跨境电商交易情况,为政府决策提供信息支持。

为健全入境商品和消费者行为数据分析机制,公服平台开发上海跨境电子商务行业整体业态监测系统,实现业务数据全过程监测与统计,切实为各监管部门统计、分析、跨部门协同提供数据支撑。整体业态监测系统依托平台的大数据优势,充分发挥大数据技术集成化作用,全面强化数据监测、统计、交互、抽取、整理、处理、反馈等功能,并通过数字大屏展示形式,实现上海跨境电商大数据可视化。整体业态监测系统围绕上海跨境电商进口、出口、进博会、国际邮政小包及资金结算五大业务,通过不同时间的纵比、不同地域等同级单位的横比,多维度、多层次、全方位地分析上海跨境电商进出口业务情况,并深度挖掘业务数据之间的关联,研判业务发展趋势,全面、实时、直观展示上海跨境电商进出口业务发展动态。

(聂云松)

第二章　制造业信息化

概　述

2018年，上海加快两化融合，发展水平名列全国前茅。《中国两化融合发展数据地图(2018)》显示，上海两化融合发展总体水平58.5，较上一年度上升4个百分点，高出全国平均5.5个百分点，位居全国第2。其中，处于集成提升和创新突破阶段的企业超过30%，高出全国2.8个百分点；数字化研发设计工具普及率85.2%，生产设备数字化率49.6%，关键工序数控化率40.8%；实现网络化协同和服务型制造的企业比例均超过20%。持续推进信息化和工业化深度融合，是党中央、国务院做出的一项长期性、战略性部署。步入新时代，上海积极践行新发展理念，坚持创新作为引领发展第一动力，以信息化赋能工业化、工业化促进信息化，推动实体经济迈进价值链高端水平，持续做好两化深度融合这篇大文章，全力打响"上海制造"品牌，助力提升城市能级和核心竞争力。

一、信息化与工业化融合

【概况】　上海基本形成以重点产业改造提升和"四新"经济培育发展为目标，以企业为主体、园区为载体、政府推动和政策支持为引导，高校、科研机构等社会各方积极参与的制造业与互联网融合发展新格局。建立健全由人才(CIO制度)、标准(两化融合管理体系贯标)、研究(两化融合研究中心支撑)等基础性工作，企业信息化应用深化与集成、智慧园区建设、重点领域信息化等提升性工作，工业互联网、工业大数据、智能制造等创新性工作，以及新一代信息基础设施、工业信息安全等保障性工作构成的"四位一体"综合推进体系。

【形成以大数据、人工智能为新动能的发展路径】 近年来，上海作为国家大数据综合试验区，汇聚数据资源目录2.1万条、数据项29.8万个，向社会开放数据资源数达2 100项，认定金融、能源等7个领域大数据联合创新实验室，不断释放公共数据价值，带动政企数据融合创新。2019年，上海将进一步加大工业大数据应用力度，打造2～3个工业大数据创新中心。上海将制造业作为人工智能最大的应用场景之一，发布首批人工智能应用场景解决方案征集，明确"AI+工厂"作为首批应用场景之一，大力推动计算机视觉、语音语义识别、智能机器人等技术在研发设计、智能执行、质量检测等领域的融合创新应用，培育产业转型发展新动能。

【深入推动两化融合管理体系迈向新阶段】 完善工作制度。上海将两化融合管理体系作为推进两化深度融合的重要抓手，明确了"1+1+10"的两化融合推进机制。以工业互联网服务机构推荐目录为抓手，进一步规范两化融合服务及评定机构管理制度按季度向各区、产业园区、行业协会、重点企业等，发布4期两化融合工作简报，强化监督通报机制。

打造行业标杆。2018年共推动超过1 900家企业完成两化融合自评估，300家企业开展贯标，超60家企业通过评定，8家企业入选国家制造业"双创"示范，新增工信部贯标试点企业29家、示范企业3家，各类数据创新高。实现市级工业互联网等专项资金与贯标工作有效对接，不同类型企业贯标自发性、积极性、示范性空前高涨，为打造信息化环境下企业新型能力营造良好氛围，也为推动全市制造业互联网化转型发挥重要的标准引导和培育作用。

夯实发展环境。2018年共组织5场市级、10场区级两化融合宣贯培训，累计服务企业数超过1 500家，服务人次超过3 000人；上线全国首个地方两化融合公共服务平台，添加各区、企业、服务机构功能模块，汇聚全市两化融合关键数据；首次发布《上海市两化融合管理体系贯标案例研究报告》。

【加快推进长三角数字经济一体化进程】 贯彻长三角一体化国家战略，加快建设智慧长三角。在长三角主要领导座谈会上，签署长三角地区推进工业互联网平台集群联动战略合作协议。上海召开首届长三角工业互联网峰会，启动长三角百万企业上云上平台计划，发布《G60科创走廊推进工业互联网协同方案实施方案》，重点支持智能云科、上海宝信、江苏徐工、浙江阿里云、安徽合力等工业互联网平台企业，在全国率先建成区域性工业互联网平台集群。举办以"数联长三角、众创新生活"为主题的第四届SODA大赛，汇聚长三角政企开放数据，吸引超过500支队伍参赛。

（薛　威）

二、工业互联网

【概况】 作为全国制造业与互联网融合、两化融合及工业互联网发展先行城市，上海有着企业数

量多、细分领域强、行业分布广、产业链相对齐全的特点。上海市立足产业和信息化发展基础，将工业互联网作为新时期加快推进两化深度融合、落实制造业与互联网融合发展战略的重要抓手，作为加快新旧发展动能和生产体系转换、促进制造业转型升级的重要突破口，促进数字经济和实体经济深度融合，全力打响“上海制造”品牌，为上海加快推进“五个中心”建设、促进长三角区域一体化发展、加速向全球卓越制造基地迈进奠定坚实基础。

2017年，市政府发布《关于本市加快制造业与互联网融合创新发展的实施意见》(以下简称“《实施意见》”)以及《上海市工业互联网创新发展应用三年行动计划(2017—2019年)》，明确六大重点产业和发展目标；2018年7月，市政府印发《上海市工业互联网产业创新工程实施方案》(以下简称“《实施方案》”)，明确加强“533”顶层设计，围绕“网络、平台、安全、生态、合作”五大体系，开展“功能体系建设、集成创新应用、产业生态培育”三个行动，实现“全面促进企业降本提质增效、推动传统产业转型升级、助力国家在工业互联网发展中的主导力和话语权”三个目标。力争到2020年，全力争创国家级工业互联网创新示范城市，并带动长三角世界级先进制造业集群发展。

【夯实工业互联网网络基础】 **扎实推进标识解析体系建设。**严格按照《工业和信息化部上海市人民政府共同推动建设工业互联网标识解析国家顶级节点(上海)的合作协议》内容，一是加快建设进度。2017年，工业互联网创新中心(上海)率先启动标识解析国家顶级节点(上海)的“试验节点”建设任务，作为国家五个顶级节点之一，2018年年中已基本建成并开展试运行，2018年年底，搬迁到运营商专业IDC(Internet Data Center，互联网数据中心)；2018年12月13日，由市经济信息化委、市通管局、市临港地区开发建设委员会、中国信息通信研究院主办的“工业互联网标识解析国家顶级节点(上海)签约暨启动仪式”在沪举行，部市合作签约共同推动工业互联网标识解析国家顶级节点(上海)建设并正式上线运行。二是推动试点应用。设立工业互联网专项资金重点支持标识解析应用，率先推进二级节点在船舶、汽车、化工等行业试点应用，推动华峰超纤入选工信部工业互联网项目(标识解析集成应用类)，上汽集团、中科云谷、上海核工院等一批工业互联网标识解析二级节点建设与国家顶级节点同步启动；根据长三角工业互联网推进计划，到2020年，推动二级节点在长三角8个优势行业建设与应用，基本建成长三角标识解析服务体系。

加快网络基础设施升级。依据《上海市推进新一代信息基础设施建设助力提升城市能级和核心竞争力三年行动计划(2018—2020年)》，一是建设工业互联网网络架构体系。聚焦临港装备制造园区、松江经济开发区、金山化工区、宝山工业园等园区，率先实施工业互联网光网络、工业无线网络、窄带物联网、时间敏感网络等在工业企业的试点部署，逐步推动工业以太网及工业无线网络全市重点园区全覆盖；推动上海新力动力、海尔数字入选工信部工业互联网专项(网络能力提升类)。二是推动网络提速降费。《实施意见》要求，到2020年，企业互联网专线和数据流量资费总体降低40%以上；鼓励基础电信运营商与工业企业加强合作，提供面向不同场景、不同需求的个性化、差异化资费套餐与服务模式。三是运营商加速布局。中国

电信股份有限公司上海分公司(以下简称“上海电信”)基于有线光网络及无线网络(LTE/NB-IoT)优势,为工业企业提供内、外部网络连接方案,搭建上海理想翼联工业互联网平台,提供跨行业、跨领域的工业互联网服务;实现城域网核心层、汇聚层、业务层设备的IPv6(Internet Protocol Version 6,互联网协议第6版)支持;推出“天翼领航”云网融合套餐等提速降费套餐,助力企业上云。中国移动通信集团上海有限公司(以下简称“上海移动”)面向政企客户,提供基础资源、平台能力、软件应用等云服务;逐步对网络及终端实现IPv6改造,已实现LTE(Long Term Evolution,长期演进)基站IPv6改造,核心网及承载网基本完成IPv6改造。中国联通有限公司上海分公司(以下简称“上海联通”)提供基于窄带物联网络的智慧工厂解决方案;打造设备管理平台——睿匠平台,面向工业领域,适配智能制造、设备监控、预测性维护、服务产品化等多场景的水平化设备管理平台,提供云宽带、云专线、云组网、云互联、云睿联等内容,推出工业云产品优惠等。

【推进工业互联网平台建设】 **明确发展思路,推动平台梯度建设。**根据《实施方案》,到2020年,一是培育通用型平台。以电信运营商、互联网企业等为主体,聚焦产业“横坐标”,以海尔Cosmo、用友精智、上海理想为重点,培育1～2个具有核心竞争力的通用型平台。二是建设行业级平台。以行业龙头企业为主体,聚焦产业“纵坐标”,面向电子信息、钢铁化工、装备制造与汽车、航天航空、生物医药、都市等重点产业,以智能云科、上海电气风云平台、宝信软件等为重点,打造15个以上面向重点产业、重点环节的行业级平台。三是形成企业级平台。以大型工业企业为主体,推动企业从单项应用向综合集成跨越,建设50个以上针对特定行业、特定区域的企业级平台。

突出政策聚焦,鼓励平台做大做强。一是发布专项支持。2017年,制定《上海市工业互联网创新发展专项实施细则》,2018年,结合《实施方案》新的工作重点,联合市财政局发布《实施细则》(修订版),更加聚焦平台体系、支撑体系、标杆园区、标识解析等示范引领项目,新增“建平台”和“用平台”双轮驱动、产业集聚、服务能力等新方向;已设立3批专项资金,每批规模3亿元,支持近150个重点项目;后续拟根据发展规律和企业诉求,每年动态调整支持方向和内容。二是发布推荐目录。2018年7月,发布首批《上海市工业互联网平台和专业服务商推荐目录》,首批共入围8个工业互联网平台、22家专业服务商(含标识解析服务、集成服务、两化融合贯标服务等),入围企业将作为推进企业上云上平台、专项资金支持的重要依据,名单按年度滚动更新。三是打造标杆园区。2018年,上海市工业互联网创新发展专项资金重点支持产业园区与平台运营商合作,打造以工业互联网为特色的标杆园区;通过政策聚焦、资源整合,提升产业园区能级提升和协同共享,打造高质量发展的新样板,市、区两级财政进行联合资金支持,全市首个工业互联网标杆园区已启动建设。四是遴选优质平台。积极组织平台企业申报工信部工业互联网专项,11个项目(含4个平台类)入选,数量居全国第二,含智能云科等3个特定领域的平台测试床,宝信软件1个特定行业的平台测试环境。

强化应用驱动,助力平台能力提升。一是引导企业上云上平台。通过实施“上平台”“云海计

划"等,引导和支持10万家企业将基础设施、核心业务和关键环节上云上平台,逐步向智能化生产、网络化协同、个性化定制、服务化延伸的工业互联网"新四化"模式升级。二是激发"双创"活力。将工业互联网与制造业"双创"工作紧密结合,通过工信部制造业"双创"示范项目申报等抓手,引导龙头企业开放供应链资源和市场渠道,与中小企业通过专业分工、服务外包等形式,逐步建立协同创新、合作共赢的新模式、新业态。2018年,赛摩等8个项目入选工信部制造业"双创"平台试点示范。三是培育新型软件。组织开展工业APP项目和应用示范企业征集工作,遴选一批优质工业APP;计划到2020年,实现千个基础共性、行业通用及企业专用工业APP加载。四是打造公共平台。启动上海市工业互联网研发与成果转化功能型平台(上海18个科创中心功能型平台之一)、市两化融合公共服务平台等工业互联网公共服务支撑性平台建设,逐步强化工业互联网平台基础资源和服务保障能力。其中,研发与成果转化功能型平台已获市发展改革委正式批复,支持资金达1.1亿元。

【提升工业互联网安全保障】 **加强政策设计,开创工控安全保障格局。**一是强化顶层设计。《实施方案》提出,到2020年基本建立完备、可靠的工业互联网安全保障体系;二是扩展工作布局。落实国家工业互联网、工业控制系统安全要求,制定并发布《上海市工业控制系统信息安全行动计划(2018—2020年)》,聚焦综合管理、安全防护、技术支撑和产业发展,提出了"四大工程14项具体任务";三是强化联动对接。逐步强化与市通信管理部门协同对接,细化有关管理机制、工作任务与重点工程,与各区主管部门、企业集团和工业园区形成推进合力。

深化检查评估,助力企业防护能力提升。一是开展年度安全检查工作。完成覆盖全市8 300家规模以上工业企业自查部署,掌握1 300余家企业、2 200余套工业控制系统、工业互联网应用基础数据,以及140余家工业企业的工业云应用情况。二是强化企业安全抽查。围绕首届进博会安保要求,在相关重点区域、重点工业行业,以及城市基础设施等领域选取50家企业作为抽查对象,完成自查复核、系统检测工作。三是落实能力提升工程。围绕工业企业"千百十"防护能力提升工程实施,强化统筹推进、检查评估和试点示范,对千家工业企业加强面上安全指导,百家重点工业企业和运行单位落实重点防护措施,并在全市重点打造十家安全标杆示范企业/工厂。

完善服务能力,打造专业平台队伍支撑。一是加强技术支撑平台建设。对接国家要求,梳理形成综合管理、监测预警、检查评估等技术平台建设框架并推进建设。二是完善专业机构培育。推动上海自动化仪表研究院获批国家认证认可监督管理委员会"国家工业控制系统安全质量监督检验中心"资质;通过调研、检查、评估等工作锻炼本地化队伍能力,遴选多家单位申报"工业互联网安全评估评测机构"。三是组建专家团队。启动全市工业信息安全咨询组和专家库建设,通过邀请、自荐和单位推荐,形成由10位专家组成的咨询组和150人的入库专家团队,储备丰富的专家智力资源。

推进创新转化,构建技术产业体系生态。一是启动公共平台。建设市工控系统安全研发与转化功能型平台(上海18个科创中心功能型平台之

一),成立平台公司并启动与中国网安、360、中科院信工所等单位的战略合作。二是完善园区建设布局。深化与普陀、宝山等区的合作,规划启动安全主题产业园及产业引导基金,推动政策措施、龙头企业、重大项目落地。三是完善专项支持。组织工信部首批工业互联网专项,获批集中化安全监测、攻防管控、安全服务和智能装备 4 个项目。四是开展主题论坛。会同中国信息通信研究院举办国内首次工业互联网安全防护演练,开展安全上云、工控安全、产业创新等系列论坛。五是加强课题研究与合作交流,启动工信部委托的工业大数据安全专题研究并形成报告,研究建立长三角区域工业互联网安全协同机制,开展检测评估、监测预警等方面深度合作。

【促进工业互联网开放合作】 进一步加强部市合作。推动市政府率先和工信部签署《工业和信息化部上海市人民政府关于共同推进工业互联网创新发展促进制造业转型升级的战略合作框架协议》,力争在 5 年内,将上海打造成工业互联网创新发展示范城市和全球先进"智造"高地。依托上海华东电信研究院、工业互联网创新中心、工业互联网产业联盟上海分联盟、工业互联网标识解析国家顶级节点上海分中心(筹)等部市合作机构,加强工作对接和重大项目落地。

深化长三角区域联动。长三角工业互联网建设重点围绕"网络、平台、安全、合作、生态"五大体系,强化协同联动,为产业梯度布局、市场精准对接、企业转型升级提供重要支撑,助力打造世界级先进制造业集群。一是夯实网络设施。全面落实长三角主要领导座谈会上签署的《5G 先试先用推进长三角数字经济率先发展战略合作框架协议》;扩大二级节点在汽车、船舶、电子信息、钢铁、化工等行业的建设与应用。二是推进平台建设。推动签署《长三角地区推进工业互联网平台集群联动战略合作框架协议》,全面推动通用型、行业级工业互联网平台建设及应用,促进智能云科、宝信软件等平台的运营商服务覆盖,形成多层次市场化供给。三是提升工控安全。以三省一市贯彻落实《工信部工业控制系统信息安全防护指南》为抓手,试点推进信息安全产品及解决方案在汽车、电力、水务、装备制造、轨道交通等行业的试点应用。四是促进互信合作。在尊重企业对数据所有权的可控条件下,支持和引导工具软件、业务系统、运维数据的跨平台迁移部署,适应多行业、多场景客户需求;推动共性能力建设,制定工业互联网创新效益评估、标杆工厂等标准。五是构筑融合生态。推动筹建长三角工业互联网产业联盟,正式成立长三角首席信息官(CIO)联盟;9 月 1 日,2018 长三角工业互联网峰会在上海举行,长三角百万企业上云上平台正式启动,第一批工业互联网平台和专业服务机构目录、G60 科创走廊工业互联网协同发展实施方案发布,工业互联网协同创新发展在长三角开启新篇章。

【构筑工业互联网融合生态】 强化全市统筹推进力度。一是完善组织机制。2018 年 7 月起,上海市推进《"中国制造 2025"上海行动纲要》工作领导小组设立"工业互联网专项工作组",统筹工业互联网发展工作,由分管副市长担任组长,形成由市经济信息化委、市发展改革委、市国资委等相关部门和各区政府、龙头企业等参与的协同推进机制;7 月 13 日,召开全市性工业互联网推进会议,上海市常务副市长周波出席会议并进行工作部署。二

应用，根据中国宝武2018年度全面深化改革的六项工作要求，围绕中国宝武整合融合和中国制造2025要求，研究利用云原生技术、智能＋大数据技术、分布式微服务、区块链等新技术实现应用服务化、资源共享化、系统智能化，打造敏态IT模式，实现“敏态＋稳态”双态IT模式，更有效支撑集团三层管控架构，助推运营共享层、穿透式监督、钢铁智慧制造建设，提升网络安全威胁的感知和防护能力。

【根据新一轮战略规划纲要，修编信息化规划】 围绕中国宝武资本投资公司的定位及集团总部整体改革方向，强化顶层设计；聚焦穿透式监督平台、钢铁生态圈互联网＋大数据技术平台、信息安全防护体系等内容，整合信息资源，强化集团层面信息资源共享共建，重新规划集团应用系统分层分类原则及定位，编制集团整体数据运营架构，推进“区域＋板块”进一步协同共享，完成2018年度信息化规划修编，聚焦形成规划期内重点工作任务。

【指导子公司信息化建设】 借助信息化专业能力和中国宝武的整体要求，对子公司信息化规划和年度计划、计划外项目进行专业审查，参与子公司重点信息化建设项目的各类审查，指导子公司依托信息技术支撑管理提升。

【根据监管部门要求，保质保量完成总结报送】 根据国务院、国资委、工信部、公安部、审计署、上海市统计局、上海市经济信息化委等监管部门要求，按期、按专项工作要求进行总结报告。根据中国宝武信息化管理要求，牵头编制IT季报、IT年报，主要包括资金计划及支付执行情况分析、季度/年度主要工作内容、下一周期工作展望、信息安全、运维管理专项分析等内容。按工信部、市经济信息化委、集团史志办公室的要求，完成《2018年工信部信息化年鉴》《2018年上海信息化年鉴》《2018年宝钢年鉴》等涉及集团信息化建设内容的起草。

【夯实网络与信息安全管理体系】 根据国资委党委有关要求，调整集团公司网络安全和信息化领导小组，修订完成中国宝武《网络与信息安全管理办法》，制定《中国宝武电子邮件系统运行管理办法》，落实党委网络安全责任制。根据国家《网络安全法》和中国宝武《信息化规划》，编制《网络与信息安全专项规划》，研究建立全方位网络安全防护体系，通过安全组织、运行、技术三大体系的标准化、制度化，推进等级保护2.0和安全防护技术。

做好网络与信息安全信息通报工作。2018年，深入开展中国宝武电子邮件系统专项整治活动，对系统进行专项检查、评估，完成中国宝武电子邮件系统升级改造，加强运维管理，完善网络安全技术防护措施。做好网络与信息安全信息通报工作，按照国家有关要求，推进信息系统等级保护工作，完成中国宝武关键信息基础设施检查和报备；组织完成6次中国宝武重要系统、互联网网站的网络安全检查和渗透性测试，对发现的网络安全威胁问题采取防范措施，向总部部门、子公司进行4次问题通报，要求检查、整改和重点防范；完成2018首届中国国际进口博览会、宝钢学术年会、培训选拔等4次重大活动的网络安全保障。

完成2018年网络安全攻防竞赛和网络安全

培训。2018年6月至12月，会同保密办公室和管理学院，完成领导人员、专业人员和员工三个层面的网络安全和保密工作培训共37 600人，提高管理者和普通员工的网络安全意识；会同管理学院、人力资源部、工会、团委等单位，组织开展“中国宝武网络安全攻防竞赛”，选拔2支队伍参加首届国资委网络安全大赛，并且都进入决赛；完成60人次的网络安全攻防能力专业培训，提升网络安全防护能力。

（郑　宁）

中国石化上海石油化工股份有限公司

【概况】 2018年，中国石化上海石油化工股份有限公司(以下简称“上海石化”)认真贯彻落实上海市和中国石化关于信息化建设工作部署，牢固树立“向先进水平挑战、向最高标准看齐”的理念，全面推进信息化建设，推动智能工厂项目开展，构建集成共享的经营管理平台、互联智能的生产运营平台和敏捷安全的基础设施平台，着重开展Petro-SIM模型软件升级和优化、智能制造建设及示范、先进控制系统建设、企业管理流程电子化与信息化监控管理平台等系列项目建设，为实现“国内领先、世界一流”能源化工及新材料公司的目标提供坚实有效的支撑。

【获评智能制造试点示范企业】 上海石化推动两化深度融合，形成企业资源计划系统、先进过程控制系统、生产执行系统、生产计划优化系统、实验室信息管理系统、综合统计信息管理系统、操作管理系统等专业平台。在推进智能制造过程中，充分利用信息系统实施系统管理，使各个系统信息共享。通过运用各种生产工艺、现场管理、操作过程等分析数据，以优质的生产工艺、操作方法、安全环保工作措施，保证生产安稳。2012年，上海石化入选全国两化深度融合示范企业；2015年，入选全国石油石化行业两化融合创新示范企业，并成为全国首批两化融合管理体系达标企业；2017年，被国家工信部评为2017年两化融合管理体系贯标示范企业；2018年，被国家工信部评为2018年智能制造试点示范企业。

【签署战略合作框架协议】 2018年5月11日，为充分发挥双方在基础资源、业务运营、优质服务等方面的优势，上海石化与上海移动签署战略合作框架协议。根据协议，双方将共同推进通信和信息技术在智慧工厂的深度应用，主要包括基础通信、智能办公、无线监控、数据采集、智慧调度等内容。上海石化董事长、总经理吴海君，上海移动党委书记、董事长、总经理陈力出席，上海移动副总经理张汉良与上海石化副总经理郭晓军代表双方签署战略合作框架协议。

（卢叶凌）

【实施互联网出口切换】 根据《中国石化互联网出口管理办法》相关规定，按照中国石化互联网统一出口项目组安排，自2017年12月中旬至2018年3月13日，上海石化采取分段切换方案，完成所有用户切换工作，互联网访问及相关应用由企业自有链路切换至中国石化链路。切换共涉及约3 500名用户和60余个部门、单位，切换后，上海石化互联网需求将接受中国石化集中管理，包括出口、安全、互联网应用、用户上网访问和远程

接入等,大幅降低企业在互联网管控领域发生风险的可能性。

(望劲松)

【开展虚拟桌面培训】 2018年11月29日,为推动企业云平台建设,上海石化开展虚拟桌面培训。本次培训对象为二级单位用户,共15人参加,主要包括虚拟桌面介绍、瘦客户机的使用、使用问题自查和运维流程等,组织参观东航大学城虚拟桌面项目,交流实践经验。经过现场授课培训,参训员工熟悉虚拟桌面基础知识和运行原理,明确上海石化桌面运维流程和标准,梳理运维过程中的常见问题和排查手段,从而适应业务需求,打造安全、便捷、高效的工作方式。

(金 罡)

【开展网络安全宣传周活动】 2018年10月25—31日,按照中国石化《关于开展中国石化网络安全宣传周活动的通知》要求,上海石化开展网络安全宣传周活动。在公司机关、化工部、腈纶部、热电部西区、芳烃部、涤纶部食堂等地,采用大屏宣传、易拉宝、微信公众号等多种形式,宣传防范勒索病毒、个人信息保护、公共WiFi安全、密码安全、数据安全、《中华人民共和国网络安全法》、微信"六不准"、移动介质安全、邮件安全、终端安全等内容,努力营造"网络安全靠大家、网络安全人人有责"的氛围,共同维护中国石化网络安全。

(戴梅英)

【上线运行地理信息平台】 2018年3月开始,上海石化开展地理信息平台系统调研分析、需求分析与设计工作,7月正式启动项目。经过平台开发、应用对象数据采集与集成、地图数据配置等阶段,8月项目正式上线试运行,目前运行稳定。地理信息平台采集了生产区域建筑物、道路、装置、消防设施、气体传感器、火灾报警设备、动态车辆信息等近3万个数据点,具备区域选择、元素搜索与报警、元素信息查看、多视频预览、多数据展示等功能。地图基本功能面向上海石化所有员工开放,并根据组织机构、业务条线及用户岗位情况为1 400多个用户配置相应权限。地理信息平台的上线运行,实现对各业务条线的数据采集与资源共享,形成实时、智能、立体的一体化管控网络,为统筹决策、应急响应等提供支持。

(张 悦)

【大型机组三维培训项目上线试运行】 2018年12月14日,中国石化大型机组三维培训系统上海试点建设项目进入上线试运行阶段。该项目突破传统培训方式,利用三维数字化技术,真实地仿真机组内操、外操,实现从书本学习、经验传授向体系系统化、知识客观化、培训实操化方向转变,移动端培训应用可实现随时随地反复学习。上海石化计划将大型机组三维培训系统首先纳入设备专业培训课程体系,对新进大学生员工及操作人员开展机组三维培训。

(金 罡)

海隆石油集团(上海)信息技术有限公司

2018年,海隆石油集团(上海)信息技术有限

公司(以下简称“海隆信息”)依托多年的石油化工领域服务经验,立足科技创新,自主研发了基于毫米波雷达的周界安全监测系统。应用于系统的软件“周界安全监测系统 V1.0”获得软件著作权。

2018 年 12 月,海隆信息为某天然气分输站部署毫米波周界安全监测系统,此项目是毫米波雷达在石油化工领域的首次应用,实现该分输站围墙外 10 米范围内的入侵事件提前预警、围墙内 5 米范围内的入侵告警,保障输气安全。和传统安防手段相比,毫米波周界安全监测系统具有主动探测、识别能力强、不受天气影响等特点,结合视频监控系统,可持续跟踪入侵目标,并将入侵目标的信息上传到系统平台,维护人员可提前预判入侵事件。

随着人工智能和通信网络的飞速发展,目前电力、石油化工等高危行业正逐步推行无人值守的管理方式,海隆信息将毫米波雷达应用于区域安防监测系统,做到入侵行为的提前预警监测,为无人值守及区域入侵防范提供智慧化安防手段。

(海　隆)

上海化学工业区管理委员会

【概况】 2018 年是上海化学工业区(以下简称“化工区”)智慧园区进入全面建设阶段的第一年,化工区智慧园区建设推进组以上海市领导调研时提出的“三最”“四要”指示精神为指导,以集成化的智慧生产业务、协同化的智慧管理政务、便捷化的智慧配套服务为重点,全力推进云机房、大数据中心、全封闭管理等项目建设,为将化工区建设成深度感知、全面互联、智能高效、持续卓越的世界级智慧化工园区奠定坚实基础。

【召开智慧园区建设推进工作交流会】 2018 年 6 月 12 日,化工区举办智慧园区建设推进工作交流会,部署下阶段建设任务。上海化学工业区管理委员会(以下简称“管委会”)主任马静,副主任余亮茹、朱斌,上海化学工业区发展有限公司总会计师杨延辉出席会议。会议交流分享了智慧业务、智慧政务和智慧服务领域的建设成果与经验。总结智慧园区建设启动阶段的工作成果,解读《智慧园区建设专项支持实施办法》,表彰汉高化学技术有限公司、上海化学工业区中法水务发展有限公司、上海赛科石油化工有限责任公司(以下简称“赛科公司”)等 21 家智慧园区建设先行单位,发布化工区《智慧政务信息系统资源交换接口标准》和《智慧政务信息资源目录体系规范》。会议充分肯定 2017 年智慧园区建设全面启动阶段取得的成绩,要求充分认识到智慧园区建设的重要意义,大胆探索、勇于创新、共建共享、形成合力,推进智慧园区在加速推进阶段(2018—2020 年)取得新进展。

【荣膺中国“智慧化工园区试点示范(创建)单位”】 截至 2017 年年底,全国重点化工园区或以石油、化工为主导产业的工业园区共有 601 家,其中产值超过千亿元的仅 13 家,且大部分存在管理粗放,工作局限于安全、环境等方面,未能覆盖到节能、空间、运营等管理领域,不能针对园区内各类情况快速调整策略等情况。

自 2015 年国家工业和信息化部委托中国石油和化学工业联合会化工园区工作委员会开展智慧园区建设工作以来,成果显著。2018 年,全国共有 30 余家化工园区报送申报材料,经第一轮文件审查上海化工区等 26 家园区进入第二轮评审。

上海化工区以数据为核心、以需求为导向、以亮点打造为抓手、以安全建设为保障，深入推进智慧园区建设，并积极为区内企业的智慧生产等业务提供扶持。评审专家高度赞赏上海化工区智慧园区建设成果。上海化工区名列中国石油和化学工业联合会“中国智慧化工园区试点示范（创建）单位”名单榜首。

通过智慧化建设和管理，可以帮助园区在业务、政务和服务上提升能级，化工区深刻意识到下一步园区转型升级的紧迫性。管委会坚持把标准化、规范化建设作为化工区下一步智慧化建设的重要基础。围绕智慧园区总体规划，化工区力求在功能拓展上着重体现对政府职能的梳理，通过智慧化手段实现园区治理能力现代化的提升；在技术层面上更加符合信息技术演进的规律，加强与专业企业外在合作以及区内企业内部对接；在推进体系上坚持“需求牵引、应用导向、众创共享、普遍惠民”原则，在数据采集、信息重构和项目投资等方面创新机制。

【大数据云计算中心建成启用】 化工区大数据云计算中心拥有540虚核CPU、1.2T内存、300T硬件存储，达到国家信息系统安全等级保护三级规范标准，能够满足化工区智慧园区现阶段的上云需求。将传统、零散分布的服务器计算资源整合迁移至量身定制的上海化工区大数据云计算私有云上，并以此为基础承载化工区智慧园区各类智慧应用，为化工区智慧政务、智慧生产、智慧服务的能级提升奠定扎实基础。借助中国电信提供的定制化云计算服务，化工区整体信息化基础能力实现三个方面提升。

一是计算资源的弹性集约。以化工区云计算中心改变以往区域内服务器零散建设、资源不可复用的弊端，根据化工区各类应用计算资源需求的不断变化，集约建设、灵活分配、弹性扩展、按需使用计算资源池，降低重复投资。二是运营维护的综合高效。随着智慧园区应用不断丰富，传统分散式建设、多头运营带来的维护效率低下、维护界面复杂，逐步成为智慧园区发展掣肘。云计算中心实行统一、专业化的运营维护，资源分配使用、日常维护管理、故障问题处置都形成了统一归口，可有效解决这一弊端。三是安全防护全面一体。云计算中心提供全环节的安全防护手段，防护级别达到安全等级保护三级标准，不同网络架构间采用物理隔离手段，异网间通信通过网闸控制，同时，利用备份手段全面确保用户应用和数据安全。最高级别电信云机房环境提供电源、制冷、消防等全面一体的安全保障。

【获得市工业互联网创新发展专项资金补贴】 “面向化工区产业集群的智慧公共管廊服务平台”获上海市工业互联网创新发展专项资金补贴，该项目结合GIS（Geographic Information System，地理信息系统）平台的能力和数据、完整性管理技术、云计算和大数据分析技术等，形成“智慧管廊集成服务＋数据融合分析＋云平台”的智慧管廊架构与服务体系。项目已取得软件著作权2项，通过了国家信息中心的软件验收测试，满足项目任务书的功能与性能指标要求，其成果已在管廊公司投入使用，并推广到园区客户；下一步将不断深入推进管廊服务的智慧化发展，聚焦打造工业互联网标杆企业，不断总结案例成效，将项目成果放大化，以标准化示范形式逐步推广，并在跨区域综合性应用上进行尝试和探索。

【赛科公司与上海电信签署战略合作协议】 2018年12月21日，赛科公司与上海电信签署战略合作协议，助推园区智慧工厂建设。管委会主任马静，副主任余亮茹，管委会综合办、上海化学工业区企业发展有限公司、赛科公司以及上海电信等公司相关负责人出席仪式并参观智慧城市金山体验中心。马静表示，希望赛科与上海电信加强合作，尽早建成智慧工厂，进一步帮助企业降低成本、提高管理水平和安全质量。签约双方还就合作主要内容和企业智慧工厂具体应用进行交流，明确将践行信息化与工业化融合战略，以赛科公司移动专网项目为切入点，助力赛科公司建设成为5G智慧工厂，打造全国智慧工厂的5G专网标杆、模板，形成更多在化工园区中可复制、可推广的经验。

（化工区）

第三章　农业信息化

概　述

2018 年，上海农业信息化围绕推进农业供给侧结构性改革和促进都市现代绿色农业发展这条主线，按照农业生产智能化、经营网络化、管理数据化和服务在线化要求，在“互联网＋政务服务”、农业物联网、农业信息服务、农产品价格监测等方面进行积极探索和实践，取得一定成绩。

一、平台体系建设

【围绕“互联网＋政务服务”，建成“一网通办”管理系统】　2018 年，根据建设全市政务“一网通办”总门户的要求，上海市农业农村委员会(以下简称“市农业农村委”)研究确定“一网通办”政务服务管理系统建设方案，通过改造和开发并进的方式推进，于 2018 年年底基本建成。归类整理政务服务权责清单 537 项，实现与市政务服务标准化管理平台无缝衔接；重构行政许可办事模块，由原先各流程单独开发模式升级为统一管道模式，提高系统通用性，许可流程类事项由原先 23 项增加到 36 项，全部接入市“一网通办”统一受理平台和统一物流平台；实现与市电子证照库对接，可网上直接查验自然人身份证、法人企业营业执照，通过电子证照应用逐步实现“减材料”；规范政务数据归集标准，按照不同的数据接口要求，通过模块化配置方式实现数据主动推送和共享，便捷实现市农业农村委政务信息与市级数据资源库的推送对接。

【围绕网站集约化，实现“一委办一网站”目标】　根据市政府办公厅关于推动政府网站集约化建设的有关要求，市农业农村委以统一管理平台为中

心，整合、归并市农业农村委及直属事业单位21个网站。2018年6月8日，正式开通新版“上海农业”门户网站，实现“一委办一网站”的管理目标。针对农业生产者、管理者、消费者需求，新版“上海农业”网共开设5个一级栏目和24个二级栏目，运用人工智能技术、HTML5(Hyper Text Markup Language 5，第5版超文本标记语言)技术标准、无障碍技术等多种先进技术，实现全网无障碍浏览和人工智能问答服务，2018年浏览量超1亿人次。市农业农村委坚持公开为常态、不公开为例外原则，主动公开政务动态、强化公众服务、开展互动交流，加大政府信息公开力度；建立健全网站信息审核发布、安全管理等制度，应用安全保障技术实现“技防＋人防”管控风险，确保网站和数据安全。

【围绕“一网一图一库”，推进上海农业公共信息服务平台建设】 市农业农村委以整合共享资源、统一制度规则、创新体制机制为重点，按照目标导向、问题导向，紧密围绕用户需求，加强顶层设计，有序推进上海农业公共信息服务平台建设。先后启动建设农业公共信息化平台框架、农业农村大数据、数据统一采集、数据治理与清洗、地理信息系统等项目。完成16个业务系统数据初步梳理，整合近5亿条数据；基本完成“一张图”展示系统，实现204亩永久基本农田上图，正结合农用地环境数据及永久基础农田数据开展数据融合分析。通过开展市、区两级农业GIS(Geographic Information System，地理信息系统)系统应用现状调研，撰写《农用地数据采集与分类规范》《农用地编码方法》及《农业GIS数据共享交换规范》等标准规范。

二、应用发展

【围绕农业信息服务，推进信息进村入户工程建设】 根据农业农村部有关推进信息进村入户工程的要求，市农业农村委紧扣服务乡村振兴战略主题，以为农民、市民提供更便捷高效的信息服务为着眼点和落脚点，着力推进上海市信息进村入户工程。以原有1 000多个为农综合信息服务站为基础，推进益农信息社建设，支持20家专业益农信息社建设，研究益农社市场化运营模式。整合现有资源和服务平台，搭建益农信息平台，通过“上海农业”网、“农业云”APP、“农民一点通”等，实现进村入户不同层面、不同范围的信息服务。

以“有文化、懂信息、能服务、会经营”为原则，推进各级信息员队伍建设，2018年，培训各级信息员共计6 796人次，浦东新区杨燕、崇明区杨仪入选农业农村部百个村级信息员。依托原有渠道开展过渡期间信息服务，2018年共提供信息服务112.9万次、发布信息1 056万条、提供公业缴费服务2 665笔、发布2017年度涉农补贴资金数据51.4万条、涉及补贴资金31.23亿元。

【围绕生产经营需求，推进农产品价格监测】 2018年，市农业农村委围绕农户生产经营决策需要，健全市场信息采集、分析、发布和服务体系，用市场信息引导农户按市场需求调整优化种养结

构、合理安排农业生产。建立健全农产品价格采集团队,覆盖6个农产品批发市场、3个定点区、34个点,包括农产品田头价、批发交易价格与数量、零售价、进出口价格和交易量等。支持服务组织为农户和新型农业经营主体提供个性化市场信息定制服务,2018年有624个农产品行情手机短信订阅户(不收费),共推送农产品田头价、批发价和零售价短信信息12.8万条。

高度重视猪肉市场信息监测工作,每日通过平台向农业农村部市场信息化司报送当日白条猪肉批发均价和交易量等日监测数据,每周报送"上海生猪周行情"。组织蔬菜、瓜果、畜禽、水产4个市级农产品市场分析师团队开展预警监测工作,2018年共发布各类农产品预警分析文章55篇,组织上海农产品市场与农业品牌论坛,由4位农产品市场分析师作主题演讲。

【围绕产业发展需求,促进农业物联网发展】 根据《农业物联网区域实验工程建设(上海)实施方案》"基本完成农业物联网产业创新体系建设"的目标,市农业农村委探索农业物联网可推广、可复制、可持续的应用模式,推进物联网技术综合应用与示范推广,促进新型农业经营主体利用农业物联网技术节本增效。涌现出左岸、中信、赋民、华维等一批具有市场竞争力的龙头企业,为发展农业物联网产业、鼓励自主创新起到示范带头作用。赋民在青浦章堰科技农业园内实现自动播种流水线、全自动化集装箱式育苗室、蔬果自动生长流水线、采摘机器人等系统应用。华御国际现代农业产业园应用农业物联网技术,实现对农场大棚内各环境要素的自动化、实时在线监测,达到精耕细作、准确施肥、合理灌溉、节能降耗、增产增收的目的。

在行业监管方面,通过"种植业生产信息管理系统"将317家蔬菜基地纳入监管,对全市8.4万亩蔬菜面积、8.7万个种植地块实行精细化管理。通过"上海市境道口动物防疫监控系统"将8个市境道口、全市畜禽屠宰场和200多家较大的动物产品接收企业纳入监管。通过"上海市渔港渔船监管系统",将全市21个渔港渔船集中停泊点、446艘捕捞渔船纳入实时监管。

【围绕产销对接,促进农产品电子商务发展】 根据《2018年上海市电子商务工作要点》,推进农商协作发展,开展农产品大型生产企业、新型农产品电子商务企业对接,支持农产品电子商务发展。培育新型农业经营主体:2018年全市农业龙头企业378个、国家级重点龙头企业20个、区级以上重点龙头企业179个;具有一定经营能力的农民专业合作社2 865个、区级以上示范社451个;家庭农场4 424户、市级示范家庭农场76个。

围绕蔬菜、瓜果、大米、生猪、河蟹等产业,培育具有发展潜力的农产品品牌,全市主要农产品品牌化率达76.74%。浦东新区南汇8424西瓜、南汇水蜜桃等农产品品牌效应凸显;崇明区建立推进1万亩"两无化"水稻种植,形成崇明"两无化"大米特有环境和产品评价指标体系。

依托农展会搭建农产品电商展示、交流平台。2018年组织200多个农业企业、农民合作社参展中国国际农产品交易会、全国新农民新技术创业创新博览会等展会,将农业电子商务发展项目纳入上海市科技兴农项目申报范围,鼓励企业积极申报电子商务项目。市科技兴农项目支持的强丰实业、点甜科技农业、农肯农业科技、绿博生物科技等农业电子商务项目正在实施中。

(顾　方)

第四章　金融信息化

概　述

2018年，上海市各类资本市场主体进一步发展，银行、证券、期货、基金、保险业交易量持续上升。进一步增强信息化技术创新，结合实际业务，应用大数据、人工智能等新兴技术，更新、优化、完善各类信息系统，不断更新信息化保障和服务能力，促进业务运营智慧化。同时，推动业内开展金融科技动态的跟踪和研究，积极应对信息安全挑战，有效运用各项新技术，为金融行业的可持续发展做出贡献。

一、银行业信息化

2018年，上海地区银行业信息化秉承服务实体经济、创建安全普惠金融环境、防控金融风险的工作思路，继续深入推广支付技术及金融IC卡应用创新，积极推进国密金融IC卡发卡及受理环境的完善，加强基于大数据技术的银行卡风险防控系统建设，推动业内开展金融科技动态跟踪和研究。

截至2018年年末，上海地区金融IC卡发卡总量已超过11 154万张，借记IC卡8 484万张，贷记IC卡2 172万张，准贷记IC卡172万张。其中支持国密算法且采用国产芯片的金融IC卡为731万张，比上年同期增长了311万张。全市共有联网POS终端74.7万台，其中能受理非接金融IC卡的POS终端72.6万台，非接支持率达到97.6%，完成流程优化的POS终端在上海地区终端布放总量中的占比已超过80%，具备软件升级条件的存量POS、ATM的国密算法改造量分别为74%和72%。同时，依托加载金融功能的三代社保卡项目建设和交通医疗等便民领域的应用受理项目推广，支付创新实现跨行业纵深发展，同时，也为上

海地区国密规模化应用提供有力支持。

2018年，上海地区银行业以增强风险防范意识，构建和谐支付环境为主题，开展形式多样的宣传活动，展现金融业在信息安全和对外服务能力方面的突出成绩，提升银行业从业人员的信息安全意识和技能，营造信息安全的良好社会氛围。

（董丽瑶）

二、证券业信息化

【优化投资者权益保护、信息服务专业平台】 上海市证券同业公会(以下简称“证券同业公会”)为加强上海地区证券业务活动的诚信建设与自律管理，在中国证券监督管理委员会上海监管局(以下简称“上海证监局”)的指导下，构建以“五位一体”为基础的信息服务平台并不断优化。该综合信息管理平台主要由9项基本功能组成，包括金融产品销售信息备案系统、纠纷调解线上办理系统、会员单位机构注册信息系统、机构搬迁注册信息系统、证券从业人员信息备案系统、证券从业人员诚信信息备案系统、广电节目备案系统、证券分支机构数据分析系统等，积极促进上海地区证券行业规范经营、投资者权益保护工作和诚信机制建设。

【国泰君安证券促进业务智能化发展】 国泰君安证券股份有限公司在大数据平台基础上，进一步打造一站式机器训练平台和AI(Artificial Intelligence，人工智能)服务云平台，提供自然语义处理、语音识别、图像识别、人脸识别等常用AI模型、算法，为公司各部门和各类业务、管理系统的智能化开发提供强大的基础技术服务。

构建智能网点，实现VTM(Video Teller Machine，远程视频柜员机)智能柜员机全国性部署。公司从提升业务流程效率和客户服务体验出发，结合自建CA、网上营业厅、集中营运等系统，推动实现分支机构客户服务流程无纸化，率先在全国所有营业部全面铺设VTM智能柜员机，达到线上线下流程和资源贯通。

持续建设零售客户服务体系系统。公司提供人机合一的全场景、伴随式“君弘灵犀”智能化客服，应答成功率达到98%，荣获第六届证券期货业科学技术奖三等奖，作为唯一代表券商参展上海人工智能大会。

多领域深入应用人工智能技术。一是构建一体化智能风控平台，入选沪国资委“2018年度企业技术创新和能级提升项目”，获得千万级专项资金支持；二是推动投资研究工作智能化，实现投行发行审核、投资研究搜索、推荐、问答等智能投研工具应用；三是打造智能楼宇，公司总部大楼智能化建设通过上海市智能化协会“申慧奖(综合类)”现场评审；四是发展智能运维，自主研发智能运维算法引擎，建设和推广自动化作业平台、运维服务平台，互联网类业务系统自动化操作率超过90%。

【海通证券实施智慧运营战略】 海通证券股份有限公司积极探索业务运营数字化转型，更好地适

应监管环境变化、满足提升服务能力的需求、持续改善用户体验、优化人员配置。

实施大数据战略。公司围绕五年科技发展规划制定“1＋3＋N”大数据战略，持续推动相关平台和应用的信息化建设、发展，重点打造1个大数据基础平台，数据管控平台、统一报表与分析平台、人工智能平台3个应用平台，并不断拓展和审核应用场景，发挥数据价值。围绕“1＋3＋N”的战略框架，大数据平台层建设基本完成；工具层的统一报表与分析平台、数据管控平台正式投产使用；应用层已支持风控、财务、运营、零售等8个业务条线的数据分析场景落地，数据治理效果和数据分析水平逐步提升。

发展智慧运营。一是运营智能化，应用语音识别、人脸识别和OCR(Optical Character Recognition，光学字符识别)等人工智能技术辅助客户实名身份认证；应用大数据技术监测和分析业务办理情况、实时调度业务处理，避免业务压单；应用自然语言处理技术核对金融文档，公司“金融文档智能语义分析应用研究”课题获得证券期货业金融科技研发发展中心颁发的2018年优秀课题一等奖。二是运营自动化，通过运用大数据技术对各种业务消息流和系统日志实时监测，使运营管理人员和相关技术人员能及时洞察业务开展情况、系统运行压力及流程节点故障，压缩业务高峰和系统故障的应对响应时间。三是运营智慧化，以智能客服替代人工服务，保证服务及时性；引入智能投顾，避免传统投顾的主观思维缺陷，为客户提供更透明、客观、公正的投资建议。

打造海通证券金融云。截至2018年年末，公司完成办公云、研发测试云和生产云的建设和投产。作为新一代金融云网络，海通金融云的建设引入软件定义网络新技术架构，公司正申请云资源管理的层级式资源标签体系、新型云平台资源管理与交付的运营模式两项发明专利。已有超过1 400人使用办公桌面云在云上办公，实现对员工办公终端的统一管控；生产云正式投入使用，随着网上交易应用等7个项目实现云端部署，行业首个自主可控、异构纳管、统一编排的混合金融云(私有云、行业云和公有云资源池)正式落地，海通金融云的计算、存储、网络性能和稳定性均达到行业领先水平。

【申万宏源证券扩容优化业务系统】 申万宏源证券有限公司不断加强信息系统基础设施建设，开展业务系统优化升级。公司在2018年持续开展基础设施容量扩容，完成IDC机房扩容，完成WAN(Wide Area Network，广域网)防火墙性能扩充和关键网络设备更新。

建设优化业务系统。公司根据业务发展需要，在2018年实施交易结算整合项目、股票期权做市项目、业务受理平台项目、新营销服务平台项目、投行新信息系统项目、央行征信证通平台对接项目、沪伦通做市、个股期权做市项目、极速策略交易系统项目、人行征信系统对接平台项目、信用风险内部评级系统项目的立项筹备和建设工作。

【光大证券发展金融科技能力】 光大证券股份有限公司将IT定位从保障型向全能型转变，通过“平台化、组件化、智能化”提供高效金融科技能力，为各业务条线赋能。人工智能基础服务平台方面，确定基于微服务架构AI服务的平台化技术路线，完成平台一期系统上线，包括离线语音识别、视频会议文字直播、人脸识别、智能问答、智能

质检等;移动业务平台方面,积极引入自主开发框架,提升自主研发能力,引入微服务体系,为客户提供多项个性化服务功能;机构业务专业投资平台方面,建设智能交易客户端、升级完善现有行情系统、引入多套专业化投资系统;投行业务平台方面,基于投行项目发行与投资者管理系统,完成首个采用系统发行的IPO(Initial Public Offerings,首次公开募股)项目,上线投行工作底稿电子化管理系统和投行管理信息系统,提升内控管理效率。

智能运维体系方面,整合现有运维数据,将智能化运维场景快速、高效落地,加强与行业先进技术团队协同合作,将运维工作与算法、大数据等技术进行有效整合。《基于深度学习算法的智能运维体系建设》课题获评证券信息技术研究发展中心(上海)"2018年联合研究课题"优秀课题。

【东方证券推动交易系统研发】 东方证券股份有限公司积极探索新一代交易系统研发,持续完善各类业务系统功能,信息化建设取得显著成效。新一代高可用、低延时、分布式交易系统上线运行。公司基于分布式系统基础平台设计研发新一代交易系统,系统将高可用、高可靠性、高并发低时延和水平扩展能力结合,便于构建各类实时性要求很高的应用系统。推进投资交易平台化建设。公司研发涵盖银行间市场、交易所市场、期货与大宗商品市场交易功能的固定收益策略交易平台,实现做市、套利、套保等多类交易策略。

实现托管系统全面优化,为私募基金用户打造基金绩效分析服务,开设面向管理人和投资者的托管业务手机端服务渠道。持续完善经营管理类系统搭建。公司新版集团化财务系统升级,实现母公司各业务及子公司业务之间COA(Chart of Account,会计科目表)会计科目结构和总体核算体系。公司资金流动性管理系统获得上海金融业改革发展优秀研究成果一等奖。

【中银国际证券优化IT基础设施】 中银国际证券股份有限公司根据业务发展需要,结合IT技术创新,进一步完善及优化IT基础设施架构,推动新技术在基础设施平台上的应用,支持各项业务快速开展、灵活拓展。完成生产、灾备、测试3个超融合平台虚拟化部署,完成数据库云平台建设和后续扩容的规划及实施工作。推动系统监控和运维向自动化转型,截至2018年年底,自动化监控和运维系统平台的架构基本成型并能覆盖公司主要核心系统。

【上海证券大数据平台技术转化】 上海证券有限责任公司利用大数据平台和技术,配合公司零售客户服务体系建设,完成客户标签体系建设和公司统一产品中心建设,推进数字化转型。同时,利用大数据平台将公司基金评价研究成果转化成可落地的应用场景,实现基金标签和基金组合的展示。

【爱建证券分支机构信息系统转型】 爱建证券有限责任公司为适应公司经纪业务转型需要,积极实施分支机构信息技术模式转型。公司A型(在营业场所内部署与现场交易服务相关的信息系统,为客户提供现场交易服务的模式为A型)分支机构的信息系统全部转为B型(在营业场所内未部署与现场交易服务相关的信息系统,但依托公司总部或其他证券营业部的信息系统,为客户提供现场交易服务的模式为B型),并优化业务系

统,降低分支机构信息系统的运营风险。通过分支机构的行情交易系统大集中,减少分支机构在网络专线卫星通信、服务器网络设备、钱龙软件等软硬件方面的投入,大大降低分支机构的运营成本。

【德邦证券优化信息系统】 德邦证券股份有限公司完成多个业务系统建设和优化工作,不断优化、完善德邦证券 APP,丰富 APP 场景业务和服务,引入 OCR 和人脸识别技术,全面优化、提升现有双向视频开户流程,提高交互体验;建设资管综合管理平台,实现资产管理(以下简称"资管")产品全电子化、智能化运作,提高公司资管条线业务的综合竞争能力;建设新一代零售 CRM(Customer Relationship Management,客户关系管理),加强客户数据挖掘,提升客户服务质量;建设 BI(Business Intelligence,商业智能)智能报表平台,为公司业务分析、决策制定、部门管理、人员管理提供数据支持。

【华宝证券数据治理及系统优化】 华宝证券有限责任公司建立数据治理管理体系,优化业务系统。公司推进数据治理流程常态化和数据治理文化氛围营造,满足监管和内部对数据治理的要求。自主设计大数据功能架构,搭建安全增强、资源可共享的数据平台,并基于大数据平台进行应用探索。持续优化电子商务平台,发展智能投顾、智投条件单。精细化管理优化资源配置,通过人脸识别、虚拟桌面技术,支持管理提升。

【华金证券探索金融科技】 华金证券股份有限公司积极跟进金融科技的发展,从人工智能、大数据、云计算、互联网等核心技术上发力,从科技上推动公司业务的快速发展。围绕整体战略目标,逐步强化信息技术的业务服务能力,以超融合作为基础技术平台,引入开源框架和超融合虚拟化技术建立基础架构平台,充分发挥信息技术的专业性,助力公司业务快速增长。自主建设 Jira 信息服务平台,有效实现信息技术对业务的快速响应、高效支持、全面服务,强化信息与业务的互动协同模式,建立有效的协同沟通机制,全面提升信息技术综合服务能力和水平。

【申港证券业务系统自主研发】 申港证券股份有限公司根据业务发展和经营管理的需要,信息技术积极落实特色业务自主研发工作。在投行业务方面,完成核心客户 CRM 系统一期、二期版本开发和上线,支持客户库管理、客户需求跟踪管理等功能。在资管业服务方面,以自主开发和复用现有系统相结合的方式搭建资管直销系统,完成资管监管报表维护与主动服务系统的开发和上线。在自建 APP 方面,完成申港证券 APP 支持资管产品展示和交易功能的开发、上线。在固收业务技术服务方面,完成固收系统录单核对工具、固收台账自动化工具、本币交易系统交易指令单模板生成工具、债券交易监管报表等功能开发,提高操作效率。

【华菁证券加强系统运维保障】 华菁证券有限公司完成云计算资源池扩容、网络基础设施扩容。强化信息安全体系建设,完成年度信息安全风险评估工作,强化公司信息安全配置基线、漏洞管理和资产管理,进行全网安全威胁发现和整改。采购及部署入侵防御系统,全面提升公司互联网边界的

威胁发现和处置能力。完成自动化运维系统的建设工作,实现日常操控流程以及应对异常情况的自动化处理。完成公司业务发展所需信息系统建设,搭建管理类系统技术开发平台,未来基于该技术平台可进一步扩展,自主开发管理类应用系统。

【中泰证券资管量化投资策略领域AI探索】 中泰证券(上海)资产管理有限公司在量化投资策略领域通过使用卷积神经网络,对tick数据和逐笔成交进行建模预测,使用强化学习技术,在大时间尺度上进行策略优化;探索跨品种的行情关联性研究;探索自然语言在提取新闻事件中有效信息的方法等,为未来开展量化投资策略AI应用进行探索。

【东方证券资管信息系统升级改造】 上海东方证券资产管理有限公司完成投资相关系统建设,配合股转市场集合竞价制度的更新,完成对股转(新三板)市场的交易规则支持,上线IRS(Interest Rate Swap,利率互换)业务;建设销售与客户服务系统,实现TA(Transfer Agent,开放式基金登记过户)系统中登CRS(Common Reporting Standard,共同申报准则)接口改造、流动性新规以及白名单功能;完成APP系统升级,新增货币转换、CRS改造、网联改造、工行直连等功能,通过前置服务器置换、整体框架升级、静态化改造、集群部署以及压力测试等,优化APP性能。

【摩根士丹利华鑫证券提升信息化管理】 摩根士丹利华鑫证券有限责任公司完成虚拟化平台建设,用于统一的计算资源部署与分配,显著提高资源利用效率、系统冗余等级以及基础设施交付效率;完成数据分级标记系统建设,部署DLP(Data Leakage Prevention,数据泄露防护)数据分级标记系统,根据业务部门的数据分级需求进行标签分类,为后续不同安全等级的数据安全控制措施创造先决条件;完成投行底稿系统建设,支持断点续传、在线复核、审批、查询且日志留痕。

(李云峰)

三、基金业信息化

【基金同业公会建设综合性服务平台】 上海市基金同业公会为了更好地服务会员单位,拓宽对会员单位资管业务风险监测的时效性、对数据广度和深度的统计分析,着手建立上海市基金同业公会信息管理系统,旨在为机构和投资者提供一个综合性服务平台。平台数据来源包括会员单位报送及从市场抓取,主要子系统包括上海市基金同业公会会员单位主动报送平台、上海市基金业舆情监控系统、会员单位资产监控系统及投资者交互平台。平台以上海建立国际金融中心为背景,以防范、化解基金行业的金融风险为首要目的,建成后将有效提升上海辖区资管行业的风险防范能力,促进辖区内资管行业的发展,助力上海建设全球资产管理中心。

【东海基金】 东海基金管理有限责任公司完成监管新规的适应性升级工作，公司分 TA 系统完成深圳 LOF(Listed Open-Ended Fund，上市型开放式基金)优化改造，自建 TA 系统完成货币新规改造、2018 版中登新接口改造、非居民涉税信息相关内容改造、流动性新规改造等工作，保障公司业务开展的合规性、有效性；上线新系统支持业务开展，上线投资交易系统上海证券交易所(以下简称“上交所”)固收平台和上交所协议质押回购、银行间同业存单模块，进一步完善公司产品线。

【蜂巢基金】 蜂巢基金管理有限公司加强核心机房及办公机房基础环境建设，完成核心机房及办公机房双专线、结算券商双专线、FDEP(Financial Data Exchange Platform，金融数据交换平台)双专线以及客服、官网等线路建设；完成投资交易、注册登记、估值清算、直销中心、网站等 12 套核心业务系统的多批次测试、上线，保障公募业务顺利开展。

【富国基金】 富国基金管理有限公司提升信息系统基础保障能力和业务支撑能力，投研方面完善、研究闭环管理，加入负面消息跟踪响应流程，实现证券池标准化及跨系统衔接自动化；后台运营体系整体升级，推进自动化建设，规范投资组合账务处理，对日常基金会计运营工作中易错点进行试算监控，推进日常工作标准化；引入自动化运营机器人系统，用自动化流程替代事务性系统操作，降低人工操作风险。

【国海富兰克林基金】 国海富兰克林基金管理有限公司开展网络优化与安全升级，对网络线路、负载均衡设备、网络防火墙进行升级改造，提高网络访问速度和可靠性；开展 CRS 系统、估值系统、网站和网上交易系统改造，改善用户体验、提升工作效率、降低业务风险。

【国联安基金】 国联安基金管理有限公司实施新一代电子商务系统建设，新系统采用 BS(Browser/Server，浏览器/服务器模式)结构，方便支持新业务发展，优化业务流程，提高客户交易便利性；实施新版投研系统建设，根据公司个性化需求完善合规管理、组合管理、计划管理、晨会管理等各项功能，业务流程更加规范。

【国泰基金】 国泰基金管理有限公司自主研发风控预警、审计预警、信息提示等全流程监控平台，通过引入外部各类信息，整合公司内部各业务系统，开发、完善数据中心功能，在各业务流程节点增加监控阀值、校验机制、审核功能等，从事前、事中、事后各个维度完成对业务环节的支持和管控，有效减少业务风险。

【海富通基金】 海富通基金管理有限公司完善各类业务系统，优化投资研究系统、业务监控系统、直销系统、TA 系统、手机 APP、网上交易、客服数据中心等各类系统，新建数据综合平台，满足业务开展中合规及风控要求；实施运营自动化，多个日常流程实现无人值守，将重复、人工介入少的操作通过自动化系统实现。

【华安基金】 华安基金管理有限公司加强系统运营保障，实施监控平台整合升级，引入第三方联合监控，优化技术方案，确保单台设备异常时可负载

至其他同类运行设备或实时进行切换;实施业务自动化、智能化建设,继续增加固收交互系统功能,实现定存开户和定存合同自动化等功能,上线债券一级市场申购等模块,实现底层阿里智能客服系统落地,完成智能客服系统及客服录音自动化质检全覆盖;加强数据中心建设,完成客户类数据中心开发、历史数据按新纬度导入积累,进行生产环境的数据比对及调整。

【华宝基金】 华宝基金管理有限公司继续加强自开发系统,开发上线订单系统、实时 TA 系统、投研 APP、市场营销管理 APP 场外业务管理系统、风险管理辅助系统、产品管理系统、清算费用管理系统等;实施基础环境更新,采用虚拟化技术重新搭建灾备环境和测试环境。

【华泰柏瑞基金】 华泰柏瑞基金管理有限公司上线新版移动端基金交易系统,新版 APP 及微网站系统提升用户体验,增加业绩基准比较、份额明细展示、实时资产统计等功能;开发风控与绩效管理系统,有效支持公司投研体系工作。

【华泰保兴基金】 华泰保兴基金管理有限公司重点建设信用分析系统,系统以债券发行人信用评分为核心,功能涵盖从发行人财务数据采集、评级建模、内部评级管理到评级应用的完整业务过程,用于识别、评估、管理债券发行人的信用风险,加强公司信用分析能力。

【汇丰晋信基金】 汇丰晋信基金管理有限公司完成交易系统、清算系统、估值系统、反洗钱系统、风控及绩效评估系统、基金管理系统、影像管理系统等各类应用系统的升级改造工作。

【汇添富基金】 汇添富基金管理股份有限公司完善综合投资管理系统,整合公司各基金产品的投资交易、头寸及风控管理,实现综合一体化的投资管理系统;完善 FOF(Fund Of Funds,基金的基金)投资管理系统,实现 FOF 基金投资、管理一体化;建设新一代营销与客户关系管理平台,完善全面通用的基础信息客户 360 视图,实现高效、直观、灵活的项目管理流程。

【交银施罗德基金】 交银施罗德基金管理有限公司实施自动化运维项目,实现对不同业务系统运维操作的统一调度管理,确保执行过程高效、可靠;建立武汉灾备中心,实施核心业务系统的异地备份,进一步提高系统的整理可用性;建设开发管理平台,通过 IT 管理结合技术平台,规范研发过程,保证 IT 系统的可持续开发、维护。自主研发智能运营平台二期项目和大数据投研绩效分析平台,在基金投研、运营和销售方面发挥重要作用。

【浦银安盛基金】 浦银安盛基金管理有限公司优化电商平台系统,对系统进行全新微服务架构升级,前、中、后台进行松耦合设计,便于后期基于新架构逐步实现新功能的部分自主研发,高性价比、快速地响应智能定投、止盈定投,新增支付渠道、智能支付路由,满足自助式营销活动等需求;实施大数据平台建设,搭建统一平台完成电商平台用户行为分析、电商平台异常监控等。

【上投摩根基金】 上投摩根基金管理有限公司完成公司网站改版,从技术架构、页面设计、内容、服

务等方面，进行全面升级；完成养老 FOF 基金系统建设，对投资交易系统、TA 系统、直销系统、网上交易系统、手机 APP 和微信、数据中心、主动服务、风险控制等信息系统进行升级改造。

【申万菱信基金】 申万菱信基金管理有限公司完成新电商平台建设，包括网上基金交易、微信交易、直销系统，替换原有系统，并增加电商营销管理中台，优化支付渠道，提升操作友好性；完成数据中心二期建设，增加投资数据源和外部数据源、增加 Excel 插件；构建基于数据治理的营销与投研业务指标体系，搭建统一报告平台。

【万家基金】 万家基金管理有限公司完成养老 FOF 相关业务系统建设、直销及网上直销优化升级改造、互联网金融相关业务系统建设、投资交易系统优化升级、投研风控类系统建设，开展金融科技项目建设，上线智能客服系统，在深证通金融云上部署核心业务系统的灾备环境，在蚂蚁金融云上开展业务运营。

【西部利得基金】 西部利得基金管理有限公司进行 CRS 非居民涉税信息、流动性新规、资管产品增值税、中登新接口等相关业务的系统改造，并结合公司业务开展需求，对网络、服务器、电话录音等硬件设施进行改造升级。加强各业务环节的电子化建设与投入，并完成数据中心的二期建设，全面提升公司数据管理和数据多维分析的能力。

【鑫元基金】 鑫元基金管理有限公司配合业务需求，完善各类信息系统建设。完善投资业务系统，完成投资研究管理系统优化三期、投资研究管理系统权益类功能改造；完善客户投资业务系统，增加网上交易、微信交易支付渠道、三方支付接口直连改网联、中登代销接口改造等功能；完善产品及管理系统，开展风险管理系统优化三期改造，以满足监管对公募及专户产品的压力测试、异常交易报表分析、期货交易业务风控计算等功能。

【兴全基金】 兴全基金管理有限公司完成应用级同城灾备中心一期建设和异地灾备中心迁移，形成两地三中心备份模式；完善投资交易系统、直销网上交易系统、注册登记系统、估值清算系统等各类业务系统，投资管理交易和风控能力进一步加强。

【兴银基金】 兴银基金管理有限责任公司完成官网直销系统上线、多元金融平台等零售渠道搭建；数据中心落成，以智能化体系提升工作效率；业绩归因二期和携宁三期的优化改造项目，分别填补了固收类基金归因和研究员绩效管理方面的空白，完善基金公司的投资评价体系。

【银河基金】 银河基金管理有限公司完成各信息系统的基础建设和升级工作，对接上交所行业云服务，分别在上交所机房（宁桥路和外高桥机房）租用上交所金融云服务，完成主、备专线建设，以及虚拟主机、对象存储、关系型数据库、堡垒机平台的租用和搭建。

【圆信永丰基金】 圆信永丰基金管理有限公司在应用系统建设方面，主要完成中登新接口改造、恒生估值切换上线、增值税系统改造、反洗钱 CRS 上报等相关项目；在基础系统建设方面，对业务系统

进行批量设备更新,引用华为超融合技术,对部分服务器进行更新。

【长安基金】 长安基金管理有限公司引入新系统和新技术为业务拓展创造条件。完善投资交易系统,优化、采购部分模块并加强投资系统稳定运行保障方面的工作;完善注册登记系统,系统升级后已具备支撑1 000 万客户、2 000 亿元以上管理规模的处理能力;完善直销与网上交易系统,促进网上业务发展,交易处理能力进一步加强,并支持多种支付渠道和身份验证方式。

【中海基金】 中海基金管理有限公司完成投研管理平台升级工作,建成投研合规、专用的手机自动存管系统,相继完成基金业协会监管报表及增值税报表系统建设。

【中信保诚基金】 中信保诚基金管理有限公司强化监控系统部署,实现及时关注各类系统资源情况,根据相关告警及时排查、处理问题,为系统容量调整等提供决策依据;构建组合分析平台,基于天软开发平台,构建多个业务分析和管理系统,主要功能包括组合分析、绩效归因、风险管理、指标中心等,通过不断积累和优化模型系统,形成自有的研究、投资体系,解决大量组合数据碎片化、无法统筹管理的问题,提供系统化评价体系。

(李云峰)

四、期货业信息化

【期货同业公会促进会员机构研讨期货信息前沿问题】 上海期货同业公会为增进行业交流、提高IT技术在打造公司核心竞争力中的应用,2018年召开2期上海期货公司信息技术负责人联席会,促进会员机构积极研讨期货信息技术前沿问题。研讨主题包括"国际化背景下的期货信息系统建设及新技术在期货行业的应用""落实看穿式监管以及信息安全研讨"等。通过交流、研讨,促进辖区期货会员机构加强利用最新信息技术促进行业发展的研究,引导机构更加注重防范、化解业务风险,有效落实行业监管要求。

【申银万国期货】 申银万国期货有限公司持续推进系统建设,完善量化技术服务体系,培养软件自主开发能力,持续为业务发展提供有力支持。完成CTP(Comprehensive Transaction Platform,综合交易平台)主席网络设备更换,上线超融合私有云系统,实现资源整合和共享;完成郑州商品交易所(以下简称"郑商所")极速交易系统、郑州技术中心飞鼠平台项目建设,同时启动通联支付机房项目、大连飞创高新机房X-ONE项目、CTP十一中心项目、CTP十二中心项目、中金数讯机房盛立柜台项目,为后续业务发展提供预留空间。

【国泰君安期货】 国泰君安期货有限公司结合行

业发展趋势及客户需求,陆续实施 IT 架构优化,机房新建、搬迁及改造,对各类系统硬件更新扩容,完成交易系统升级、扩容,上线行情加速系统、大连商品交易所(以下简称"大商所")X-ONE 系统、大商所 XQN 系统、上期技术 CTP 迷你二代系统、郑州易盛 V9 迷你等系统,多角度满足不同客户需求;开展期货 APP 的定制开发,加强中后台风控系统、合规系统等项目建设;通过超融合、虚拟化、私有云等技术手段,提升公司信息技术工作效率,保障交易系统和各项业务平稳运行。

【中银国际期货】 中银国际期货有限责任公司实施机房基础设施改造、数据中心网络设备更新;上线盛立风险及订单管理系统、艾科朗克极速风控交易系统、启明星 9.0Mini2 系统、FIS 系统模块(原油交易行情、订单管理系统、套利交易终端)等系统,为新业务开展提供系统支持。

【新湖期货】 新湖期货有限公司积极探索超低延迟交易技术,分别从网络低延迟技术、服务器低延迟技术及操作系统底层低延迟技术等方面进行研究;为配合中国商品期货国际化,完成生产系统升级准备、境外中介接入系统准备,10 多家银行结售汇业务测试和系统接入测试,保障境外中介能够顺利实现开户、接入交易、风控、合规隔离等。

【华鑫期货】 华鑫期货有限公司搭建超融合 IT 架构,解决服务器资源利用率低、空间能耗成本高、业务系统故障风险引发的生产效率低下等问题,该架构使得多套单元设备可以通过网络聚合,同一套单元设备中不仅仅具备计算、网络、存储虚拟化等资源和技术,而且实现模块化无缝、横向扩展,形成统一的资源池。该架构广泛运用于公司基本存储、虚拟桌面、远程办公、灾备中心、研发中心及各种云服务场景中,大大提升公司运营效率,降低公司运营成本。

【光大期货】 光大期货有限公司完成 CTP 主席系统设备更换工作;核心交易系统获得信息系统安全等级保护测评第二级期货交易结算系统备案证明;搭建盛立金融 REM 系统,同时完成向上海期货交易所、大商所、中国金融期货交易所的系统报备工作。与此同时,结合同行业的业务发展趋势,在有效分析行业技术资源供需变化及技术发展趋势的基础上,优化公司 IT 治理环境,强化运维管理规范和流程,不断追求、探索低延时技术服务。

(李云峰)

五、保险业信息化

【保险市场概况】 2018 年,上海保险业发展稳健,保险姓保、回归本源持续推进。根据中国保险统计信息系统数据汇总,2018 年 1—12 月,上海市实现原保险保费收入累计 1 405.79 亿元,同比下降

11.42%,其中,财产险公司原保险保费收入582.10亿元,同比增长20.60%;人身险公司原保险保费收入823.69亿元,同比下降25.42%。全市保险赔付支出累计581.56亿元,同比增长5.94%。中、外资保险公司原保险保费收入比例为80∶20。截至2018年12月末,上海市共有53家法人保险机构,其中,保险集团1家、财产险公司20家(其中自保公司1家)、人身险公司22家、再保险公司3家、资产管理公司7家;共有105家省级保险分支机构,其中财产险分公司51家、人身险分公司52家、再保险分公司2家。截至2018年12月末,上海市共有224家保险专业中介法人机构,其中,保险代理机构112家、保险经纪机构75家、保险公估机构37家;共有237家保险专业中介分支机构,其中,保险代理机构103家、保险经纪机构105家、保险公估机构29家。2018年,上海保险深度受保费增速影响有所下降,为4.30%,比2017年减少0.97个百分点。2018年,上海保险密度有所下降,为5 814元,较2017年减少749元/人。

【联合市科委持续推进“科技贷”工作】 中国保险监督管理委员会上海监管局(以下简称“上海保监局”)联合市科委、市财政局持续推进“科技型中小企业履约保证保险”,不断完善贷款支持模式,累计为1 406家轻资产、无抵押的科技型中小微企业解决银行贷款50.37亿元,支付保费补贴近3 500万元,有效缓解初创期科技企业融资压力。

【搭建市省际客运车辆第三方安全监测平台】 上海保监局联合市交通管理部门,对13 252辆省际客车实施“线上实时管控+线下保险增值服务+大数据应用”全天候监测。平台建立后,上海市省际客运事故年度死亡人数较以前减少42.85%、事故发生率下降24.24%、保险业赔付率下降19.27%。

【搭建中小微外贸企业融资服务平台】 上海保监局采取“银行+保险+政策性担保”合作模式,支持中小微外贸企业在无抵押的情况下,通过担保和保单获得银行融资,大幅降低融资门槛和成本,实现金融对实体经济的有力支持。

【推动建设上海健康保险服务业发展平台】 落实“上海市健康服务业50条”,构建“保险+健康服务”模式,上海银保监局推动上海保险交易所和上海市卫生计生委开展签约合作,打通医疗健康大数据与健康保险、健康产业的共享应用,推动商业保险、医疗服务、健康管理等健康服务业融合发展。

【推动保险行业增强普惠金融服务】 截至2018年三季度,通过保险增信累计为1 776家科技中小微企业提供63.57亿元贷款支持,服务新型农业经营主体4 300余家,累计担保贷款24.4亿元;通过专利综合保险为280家中小微企业承保专利近1 800件,提供风险保障6 800万元。

【开展首届进博会保险保障方案制定与实施】 上海保监局制定完成进博会筹建、布展、展会及撤展全过程保险保障方案,合计提供风险保障额度超过1 800亿元,其中博览会筹备、场馆建设阶段保险保障额度超过200亿元,共为97个赔案支付赔款213万元。

【推动落实308亿美元出口信用保险专项任务】 上海保监局指导中国出口信用保险公司上海分公司，对受到中美贸易摩擦波及的上海企业进行全面调研，创新承保方案。2018年1—7月，累计支持全市外贸企业出口172.5亿美元，同比增长0.3%，其中，支持对美贸易出口18亿美元，同比增长8%。

【为援外项目提供建筑工程质量缺陷风险保障】 上海保监局推动上海保险业累计承保商务部115个援外成套项目工程、提供风险保障127亿元、涉及60个国家、派出56个风控小组、开展海外现场风险查勘100余次、出具评估报告230份、风险提示近1 000条。

【推动贷款保证保险扩大支农服务范围】 除扶持农业合作社支农贷款外，将家庭农场纳入扶持对象范围，同时将市级示范农民专业合作社贷款扶持上限提高至200万元。截至2018年6月，上海地区农村小额信贷保证保险累计担保贷款25亿元，服务新型农业经营主体4 100余家。

【加大对“一带一路”沿线国家信用保险支持力度】 上海保监局推动上海保险业加大对“一带一路”沿线国家的信用保险支持力度，2018年1—12月，上海出口信用保险涉“一带一路”业务共计保额64.6亿美元，累计向“一带一路”沿线国家近5 500家买方提供了28.5亿美元的授信额度。

【指导行业组成共保平台，支持钢铁行业供给侧结构性改革】 按照费率优惠、覆盖广泛原则，上海保监局指导上海保险业，为宝钢集团和武钢集团重组合并后的11家涉及钢铁生产子公司提供统一财产保险服务，涉及财产一切险、财产综合险、机器损坏险、公众责任险和产品责任险等，总保额达3 480亿元。

【推动个人税收递延型商业养老保险试点落地】 2018年6月7日，太平洋人寿保险股份有限公司上海分公司签发全国首张税延养老保险保单，随后泰康养老保险股份有限公司、中国人寿保险股份有限公司、平安养老保险股份有限公司、太平养老保险股份有限公司等机构也陆续签发保单，涉及收益确定型、收益保底型、收益浮动型三类产品。

【环亚保险经纪有限公司助力市黄浦区政府巨灾保险项目落地】 环亚保险经纪有限公司作为保险经纪人，协助黄浦区政府、黄浦区金融办和黄浦区民政局研究黄浦区巨灾风险状况和风险控制措施，不断修改、完善巨灾保险方案和招标方案，提供保险经纪服务。2018年5月底，经公开招投标，由中国太平洋财产保险股份有限公司上海分公司为主承保人、中国平安财产保险股份有限公司上海分公司和中国人民财产保险股份有限公司上海分公司为共同保险人的巨灾保险共保体成立。该项目标的为上海市黄浦区行政区域内实际居住的住房和室内家庭财产，以及黄浦区行政区域内的自然人（包括常住人口及临时来上海出差、旅游、务工等的流动人口）。开展巨灾保险试点有助于提升黄浦区灾害救助和防灾防损能力，也有助于推动上海保险业创新发展、推动上海国际保险中心建设和上海国际金融中心建设迈向新台阶。

（孙正华）

第五章　智慧航运

概　述

2018年，根据市委、市政府口岸工作总体安排，上海电子口岸办公室(上海亿通国际股份有限公司)重点围绕上海国际贸易单一窗口年度任务，对标国际最高标准，全面深化单一窗口功能。

一、电子口岸

【上海电子口岸基本情况】　基础平台承载的年单证处理量超过3.15亿个，同比增长14.55%。跨境电商公共平台交易2 356万单，同比增长38%；交易金额48.7亿元人民币，同比增长16.5%；资金结算额135.6亿元人民币，同比增长近5倍。

【上海国际贸易单一窗口】　全年完成货物进出口申报28 891 568票，船舶进出港申报353 803票，登轮证、通行证、搭靠证办理62 073张；邮轮旅客申报1 189 366人次；有458家企业通过单一窗口在203个外地口岸完成181 497批次货物申报。

融合对接国家标准版。船舶申报、海关空运出口舱单，以及报检均实现与国家标准版的融合对接并运行平稳；实现企业资质、许可等业务通过国家标准版与国家部委之间的“总对总”办理。

“进博会专区”功能上线。依托单一窗口开发进博会专区，保障进博会展品通关便利。进博会期间，通过单一窗口办理业务的服务参展商882个，参展品种662类，参展国家117个，参展商品货值31 407 377美元。

金融服务成效明显。外汇业务方面，在上海市外汇管理局的支持下，购付汇功能于2018年6月27日正式上线，通过与银行对接，实现企业购付汇全部线上办理。截至年底，对接12家银行，

实现购付汇业务的“全程无纸化”及“智能审核”。

保险业务方面，推进信用保险服务，企业通过单一窗口获取风险预警、风险管控、出口信用保险和信保贸易融资等服务。2018 年下半年，“信用保险服务 WE 平台”上线，为小微企业提供投保、理赔、资信、融资、咨询等“一站式”服务，截至年底，累计保单金额为 9.87 亿美元。

出口退税方面，在上海市税务局的支持下，实现出口报关信息、进货发票信息的无干预自动导入和直接勾选配单处理，出口企业在退税申报时再也无需逐笔、逐项手工录入要素信息。2018 年 2 月起全面推广，截至年底，有 15 283 家企业通过上海单一窗口企业办理出口退(免)税额 1 199.28 亿元，成为企业出口退税办理的主渠道，全年累计为企业减少手工录入约 2.4 亿项，节省人力、物力和时间成本。

AI 前瞻性研究初显成效。2018 年年初完成首个 AI 应用——检验检疫快件木包装智能查验上线，查验效率提升 9 倍。同时，海事危险品智能预警系统上线试点，该系统主要功能是通过后台算法，实时、自动标记疑似出口危险品货物，提高监管部门执法准确率。

【亚太示范电子口岸】 依托中国(上海)国际贸易单一窗口平台，积极参与亚太示范电子口岸网络建设。一是开展口岸数据互通项目，与马来西亚的 DNeX 讨论启动互通技术测试，通过点对点的数据直联互通，实现两个口岸间船舶到达、货物装卸、集装箱进出等物流状态信息互换。二是探索原产地证互认互通技术方案，为亚太成员经济体进出口企业提供口岸通关便利化。三是积极参与市政府决策咨询重点课题《发挥桥头堡作用，加快一带一路电子口岸互联互通》的研究。

(苑　娜)

二、航运物流

【上海国际航运中心门户网站】 上海国际航运中心门户网站不断升级优化。通过与传统新闻媒体、行业媒体及 40 家支持单位的对接，全年采编新闻 2 400 条，包括新闻热点资讯、专家观点、深度文章、市场数据等，及时、准确反映上海国际航运中心的建设进展，集成航运领域相关权威信息，打造宣传展示上海国际航运中心建设发展的官方媒体，形成服务航运中心全产业链的信息化单一窗口。

【航贸一体化】 不断提升航运行业物流信息化水平，通过提供 SaaS(Software as a Service，软件即服务)应用、电子放箱 EIR(Equipment Interchange Receipt，集装箱设备交接单)、航运电子结算、电子订舱、VGM(Verified Gross Mass，集装箱称重)等业务，为船公司提供个性化服务，提升作业效率和水平。同时，与九江、太仓探索港口间物流信息数据交换，有效提高长江港口间物流运作效率，促进行业物流信息一体化发展。

(苑　娜)

第六编 城市管理信息化

Shanghai Informatization

综　述

2018 年，上海市城市综合管理信息化稳步推进。相关委办局、机构不断优化信息化平台，在内容完善、功能创新上取得突破，在城市综合管理、食品安全、环境保护、水务等方面缺的良好成绩，从而提升管理水平和服务效率，为智慧城市建设夯实基础。

第一章　城市综合管理信息化

概　述

2018 年,城市综合管理信息化深入推进,通过加强二级注册建造师的信息化平台管理、物业管理监管与服务信息化等方式,加强城市管理信息化建设,推进行业数据共享,推进网格化管理,较好地完成了国土资源部、住房和城乡建设部以及上海市委、市政府的信息化任务。

一、数据平台建设完善

【概况】 2018 年,上海市住房和城乡建设管理委员会(以下简称"市住建委")坚持完善数据平台建设,在二级建造师的审批、管理、验收等方面加强信息化管理,并通过地下管线普查为城市基础设施的科学管理提供基础数据。

【二级注册建造师电子化申报和审批】 2018 年,个人和企业可以在互联网上通过系统利用市工商法人库、社保数据库、从业人员档案信息,进行二级注册建造师申请事项的网上申报,自动完成申报数据的符合性比对,申请事项全程网上办理,取消纸质申请表和身份证等附件材料。同时,注册申请网上受理后,申请事项的承办、审核和审批全过程留痕,全过程信息公开,接收社会监督。

【二级注册建造师申请表电子签名】 本着个人申请、企业确认的原则,2018 年,个人通过个人电子数字证书来对电子化的申请表进行数字签名,来代替原有纸质申请表上的手写签名。二级注册建造师申请人的身份确认问题,也由其在申领个人电子数字证书时进行实名认证来解决,确保个人信息的唯一性,把个人权利和义务归还个人,企业

随意注册成为历史。企业通过企业电子证书对注册在本企业下的二级建造师注册事项进行确认，并对申请表进行企业数字签名，完成个人和企业数字签名的申请事项，由企业进行上报，上报时系统会对申请内容进行标准比对，比对通过后，系统将自动受理，并出具受理凭证。

【二级注册建造师执业注册证书电子化】 2018年，二级建造师注册申请批准后，系统自动生成带有二维码和数字签名的二级注册建造师电子证书，证书持有者本人可登录系统，自行下载电子注册证书，无需领取纸质注册证书。证书上的二维码是记载二级注册建造师证书唯一标识，社会公众可以通过微信公众号“上海建筑业”，扫描电子证书上的二维码，对证书进行验证查看。

【上海二级注册建造师电子化审批系统验收】 2019年1月17日下午，由住房和城乡建设部(以下简称“住建部”)执业资格注册中心、上海市大数据中心、上海市电子政务办公室、上海市人力资源和社会保障局信息中心及上海市施工行业协会专家组成专家验收小组，对二级注册建造师电子化审批系统项目进行评审，认为该系统以信息资源共享为基础，以全程网上办理为目标，全面整合、优化审批业务流程，确立无纸化申报、网上审批、证书电子化三个环节，做到减环节、材料、证明、时间，系统开发达到设计目标，正式通过验收。

自2018年7月1日正式上线至2018年年底，系统共完成15 535人次审批工作。申请人只需在网上填写一张申请表，所有的纸质和电子扫描件材料100%取消，审核环节精简50%以上，审批时间从20天减为10天(主要是法定的公示公告时间)，做到“让数据多跑路、企业个人不跑腿”，实现“不见面”审批，得到企业和个人广泛好评。同时，自实行“不见面”审批以来，市住建委行政服务中心的受理大厅人员窗口日受理量同比下降30%左右。二级建造师注册许可受理进入无窗口受理、无审批过程文件拟定、无纸质材料归档的时代，真正减少窗口人员的工作量。

【地下管线普查】 根据相关要求，为摸清地下管线的现状，合理分配使用地下空间，为城市基础设施的科学管理提供基础数据，上海市自2013年启动上海地下空间信息基础平台地下管线数据建设工作，全面普查地下管线数据。本次地下管线数据普查实施范围为上海市建成区范围内各类道路下的地下管线，涵盖16个区，其中浦东新区为外环线以内的区域，普查的管线种类主要包括排水、给水、燃气、电力、通信、热力、长输管线等。考虑到普查的特殊性以及工作的延续性，地下管线普查采用“市区合作、以区为主、全市统一监理”的模式。上海市地下管线普查分为两个阶段：

第一阶段：2013—2016年，完成上海市中心城区(外环内)地下管线普查工作。共采集各类地下管线数据合计2.6万多公里，涉及道路长度2 075公里。

第二阶段：2017—2018年，完成上海市外环外建成区地下管线普查。综合考虑时间、资金、探测队伍、实际效果等因素，外环外建成区地下管线普查采用“数据汇交+实地探测”的方式。一是要求各管线权属单位汇交建成区范围内所有地下管线基础信息，以便开展数据核对及汇交工作。二是在人口密度较大、成规模的重点区域开展实地探测，主要包括各区所有街道、部分区政府所在镇等

区域。共采集各类地下管线数据合计5.8万多公里,涉及道路长度5 403公里。另外,各管线权属汇交各类地下管线3.4万公里。

2018年10月,上海市外环外建成区地下管线普查顺利通过专家验收,标志着全市地下管线综合数据库建成,实现综合管线信息基本全覆盖。截至2018年年底,上海地下空间信息基础平台拥有各类地下管线数据11.8万公里,可以初步为全市城市管理、前期规划设计、应急抢险、重大工程建设提供数据支撑。

(马康玉)

二、管理平台建设应用

【概况】 按照国务院推进政务服务"一网、一门、一次"改革实施方案和市委、市政府"全面推进'一网通办'加快建设智慧政府工作"的工作要求,2018年市住建委优化流程设计,改造建设管理信息系统,打通相关政府部门之间的信息"壁垒",发挥政府信息资源共享交换的优势,积极推进二级注册建造师电子化审批工作。2018年年初,启动二级注册建造师电子化审批系统的开发,2018年7月1日正式上线使用,上海市对二级建造师初始注册、增项注册、延续注册、注销注册等申请事项实行"不见面"审批。

【网格化管理】 上海城市网格化综合管理市级平台项目于2015年12月经上海市发展和改革委员会批复同意,于2016年4月启动建设,2018年6月完成项目建设进入试运行。项目总投资为1 007万元。

为满足城市网格化综合管理的业务需求,项目主要建设内容包括:全面优化升级城市网格化综合管理市级平台构架,拓展建设数据分发汇总子系统,升级原有地图服务和知识库等功能,升级优化综合展示子系统、应用维护子系统、基础数据管理子系统以及共享交换子系统;新建市级督查子系统、专项调查子系统以及考核评价子系统;依据新版网格化综合管理规范标准,调增市场监管、小区管理、农村管理、村居自治、街面治安事件类数据,建立城市网格化综合管理大数据库,通过多维分析软件对其汇聚的多元数据进行整理、挖掘和分析等。

该项目的建设拓展网格化综合管理内容,实现城市网格化综合管理的拓展深化;加强城市网格的市、区、街道、镇的管理层级,城市综合管理得到进一步推进;构建城市综合管理信息平台,实现与绿化、市政、水务、民防等的数据共享交换,满足城市综合管理的需要;实现加强与"12345"市民服务热线衔接和与"12319"城建服务热线业务融合的管理要求;建立健全市级督查队伍与案件考评机制,进一步加强城市网格化监督指挥督查的效力,缩短各类网格案件的发现与处置时效,提升城市网格化综合管理的技术水平与管理效能,提升市民对城市网格化管理的满意度。

【物业管理监管与服务信息化】 在政府简政放

权、加强监管的大政方针指引下，根据《上海市加强住宅小区综合治理三年行动计划(2015—2017)》，2018年，上海市构建住宅小区信息平台，通过平台建设，提供全公开、全透明的行业监管信息。平台以市物业管理行政主管部门为主体，以区、街道(房管办)部门为分支，以各物业服务企业、业主委员会为基础，集物业基础信息管理、日常事务督查、物业信息(灾情信息)上报、"上海物业"APP政务版等功能，全面构建全市物业服务管理信息化服务体系，提高行政效率，提高行政管理水平。

上海市物业管理监管与服务平台于2018年建成投入使用。目前已涵盖全市1.3万多个住宅小区，74万门牌幢，800多万分户，分户面积7亿多平方米等客体信息和业主大会、物业公司、房管办事处等主体信息。

系统主要包括小区检查、信息(灾情)上报、物业企业信用管理、小区档案等功能。市、区级住建委、街镇房办、物业企业相关工作人员可根据权限登录操作。平台的建立加快信息的传递速度，辅助管理辅助决策，将物业管理制度化、规范化，物业管理部门可以准确及时地把握物业市场信息，在提高物业监管部门决策的正确性和预见性方面发挥重要的作用。同时，为光明工程、电梯改造、高层建筑消防安全综合治理、维修资金补建、上海市地理图情普查等提供决策参考。

小区档案。2018年，通过"法人一证通"专项申报工作，修正12 897个项目的基础数据，其中住宅10 572个，非住宅2 025个；修正物业企业信息1 823条，从而基本形成全市统一的住宅小区物业管理基础数据库。并将多个业务系统中的业务数据予以整合，与GIS(Geographic Information System，地理信息系统)相结合，为全市的住宅小区建立物业管理相关的小区档案。该档案主要包括小区基本信息、物业服务企业信息、小区管理处及小区经理信息、业主大会信息以及门牌幢分户信息在内的基础数据以及小区设施设备、小区检查信息、报修投诉信息、物业费标准、企业诚信、维修资金账目、小区地理信息在内的业务数据。小区档案的建立为小区综合治理等工作提供数据支撑。

小区检查。平台支持可自定义创建指标内容、可灵活配置检查指标与检查人员等检查要素，并支持通过移动APP端或电脑端方式录入检查情况。极大提高检查的效率和检查记录保存的完整性。2018年度市、区、街镇房管部门通过平台开设检查主题62个，累计检查小区7 974次，开具整改单1 079张。

信息(灾情)上报。针对千变万化的各类数据上报统计需求，要求响应时效性强、任务重的特点，平台支持自定义创建上报内容、灵活配置上报内容、上报主体、上报时限等要素，并支持通过移动APP端或电脑端方式实现包括小区经理在内的多种角色针对同一上报主题及时进行信息(灾情)上报。从而使主管部门可以第一时间获取该主题的上报数据统计情况，彻底改变传统纸质上报、人工统计、再上报再统计的窘境。实现突发信息上报工作的全过程信息化管理。2018年，市、区、街镇房管部门通过平台开设上报主题107个。尤其防台防汛期间，"安比""云雀"等多个台风席卷上海市，监管部门曾多次使用该功能发布灾情上报主题，第一时间掌握全市小区受灾情况，并对监管部门后期的决策发挥重要的作用。

企业诚信。根据《上海市物业服务企业和项目经理信用信息管理办法》以及《上海市物业服务

企业和项目经理失信行为记分规则》的要求，平台将所掌握的热线投诉信息、小区检查整改单信息、舆情信访等信息整合为不良信息的采集来源，从不良信息采集与确认、记分预估与告知到异议申请处理，在平台中形成规范化、标准化的信用记分处理流程。物业企业及项目经理诚信档案的建立，对物业企业自我行为规范的约束以及规范全市物业管理行业的管理标准起到积极作用。

（马康玉）

第二章　食品、药品安全管理信息化

概　述

2018年，上海市食品药品监督管理局(以下简称“市食药监局”)按照市委、市政府要求，实现行政审批制度改革，将多项业务接入“一网通办”平台。此外，在委内部不断加强药品安全监管和信息服务，建设市民满意的食品安全城市配套信息化系统、“上海药店”APP等应用平台。

一、平台建设

【行政审批制度改革“一网通办”工作】 2018年，市食药监局按照上海市委、市政府《全面推进“一网通办”加快建设智慧政府工作方案》(沪委办发〔2018〕14号)要求，树立“优化食品药品营商环境，提升群众和企业获得感”目标，全面推进食品药品市、区两级共78项政务服务事项流程再造和数据共享，至8月底，除使用国家局的10个事项外已实现市、区两级100%对接“一网通办”平台。12月完成19个事项的全程网办改造和电子证照生成，实现企业“一次上门”或“零上门”。市、区两级食品药品全部事项全程网办后，审批环节减少32%，审批材料减少19%，审批时间减少59%。

【药品安全监管和信息服务平台】 2018年，市食药监局完成“上海市药品安全监管和信息服务平台”项目整体建设工作，该项目于2017年获市经济信息化委批准，已完成11个子项目建设。药品安全监管平台汇集全市药械化行政审批、监督检查、抽验、稽查办案、投诉举报等十余个系统上亿条数据，实现药械化数据的有机整合。平台立足于全市药品、医疗器械、化妆品安全监管业务，深度开展全业务数据的整合应用。围绕企业、人员、

产品三大核心监管对象，通过构建多维分析模型和完整数据链条，实现工作情况一览无余、高风险企业一眼定位、问题对象一链溯源和全部对象一体服务，大大提升问题发现的有效性和监管工作靶向性。通过大数据技术的有机结合，强化数据沉淀、融合、挖掘和呈现，为监管人员提供一个智慧、全景、靶向、溯源的服务平台。

自平台上线以来，市食药监局通过大数据应用创新，在现有资源保障基础上，以数据驱动监管机制改革，以数据应用提升监管效能，有效解决监管对象多、监管任务重、监管资源不足的难题，在全市药械化安全监管保障层面初见成效。

二、应用推进

【市民满意的食品安全城市配套信息化建设】 2018 年，市食药监局配合《上海市食品安全条例》和《上海市建设市民满意的食品安全城市行动方案》的实施进行信息化建设，建设“食品储存与运输服务经营者备案信息管理系统”，并实现 70 户经营者备案；建设完成“无证无照经营户管理系统”，实现数据实时录入、实时查询，截至 2018 年年底，系统已登记 22 481 家经营户，其中存量 17 592 家，新增 4 889 家，整治 14 701 家；建设完成“守信超市和放心肉菜示范超市申报系统”，并已配合完成 3 198 家企业申报及相关评价工作；正在开展“进沪食品、食用农产品信息登记管理系统”建设。

【“上海药店”APP 上线】 2018 年市食药监局完成“上海药店”APP 上线工作。“上海药店”APP 涵盖全市 3 936 家药店，包括 28 041 种药品供应信息，能够为广大市民用户提供药店信息、药品在售信息、政策法规和安全用药知识。市民可通过该 APP 查询附近药店基本信息，包括 24 小时药店、医保药店等；市民输入药品名称(包括通用名、批准文号或商品名)，即可查询到附近出售该药的药店信息；市民还可通过该 APP 查询科学合理用药知识等内容。

(周凤舞)

第三章　环境保护信息化

概　述

2018 年，上海市生态环境局(以下简称“市生态环境局”)在确保网络安全的基础上，不断优化信息化平台服务水平，“上海环境”网站、扬尘在线数据业务应用等平台业务持续丰富，信息联动、数据利用能力有效提升。

一、网络建设

【建立网络安全管理制度】　为强化网络安全管理，市生态环境局于 2018 年 7 月成立网络安全和信息化领导小组(以下简称“领导小组”)，局党委书记和局长任组长，其他局领导任副组长，各处室、直属单位负责人作为成员参加，负责统筹局系统网络安全和信息化建设工作。领导小组下设办公室，市生态环境局总工程师任办公室主任，负责组织协调具体工作，信息中心负责相关技术保障，同时制订《网络安全管理办法(试行)》。按照生态环境部等部门要求，市生态环境局召开网络安全工作专题部署会，各单位负责人签署《信息安全保障工作责任承诺书》，并开展网络安全自查和应急演练工作，筑牢网络安全“防火墙”，为进博会的召开奠定安全基础。

(栗小东)

二、管理信息化

【提升“上海环境”网站服务能力】 2018年“上海环境”网站按照全国和市政府网站要求，每季度开展网站普查和问题整改工作，全年度四次抽查全部达标。2018年，网站开设“优化营商环境”“上海市第二次全国污染源普查”等专栏；进一步充实企事业单位环境信息公开平台；积极推进环保“一网通办”工作，打造线上线下服务融合，助力城市大数据汇聚；全年完成在线访谈5期，各类民意征集4期，网上调查3期；持续改进网站智能搜索引擎，优化搜索命中率和用户体验。2018年“上海环境”网站访问量为64 166 312人次。此外，2018年市生态环境局积极推进“一网通办”工作，提供更加优质、便捷的信息服务，助力优化营商环境。实现以环保部门管理为中心向以用户服务为中心转变，让“群众少跑腿，信息、材料多跑路”的建设目标。

（傅　迪）

【扬尘在线数据业务应用管理平台建设】 扬尘在线数据业务应用管理平台是在扬尘实时监测数据的基础上，开发建设的业务化应用。2018年，市生态环境局根据《上海市扬尘在线监测数据执法应用规定》，按照自动审核—工地审核—区审核—市级抽审步骤，构建在线数据的四级审核流程，明确审核要求和内容，并按照《上海市建筑工地颗粒物控制标准》，形成在线数据超标单据，供执法应用；建立扬尘在线设备的新增、注销等流程，供市住建委、市交通委等业务主管部门管理各自主管领域扬尘设备；开发覆盖所有厂家、类型、区的设备抽查流程；建立扬尘在线数据预警预报机制，实时推送报警信息，确保扬尘污染得到有效控制。扬尘在线数据业务应用管理平台实现扬尘设备供应商、工地方、监测部门、监察部门、监管部门之间的信息联动，有效地提升扬尘在线数据的实际应用能力，为改善城市环境空气质量提供技术保障。

（王　跃）

第四章　水务信息化

概　述

2018年，上海市水务(海洋)局(以下简称“市水务局”)坚持党建引领，全力推进上海市智慧水务创新发展。在水务工作中，聚焦防汛安全、河长制等重点任务，着力提升信息化服务保障能力，加强行业精细化管理，推进全行业信息化建设和应用，深化平台信息化转型发展，促进信息化与水务海洋业务深度融合，为上海水务海洋事业发展提供有力支撑。

一、部门管理信息化

【概况】　2018年，市水务局在部门管理层面坚持将信息化基础建设与智慧水务相结合，全面推进“一网通办”建设、政务协同和办公移动化，并在网站编辑、新媒体运营等方面取得一定成绩。

【“一网通办”取得阶段性成果】　2018年，按照上海市大数据中心的统一部署，结合市水务局行政审批改革需求，不断提升行政审批、政府数据公开等公共服务质量，在全市委办局中率先完成“一网通办”线上统一受理平台建设，并成为线下统一受理平台建设示范单位，提前实现46项行政审批事项全流程“网上受理、一网办理”的阶段性目标。

【政务协同和移动办公】　2018年，持续加强市水务局政务协同系统建设，推进流程优化再造，实现市、区两级水务海洋规划、许可、监管、执法等主要行政业务网上流转、并行协同；推进水务热线系统与河长制平台、防汛系统的数据对接，实现业务受理、跟踪督办、处理反馈、市民回访、监督考核的全过程闭环管理；建设目标管理系统、精细化管理系

统、法规数据库、职称教育和人才管理、图文数据库等模块，上线“水务海洋”移动办公平台，有效提高市水务局行政办公无纸化、移动化和智能化水平。

【网站编辑部工作】 2018年，市水务局进一步推进网站编辑部实体化运作，不断健全网站和新媒体运维管理、信息审核、保密管理等工作机制，推动编辑资源整合和流程优化，“上海水务海洋”网站、微信公众号、微信企业号（“申水快讯”）信息发布质量稳步提升，办事服务和互动交流功能进一步完善，在信息服务、政务公开、网上办事、政民互动、社会宣传工作中发挥积极作用。“上海水务海洋”微信号获得“母亲河”绿色传媒奖，编辑部团队获得“绿色中国”年度人物提名。“上海防汛”新媒体荣获市政府办公厅、市政府新闻办、市委网信办联合颁发的“2018年上海政务新媒体优秀奖”，荣获“澎湃新闻”颁发的“最佳政务传播政府窗口服务奖”。

（蓝 岚）

二、智慧水务框架完善

【概况】 为丰富智慧水务管理和应用框架，2018年，市水务局不断建设健全市、区两级水务体系，并进行网格化管理、河湖随行、质量监督等多种管理平台，使智慧水务管理内容不断丰富。

【信息化规划管理】 2018年，市水务局积极履行行业信息化管理职能，推进水务海洋信息化规划落地，加大信息化项目储备，及时开展项目前期研究，完成水务、海洋“十三五”规划信息化建设中期评估；加强市水务局系统信息化项目评估和验收管理，推进项目资源统筹和信息共享，完成《上海市堤防（泵闸）设施管理系统（2017升级改造）》等局属单位8个项目技术审查；通过专题调研、上门服务和系统操作培训等形式，加强对区水务海洋部门和局属单位的服务和指导，全年调研20次，培训500余人次。

【构建市、区两级水环境管理信息化体系】 2018年，市水务局紧紧围绕深化河长制推行湖长制，强化河湖综合治理等工作需求，积极推进“两水平衡”工作，泵站放江数据库和业务系统建成应用。深化河长制工作平台和河湖随行系统应用，积极开展16个区8次专题培训，为河湖常态化、精细化管理提供有力的支撑。

【市、区两级“1＋16”信息化应用体系】 2018年，市水务局充分发挥行业信息化管理职能，按照统一数据体系、全市一套系统的目标，以防汛指挥调度、河长制平台应用、水务热线工单处置等工作为突破口，通过数据整合共享、业务系统协同联动，以点带面、持续推进，不断强化市、区“1＋16”信息化应用协同。

【专业网格化应用】 2018年，市水务局建设完成

全市水务专业网格化管理平台，为一线海塘、黄浦江和苏州河堤防巡查网格化、养护信息化、监管精细化提供信息化支撑，并逐步向全市河湖管理养护拓展。

【河长制工作平台应用】 2018年，市水务局完善"上海河长"APP河长巡河功能，在宝山区、青浦区开展试点应用；优化河长办管理模块，实现市、区、镇、村四级河长信息全覆盖，为"苏四期"(苏州河环境综合整治四期工程)河长名单公布及河长信息动态管理提供技术支撑，提升对河长的动态管理能力；建成水质监测管理模块，实现全市河湖水质常规监测、在线监测统一管理和自动评价，全面支撑建成区黑臭水体水质评价、"苏四期"和全市河湖消黑消劣工作。

【基本建成河湖随行系统】 2018年，市水务局通过河湖基础数据与社会化电子地图有机整合，实现全市河湖信息随时查询、实时定位，在河湖管理工作中得到较广泛应用，安装用户已达400多人，有力支撑水质采样、水文调查、督查组现场巡查等外业工作。

【数据中心建设】 2018年，市水务局建立行业数据质量通报机制，数据中心长效管理制度逐步健全；优化数据监控平台，进一步规范数据服务和数据管控，积极开展数据治理清洗工作，数据服务能力不断提高；完善与市大数据中心等市级部门的数据共享，新增与上海市政府数据资源服务平台、固定资产投资项目在线审批监管平台等系统的数据对接，数据质量稳步提升。

【工程建设精细化管理】 2018年，市水务局建设基于BIM(Building Information Modeling，建筑信息模型)和3DGIS(3D Geographic Information System，三维地理信息系统)的水务应用项目管理平台、水务海洋工程建设信息系统、水利基本建设项目协同管理系统，进一步完善市水务局重大工程目标管理系统、水利工程招投标廉政平台，为支撑水利部水利工程质量考核、推进工程建设精细化管理打下基础。

【质量监督信息化平台】 截至2018年年底，市水务局已在市水务重大工程11个项目25个标段安装29个探头，建立视频监控系统，实现对水务重大工程的实时监控全覆盖。建成并实施应用"一系统、两平台"的质量监督信息化平台，并按照资源共享的要求开放到各区站和参建单位，实现监督过程信息化、数字化。

【平台信息化标准体系】 2018年，市水务局编制完成业务软件设计架构要求和标准规范，"水之云"服务管理平台基本建成，全局业务系统整合上云工作有序推进，为实现2019年上海市政务系统上云目标提供示范。

【网络与信息安全保障】 2018年，市水务局持续加强对机房、网络、服务器、存储等各类基础设施的实时监测和在线管理，加强外包队伍建设，完善服务保障流程，规范系统运维操作，确保网络基础

设施安全、稳定；强化办公局域网网络安全，完成水务大厦183台非涉密计算机防病毒软件国产化替代；开展网络安全和信息系统专项检查、局系统计算机保密技术检查、水务行业关键信息基础设施检查、水务行业网络安全执法检查，确保水务海洋网络安全总体可控。

（蓝　岚）

三、业务发展信息化

【概况】 2018年，市水务局关注业务管理信息化发展，在防汛、水情、供水、排水、泵闸、海洋等领域，不断加强信息化建设、提升服务质量，并在进博会等重大活动期间防汛信息保障。

【上海市防汛信息服务标准】 为提升上海市防汛信息公共服务水平，有效应对台风、暴雨、高潮、洪水等自然灾害，保障城市安全运行和人民生命财产安全，市水务局启动《上海市防汛信息服务标准》(以下简称“《标准》”)研究。2018年7月，《标准》通过专家评审以及局长办公会审议通过，9月在全局印发。《标准》参照国家和行业有关标准，结合上海市防汛工作实际情况，面向城市管理和服务，对接市民对于防汛信息的获取需求，规范全市防汛信息发布的内容、途径和时效要求，并在防汛防台应急响应信息服务、下立交和道路积水监测信息服务、沿海沿江潮位预报信息服务、黄浦江高潮位预警信号发布等实际工作中不断完善。

【提升防汛信息系统应用能力】 2018年，市水务局紧紧围绕防汛工作组织指挥、预案预警、信息保障、抢险救灾四个体系，以公共信息平台、防汛移动应用、分区预警、视频资源整合为重点，对网络、数据中心和信息系统等开展全面优化升级；顺利完成国家防汛抗旱指挥系统二期工程(上海市部分)任务建设，积极推进视频会商系统升级改造，新建5个分会场，在防御“安比”“云雀”等5场台风及26次暴雨期间，共保障各类视频会议100余场次，有力支撑防汛决策、指挥和调度；推进防汛信息多渠道发布，构建“网站、微博、微信、移动APP、短信、移动电视”为一体的全门户体系，对接“上海发布”“市民云”“高德地图”等平台，实现实时水位、道路积水等防汛信息向社会发布。

【进博会防汛信息保障】 2018年，市水务局主动对接进博会防汛信息服务需求，认真做好网络、视频会议、专题地图数据接入、“1＋2＋3＋4”预案等基础保障任务，有力支撑进博会防汛安全服务保障中心各项工作；在5场台风影响上海期间，对进博会区域的水雨情进行全面监测分析，为进博会防汛应急排水、泵闸调度等提供有力信息支持。

【提升水情预报精度和水情服务质量】 2018年，市水务局全面完成汛情报送和潮位预报发布工作，新增报汛站点7个，全年潮位预报精度合格率达到95％以上；积极开展风暴潮预报、分片水情预

报研究，切实提升水情信息服务保障能力；推进洪水风险图项目建设，首次将洪水风险图动态实时分析成果应用于汛期防汛应急保障，进一步提升防洪减灾应急管理能力。

【供水行业管理信息化建设】 2018年，上海市取用水收费和业务管理系统正式上线运行；根据市政府行政许可事项“一网通办”功能建设要求，已基本实现“受办分离”；取水实时监控系统迁移工作在2018年年底全部完成，规划市属各区县二次供水设施监控数据接入，完成青浦区相关数据的接入工作；完成居民住宅二次供水设施监控系统的APP应用软件开发。

2018年，市水务局加强协同化智能化，推进智能供水监管系统建设，建立以应用为核心的工作机制，形成完整的信息化、智能化平台。上半年完成二期制水(水厂泵站)安全保障监管系统的项目建设工作，将水厂、泵站纳入智能监控，实时掌握运行状态，并通过大数据及“一张图”实现对水厂、泵站异常状况及突发事件的智能感知和分析评估，进一步加强供水行业监管，提升城市供水安全保障的智能化水平。下半年启动智能供水三期输水管网安全保障监管系统的建设，完成从原水、制水到输水的全过程基础数据的梳理和整合，为下一阶段智能供水健康分析评估的应用打下基础。

【排水行业信息化建设】 2018年，市水务局组织完成《上海市排水信息化规划》编制工作。开发完成雨、污混接专项信息管理平台，为混接调查和改造工作过程跟踪和成果统计复查及后期考核提供技术支持。目前，各区调查资料入库率达86%，改造资料入库率达50%，完成103处改造完成混接点现场复核工作，改造合格率87%。

继续做好基础数据维护。2018年，市水务局完成7 485.67公里排水管道设施数据和596座泵站数据校核更新工作，完成28个排水系统规划数据更新工作，及39个排水工程项目资料和1 415条排水管道自查录入工作。

推进数据接入及共享应用。2018年，市水务局结合雨、污混接调查工作，完善排水行业信息共享机制。完成入河排污口水质水量监测站点建设，完成2座市公路管理泵站的工情监测系统和129座泵站水质采样系统建设。共建设148处道路积水监测点。接入排水公司315座泵站、各区167座泵站和市排水公司及各区238处道路积水监测运行数据，推进市、区数据共享应用。

【提升排水执法信息化水平】 2018年，市水务局完善排水户数据库建设，完成2013年至2017年10 224条排水户许可数据的整理入库和空间位置信息上图，排水执法检查“双随机一公开”基本功能已开发完成。组织编制总队精细化管理、信息化建设三年实施计划；全面推进公文流转一网到底。同时继续做好码头、船舶规范化管理。

【泵闸智能化发展】 2018年，蕰藻浜东闸NFC(Near Field Communication，近场通信)及BIM技术在水闸运维的应用中成熟有序。设施管理系统一泵闸运行管理模块升级改造完成，结合精细管理要求建成基于数字信息模型的泵闸运行管理新模式，系统在2018年内投入试运行。

【上海市海洋经济调查成果应用平台】 2018年，市水务局以加强海洋经济调查数据的全面存储和

应用开发，实现调查成果应用展示和辅助决策，完善海洋经济调查资料共享机制，提升海洋部门、涉海管理部门的海洋经济宏观调控能力为目标，提出上海市海洋经济调查成果应用平台建设。主要建设内容包括海洋经济调查资源、海洋经济调查数据分析、海洋调查成果展示、海洋经济调查后台管理 4 个子系统。项目于 2018 年 11 月完成全部验收。

【推进海洋信息化应用】 2018 年，上海市海域动管系统、海洋生态环境监督管理系统、“数字海洋”上海示范区地方配套项目建设任务全面完成，构建“一个平台”“一个原型”“一个系统”“一张网络”的数字海洋总体框架，整合水源地水质、沿海排污口及长江口船舶等实时数据资源，初步实现对全市海域生态环境全覆盖、立体化、常态化监督管理。

【水资源监控体系建设】 2018 年，市水务局完成水资源监控能力(二期)工程建设，有序推进系统在全市应用，完成市第三次全国水资源调查评价，为落实上海市水资源三条红线管理与考核提供精细化支撑。

(蓝　岚)

【智慧供水综合管理平台构建】 上海威派格智慧水务股份有限公司(以下简称“威派格”)以“用心于水，绿色未来”为企业使命，坚持诚信、责任、创新的价值观，秉承严谨务实的工业精神，以工业互联网理念持续进行智慧供水综合解决方案的探索创新，通过“硬件＋软件＋服务”综合解决方案为客户解决供水过程中的各种问题。2018 年，威派格企业技术中心被认定为上海市企业技术中心，同时升级为以内部七大技术中心与外部行业专家团队为组织架构的“威派格智慧水务研究院”，推出以业务驱动为核心的智慧供水八大解决方案，参与国家“十三五”重大科技专项课题《多水源格局下水源—水厂—管网联动机制及优化调控技术》，并负责子任务《二次供水水质安全风险评价与控制技术及智慧供水综合管理平台构建》的研究工作。2018 年，威派格承办第八届中国水业院士专家论坛和第九届全国二次供水技术经验交流会，促进行业技术与管理进步，荣获工业和信息化部第三批绿色工厂、嘉定区区长质量金奖与七星级售后服务认证等荣誉。

(威派格)

第七编 信息安全

Shanghai Informatization

综　述

2018年，上海市网络安全保障工作根据国家以及上海市委、市政府工作部署，在市委网络安全和信息化领导小组的统筹领导下，围绕科技创新中心建设和智慧城市网络安全保障，强化各职能部门间工作协同，有序推进落实等级保护、关键信息基础设施保护、工业互联网安全保障等相关工作，圆满完成首届中国国际进口博览会(以下简称“进博会”)网络安全保障任务。全年全市未发生重大信息安全事故，信息安全态势总体可控。

随着云计算、移动互联网、大数据等新技术的兴起和应用，信息化已深刻影响着经济、文化、社会、军事等各个领域，其跨部门、跨领域、跨区域的特点更加显著。伴随着网络空间与现实世界的深度融合，重要工业控制系统等城市关键基础设施运行已高度依赖网络和信息系统，网络安全问题日益凸显，安全形势复杂严峻，成为制约网络强国建设的关键因素。以“互联网+”行动计划为代表的一系列国家战略举措，在进一步推动互联网促进社会进步、经济发展的同时，对网络安全也提出了更高要求。上海市相关主管部门结合各自职责，有效推进了网络安全责任落实，深化互联网安全执法协作，推进事前事中事后监管，联合开展网络空间专项治理行动，落实重点领域网络安全检查行动，全市网络空间安全状况不断改善。

同时，全市网络安全技术产业发展环境继续改善，2018年年内启动普陀工业互联网安全产业示范区建设，同时通过软件和集成电力、工业互联网、人工智能等专项，大力推进技术创新和应用，支持自主创新力度进一步加大，涌现出一批优秀的信息安全骨干企业，为信息安全产业做大做强打下坚实基础。

第一章 信息安全管理

概 述

按照国家和上海市委、市政府对信息安全保障工作的总体部署和要求，市委网信办、市经济信息化委、市公安局、市通信管理局等主管部门密切协同、有效配合，共同推进和完善信息安全保障体系的建设。各职能部门间协同联动，进一步完善信息共享和工作协同，在联合执法、检查等方面加大工作合力，进一步加强重要信息系统、党政机关重点网站、基础通信网络、工业控制系统等领域安全管理和监管，开展信息安全综合治理，完善信息安全保障环境，为促进具有全球影响力的科技创新中心和智慧城市建设提供了有力的信息安全保障基础。

一、组织建设

【领导管理体制】 市委网络安全和信息化领导小组统筹推进全市网络安全和信息化法治、标准建设，统筹协调网络安全保障体系建设，协调相关网络安全监管工作，市委网信办、市经济信息化委、市公安局、市通信管理局等相关职能部门在其统一部署领导下开展工作。市经济信息化委主要负责推进网络安全产业发展和网络安全产业重点项目，推动网络安全技术的研发和应用，推广安全可信的网络产品和服务，组织协调工业控制领域网络安全保障体系建设；市公安局主要负责公共信息网络的安全监察工作；市通信管理局主要负责协调管理通信网、互联网、专用通信网网络信息安全平台，监管上海市网络运行安全及应急管理。

【功能性机构建设】 上海市主要建有以下信息安全功能性机构和基础设施，面向政府部门、企事业

单位和社会公众提供服务。

上海市数字证书认证中心有限公司：按照政府指导、市场化运作方式成立的第三方电子认证服务机构，主要负责构建全市性的数字证书认证服务平台，向政府、企事业单位和市民提供数字证书认证服务，推广数字证书应用，为构建统一的网络信任体系发挥基础性作用。

上海市信息安全测评认证中心：隶属于市经济信息化委，主要业务包括信息安全产品测评、信息系统（网络）测评、计算机信息系统集成企业资质（三、四级）认证、信息系统安全方案评审和提供相关技术支持、咨询服务、技术开发和测试实验环境等。

上海市网络与信息安全应急管理事务中心：隶属于市经济信息化委，主要职责包括承担全市信息安全应急管理的日常工作，协助开展重大信息安全事件应急处置协调；负责全市网络与信息安全综合监测体系建设与运行；统筹全市各类网络与信息安全应急资源和设备的信息管理；负责全市网络与信息安全应急技术组织和服务管理；运营管理上海互联网络交换平台等。

上海市信息安全行业协会：由上海地区从事信息安全产品研发、制造、经营和服务的企业和其他相关企事业单位按自愿、平等的原则组成，提供咨询和中介服务，组织调研、交流、合作、培训，开展会展、编辑出版以及政府委托的其他工作。

上海工业控制系统信息安全技术服务联盟：涵盖科研院校、工业控制系统关键设备和部件生产制造商、系统集成商、信息安全企业、终端工业控制系统用户等30余家知名机构。充分发挥市场机制，整合全市乃至全国、全球的优势力量，聚焦工业控制系统信息安全主题，服务“四新”经济发展，围绕工业控制系统信息安全技术研发、测试评估、标准制定、合作交流、宣传培训、政策研究等领域，促进信息安全技术服务发展。

上海工业控制系统安全创新功能型平台：是上海市为打造全球科技创新中心，首批推动建设的研发与转化功能型平台，由上海市政府和普陀区政府两级联动共建。该平台立足上海，发挥长三角区域产业优势，面向汽车电子、轨道交通、航空航天、能源电力、石油化工等安全攸关领域，聚焦工业控制系统功能安全和信息安全核心技术研发及成果转化，协同既有国家级和省部级技术创新平台，形成涵盖技术研发、标准制定、仿真验证、监测预警、检测评估、培训咨询、知识产权、产业对接等功能服务，打造连接政府、产业上下游企业、科研院校、社会资本等相关主体的技术创新和产业生态服务平台。

二、综合治理和能力建设

【圆满完成进博会网络安全保障】 网信、公安、通管、经信等多部门强化协同联动，将相关网站和信息系统纳入安全监测范围，开展渗透性测试服务，有效应对多起网络安全突发事件，确保进博会期间全市基础网络和信息系统安全稳定运行。在工业行业领域，市经济信息化委印发《关于进一步加

强本市工业和国际进口博览会信息安全保障工作的通知》，要求相关单位做好隐患排查、应急值守等工作部署；与进博会安保组加强工作沟通，专门编制了进博会工控安全保障的工作计划和应急预案；进博会举办前，抽查 50 家重点工业企业，约谈 4 家城市生命线企业，并做好整改督促，举办国内首次工业互联网安全防护演练；进博会举办期间，依托专业机构开展网络安全监测预警，加强应急值守，保障安全平稳运行。

【强化工业行业网络安全保障】 按照国家关于加强工业互联网、工业控制系统安全的有关工作要求，市经济信息化委积极开展政策梳理和工作时间，强化行业网络安全保障。一是出台地方政策，根据工信部要求，在地方层面率先印发《上海市工业控制系统信息安全行动计划(2018—2020 年)》，提出"'千百十'工业企业安全防护能力提升工程"等 19 项具体政策措施，并会同市国资委在全市国资系统开展了宣贯培训。二是完善工作网络，组织实施年度工业控制系统安全检查，根据工信部部署，将全市 8 300 余家规模以上企业和重点运行单位纳入工作范围，汇总 1 334 家企业、2 291 套工控系统、22 万余套设备及"企业上云"情况。三是强化保障支撑，完成"上海工业控制系统安全创新功能型平台"立项程序，列入全市第二批平台建设计划并正式启动实施；推动上海工业自动化仪表研究院(以下简称"上海自仪院")获得国家认监委授予的国家工业控制系统安全质量监督检验中心资质，启动建设方案编制论证；组织全市 8 家专业机构申报国家工业互联网安全评估评测机构遴选。

【聚焦网络安全产业创新发展】 一是加强顶层设计，推动全市网络安全产业总体规划布局，加强网络安全领域企业调研，反映和解决企业关注的发展问题；参照全球网络安全产业发达国家以及北京、成都等地经验做法，开展产业发展政策研究，启动《网络安全产业创新工程实施方案》的编制；形成专业智库建设布局，完成上海赛博网络安全产业创新研究院筹建，发布全球网络安全产业竞争力、产业投融资等多份深具影响力的研究报告。二是推进园区布局，普陀区已正式启动"上海市工业互联网安全产业示范区"建设，先期投入 4 万余平方米园区开展主题招商，吸引国家工业控制系统安全质量监督检验中心等机构落户；推进组建金融科技安全专委会。三是布局示范项目，围绕行业示范和共性服务平台需求，依托国家和市级专项资金，支持启动了一批示范项目建设，其中"企业集中化安全监测平台""攻防管控平台""企业安全服务平台"和"智能装备领域示范"4 个安全项目获国家工业互联网创新专项支持。四是促进长三角一体化，协同中国科学技术大学等有关机构，加快推进长三角量子保密通信干线网建设总体规划，推动形成产业化项目；推动上海自仪院与长三角四家知名检测机构签署战略合作协议，共同促进长三角区域工控安全技术、服务整体发展。

【聚焦前沿科技专业安全支撑】 一是人工智能安全，全力保障"2018 世界人工智能大会"筹办，两名干部脱产支持办会，组织好浦东国际会议中心 14 场活动志愿服务；举办以"关注智能安全，守护人类未来"为主题的高端对话，发出人工智能安全发展的八项"上海倡议"，获市领导肯定；组织上

海工业控制安全创新科技有限公司与中控科技集团有限公司等五家单位共建基于人工智能的工业控制安全服务平台。二是物联网安全,在杨浦区控江路、静安区南京西路等街道开展新型城域物联专网安全防护试点,组织针对烟感、门磁视频监控等的终端安全测试,完成新型城域物联专网终端安全性测试指标和测试方法的规范制定。三是芯片安全,针对2018年主流CPU出现的“Meltdown”(熔断)和“Spectre”(幽灵)高危漏洞,组织专业机构及时跟踪研究,督促国产CPU芯片研发单位开展自查评估,完善芯片设计开发安全机制,化解安全风险,助力安全可控芯片应用。四是推进大数据应用安全,制定《关于加强数据应用安全保障 促进数据安全产业发展的工作方案》,组织开展工业大数据安全专题调研并形成报告。

【聚焦网络安全发展环境营造】 一是“产研投用”协同,举办“2018网络安全产业创新(上海)论坛”,组织优秀网络安全产业化项目路演,促进产融结合,助力产业发展。二是助力“企业上云”,举办“信息安全助力‘企业上云’”主题沙龙,协调政府、云服务提供商、用户单位立场,推动可信、可用、安全的云环境建设,解决企业云服务应用的安全顾虑。三是完善机制保障,开展工业信息安全专家库及咨询组的遴选工作,充分发挥专家智力在全市保障体系中的关键作用;做好全市信息安全服务机构能力评估,做好优秀厂商的推荐工作。四是打响安全活动品牌,举办网络安全治理与产业创新发展、区块链应用发展与安全、网络空间安全人才培养等主题沙龙和论坛活动,加强网络安全新技术、新应用和人才培养,推动形成网络安全保障和产业快速发展的良性生态。

三、信息安全宣传教育

【国家网络安全宣传周相关活动】 2018年国家网络安全宣传周上海地区活动于9月17日至23日举行。本届宣传周创新活动组织形式,开幕式等重要活动由市委网信办联合杨浦区委、复旦大学及全市有关部门共同主办。在“网络安全为人民,网络安全靠人民”的主题下,围绕杨浦区“三区联动、三城融合”特色,举办开幕式及网络安全展、网络安全高峰论坛、全民网络安全知识大比拼、首席安全官评选、中国信息安全技能竞赛(ISG)、主题日等活动。

市经济信息化委、市教委、市公安局、团市委、市通信管理局、中国人民银行上海总部(以下简称“人行上海总部”)、全市各区县等相关部门积极参与宣传周工作,创新宣传形式,开展各类活动总计超过400场,覆盖全市大中小学生、企业员工、普通市民等各类人群,直接参与活动人数超过480万人次。其中,网络安全高峰论坛主论坛参与人数达400余人,7个主题的系列分论坛数量创历年宣传周上海地区活动之最,吸引了近千名行业专家、高校专家、产业界和主管部门代表;网络安全知识展共设展板40块,内容涵盖市民日常生活工作中常见网络安全问题和常用技能妙招,仅杨浦

区，该知识展就覆盖10所高校、20个科技园区以及301个社区，覆盖全区130万人口；同期举行的网络安全成果展，集中展示上海地区创新型企业和高校在网络安全行业取得的创新和研究成果，以及在技术产业、保障能力、人才培养、宣传教育等各方面的成绩；网络安全知识赛和中国信息安全技能竞赛(ISG)作为历届宣传周上海地区活动的保留项目继续开展，知识赛参与人数超过150万，ISG吸引了全国范围内近300支队伍参与；全市各区以讲座、授课、竞答、板报评比等方式，开展“网络安全进社区、进商圈、进企业、进楼宇、进机关、进校园、进家庭、进军营”活动，宣传网络安全、信息诈骗防范、金融诈骗防范等方面知识，部分活动持续至2018年10月下旬；市委网信办会同市教委、央行上海总部、市通信管理局和市公安局等共同开展校园日、金融日、电信日、法治日及全民体验日活动。宣传周期间，全市发送公益短信3 915万条，张贴网络安全宣传海报4.35万张，发放宣传手册2.7万册、宣传单页13万份。据不完全统计，宣传周期间形成“国家网络安全宣传周上海地区活动”相关原创稿件共100余篇，其中本市主要网络媒体发稿量近80篇，相关稿件在上海主流媒体新媒体平台总点击量达860万余次，总转载量1 158次，总点赞量2 299次。全市各区和相关单位利用自身宣传平台，通过官方微信、微博、电视、电台、LED大屏等多种渠道，以动漫、视频、公益广告等群众喜闻乐见的形式，广泛开展宣传工作。各项宣传活动的顺利举办，有效提升了全社会网络安全意识，广泛普及了网络安全防护技能，“人人参与网络安全，人人共享安全网络”的良好氛围逐渐形成。

(朱方园)

第二章　信息安全服务

概　述

针对上海信息化发展的新趋势和新一轮智慧城市建设安全需求，在上海市信息安全主管部门、企事业单位积极努力和共同推动下，城市信息安全应急服务进一步完善，监测预警、安全测评、数字证书电子认证等信息安全社会化服务水平持续提升，城市信息安全技术支撑能力稳步增强。

（吴　昊）

一、信息安全应急服务

【概况】　2018 年，上海市网络与信息安全应急管理事务中心（以下简称“市应急事务中心”）积极应对各类网络安全事件，持续对全市城域骨干网进行网络与信息安全事件监测，共对 253 家重要网站实施安全监测服务。2018 年，上海互联网络交换平台运行稳定。计算机司法鉴定方面，上海上信计算机司法鉴定所的各项工作稳步推进、有序发展。

【全市城域骨干网安全运行状况】　2018 年，市应急事务中心持续对全市城域骨干网进行全天候的网络与信息安全事件监测，主要包括各类安全事件以及流量的实时监测。全年整体网络与信息安全态势良好，未发生大规模或高危害的网络与信息安全事件。通过分析监测数据发现，影响全市网络安全的主要威胁来自漏洞攻击和网络扫描类事件。2018 年度病毒蠕虫、后门、拒绝服务、漏洞攻击和网络扫描事件量较 2017 年有所下降（见图 7-1、表 7-1）。整体来看，本年度上海市网络运行安全状况基本平稳，各类网络与信息安全威胁基本可控（见图 7-2）。

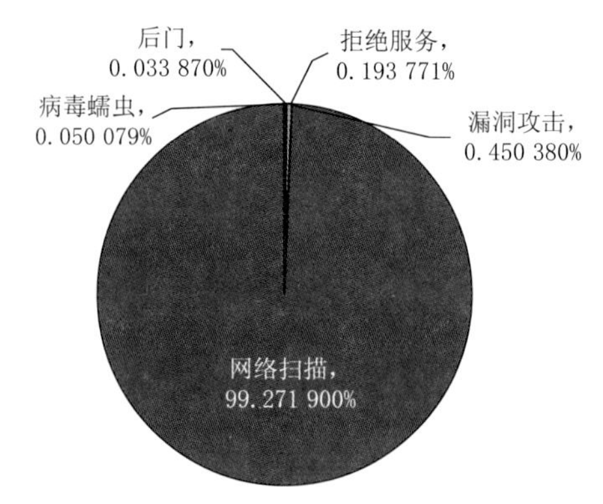

图 7-1　2018 年度上海各类安全事件总量权重

表 7-1　2017 年与 2018 年上海各类安全事件数量对比

年　份	病毒蠕虫	拒绝服务	漏洞攻击	网络扫描	后　门
2017 年	149 397 852	24 376 497	222 706 408	4 601 911 081	1 104 426
2018 年	1 204 108	4 659 055	10 828 977	2 386 904 654	814 380

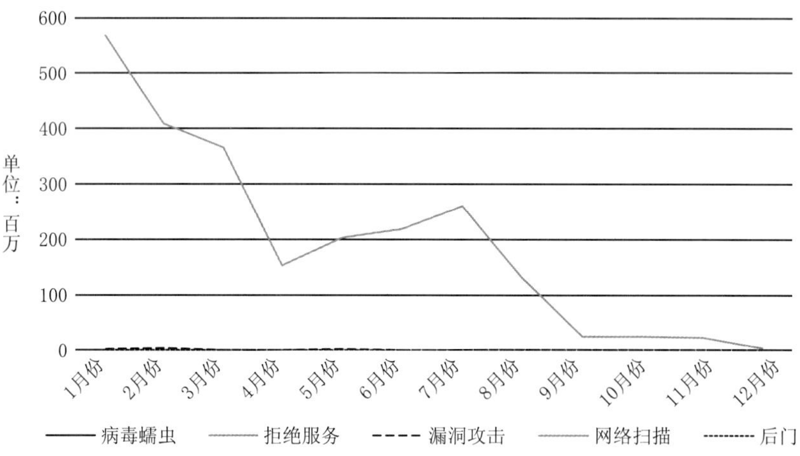

图 7-2　2018 年上海城域骨干网安全运行状况监测情况

【全市重点网站运行安全监测和应急处置工作】2018 年，市应急事务中心共对 253 家重要网站实施安全监测服务。全年向发生安全事件或存在潜在风险的重点网站主管单位发布网络与信息安全风险预警提示 54 份、《上海市重点网站运行安全分析报告》4 期，为全市重点网站的安全运行提供了坚实的监测、预警技术保障。综合 2018 年四个季度以来市应急事务中心的监测数据统计，共监测到网站安全风险 55 个，未发现黑客入侵、后门文件、木马后门；未发现信息泄露、域名劫持、断开

链接等安全事件。其中,高危风险8种24个,中危风险5种31个。

各重点网站运营管理单位在接到风险提示后,与市应急事务中心保持了密切联系。在对网站系统开展升级改造后,也及时以邮件、电话等方式进行告知市应急事务中心。

【互联网络交换平台】 2018年,上海互联网络交换平台(以下简称"交换平台")运行稳定,网络故障率为0,设备故障率为0。为确保交换平台运行稳定,市应急事务中心着力做好交换平台"核心设备、交换质量、接入成员、运营环境"四个层面的稳定工作。

第一,把核心设备的监控排查作为主要工作,及时了解并记录交换平台核心设备CPU利用率、内存利用率、带宽利用率、链路连通性、BGP(Border Gateway Protocol,边界网关协议)和OSPF(Open Shortest Path First,开放式最短路径优先)连通性等技术参数;做好数据采集系统核心交换设备和分光设备及探针服务器群的日常维护,做到实时监控、及时排查。同时,在往年有关设备运维状况调研的基础上,市应急事务中心对交换平台设备目前的性能状况进行了梳理,对可能发生的故障风险进行了评估,对现有条件下可以做到的应急方案进行了设计,形成《有关交换平台核心设备运维状况的报告》。

第二,协调各接入成员单位进行路由策略调整和优化,积极平衡各家接入成员单位的交换需求,在保证QoS(Quality of Service,服务质量)的情况下,使交换平台日均流量基本保持在20TB左右,最大程度利用了交换平台现有的网络资源。同时,市应急事务中心做好日常流量统计工作,每月撰写交换平台月流量报告,统计内容包括平台月总流量、平台流量分布、会员单位流量排名、链路带宽利用率、流量协议分布等。2018年,交换平台互联带宽超过27 G,交换IP地址约80个B类,光纤资源共计4 820芯,继续发挥了本地信息交换枢纽的作用。

第三,交换平台为15家接入成员单位提供网间高速交换服务,继续在接入成员层面保持着良好的稳定性。2018年,交换平台流量排前8名的单位分别是东方有线、上海联通、长城宽带、上海科技网、上海教科网、上海电信、上海移动、上海铁通。这8家单位十多年来一直交替占据着交换平台流量排位的前8名,是交换平台始终保持稳定的重要原因之一。

第四,市应急事务中心加强机房巡检力度,对机房电路每月巡检一次,监测机房供电和用电情况以及可能存在的安全隐患;对机房空调系统定期进行维护保养,确保每年2～4次的巡检维护及空调外机清洗;对机房UPS系统定期进行巡检维护,确保每年1～2次的巡检维护;对机房消防系统进行安全监测,确保消防告警、自动喷淋及与物业消防联动等系统正常。同时,严格执行机房设备和人员进出管理规定,及时响应用户线路铺设、设备上架及维护、故障抢修等需求,做到联系通畅、记录清晰、服务到位。

2018年,市应急事务中心与各类用户建立良好的合作关系,为用户重启机器36次,排除网络故障1次,接待用户进出机房262次。其中,上班时间230次,非上班时间和节假日32次。在与接入成员单位的交流中,所有单位都同意建立网络应急处置机制,支持建立网络应急处置中心,如遇跨ISP(Internet Service Provider,互联网服务提供

商)的网络故障,市应急事务中心则作为牵头单位,协同相关ISP快速处理。

【计算机病毒防范(网络)】 2018年,勒索病毒和挖矿木马成为影响企业网络安全的两大核心威胁。市应急事务中心计算机病毒预报及信息安全风险预警共计49期,报市委网信办。

【计算机司法鉴定服务】 2018年,上海上信计算机司法鉴定所各项工作稳步推进、有序发展,所有鉴定报告均已顺利交付委托方,获得了较好的评价。全年共完成各类委托18件,委托方来自法院、公安、律师事务所及企业等不同主体,共有2人次出庭提供专家意见。在单位全体人员的共同努力下,2018年度未发生质量事故,也未接到任何投诉。

(吴恩平)

二、信息安全测评

【概况】 上海市信息安全测评认证中心(以下简称"安全测评中心")做精做强产品检测、系统测评、评估服务三大块核心业务,超额完成全年业务目标,2018全年累计完成各类测评服务项目共计2 000余个。

【基础网络和重要信息系统安全测评】 2018年,安全测评中心继续深入贯彻《中华人民共和国网络安全法》、国家网络安全等级保护制度和《上海市公共信息系统安全测评管理办法》(上海市人民政府58号令),稳步推进全市重要公共信息系统安全测评工作。2018年1月至12月,安全测评中心共对全市1 134个信息系统实施了安全测评,测评范围涉及电子政务、银行、证券、保险、电力、燃气、轨道交通、医疗卫生、第三方支付、互联网金融、电子大屏、云平台等关系国计民生的主要信息系统应用领域,为上海市各类重要信息系统的安全稳定运行和智慧城市建设提供了重要安全保障。

【进博会专项安全保障工作】 进博会期间,安全测评中心累计派出技术人员200多人次参与安全保障工作。主要包括:参与市委网信办布置的进博会专项安全保障工作;参与市网安总队布置的各项等保安全检查、专项检测等工作;派遣资深技术人员加入由市网安总队组建的安全顾问团;组建渗透测试小组参与各项远程检测工作;参与进博会关键节点和区域的7×24小时现场值守工作。

【上海区块链技术测评服务中心挂牌】 2018年12月18日,2018中国区块链技术和产业发展论坛在上海举行。会上,上海区块链技术测评服务中心(加挂在上海市信息安全测评认证中心)正式揭牌。安全测评中心代表参与标准起草的12个单位发布了团体标准《区块链技术安全通用规范(T/SSIA 0002-2018)》。

【科研成果和能力提升】 一是鼓励技术研究、挖掘风险漏洞。2018年5—6月，安全测评中心技术骨干先后发现锐捷设备远程代码注入漏洞和泛微产品GetShell漏洞。这两个漏洞提交国家信息安全漏洞共享平台(CNVD)后得到确认，判定为高危风险和高风险漏洞，并获得CNVD原创漏洞证书。二是参与相关标准编写，发表专业论文。参与公安部等级保护相关标准的编制工作，如《GB/T 36627-2018 信息安全技术 网络安全等级保护测试评估技术指南》；参与中国人民银行标准编制工作，如《非银行支付机构支付业务设施技术要求》(JR/T 0122-2018)、《非银行支付机构支付业务设施检测规范》(JR/T 0123-2018)；聚焦等级保护领域，发表专业论文5篇，其中入选核心期刊3篇，包括《基于等级保护要求的某医院感染勒索病毒案例分析和探讨》《基于物元可拓的风险等级评价方法研究》等。三是能力验证获得佳绩，提升测评能力。在2018年“CNAS Z0220 网络安全等级保护测评能力验证”活动中，安全测评中心荣获全国第三名，从一定程度上表明上海测评机构的能力和水平走在全国前列。来自全国166家测评机构的870多名测评人员参加了此次活动。

(吴晓春)

三、数字证书应用

概况

2018年，上海市数字证书认证中心有限公司(以下简称“上海CA中心”)在成立二十周年之际，引进战略投资者，迎来重大发展的机遇之年、转折之年。一方面，随着《电子商务法》的表决通过，电子签名等数字证书典型应用的重要性和必要性得到了进一步体现，与《网络安全法》《国务院关于积极推进“互联网+”行动的指导意见》《国务院关于加快推进“互联网+政务服务”工作的指导意见》《上海市推进“互联网+”行动实施意见》《上海市推进智慧城市建设“十三五”规划》《关于本市推动新一代人工智能发展的实施意见》等政策形成了更好的互动和互补。另一方面，全市“一网通办”总门户于2018年下半年正式上线，全市电子政务发展取得阶段性成果，创新的服务模式和服务理念也对电子认证、数字证书等技术在电子政务领域中的应用提出更高的要求和挑战。伴随着物联网、人工智能、区块链、云计算、大数据等科技浪潮的推动，数字证书应用迎来了一个机遇与挑战并存的时代。值此关键之期，上海CA中心不断提升服务整合能力、技术研发能力、综合管理能力和市场拓展力度，进一步强化作为全市信息化发展基础设施的保障能力，积极谋划和推动全市“一网通办”支撑服务体系的建设，为实现上海CA中心成为国内一流的网络信任和信息安全上市企业积蓄力量。

基础平台

【自主可控基础软硬件公共服务平台建设】 进一步加大安全可控基础软件的适配与测试工作，抓

住2020年软件国产化替代契机，与上海兆芯集成电路有限公司、中标软件有限公司、达梦数据库有限公司、北京东方通科技股份有限公司等基础软件厂商合作，在2018年完成12款最新版本基础软件的适配与测试工作，完成了龙芯平台的中孚“三合一”服务端适配工作、中标麒麟(安全版)、达梦数据库(v7.0)、中标普华Office办公软件(v6.0)、东方通应用集成中间件软件(v4.1)、东方通通用文件传输平台软件(v6.1)、普元数据质量管理平台软件(v5)等。在适配过程中解决了多项适配技术难点，验证了一系列适配成果，为党政机关内网公文系统全面使用国产安全可控产品打下了坚实基础。

完成从单一产品的性能适配向安全架构整合的战略转型。完成市经济信息化委二期试点等5个应用系统的适配工作。在项目适配过程中，形成可行的适配测试方法与标准，为日后进一步推进应用项目向安全可靠软硬件迁移提供了更多的实践依据。

【公务人员认证平台建设】 根据国务院办公厅印发的《关于加快推进“互联网＋政务服务”工作的指导意见》的要求，结合《信息安全等级保护管理办法》的落实，依托现有公务人员证书发放与认证体系，建成全市公务人员统一身份认证公共服务平台，制定并发布《公务人员证书管理规范》《公务人员证书应用对接指南》《接口规范》和《认证系统建设方案》，满足全市公务人员在电子政务活动中的统一身份认证、单点登录、数据和文档加密签名办公无纸化等信息安全应用需求。

持续推进区级统一认证平台的建设，进一步规范平台建设方案、应用接入、证书管理制度等标准，完善和优化公务人员证书服务流程。截至2018年年底，已完成崇明、虹口、杨浦等8个区统一认证平台的建设。

积极推进公务人员证书在重要政务项目中的应用，完成国产密码算法升级改造和应用平滑过渡。2018年全年，网上政务大厅、社区事务受理办理、民生档案查询、信访管理平台、市协同办公平台实现与市公务人员平台对接；新增中国(上海)自由贸易试验区、上海市检察院、上海市疾病预防控制中心、上海市燃气管理处等委办公务人员证书应用；全年新增公务人员证书3 800多张，累计发放公务人员证书超过14 000张；积极推进区级统一认证平台应用接入，完成浦东教育核算系统、民生档案系统、社区事务受理系统、浦东市场监管统一登陆平台、普陀区居村电子台账系统、金山区财政支付平台、“智慧嘉定”政务门户、“上海闵行”APP、闵行信访系统等移动协同办公接入区认证平台。

【电子认证平台建设】 对电子认证基础系统性能进行优化，实现了历史数据归档，将集中查询的库保持精简，提升效率。由于此功能实施时涉及大规模的数据搬迁和一些关键字段的计算重构，制定数据迁移方案，开发了数据迁移程序，并做了大量模拟运行测试，确保搬迁过程中数据不丢失、不对业务性能造成影响；增加了产品定价功能，通过产品、操作、有效期限、项目等维度定义产品价格，前台受理时自动进行价格计算与上送汇总；完成了微信预约的后台开发，通过服务接口对接微信的业务数据导入，后台实现审核、制作、领取、寄送、通知等功能，上线后方便了用户申请证书，减少排队时间。

完成电子印章、可信时间戳公共服务基础设施的系统安审文档,等待国家密码管理局安全性审查;时间戳平台方面,升级 Java 客户端,支持区分具体时间戳签名算法;实现时间戳日志图形化分析,开发时间戳数据迁移工具。

【个人认证平台建设】 2018 年,个人多源认证平台完成认证次数 1 086.3 万人次,累计认证次数达到 1 732 万人次,认证覆盖不同实名等级用户 1 085.3 万人,覆盖实人 560.3 万人,线下认证模式覆盖全市 260 多个街道民政社区事务受理中心。

应用推进方面,2018 年内完成与"一网通办"门户、诉讼服务平台、个税申报系统、房屋租赁服务平台、"工商一窗通" "上海人社"APP,以及"健康总线""大家签""诚信上海"等应用平台的对接,目前对接应用总计 53 个,涵盖了 30 余家政府委办机构。

功能完善方面,形成对认证源质量持续跟踪和评估的机制,实现在线联合授权实名认证和线下窗口实名认证两项重要功能,用户通过在线第三方账户和线下受理柜台、自助终端及移动终端均可进行实名认证。

业务宣传方面,组织 1 次品牌设计推广活动和 2 次内部培训,制订了产品宣传手册并改版 1 次,并针对各类应用的上线,在上海 CA 中心的微信公众号内设立了"多源一分钟"专栏,定期发布应用对接案例,为服务推广和品牌建设做好保障。

【电子证照服务平台建设】 积极配合市电子证照库建设,完成为市电子证照库项目提供电子印章和电子签章的系统建设、技术支撑、服务保障和业务推进配合等方面的工作。通过在市电子证照库中搭建电子签署服务平台,为全市电子证照的制发和应用提供了可靠、统一的电子签署服务,共为 1 050 家单位制作、配置了数字证书和电子印章,累计为电子证照库中的证照盖章 5 000 万次。

牵头开展电子证照社会化应用研究,研究实现社会类电子证照的"制证、管证、发证、验证、用证"一体化全生命周期流程管理模式,并选择招投标、财务审计、检测测评等领域开展应用对接。

【移动认证平台建设】 产品功能进一步完善,2018 年全年完成了移动证书服务平台(服务端)国密安审检测工作,完成移证通 V3 版本的主体研发工作,启动相关产品测试,新增申请印章功能、查询印章功能、扫码签章功能,设计并实现全新 UI(User Interface,用户界面),实现"移证通"SDK(Software Development Kit,软件开发工具包)无界面化,实现短信验证码登录功能,合并"移证通"个人账户和法人账户;完成自主知识产权软件密码模块的研发工作,"移证通"新版本完全支持上海 CA 中心的自研软件密码模块。

加强产品推广,积极推进"移证通"应用,与多家企事业单位客户就多个意向项目进行了技术交流,向客户介绍"移证通"产品的功能特性、应用场景和解决方案,听取客户对于移动电子认证的需求,并进行现场演示和答疑;实现了"移证通"产品在闵行移动政务、张家港电子社保卡、南钢招投标、泛微移动 OA、华堂 VPN、宝华招投标等项目中的移动证书应用推广。

法人网上身份统一认证

截至 2018 年年底,全市"法人一证通"系统共为 187 万个法人单位发放有效"一证通"数字证书

228 万张，其中 80%的法人单位同时申请了电子印章，约 82.6%的法人只领取了一张数字证书，新开办单位中只领取一张“法人一证通”的超过 90%。同时，根据全市优化营商环境的要求，2018 年下半年“法人一证通”首张证书介质对企业采取零收费模式，截至年底，共发放免费证书近 15 万个。

【应用覆盖范围进一步提升】 2018 年，包括上海市社会组织网上办事平台、上海市环境监测社会化服务监管系统、上海市污染源综合管理信息系统、上海市财政科技投入信息管理平台、上海市交通委员会综合业务平台、上海市特种设备隐患排查治理信息系统、上海市体育局行政审批系统、上海城市业余联赛申报系统、上海市专利工作试点示范单位申请管理系统、上海市园林绿化工程综合管理平台(试运行)、上海市社会组织网上办事平台、上海市酒类商品流通市场监管信息服务平台等在内的 22 个新应用完成了与“法人一证通”系统的对接。截至 2018 年年底，“法人一证通”系统已经对接市、区委办局共计 46 个，涉及的应用平台超过 60 个，行政审批事项超 700 项；同时，“一证通”公共服务平台累计已有 21 家委办的 24 个应用系统完成应用接入。

【服务保障能力进一步提升】 为满足企业、个人现场服务的需要，上海 CA 中心积极完善服务体系。截至 2018 年年底，在全市已设立了 24 个线下业务网点，覆盖全市 16 个行政区，设有专业客户服务人员超 120 人，拥有月处理 10 万单业务的服务能级，能够满足各类用户对于现场业务办理的需求，全年客服人均服务人数超过 2 万用户。

线上服务方面，上海 CA 中心积极推动线上业务平台建设，解决办证手续复杂、周期长等用户痛点问题。2018 年 6 月，率先在“诚信上海”APP 内推出了“法人一证通”在线申办系统，成为国内第一个可在线办理的“法人一证通”项目；2018 年 8 月，在上海 CA 中心微信公众号内搭建的证书在线申请系统也完成建设并投入实际使用，进一步提升工作效率和服务效率。

数字证书应用推广

【建筑领域】 从代码方面优化和完善了市住建委电子签署平台的功能和流程，使得业务更可靠、更便利。市住建委系统中实现用户组织机构代码与统一社会信用代码的关联匹配对应，扫码签名定时拉取机制改为线程同步机制，持续短连接代替长连接。嵌入页面优化，提供带或不带文档缩略图两种不同风格的嵌入页面。市住建委电子签署平台项目验收文档准备完毕。2018 年全年，提供了 8 634 例招投标文件的签署；接受了 54 695 例通过接口上传的文档签署请求，其中完成了 25 204 例签署；为 34 858 名个人用户完成了 48 476 次实名认证，其中通过实名手机进行认证 45 611 次、通过人脸识别进行认证 2 865 次；为 34 858 名个人颁发了有效期为 1 年的个人身份数字证书。

【银行保险领域】 完成太保项目电子 E 章、电子保单、移动签批等重要项目；建信人寿电子发票、电子保单国密改造等多个项目确定合作意向，并对电子投保单电子认证系统进行了技术升级和扩容；完成了上海银行历年证书更新数量和费用结

算方式的谈判工作，在其对公业务中引入“大家签”电子合同平台，为上海银行及其客户提供第三方电子合同签署服务。

【医疗卫生领域】 对有预算的区卫计委和三甲医院持续跟踪，同时不断开拓上海地区未完成建设的区及三甲、二甲医院，全年新增客户14个，包括上海区二级卫生平台、控江医院、胸科医院、儿童医院等多家医院的电子病例认证系统的建设，其中胸科医院、儿童医院实现了全院无纸化。依托本地市场形成一批典型应用，在江西、云南、湖北等省份也新签约了一批医疗单位。

【电子招投标领域】 围绕主要合作伙伴，并对其项目持续跟踪，成功签约青岛国信发展(集团)有限责任公司、中国化工集团有限公司、中铁物资集团有限公司、中国建设银行、中航金网(北京)电子商务有限公司等多家大型国企电子招标平台。

【人力资源管理领域】 完成上海外服(集团)有限公司密钥托管项目的建设，在该领域实现了业务的创新突破，有望以此为模板将该服务模式进行大规模推广。

(徐　祺)

第三章　信息安全技术研发及产业化

概　述

随着网络空间安全形势不断变化，围绕全球网络安全问题的国际博弈愈演愈烈。网络安全威胁的复杂化、网络安全保障要求的不断提升，促使网络安全产业发生深刻变革，安全产品和服务日趋集成化、智能化、融合化，网络安全产业范围不断扩张。2018 年，国家和上海网信工作持续发力，上海网络安全产业发展环境不断优化，网络安全产业进入发展黄金期。站在新起点，上海着力推进网络安全产业发展，围绕工业互联网安全、金融科技安全等主题，在全市范围内部署相应产业集聚发展区，带动技术产业新一轮发展。

一、信息安全技术产业化

2018 年，上海范围内从事网络安全产品销售、集成和服务的企业、机构、科研院所等单位约 270 家，包括安全防护、安全集成、安全运维、安全评估、安全咨询与培训等类别，基本涵盖网络和信息安全防护生命全周期。上海网络安全服务与安全产品市场格局总体稳定，等级保护的合规要求带来的安全检测、咨询和整改业务，使得安全服务增长速度略占优势。安全咨询服务面向行业纵深发展，以行业特点为核心，从管理、技术、运维等方面提出更具有针对性的安全技术与管理咨询服务，满足多样化的咨询服务需求；受网络和信息安全高技能人才短缺、技术复杂、网络安全风险持续加大等因素影响，安全运维发展迅速。安全产品方面，防火墙、安全检测工具、身份管理和访问控制等安全防护类产品仍然占据主要市场，其中，防火墙产品市场受益于数据中心等大规模网络的部署、大

型企业集中化管理;企业内部网络安全事件频发、网络和信息安全风险日益加剧,促使网络安全隐患检测排查需求增大;移动办公引发的终端和产品管理需求,使得市场对网络入侵风险防范技术需求持续上升。上海网络和信息安全年产值超过59.19亿元,产业增长规模较上年放缓(见表7-2)。

表7-2 上海信息安全产业近三年经营收入情况

(单位:亿元)

信息安全产业年经营收入	2016年	2017年	2018年
	46.77	58	59.19

从产业结构来看,上海在网络安全细分领域市场中均有企业可以提供相对应的产业或服务,但网络安全产业体系尚不够完善,例如在基础安全产业方面,缺乏掌控芯片、自主操作等基础核心技术的企业,网络安全核心技术尚处在受制于人的阶段。另一方面,在新兴网络安全技术和产品方面,创新动能不足,例如区块链安全、威胁智能感知等领域相关的企业较少。

2018年,由市经济信息化委和市社团局指导,国内知名高校、研究机构和网络安全企业共同发起的研究智库"上海赛博网络安全产业创新研究院"于4月正式完成组建,并聘请倪光南为首席顾问,该研究院将密切跟踪产业发展态势,研判产业发展规律,提出产业发展对策,推动产业发展;上海工业自动化仪表研究院有限公司、浙江省机电设计研究院有限公司、江苏电子信息产品质量监督检验研究院、安徽中认倍佳科技有限公司等长三角知名机构代表签署战略合作协议,开展区域工业控制系统安全一体化协作,充分借助市场力量,联合各类主体,开展工业控制系统信息安全技术研发、测试评估、标准制定、合作交流、宣传培训、政策研究等领域工作,促进专业化、一体化协作,实现长三角区域工控安全技术、服务的整体发展;上海科创中心首批建设的18个研发与转化功能型平台之一的上海工业控制系统安全创新功能型平台及其运营主体——上海工业控制安全创新科技有限公司正式投入运营。平台建设推进过程中,将对接和服务工业互联网创新发展、上海制造品牌战略,发挥地区工业基础和工控产业链优势,打造连接和服务政、产、学、研、用各类主体的技术创新和产业发展生态,形成强大的技术产业影响力和区域辐射力;此外,随着优化营商环境、提高投资以及创新、创业的便利性成为我国政府工作的重点内容,2018年度上海网络安全企业申请专利、商标、著作权等各类知识产权数量显著增加,在一定程度上体现了网络安全行业知识产权对上海创新驱动发展的支撑作用。

(朱方园)

二、重要信息安全企事业单位

【上海市网络与信息安全应急管理事务中心】 1999年9月,经市编办批复成立上海市计算机病毒防范服务中心(上海市计算机2000年问题评估中心)。2011年12月,更名为上海市网络与信息

安全应急管理事务中心(以下简称“市应急事务中心”),增挂上海互联网络交换中心牌子。2018年1月,经市机构编制委员会批复,市应急管理事务中心划转中共上海市委宣传部管理,属市级公益一类事业单位。市应急事务中心作为全市信息安全的专业技术支撑机构,协助开展网络与信息安全应急管理工作。

【上海市信息安全测评认证中心】 上海市信息安全测评认证中心(以下简称“安全测评中心”),是经上海市人民政府批准成立的专门从事信息技术产品、信息系统安全测评的第三方专业机构,是国内最早开展信息安全测评的机构之一,也是华东地区检测资质最全、规模最大、综合性最强的信息安全专业测评机构。

安全测评中心在国内首创了“一个测评平台、资源共享、多方授权、服务各方”的集约化模式,是最早通过中国合格评定国家认可委员会的检测实验室认可及检查机构认可的机构之一,是国家首批信息安全风险评估服务资质(一级)机构。经过多年的探索和实践,安全测评中心在测评理论、测评标准、测评方法、测评技术等方面不断创新,形成了以信息技术产品安全测评、信息系统安全测评、信息安全评估服务、信息安全管理体系咨询等为核心的技术能力,并在此基础上拓展了近30种业务类型。

安全测评中心立足产品测评、系统测评、评估服务三大块核心业务,大力提升测评能力,打造测评高地,不断挖掘用户需求,努力开拓各类行业市场。2018年根据市网安办、市等保办的统一部署,安全测评中心面向全市重要信息系统开展安全测评工作,测评范围涉及电子政务、社会保障、银行、证券、保险、电力、燃气、供水、轨道交通、医疗卫生等关系国计民生的主要信息系统应用领域,为上海各类重要信息系统的安全稳定运行和智慧城市建设提供了重要的安全保障。

【上海市数字证书认证中心有限公司】 上海市数字证书认证中心有限公司(以下简称“上海CA中心”)是中国第一家专业的第三方电子认证服务机构,是上海市信息化发展不可或缺的基础保障设施,是国家商用密码产品的定点销售单位,同时还是国内最先通过国际WebTrust认证的机构,在国内被公认为运行经验最丰富、应用领域最广、用户群体最大的数字证书认证中心之一。截至2018年年底,公司实际从业人数306人(包含全资子公司),同比上升18.1%。其中,从事电子认证服务专业研发人员54人,占员工总数近18%;在职员工平均年龄35.4岁,35岁以下的年轻员工数量占到82%;本科及以上学历人数达到75%,硕士及博士以上人数达到19%;公司拥有中高级职称员工18人,其中高级职称4人。

上海CA中心致力于数字证书的应用推广,不断进行开拓创新。随着我国信息化的普及,数字证书在电子政务和电子商务等领域成为必不可少的安全保障手段。作为上海市唯一由政府授权的数字证书认证机构,上海CA中心承担起全市统一的网络信任体系建设重任,根据市政府的规划和安排,负责构建全市统一的数字证书认证平台,按照《电子签名法》要求,面向政府机构、企事业单位、社会团体、社会公众等提供电子认证服务,该服务采用数字证书等技术,保障网络中的身份真实性、信息保密性、数据完整性和不可抵赖性,是实现网络身份认证、维护有关各方在网络活动中

的合法权益、提高网络与信息安全保障能力的重要手段，是实现授权管理和责任认定等网络信任服务的基础。

上海 CA 中心经过多年发展，形成了以上海为主体、以长三角为重点、依靠合作伙伴辐射全国的服务体系，数字证书应用涉及政府办公、政府采购、招投标、电子报税、工商、社保、质监、卫生、房地、建筑、银行、证券、期货、保险、钢铁、在线交易、网络支付、企事业单位信息化等电子政务、电子商务领域。截至 2018 年 12 月 31 日，累计发放数字证书 1 475 万张。2018 年，上海 CA 中心完成战略重组，引入战略投资方上海泛微网络科技股份有限公司和上海点甲创业投资有限公司，引入财务投资方上海联升承业创业投资有限公司和上海双创宝励信息技术中心，融资金额总计 28 532.4 万元。

【上海计算机软件技术开发中心】 上海计算机软件技术开发中心（以下简称“上海软件中心”）于 1984 年由原国家科委批准成立，是国家 863 软件专业孵化器（上海）基地、上海市软件行业协会和上海软件园管理办公室的技术支撑单位。三十多年来，上海软件中心围绕国家和上海市科技发展战略，致力于服务软件技术和产业发展；以“上海信息技术公共服务的卓越提供者”为目标，以服务企业创新、助推行业发展为己任，开展软件技术创新服务、软件标准制定、软件孵化器基地支撑等工作；在上海市技术创新服务平台建设、上海市产业技术创新战略联盟建设、上海嵌入式系统工程中心建设、上海市计算机软件评测重点实验室建设、软件构件化技术研发以及涉密信息系统咨询监理等方面发挥了重要作用，为促进上海软件技术与产业的不断发展做出了积极贡献。

上海软件中心主要从事的工作有计算机系统、软件工程、软件质量、软件测试与评价、网络检测标准与技术研究；为信息系统提供等级保护测评及安全评估，为信息系统的规划、建设、运行、维护提供质量保证与软件测评等服务，开展智能化系统可信设计、协同开发、测试仿真、大数据应用等技术研究；制定嵌入式领域应用开发规范等；建立信息服务实验基础设施，研发平台软件和应用系统，实施典型工程应用示范；提供智能化系统与大数据应用的设计、咨询、测试等专业技术服务，以及成果转化和培训推广等服务，并建立工程创新应用服务平台等。

2018 年，上海软件中心重点开展了网络安全、大数据可视分析、数据质量、数据融合等方面的研究，在大数据对评测带来的挑战及应对方法、大数据系统及软件的评测与优化技术、个性化推荐系统及其评测方法等领域开展了深入研究，承担上述技术相关的国家自然科学基金及科委等的科研项目。全年发布国家标准 2 项，累计参与 22 项标准的研制工作，包括国际标准 2 项、国家标准 20 项（8 项牵头、12 项参与），发表论文 13 篇，申请发明专利 2 项，提交专著 2 本，获得著作权 3 项。其中，上海软件中心研制的 GB/T 25000.10-2016《系统与软件工程 系统与软件质量要求和评价（SQuaRE）第 10 部分：系统与软件质量模型》获上海市标准化优秀技术成果奖三等奖。

【上海市软件评测中心有限公司】 上海市软件评测中心有限公司（以下简称“软件评测中心”）成立于 2001 年，是市经济信息化委领导下专业的第三方检测和咨询评估机构，是中国合格评定国家认

可委员会认可的检测实验室，出具的测试报告在几十个国家和地区具有互认性。由市质量技术监督局授计量认证，检验报告可用于产品质量评价，具有法律效力。软件评测中心本着“数据准确可靠、结论科学公正、服务优质高效、质量持续改进”的质量方针，通过评测、评估、评审、咨询、培训等主营业务，构建了基于信息化建设全生命周期质量保障的专业第三方服务产业链。2018 年，软件评测中心获得中国信息安全认证中心风险评估服务资质认证(三级资质)，同年入选《上海市工业互联网平台和专业服务商推荐目录》，并成为工业互联网安全评估评测机构(初审)。软件评测中心先后参与了多项国家标准、主导了 1 项地方标准的制定，拥有软件著作权 36 项、软件产品评估 30 余项。

软件评测中心在检验检测行业不断开发创新，产品技术质量水平在国内同行中有着良好的口碑。软件评测中心重视研发技术创新和差异化设计，研发中心以核心的研发成果为平台，开展技术创新活动并进行成果转化。在研发管理方面，引进国内外先进的研发管理方式，优化整合研发管理理念，加快产品进度；采用先进的软件产品开发思路，对研发分阶段管理和进度控制，针对项目的开发过程、质量等方面不断优化和总结，在项目管理中，把检查、决策、管理结合起来，从制度和流程上保证风险受控、决策科学，减少研发投入风险。软件评测中心立足上海，业务辐射全国，每年完成 3 000 多项服务项目，业务涵盖电子政务、金融、卫生、教育、云计算、人工智能、工业互联网等。

软件评测中心拥有一支专业的服务团队，2018 年有人员 51 人，其中本科以上 44 人(硕士 4 人)，占总人数 86%，技术人员 22 人，占总人数 43%，高级职称 6 人，中级职称 12 人。软件评测中心依据《网络安全法》及相关标准，开展安全领域的测试与咨询服务。配有专业的服务团队为工业互联网企业提供安全服务，工业互联网安全评估师 16 人(高级 1 人、中级 5 人、初级 10 人)，信息安全管理师 11 人。

【万达信息股份有限公司】 万达信息股份有限公司(以下简称“万达信息”)成立于 1995 年 12 月，是国内领先的智慧城市领军企业。历经多年发展，万达信息在城市各行业积累了丰富经验，形成了突出的行业软件与服务优势。万达信息以行业核心业务为基石，重点发展公共服务在线运营，积极开拓线下闭环服务，不断使城市的运营效率得到提升，服务更为便捷，引领全国医疗健康、文化教育等行业的变革。

万达信息拥有国际领先的专业资质，2004 年 12 月成为全国首家整体通过 CMMI5 评估的企业，之后还通过 CMMI V1.3 五级评估，达到目前国际最高标准。万达信息自 2002 年获得评审资质以来，历年被列为“国家规划布局内重点软件企业”，承担了多个国家核高基专项课题，拥有众多行业独立自主知识产权的软件产品。万达信息承建的医疗健康服务平台为超过 6 亿人口提供医疗健康服务，其中 5 亿人的健康档案已实现数据化。通过全国持卡人员基础信息库，为 10 亿人提供社保信息管理。

截至 2018 年年底，万达信息员工总数达到 5 628 人，其中博士学历 12 人，硕士学历 309 人，本科学历 3 434 人，拥有正高级职称人员 9 名，副高级职称人员 29 名，中级职称工程师 106 名。2018 年度新增授权发明专利 5 项，新申请发明专

利5项。凭借在行业实践中形成的自主创新核心技术,万达信息已拥有600余项具备自主知识产权的软件产品和软件著作权、19项国内外专利技术;承担20余项国家各类标准及指南、近10项上海市及其他地方各类标准的制定工作;并先后获得2项国家科技进步二等奖、1项教育部科技进步一等奖、5项上海市科技进步一等奖,为企业的可持续创新发展提供动力。

【上海华虹集成电路有限责任公司】 上海华虹集成电路有限责任公司(以下简称"华虹设计")成立于1998年12月,是中国电子信息产业集团有限公司下属子公司,是中国"909工程"的重要IC设计公司,是中国专业的智能卡和嵌入式安全芯片解决方案供应商。随着物联网的迅猛发展,华虹设计提出"智能、控制、连接"三大理念,将多年积累的安全技术应用到安全物联网产品中,为客户提供系统级整体解决方案,应用在智能电网、智能交通、智能家居、工控安全等领域,为网络安全提供技术保障。华虹设计的主营业务主要分布于智能卡、物联网等信息安全应用领域。华虹设计响应国家安全信息化建设号召,以保障国家信息安全为出发点,以惠民利民为立足点,专注于智能卡和信息安全芯片的研发,产品广泛应用于金融支付、政府公共事业、身份识别、电信等领域,业务遍及海内外。

华虹设计拥有完整的智能卡产品线,技术实力涵盖接触式、非接触式和双界面芯片的设计、验证、测试和系统开发。在安全技术方面,华虹设计与上海交通大学联合组建上海集成电路安全防护工程技术研究中心、张江自主创新示范区人才培养产学研联合实验室,共同开展智能卡和信息安全产品领域中前沿关键技术的研究和人才培养。研发成果"密码芯片安全分析和防护关键技术研究及应用"获2015年上海市科技进步一等奖,"密码芯片系统的攻防关键技术研究及应用"获2017年国家科技进步二等奖。

截至2018年12月,华虹设计共申请专利647件,其中发明专利593件,专利授权264件,布图设计授权49件,软件著作权授权21件。截至2018年12月,华虹设计员工总数85人,本科以上学历61人,研发人员39人。

【上海众人网络安全技术有限公司】 上海众人网络安全技术有限公司(以下简称"众人科技")成立于2007年,是专业从事网络信息安全技术研发和产品生产的高新技术企业。众人科技坚持自主可控的国产化发展战略,申报国家发明专利过百项,是国产信息安全标准的制定者和推动者。

众人科技自主研发的"iKEY多因素动态密码身份认证系统"是基于时间同步技术的多因素认证系统,其强大的用户认证机制替代了传统的基本口令安全机制,从而帮助消除因口令欺诈而导致的损失,防止恶意入侵者对资源的破坏,解决了因口令泄密导致的入侵问题,有效提高了身份认证的安全性和便捷性。第二代挑战型动态口令产品更能防"钓鱼",已成为首个被国际采用的认证技术和标准。最新发明的SOTP(Super One Time Password,超级一次性密码)创新性密码技术,再次填补国内空白,获得多项国际发明专利。以此为核心,开发了面向移动互联网认证和支付安全新需求的"WISEC码码密"系列产品,能够应用在快捷支付、手机银行、支付二维码、数字钱包、线下POS机支付、移动办公等多种场景之中,以"智能、

安全、便捷”为核心理念,保护移动互联网用户的身份认证安全、个人信息安全以及应用数据安全,并实现云端统一化认证,实现安全与便捷的平衡。

众人科技在移动安全、云安全、物联网安全、态势感知、大数据分析、威胁情报等领域进行深入研究,针对不同行业客户的不同应用场景和需求,提供不同的系统方案和配套产品。众人科技在身份认证、网络安全、应用安全、信息安全等方面积累了深厚的安全工程建设、安全服务经验,如央企身份认证系统、中国电信网络安全管理平台、西安银行手机银行焕新升级系统集成项目,以及银联商务股份有限公司和上海疾病预防控制中心安全咨询和系统集成服务。众人科技的技术和产品已广泛应用于政府、军队、金融、电信等涉及国家和民众网络信息安全的重要领域。

【上海三零卫士信息安全有限公司】 上海三零卫士信息安全有限公司(以下简称“三零卫士”)成立于 2001 年 7 月,是中国电子科技网络信息安全有限公司旗下专业从事信息安全服务的高新技术企业,总部设在上海,在杭州、广州、北京、成都、武汉、南京等地设有分支机构。作为国内最早从事信息安全服务的前瞻者和领军者,三零卫士已成为国内领先的综合性信息安全服务提供商。三零卫士重点聚焦党政机关、医疗、卫生、教育、能源、金融、交通等行业,为之提供基于信息系统全生命周期的信息安全服务。形成了面向政府党政机关、国有大型企业、金融机构和各企事业等单位信息系统的网络信息安全服务业务,面向城市基础设施和工业基础设施的工业控制系统信息安全业务,面向政府、金融机构、社会公众的社会信用平台建设和运营的信用与大数据服务业务,面向政府党政机关、执法监督部门、社会综合监管治理的互联网舆情和威胁情报的互联网情报业务四大核心业务。三零卫士通过了 ISO9001、ISO/IEC20000、ISO/IEC27001 认证,国家 ITSS(Information Technology Service Standards,信息技术服务标准)符合性评估,获得涉密信息系统集成资质(乙级)的系统集成、运行维护和软件开发三个业务种类的认证,拥有信息安全服务安全工程/安全开发一级资质、信息安全服务风险评估二级资质、系统集成二级资质等国内外全系列的信息安全服务资质。此外,三零卫士拥有著作权 50 余项、发明专利 30 余项。

2018 年,三零卫士拥有员工 700 余人,本科以上学历的占比 60%以上。研发人员占比 60%以上,有 600 余名专业技术服务人员。2018 年,三零卫士销售额保持持续增长,全年实现营业收入 2.5 亿元,其中主营业务收入 2.45 亿元,实现净利润 500 余万元,并获得融资 1 700 余万元。三零卫士重点参与了一系列重大活动的保障工作、完成了多个客户服务项目的建设工作,在多个业务领域实现了创新发展,并屡获客户嘉奖和行业认可。

【上海斗象信息科技有限公司】 上海斗象信息科技有限公司(以下简称“斗象科技”)创立于 2014 年,是国内领先的创新型互联网安全服务和解决方案提供商,旗下品牌包括互联网安全新媒体“FreeBuf”、互联网安全测试服务平台“漏洞盒子”、全息智能安全监测与调查分析产品“网藤风险感知”。作为以技术创新驱动的网络安全提供商,斗象科技的产品及服务已被全球领先企业和顶级投资者认可,已于 2018 年年底完成 B+轮 1 亿元融资。斗象科技已拥有近 500 家核心客户,在金融、

互联网、物联网、政府、教育等领域推出了优质服务和创新产品解决方案。

斗象科技是中央网信办以及上海市委网信办、国家互联网应急中心省级支撑单位，也是中国信息安全测评中心二级支撑单位，并为公安部第三研究所、上海互联网应急中心等机构提供技术支撑。斗象科技为十九大、金砖会议、进博会等重大国家会议提供网络安全保障支撑，获得了中央网信办以及上海市委网信办的高度认可。截至2018年12月31日，斗象科技员工总人数128人，其中研究生5人，本科学历93人；技术及研发人员共75名，占总人数的58.6%。2018年度申请专利1项、软件著作权2项，承担的市经济信息化委立项的“斗象大数据风险感知与漏洞情报系统平台”项目已全面建设完成，“人工智能全系风险感知响应平台的研制及产业化”项目取得了突破性进展。2018年，斗象科技被邀请进入“网络安全漏洞标准修订工作方案”工作组。

【上海观安信息技术股份有限公司】 上海观安信息技术股份有限公司(以下简称“观安信息”)凭借在数据安全、大数据分析及人工智能领域的技术储备，自主研发的大数据人工智能建模分析平台获得多个国家级奖项。观安信息采用上海、北京、成都三总部运营模式，设立多个实验室，在全国20多个省份设有技术支撑中心。观安信息是联合国亚太地区唯一信息安全培训基地，被认定为上海市高新技术企业、“小巨人”企业。在国家级网络安全竞赛中，观安信息多次斩获金奖，并多次参与国家级重大活动网络安全保卫工作。观安信息取得了多个国家级和行业级最高资质认证，通过了ISO20000、ISO27001等多项国际认证，在技术、产品和服务的支撑下，为运营商、政府、公安、金融、能源、交通、互联网等行业用户提供全面的信息安全解决方案，保障用户单位业务可持续性健康发展，产品和服务受到众多用户的信赖与垂青。

观安信息定位大数据安全与数据安全，利用AI技术融合优质算法，在业务安全、用户行为、互联网安全等领域提供合适的方案落地。通过业务、运营、技术各方面的创新转型，驱动业界市场发展、人才的有效利用，使得客户价值和公司利润快速上升，帮助大批行业客户减少由于安全造成的损失。

【新华三集团】 新华三集团(以下简称“新华三”)是业界领先的数字化解决方案领导者，成立于2003年，致力于成为客户业务创新、数字化转型的合作伙伴。新华三拥有H3C®品牌的全系列服务器，存储、网络、安全、超融合系统和IT管理系统等产品，能够提供包含大互联、大安全、云计算、大数据和IT咨询服务在内的全方位数字化解决方案和产品研发、生产、咨询、销售及服务。同时，新华三也是HPE®品牌服务器、存储和技术服务的中国独家提供商。新华三通过了ISO9001、ISO20000、ISO27001、ISO50001、ISO14001、OHSAS18001、TL9000、CMMI5等众多国际认证管理体系，也是国家信息安全漏洞共享平台的技术组成员、中国国家信息安全漏洞库的一级支撑单位、中国网络空间安全协会的理事会员，具备信息安全风险评估服务、信息安全服务(安全工程类)、信息安全等级保护安全建设服务机构等资质，参与了公安部、工信部、国家信息安全标准委员会、国家信息中心的多项安全标准制定。截至2018年年底，新华三员工总数8 000余人，99%以

上具有本科及以上学历,10%的员工具有中、高级职称,50%的员工为技术及研发人员。

2018 年,新华三发布了"Connect + 未来不止于联接"大互联战略,即通过全场景、融合交付、泛联接的 Connect + 网络,实现人、设备、应用和数据的全连接。作为大互联 Connect + 落地的关键,新华三推出了应用驱动网络基础架构,通过 SDN (Software Defined Network,软件定义网络)、NFV (Network Function Virtualization,网络功能虚拟化)等技术推动网络演进,实现网络自动化、智能化和能力资源化,推动业务随需交付,满足业务新常态所要求的快、变、云化的部署需求。针对数据中心、广域网、园区网等场景,新华三还制定了更详细的应用驱动网络解决方案,帮助用户开展大互联建设实践。同时,新华三还通过全部五项国家标准云测评,成为业界领先的通过全项测试的云计算厂商之一;发布全球首款一体化安全交付平台天机系统;安全产品全面入围三大运营商集采;发布消费类产品品牌魔术家 Magic 和新品 Magic B1;中标中国电信 IPRAN 产品集采,开启新的市场,进一步确立运营商市场主流品牌地位。新华三的研发部门还积极参与国内外行业标准的制定。以技术创新为核心引擎,截至 2018 年年底,新华三专利申请总量超过 9 500 件,其中 90% 以上是发明专利。2018 年,新华三申请专利 1 400 件,有 900 多项信息安全领域专利技术。

【宝付网络科技(上海)有限公司】 宝付网络科技(上海)有限公司(以下简称"宝付网络")成立于 2011 年,注册资本 8 亿元,2011 年年底荣获由中国人民银行颁发的《支付业务许可证》。宝付网络以领先的研发实力和创新能力,专注于电子支付和大金融领域,是一家提供综合支付服务的高科技企业,旨在为用户提供灵活、自助、安全的支付产品与服务。收单类产品有网银支付、认证支付、代收、快捷支付、聚合支付、协议支付等;结算类产品有代付、365 天实时结算等;跨境类产品有跨境支付等;行业化产品有实时分账等。同时,宝付网络还针对互联网金融、消费金融、物流、保险等行业,为其度身定制了切合行业需求的支付解决方案。

宝付网络落实贯彻以"实时结算整体解决方案"为核心的商业模式,企业规模及业绩近两年来都保持着高速增长。宝付网络的主要客户覆盖三十多个行业市场,至 2018 年,已与 2345 网址导航、奇虎 360、拍拍贷、小赢理财、晋商消费金融、招联金融、货车帮、国华人寿、华瑞保险、洋码头、聚美优品、环球易购等企业建立了良好的长期合作。2018 年,宝付网络获得软件著作权 12 项,在全国第三方互联网支付行业中排名第 4,全年交易量近 20 000 亿元,年度营业收入超 9 亿元。

【上海上讯信息技术股份有限公司】 上海上讯信息技术股份有限公司(以下简称"上讯信息"),成立于 2010 年 12 月,可提供信息安全咨询及评估、数据治理安全产品(DS)、IT 管理与运维产品(AIOps)以及终端安全管理产品(ETS),同时也是信息安全整体解决方案集成服务提供商。上讯信息以前瞻性的眼光,组织信息安全专家自主研发以及甄选出符合市场发展方向且覆盖各个层面的优质安全产品,以满足中国市场的客户需求。北京上讯思宇信息技术有限公司是上讯信息的子公司,专注于公安、网信、国安等行业的业务板块,承担等保服务、态势感知、内外网融合开源情报等前

沿业务的研发布局和业务推广工作，在公安大系统、网信内容管理等方面具有丰富经验。上讯信息的全资子公司上海艾讯云计算有限公司为企业、政府、数字园区等客户提供优秀的企业级安全平台服务以及 SaaS 服务，主要业务专注于将上讯信息的相关产品转为 SaaS 模式运营及推广。

2018 年，上讯信息荣获进博会“网络安全贡献奖”。上讯信息年度申请专利 90 项，其中发明专利 89 项、外观专利 1 项，已授权 21 项、软件著作权 31 项。上讯信息在西安、上海、北京设立研发中心，并与哈尔滨工程大学成立“保密技术与信息系统安全联合实验室”。上讯信息拥有遍布全国各地的 20 个本地化技术服务机构，服务可覆盖 31 个省市地区以及港澳地区。通过多年拓展，上讯信息成为 2 000 家中高端客户选择的安全解决方案提供商，覆盖金融、能源、公共运输、互联网、公共事业、政府、制造业、教育、通信等众多行业。

【上海工业控制安全创新科技有限公司】 上海工业控制安全创新科技有限公司作为上海工业控制系统安全创新功能型平台的实体运行单位，是由普陀区政府、上海临港经济发展(集团)有限公司、华东师范大学、上海工业自动化仪表研究院有限公司共同注册成立的国有控股企业，于 2018 年 1 月成立。

上海工业控制系统安全创新功能型平台是上海首批推动建设的研发与转化功能型平台之一，由市经济信息化委和市科委共同指导，是支撑上海科创中心“四梁八柱”的重要内容。该平台由中国科学院院士何积丰担任首席科学家，立足上海，发挥长三角区域产业优势，在汽车电子、轨道交通、航空航天等国家重点行业和领域，进行工业控制系统安全技术研究和成果转化，同时提供仿真验证、监测预警、检测评估、培训咨询等功能型服务，打造连接政、产、学、研、用、资的产业生态服务平台。平台以技术创新为核心，主要围绕工控系统的功能安全和信息安全进行研究，功能安全主要针对制造业的生产过程，确保系统尽可能避免内在的功能缺陷，保障功能可靠性；信息安全主要针对工业互联网环境，防止漏洞被黑客攻击，保障系统整体的抗攻击性。上海工业控制系统安全创新功能型平台通过与国际知名企业(如卡巴斯基、德国 Dekra、360 安全等)以及全球知名科研院所合作(如清华大学、新加坡南洋理工大学等)研发与转化全球最先进的工控技术，最终实现技术本土化，带动产业发展。2018 年，实现申请发明专利 3 项，软件著作权 15 个，承担工信部工业互联网专项项目 5 个。

(朱方园)

第八编
信息化环境

Shanghai Informatization

综 述

2018年，上海信息化政策法规相关工作持续深入开展，人才工作有序推进，各行业社团稳步发展，信息化发展环境得到进一步优化。

行政审批制度改革工作继续推进，制定《上海市公共数据和一网通办管理办法》。开展公共服务和行政服务事项清理优化，对市经济信息化委2018年度政府效能建设情况进行全面评估。依法行政工作不断深化，持续开展市经济信息化委规范性文件管理工作，做好政策实施情况后评估等工作。

加强信息化人才建设，如开展首席安全官、智慧工匠等评选活动，网络安全技能竞赛、通过不断调研和优化环境，创造良好的用人氛围，为产业信息化人才提供组织保障。

信息化研究与咨询方面，上海市经济和信息化发展研究中心承接市经济信息化委新设专项的管理服务工作，全方位配合做好工业强基、人工智能、工业互联网、制造业创新中心等专项管理服务。支撑市产业专家委员会、市信息化专家委员会、市人工智能战略咨询专家委员会、市经信系统议政建言专家委员会日常工作。筹办2018世界人工智能大赛，服务长三角一体化和长江经济带发展。上海信息化发展研究协会紧跟AI、物联专网、大数据等信息技术发展趋势，持续推进在智慧城市顶层设计、“十三五”智慧城市中期评估、信息化相关课题研究与咨询服务等工作。

信息化合作交流进一步展开。市经济信息化委积极开展援藏、援疆、对口帮扶等工作，积极推进上海-新疆呼叫产业生产性服务业功能区建设。会展方面，第二十届中国国际工业博览会、2018上海国际信息消费节、2018世界人工智能大会及首届中国国际进口博览会等的召开，推动信息化及相关产业进一步发展。

第一章　信息化政策法规

概　述

2018 年，围绕上海市信息化重点工作，贯彻法治政府建设相关要求，加强法律制度建设，深化政府职能转变，积极开展企业服务，上海的信息化政策法规工作取得一定成效。在法律制度建设方面，完成了《上海市无线电管理办法》《上海市公共数据和一网通办管理办法》等法规规章的起草和宣贯、相关规范性文件的制定和清理。在行政审批方面，按照优化营商环境的相关要求，结合市审改办工作安排，开展经济信息化领域证明事项的清理，同时，按照上海市政府效能考核的相关要求，对市经济信息化委 2018 年度政府效能建设情况进行全面评估。

一、信息化法律制度建设

【法规规章起草和宣贯】 按照上海市有关要求，市经济信息化委会同市无线电管理局，完成了《上海市无线电管理办法》规章的修订；会同上海市政府法制办、市政府办公厅、市大数据中心共同制定《上海市公共数据和一网通办管理办法》。

【规范性文件制定和清理】 编制《市经济信息化委 2018 年政策法规计划》，进一步做好规范性文件的统筹管理工作。严格落实上海市规范性文件统一发布的管理要求，对市经济信息化委规范性文件采取“沪经信规范”统一文号。2018 年，制定发布规范性文件《上海市智能网联汽车道路测试管理办法(试行)》《上海市软件和集成电路核心团队、设计人员专项奖励办法》《上海市工业互联网创新发展专项支持实施细则》共 3 件；报请市政府发布规范性文件《上海市电子印章管理暂行办法》1 件。

智慧城市建设与“上海制造”融合、与“四名六创”专项行动融合；三是赛后扶持与激励手段更加多元，从单纯表彰个人向个人、团队、项目三位一体转变，从颁发奖项向赛后扶持转变。入围者除了有机会向市总工会申请上海市五一劳动奖章和上海市工人先锋号荣誉之外，还可以作为优秀人才纳入市经济信息化委领军人才库。另外，对于赛事中涌现出来的优秀团队还将进一步推进智慧工匠创新工作室建设，发挥先进典型的传、帮、带作用，赛事中涌现出的好项目在申报市经济信息化委相关专项资金时给予优先考虑，促进其做大、做强。

第三章　信息化研究与咨询

概　述

2018 年，上海市信息化专家委员会组织专家就上海智慧交通发展、精准医疗基础情况开展座谈研讨。上海市经济和信息化发展研究中心筹建新疆呼叫中心产业园，助力产业援疆，同时深化课题研究，围绕产业政策开展一系列信息化研究和专业咨询服务工作。上海市信息服务外包发展中心以“一带一路”为中心，以服务企业为宗旨，从平台建设、国际交流、行业活动等方面推动企业参与“一带一路”建设。

一、上海市信息化专家委员会

【开展智慧交通相关调研工作】　2018 年 5 月，上海市信息化专家委员会（以下简称“市信息化专家委”）组织专家就上海智慧交通发展座谈研讨，专家委主任吴启迪参加，并做重要发言。参会专家就上海智慧交通发展展开了热烈的交流与探讨。

7 月，组织专题调研组，赴杭州开展智慧交通调研活动，调研组一行走访了杭州市交通信息中心、阿里巴巴、海康威视、银江股份等单位，参观了产品展示厅，围绕智慧交通的主题，交流了智慧交通管理的信息采集、整合发布、管控系统等方面的做法，并分享了有效挖掘城市综合交通大数据上的经验。此行调研的重点，是学习了解杭州“城市大脑”项目的运行情况，利用交通数据感知、应用和控制、出行服务上的技术与模式创新，为城市发展、交通规划、公共交通等提供专业的产品和服务。

【开展精准医疗相关调研工作】　2018 年 10 月，市信息化专家委组织专家开展上海精准医疗基础情

况调研走访,先后实地走访了上海市生物医药行业协会、上海吉凯基因化学技术有限公司和上海国际医学中心。

11月,组织开展上海精准医疗产业发展问题导向访谈,与上海市生物医药行业协会、上海市生物医药行业协会精准医疗专业委员会、上海复宏汉霖生物技术股份有限公司、上海芯超生物科技有限公司、上海医药临床研究中心、上海生物信息技术研究中心、上海云检医学、平安医保科技等代表座谈,了解上海精准医疗信息化发展及产学研用医之间有效协同的瓶颈问题。

12月,走访多位专家开展精准医疗大数据深度访谈;组织专家调研走访上海(南翔)精准医学产业园——上海云检、鹍远基因;前往苏州精准医疗园区、南京江北新区国家健康医疗大数据中心及产业园开展实地调研活动。

(李　宁)

二、上海市经济和信息化发展研究中心

【概况】 上海市经济和信息化发展研究中心(以下简称"市经信研究中心")作为唯一的地方工信智库代表,借助工信智库联盟主动作为、借势发力,主动开展前瞻研究和战略研究。同时,项目管理服务更体系化、精细化,协同推进产业重点工作。积极筹办2018世界人工智能大赛、组织相关专家委员会,持续助力产业援疆。

【专业智库建设加力提效】 一是借助工信智库联盟主动作为、借势发力。2018年6月,市经信研究中心作为唯一的地方工信智库代表,当选工信智库联盟副理事长单位;在上海举办以"促进长三角先进制造业发展"为主题的首届工信智库联盟圆桌论坛,工信部政法司及来自长三角的30余位智库代表参加会议;首倡长三角工信智库定期会晤机制,得到与会代表积极响应。

二是以深化调研、引领课题研究提升质量。三是推进"研究工作室"制度创新。研究出台工作室实施办法和考核细则,为研究骨干人才搭建平台,着力营造干事、创新、担当的小环境,率先启动数字经济和智能产业发展研究工作室、新兴产业研究工作室运作,已分别开展能源互联网、大飞机配套材料等方面研究。

四是主动开展前瞻研究和战略研究。提高站位,围绕市领导、委领导关心的问题,全年举办内部沙龙12次、专家研讨会3次。五是更加注重研究成果质量。全年承担课题研究项目43个,工信部《促进先进制造业发展的制度环境研究——典型地区研究》获部领导肯定,认为报告对长三角先进制造业的问题、约束研究较为深入,建议举措具有操作性。课题成果《关于加快推进人工智能高质量发展的实施办法》形成市级政策文件发布;《上海制造三年行动计划专题研究》为出台《全力打响"上海制造"品牌加快迈向全球卓越制造基地三年行动计划(2018—2020年)》提供基础;《加快临港地区人工智能与实体经济深度融合发展行动

方案研究》转化为政策正式发布。

六是信息编发报送与智库建设紧密联动。出版《上海信息化》杂志12期，编纂出版《上海信息化年鉴(2018)》，《上海信息化年鉴(2017)》获得第五届全国地方志优秀成果(专业年鉴类)三等奖，并被全国通报表扬。完成《上海市志・信息化分志》编纂出版，完成8期《上海工业》内刊、12期《智慧城市建设视窗》、4期《经济和信息化产业视点》编印。中心结合工作成果向主管单位报送信息31篇，其中7篇被录用，获评"市经信工作党委系统信息工作先进集体"。

【项目管理服务更体系化、精细化】 一是持续探索项目标准化管理，提高项目服务能力和管理效率，围绕中心常态开展十余个大类涉及2 000余个财政专项资金项目管理工作，深化标准化服务，对管理链条涉及的指南编制、申报受理、专家评审等11个重要节点进行切片分析，改造完善不合理流程，提升管理质效。二是积极承接委新设专项的管理服务工作，全方位配合相关处室做好新设立的工业强基、人工智能、工业互联网、制造业创新中心等专项管理服务。三是评估评价业务更加成熟定型，编制发布2018年度上海市智慧城市发展水平评估报告、两化融合评估报告，全年完成超过500个市级、区级信息化项目预算审核。继续配合市经济信息化委相关处室做好国家级、市级企业技术中心评估评价和能力建设项目管理服务。

【协同推进产业重点工作】 一是配合市经济信息化委相关处室圆满完成第二十届中国国际工业博览会(以下简称"工博会")评奖工作，配合开展国家集成电路、智能传感器两个制造业创新中心创建和市级制造业创新中心培育建设工作。二是配合"一网通办"和"互联网＋政府服务"体系建设，开展"电子政务云服务资源审核标准"研究，抽调骨干力量驻场支撑市大数据中心工作。三是协助编制全市生物医药产业地图。四是支撑市产业专家委员会、市信息化专家委员会、市人工智能战略咨询专家委员会、市经信系统议政建言专家委员会日常工作。五是配合人民出版社对65家上海行业领军企业进行采访调研，联合编辑《寻找中国制造隐形冠军》(上海卷)丛书汇编。

【筹办2018世界人工智能大赛、组织相关专家委员会】 建立"专责领导＋专门部门＋专职人员＋专业团队"协同工作机制，保障2018世界人工智能大赛举办，SAIL奖首次评选即吸引了来自全球的525支参赛队伍参加角逐，海外团队比例超过四分之一，成为国内人工智能领域重要奖项。围绕组建上海市人工智能战略咨询专家委员会，召开首次专家咨询会，组织并支撑筹备工作，23名顶级专家受聘担任专家委员。

【筹建新疆呼叫中心产业园，助力产业援疆】 指导下属上海信息投资咨询有限公司会同有关单位在喀什经济开发区设立新疆呼叫中心生产性服务业产业园，并在上海市援建的泽普、巴楚等县开设分园，该模式被市领导称赞为"市产业援疆新亮点"。

(李　成)

三、上海市信息服务外包发展中心

【概况】 上海市信息服务外包发展中心(以下简称“市信息服务外包中心”)成立于2006年7月,是一家全市性、从事非盈利性社会活动的非企业法人组织。市信息服务外包中心一直致力于推动上海市信息服务业企业与国际市场接轨,业务范围涉及国内IT垂直行业领域研究、长三角地区信息服务产业政策研究咨询、信息服务业行业市场拓展咨询研究、外资投资咨询等诸多领域,并为企业提供行业研究、咨询、各类专业服务以及国际市场拓展咨询、合作伙伴评估、业务对接会议组织参与、考察团组织、展会参与、人才培训和咨询等服务。

2018年,市信息服务外包中心以“一带一路”为中心,以服务企业为宗旨,从平台建设、国际交流、行业活动等方面推动企业参与“一带一路”。

【完善支撑平台功能内容】 基于已有上海市软件和信息服务业“一带一路”业务对接平台的开发,进一步完善平台相关功能、优化页面,提高用户使用满意度,同时,利用市信息服务外包中心已有的海内外合作渠道,为平台用户发展更多潜在海外合作伙伴,推动上海市企业参与更多潜在的“一带一路”国际业务。

【打造国际交流合作平台】 市信息服务外包中心组织法国ESCP-Europe欧洲高等商学院ESM企业代表团与上海优刻得信息科技有限公司(Ucloud),就云计算、企业数字化转型等行业热点做行业学习交流;推动文思海辉与哥斯达黎加企业Evicertia签订合作协议,从市场、技术等角度出发,共同研发数字签名相关项目,落实上海信息服务业企业参与“一带一路”。安排中海联通国际系统集成、盛迭科技、仁浔信息科技等5家企业与哥斯达黎加企业TecApro进行洽谈对接,针对TecApro软件本地化项目需求,为企业沟通交流、项目合作搭建平台;组织上海市物联网行业企业代表、物联网产业传统行业企业代表以及相关行业协会代表,与法国知名物联网企业SIGFOX做对接交流,助推双方在项目、资金、市场等方面展开合作;持续稳定、拓展和“一带一路”沿线国家驻沪领事馆的业务合作关系,就上海信息服务业产业、企业的需求与领事馆沟通。以欧洲为重点区域,新建与匈牙利、罗马尼亚、英国等驻沪领事馆的业务往来关系。

【组织行业交流会议】 举办“一带一路”国际信息服务合作新机遇专场活动。参会企业50余家,会议现场发布《服务贸易海外重点市场拓展指南(南非)》,介绍南非信息服务业产业及潜在合作需求,为企业参与“一带一路”提供对外交流平台。

12月13日,在市经济信息化委、市商务委、市浦东新区人民政府的指导下,在市浦东新区科经委的支持下,市信息服务外包中心携手上海金融信息行业协会、“中国网+”三方共同主办2018“一带一路”信息产业国际合作高峰论坛。论坛邀请国务院发展研究中心、国声智库、匈牙利驻上海总领事馆、哥斯达黎加前国贸部,以及亚马逊、文思海辉、安永中国等企业代表参与。会上,文思海辉与哥斯达黎加企业Evicertia签订项目协议书;市信息服务外包中心、上海金融信息行业协会、“中

国网＋”和国声智库签订四方合作协议。会议期间，还举办了“信息技术助推‘一带一路’新贸易”和“‘带一路、服一程’助力科技成果共享”两场平行论坛。

组织黄浦区重点企业座谈会。市信息服务外包中心配合市黄浦区科委，邀请黄浦区内规模较大、发展情况较好的10余家企业参加座谈会，主题是关于黄浦区“互联网＋”企业的相关政策修订。一是帮助黄浦区相关政府单位了解企业的基本情况、产品情况、企业需求等信息，以便制定适用于企业发展的政策；二是宣传、推广黄浦区内现有的扶持政策，便于企业及时掌握政策动向；三是敦促区内企业填报相关数据，便于相关部门开展统计工作。

（武蓓蓓）

第四章　信息化宣传

概　述

2018年，市经济信息化委围绕信息化发展重点工作，以重要会议和活动为载体，加大报道力度，积极营造有利于全市产业和信息化发展的舆论氛围。围绕上海全面推进“一网通办”、2018世界人工智能大会等积极组织编写新闻稿，广泛邀请媒体参加会议，努力提升传播力、引导力、影响力。人民日报上海分社、新华社上海分社、经济日报上海记者站、中新社上海分社、中央人民广播电台上海记者站等央媒以及上海广播电视台、《解放日报》、《文汇报》、《新民晚报》、《新闻晨报》、澎湃等全市媒体均对相关情况做详尽报道。

一、综合性工作宣传

【政务微信建设】　做好市经济信息化委政务微信微博建设工作。权威发布重要工作动态和相关新闻。截至2018年年底，共推送微信1 280条，粉丝数69 025人；共发布委政务微博1 572条，新浪、东方发布平台粉丝数共83 227人。与“上海发布”微信号合作，刊出上海人工智能创新产品名单等新闻。及时推送各类重要新闻信息，让市民知晓信息化建设的重要内容。

【做好视听及平面媒体新闻工作】　通过新闻发布会、新闻通气会、媒体集体采访等形式，做好与各电视、广播电台、平面及网络媒体的联系沟通，通过新华社、《解放日报》、《文汇报》等媒体对2018世界人工智能大会等进行宣传报道，扩大活动影响力、知名度和覆盖面。坚持组织记者深入一线，开展新闻媒体赴企业现场的集体采访活动，通过企业现身说法，介绍企业发展情况，营造良好氛围。

【公开出版物开展宣传】 发布相关产业和信息化规划文本。出版工业和信息化专门书籍，如《2018上海产业和信息化发展报告》等重要书籍，对全市工业和信息化主要行业、重点领域、重点企业、推进措施及产业布局等进行宣传。

二、重点工作宣传

【上海全面推进“一网通办”】 2018年4月12日，市政府新闻办举行市政府新闻发布会，常务副市长周波介绍上海全面推进“一网通办”、加快智慧政府建设相关情况。上海深入贯彻党的十九大关于建设人民满意的服务型政府要求，加快提升全市政府管理和服务智慧化水平，着力优化营商环境，最大程度便企利民。市委、市政府研究制定全市《全面推进“一网通办”加快建设智慧政府工作方案》，并于2018年3月30日由市委办公厅、市政府办公厅正式印发。周波介绍，该《工作方案》围绕实现“一网通办”的关键环节、当前政务服务的“堵点”“痛点”和智慧政府建设的重点领域，坚持需求导向，着眼用户视角，聚焦五个方面提出了25项重点工作任务。

上海市政府秘书长汤志平表示，建设智慧政府是继办公自动化、数字政府之后，电子政务发展的更高阶段，在世界上也是电子政务发展的方向。核心内涵是利用新一代信息技术、大数据和人工智能技术，促进政府管理和公共服务线上线下融合，实现智能办公、智能监管、智能服务和智能决策。上海已基本形成政务数据资源目录体系，建成上海政府数据开放服务网，已向社会开放涵盖12个领域的1 600余条数据。下一步，将依托上海市大数据中心，进一步深化政务数据的开放和融合应用，率先在人工智能、大数据等领域探索数据合作的创新模式。

【上海市政府与小米集团签署战略合作框架协议】 2018年8月7日，上海市政府与小米集团在沪签署战略合作框架协议。上海市委副书记、市长应勇，小米集团董事长兼首席执行官雷军出席。上海市委常委、常务副市长周波和小米集团高级副总裁洪锋代表双方签约。

上海制定发布《全力打响“上海制造”品牌加快迈向全球卓越制造基地三年行动计划(2018—2020年)》，大力发展先进制造业，通过推动互联网、大数据、人工智能和实体经济深度融合，不断巩固提升实体经济能级。上海市政府与小米科技将以此次战略合作框架协议签署为契机，在互联网金融、IoT物联网、工业设计、生态链孵化等领域开展全面合作，提升上海数字经济发展水平，共同打造上海消费电子产业生态链集聚区和创新产业新高地，助推上海建设具有国际影响力的科技创新中心。

【上海市政府与阿里巴巴集团、蚂蚁金服集团签署新一轮战略合作协议】 2018年8月16日，上海市政府与阿里巴巴集团、蚂蚁金服集团签署新一

轮战略合作协议。上海市委副书记、市长应勇，阿里巴巴集团董事局主席马云出席签约仪式。市委常委、常务副市长周波与阿里巴巴集团首席执行官张勇、蚂蚁金服集团董事长兼首席执行官井贤栋签署战略合作协议。

为更好地落实和服务国家战略、加快建设现代化经济体系，上海提出全力打响“上海服务”“上海制造”“上海购物”“上海文化”四大品牌以及推动长三角地区更高质量、一体化发展等一系列战略举措。阿里巴巴、蚂蚁金服在互联网金融、新零售、大数据、人工智能、智能网联汽车等领域也在积极谋划布局。在前期合作基础上，上海市政府和阿里巴巴、蚂蚁金服主要就长三角一体化建设、社会治理创新、技术创新和制造业转型升级、新零售发展以及文创产业发展和人才培养等方面签署新一轮战略合作协议。

【上海市政府与网易公司签署战略合作协议】
2018年9月28日，上海市政府与网易公司签署战略合作协议。市委书记李强，市委副书记、市长应勇会见网易公司董事局主席兼CEO丁磊一行。上海市副市长吴清和网易公司副总裁陶剑琴分别代表双方签约。

根据协议，双方将共同参与全球文化创意产业中心和科技创新中心建设，发挥在游戏电竞、网络文化、创意设计等方面的优势，不断强化上海市长江经济带龙头作用以及网易公司在全球互联网行业的领军地位。双方将共同建设网易上海总部及网易上海国际文创科技园，将云计算、大数据风控、智能机器人等业界前沿产品技术与上海相关产业对接，设立以AR、人工智能为主的核心技术研发中心，集消费、文化体验为一体的新商业展示体验中心，新技术展示体验中心，共同促进上海游戏电竞产业、上海跨境电商产业发展，推动上海文创科技人才集聚，打造全国标杆型创新创业文创产业基地。通过升级创新引擎，助力文化领域供给侧改革，进一步促进上海城市经济创新力、产业竞争力和文化软实力的跨界融合。

【上海市政府与百度公司签署战略合作框架协议】
2018年11月27日，上海市政府与百度公司在沪签署战略合作框架协议。上海市委副书记、市长应勇，百度公司创始人、董事长兼首席执行官李彦宏出席签约仪式并见证签约。上海市副市长吴清与百度公司副总裁王路签署战略合作框架协议。

全市积极贯彻国家人工智能战略，正加快推动以人工智能为代表的新一代信息技术产业发展，深入推进人工智能、互联网、大数据与实体经济融合，全面提升城市精细化管理水平和人民生活品质。百度公司在人工智能、智能城市、智能交通、自动驾驶、物联网等领域积极谋划布局。双方主要在以下四个方面加强合作：一是发挥百度公司在技术、人才、产品等方面的优势，依托上海作为全国中心城市和全球科技创新中心的优势，建设百度(上海)创新中心，助推上海打造国家人工智能产业高地。二是充分发挥百度公司在大数据、云计算、人工智能、区块链等领域的技术优势与实践经验，特别是智能交通、自动驾驶领域的优势，参加上海智能城市建设，助推上海提升城市管理和公共服务能力。三是提升百度公司在市场开拓、业务发展、研发创新等领域的能级，带动长三角地区云计算、大数据、人工智能产业发展，助推实现更高质量的长三角一体化。四是加快建设百

度物联网总部，打造全市重点区域物联网感知平台，积极推动“百度工业大脑”落户上海，助力沪企上云和工业智能化升级。

【全国首个跨省5G视频通话在长三角实现互联】 2018年11月29日，以“5G新时代·智联长三角”为主题的长三角数字经济协同发展高峰论坛暨长三角5G创新发展联盟成立大会在上海嘉定举行。会上，全国首个跨省5G视频通话在上海、苏州、杭州、合肥四城实现互联。

为贯彻落实习近平总书记“支持长江三角洲区域一体化发展并上升为国家战略”重要指示精神，以及2018年6月1日举行的长三角三省一市主要领导座谈会工作要求，未来三年，长三角地区将着力于推动5G协同发展，率先将5G作为基本功能要素和新引擎，引领长三角城市群实现创新驱动发展、经济转型升级，打造数字经济升级版、5G技术试验床和产业先发区，使长三角地区成为国内新技术、新产业、新业态、新模式的策源地，助力建设创新人文的长三角、数字孪生的长三角、比肩世界级城市群的长三角。

【上海向海内外首次征集人工智能应用场景解决方案】 2018年12月12日，上海人工智能应用场景建设实施计划正式发布，这是全国首次面向人工智能应用场景需求的征集计划。上海十大人工智能应用场景、19个具体点位需求和60个人工智能创新产品集中首发，旨在面向全球人工智能企业征集解决方案，破解供需两类主体对接瓶颈，为AI企业提供广阔的应用场景，推动新技术、新产品、新模式在上海率先运用，加速转变为现实生产力、发展新动能。

此次上海发布的十大应用场景领域，突出三个特征。从点来讲，集中展示AI在特定场景下的纵向应用，如：学校、医院、工厂、家庭等，整合各类AI技术，打造整体式解决方案；从线来讲，体现AI在特定行业中的创新应用，如：交通、政务、安防、金融等，推动人工智能对行业产生显著的带动作用。从面来讲，通过AI跨领域、跨行业的集中应用，如：园区、社区等，体现人工智能对区域的全面赋能。会上，还发布了60个AI创新产品，通过供需对接，促进全市人工智能产业快速发展，带动一批智能机器人、智能硬件、智能软件、智能驾驶产品加速落地，形成新的经济增长点。目标是到2020年，打造6个人工智能创新应用示范区、60个人工智能深度应用场景，全力打造国家人工智能发展高地。

【工业互联网标识解析国家顶级节点（上海）上线】 2018年12月13日，由市经济信息化委、市通信管理局、市临港地区开发建设委员会、中国信息通信研究院主办的“工业互联网标识解析国家顶级节点（上海）签约暨启动仪式”在沪举行，部市合作签约共同推动工业互联网标识解析国家顶级节点（上海）建设并正式上线运行。

会上，市经济信息化委、市通信管理局、市临港地区开发建设委员会、中国信息通信研究院共同签署《推进工业互联网标识解析国家顶级节点（上海）建设合作协议》，共同推进标识解析集成创新应用，打造工业互联网产业生态，共同推动上海及长三角地区工业互联网产业加速集聚和跨越发展。工业互联网标识解析国家顶级节点（上海）正式上线，工业互联网标识解析二级节点建设同步正式启动。

标识解析体系顶级节点是国家工业互联网核心资源和重要基础设施，是支撑工业万物互联互通的神经枢纽，也为企业每个产品、零部件、机器设备等赋予唯一的“身份证”。按照工信部统一规划和部署，我国工业互联网标识解析国家顶级节点落户在北京、上海、广州、武汉、重庆五大城市。到2020年，国家顶级节点(上海)覆盖长三角标识解析服务体系将基本建成。

(杨勤伟)

第五章　行业(专业)协会发展

概　述

2018年是改革开放40周年,也是实施《上海市推进智慧城市建设“十三五”规划》承上启下的关键一年,上海市信息化系统各协会围绕全市信息化年度重点工作,研究政策建议、编写产业报告、开展国内与国际合作交流活动,提升产业发展水平,制定行业标准,同时协助政府做好政策落实、行业规范、市场服务等工作。

一、上海市集成电路行业协会

【概况】 上海市集成电路行业协会(以下简称“集成电路协会”)2018年积极配合政府做好中美贸易摩擦应对工作、协助政府落实集成电路产业政策,同时开展国内国际各类交流活动,开展培训服务等,做好会员企业服务工作,加强协会组织建设。

【配合政府做好中美贸易摩擦应对工作】 2018年4月“中兴事件”爆发,集成电路产业引起全国关注。政府关心和支持集成电路产业发展的力度加大,多次指出集成电路是国之重器,必须改变关键核心技术受制于人的被动局面。5月16日和6月26日,上海市常务副市长周波两次召开由市发展改革委汇报的《2018—2025上海集成电路自主创新发展行动方案》会和市经济信息化委汇报的《上海集成电路产业发展三年行动方案》会。集成电路协会受邀参加,协会秘书长徐伟代表行业反映企业诉求和建议。

配合国家发展改革委、商务部、市发展改革委、市经济信息化委、市商务委、上海海关,召开各类座谈会,走访调研企业十余次。向市发展改革

委上报《上海集成电路产业的情况报告》(包括行业最新动态,2018年以来行业面临的新形势、问题及措施,对政府引导产业发展的建议等)和《上海聚焦发展关键核心芯片企业及产品的情况》。协助进行《2018—2025上海集成电路自主创新发展行动方案》《上海集成电路产业发展三年行动方案》讨论稿修改。协助上海海关归类分中心,就中美贸易摩擦500亿清单、600亿主动加征关税进行集成电路行业范围内的调研,并向上海海关归类分中心、上海海关关税处上报了18家上海集成电路企业"美国贸易制裁受影响"调查汇总表。根据市商务委公平贸易处及服务处的要求,对全市出口企业受贸易摩擦影响情况开展全覆盖式调研,针对500亿元加征25%关税、2 000亿元加征10%关税的67家企业,下发受影响企业填写调查表,汇总后上报。

向市商务委上报"上海集成电路行业中美贸易摩擦面临问题及需采取的措施"专报,以及《2018年上海市集成电路行业国际贸易政策分析及摩擦应对建议报告》。以上海市集成电路行业协会——进出口公平贸易行业工作站的名义,向市商务委编制报送《2018年上海集成电路行业外贸环境动态监测简报》三期。

受市发展改革委委托,配合国家发展改革委就业和分配司,就中美贸易摩擦对上海集成电路企业用工及就业的影响、社保费征缴体制改革对企业负担的影响、进一步促进就业的政策进行调研座谈,并整理相关材料,向国家发展改革委提供调研汇报稿。

【协助政府落实集成电路产业政策】 为贯彻落实国家和上海市关于进一步鼓励软件产业和集成电路产业发展的相关政策,集成电路协会受市发展改革委、市经济信息化委和市税务局委托,开展申请2017年度国家规划布局内重点集成电路设计企业备案工作,共17家企业通过,这些企业可享受企业所得税10%的优惠税收。

协助市经济信息化委、市税务局为63家集成电路企业出具第三方评估意见,其中设计企业55家,制造及高端装备企业8家,使企业可享受企业所得税"二免三减半"等优惠政策。配合市经济信息化委、市财政局开展2017年度上海市软件和集成电路企业设计人员专项奖励工作,组织企业申请奖励,通过企业63家,人员3 829人,其中设计企业55家,高端装备制造企业8家,共计奖励金额5 128.1万元。协助市经济信息化委组织企业申报2017年度首轮流片补贴,协助商务部服贸司进行"知识产权使用费进口情况"问卷调查。

组织70家企业80余人参加市税务局、市财政局、市经济信息化委和市发展改革委联合举办的"软件和集成电路产业企业所得税优惠政策宣讲会"。为了做好上海证券交易所设立科创板并试点注册制的准备工作,帮助市经济信息化委梳理15家拟挂牌优质企业名单,推荐上报相关主管部门。

【开展国内国际各类交流活动】 组织会员企业参加2018年中国国际进口博览会(以下简称"进博会")。1月召开集成电路行业2018年进博会动员会,34家外资集成电路装备企业负责人参会。11月5—10日,集成电路协会和国际半导体产业协会(SEMI)合作推动国际半导体厂商组团参展进博会,搭建700平方米集成电路专区,集中展示半导体产业的先进技术与国际协作,展品范围包括

半导体设备、半导体材料、半导体分立器件产品与应用技术、半导体光电器件、IC产品与应用技术、集成电路终端产品等。通过展示，与国内知名用户签署一系列合作协议，促进中外半导体产业合作进一步发展。

5月16日，由全球半导体联盟主办，集成电路协会协办召开“2018年全球领袖高峰论坛”。论坛邀请全球200余位知名企业家、专家、重量级人士讨论半导体开发趋势，以及如何与系统设计日益融合、未来的系统将如何利用半导体实现创新等议题。

6月15日，在市经济信息化委、市发展改革委和市科委的指导下，举办“聚焦高端芯片，形成自主可控的产业集群”高峰论坛。论坛邀请紫光展锐、兆芯、复旦微电子、芯原、深迪、博通、高云、华大、寒武纪九大细分市场领域的企业对标世界领先企业，深层次、多角度地分析存在问题和差距，为加快上海高端集成电路的本土化进程，形成自主可控的产业集群建言献策。举办“论道芯片产业，共话关键芯片自主之路”行业研讨会，为上海集成电路企业共享关键芯片自主研发战略布局，进一步加强产业链上下游发展的战略合作搭建平台。

召开“2018集成电路&核心元件创新应用及授权渠道高层交流会”。通过整合高层资源、加强战略合作、共建创新生态，深入探讨中国集成电路创新发展之路。芯智、韦尔、物格、联芯、砷芯等高层分享了案例和经验，为推动中国集成电路与核心元件的健康发展进行互动交流。

召开“上海市集成电路行业协会EHS沙龙”。中芯国际、华虹宏力、华力微电子、日月光、安靠等23家生产企业派员参会，讨论生产企业如何响应国家安全生产、环保新要求，对遇到的废物循环利用等共性问题发表看法和建议，做好各类相关预警方案，以确保生产安全平稳。

9月20日，成立中国RISC-V（Reduced Instruction Set Computer-Five，第五代精简指令集计算机）产业联盟（CRVIC）。10月17日，又召开“中国RISC-V产业联盟和上海市RISC-V专业委员会成立大会暨RISC-V产业化高峰论坛”。联盟由芯原、芯来科技、杭州中天微等单位共同发起成立，芯原担任联盟首任理事长单位。联盟致力于集聚和整合国内RISC-V创新力量，助推RISC-V产业生态建设，提升中国企业在RISC-V指令集创新、标准制定中的影响力。

成立长三角地区国产IC材料推进小组并组织三次活动。3月，召开由30余位本土材料企业代表参加的发展会议，旨在共同推进国产半导体材料和设备企业成长、资源共享、协同竞合。6月，召开“长三角国产IC材料与设备企业联合推进会议”。9月18日，集成电路协会设备材料专委会与上海新阳、浦东科投在上海半导体装备材料基金公司，召开“长三角国产IC装备与材料企业联合推进会议”。

召开2018质量月行业质量工作专题会。9月5日，《上海市集成电路行业质量工作专题会议》召开，会议旨在配合国家和上海市9月开展的质量月活动，通过企业质量管理与质量控制的典型案例交流，促进行业的质量水平进一步提升。

【做好会员企业服务工作】 为帮助上海市集成电路中小微企业走出融资困境，解决“融资难、融资贵”问题，为设计企业提供融资便利，集成电路协会与上海市中小企业金融担保中心合作，推出集

成电路专项政策性融资担保服务，为中小微企业提供融资担保服务。

组织会员企业申报各类项目。先后转发市经济信息化委、市财政局关于《上海市技术改造专项支持实施细则》、关于《组织实施 2018 年度上海市高端智能装备首台突破和示范应用专项》《关于开展 2018 年上海市产业转型升级发展专项资金项目申报的通知》《关于开展 2018 年上海市产业转型升级发展专项资金项目(工业强基第一批)申报工作的通知》等文件，并积极组织企业申报。中颖电子等 3 家会员企业获得 2018 年上海市产业转型升级发展专项资金(工业强基第一批)支持；上海微电子装备的“SSB500/28B 先进封装光刻机获得 2018 年上海市高端智能装备首台突破和示范应用专项资金支持；安路信息等 10 家会员获得 2018 年第二批市人工智能创新发展专项支持；翱捷科技等 14 家会员企业获得 2018 年度软件和集成电路产业发展专项资金支持；恒玄科技、圳呈微电子获得 2018 年度集成电路设计企业首轮流片专项资助。

协助上海海关关税处进行“2018 年度关税调整调研”工作。提交中微、新昇、上海微电子装备的企业税则修订调整建议。为一批会员企业解决海关方面的实际问题。为中芯国际等 3 家公司解决“减免税申请无纸化操作”问题；为 Mentor 等企业提供进出口付汇、暂时进出口、设备进出口关税、增值税优惠政策等方面的咨询；协调钜泉光电进口光罩缴税流程问题；为东软载波解决测试机归类进口申报有误导致的补税问题；为慧瞻协调由于旧气体钢瓶进境备案与海关最新系统冲突导致的货物滞港问题；为星科金朋协调由于搬迁至江阴加工贸易核销数量差导致的补税问题。

【开展人力资源和培训工作】 积极开展集成电路高技能人才培养工作。集成电路高技能人才基地培训人数 748 人，新型学徒制第三批试点项目申报三项：半导体芯片制造工、器件测试工程师、设备保全工程师，涉及人数 370 人。人才培养项目开展四项：半导体芯片封测(专项)、射频与微波测试(专项)、数字芯片验证(专项)、集成电路版图设计(专项)。设施设备资助项目申请两项：光刻、离子注入与工艺可靠性测试实训基地建设，芯片电路布局、接口测试与应用验证实训及云平台建设。

2 月 7 日，召开集成电路行业人力资源工作会议暨职称申报政策宣讲会，对 HR(Human Resources，人力资源)负责人进行职称申报、人才培训、设计人员专项奖励三方面政策宣贯，35 家会员企业相关负责人参加会议。

开展行业集成电路专业中高级职称评审工作。4 月 28 日，经上海市人力资源和社会保障局批准，上海华虹集团成立“上海市工程系列集成电路专业中高级职称评审委员会”(以下简称“评委会”)。为了更好地服务全行业企业，上海华虹集团将该项中高级职称评审实施工作交由集成电路协会具体承办。7 月上旬，聘请一位顾问指导工作，组建“上海市工程系列集成电路专业中级、高级专业技术职务任职资格评审委员会”及专家库。10 月 10 日，向第一届评委会 52 位专家发放聘书。已受理中级职称评审 148 人、高级职称评审 83 人。

5 月 10 日，召开“2018 年人力资源数字化中智集成电路调研启动会”。中智咨询调研中心执行总监做《HR 数字化决策 2018》主旨演讲，从企业人力资源决策数字化、员工体验数字化运用两个维度进行详细解读。浦东新区组织部人才处副

处长对《浦东人才发展35条》进行宣讲。11月28日，召开“2018年集成电路行业薪酬调研成果发布会”。中智咨询分析2018新政带来的影响，解析HR关心的行业人才流动趋势、薪酬趋势以及研发人员的激励与绩效考核情况，同时进行2018年职称评审的政策宣讲，介绍上海集成电路高技能人才培养基地的培训项目课程及新型学徒制试点情况。

【加强协会组织建设】 2018年4月召开集成电路协会第五届二次会员大会。会议总结2017年工作进展并部署2018年工作，同时对当前集成电路产业形势进行分析及报告。为了推进产业统计及安全预警工作，更好地服务企业，在市经济信息化委、市商务委、市统计局的支持下，集成电路协会召开“2018年度统计及产业预警工作会议”，并发布《上海市集成电路行业国际贸易政策分析及摩擦应对服务建议报告》，表彰20位统计先进及积极分子。由全球电子技术领域媒体集团ASPENCORE主办的全球双峰会11月8日在深圳召开。会上揭晓了“2018年全球电子成就奖获奖名单”，集成电路协会荣膺“年度杰出行业协会”称号。

（陈爱琳）

二、上海市信息家电行业协会

【概况】 2018年，中国迎来了改革开放四十周年。这四十年我国科技水平突飞猛进，随着信息消费、人工智能、VR/AR等产业兴起，国家智能制造、智慧城市等一系列政策出台，面对5G即将正式商用的契机，以数字音视频和智慧家庭为核心的信息家电产业蓬勃发展，经历了从无到有、从有到优的技术变革和产业变革，信息家电产业进入了新一轮发展阶段。上海市信息家电行业协会(以下简称“信息家电协会”)围绕推进上海“四大品牌”建设、科创中心建设不断开拓、创新工作思路，在贯彻落实国家、上海市关于电子信息产业发展政策的过程中开展一系列工作，并取得成效。

【协会自身建设】 行业协会是企业和政府之间的沟通桥梁，协会工作人员的专业素质和能力水平是行业协会充分发挥“规范行业、发展产业、服务企业”职能的基础，信息家电协会长久以来非常注重人才培养，组织工作人员参与各类培训和学习交流活动，不断提升工作人员各方面的专业能力，从而为企业和政府提供更好服务。2018年，信息家电协会秘书处人员参加了由市社团局组织召开的市级社会团体负责人能力建设培训班、市工经联举办的行业协会新闻发言人培训班，以及市商务委公平贸易工作系列培训活动，从内部制度管理和业务活动开展等多方面进行专业培训，不断增强管理和业务能力。

【发挥平台优势，推动产业发展】 **超高清视频产业**。2018年年初，工信部电子信息司副司长乔跃山一行赴上海调研超高清视频产业，信息家电协

会负责接待并全程陪同前往上海市超高清视频产业链重点企业东方明珠新媒体、上海国茂、上海高清、电信研究院、小派科技、上海港聚、网宿科技、晶晨半导体进行调研，了解企业在超高清视频领域的主要产品和业务、企业在超高清视频技术和产品方面的发展规划，倾听企业对国家推动超高清视频产业发展，特别是技术、产品创新方面的诉求与建议，以及对中国超高清产业联盟成立的建议和希望开展的工作，为后续推进超高清视频产业发展奠定基础。

在此基础上，信息家电协会围绕超高清视频产业开展专题调研，不断扩大调研范围，深入、全面了解上海市超高清视频产业发展现状，了解各企业超高清视频业务上下游主要合作伙伴，倾听企业诉求和建议，共同探讨上海市超高清产业发展面临的主要问题及解决方案。

8月16日，由信息家电协会主办的“5G时代下的上海超高清产业发展研讨会”召开，来自上海市超高清视频产业链上下游的会员企业负责人、技术专家出席本次会议，上海交通大学的宋利和中国电信上海研究院的罗传飞做专题报告，各企业分别介绍各自的超高清技术、产品和业务开展情况、遇到的问题和建议。

将调研走访和座谈会过程中的相关信息资料汇总梳理，形成上海超高清视频产业链企业介绍，报送市经济信息化委，并结合专家意见，根据调研过程中了解的产业现状，提出思考建议，列入市经济信息化委软件和集成电路项目指南，专项支持超高清视频产业发展。

智能家居产业。2018年，信息家电协会以“美丽家园”“雪亮工程”等政府项目为抓手，在推进产业链上下游合作、促进智能家居新技术、新产品产业化应用等方面开展一系列工作。

围绕智能家居产业开展专题调研，走访智能家居相关企业，参观体验上海泰金的智能安防产品以及南翔产业园智能家居企业的系统与产品，对东方明珠数字电视承担的市政府“美丽家园”建设项目进行深入调研，并向其推荐相关智能家居产品，为产业链上下游合作提供机会和平台，有效帮助智能家居真正走进市民生活。

6月22日，举办人工智能产业发展研讨会，重点探讨人工智能技术在智能家居、数字音视频产业中的应用，分析当前推进人工智能深入融合智能家居发展存在的问题及解决途径，为更好地培育、扶持产业发展提出建议，也为智能家居企业更好把握人工智能技术发展方向提供参考、指导。

智能家居产业2018年的发展更为成熟，经过优胜劣汰，真正有价值的智能家居企业得以生存发展，借助政府项目及运营商布局智慧家庭的契机，信息家电协会将持续推进智能家居产业链上下游合作，提升广大市民对智能家居的普及体验。

【配合政府做好产业政策建言和落实】 受市经济信息化委委托，开展市软件和集成电路专项指南征集工作，通过调研和座谈，将有助于产业发展的指南汇总上报至市经济信息化委，并于指南出台后，为意向申报企业提供专业咨询和指导。

集成电路协会秘书长朱静莲出席市经济信息化委组织的上海电子信息制造业行业协会秘书长工作会议，介绍本行业发展现状和优秀企业案例，对政府部门推进信息家电产业发展提出建议，并于会后组织安排主管领导实地调研相关产业代表性企业。

承担上海数字音视频行业经济运行基本数据

采集以及统计、分析工作，召开上海电子信息制造业统计工作会议，做好相关企业统计报表的填报工作。

向市经济信息化委等有关部门提交关于部分进口配件关税税率调整的建议，连续多年被国家税务总局和上海相关部门采纳，编制的关税调整建议目录被有关部门采纳，建议目录产品的进口关税获得大幅减低，相关企业税负大幅减低，此项服务受到企业好评。

承担《2018 年上海信息家电产业发展报告》的编撰，对当前国内外整体信息家电产业发展情况进行梳理，重点分析上海市信息家电产业的发展现状、问题及趋势，为产业发展提出政策建议。

对下一代广播电视网和新型显示重点领域开展网信企业信息调查和填报工作，并报送至市经济信息化委，为今后支持重点企业融资上市、引导企业服务国家战略打好基础。

按照上海市境外卫星电视传播秩序专项整治联席会议办公室的要求，为确保进博会顺利召开，特开展迎进博会境外卫星电视传播秩序专项整治工作，将工作要求通知到各企业，全面开展排查，形成专项整治检查报告并提交政府主管部门。

承担《2018 年上海信息家电行业技术性贸易措施研究》项目，根据市商务委的要求组织举办“应对中美经贸摩擦信息家电行业专场培训会”“上海信息家电行业技术性贸易措施研究总结会暨培训发布会”等，提升企业在进军国际市场过程中应对经贸摩擦的能力和风险防控能力，信息家电协会被市商务委授予“2018 年度进出口公平贸易优秀服务奖”。

【持续推进标准制订工作，规范行业发展】 近年来，国家大力支持团体标准发展，鼓励社会团体制订团体标准，为协会标准化工作提供有利环境和条件。信息家电协会自成立以来，多次主持制订、发布联合企业标准和地方标准二十余项，近几年更是着重加强团体标准制订工作，根据行业发展情况和实际需求主持制订、发布相关团体标准，在标准化工作方面具备完善制度、丰富经验和专业团队。2018 年，上海市质量监督检验技术研究院申报的《电子鞭炮的安全》标准经标准化技术委员会审核通过正式立项，该标准通过信息家电协会组织的技术审定会，于 7 月 1 日正式发布，自 2018 年 9 月 1 日起正式实施。该标准的出台有效规范了电子鞭炮企业设计、生产及销售各环节，保护消费者生命安全和相关权益。

【搭建交流合作平台，推荐优秀企业和人才】 搭建交流合作平台。根据市社团局规定，按时于 2019 年 1 月 23 日召开会员大会及理事会。市经济信息化委领导向各会员企业传达政府部门相关工作精神和政策信息，秘书长朱静莲作年度工作总结报告及财务收支情况报告，会议一致通过以上两个报告。会员单位代表围绕产业发展和行业形势进行了广泛深入的交流。

受上海下一代广播电视应用实验室有限公司委托，为其承担的市政府项目组织召开项目专家会，邀请相关领域企业、高校、科研机构的专家，为目前的项目成果提供专业指导和建设性意见，对下阶段实际部署 AR/VR 业务提供建议和意见，促进相关企业交流合作，推动 VR/AR 产业在广电领域进一步发展。

组织会员企业参加由市商务委主办的首届进博会配套活动——2018 年产业国际竞争力合作论

坛，论坛以“一带一路”倡议下的产业国际合作与竞争力提升为主题，邀请国内外专家学者、行业组织、研究机构和企业代表开展研讨，共同探讨产业国际合作路径和模式，贡献上海智慧。

举办的“第四届科博会信息家电展区及信息家电产品安全团体标准发布会”推进智慧城市建设系列活动，获评“上海现代服务业联合会优秀活动奖”。

坚持做好优秀企业和人才推荐工作，推荐会员单位中优秀青年企业家申报“2018 年上海现代服务业优秀企业家”，帮助企业进一步提升品牌知名度、开展人才资源建设；根据专业理论水平、专业技术能力、丰富实践经验以及行业威望四方面标准，对专家库中的行业专家进行综合考量，向市经济信息化委推荐评审咨询专家。

为做好上海证券交易所设立科创板并试点注册制的准备工作，信息家电协会受市经济信息化委委托，推荐拟挂牌上交所科创板的优质企业名单。

（解　放）

三、上海市软件行业协会

【概况】 上海市软件行业协会（SSIA，以下简称“软件协会”）成立于 1986 年 6 月，是国内最早成立的软件行业协会之一，下设软件质量管理与过程改进、软件服务、软件知识产权、嵌入式系统与软件、开源软件和教育软件 6 个专业委员会，会员单位超过 1 200 家。软件协会遵循“行业代表、行业服务、行业自律、行业协调”的工作宗旨，根据政府主管部门的授权或委托，按照公开、公平、公正的原则承担行业管理职能，积极开展各项活动。20 多年来，形成了服务企业、软件工程规范和行业自律的工作特色，积极发挥行业组织优势，为推动软件产业的发展竭诚服务，获得了政府、企业和上级协会的认可，连续十年被中国软件行业协会评为“先进行业协会”。2018 年，软件协会根据年度工作计划，深入学习、不懈努力，主要围绕强化党的领导、会员服务、政策服务、咨询服务、人才服务、创新服务六个方面着力开展工作。

【规范运作、优化服务】 协会 2018 年修订发布了《会员服务手册》，进一步优化服务体系。全年新增会员单位 295 家，现有会员单位 1 500 余家；2018 年召开了一次会员代表大会、两次第七届协会理事会；创建专属微信群为理事会成员单位提供优质、便捷的会员服务，推出 12 期《上海市软件行业协会最新动态》，将协会活动和产业发展的最新信息推送到会员单位，“上海软件”微信号全年发布微信 178 条，强化信息推送，进一步提升凝聚力。

【研究产业、宣贯沟通】 开展产业研究。2018 年持续加强政策研究，参与政府政策研讨，修订编撰《软件企业研发费用加计扣除操作参考》；编撰出版《2017 上海软件产业发展报告》《2017 浦东软件产业发展报告》等，完成了若干政府课题研究。

出版论文专集。编辑出版《2018 年软件工程

论文专集》,涵盖人工智能、云计算、大数据、信息安全、测试技术等多个热门领域论文近30篇,集中反映上海软件的优秀创新成果。

开展政策宣贯。支撑主管部门开展优惠政策宣讲会,自主开展软件企业加计扣除专题培训,并走进浦东新区、青浦区等,向重点企业开展政策宣贯。

做好沟通工作。支撑主管部门开展企业大调研活动,走访近50家软件企业,倾听企业诉求;支撑市经济信息化委开展软件企业人力资源供给专题调研,提出相关建议;支撑市经济信息化委召开骨干企业和出口企业座谈会,了解宏观经济形势变化等的影响。

政策服务支撑。支撑软件企业所得税优惠核查工作和软件设计人员专项奖励工作;支撑市商务委开展软件产业安全预警并协助完成《上海产业安全预警简报》,获得市商务委颁发的优秀服务奖。

【行业自律、咨询服务】 发布团体标准。2018年联合16家骨干软件企业共同制订、发布《软件企业核心竞争力评价规范》(T/SSIA 0001-2018),并在会员中开展2018年软件企业核心竞争力评价活动;联合相关企业院校,制定发布《区块链技术安全通用要求》(T/SSIA 0002-2018);联合宝信等制定的《工业软件数字化热轧工厂规范》被列入上海市标准化试点重点项目名录。

开展评估评价。2018年继续为会员单位提供免费的“双软”等评估评价服务,满足企业市场化需求,促进软件企业和产业有序健康发展。全年共评估软件企业超500家,软件产品超5 000件;经中国软件行业协会授权,开展“中国软件和信息服务业企业信用评价”工作,累计服务72家企业;开展软件项目开发价格评估服务。

代理软件著作权。2018年坚持会员优先、优惠、快速响应、专业服务和“一条龙”服务4项原则,全年代理软件著作权1 200余项,较上年同比增长20%。

做好“知识产权诉中调解”。应上海知识产权法院要求,开展“计算机软件开发合同纠纷”和“侵害软件著作权或专利纠纷”等涉知识产权案件的诉中调解工作,全年共调解19件案件。

做好咨询服务。软件协会2018年为数十家会员企业提供推荐与辅导服务,帮助会员企业累计获得各项资助超千万元和各项资质、荣誉数十项;开展创业辅导服务,为园区企业提供产业政策宣传、企业技术产品上下游对接合作、专项资金申报、投融资对接等无偿服务。

【建设基地、培养人才】 建设高技能人才培养基地。完成3项课程开发和设施设备建设,开展5期培训,共培训500余人;软件协会承建的高技能人才培养基地通过市人社局的考核与评估。

开展专题培训。开展项目经理人的管理思维与职业发展、专业论文撰写与发表、从技术人员迈向成功管理之路、Java敏捷开发等11个主题的系列培训,累计培训1 000人。

完成中高职教师实训。作为市教委的职业教育基地,共为22位中、高职教师提供企业实践实训服务,受到市教委表彰。

做好世界技能大赛选手培养。软件协会作为技术支持单位,保障了第45届世界技能大赛全国选拔赛,获得国家人力资源和社会保障部职业能力建设司颁发的感谢信;还承担了市人社局“网站

设计与网页制作”课程开发和教材开发任务。

【创新服务、活跃产业】 举办以“创新、服务、再出发”为主题的上海软件创新论坛(第十届)。来自政府、软件企业、机构等约300人参加会议。还同步举行了“软件百强汇”圆桌沙龙,并在当天出版的文汇报上发布《2018上海软件企业核心竞争力评价报告》和核心竞争力软件企业名录。

软件协会随上海市政府参加“沪港合作第四次会议签约仪式”。在上海市委副书记、市长应勇,中国香港特别行政区行政长官林郑月娥等的见证下,软件协会秘书长杨根兴、中国香港软件行业协会会长钱国强签署合作协议,共同促进两地软件产业技术交流、人才培养、园区合作、金融服务、定期互访等。

联合北京软件和信息服务业协会,共同举办软件工程与质量论坛暨2018亚洲软件质量联盟(ASQN)年会,本次会议以“大型复杂系统的软件质量保障”为主题,探讨利用软件系统的整体功能性测试,助力企业客户安全、高效运行应用软件,减少风险。

联合中国香港特区政府上海经济贸易办事处,共同协助中国香港投资推广署和市经济信息化委举行“善用香港平台、沪港合作共赢”座谈会,为上海企业介绍中国香港营商环境及在中国香港建立企业财资中心的政策与成功案例等。

参加市商务委与上海社会科学院共同主办的以“‘一带一路’倡议下的产业国际合作与竞争力提升”为主题的2018年产业国际竞争力合作论坛,并作为行业代表参加产业国际竞争力合作联盟签约启动仪式。

指导拍拍贷智慧金融研究院等举办第三届“魔镜杯”数据应用大赛;指导前海益链举办“2018区块链全球生态大会”;协助网宿科技举办“2018CDN技术融合与应用发展论坛”;支持新炬网络举办“2018全球敏捷运维峰会”。

(姚宝敬)

四、上海市无线电协会

【概况】 2018年,上海市无线电协会(以下简称“无线电协会”)在市社团局、市经济信息化委、(原)市无线电管理局与无线电监测站等相关政府部门,以及电信公司等理事长和副理事长单位的指导下,在各会员单位的共同支持下,开展一系列工作,取得一定成果。

【不断推进自身建设】 积极开展无线电协会党组织活动。加强会员单位党员政治思想,做好党员培养发展工作。1月22—23日,举办市工经联党委系统培训班暨2018年党建工作会议;12月19—20日,召开工经联党建工作会议。

进一步加强自身规范化管理。完成上海市ISO9001质量体系认证年检。对无线电协会日常工作和项目管理中的问题不断总结,提升自身管理水平,形成标准的管理体系,取得普及推广无线

电技术及提供相关研讨、咨询、服务活动的资质。

不断完善网站和微信公众号建设。及时更新新闻中心、专家园地、行业展厅、协会成员等几大板块,打造成公开政府信息、传播行业动态和前沿技术信息、促进会员互动的多功能平台。全年网站共发布信息 30 条,微信公众号共发布信息 26 条。

【积极维护电磁环境,做好各类无线电专项工作】 无线电考试保障工作。继续协助(原)市无管局做好全市各类考试的无线电考试保障工作。做到考前准备充分,确保人员、车辆、设备到位。任务执行中反应迅速,做到对作弊信号发现快、定位准,确保全市各类考试安全顺利进行。2018 年完成各项考试保障任务 12 次,共计保障学校 96 所。完成崇明区科委考试保障任务。为充实各区县的考试保障力量,受崇明区科委委托,为崇明区春秋季高考、中考和等级考试提供无线电考试保障服务。分别对民本中学、扬子中学及 7 个初中学校进行现场信号监测,完成全年两次重大考试保障任务。

做好"无线电台站验收数据采集委托服务项目"。协助(原)市无管局台站处梳理相关频率许可证明、无线电台站设置申请表等资料;核对资料内容的准确性和一致性;准确将资料内容录入无线电台站数据库;打印和制作无线电台执照,并分类、分批整理归档。全年共录入台站数据 4 400 余条。

完成国际卫星协调工作。为了避免卫星地球站频率和同频段地面微波频率的干扰问题,根据国家无线电监测中心下发的国际卫星地球站国际协调任务书,完成干扰分析评估报告,并将干扰分析结果及(原)市无管局的意见上报给国家无线电监测中心。2018 年共完成 3 起卫星协调项目。

完成上海市重点频率使用评估制度研究及实践的研究工作。为加强频率批后监管,同时响应国家《无线电频率使用率要求及核查管理暂行规定》要求,需全面做好无线电频率使用核查工作。频率评估是频率核查工作的有效手段,为此,根据全市用频特点,通过政策研究和实践操作,制定出一套全市《频率使用评估制度》。根据该评估制度,对上港集团、迪士尼乐园和上海中心等典型用频企业进行频率评估试点工作,取得良好效果。

继续做好运营商基站外部干扰排查服务。积极发挥自身技术能力及协调能力,不断完善干扰排查技术和干扰源清除技巧,成为维护公用移动通信电磁环境的有效力量。2018 年共为上海电信、上海联通和上海移动排除干扰源 200 余个。

完成"中国电信 1.8G 频段频率使用研究及频段清查"项目立项启动工作。受中国电信委托,对频段范围为上行 1 780 MHz—1 785 MHz、下行 1 875 MHz—1 880 MHz 频段的电磁环境情况进行全面了解。采取路测结合点测的方式,如发现异常信号,予以排查清除,为中国电信未来 1.8G 网络扩容工作打下良好基础。

【突出自身职能,促进行业健康发展】 全市"无线电发射设备销售备案"工作。建立、完善销售备案管理体系,配合(原)市无管局全面展开销售备案和监管工作,包括备案申请的受理、审查,备案号的发放;根据国家无线电发射设备销售备案平台上线情况,做好已备案信息的迁移工作;不断完善备案制度,配合(原)市无管局执法等工作,全面维护全市无线电发射设备销售市场的正规秩序。2018 年完成 121 家公司的备案入库,共有备案信息 1 500 余条。

行业诚信体系建设。进一步完善行业诚信体系建设，打造公平、公开、公正的无线电产业市场环境。通过开展“销售无线电发射产品规范企业”活动，向社会公开在行业相关领域中做得较好的单位。建立行业诚信档案，纳入《全市企业联合征信系统》；不断加强举报和投诉，加大监督检查力度，对违反承诺的行为记录在案，根据失信程度给以惩戒；做好39家申请“无线电通信网络设计资质”的评选和年审工作、严格把关，促进科学组网、规范使用。

行业标准制定。完成“数字无线专用对讲通信系统工程技术规程”的立项工作。为了贯彻国家《智能建筑设计标准》、促进无线对讲系统发展，无线电协会联合华东建筑设计研究总院、上海建筑设计研究院有限公司，拟向“上海市住房和城乡建设管理委员会”立项编制《数字无线专用对讲通信系统信号覆盖工程设计与验收规程》。完成该项目的立项专家评审会并通过评审。完成《移动通信室内信号覆盖系统设计与验收规范》标准修编工作。根据《上海市住房和城乡建设委员会关于印发〈2016年上海市工程建设规范编制计划〉的通知》《移动通信室内信号覆盖系统设计与验收规范》需要进行修订，为此，联合市信息系统质量技术协会共同开展该标准的修订工作。

【做好无线电政策、技术等宣传工作】 完成无线电管理宣传月的相关培训组织工作。为积极响应上海无线电管理宣传月活动，无线电协会受(原)市无管局委托，于9月13至14日组织各区无线电管理办公室及无线电行业用频单位，赴国家无线电监测中心奉贤短波监测站，开展为期2日的培训活动。(原)市无管局副局长高远、频率处处长熊利娥等出席活动。培训主要内容包括新版《中华人民共和国无线电管理条例》宣贯、《中华人民共和国无线电频率划分规定》解读、“伪基站”“黑广播”的识别与定位、监测设备使用方法以及信号源定位查找。通过这次培训活动，提高了市、区级无线电管理水平、相关人员电磁环境监测水平以及无线电干扰排查及应急处置能力。

组织举办“智慧停车让城市生活更美好”论坛活动。2018年4月19日至21日，无线电协会联合工业4.0俱乐部和上海发明家联盟举办主题为“智慧停车让城市生活更美好”的论坛活动，面向会员单位和有需要参会的企业征集论坛演讲内容、招募参展产品。

(陈　晟)

五、上海市物联网行业协会

【概况】 截至2018年年底，上海市物联网行业协会(以下简称“物联网协会”)有会员单位300余家，较换届时增长67%；其中普通会员239家，较换届时增长87%；理事单位51家，较换届时增长11%；监事单位为上海华申智能卡应用系统有限公司，副会长单位17家，较换届时增长70%。物

联网协会在标准制定、会员服务、教育培训等方面取得了较好成绩。

【教育培训工作】 2018年,物联网协会带领23名教师进行企业实践、举行2次学生实践交流项目(会员企业支持);完成专业课程、教师企业实践、设施设备三大标准制定;物流服务师(RFID应用)项目通过验收;完成智能传感器、智能网联汽车、智能家居基地项目建设;获得新零售课程开发资格、完成新型学徒制(RFID)项目。物联网高技能人才培训基地获得基地新零售、RFID、智能网联汽车、智能传感器、智能家居三年免检资格。

【标准制定与产业研究工作】 在标准制定方面的主要工作有:制定工业物联网应用开发组件团体标准、制定二次供水智慧泵房建设技术规范团体标准、制定智能硬件轻量级操作系统规范团体标准。此外,还举办了第一届物联网标准化国际论坛(上海),在《信息技术与标准化》《上海计算机》上发表3篇物联网标准化技术论文。在产业研究方面,主要进行项目指南前期研究和储备、发表模组产业发展报告、发表《物联网芯片白皮书》及《物联网发展白皮书》。

【专业委员会持续助力行业发展】 物联网协会有"6+1"专业委员会(以下简称"专委会"),分别是:增强现实虚拟现实专委会、智慧健康养老专委会、智能家居家具专委会、感知专委会、智能网联汽车专委会(共建)、智慧物流专委会和技术标准化工作委员会。

其中,智慧健康养老工作走在全国前列,2018年主要工作成绩有:参与国家工信部、民政部、卫健委三部委智慧健康养老项目申报和服务;参加第二批智慧健康养老应用试点示范评比(一个基地、7个街道、3个企业上榜)、智慧健康养老产品和服务入选(各3家);参与上海市老年福祉大赛推荐工作;开展智慧健康养老产品、服务、系统、典型案例征集活动;筹划、组织撰写智慧健康养老服务导则及分工、框架;开展13期智慧健康养老企业业务对接活动,组织企业参加展会和各种会议。

增强现实虚拟现实专委会2018年主要工作是:组织启动"首届长三角虚拟现实内容产业大赛"、举办"上飞集团二期智慧工厂项目对接会"等12期对接会、组织企业参加"2018VR/AR影视娱乐展"等展会。

感知专委会于2018年成立,主要由5类近30家物联专网建设企业、科研院所、高校、检测机构、设备厂家等组成。主要工作有:召开感知专委会成立大会;宣贯新型城域物联网2018年导则、启动2019年导则;协助静安区、虹口区等五个新型城域物联网示范试点;开展Finer-City物联智城大赛各项活动(培训及业务开展)。

【对外交流合作与宣传推广】 在合作交流方面,参与物联中国及各地物联网协会(近30家)各项大型活动、与驻沪总领事馆经济投资处(10余家)保持交流合作、与物联网相关媒体(30多家)保持密切合作。在宣传推广方面,参与上海智慧城市领军先锋评选活动、参与《物联上海2018》高清科教纪录片拍摄、组织工信部物联网集成创新和融合项目评审(共6家企业上榜)、组织参展2018年工博会等展会、组织两岸物联网创新创业大赛、参与举办2018全球物联网峰会。

(刘　宁)

六、上海信息化发展研究协会

【概况】 2018年,上海信息化发展研究协会(以下简称“信息化发展研究协会”)继续在市经济信息化委等部门的指导下,在全体会员单位的支持与共同努力下,紧跟AI、物联专网、大数据等信息技术发展趋势,协调相关资源,充分发挥信息化咨询、课题研究、规划评估等专业优势,持续推进在新型智慧城市顶层设计、“十三五”智慧城市中期评估、信息化相关课题研究与咨询服务等工作,各项任务取得全新进展。

【开展智慧城市、软件服务等领域中期评估】 完成《上海市推进智慧城市建设“十三五”规划实施情况中期评估》。通过收集、整理各委办局智慧城市相关领域的工作总结,并结合相应评估方法与指标体系,围绕智慧城市“十三五”规划中智慧生活、智慧经济、智慧治理、智慧政务、智慧城市新地标等重点任务,以及信息基础设施、数据资源开放、网络信息安全、智慧城市环境等支撑体系开展评估,并对标国内外智慧城市优秀建设模式与技术发展趋势,为上海智慧城市建设提出优化建议,有效推进“十三五”中后期智慧城市健康发展。

完成《黄浦区促进智慧城区建设“十三五”规划中期评估报告》编制。主要涵盖“十三五”规划主要指标执行情况、黄浦区重点任务建设情况(智慧应用服务领域、创新产业领域、智慧城区综合环境建设领域)、典型案例剖析、重大项目执行状况、新形势与新政策环境下规划的合理性评价等方面,同时根据评估结果,对完成《黄浦区促进智慧城区建设“十三五”规划》目标任务提出发展思路及相关举措,形成最终的中期评估报告。

完成《2017年微软及国产软件产品与服务绩效评估报告》《关于国产基础软件在电子政务云上应用迁移工作的相关建议》《关于如何进一步加强国产基础软件推广,提升服务能力相关建议》编制。结合上海市数字证书认证中心有限公司政府软件服务中心(以下简称“上海CA政软服务中心”)实际工作开展情况与用户调查问卷,编制《2017年微软及国产软件与服务绩效评估报告》。同时,协助上海CA政软服务中心对其2017年工作成效进行媒体宣传,配合其完成2017年软件服务项目审计工作,并对国产基础软件在电子政务云上应用迁移提出相关建议,形成建议报告。

完成杨浦区电子政务项目申报预评估。根据杨浦区电子政务规划项目管理要求、电子政务项目方案编制要求、区本级电子政务项目通用类配置标准等项目管理要求,对区政府工作部门、街道办事处、镇人民政府、经法律法规授权具有公共管理职能组织申报的,由区级财力投入的电子政务新建项目、改建项目、运维项目、购买服务项目等进行多轮评估,主要评估项目合理性、技术可行性、预算合理性等内容,共完成36个电子政务项目的预评估,历时2个月。

【编制区域性智慧城市顶层规划,部署发展方向】 编制《南京江北新区智慧城市建设行动计划》。立足江北新区国家级新区的发展定位,相继部署数字沃土、城市治理、企业服务、市民需求、数字经济、重点板块名片打造等任务,打造国家级智慧新区名片,到2021年建成以物联、数汇、智创为特征,惠民幸福、兴业创新、善政高效的智慧新区,打

造成为智慧社会新技术、新模式、新理念落地转化先行区，服务人与企业全面发展示范区，以及数字经济创新融合发展试验区。

编制《奉贤区金海社区新型智慧城市建设行动计划（2018—2020）》。围绕社区感知、社区服务、社会治理、生态管理、文明共治五大行动，重点部署智慧养老服务、社区大脑工程、智能网联社区等项目，推进金海社区基础设施“特智能感知”、社区运行“特智敏响应”、社区管理与服务“特智慧应用”，到2020年初步建成具有金海特色、全区标杆、全市示范的新型智慧社区，全面打造一图感知、一网通办、一站服务、一体联动、一链共治的新型智慧社区局面。

编制《山西泽州县智慧城市建设顶层设计》。聚焦民生公共服务、城市运行管理、产业转型升级等需求，基于“5＋3＋N＋1”智慧城市总体路径，推进实施“强基”“惠民”“善政”“兴业”“智脑”五大工程，到2021年年底，建成信息基础先进县、智慧生活示范县、智慧治理引领县、智慧产城融合县、智敏响应标杆县。

【编制专业领域项目研究，优化项目服务】 完成《关于开展第三代残疾人证（智能化）发放的工作报告》编制。经过在闵行区实地调研走访、座谈研究与分析评估，完成《关于开展第三代残疾人证（智能化）（以下简称“智能证”）发放的工作报告》编制，围绕智能证设计、制证、发证和应用四大任务，重点推进闵行区智能证发放与管理服务试点工作，完成智能证管理机制及支撑体系建设，建立智能证发证机制、统筹协调机制、资源整合机制与后续运维机制，并完成智能证设计、制作及发放流程优化。同时，基于闵行区试点经验与模式，在全市其他区同时开展智能证发放工作，至2018年年底完成。

编制嘉定区智慧政务管理办法。编制《嘉定区电子政务数据中心机房管理规范》《嘉定区信息中心资产管理办法》《嘉定区电子政务信息安全管理试行办法》《嘉定区电子政务应用托管管理规范》等一系列管理办法，同时，编制《关于成立嘉定区首席信息官办公室的建议》《嘉定区智慧政务咨询服务培训计划》。通过区智慧政务制度规范设计，加强和规范区电子政务工作，保障智慧政务建设、运维有效管理，促进区智慧政务一体化建设。

完成虹口区教育局《建立可研编制库第三方服务入围单位项目》的教育信息化建设项目咨询服务。本次项目服务期间，根据近年国家、市、区等教育部门文件的指导要求，遵守相关法律规范，为虹口区教师进修学院、区教育人才服务中心等单位编制完成10份可行性研究报告，并通过专家评审予以立项建设。

编制《设立日喀则经济开发区的可行性研究报告》。从自然条件、空间布局、产业基础、政策环境等可行性条件等方面，分析建立日喀则经济开发区的发展条件，战略性提出日喀则市经济开发区“2345”总体空间布局结构。重点从产业、平台、环境、政策及配套建设方面，提出构建经济开发区“4＋3＋X”特色产业体系，并从基础及配套设施、土地利用、环境保护、招商引资、项目管理等方面论证本项目的必要可行性，对该地区经济增长和脱贫致富效果明显。

开展2018年智慧虹桥咨询服务项目。为商务区电子政务建设、智慧虹桥项目建设提供可行性研究、市场调研、项目申报、方案选型等专业信息化咨询服务，推进保障进博会召开的网络通信

基础服务、周边综合整治和环境提升、智慧交通精细化管理应用、区域物联网安防应用等项目建设。对所涉及信息化项目的各个阶段提供监督推进等服务。开展智慧虹桥专项资金扶持项目专家评审项目,主要对智慧虹桥专项发展资金使用过程进行专业评审,包括指南编制、项目评审和后续跟踪管理,2018年已完成4个项目的评审工作。

【做好信息化课题研究,完善咨询服务】 完成《2018上海产业和信息化发展报告——智慧城市》编制。全面展示2017年上海市智慧城市各领域建设和应用发展情况,并收录"2017年上海智慧城市建设重大事件""2017年两化融合管理体系贯标试点企业名单"以及"2017上海市智慧城市发展水平指数",为市相关部门宏观决策与履行职责、企业制定发展战略和开展经营决策、研究人员了解上海城市信息化发展现状和趋势提供重要的参考依据。

开展杨浦区电子政务课题研究。开展区级政务数据汇集机制研究、区电子政务"十三五"规划中期进度评估体系研究、智慧政府与区域发展定位政策研究、区政务信息资源的部门深度利用研究、区融创空间发展与电子政务服务举措研究等系列课题,明确电子政务发展重点,为下一阶段杨浦区电子政务各项任务部署与建设应用提供参考依据与决策支持。

完成《关于推动文化遗产智慧图库项目建设的建议》编制。以历史文化遗产图像的数字化为核心,推动建设兼具科学性和实用性、全国首个以文化遗产为核心的综合性数字化图库,通过数字化采集、储存、处理、展示、传播等技术,将历史文化遗产图案转换、再现、复原成可共享和可再生的数字形态,形成文化遗产资源库。

编制《智慧化构建虹桥镇区域经济发展新动能报告》。信息化发展研究协会组织课题组分别与虹桥镇经管中心、经发办、财政所、政府办等相关经济职能部门开展调研,全面摸清管理部门在强化集体资产管理、优化租税联动、调整产业结构、提升经济运行决策能力等方面的迫切需求;同时联合镇楼管办、科信办对村公司开展问卷调研,由虹桥镇相关管理部门牵头调研走访545家入驻企业,根据管理部门、村公司、入驻企业等不同主体业务需求,编制《智慧化构建虹桥镇区域经济发展新动能报告》。

【编制人工智能应用丛书,加强智慧城市宣传推广】 编制人工智能应用丛书——《智慧城市建设与实践》。全书共十二个章节,围绕智慧城市建设与实践,主要包括基本理论、建设应用、支撑体系、启示与趋势四部分内容。目前本书已被国内6所高校列为教学指定教材,对智慧城市领域理论与实践结合的教学模式具有推动作用;同时对城市建设规划者制定城市发展战略与规划、对研究人员了解智慧城市建设现状和发展趋势具有参考价值。

(裴　洁)

七、上海市信息安全行业协会

【概况】 上海市信息安全行业协会(以下简称“信息安全协会”)成立于2003年3月,现有会员单位180余家,包括信息安全企业及用户单位。下设商用密码专业委员会、职业能力教育专业委员会、金融科技安全专业委员会、上海市网络和信息安全服务能力评估办公室、ISG网络安全技能竞赛组委会办公室秘书处、上海市信息安全高技能人才培养基地、上海信息安全职业技能鉴定所。

在“加强和创新社会组织管理,推动上海经济社会转型升级”的新形势下,信息安全协会积极树立转型新观念,提高自身素质,增强服务能力,在为企业提供政策咨询和信息、促进企业科技创新和技术进步、推进产业联盟组建、开展课题研究、举办技能竞赛和专业培训、举办大型专业论坛及主题峰会、搭建专业化服务平台、推进跨区域交流合作等方面做了大量工作。此外,还积极履行社会责任,大力开展网络和信息安全宣传活动,致力于提高全社会网络和信息安全意识。

【开展网络安全宣传工作】 国家网络安全宣传周于2018年9月在全国范围内统一举行。在上海市委网信办和市经济信息化委指导下,作为上海地区活动协办单位,信息安全协会协助举办开幕式、高峰论坛等活动,并同时承办2018年上海市信息安全活动周。其间,组织举办“区块链应用与发展”“互联网创新技术与云安全”“金融科技风险防范与安全保障”分论坛,以及网络安全成果展、ISG网络安全技能竞赛、行业知识赛、优秀首席安全官(CSO)评选、“全民体验日”等活动,编制《市民信息安全手册》及《工业企业信息安全手册》并发放。

2018年国家网络安全宣传周上海地区活动中,信息安全协会首次提出“基层网络安全宣传员”的角色培训,从基层挑选出在社区内有一定威望和影响力的居民代表,配套以“网络安全基本常识40条”辅导资料,将其培养成社区基层网络安全讲解员,将阶段性、不定期的网络安全意识教育工作,发展成为长期有规律的,并贯穿在社区生活中的常态意识普及工作,首批培育的来自全市的300余名社区代表,在各自社区都在发挥着积极作用。

开展2018年度“培养中国互联网未来健康力量——网络安全进校园”公益项目。在2018年开展的网络安全进校园活动中,有将近2万名青少年参与其中,网络安全教育影响近2万个家庭。同时,向各区教育局、各学校发放宣传手册共计1 000余本,在宣传周期间,组织学校观看网络安全公益广告、张贴宣传海报等。此外,承担市教委和团市委共同发起的“网络安全进暑托班”项目,以创新教育模式,在暑假期间将网络安全教育课程送入七大区20余个暑托班。通过公益项目的信息安全意识教育培训,努力培养青少年爱科学、知安全、懂安全、会安全的意识。

面向优秀首席安全官,开展CSO系列活动。4月,在北京市委网信办、北京市公安局、上海市委网信办的指导下,和中国电子国际展览广告有限责任公司联合主办“4・29首都网络安全日,新时代的网络安全系列论坛之2018CSO国际高峰论坛”,其间,“第四届优秀首席安全官评选”活动正式启动。经过网络大众投票、往届CSO投票及专

家评委投票等环节，最终在9月份评选出第四届首席安全官十佳CSO，并在国家网络安全宣传周上海地区活动的开幕式上颁奖。

【多效并举加快网络安全人才培养】 2018年，信息安全协会以上海市信息安全高技能人才培养基地为依托，通过举办高峰论坛、高级研修班、专项职业能力培训、网络和信息安全专题培训、基地师资队伍建设、企业新型学徒制、学生暑期训练营等，多渠道、多维度开展网络安全人才培养工作，年度培训人数共计2 517人次。

3月，为帮助上海市中高职院校提升信息安全与管理、电子信息工程及相关专业的师资水平，职业教育专委会举办“2018年第一期Web安全师资高级研修班”；4月，积极申报全市第三批企业新型学徒制试点项目，并于6月顺利入围试点名单，截至12月，已有来自行业上下游企业的173名学员报名参加学徒制培训；7月，职业能力教育专业委员会组织开展以“网络和信息安全极客社区情景体验——融入与创新”为主题的首届暑期网络和信息安全训练营，共有来自3个省、4个城市、10所院校的28名学生参加；8月，根据《2018年上海市专业技术人才知识更新工程项目计划的通知》的工作安排，举办“大数据安全高级研修班”，来自行业内共40名中、高级专业技术人员参加此次研修。

8—9月，举办“上海市信息安全高技能人才培养基地师资建设系列专题培训”，来自基地的实施单位、合作单位及行业上下游单位共计80余人，参加“移动应用安全检测”“应急处置与通信指挥”“工业控制信息系统安全防护”三个方向的专题培训；10月，主办以“人才培养创新路径探索”为主题的“网络空间安全人才培养（上海）高峰论坛”。

【做好产业研究工作，为政府决策提供依据】 2018年4月，完成市科委《移动互联网安全测评创新服务体系研究》课题的结项工作；10月，承担市经济信息化委《工业互联网发展报告》课题，并着手整理工业互联网行业相关资料及素材，所形成的报告将为上海市工业互联网行业发展的产业政策制定提供决策参考。

组织开展上海市网络与信息安全服务机构能力评估工作。5月，邀请各行业主管部门专家对《上海市网络与信息安全服务能力评估指南》开展修订工作，根据往年全市信息安全服务机构能力评估工作数据积累和反馈工作，对评估标准进行论证和修订。10月，展开“2018年上海市网络与信息安全服务单位能力评估和2019年服务单位推荐”工作。

【做好会员服务工作，促进行业凝聚力】 支持会员单位做好各类评优推荐工作。2018年5月，推荐上海市三零卫士信息安全有限公司等3家企业的专家入围上海市工业信息安全专家库；推荐上海宝信软件股份有限公司等6家企业参加由市经济信息化委组织的信息安全助力“企业上云”沙龙活动；7月，推荐21家协会会员单位代表参加中央网信办关于“为网络安全与信息化发展”的主题宣讲活动；10月，推荐上海观安信息技术股份有限公司等3家企业纳入市经济信息化委人才引进重点机构认定范围；推荐上海安言信息技术有限公司等4家单位参加上海市第七届优秀网站评选活动；11月，梳理推荐上海众人网络安全技术有限公司等4家企业为拟挂牌上交所科创板的优质

企业。

组织举办2018上海市信息安全行业协会第一届足球赛。2018年7—9月,组织开展2018第一届上海市信息安全行业足球赛。本届"新颜数据杯"足球赛,以关注身心健康、展示企业文化、加强友谊交流为目的,积极倡导"健康生活、快乐工作"的理念,共有来自20家单位的15支队伍参赛,参与人数达200多人。

【积极开展党建活动,加强协会自身建设】 2018年,信息安全协会党支部组织党员学习十九大报告精神和新党章,深刻领会十九大内涵及重要意义。组织党员参观上海淞沪抗战纪念馆、陈云纪念馆,接受革命传统教育,学习老一辈无产阶级革命家的革命精神;参观"上海市庆祝改革开放四十周年主题展览"和"上海工业改革开放40年500例成果展",深入了解上海工业改革开放以来的历程,深切感受上海敢为"改革开放排头兵,创新发展先行者"的精神。

组织召开上海市信息安全行业协会第四届第五次理事会。5月,召开第四届第五次理事会,审议通过2018年度重要工作安排、第四届第三次会员大会议程、2017年度财务收支报告、会费收取标准和管理办法修正案(草案)及第四届理事会理事调整提案。会长单位、副会长单位及理事单位代表共计37家单位出席会议。

组织召开协会专委会工作会议。6月,职业能力教育专业委员会第一届第二次会员大会审议通过年度工作报告和后续工作计划,讨论通过条例修订议案,为上海市商业学校等八所院校的"校企合作学生信息安全工作室"进行授牌。商用密码专业委员会年度工作会议同期召开,来自全市商用密码生产定点单位和销售定点单位的代表,分别参加物联网、政务、金融三个小组讨论,会议通报全市及国家商用密码产业发展情况,并就2018年全市商用密码相关工作进行部署。

成立上海市信息安全行业协会金融科技安全专业委员会。在市经济信息化委和中国人民银行上海分行的指导、支持下,金融科技安全专业委员会于11月成立,首批45家成员单位代表出席成立大会。会议审议通过《上海市信息安全行业协会金融科技安全专业委员会条例》,选举出第一届主任委员会成员单位、第一届主任委员会执行主任单位,聘任专委会秘书处正、副秘书长。

(朱方园)

八、上海市计算机行业协会

【概况】 以5G网络、物联网和人工智能为代表的智能化时代到来,使得IT产业链发生了根本性变化。为此,上海市计算机行业协会(以下简称"计算机协会")针对IT产业发展新情况、新特点,在开展职称评审、承接司法鉴定、关注产业维权等方面开展品牌服务,为促进上海市计算机行业健康发展发挥积极作用。2018年,在政府部门指导下,在全体会员单位的支持和工作人员的共同努力

下，坚持改革发展，强化自身建设，计算机协会在服务企业、规范行业、发展产业方面取得一定成绩。党建方面，计算机协会党支部在工经联党委的带领下，认真贯彻落实党的十九大精神，深入学习习近平总书记系列重要讲话精神，以开展“两学一做”学习教育为牵引，加强党建与协会工作深度融合，不断增强协会党支部的创造力、凝聚力和战斗力。

【工程系列计算机专业中高级职称评审】 计算机协会是市级行业组织中唯一拥有工程系列计算机专业中级工程师、高级工程师和教授级高级工程师全方位评审资质的机构。在帮助中小企业集聚发展人才、提高行业企业科技创新能力、提升企业软实力方面发挥作用。

2018年，开展线上线下联动的职称政策宣传推广。线上通过微信公众号、官方网站进行咨询解答、审核材料等工作；线下，计算机协会在4月至7月间分别前往银联、宝信等职称受理比较集中的大企业，开展免费职称受理申报流程及政策解读，并开设2场针对中小企业零散职称申报人员的政策解读专场。通过培训让企业人力资源部门了解职称相关政策，对个人申报职称需要得到企业评价和认可的重要性进行解释，并帮助申报人员解读申报过程中时间节点及操作流程、上报材料等流程。在此基础上，2018年共有433位专业技术人员参加申报职称评审，完成上海市工程系列计算机应用及技术中、高级专业技术职务任职资格评审工作。

【司法鉴定所树立行业司法鉴定品牌】 2018年，司法鉴定所在市司法局的领导下，积极开展工作，进行鉴定机构的规范化执业、行业整顿建设以及鉴定从业人员的教育等工作。为更好服务人民大众和企业，从内部制度建设着手，把所有鉴定从业人员的信息公示化和分工明确化，以及完善质量管理、质量手册、监督机制，为接下来工作开展打好坚实基础。

2018年，经过所有人员的共同努力，司法鉴定所实现又一个0投诉，共承接涉及计算机领域的司法鉴定案例10余起、接受相关个人和企业免费咨询及调解达100多起，其中有民事纠纷，也有法院、检察院以及公安机关的申请鉴定和协调委托。在市司法局核准的业务范围内开展执业，按收费标准收费，没有出现出具虚假鉴定和超业务范围执业行为、无正当理由拒绝委托行为，无乱收费和支付回扣费行为，无压价竞争行为，通过相关鉴定和调解工作的开展，更好保护委托人的合法权益，为审判机关提供公正的诉讼凭证，为申请人及时、合法、有据地解决相关案件纠纷起到至关重要的作用，并取得良好的社会效益。

【加强标准化体系建设，促进产业进步】 新《中华人民共和国标准化法》(以下简称“新《标准化法》”)于2018年1月1日起实施，此次修订最大的调整是在标准分类中，除原有的国家标准、行业标准、地方标准、企业标准外，增加团体标准，赋予团体标准法律地位。

为此，计算机协会面对标准化工作改革创新的新形势，积极贯彻落实相关改革文件的精神。成立计算机技术标准化工作委员会。依据新《标准化法》《团体标准化第1部分：良好行为指南(GB/T20004.1-2016)》以及上海市质量技术监督局《关于促进团体标准发展的指导意见》精神，成

立计算机技术标准化工作委员会，负责标准的统一管理和归口工作，开展团体标准制定工作，积极推动团体标准向国际、国家、行业、地方标准转化，更好满足市场竞争和创新发展需求，支撑经济社会可持续发展。

出台团体标准管理办法。为规范计算机协会技术标准研制，保证技术标准质量和标准研制工作有效推进，制定标准化管理办法。标准化工作坚持公开公正、广泛开放原则，成员单位均可参与，鼓励非成员单位参与计算机协会标准化工作；协会标准化工作委员会负责标准的统一管理和归口工作，以及标准立项建议的收集和管理、协调、复审(表决)等工作。

制定发布一批团体标准。T/SCTA601-2018 计算机行业企业信用指标体系；T/SCTA602-2018 计算机行业企业信用管理通用要求；T/SCTA603-2018 计算机行业企业信用评估模型；T/SCTA101-2018 信息产品电子数据恢复技术规范；T/SCTA102-2018 磁记录存储介质的电子数据销毁技术规范；T/SCTA103-2019 再生微型计算机技术规范(已审定)。

召开工业大数据平台技术团体标准宣贯培训会。2018 年 7 月 24 日，2018 工业大数据平台技术团体标准宣贯培训会在浦东张江举行。市质监局、浦东市场监管局有关领导，宝信、产业技术研究院、上海医药、上海轨道交通检测技术公司等 60 余家企业共同参会。此次培训紧密围绕工业大数据这条主线，以"技术团体标准"为主题，共同探讨、交流工业大数据发展趋势。在工业、物联网、信息管理等各行业领域，工业大数据应用开发平台软件为客户提供各类大数据应用基础服务。工业大数据平台技术是大数据技术与行业应用之间的桥梁和纽带，《工业大数据平台技术规范》团体标准的制定，促进了我国工业大数据应用水平提升。

在计算机协会杂志《上海计算机》上发表标准化文章。结合团体标准编制工作，在《上海计算机》上发表标准化文章 8 篇，介绍相关 IT 技术规范的制定过程、标准编制过程中的技术、意见处理，对 IT 产业应用水平提升、团体标准制定和应用推广，具有一定借鉴作用。

举行"2018(伟翔杯)标准化知识竞赛"。为贯彻落实新《标准化法》《团体标准管理规定(试行)》要求，推进《国家标准化体系建设发展规划(2016—2020 年)》及《上海市标准化体系建设发展规划(2016—2020 年)》实施，更好服务上海"四大品牌"建设、培育发展团体标准、增加市场标准有效供给、规范团体标准化行为、促进标准化知识普及、提高企业标准化工作能力、庆祝第 49 个世界标准化日，计算机协会会同伟翔环保科技发展(上海)有限公司、上海优尔蓝信息科技股份有限公司共同举办"2018(伟翔杯)标准化知识竞赛"。

【建立高技能人才培养基地】 2018 年 11 月，经市人社局授权，授予计算机协会"上海市计算机技术应用服务高技能人才培养基地"称号。上海计算机技术应用服务行业应用广、人才缺口严重、人员素质参差不齐、岗位标准缺失且计算机应用知识更新快速，从而导致计算机技术应用服务企业在人才需求、岗位标准、人员素质、知识更新等面临着严峻考验，上海市计算机技术应用服务高技能人才培养基地将组织、开发一系列专项及新技能项目，提升企业计算机从业人员专业技术水平，在计算机及其设备维修(含打印机、复印机、扫描仪、网络设备等)、硬件装配调试、IT 服务外包、计算机

系统维护、计算机网络技术等方面开展课程培训，免费提供给会员单位。

【搭建就业见习基地品牌】 经上海市就业促进中心授权，计算机协会成为上海市就业见习综合基地，进一步缓解市人力资源市场结构性矛盾、着力提升青年就业创业能力。见习基地组织青年到特定岗位进行实践锻炼，可丰富大学生实践经验，培养社会所需人才。还可以通过政府补贴方式，拓展符合上海市经济发展特点的知名企业成为上海市大学生就业见习基地。2018 年，计算机协会帮助上海众人网络安全技术有限公司、鼎领科技(上海)有限公司、上海云邻通信技术有限公司三家企业成功申请为市就业见习基地外派单位，帮助会员企业招聘各行业、不同职位人才。

【创建海外维权服务基地】 2018 年，在市商务委公平贸易处的指导下，上海国际贸易知识产权海外维权服务基地(以下简称“维权服务基地”)在中外合作高级研修班、国内企业海外知识产权维权培训等方面开展系列培训工作，取得一定成绩。

开展系列化专题知识产权讲座。维权服务基地主办 12 场针对欧美、日韩、澳洲、俄罗斯等国家和地区的软件、生物医药、区块链等专题免费培训，总培训人次达到 300 多人，辐射近百家不同行业企业。邀请当地外国专家团队进行中外联合现场互动教学，进一步提升基地平台的广泛参与度、服务项目专业度，提升工作涵盖面和影响力，提升上海市涉外企业自身维权能力和专业领域内的服务深度。

“337”案件协调。2018 年 3 月，上海三思电子工程有限公司涉及 LED 显示屏“337”调查，维权服务基地组织专家参与该公司在美进口或在美销售的 LED 显示屏侵犯其专利权的案件协调和方案推荐，为帮助企业更好应对知识产权案件并跟踪案件进展、及时提供相关服务，组织协调行业、法律、知识产权等各方面专家提供维权咨询建议，帮助企业找到合适的纠纷解决途径，并随案件进程提供相关服务。另外，2018 年，历时两年多的宝钢“337”案以中方三大诉点全胜告终，维权服务基地专家美国科文顿律师事务所律师冉瑞雪全程代理本案。

建立“337”案件数据库。随着国家、区域间的双边、多边投资协定不断签署，对外投资领域的法律、政策规定也随之更新，需要对此保持持续关注，因此，计算机协会进一步梳理和收集涉及上海市“337”案件材料，形成相对完整的案件数据库信息，为政府提供决策参考、行业企业提供案例借鉴。

成立 2018 年首届进博会咨询专家队伍，开通 CIIE 服务热线。为适应本次进博会 2 800 多个参展商、130 多个国家及地区的国际经贸形势和上海经济发展需求，维权服务基地联合中、英等国组建进博会咨询专家队伍，专家擅长领域分布在知识产权、反垄断、公司业务、争端解决、劳动、不动产、税务、国际贸易等，并同时开通 CIIE 服务热线(021-52137150)。维权服务基地薛琦、林旭等四位律师为进博会提供全方位知识产权咨询服务。

第二届国际贸易知识产权海外维权高级研修班。在首届研修班的基础上，维权服务基地再次与伦敦玛丽女王大学法学院合作，在上海财经大学举办“第二届国际贸易知识产权海外维权高级研修班”。本届研修班通过对英国和欧盟实体法

的比较、解读，为知识产权领域工作者提供法律解释、法律推理和法律论证技巧；采用案例教学，为国内知识产权领域法律参与者提供更为开阔的国际视野和切实有效的实践培训；同时为了更贴合国内人才培养需求，首次引入上海财经大学老师进行授课。

【区块链跨界应用——对接司法鉴定】 以区块链为代表的数字智能技术正在改变全球经济形态。凭借分布式、去中心化、智能合约带来的共识机制等新特性，区块链带来很多传统技术架构不可比拟的优势：数据公开透明、信息安全程度高、数据可追溯性强等。区块链技术作为创建新一代价值互联网的基石，已经引起各国政府、金融、科技、投资等各界的广泛关注。上海是大数据与区块链的先行者，由计算机协会、法链、法大大、Onchain(分布科技)等携手举办的"区块链与金融法律科技发展论坛"在上海举行。会上发布国内首部区块链存证白皮书——法链白皮书，这是第三方区块链商用存证的重要里程碑。

受市经济信息化委委托，计算机协会发布《2017年上海计算机区块链行业发展报告》，推动区块链相关领域研究、标准化制定以及产业化发展。2018年9月，召开"知识产权领域的区块链技术培训"，邀请斐石(德国汉堡)律师事务所 Oliver Süme 做知识产权领域的区块链技术培训。12月，在张江/临港新区举行"区块链黑客马拉松"，给有志于区块链相关技术或应用的区块链创业团队、高校区块链实验室、区块链开发人员、区块链技术爱好者提供一个比拼舞台。此外，计算机协会制定相关技术流程和标准，通过互联网，突破地理与区域限制，结合区块链底层技术，保证司法鉴定真实、公正、有效。

【着眼公益，服务贴近需求】 2018年4月，召开"企业职工职业培训补贴政策宣讲会"，就《关于区县使用地方教育附加专项资金开展职工职业培训工作的指导意见》进行解读。2018年7月，召开"2018工业大数据平台技术团体标准宣贯培训"。培训紧密围绕工业大数据这条主线，以"技术团体标准"为主题，汇聚市内教授、专家，共同探讨、交流工业大数据发展趋势。8月，召开"2018惠企重要扶持政策解读会"，介绍企业职工职业培训补贴政策，政府运用专项资金开展职工培训，降低中小企业岗位人才培养成本；解读就业见习补贴政策，为降低企业用工成本提供保障；解读计算机专业中、高级工程师任职资格申报等内容。

2018年9月，组织"新版《标准化法》解读暨新版《企业标准体系》及企业标准编制能力提升"高级培训班，邀请高级工程师庄国钢、注册标准化工程师为企业进行培训讲课。10月，举办BIM技术体系与应用实践高研班，通过实际项目案例讲解和应用操作，采用小班化、情景化电脑教学。10月，举办软件企业如何应对中美贸易摩擦专利保护讲座，从中美软件专利保护差异、美国软件专利保护案例分析、中美贸易摩擦中我国软件企业专利风险应对措施等方面进行诠释。

(周晓婷)

九、上海市交通电子行业协会

【概况】 在市经济信息化委、市科委、市社团局的指导下，在上海市交通电子行业协会（以下简称“交通电子协会”）第三届理事会全体理事的支持下，2018 年，交通电子协会根据社团组织章程新规，坚持“服务行业、规范行业、发展产业”服务宗旨，在自身构架和制度建设、政企有效对接服务和行业服务平台搭建三方面，完成年初预定的各项工作目标和任务。

【社团规范化，加强自身建设凝聚力】 根据国务院办公厅印发的《关于改革社会组织管理制度促进社会组织健康有序发展的意见》，在市社团局的指导下，交通电子协会秘书处加强自我学习，修改理事会制度、监事会制度、会员管理制度、会费标准及管理制度，并在完善后写入章程。2018 年 6 月，召开交通电子协会第三届第三次会员大会暨成立十周年庆活动。通过一段纪录片和一本纪念册，对交通电子协会成立十年来工作进行总结，对未来工作展望。

依托“党建工作站”平台，党员工作者积极参加“两学一做”教育，全体工作人员参加“保护生态植树造林”“关爱自闭症儿童”“进博会文明出行执勤”等社会公益及慈善活动。发展新党员 1 名、推荐 1 名青年工作者参加入党积极分子学习班。

【政企有效对接，提升综合服务影响力】 2018 年 3 月，完成市经济信息化委产业创新联盟建设专项《面向智能网联汽车通信总线协议标准建设及示范应用》项目验收。项目中《车路协同系统车载信息系统一体化技术要求》等两项标准规范正申请上海市社团联盟标准，充分把政府所想和企业所做工作进行有效对接、落实。4 月，参加由市质监局和市工经联组织召开的“合力打造‘上海制造’品牌”专题交流会。

6 月，为进一步探讨如何利用人工智能技术及高速无线网络技术，形成智能化、网联化的新型汽车产业体系，选择一条适合中国国情的智能网联车发展之路，交通电子协会参与上海市中国工程院院士咨询与学术活动中心举办的第 89 期院士沙龙“智能网联车关键技术与产业发展”研讨会。徐匡迪、刘玠、何积丰等院士及 30 多位来自高校、科研院所、企业以及政府部门代表出席沙龙。

7 月，参加由市经信研究中心组织召开的“宝山区智能硬件产业发展研究”专题研讨会，就智能汽车硬件技术和产品发展趋势作交流，也为宝山区打造智能硬件产业园区提供相关建议。2018 年 8 月，参加由市经济信息化委、市中小企业发展服务中心与市工经联共同举办的“上海市企业服务云”行业协会专场会。“上海市企业服务云”成为政企服务新途径，为政企提供更精准、更普惠、更有效的服务资源。

12 月，完成市浦东新区科经委委托的《浦东汽车电子联盟活动及汽车产业 2017 年度发展报告》项目验收，为浦东新区营造汽车电子产业发展良好环境提供意见。同月，配合市经济信息化委电子信息产业处，承担上海汽车电子等产业统计工作，汇总统计、分析上海汽车电子行业近百家企业数据，为政府、企业规划与决策提供技术支撑，并纳入交通电子协会常态化工作职责。

2018 年度，配合“大调研”工作，陪同相关委办

上海市第一中级人民法院

2018年，上海市第一中级人民法院（以下简称“上海一中院”）多措并举推进司法体制综合配套改革，并依托信息技术为服务司法改革提供支持，开发了规范透明执行办案软件、案件繁简分流分类处置平台和专家法官会议系统。

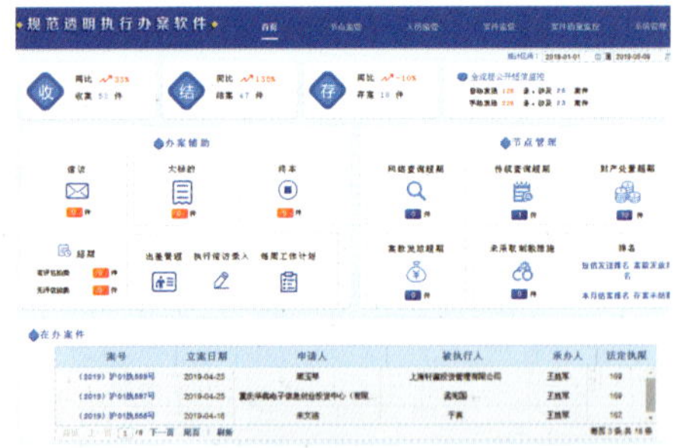

规范透明执行办案软件

为破解执行规范难题，保障当事人的知情权，提升执行公开公正水平，上海一中院开发了规范透明执行办案软件。当事人可通过上海一中院发送的手机短信链接和“上海法院12368”微信公众号等渠道，进入该软件查询执行信息、了解执行进展、实现与执行法官有效沟通。执行法官可以通过软件智能推送的信息制定每周工作计划，实现集约办案。执行局长可通过软件掌握整体工作情况，及时发现异常，进而适时督促、管控。

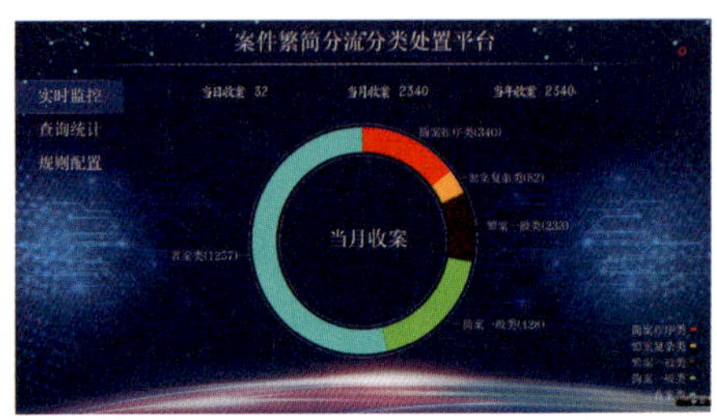

案件繁简分流分类处置平台

为缓解案多人少的矛盾，实现人案适配、程序适配，提高案件审理质效，上海一中院开发了繁简分流分类处置系统。系统依据案件繁简类型的界定规则，自动将案件分为繁案、简案、普案三类，在结合法官办案的专业性和实际工作量的基础上，按照预置的分案规则，将繁案分至资深法官审理，简案分至简审团队审理，其余普案随机分配至普通法官审理，实现审判资源的精准适配。系统还包含可视化管理平台，以图、表形式实现对案件分流情况的实时监控和统计查询。

专家法官会议系统

为发挥院庭长和资深法官的专业特长和集体智慧，对疑难复杂案件和有争议案件进行专门研讨，落实审判监督与审判管理，上海一中院开发了专家法官会议系统。该系统可实现对会议流程和会议材料的全程留痕和全程可视化管理，专家法官可在会议开始前提前查看案件资料，为会议讨论做好准备；会议过程中，可详细记录会议意见和会议材料；会议结束后，专家法官可在系统中对会议笔录进行会签。系统还提供专家法官库的创建和维护功能。

上海市徐汇区人民法院

2016年5月27日，上海市徐汇人民法院（以下简称“徐汇法院”）自主研发的五项信息化系统软件获得国家版权局颁发的计算机软件著作权登记证书，这是徐汇法院抓紧落实《上海市高级人民法院信息化建设三年规划（2014 - 2016）》的阶段性成果。

荣誉证书
徐汇区人民法院 荣获2016年度上海法院信息化
科技创新奖

荣誉证书
徐汇区人民法院 荣获2017年度上海法院信息化
应用成效奖

荣誉证书
徐汇区人民法院 荣获2018年度上海法院信息化
应用成效奖

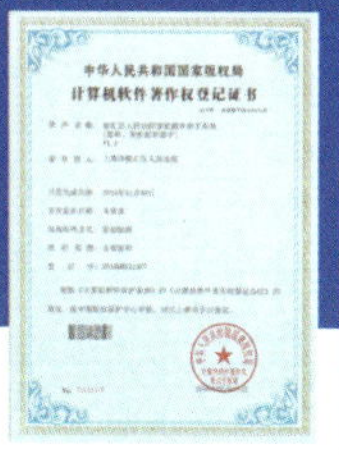
中华人民共和国国家版权局
计算机软件著作权登记证书

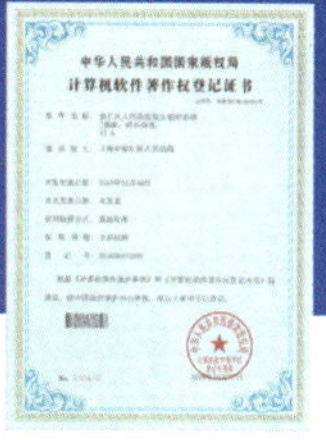
中华人民共和国国家版权局
计算机软件著作权登记证书

中华人民共和国国家版权局
计算机软件著作权登记证书

中华人民共和国国家版权局
计算机软件著作权登记证书

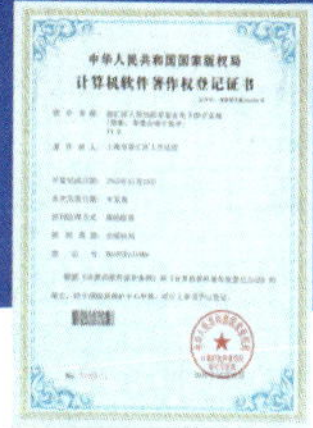
中华人民共和国国家版权局
计算机软件著作权登记证书

自主研发的五项信息化系统软件获得国家版权局颁发的计算机软件著作权登记证书

2016年5月27日，徐汇法院自主研发的五项信息化系统软件获得国家版权局颁发的计算机软件著作权登记证书，这是我院抓紧落实《上海市高级人民法院信息化建设三年规划（2014-2016）》的阶段性成果。该五项信息化系统软件为：一是智能庭审助手系统。其中“法官助手”为最核心部分，包括笔录查看、限制离院等九大功能模块；“书记员助手”与Word办公件充分结合，操作简单便捷；“当事人助手”便于当事人实时观看笔录、展示证据，有助于当事人积极参与庭审。二是院长助理系统。院领导可通过办公平板电脑上安装的该系统软件，实现日程安排、即时通讯、传输文档资料、查看法院网站等功能，机要秘书也可通过该系统以语音或文字形式与院领导联系，告知预约状况及访客到达信息等。三是审委会电子助手系统。审委会委员可通过安装在审委会会议室电脑上的该系统进行庭审远端观摩及指挥，且可连线至任意法庭并对案件审理结果进行表决。四是诉讼导引查询留言系统。目前该系统软件具有法院宣传、法院导览、法官留言、庭审查询、服务评价等功能，可利用三维立体技术指引当事人至目的地、推送当事人留言至法官个人电脑及12368工单平台等。五是智能办公系统。该系统包括行政及公文管理、审判管理、文档一体化管理、个人事务管理等模块，最大限度地实现各项工作无纸化操作，有效提升我院综合管理水平，为审判执行工作提供便利。

司法大数据专题分析平台

建立医患纠纷、家事纠纷两项司法大数据分析平台。一是探索通过大数据研究方法，梳理医疗纠纷的特点，分析引发纠纷的根源及影响因素，总结案件纠纷的化解规律，为完善审判思路和司法对策提供可靠的数据支撑，更加有力维护医疗秩序、保障医患双方合法权益。二是梳理分析全市法院家事案件化解情况，从多个数据维度总结家事案件的审理特点，为提高家事案件审判质量提供理论指引。掌握家事案件多发人群的特点，为基层工作人员关注重点人群、保护弱势群体、有效疏导和化解家庭矛盾提供数据指导，推进实现“家庭和好、邻里和睦、社会和谐”的目标。

人工智能技术的诉讼风险评估系统

根据相关法律规定，按照当事人提供的信息，针对离婚纠纷、劳动争议、保险纠纷、买卖合同纠纷、民间借贷纠纷、人身损害赔偿纠纷、变更抚养关系纠纷、建筑工程纠纷、金融借款合同纠纷、交通事故责任纠纷十类常见案由，引导当事人围绕自身诉求进行诉讼风险评估，理性认知诉讼风险，选择合适的矛盾纠纷化解途径。徐汇法院是全市首家上线诉讼风险评估系统的法院。这个系统既能为当事人识别和避免常见的诉讼风险提供指导意见，也有助于促进矛盾纠纷的多元化解决。

首次应用“206系统”辅助庭审取得良好效果

4月24日下午，徐汇法院在上海基层法院中首次运用“上海刑事案件智能辅助办案系统”（以下简称“206系统”）辅助开庭审理一起盗窃案件，为基层法院在普通刑事案件中运用206系统进行审判积累经验。此次庭审运用了“206系统”智能辅助庭审中语音识别、智能抓取、庭审示证三项功能。语音识别是对庭审过程中的语音进行识别并即时转换为文字记录。智能抓取是对庭审中重要的语音信息进行识别和理解，自动抓取和展示相关卷宗材料，如被告人的户籍信息、前科劣迹、被告人此前相关供述等，便于合议庭及时审阅相关证据材料的内容，发现问题及矛盾点。庭审示证是根据盗窃案件证据标准所构建的证据链，针对需要查证的案件事实进行分组证据展示。此次庭审具有高效性、直观性、全面性、关联性四个突出特点，初步实现了“试验品”到“样品”的转变。

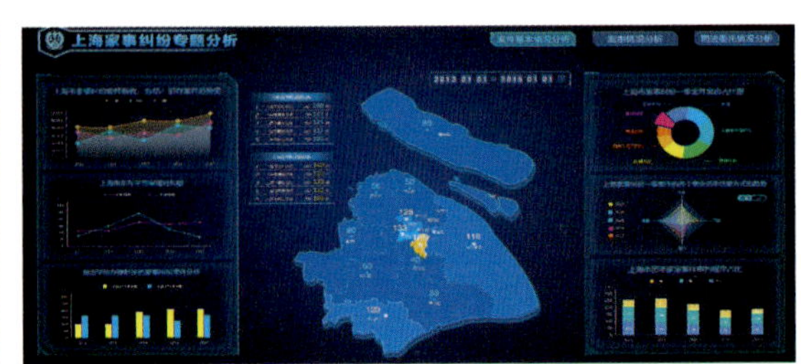

上海市长宁区人民法院

“智慧法院”建设

上海法院信息化建设一直走在全国的前列，在上海市高级人民法院（以下简称“高院”）的统一指导下，上海市长宁区人民法院（以下简称“长宁法院”）坚持以人民群众司法需求为导向，着力提升信息化管理应用水平，利用信息技术新动能提供更加高效、便捷的司法服务，以科技助推审判体系和审判能力现代化，在智慧法院建设上力求实效，力求功能好用、管用、实用。

互联网法庭建设

在市高院的关心支持下，长宁法院主动回应互联网时代司法新需求，于2018年1月率先成立互联网案件审判庭,运行全流程在线的互联网诉讼平台，运用互联网技术带来的新动能，审理涉互联网纠纷，探索创新互联网案件诉讼规则、审理机制，形成互联网纠纷集中审理的“长宁模式”，为区域互联网经济发展营造了良好的法治环境。通过平台，集中审理网络购物合同、网络服务合同、旅游合同、网络侵权等互联网特性突出、适宜在线审理的涉网纠纷案件，目前平台具有网上起诉、文书送达、庭前准备、证据交换、网上庭审等七大功能，让涉网纠纷处理“一次不用跑”成为常态。

大数据分析平台

2018年11月，根据互联网案件审判庭工作实际，长宁法院建成“涉互联网案件纠纷大数据平台项目”。通过对总体案件情况、涉诉企业、涉诉案由、结案方式（标的）、承办人等维度进行统计分析，帮助法院动态掌握审判工作质效状况，从而采取针对性的管理措施。同时为法官推送相关互联网案件审理所需的法规规章、法律司法解释、审判案例、相近案例等辅助性信息，便于法官及时、准确地掌握各类办案意见，促进适法统一，提升审判质效。

集控中心可视化系统

长宁法院集控中心可视化信息集控管理系统充分利用前沿新技术和新理念，将执行指挥中心、警务指挥中心和信息指挥中心的业务在集控中心大屏上进行关联展示，各类数据一目了然。该系统对各信息化应用需求进行科学整合和高效集成，实现应用系统的高可用性和连续性，形成在统一平台上各分系统综合呈现，基础软件平台包括诉讼服务、审判管理、案件执行、警务指挥四个模块。

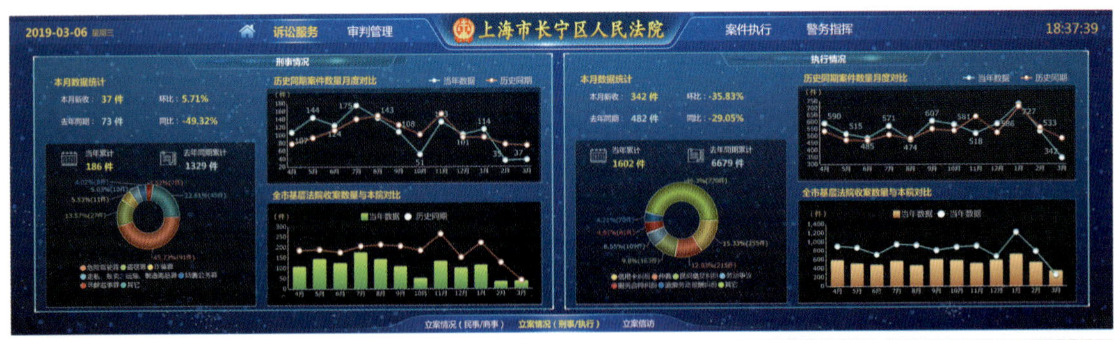

上海铁路运输检察院

上海铁路运输检察院（以下简称“上海铁检院”）于1957年建院，内设6个检察业务部和1个综合保障部，在编干警80余人。上海铁检院集中管辖上海市轨道交通运营区域内一审刑事案件，以及全市破坏环境资源保护、危害食品药品安全一审刑事案件，年均办理各类案件800余件。

近年来上海铁检院贯彻“智慧检务”建设要求，坚持以提升检察办案“生产力”为立足点，把一线办案需求摆在第一位，推动信息化平台、大数据、人工智能和检察工作深度融合，积极在卷宗智能流转、智能量刑辅助、检法“零距离”协同、人像识别、公益诉讼及执法监督监测等方面创新探索，不断解放检察办案人员双手，为铁检转型发展插上信息化的翅膀。

卷宗智能流转管理平台

卷宗智能流转管理平台是全院案件卷宗统一的智能化管理流转平台，也是全院办案业务数据的集中汇聚平台，是上海铁检院智慧检务的核心业务平台之一。系统关联案管、文印中心、控申、公诉等多个业务部门。基本流程主要包括：案管大厅工作人员接收公安移交的纸质卷宗后，将案卷基本信息录入系统，系统针对案卷信息会自动生成一个二维码，这个二维码可以包含100个左右的案件编号及相关信息，以此作为案卷的标识和走向记录。在生成二维码的同时，案管大厅工作人员通过内网消息推送通知文印中心相关人员领取卷宗，以进行下一步的数字化处理。文印中心人员收取卷宗后，利用高速扫描仪将纸质卷宗扫描生成PDF格式文档，然后系统会自动将扫描生成的PDF文档上传至系统云盘，通过后台OCR识别引擎进行转换，生成Word文档。对于生成的Word文档，工作人员会和PDF原稿进行准确性校对，确保卷宗数字化转化结果的准确性。

系统平台对经过数字化处理的案卷进行登记后，由案管部门将案件电子案卷分发给相应公诉办案部门，负责人审阅之后再将案件下发给具体承办人，承办人可以对案卷进行调取和编辑处理，节省了办案人员对案件信息进行重复录入、编辑、摘抄的时间，提升办案效率。

案件纸质卷宗在系统中则按二维码指派智能档案柜存储格位，系统将卷宗档信息送给案件承办人。如承办人需调取纸质卷宗，可凭全院一卡通IC卡刷卡取卷。同时，案件办理过程中生成的办案文书（起诉书、审结意见书等）在办案结束后也通过对应的二维码进行纸质卷宗归档留存，电子稿办案文书则可通过与统一软件的数据接口进行调用归档。

这套系统不仅为上海铁检院智慧检务大数据平台的构建提供了基础数据，同时也起到办案过程全程留痕的作用。通过对案卷流转过程的全程记录，可对公诉办案人员的办案时长、办案数量、办案类型、文书质量进行进一步的数据分析及关联比对，进而构建上海铁检院检察官数字画像及案件质量评查的系统平台，为上海铁检院打造“智慧办案”“智慧管理”“智慧服务”“智慧支撑”的智慧检务整体系统平台提供有力支持。

案件智能量刑辅助系统

案件智能量刑辅助系统是基于卷宗智能流转系统建立的数据库，再对这些特殊类型案件证据标准、法律文书、庭审判例进行分析，利用大数据及深度学习的技术，构建起特殊案由案件的智能定罪量刑的数据模型和决策智能平台，为办案部门实际办理这类案件提供了基于案件信息及公诉文书内容的智能量刑建议及偏差分析，并能进行案件相关法律法规、司法解释、相关案例、案件舆情信息的智能推送。

检、法零距离协商云平台

2017年年初，上海铁检院与上海铁路运输法院搭建检、法“零距离”通道，开启了视频数据交流的大门。检、法两院商谈之后制定了相关技术方案。

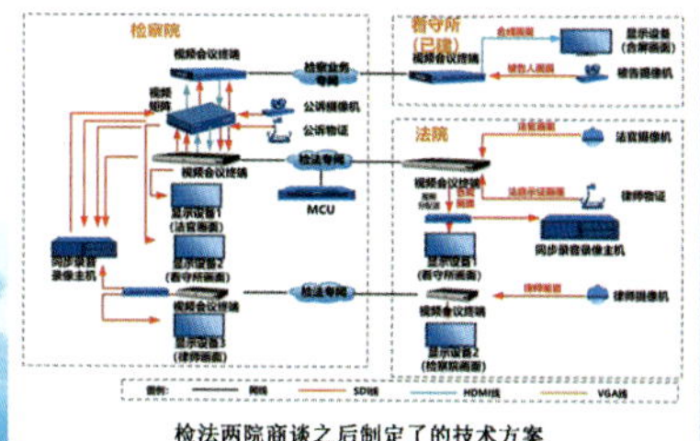

检法两院商谈之后制定了的技术方案

——“智慧检务”辅助一线办案

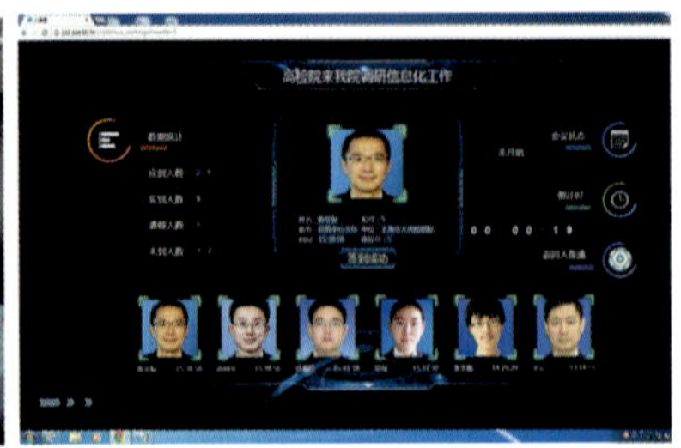

通过远程音视频传输等技术，公诉人、法官、被告人分处检察院、法院、看守所三地，“足不出户”就可“面对面”参加庭审。2018年6月15日上午，上海铁检院利用远程视频庭审系统实现了上海首次三地远程集中庭审，短短60分钟，5起简易案件便审理完毕。

系统还部署了语音自动识别庭审笔录，实现自动采集语音和进行文字转化的功能（该语音识别软件也可供检察官作为桌面输入法使用），解放了办案人员的双手，既提高了办案效率，又节约了司法资源。

公益诉讼执法监督监控平台

上海铁检院规划建立了一套案件线索舆情智能推送分析平台，通过及时收集、分析专项案件领域的涉案涉检舆情，为办案人员提供专项领域案件办理线索，也可预测涉案舆情热点，并进行舆情风险预警分析。同时，平台还将“两法衔接平台”的信息一并通过联动手机小程序进行智能分析推送，变被动为主动，切实把舆情数据更有效地运用于案情的线索分析，为公益诉讼提供有力的线索及公诉材料来源。

司法办案区智能人像平台

司法办案区智能人像系统是一个基于人工智能人像识别技术的门禁控制、黑名单布控及轨迹记录分析平台。系统采用人工智能人像识别分析技术，对楼内进出及来往人员进行智能人像抓拍、跟踪、判断和报警，切实保障上海铁检院的安全。同时，在人像抓拍识别的基础上，系统还扩展实现了主要会议室的人像签到功能，通过人像抓拍，即可对与会人员参会情况进行签到记录，从而实现检察院工作人员的会议智能签到及工作轨迹留痕。

检委会无纸化会议系统

该平台基于集中控制的多媒体无纸化会议系统进行规划建设，系统主要由集中控制主机及多媒体触控会议终端组成。通过系统部署，实现检委会与会材料的集中分发及查阅、批注、同屏显示、一键投屏、会议表决、数据调取、语音识别转换、音视频记录等功能，切实保障了公诉部门疑难案件的检委会无纸化会商讨论和会议过程全程智能记录，为院领导会商决策提供有力的技术支撑。

人工智能机器人“小法”

智能机器人“小法”是一个以智能机器人硬件为载体，利用人工智能算法和法律知识图谱技术，结合强大的法律知识应答库的机器人产品，其为上海铁检院提供了智能化、口语化和标准化的控申接待、咨询服务。

“科技改变铁检，效率始于创新”。上海铁检院以高检院、上海市院的规划要求为指导，坚持“聚焦办案需求，一切为了办案服务”的建设原则，在“智慧检务”建设道路上不断摸索、实践和积累，取得一定成效，为服务办案、推进改革提供了智慧支持。下一步，上海铁检院将推动人工智能、大数据等技术与检察工作深度融合，运用智慧手段规范流程、精准管理，提升效率、保证质量，不断提高法律监督能力和水平，努力让人民群众在每一件司法案件中感受到公平正义！

复旦大学附属肿瘤医院（以下简称“肿瘤医院”）是国家卫生和计划生育委员会预算管理单位，是中国成立最早的肿瘤专科医院之一。医院在“2017年度中国最佳医院综合排行榜”中位居全国专科医院第一名，病理科连续八年排名全国第一、肿瘤学排名全国第二。2018年共发表SCI论文370篇，总影响因子1705.58，连续8年领跑上海市专科医院。

2019年，肿瘤医院响应时代号令、顺应民生需求、回应政策导向，以优化医疗服务为目标，打造肿瘤多学科诊疗新模式，努力建设“具有国际影响力的现代化、智能化的肿瘤预防、诊治和研究中心”。

人工智能建设目标

- 依托项目的推进开展，切实起到“国家队”作用，以专科专病为切入点，打造行业高地和项目标杆。
- 形成“可推广、可复制”经验，推进肿瘤专科医联体分级诊疗，为上海建设亚洲医学中心城市，推进长三角“医疗一体化”，助力“健康中国”伟大构想早日实现贡献力量。
- 将复旦大学附属肿瘤医院打造成人工智能全方位深度应用标杆，建设成为“亚洲一流的肿瘤医学中心”，成为健康中国战略的重要组成部分。
- 帮助患者提升疾病认知，提高早筛意识，精准匹配医疗专家，降低就医成本，实现便捷就医，提升患者获得感、幸福感和安全感。
- 帮助专家从重复性、机械性劳动中解放出来，并借助人工智能大数据能力，进行临床诊疗创新性研究，攻克肿瘤医学难关，引领世界肿瘤学科的发展。
- 帮助管理者智能化精细化管理医院，精准调配有限的医院优质资源，提升管理效率，降低管理成本。
- 形成一批管理类、AI类、医疗类研究论文，提高医院在专业、管理、AI探索领域的影响力。

医疗人工智能探索和创新

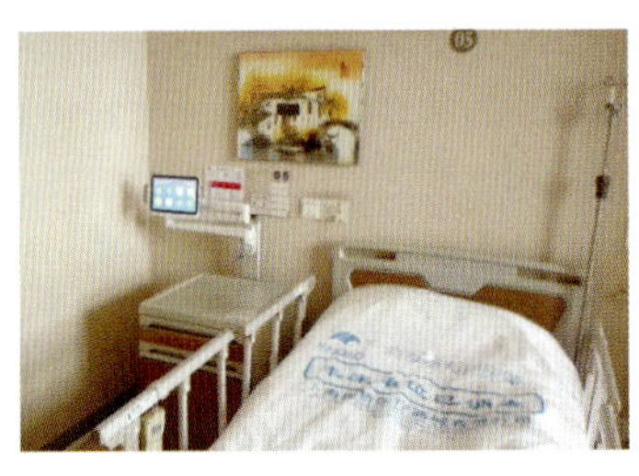

针对目前医患供需不平衡持续加重的现状，肿瘤医院通过人工智能、大数据等技术手段辅助解决供给的矛盾，取得了显著的成效。

自2017年起肿瘤医院与腾讯医疗健康团队开始合作，在全国首推基于电子就诊卡的全流程扫码就医服务模式。同时，在精准预约方面进行了积极探索，并陆续上线用药助手、肿瘤智能问答等服务。不久前，肿瘤医院与腾讯携手成立上海首个肿瘤专科AI大数据联合实验室。该实验室以计算机人工智能和大数据技术为核心，瞄准大数据平台与自然语言处理、精准医疗、计算机视觉、肿瘤知识库、AI智能助手五大“靶点”，同时实现包括临床科研平台搭建、结构化病历与质控管理、高危人群肿瘤早筛、精准预约、患者随访管理等十大场景的具体应用。从服务患者，提升患者就医体验及满意度；服务医生，提升辅助诊断能力和工作效率；服务医院，提升医院整体管理效率等方面，按模块逐一加以建设。

在人民日报全国党媒信息公共平台、健康时报社联合腾讯公司发起的2018年度中国“互联网+医疗健康”优秀案例征集活动中，肿瘤医院“全国首个肿瘤专科AI精准智慧医疗服务助手”被评选为2018年度十大科技助力医疗健康创新案例。同时该案例获“CHIMA 2018 医院互联网应用典型案例”推荐奖，并作为优秀案例参与大会现场路演展示。

除此之外，受徐汇区科委推荐，肿瘤医院成功入选上海市首批人工智能场景，成为全区唯一一家医疗机构应用场景。

肿瘤医院在人工智能领域取得的成果，在行业和社会上都取得积极的反响。这些荣誉是对肿瘤医院人工智能技术水平的肯定，也将激励肿瘤医院在互联网+领域做更多更广的探索。

上海临港

凭借得天独厚的区位优势、健康完善的产业生态、创新开放的政策优势、绿色宜居的生活环境、不断提升的综合配套，临港现已成为上海面向未来发展的重要战略要地。

依托上海优势、紧跟国家战略、瞄准国际前沿、聚焦重点领域，上海临港正加快构建2+3+4产业体系。其中，2是大力培育人工智能和机器人两大先导产业，抢占智能制造技术全球制高点，提升临港地区产业国际竞争力；3是加快发展高端智能装备、海洋装备、智能汽车三大支柱产业，形成支撑临港地区“十三五”时期经济发展的三大支柱产业，确保顺利实现临港地区制造业总产值目标；4是积极探索软件及信息服务、集成电路及专用装备、航空航天、节能环保四大新兴产业。着眼上海科技创新中心建设全局，对接张江综合性国家科学中心和其他科技创新集聚区的成果产业化和产业链升级的需求，主动呼应，形成一批有特色、有潜力、优化全市产业链配套的领域。

上海临港通过联合大集团、引进大项目、建设大基地的产业战略，不断提升产业能级，增强科技含量，打造全国领先、世界一流、引领时代发展的自主创新型产业园区。目前已形成新能源装备、大型船用关键件、汽车整车及零部件、海洋工程装备、工程机械装备、民用航空装备、再制造等七大产业基地。

上海临港始终坚持产业开发、基础设施、城镇建设、生态环境、产城融合“五位一体”全面发展，将朝着“两区两城”的发展定位不断迈进，即科创中心主体承载区、开放创新先行试验区；以世界级先进制造业产业集群为支撑的“国际智造城”，以产城深度融合、生态美丽、智慧宜居、海洋文化繁荣为内涵的“滨海未来城”。

继长三角一体化发展规划纲要正式出台、科创板正式开市之后，上海自贸试验区临港新片区总体方案正式发布并于近日揭牌，标志着习近平总书记交给上海的三项新的重大任务全部进入施工期。

中国（上海）自由贸易试验区临港新片区规划范围为上海大治河以南、金汇港以东以及小洋山岛、浦东国际机场南侧区域。按照“整体规划、分步实施”原则，先行启动南汇新城、临港装备产业区、小洋山岛、浦东机场南侧等区域，面积为119.5平方公里。临港新片区将对标国际上公认的竞争力最强的自由贸易园区，实现新片区与境外之间投资经营便利、货物自由进出、资金流动便利、运输高度开放、人员自由执业、信息快捷联通，打造更具国际市场影响力和竞争力的特殊经济功能区，打造开放创新、智慧生态、产城融合、宜业宜居的现代化新城，主动服务和融入国家重大战略，更好地服务对外开放总体战略布局。

实施“亿级客户IT平台”项目，着力推进“一云两核心”以及云计算、大数据、人工智能“三大技术平台”建设

“亿级客户IT平台”，是太平洋保险集团在日新月异的信息化环境中，为完成转型2.0的宏伟目标，满足公司与亿级客户安全、便捷、稳定地交易，突破敏捷响应机制、自主研发能力、基础设施弹性、技术平台扩展等攻坚瓶颈，实现灵活敏捷地响应短时、高并发客户交互的新一轮IT战略规划建设。

“亿级客户IT平台”是以技术实现及性能指标为目标打造的客户交互平台。整个平台融合了太平洋保险集团信息技术中心体制改革方案，涵盖了信息化建设的规划方针。

进一步完善“两地三中心”整体布局规划和基础设施建设，按计划推进上海罗泾数据中心建设，做好数据中心交付验收与部署迁移准备工作，同时推进成都数据中心第三模块交付验收和生产部署工作，实现两地三中心一体化运行。

推进“中国太保云”管理平台和生产运行平台规划和建设，机构、开发、测试、生产、灾备等环境的云化部署，以及云计算平台安全体系建设。

建设以支持“统一客户账户、统一客户认证、统一客户标签、统一系统供数”为核心的“家园”客户数据库。

建设大数据平台，满足沙箱提数、ATM提数、统计看板、数据分析、洞见预测、人工智能等不同层次的数据应用和洞见。

建设人工智能平台，实现人工智能计算能力和算法模型全司共享。

2018年，太平洋保险集团开始全面建设“亿级客户IT平台”，并于2018年年底完成部分功能基础性建设。打造一个亿级用户、高并发量的秒级响应平台，实现自主研发目标，强化集团信息化建设内核动力，保障集团战略转型2.0跨越式前进。

中国太平洋保险成为第一家通过国际TMMi五级认证的中国企业

2018年11月13日，中国太平洋保险集团TMMi五级认证颁证仪式在上海隆重举行。国际TMMi基金会认证主席Clive Bates先生专程来华，亲自向中国太平洋保险集团首席科技官戎国强颁发证书，并宣布中国太平洋保险集团成为全球第14家、中国第1家通过国际TMMi五级认证的中国企业。

TMMi（Test Maturity Model Integration，软件质量管理能力成熟度）是当前国际上权威的测试组织成熟度的评估模型，TMMi认证是软件质量管理水平最有力的资质证明。

多年来，中国太平洋保险集团信息技术中心紧紧围绕集团“客户体验最优、业务品质最佳、风控能力最强，成为行业健康稳定发展引领者”的战略转型目标，坚持走高质量发展之路，制定了“用户体验最佳、软件质量最优、安全稳定最强”的软件质量方针，参照国际TMMi软件测试成熟度模型，组建独立的软件测试团队，致力于软件质量管理体系建设并持续改进。2018年8月至9月，国际TMMi基金会认证机构评估专家团队进行了充分的现场评估，开展了32场评估活动，访谈65人次；检查评估了16个过程域、82个检查项、845个检查点，随机抽查了300多个项目的历史数据。评估专家团队一致认为中国太平洋保险集团信息技术中心的软件测试能力、测试质量管理水平、测试过程改进能力、测试技术创新能力等整体成熟度达到国际TMMi五级水平！

加强前沿创新技术储备，着力开展科技应用课题研究，打造行业“示范工程”和行业标杆

中国太平洋保险集团一直坚持前沿创新技术储备，在云计算、边缘计算、大数据、人工智能、区块链、物联网、OCR识别、图像识别、语音识别、数字安全等领域加强课题研究，探索新技术在保险主业的场景匹配和落地应用，驱动和引领业务流程与业务模式升级再造；并通过开展第七届新技术创新创意大赛和ITVC新技术产品推介会，激发青年员工的创新才能，将保险科技转化为公司健康稳定发展的驱动因素和生产力。

中国太保云、神行太保智能移动保险生态平台、基于大数据技术的数字审计平台、“鹰眼”大数据信息安全管控平台等产品获得上海市国有资产监督管理委员会、上海市经济和信息化委员会发布的市国资委系统“企业信息化示范工程”；基于机器学习的智能运维平台“云脑”、新一代分布式架构的客服系统、基于图技术的反欺诈作业平台“打假通”、云调查、长险电子保单等17个产品分别获得中国保险行业协会“2018年中国保险业信息化建设经典案例优选示范活动”一、二、三等奖；基于大数据OLAP技术的太保业财一体化分析平台获得中国互联网协会互联网金融工作委员会、金融科技创新联盟等共同主办的2018金融科技发展论坛暨第三届中国金融科技创新大会“2018中国金融科技创新榜”。而作为数字化转型代表产品，包括参加世界人工智能大会的阿尔法保险、听风者，中期业绩发布会中展示的灵犀一号与太好保，大数据产品家园及ATM系列产品，以及信息技术中心的大数据技术平台和人工智能技术平台，生产看板与鹰眼平台，和富含人工智能技术的“云脑”平台等11个产品，在市人大领导工作视察和集团高管科技体验日活动中均得到一致认可。

未来，中国太平洋保险集团将继续坚持科技创新发展之路，充分发挥科技赋能和科技创新在业务发展过程中的引领作用，实现集团战略转型2.0，完成“客户体验最佳、业务质量最优、风控能力最强”，成为“行业健康稳定发展的引领者”。

上海城建信息科技有限公司

企业概况

上海城建信息科技有限公司（以下简称“城建信息科技”）作为上海城建（集团）公司战略布局数字化新业务板块的主要组成部分，自2009年开始致力于城市基础设施建设运维的BIM信息化技术研发与服务。打造工程全生命期信息化管理咨询服务、工程建设及运维信息化平台产品研发及整体服务、智能感知物联网系统设计与集成实施、工程大数据分析及人工智能整合应用四个领域智能化、信息化产品及解决方案。通过建筑信息专业化服务及产品体系，推动建筑信息化行业良性可持续发展，致力于成为“行业领先的城市基础设施建设运营信息化管理综合服务商和生态资源整合商”。

BIM信息化整体解决方案

城建信息科技拥有建筑、结构、给排水、暖通、电气及信息技术等专业人员及各领域高级专家团队，形成了一支贯穿设计、施工、运维全生命周期，涵盖轨道交通、道路、隧道、桥梁和房建工程等多领域的高水平产业队伍。以BIM技术为基础，致力于向业主、设计、施工、运维单位提供优质信息化服务。

工程信息化建设管理解决方案

城建信息科技针对工程建设的特点与传统管理弊端，开发了基于GIS+BIM的工程建设协同管理平台，以实现三维可视化项目总体管理。制定了数字化工地成套解决方案，利用IoT、BIM、AI等先进技术，即时全面掌控工程现场人、机、料、环境等重要数据，实现工程建设精细化管理。

基础设施智能运维解决方案

城建信息科技研发了基于GIS+BIM的基础设施工程全生命智能管养平台，平台可集成隧道、桥梁、道路、边坡等基础设施工程设计、建造、环境质量、结构健康、设备状态、日常运维养护等信息，可实现基础设施工程全景监控、预警、评估，并结合工程健康档案与监测数据，为工程全生命周期评价提供数据基础，实现设施设备运营管理一体化。

城市综合信息化管理解决方案

城建信息科技为城市级建设项目质量安全监管、基础设施运维管理制定了全面的解决方案，结合BIM、GIS、IoT、大数据分析等信息化技术，整合不同类型建设工程监管需求，向用户提供城市级建设工程分布、进度、质量安全、运维养护等汇总信息，实现城市建设工程质量安全监控自动化、风险辨别智能化、多级管控协同化、应急决策一体化。建立城市级建设工程全生命周期智能监管与智能运维的成套标准体系及规范。

信息化核心产品

3DGIS+BIM引擎及通用基础平台

具备海量数据承载能力、秒级快速加载能力，可实现GIS+BIM一体化、模型与信息一体化、展示与交互一体化的数据浏览和应用模式，可在平台基础上根据不同业务类型进行系统开发定制，作为各类项目级/城市级建设、运营、管理平台与系统的GIS+BIM三维图形可视化承载底层。

BIM轻量化引擎及云平台

BIM轻量化云平台是基于WebGL2.0技术，无插件、跨平台，自主独立开发。模型信息可直接导入服务器端本地化后台，无需通过公有云平台中转。使用模型复用、高压缩比存储、智能自动LOD、管线参数化优化、按需加载、智能调度等一系列轻量化技术。

支持多源异构模型格式导入，可支持桌面、手机、PAD多种客户端应用模型。

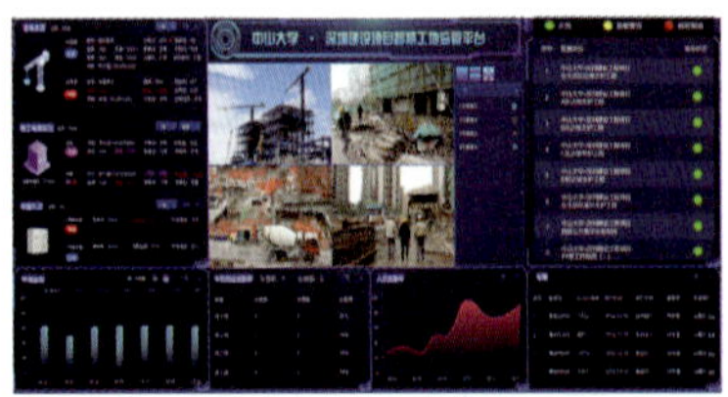

S.U.I.T物联数据云平台

可将底层多源异构的感知信息集成为结构化数据，为上层平台提供统一易用的数据接口，将复杂的底层硬件与原始数据进行封装。通过提供可配置化的物联网设备协议解析技术，实现多源物联设备的数据集成，具有丰富的通讯接口，适应灵活多变的物联网通讯场景，脚本化的数据分析技术，具备多变量、跨设备的数据分析能力。

远东宏信有限公司(以下简称“远东宏信”)是中国领先的创新金融服务机构，于2011年3月30日在中国香港联交所主板上市，股票代码03360.HK。远东宏信秉承“金融+产业”经营理念，致力于通过不断创新产品与服务，为客户提供量身定制的产业综合运营服务，以“汇聚全球资源、助力中国产业”为发展使命，在医疗健康、建设、教育、民生与消费、工业与装备、交通与物流、城市公用等多个领域，开展金融服务、产业投资、工程服务、贸易经纪、管理咨询等产业综合服务。

公司总部位于中国香港，在上海和天津设立业务运营中心，并在北京、沈阳、济南、郑州、武汉、成都、重庆、长沙、深圳、西安、哈尔滨、厦门、昆明、合肥、南宁、乌鲁木齐、南昌、贵阳、太原、广州等多个城市成立办事机构，形成辐射全国的客户服务网络。此外，远东宏信还积极拓展国际资源，在境内外设立多个专业化经营平台。

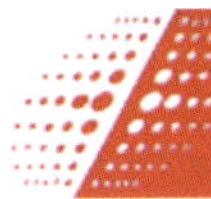

中国石化 SINOPEC

中国石化上海石油化工股份有限公司

中国石化上海石油化工股份有限公司(以下简称“上海石化”)是中国石油化工股份有限公司的控股子公司，位于上海市金山区，是中国最大的炼油化工一体化综合性石油化工企业之一，也是中国重要的成品油、中间石化产品、合成树脂和合成纤维生产企业。2017年，上海石化围绕发展战略，加快推进“两化”深度融合，强化“六统一”管理（ 即统一规划、统一标准、统一设计、统一投资、统一建设、统一管理 ），按照“统筹推进、融合发展，集成共享、协同智能”工作方针，全面推进信息化建设，推动集成共享的经营管理平台、互联智能的生产运营平台和敏捷安全的基础设施平台等智能工厂建设，每年投入投资、科研经费3000余万元，重点在操作管理、先进控制系统、DCS报警管理、客户服务系统、两化融合管理体系等方面开展工作。

上海石化按照“创新、协调、绿色、开放、共享”的发展战略和总部信息化工作部署，根据企业炼化一体化特征，持续推进“两化”深度融合。2013年，上海石化被工信部评为国家级两化深度融合示范企业，2014年，被工信部选为“两化”融合管理体系贯标试点单位。2014年12月22日，上海石化“两化”融合体系完成建立，并试运行。2015年4月25，日通过评定并获得“两化”融合体系证书。2016年，上海石化被评为中国石化“两化”深度融合优秀实践单位。2017年，上海石化获“两化”融合管理体系贯标示范单位称号。2018年，被工信部评为“2018年智能制造试点示范”。

上海石化因信息化基础设施运行环境良好，被中国石化选为互联网统一出口上海区域中心，涉及下联26家单位共50余条专线链路，承担着上海区域相关企业的对外接口安全。2017年12月中旬至2018年3月13日，上海石化采取分段切换方案，完成了所有用户的切换工作，互联网访问及相关应用由企业自有链路切换至中国石化的链路。切换共涉及约3500名用户和60余个部门和单位。

为进一步推进上海石化智能工厂建设，充分发挥以院士为代表的高端智力人才在引导创新要素向企业集聚、强化企业技术创新主体地位的重要作用，上海石化向上海市提出创建院士工作站的申请并获得批准，引进专家队伍，促进科技成果加快转化为现实生产力，实现转型发展升级，培育核心竞争优势，提升企业经济效益，并为公司培养创新人才队伍提供强有力支撑。

上海石化与中国移动、中国电信等优秀合作商建立长期合作机制，并与中国移动就共建“优势互补、和谐共赢、共同发展”的美好愿景，建立长期战略合作关系，充分发挥双方在基础资源、业务运营、优质服务等各方面的优势，考量了包括智能办公、无线监控、数据采集、智慧调度等在内的一系列内容，为上海石化智能工厂深化应用夯实基础。

上海市青浦区人民法院

Shanghai Qinpu District People’s Court

近年来，上海市青浦区人民法院（以下简称“青浦法院”）通过信息系统升级改造，使信息技术手段融入法院日常业务各个领域、各个环节，为人民群众营造良好、方便的诉讼环境，为形成全面的良好法治环境提供详实的信息支持和服务。

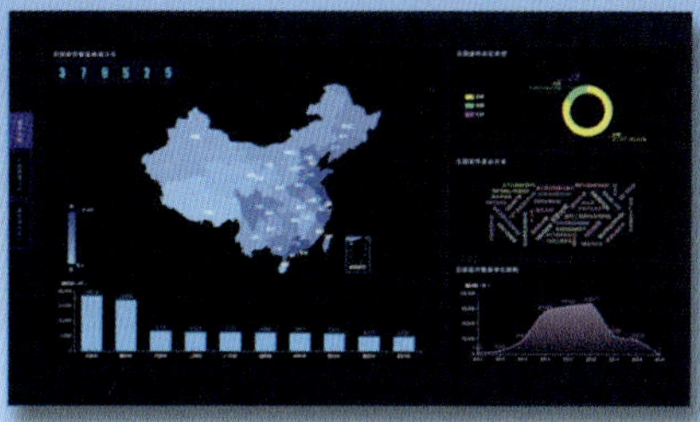

信息管理中心

为充分发挥信息化建设服务人民群众、服务审判执行、服务司法管理的重要作用，促进审判体系和审判能力的现代化，青浦法院建成集司法公开、诉讼服务、审判辅助等八大应用为一体的信息管理中心，融合24类、58个应用模块，全方位管理审判、执行、信访、庭审、警务、综合行政等各方面的工作信息，发挥重大案件庭审、重要维稳工作保障、法院工作态势分析等多项功能。

涉生态环境保护案件司法大数据分析平台

青浦法院结合区域建设需求，依托大数据采集、分析与评判，区分全国和上海两个维度，对涉生态环境保护相关案件进行分析，建立专题分析系统，实时数据监控、决策分析，精准把握各项指标数据的趋势变化，实现司法决策科学化、智能化、精确化。

诉讼人员智能管控系统

管控系统通过集成联动，管控覆盖法院公共审判区域，实时了解区域情况，通过专用网络进行系统互联互通，以保障能够长时间安全、可靠地运行，满足全天候监控的需要。在法院内形成统一的诉讼人员移动监控网络，对各监控区域进行实时重点监控，实现中心监控的集中管理，为审判业务提供有力的保障和支持。

领导先后调研上海博泰、上海赫千、友衷科技、京西重工、卡斯柯、科博达、延锋伟世通、普华软件等30多家会员企业，就企业新产品、新技术、新项目情况进行深度了解。据不完全统计，15多家会员企业共20多个项目获得2018年市经济信息化委软件与集成电路专项、产业转型升级发展专项、人工智能创新专项、工业互联网专项，市科委高新技术产业化专项以及市质监局标准领域专项的立项和资金支持。

【行业咨询平台创新服务】 2018年，交通电子协会通过市、区两级政府立项和购买服务形式，组织交通电子行业专家委成员共同参与并完成多项产业研究课题报告。其中包括：市经济信息化委委托的《2018年上海智能网联汽车电子行业发展报告》；市科委委托的《上海汽车电子技术发展规划报告3.0版》；市浦东新区科经委委托的《上海浦东汽车电子产业集群发展研究》课题，并通过验收；《浦东新区汽车产业2017年度发展报告》。根据企业需求，通过专家委组织业内专家为企业提供产品认证10余次、技术鉴定4次，推荐优秀项目6次、优秀工作者参加社会评选3次等。

开展行业、团体标准相关活动，做好行业标准化工作。培育、指导标准化示范试点工作，重点关注每年标准化示范试点申报工作及专项资金有关政策，与会员单位标准化方面的需求相结合，指导有关企业推进标准化工作，加强标准实施和监督检查，形成有效的工作闭环。2018年4月，完成二项团体标准《车路协同系统车载信息系统一体化技术要求》《车路协同系统车辆主动安全和辅助驾驶预警消息集》制订；6月，编制完成《上海车路协同系统标准体系和系列标准编制》研究（初稿），提出具有可操作性、符合上海现状和需求的车路协同系统标准体系框架；围绕智能汽车、智能网联与道路系统协同发展方向的整体需求，多次组织部分成员单位召开二次标准专题座谈会，讨论标准（草案）内容，召开三次体系框架研讨会，听取企业、专家意见。7月，完成标准示范项目自查，编制《面向智能网联的车路协同系统标准化试点》中期自查报告，并上报市质监局。

组织完成标准的制定、修订工作。由交通电子协会主导，会员单位参与制定的各级标准，已完成行业标准1项、地方标准5项、团体标准3项。通过标准化工作引领，培育一支专业化人才队伍，为开展相关标准化工作提供良好基础。

【搭建行业交流平台与信息平台】 2018年3月，作为慕尼黑电子展的合作方之一，交通电子协会协助慕尼黑展览公司主办第二届“汽车技术日”活动。邀请来自整车厂及国际领先芯片供应商，围绕传统汽车安全电子、车辆网、无人驾驶技术等展开讨论。展会期间，还承担举办了汽车电子领域智能驾驶技术、车联网技术分论坛。6月，交通电子协会作为亚洲电子消费展的社会团体长期合作方之一，积极组织会员企业参加该展会。

7月，协办“汽车电子芯片国产化的机遇与挑战研讨”，邀请联合电子、芯原微电子、苏州国芯、华虹宏力等企业专家，以汽车电子芯片国产化为主题，聚焦设计、封装、测试、流片、市场等产业链环节。同月，协办“2018长三角数据智能合作峰会——智能汽车分论坛”，邀请上汽集团、车音智能、爱驰汽车、博世、科大讯飞等企业参与演讲。9月，以“汽车电子智能硬件”为主题，携手保隆科技、上海航盛、新耦合科技3家会员企业共同参展

第20届中国国际工业博览会。

11月，主办《2018(第十届)中国汽车电子产业发展(上海)国际高峰论坛》。在工信部、市经济信息化委等政府部门的指导下，在上汽集团、上海国际汽车城、新思科技、芯原微电子、上海航盛的支持下，以“汽车安全引领智能汽车电子产业发展新思路”为主题，邀请16位演讲专家，分别从整车、芯片、核心汽车零部件、安全测试四个维度，全面分析汽车电子安全性能的产业现状、趋势以及最新技术和商业模式。

在行业信息平台方面，通过门户网站、微信公众号、简报刊物等信息发布和沟通渠道，将交通电子协会业务和行业信息工作紧密结合，充分发挥好信息传递作用，增强行业信息共享，为行业协会和会员单位提供时效性、前瞻性、可读的参考信息。

【做好会员服务工作】 通过会员单位数据库管理实时更新，确保交通电子协会与会员单位之间信息联络有效性、准确性，进一步做好会员管理工作。

根据新耦合科技拓展后市场产品销售渠道的需求，针对性地组织其与保隆科技合作对接，帮助新耦合科技拓展“后装空气净化器产品”线下销售渠道和模式。

2018年5月，为促进长三角地区交通电子产业合作交流，组织第二批近十余家理事、会员企业领导赴南通进行调研考察，先后与南通市港闸区政府联合召开“沪—通两地交通电子产业发展研讨会”、参观南通市北新城规划馆、调研市北高新南通科技城、考察五水商圈和南通北标准厂房的建设情况等，实地体验港闸区蓬勃发展的现况。通过深度对接，为后续项目和产品对接奠定合作基础。

2018年7月，与市北聚能湾创新创业中心合作，召开孵化器创新创业企业家沙龙活动，分别邀请市经济信息化委、市社团局、市北聚能湾创新创业中心相关领导，以及园区部分企业家围绕“协会和中心如何做好中小企业的创新服务”交流，对下一步如何强化服务水平、提升服务内涵给予建议。

为响应“长三角一体化发展战略”，与江苏省盐城市签署“合作备忘录”，共同推进两地企业间合作以及产业“飞地经济”发展。

（殳天盛）

十、上海市信用服务行业协会

【概况】 上海市信用服务行业协会(以下简称“信用服务协会”)成立于2005年6月，为上海市从事信用服务的同业企业及其他经济组织自愿组成的跨部门、跨所有制的非营利行业性社会团体法人。现有会员单位80余家，信用服务内容业务范围涵盖资信评级、商业征信、个人征信、信用管理、互联网金融征信、大数据服务等领域。业务范围包括行业调研规划、标准制定、学术研究、信息交流、咨询服务、培训及从业人员资质认定。通过互联网站、微信公众号等形式与社会各界沟通联系、发布

信息。2018年,依据制定的工作计划和任务,在市发展改革委、市经济信息化委、市社团局等机构的领导下,卓有成效地开展各项工作。

【当好政府参谋助手】 市领导高度重视上海信用服务行业,要求形成关于加强上海市信用服务行业发展的情况专报,信用服务协会配合市发展改革委、市发展改革研究院、市信用中心,向会员单位发放调研问卷、组织有关政府部门实地调研、组织会员单位参加专题座谈会,使有关部门了解行业基本情况、企业急需解决的问题,为高效、准确完成专报提供保障。

制定信用服务行业分类目录标准(2018)。该标准以《国民经济行业分类》为基础,兼顾政府管理需要和可操作性,将上海信用服务行业重新分类,为反映信用服务相关行业生产活动提供分类依据,为信用服务行业统计提供统一定义和范围,为后期政府服务支持和监管统计提供保障。

配合市发展改革委研究企业准入名称"短名单"。针对机构反映的新成立信用机构注册困难、已营业信用机构更名困难等问题,配合市发展改革委进行研究,就企业最迫切的诉求形成企业准入名称"短名单",明确界定"短名单"具体含义和后续监管职责。

完成信用服务行业2017年度统计。在《信用服务行业统计制度设计和摸底调查》课题基础上,完成2017年度信用服务行业统计工作,统计工作保留传统信用服务行业,将商业保理、互联网金融、大数据信用服务纳入本次统计范围,使数据更完整地反映上海信用服务行业现状。

配合和参与枢纽型社会组织各项工作。在市经济团体联合会、市现代服务业联合会、市金融联合会的领导下,参加各项工作和活动,如每年的《上海现代服务业发展报告》编写等。

【积极开展行业自律工作】 开展名录申报工作。在政府体制改革背景下,2014年市征信办将原在沪征信机构到市征信办备案登记的职能转到信用服务协会,并改成用发展名录的方式进行登记。按市征信办的要求,根据自愿原则,2018年继续开展上海市信用服务机构推荐扶持发展名录申报工作,并对已登记企业进行核查换证。

完成2017信用服务机构质量控制评选,同时建立信用服务机构质量控制规范化建设评估工作方案与评估指标体系,评比工作继续采用企业自评、企业互评、专家评审模式,最终评出先进单位和优胜单位,在2018年会员大会上进行表彰;完成2017上海信用服务机构综合排名工作,评出2017年度上海市信用服务机构综合排名30强机构并在2018年会员大会上宣读。

【强化会员单位服务】 强化信息服务,及时向会员单位提供多种形式的信息服务。2018年完成网站改版,结合微信号宣传会员单位品牌,发布国家有关信用服务的政策法规,交流各方面信息及行业动态,网站保证时效性,保持与会员单位的及时沟通。如上海领军人才、上海十大杰出青商评选、上海名牌申报、报名首届进博会上海交易团采购商登记工作等各类信息,及时告知会员单位,并组织符合条件的单位进行申报,做好推荐工作等。

联合政府开展行业调研,构建企业和政府的桥梁。上海信用体系建设从制度数据层面向深挖信用价值层面转换、升级,为全面了解上海信用服务机构现状,联合市发展改革委社会信用推进处、

上海社会科学院智库研究中心、市公共信用信息服务中心，进行信用服务机构调研，该项目自6月启动，主要就上海信用服务行业发展现状及趋势、公司在行业发展中遇到哪些机遇和挑战、公司在业务开展中哪些方面急需政府相关部门提供支持和引导、机构数据采集情况等进行调研，同时还组织会员单位前往公共信用信息服务中心与相关负责人对接协商。

组织会员单位参加金融洽谈会。6月27—29日，第十二届上海金融服务实体经济洽谈会举行(以下简称“金洽会”)，信用服务协会组织天翼征信、新颜征信、檀诺科技等部分会员单位参会。作为上海金融界一年一度的行业盛会，金洽会已举办12届，本届金洽会由上海市各区人民政府金融办、上海金融业联合会、上海市互联网金融行业协会等19家机构联合主办，共吸纳200余家企业参展。

组织会员单位学习《国家发展改革委办公厅关于充分发挥信用服务机构作用加快推进社会信用体系建设的通知》。国家发展改革委3月发布该文件，为使会员单位更好地了解文件精神，信用服务协会组织天翼征信、凭安征信等会员单位召开学习该文件的座谈会，各单位结合公司如何学习和贯彻该文件进行交流。

完成编制《上海市信用服务指南(2017版)》。该书在《上海市信用服务指南(2014版)》的基础上进行更新和扩充，宣传和介绍更多会员单位的信用产品、案例、创新产品等，扩大会员单位影响力。

【积极展开交流与协作】 加强与各兄弟省市及国家信用(行业)协会的联系、交流与合作。作为全国信用(行业)协会联席会议2017年的轮值主席，信用服务协会2018年1月赴广州参加2018年全国信用(行业)协会联席会议经验交流会，与广东省信用协会、北京信用协会等十余家协会代表交流各地信用协会参与、推动当地社会信用体系建设工作经验，同时完成轮值主席交接；3月与5月分别接待内蒙古信用促进会和内蒙古金彩实业集团，就推进信用产品应用情况、会员服务举措亮点等议题进行讨论，双方均表示将深化区域间合作交流，共同开展信用、培训工作等。

走访相关行业协会。相继与上海律师行业协会、上海物业行业协会等交流，双方就总体工作思路、协会近期动态、会员发展、协会服务等问题展开深入探讨。在会员服务、政企交流活动等方面相互学习，相互促进，资源共享，推动各自领域健康、有序发展。

举办2018信用管理与服务发展高峰论坛。该论坛以“贯彻信用条例，推进诚信建设”为主题，旨在更好地探索信用数据应用场景、提升信用信息的核心内涵和价值、探讨信用人才培养新模式、促进社会信用体系建设。

主办2018上海信用高峰论坛。近150位信用领域专家学者、信用服务行业协会各会员单位、政府机关部门领导、行业代表等参加论坛，论坛目的在于紧紧围绕中国“诚信建设万里行活动”，深入贯彻落实国家《关于充分发挥信用服务机构作用加快推进社会信用体系建设》精神，把握新时代信用服务业发展新机遇，大力开展上海信用服务企业“亮信用”活动，推进信用服务业高质量发展，助力上海国际金融中心建设。

赴广东参加2018广东信用论坛。2018广东信用论坛以“数字信用社会”为主题，在数字经济时代大背景下，探讨社会诚信营商环境建设和社

会共治共享格局。

赴深圳参加第九届华南信用管理论坛。本次论坛以“打造一流营商环境，构筑信用经济高地”为主题，旨在推动社会信用体系建设探索创新，助力深圳前海蛇口自贸片区创建我国首个信用经济试验区。

赴天津参加京津冀全国守信联合激励试点工作座谈会。会议讨论并原则上通过《京津冀全国守信联合激励试点工作行动方案(2019—2020年)》。京津冀三地将建立试点工作机制，推进重点领域跨区域守信联合激励，以优化区域营商环境为核心，联手打造“信用京津冀”品牌，为其他区域守信联合激励提供借鉴。

【推动信用体系建设】 完成“服务于一带一路的信用服务智库平台”一期搭建。2015 年 3 月，国家发展改革委、外交部、商务部联合发布《推动共建丝绸之路经济带和 21 世纪海上丝绸之路的愿景与行动》，其中，信用服务人才建设是体现“一带一路”建设软实力的重要方面。信用服务协会自 2017 年启动“服务于一带一路的信用服务智库平台”项目，2018 年完成一期建设并通过专家评审，通过智库一期的建立，可对涉及信用服务的各类人才和专家进行排摸，建设“一带一路”信用服务人才智库，有助于完成信用服务人才战略布局。

进行上海市企业信用评级通用规范团体标准试点。为推进行业信用评级标准化建设，2017 年信用服务协会向市质监局提出行业标准化示范项目试点的申请，2018 年修订《上海市“企业诚信创建”活动信用评价准则》，形成上海市团体标准，发布、备案后供会员单位和业内相关单位自愿选用，为业内提供一个独立使用的通用评级标准体系，进一步规范整个资信评级市场。同时将修订后的标准对相关企业进行宣贯，总结企业优秀使用案例进行宣传、推广，进一步规范征信机构的企业信用评级行为，提高评级业务服务质量。

【全面推进自身规范建设】 2018 年是信用服务协会换届的一年，根据市社团局要求，经过民主选举产生新一届理事会、新一任会长和秘书长，始终坚持按章程办事，加强制度建设，年初制订工作计划，年底进行总结。信用服务协会荣获 2017 年度上海现代服务业联合会特殊贡献奖、2017 年度中国信用共建年度信用创新单位。

(朱晓玲)

第六章　信息化合作交流及重要展会

概　述

2018年，市经济信息化委高度重视东西部扶贫协作和对口支援工作，分别赴贵州遵义、云南、新疆喀什、西藏日喀则和青海果洛等对口地区学习考察，分五批次与对口地区进行调研对接。展会方面，通过第二十届中国国际工业博览会、中国国际进口博览会、2018世界人工智能大会等的召开，推动信息化及相关产业良好发展。

一、对口支援与合作交流

【概况】 市经济信息化委坚决落实国家区域协调发展战略和市委、市政府的决策部署，积极做好国内合作工作，要求全委深入学习习近平总书记扶贫思想，全面领会把握中央脱贫攻坚新部署、新要求，不断强化“四个意识”，提高政治站位，树立打好精准脱贫攻坚战的决心，立足产业和信息化主管部门的实际，扎实推进工作。

根据市委、市政府统一安排，2018年市经济信息化委党政领导分别陪同市委、市政府领导赴贵州遵义、云南、新疆喀什、西藏日喀则和青海果洛等对口地区学习考察。除此之外，市经济信息化委领导单独带队分五批次赴有任务的对口地区调研对接。

【推动上海—新疆呼叫产业生产性服务业功能区建设】 按照上海市委书记李强“注重实效，立足中央要求、当地所需、上海所能，创新扶贫协作方式方法，打响上海品牌”的要求，市经济信息化委会同市对口支援新疆工作前方指挥部，在总结上海新跃物流“物流汇”全国呼叫中心成功经验的基

础上，积极推进上海—新疆呼叫产业生产性服务业功能区建设，并于2018年8月初试运行。8月24日，上海市委书记李强和新疆维吾尔自治区党委书记陈全国亲赴园区视察指导，对园区产业定位和模式充分肯定，要求按新疆所需尽上海所能，共同打赢打好脱贫攻坚战。

市经济信息化委协调上海市对口支援新疆工作前方指挥部、新疆维吾尔自治区经济信息化委、喀什地委行署，联合为"上海—新疆呼叫产业生产性服务业功能区"挂牌。其间，市经济信息化委领导多次率队到乌鲁木齐、喀什等地协调相关工作，推进园区建设；多次召开呼叫中心企业座谈会，探讨将呼叫中心转移到喀什的可行性，邀请上海市金融、信息服务、电子商务等领域有呼叫中心需求的企业参会，沟通喀什地区呼叫产业政策、功能区招商服务方案，交流企业需求、相关入驻及服务外包意向。到2018年年底，园区入驻签约企业10余家，涉及金融保险、电子商务、物流运输、旅游、信息服务等行业领域。

【指导开展东西部扶贫协作地区劳务协作】 指导上海市中小企业技术人才引进服务中心，通过沪滇两地春风行动、沪遵劳务直通车等多种渠道和形式，切实开展好与云南、青海果洛和贵州遵义以劳务协作为主要形式的就业服务工作，取得新的成效。2018全年累计组织上海及长三角等地区300余家企业，为有就业愿望的当地劳务人员和各类职校毕业生提供40 000余个就业岗位，帮助6 000余人实现外出就业，其中建档立卡贫困劳动力1 575人。

【倡导在沪央企自愿参与"双一百"村企结对精准扶贫行动】 在沪央企积极参与上海市东西部扶贫协作工作，如中国东方航空集团公司(以下简称"东航")在云南省临沧市双江、沧源两县开展扶贫工作，同时协调东航云南公司结对香格里拉市小中甸镇团结村的帮扶任务；上海电力股份有限公司在云南计划开展光伏扶贫项目；上海诺基亚贝尔股份有限公司自2002年起与云南省丽江市宁蒗县结对开展定点扶贫工作；上海电控研究所自2016年起，每年向云南泸西县、砚山县提供扶贫专项资金；中国建材国际工程集团有限公司与昆明市禄劝县结对帮扶；中盐上海市盐业有限公司在云南临沧市开展助学帮扶；解放军四八〇五集团在贵州省黔南州开展劳务协作工作，共安排71名黔南州劳务派遣工在该单位工作；中国航空无线电电子研究所通过集团扶贫平台采购贵州省农特产品。

根据全市"双一百"村企结对精准扶贫行动分工，市经济信息化委倡导在沪央企围绕"三带两转"，自愿参与"双一百"村企结对精准帮扶行动，在沪央企积极响应倡导，并赴云南临沧市、遵义赤水市实地走访贫困村，初步形成结对工作思路，截至2018年年底，已有10家在沪央企明确所结对贫困村。

【推进"智汇护航——网络扶智进校园"行动】 在市对口支援与合作交流领导小组办公室的支持下，由市经济信息化委受理并申报的公益项目"智汇护航——网络扶智进校园"行动得到2018年度市对口支援与合作交流专项资金资助。智汇护航行动以互联网为载体，将贫困地区急需解决的"扶贫先扶智"问题放在主要位置，认真推行提升贫困地区下一代的科技文化水平，实现精准扶贫。该项目在共青团上海市经济和信息化工作委员会、

上海市青年志愿者协会、共青团合作交流工作委员会、上海市慈善基金会等相关单位的指导下，总募集资金超过 132 万元，在云南、新疆喀什、西藏日喀则、青海果洛建成“梦想教室”14 间，“网络安全守护站”119 个，扶贫公益网课平台引入电子读物 386 425 本、各类课程 5 628 节，发放上网学习账号逾 5 万个。

【完成对口支援地区人力资源开发项目】 根据《2018 年上海市对口支援地区实施人力资源开发项目资金安排方案》(沪合组办〔2018〕17 号)，市经济信息化委涉及 2 项对口支援地区人力资源开发项目，分别是赴喀什举办工业园区管理培训班、在沪举办遵义市区域产业转型与合作发展专题培训班，均已完成。

【加强与对口地区产业合作】 协助对口地区在沪举办各类投资推介活动。积极组织上海企业赴对口地区对接产业合作。积极推进闽龙达干果产业有限公司 FD 冻干生产线等援疆重点产业项目建设。加强与日喀则市工信局在文化创意产业方面的合作交流；向日喀则市工信局推荐 3 名专家作为西藏自治区信息化专家咨询委员会成员。

【积极推进对口合作大连工作】 积极落实党中央、国务院以及上海市委、市政府要求，按照沪连合作第二次联席会议的工作部署，积极推进对口合作大连工作。推进 2017 年“上海企业大连行”活动签约的 5 个项目。委内各处室与大连市经济信息化委全面对接，完成《上海市与大连市产业和信息化对口合作重点及机制研究》，将对口合作聚焦到装备制造业、软件等领域。

【有序推进长三角区域一体化发展】 积极落实长三角区域一体化发展国家战略以及长三角主要领导座谈会精神，按照《长三角地区一体化发展三年行动计划(2018—2020 年)》要求，成立市经济信息化委长三角产业和信息化合作领导小组及其办公室。长三角区域产业协同和信息化合作取得新进展、新成效。

产业合作载体加快建设。聚焦嘉昆太等重点毗邻区，张江长三角科技城、上海自贸区嘉善项目协作区、宁波杭州湾新区浙沪合作示范区等重点园区，G60 等重点廊圈带的载体建设，促进产业资源跨区域流动，共建产业联动集聚区。

产业合作项目加速布局。在新能源汽车、高端装备、集成电路等领域，蔚来汽车、中国商飞、阿里集团、上海电气等龙头企业加快区域布局，延伸产业链、创新链资源配置，加速一体化合作进程。

产业合作创新加快推进。创新平台方面，成立国家集成电路创新中心、国家智能传感器创新中心，聚焦关键技术及器件结构、工艺连通等协同研发突破。创新生态方面，设立长三角协同优势产业基金、G60 科创走廊人工智能产业基金等，以“硬科技”为主线，聚焦前沿技术与创新产品等发展要素精准对接，支持长三角地区优势产业集群培育。

新一代信息基础设施协同布局。率先开展 5G 应用示范，完成全国首个跨省四城 5G 视频通话互联，发布新型城域物联网专网建设导则(2018 版)，长三角各城市运营商基础网络完成 IPv6 改造，新一代信息基础设施建设及应用持续提速。

智慧城市重点应用不断拓展。将提升长三角群众感受度和满意度为导向，实现区域空气质量预报数据及太湖流域、长江口、杭州湾污染数据共

享，推进航运物流信息共享互通，实现高速 ETC 畅行，推进跨省市异地就医实时结算。

工业互联网建设合作趋于紧密。工业互联网标识解析国家顶级节点（上海）正式上线，浙江华峰、上汽集团、中科云谷、上海核工院等一批工业互联网标识解析二级节点建设正式启动，推动“长三角百万企业上云上平台”，核电、船舶、新材料等重点行业的工业互联网企业应用加快部署，G60 科创走廊启动工业互联网协同创新工程等，构筑工业互联网平台集群联动体系。

沪苏大丰产业联动集聚区建设持续推进。江苏省常务副省长樊金龙和上海市副市长彭沉雷联合召开沪苏大丰产业联动开发建设推进协调领导小组第二次联席会议，肯定集聚区开发建设的阶段性成效，并对下一步工作提出明确要求。江苏省政府办公厅以江苏省政府专题会议纪要的形式下发《会议纪要》，有力推动集聚区下一步开发建设。

【推进落实市政府与兄弟省区市合作协议】 积极推进落实市政府与有关兄弟省区市签署的合作协议，协助兄弟省区市在沪召开各类投资推介会，组织开展各类产业对接活动。配合做好上海市政府与吉林省、青海省、海南省政府签署战略合作框架协议的相关工作。市经济信息化委与吉林省工信厅签署《战略合作备忘录》，与宁波市经济和信息化委员会签署《产业合作框架协议》。组织上海企业赴兄弟省区市参加第五届中国国际新材料产业博览会等展会，展示上海有关产业发展的最新成果，主动寻求产业合作机会。

（黄治国）

二、重要展会

【第十五届上海国际信息化博览会】 由市经济信息化委、浦东新区人民政府支持，国际半导体设备与材料协会及中国电子商会、慕尼黑博览集团、中国印制电路行业协会共同承办的第十五届上海国际信息化博览会(以下简称“信博会”)，于 2018 年 3 月 14—16 日、20—22 日分别在上海新国际博览中心和国家会展中心（上海）举行，展出面积 245 750 平方米，参展商超过 4 000 家，吸引了 24.5 万名专业观众。本届信博会由中国国际半导体设备与材料展暨研讨会，中国国际平板显示器件、设备材料及配套件展，慕尼黑上海电子展，慕尼黑上海电子生产设备展，慕尼黑上海光博会和中国国际电子电路展览六大专业展组成，其间展开近百场论坛研讨会，聚焦自动驾驶、人工智能、智能制造等产业前沿热点，展示最新科技产品和全球产业发展趋势。

【2018 世界人工智能大会】 在当前新一轮科技革命和产业变革同我国高质量发展需求形成历史性交汇的背景下，经国务院批准，由国家发展改革委、科技部、工信部、国家互联网信息办公室、中国科学院、中国工程院、上海市人民政府共同举办的

2018世界人工智能大会，于9月17日至19日在上海举办。2018世界人工智能大会不仅是中国在人工智能领域与世界对话的窗口，也是以上海为龙头、引领长三角人工智能产业发展的风口，更是上海全面发力新经济、优化营商环境、深化市场开放的集结号。上海借助承办大会的契机，落实全球科创中心建设战略任务和《本市推动新一代人工智能发展的实施意见》，不断完善创新生态，努力在人工智能应用领域形成全国示范，构建以应用驱动、科技引领、产业协同、生态培育、人才集聚为特征的新一代人工智能发展体系，代表国家率先打造人工智能发展高地。未来2—3年，上海将推动形成千亿级核心产业规模、建立千亿级产业基金、开放TB级公共数据集，建成10个公共创新平台、打造6个创新应用示范区、形成60个深度应用场景。

【第20届中国国际工业博览会】 2018年9月19—23日，历时5天、参展规模、专业观众数量均创历史新高的第20届中国国际工业博览会(CIIF 2018，以下简称“工博会”)在国家会展中心(上海)举行。统计数据显示，本次工博会吸引境内外专业观众17.4万人次，较上年同期增长3.6%。工博会全面展示工业自动化、机器人、工业物联网、数字化系统等先进技术产品和解决方案。2018年是中国改革开放40周年，也是工博会举办的第20个年头。历经20年发展的工博会通过市场化、专业化、国际化、品牌化运作，集展示、交易、评奖、论坛等多项功能为一体，逐步发展为国内乃至亚太地区最具影响力、权威性的装备制造业国际品牌会展之一，见证“中国制造”由大变强的过程。根据评奖管理办法，第20届工博会共评出40项获奖展品，其中特别荣誉奖1项、金奖4项、创新金奖4项、工业设计金奖4项、银奖14项、创新银奖13项。

【首届中国国际进口博览会】 首届中国国际进口博览会(以下简称“进博会”)于2018年11月5—10日在上海举行，来自130多个国家和地区的2 800余家企业携主打产品亮相，200多家世界500强和行业龙头企业汇集一堂，96家由中央企业组成的交易分团参会采购、洽谈签约。进博会包括展会和论坛两个部分：展会即国家贸易投资综合展(以下简称“国家展”)和企业商业展(以下简称“企业展”)；论坛即虹桥国际经贸论坛。国家展是本届进博会的重要内容，共有82个国家、3个国际组织设立71个展台，展览面积约3万平方米，各参展国展示国家形象、经贸发展成就和特色优势产品。国家展中，印度尼西亚、越南、巴基斯坦、南非、埃及、俄罗斯、英国、匈牙利、德国、加拿大、巴西、墨西哥12个主宾国均设立独具特色的展馆。作为东道主，中国设立中国馆，包括中国港澳台展区。首届进博会的举办旨在坚定支持贸易自由化和经济全球化、主动向世界开放市场。其中，汽车展区展示了新能源技术及产品、智能驾驶汽车与技术等，装备区展示了智能制造装备、工业机器人等，科技生活区展示了智能家电、服务机器人、可穿戴设备、运动科技等，可见信息消费在不断升级。

（展　会）

第九编 区信息化建设

Shanghai Informatization

综　述

2018年是实施“十三五”规划承上启下的关键一年。按照上海市信息化发展的战略要求和总体部署，在各区政府的重视和支持下，信息化工作得到进一步加强。

各区以深化公开、提升服务、完善渠道、夯实基础为抓手，全面提升政务能力和服务水平，大力推进“一网通办”；在社会领域信息化方面，聚焦民政、医疗、交通、教育等重点领域，以信息技术应用支撑社会公共领域建设，加快信息化应用惠及民生，为建设和谐社会发挥积极的作用；加强技术手段在重点行业、关键领域的推广应用，充分发挥信息化对促进经济增长方式转变、提升企业自主创新能力的促进作用；在城市管理领域，坚持以信息化手段创新管理方式，改善城市管理难点；在信息产业领域，大力发展人工智能、云计算、电子商务等产业，打造集群化发展，加快区域特色产业体系的构建和完善；在信息基础设施建设方面，稳步完善网络技术设施，快速推动5G布局；在信息化环境营造方面，加强各类宣传举措，切实加强信息安全管理，从而稳步推进智慧城市建设。

第一章　浦东新区信息化建设

概　述

2018年，浦东新区以党中央国务院全面推进“网络强国、数字中国、智慧社会”等新型智慧城市建设理念为核心，全面贯彻“互联网＋政务服务”“一网通办”等建设要求，紧紧围绕“四高”战略目标，以打造“统一规划、资源集成、共建共享、业务协同”的新型政府服务体系为目标，加快智慧政府建设，开启智慧浦东建设的新局面、新气象。

2018年，浦东新区通过成立大数据中心，按照“数据、人员、资金、技术、管理”五位一体工作机制，明确了大数据中心统筹全区政务信息资源管理和应用工作的核心职能；通过探索开展政府数据资源化利用实践，推动在政府服务、产业规划、城市管理等领域的数据开放、共享和创新应用，重点以跨部门、跨领域、跨条块业务协同重点工程为核心，深化信息共享、完善数据应用，推进政府治理智能化、精细化、高效化，打造“开放的政府、创新的管理、高品质的服务”；通过开展政务云功能提升研究，围绕数据资源“无条件归集、有标准管理、多层次评估、无障碍共享、全方位使用、全覆盖安保”的要求，从加强政府数据归集、管理、应用、监督等方面入手，全面提升政务云体系功能，加快推进区域“城市大脑”建设。此外，全面贯彻上海市“互联网＋政务服务”“一网通办”建设要求，加强市、区联动工作，在试点建设、信息系统对接、政务云共享交换体系建设等方面取得积极成效，持续推进“单窗通办”审批事项对接，进一步落实“一区一网”整合工作方案，实现“最多跑一次、最多按一键”的服务要求。

一、政务领域信息化

【浦东新区政务云“1533”功能提升方案】　2018年，在落实国家加快建设“网络强国、数字中国、智

【完善多领域统筹协调推进机制】 2018年，浦东新区在智慧城市建设领导小组联席会议制度、社会诚信体系建设联席会议制度、信息基础设施联席会议制度与网络与信息安全协调小组等协调机制的基础上，持续完善多领域统筹协调推进机制。建立探索政府数据资源化利用专项调研工作领导小组。由区政府党组牵头，成立探索政府数据资源化利用"总课题+子课题"专项调研工作领导小组，在新区层面开展基于政府决策、市场监管、产业规划、城市管理、政务服务、企业服务、公共服务等领域的政府数据资源化利用重大课题专项调研。建立浦东新区大数据中心建设推进小组。通过召开多次筹备会和推进会，全力推动大数据中心建设，并在"标准规范制订、数据归集应用、信息安全机制体制、信息化基础设施"四个最薄弱的基础工作方面，成立四个工作组，同步开展深化研究。持续推进联席会议制度，开展多次多种联席会议。

【加快相关制度规范建设】 根据浦东新区大数据中心工作开展需要，浦东新区加快在项目管理、日常运维、数据共享等领域的相关制度规范建设，研究制定了《浦东新区政务信息化管理办法》《浦东新区政务信息化项目验收细则》《浦东新区政务信息化项目应用绩效实施评估细则》《"六个双"数据共享应用管理办法(草案)》《浦东新区大数据中心日常运维管理规范》等一系列管理办法和实施细则。同时，制定《浦东教育云资源使用规范》，完善《浦东教育城域网应用服务指南》，已初步形成较为全面的基于云服务的教育城域网运维体系。

【推动数据标准统一与规范】 一方面积极推进国际、国家标准的采标，统一数据资源目录，统一数据接口，统一数据共享、开放、安保等的标准规范。另一方面，加快地理信息库基础数据库和业务数据库标准规范和制度体系建设，以加快推进数据标准统一，促进数据共享互通。各街镇参照《浦东新区街镇政务信息资源目录指南(2018版)》，编制本单位的信息资源目录，并按照目录进行数据上报，加快推广"13+X"的街镇信息资源数据标准。同时，积极参与市里标准制订工作，在一网通办、电子证照等地方标准的制定过程中，提出具体建议和意见，融入浦东诉求。

【开展国家信息资源开放试点】 根据《公共信息资源开放试点工作方案》和《上海市经济信息化委关于联合开展公共信息资源开放试点工作的通知》的部署要求，浦东新区积极开展国家信息资源开放试点建设，打造国家数据开放示范区。一是扩大数据开放范围。通过区数据开放网，以充分释放数据红利为目标，进一步扩大数据开放范围，重点开放信用服务、医疗卫生、交通运输等领域数据，同时开放具有浦东特色的企业服务、政策法规等公共信息资源；在普遍开放的原则基础上，探索分级分类数据开放模式。二是探索政企数据融合。通过市场驱动与政策鼓励，促使企业积极参与政务数据价值的挖掘和再生利用，探索政企合作等多种推进方式；通过建立移动端微服务数据开放平台，逐步实现数据服务方式转变，从而更好满足公众对数据的需求。三是建立数据反馈机制。按照"谁开放，谁维护，谁负责"原则，做好"一数一源"数据标签，明确数据资源权属，建立数据质量管理系统与数据反馈机制，有效解决开放数据涉及的各类安全与质量问题。四是推动市、区两级联动。按照市数据开放网要求，改造浦东数

据开放网，建立统一的网站界面风格，完善网站功能模块设置，逐步实现与上海市开放网前端整合，并与区共享平台做好衔接，逐步实现市、区两级开放平台互联互通、上下联动、标准统一。

二、社会领域信息化

【打造“文化浦东云”平台】 2018 年，持续推进浦东新区公共文化产品配送数字平台、浦东新区文化志愿者管理平台建设，打造功能更强、操作更人性的“文化浦东云”平台。基于公共资源配送、市民艺术大学、文化信息传播、网上市民文化节等品牌基础，探索全域数字覆盖的服务模式。

【优化“家门口”信息化服务体系】 2018 年，浦东新区优化“家门口”信息化服务体系。以“全岗通”社工服务系统、基础民情档案库、“全岗通”题库以及居民区“家门口”服务信息指南（触摸屏）为工作手段，实现服务需求在线收集、服务政策在线解读、服务事项在线办理。开展 8 个试点村居的家门口服务体系功能拓展调研，通过服务信息指南（触摸屏），实现社区公告、景点热力图、空气质量、市民云 APP 下载，以及全部 160 多项市民服务事项的办事指南查询。在社区个人事务办理方面，实现 161 项民生服务事项“全市通办”，就近收件，一站办结。初步建成社区智能化管理体系架构，开发集 GIS 地图、重点人群监测、人群实时密度、轨迹感知、车辆违停、案件分析、自动巡屏等多功能模块为一体的管理平台，实现社区以大数据防控为主的现代社会治理机制，周浦镇慧芯智慧管理平台 1.0 版已开发完成。推进“机构—日托—居家养老”的新型养老模式建设，在南码头、陆家嘴等街道社区敬老院、老年人日间服务中心和居家养老服务等领域全面部署“爱照护”养老服务管理系统，利用物联网和云计算技术，实现老人健康情况侦测和养老服务信息共享，并对服务人员服务质量、每日服务内容和计划等信息进行管理。

【智慧医疗】 2018 年，浦东新区以“卫生云、医疗云、公卫云”建设为重点，推动浦东医疗资源有效汇集。一是开展“智慧浦东”卫生健康大数据云平台建设与应用研究，形成完整的“智慧浦东健康医疗大数据云平台”体系；二是构建社区“医疗云”平台，将社区卫生服务中心的家庭医生签约、门诊、住院、家庭病床等应用功能整合到“社区医疗云”，三林康德、高行及航头鹤沙三家试点“社区医疗云”已建设完成并平稳运行。三是完成浦东新区“公卫云”整体设计，并通过“上海市电子健康档案应用水平等级”四级应用水平测评。

【智慧教育】 一是完成城乡一体化中小学信息化一校园网络建设项目二期工程，2018 年共完成 117 所学校/校区的校园网络建设，进一步扩大无线校园网络覆盖面，已实现 245 所学校的无线网络全覆盖。二是实施数据中心搬迁，探索基于云服务的教育城域网运维体系，成功将 268 台服务

器、网络设备与54个教育应用系统部署至新数据中心，实现教育网数据中心与云资源租用、浦东政务网物理环境的相对统一与高速互联。

【智慧商圈试点】 第一八佰伴作为全市7个试点创建的智慧商圈之一，已实现120兆宽带接入信号覆盖商场内253个点位、商场外18个点位。通过集合智能WiFi、移动APP、移动支付、微信微博平台、会员系统、智能车库等，打造智能综合服务管理平台，并通过O2O构建全渠道营销购物模式。正大广场、金桥国际、张江汇智商业广场等积极开展智能化停车、基于移动互联网的营销模式等建设。

【智慧园区试点】 2018年，浦东新区探索重点园区与政务云信息对接与共享，加快世博园与政务云信息对接，提升园区智慧管理水平。实现法人库、人口库、行政审批与许可类、行政执法与处罚类、公共设施与服务类等数据信息在世博地区的共享应用。

三、城市建设管理领域信息化

【加强智能监管体系建设】 一是深入推进网络督查室建设，通过“浦东新区网上督查室信息系统(三期)”建设，进一步扩大网上督查的深度和广度(涵盖基层单位及街镇)，将信息基础设施建设、企业投资建设等纳入网上督查室，实现在线督查并支撑新区政务“全域共享”。二是积极布局智能摄像头，实现人流管控、重点路段顽疾治理、薄弱小区治安整治、食品安全监控等。在人流密度较大的地方，加装双目人流计数智能摄像头，做好人流疏散引导工作，降低安全隐患，此项工作已在世纪大道地铁站完成试点；在重点“问题”路段安装智能分析摄像头，利用AI视觉智能分析技术，识别跨门经营、偷倒垃圾等违规行为；针对治安薄弱小区，全方位安装高清视频监控，实现24小时无死角全覆盖不间断监控；完成136个建筑工地和17个重大工程项目的视频监控系统安装、升级改造和接入，为工地精细化管理提供保障；食品安全方面，通过信息化手段“远程视频”实现“明厨亮灶”，至2018年9月共有1 300多家商户安装各类视频摄像头4 000多个，实现大中型餐饮企业全覆盖。三是全面推动移动视频建设，从而加快新区城运中心四级联动管理体系，在全区范围内实现指挥上下贯通、视频互联互通，实现重大活动节日保障和突发事件现场统一调度指挥，进一步提高城运中心在加强基层社会治理、城市综合管理、应急指挥处置等方面的综合能力。

【拓展城市综合管理运行平台】 2018年，浦东率先成立城市运行综合管理中心，全面提升浦东治理体系和治理能力现代化水平。在城运中心综合管理运行平台基础上，通过开发新功能板块拓展城市管控领域，重点包括防台防汛智能指挥模块、地下管线智能监管模块、中博会综合保障指挥模块、应急指挥模块与群组治理模块，进一步强化特

殊领域和时段的城市应急保障。充分挖掘整合散落在各部门信息系统间的管理数据，以大数据的深度关联应用推动城市管理创新，更好实现城市管理的数“聚”反应，系统中可共享的数据设备已达 311.8 万个。

【加快智能感知设备布局】 一是积极部署物联网感知设备，如烟雾探测报警器、可燃气体预测报警器、人体红外探测器、移动式一键报警按钮、消防通道违规停车监测等，实现烟雾监测、消防监测、二次供水、井盖监测、孤寡老人关爱等智能感知。已完成南码头街道、金杨街镇等小区的试点建设。二是安装地磁感应装置，通过对采集到的数据进行分析，对潮汐式停车的时间安排、区域划分、收费标准等运作更加智慧和便捷。

【交通信息化建设】 2018 年，浦东新区通过建设货物运输运政管理系统、道路停车 POS 机收费管理系统、内河海事智能化综合信息平台、公共停车场(库)系统、智慧交通综合应用云平台(一期)、共享单车智慧管理平台等，进一步加强货物运输、道路监控、航道运输的监控和规范管理。其中，货物运输运政管理系统应用覆盖 5 000 家货运企业的 40 000 辆运输车；道路停车 POS 机收费管理系统投放了 150 余台 POS 机，在陆家嘴、联洋等区域上线 47 条停车收费道路、3 128 个泊位，初步实现道路停车收费管理电子化；内河海事智能化综合信息平台实现对川杨河和浦东运河等 21 处重点航道、码头和设施的监控管理；公共停车场(库)系统接入市交通委停车场(库)管理系统，已累计接入 786 个场(库)；共享单车智慧管理平台完成试点开发和应用。

【住建信息化建设】 2018 年，浦东新区通过建设工程智慧管理信息系统、住房保障管理信息系统、重大工程建设信息管理系统等一批管理平台，实现对重大工程、保障房建设等领域资源的把控。其中，住房保障信息系统完成全区 22 个街镇、34 家代建单位、444 个征收安置房源基地、3 606 个征收项目的合计 470 484 套、3 995.1 万平方米征收安置房源数据的梳理和导入，做到各类房源信息全程掌控；重大工程建信息管理系统通过专家验收，覆盖市、区两级 257 个重大工程项目和建设、施工单位，实现前期征地、手续办理、施工进展和文明施工等业务的管理。

【环保信息化建设】 2018 年，浦东新区进一步推进辖区大气、水体、河道、土壤等污染源的监控和智慧化管理，新增一批大气、水体、河道、土壤、扬尘等污染源传感设备的布控，主要监测指标基本实现全区覆盖。已建设完成废水监测站点 89 个、噪声监测站点 14 个、地表水质监测站点 19 个、环境空气监测站点 9 个、易扬尘产生单位监控站点 432 个，基本覆盖浦东(包括原南汇)区域，并通过浦东环境网实时发布 5 个环境空气监测站点的小时数据。同时，拓展机关和公共建筑能耗监测，推进浦东新区国家机关办公建筑和大型公共建筑能耗监测平台建设。

(浦东大数据)

四、信息产业发展

【软件和信息服务业】 2018年，浦东新区在科创中心核心功能区、国家软件名城等建设的带动下，以创新和融合作为软件和信息产业发展主线，紧抓“互联网＋”、大数据、人工智能等热点，着力突破核心技术，积极培育新兴业态，持续深化融合应用。2018年，浦东新区软件和信息服务业实现经营收入3 556.65亿元，同比增加13％。在电子商务细分领域，实现电子商务交易额4 192.2亿元，同比增长23.9％。GDP增加值为938.35亿元，占浦东新区GDP比重为9％，超额完成指标。软件和信息服务业已成为浦东新区经济发展亮点领域，也是拉动GDP增长的主要动能。浦东新区经营收入超亿元的软件和信息服务业企业250家。其中，经营收入超10亿元企业48家，超100亿元企业4家，汇聚了一批优秀骨干型企业。

【信息服务业增长速度超预期】 作为上海软件和信息服务业的主要聚集区，浦东新区以行业独角兽为核心实现快速增长。在网络视听领域，咪咕视讯科技有限公司表现不俗，实现营收43亿元，同比增长30.3％，保持两位数快速增长。大数据领域，上海2345网络科技有限公司迎来新一轮爆发式增长，全年营收超过36亿元，实现增长298.8％。金融信息领域，上海2345金融科技有限公司受到金融行业监管限制，但继续保持稳定增长。云计算领域，上海蓝云网络科技有限公司和上海七牛信息技术有限公司业务增势迅猛，营业规模呈倍速增长。产业电商领域，通过风投融资和全国战略部署，涌现一批收入倍增的新兴企业，如叮咚买菜、爱库存等。

【落实市、区两级产业政策】 2018年，浦东新区组织开展2017年度软件和集成电路企业设计人员专项奖励审核工作，共计受理69家软件企业2 941名人员申报，涉及奖励金额1.12亿元；组织并开展2018年度软件和集成电路产业发展专项资金的项目申报工作，共计受理并审核了130家申报单位，最终14家软件类申报单位获得市经济信息化委立项资助；组织开展历年软件和集成电路产业发展专项（软件）浦东配套资金的审核工作，共计受理38家企业，共计配套资金1 450万元；组织并开展2018年度浦东新区电子商务双推初审工作，共受理14家企业，最终8家获得立项；针对132个2018年度新申报社会领域项目进行现场调研、方案评审，最终29个项目获得立项资助。

【信息产业研究及宣传】 2018年，浦东新区研究并编撰《2017年度浦东新区软件和信息服务业产业年报》，全面掌握浦东新区软件和信息服务业现状和趋势；认真筛选浦东两化融合典型企业，印刷出版《浦东新区两化融合案例集》；针对浦东软件技术人才薪酬现状，编制并完成《2017年度浦东高级软件技术人才薪酬分析报告》；完成信息产业重点企业库建设和数据更新维护，实有企业数更新达4 500个。

【大健康数据银行LifeCODE.ai】 2018年7月2日，全球精准医学领域引领者、一体化基因研发应用和大数据赋能平台药明明码在2018TechCrunch杭州峰会上发布了基于区块链技术的大健康数据

银行 LifeCODE.ai,并在苹果应用商店以及安卓平台同步上线用户端 APP“来因部落”。

【上海电子竞技产业发展核心功能区】 2018 年 8 月 4 日,上海电子竞技产业发展核心功能区在浦东新区正式揭牌成立。浦东将着力发挥区域综合优势,用产业链、价值链、资本链、服务链支撑电竞产业发展,打造“三个平台”与“三个链条”。“三个平台”分别是产业资本平台、电竞企业平台和综合赛事展会平台。“三个链条”是人才培育链条、产业服务链条、政策环境链条。在此基础上,Steam 平台落户浦东。Steam 平台是全球最大的综合性数字发行平台之一,平台上游戏数量超过 2 万款。Steam 平台将成为我国最大的电竞游戏聚合地,有利于中国电子竞技赛事版权的持续丰富。

【三林园开园】 2018 年 12 月 19 日,上海浦东软件园三林园正式开园,成为继郭守敬园、祖冲之园、三林世博园、昆山园之后投入运营的第五大园区。该园区已被列入上海市重大产业项目,同时也是浦东三林镇产业升级龙头项目、浦东软件园战略布局重点项目,总规划面积 50 万平方米,总投资 50 亿元,整体建成后将吸引超过 200 家科技企业入驻,将成为上海市软件和信息服务业新的产业基地及集聚区。

【张江人工智能岛发布会】 2018 年 4 月 17 日,张江人工智能岛发布会暨数字产业高峰论坛在浦东举行。张江人工智能岛占地总面积达 10 万平方米,将重点聚焦人工智能、大数据、云计算、区块链、VR/AR 等数字产业项目。

【国家级制造业创新中心】 2018 年 7 月 3 日,国家集成电路创新中心、国家智能传感器创新中心启动会在上海举行。这是我国第六、第七个制造业创新中心,也是上海首次获批建设国家级制造业创新中心,将落户张江。

【张江—临港南北科创走廊】 2018 年 7 月 11 日,浦东正式启动“张江—临港南北科创走廊”建设,宣布推进张江—临港“双区联动”,并发布《深入推进张江—临港“双区联动”,打造浦东“南北科技创新走廊”的行动方案》。

【上海国际数据中心一期工程】 2018 年 9 月,上海移动最大的通信园区项目——上海国际数据中心一期工程在临港综合区正式投产,将助力上海打造世界级信息通信枢纽。

【自动驾驶卡车道路测试】 2018 年 10 月,上海在国内率先开展自动驾驶卡车道路测试,市智能网联汽车道路测试推进工作小组向上海图森未来人工智能科技有限公司、初速度(上海)汽车技术有限公司颁发了智能网联汽车道路测试牌照。

【浦东软件和信息服务业园区基地】 2018 年 12 月 19 日,在浦东新区科经委指导下,由上海浦东软件园、万香国际创新港、陆家嘴软件园、临港软件园、中国移动互联网视听产业基地和浦东信息化推进中心六家单位共同发起成立的产业性联盟浦东软件和信息服务业园区基地联盟正式揭牌成立。

【2017 年中国最具活力软件园】 2018 年 1 月 24 日,中国软件行业协会举行 2018 中国软件产业年

2018技术研讨会华虹宏力专场活动等;推动上海集成电路产业设计产业园方案落地相关工作。

【"视觉智能,瞳鉴未来"分论坛】 2018年9月18日,2018世界人工智能大会"视觉智能,瞳鉴未来"分论坛举办,上海市委常委、浦东新区区委书记翁祖亮表示,人工智能将成为浦东高质量发展的新引擎。人工智能是浦东发展新经济、培育新动能的优先选项。浦东发展人工智能具有三点突出优势,一是基础好,二是需求强,三是前景广。他表示,浦东要全力构建人工智能发展的良好生态,一是加快数据资源开放共享,二是推进创新和产业协同,三是强化知识产权保护,四是优化营商环境。

【"魔方大数据"行业应用系列论坛】 2018年4月26日,"魔方大数据"行业应用系列论坛之"数据智能助力产业升级"在位于浦东新区的上海超级计算中心举行。会上宣告,中国首个大数据微应用实验室落户上海超算中心。

【浦东企业入选中国互联网企业100强榜单】 2018年7月,中国互联网协会、工业和信息化部信息中心联合发布了2018年中国互联网企业100强榜单和《2018年中国互联网企业100强发展报告》,上海共有21家企业入选,其中包括上海2345网络控股集团股份有限公司、沪江教育科技(上海)股份有限公司等多家来自浦东的企业。

【智造浦江机器人+人工智能产业高峰论坛】 2018年11月30日,"品牌上海·智造浦江"第四届"智造浦江"机器人+人工智能产业高峰论坛在上海举行,《2018年度人工智能产业格局及创新实践研究报告》发布。

【上海人工智能大会】 2018年8月16日至17日,2018上海人工智能大会暨第一届图像、视频处理与人工智能国际会议在浦东举行。该大会由中国科学院上海高等研究院、上海浦东软件园和上海莘泽创业投资管理股份有限公司共同主办。

【独角兽论坛—人工智能专场】 2018年9月19日,由上海浦东新区科技和经济委员会(以下简称"区科经委")主办的"独角兽论坛—人工智能专场"在浦东陆家嘴中国金融信息中心举行,多家企业创始人或合伙人分享了人工智能发展情况及未来趋势。

【上海增强现实技术与应用论坛】 2018年10月,上海增强现实技术与应用论坛暨2018年EasyAR开发者大会在浦东举行,人工智能和增强现实领域的多家企业代表出席大会并发表主题演讲。同日,上海增强现实产业研究院宣告成立。

【2018 ChinaJoy】 2018年8月3日至6日,第十六届中国国际数码互动娱乐展览会(2018 ChinaJoy)在浦东举行,本届展会规模及各项数据均再创历史新高。

(施丹峰)

第二章　徐汇区信息化建设

概　述

2018年，徐汇区打响“一网通办”政务服务品牌，启用“人工智能首席服务官”；聚焦信息产业集群发展，使能级获得整体提升；以市民需求为导向，加快城市信息化建设管理；加快基础设施建设，构建一体化、泛在的宽带网络，不断提升区域信息基础设施能级；营造良好的信息化发展环境。

一、政务领域信息化

【打响“一网通办”政务服务品牌】 2018年，根据国家《进一步深化“互联网＋政务服务”推进政务服务“一网、一门、一次”改革实施方案》和上海市《全面推进“一网通办”加快建设智慧政府工作方案》，徐汇区起草制订《徐汇区深化国家“互联网＋政务服务”示范区建设全力打响“一网通办”政务服务品牌行动计划》并审议通过，同时向上海市政府办公厅上报了该行动计划。此行动计划以深化国家“互联网＋政务服务”示范区建设为抓手，构建“指尖上、家门口、一体化”的工作体系，全力打响“一网通办”政务服务品牌，加快建设智慧政府。

【推进“一网通办”】 2018年5月，徐汇区成立大数据中心，并与区行政服务中心、城市网格化综合管理中心合并，实现三位一体建设。三个中心创新政务服务和城市管理的“前端、中端、后端”一体化工作模式，依托“城市云脑”和物联感知网，着力推进政府审批改革和职能再造落地；持续优化营商环境，着力整合“12345”市民热线、网格管理、市场监管、城市安全等多领域联勤联动，推动大数据赋能政务服务和城市管理，做到行政服务中心在前端推进政府改革精简化、网格中心在中端推进城市管理精细化、大数据中心在后端推进数据支

撑精准化。按照上海市关于打造“一梁四柱”工作要求(“一梁”是“一网通办”的统一受理平台,“四柱”为统一身份认证、统一总客服、统一公共支付、统一物流快递),结合徐汇区实际情况,统一接入、逐步整合。一是全面落实上海市政务服务统一受理平台对接工作。认真填报《统一受理平台接入计划表》《统一受理平台系统对接计划明细表》等,将接入事项范围报市大数据中心备案。二是全面落实上海市电子证照库建设应用工作。按照市电子证照库建设标准及要求,完成市、区两级电子证照库的系统对接,并配合市数字证书认证中心制作电子签章,推进统一身份认证体系。三是全面落实上海市“一网通办”栏目升级工作。改造徐汇区个性化办事服务栏目,及时报送相应频道及栏目链接,建立内容报送、审核、发布的长效管理机制,确保徐汇区发布至市“一网通办”栏目的内容及时、准确、完整。6月30日,根据市大数据中心的统一部署,徐汇区原网上政务大厅顺利完成“一网通办”栏目升级割接工作,并开展试运行。四是全面落实统一物流平台接入。徐汇区认真反馈《统一物流平台接入计划表》,梳理可提供物流服务的政务服务事项清单,做好相关技术对接。五是全面提升“12345”市民服务热线成效。建立权责清单与热线办理联动机制,探索网格管理和热线服务终端处置力量联勤联动,打造政务服务总客服。

【升级改造行政服务中心】 2018年,在“一网通办”成为国家和上海市“标配”的背景下,徐汇区结合“互联网+政务服务”示范区建设,找准四个着力点,推进区行政服务中心2.0版升级改造。一是理念变革,实现审批改革更彻底。强化“客户至上”理念,加快推动以部门管理为中心向以用户服务为中心转变,把工作重心从事前审批转向事中事后监管,构建线上线下融合的高效政务服务新模式。围绕“五个一”不断拓展网上服务深度,“一号通”率先启动,“一扇门”升级功能,“一张网”基本建成,“一窗办”更加便捷,“一次成”加快实现,不断增强“一网通办”品牌的引领示范作用。二是职能再造,实现办事体验更优化。以“一窗综办”、窗口“零差别”受理作为提高企业群众“一网通办”体验度的直接手段,大力推进审批“两集中”(部门行政审批事项向一个科室集中、行政审批科室向行政服务中心集中)改革,推动业务流程革命性再造。通过前台统一收件受理,部门审批人员在后台提供专业支持和集中审批,做到收件与审批分离,实现“跑一个窗、办所有事”,真正体现徐汇在全国和上海市“一网通办”中的特色和范式。三是空间重塑,实现政务服务更集聚。把握“一网通办”的最新理念和未来趋势,整合优化政务服务事项,打造五大政务服务新空间(法人事项综合受理大厅、个人事项综合受理大厅、24小时自助服务大厅、城市网格管理服务大厅及大数据治理创新实验室),推动区行政服务中心、城市网格化综合管理中心、大数据中心“三位一体”运行,加快形成政务服务和城市管理一体化的新模式、新机制。四是技术赋能,实现智能助办更精准。运用互联网思维,重新设计跨部门、跨层级审批服务事项的受理、办理和办结全过程,推动业务流程的优化、简化、互联网化,并逐步实现政务服务从“人工”到“智能”的跨越。借助人工智能、大数据等新技术,加强各类数据的汇聚、研判和应用,为经济运行、城市管理、民生服务、社会治理等工作提供更加实时、精准、智能的信息支撑。

【“互联网＋政务服务”特色工作】 2018年，徐汇区在“互联网＋政务服务”已有成果的基础上，结合“一网通办”工作，突出科技支撑在云端，打造“指尖上”的政务服务；突出就近便捷有温度，打造“家门口”的政务服务；突出智慧共享大集成，打造“一体化”的政务服务，形成各具特色的工作亮点和成效，下好创新改革先手棋。一是应进必进，实现政务服务最集中。区级审批事项入驻区行政服务中心，从2015年的234项，到2017年的279项，再到2018年的369项，入驻率达到98%，实现了“应进必进”；同时167项“全市通办”个人事项100%入驻行政服务中心，基本实现“进一扇门、办所有事”。行政审批事项办理时限压缩80%以上，涉企审批事项100%只跑一次、一次办成，实现“最多跑一次”，涉企全程网办事项覆盖率达96%，基本可实现“不见面审批”。二是“一窗综办”，实现政务服务最优质。创设“前、中、后台一体化”政务服务受办模式，在前台受理窗口内设置中台支撑办公，在窗口后方设置后台办理办公，形成“无差别综合窗口＋透明政务工坊”工作链，创设18个综合窗口，受理578个事项，占所有进驻中心事项的88%。入驻中心的法人事项综合窗口覆盖率达100%，个人事项主题服务大厅综合窗口覆盖率达100%，全市通办事项覆盖率达100%。三是24小时自助大厅，实现政务服务不打烊。自主开发设计24个标准化、集成化、规模化的自助服务工作台，整合各类自助设备，实现视频咨询、一网通办、网上预审、自助办理、材料补正、材料智审、人证核验、材料打印、指南打印、进度查询、呼叫服务、便民服务12项功能，提供29个部门654项政务服务事项的办理(其中全市“一网通办”事项429项，市级部门网上办理事项14项，其他入驻中心受理事项211项)，将原先白天8小时服务时间延伸到24小时不打烊自助服务。四是智能助办，实现政务服务精准化。结合上海市“一网通办”工作核心内容，构建“4＋1”信息化综合平台，即“一网受理、网端协同、综窗通办、智能助办”4大服务系统和1个“基础支撑”服务系统，推动政务服务从经验化走向标准化、数据化、智能化。包括：流程清单标准化，建立所有事项的标准流程和材料清单，逐一细化办事指南条目，重新编制简便易操作的办事指南，让办事者一看就能懂、一来就会办，已编制完成审批服务事项“零差别受理”操作细则1 015份；政务事项数据化，依据标准化事项建立知识库，转化成系统数据，智能匹配办事事项和情形，智能关联企业信用报告，政务服务由“凭经验办”变为“依数据办”；助办服务智能化，将转化的数据活化为知识图谱，借助人工智能深度学习，与区内知名人工智能企业合作，推动智能核验电子证照、智能提示收件审查要点，实现智能预审和智能审批。

（胡 喆）

【政务大数据管理中心】 2018年，徐汇区借助人工智能、物联网、大数据、云计算等新兴科技推进“政务数据池”建设。通过对接市大数据中心，深化六大市级基础库落地，打破信息孤岛和数据壁垒，实现跨层级、跨部门、跨系统、跨业务的数据实时共享和交换。通过建立政务信息资源目录，徐汇区实现行政服务、网格管理等领域的“自主感知、全面处理、智能分析和精准执行”。其中，区行政服务中心作为“前台”服务供给，推进“一网通办”，让企业、群众感受到最便捷的办事体验；区网格化综合管理中心依托“城市云脑”和城市管理物

联感知网,深化网格管理、市场监管、产业经济等多领域的数据协同,打造感知敏捷、互联互通、实时共享的“神经元”系统;区大数据中心则作为“后台”科技支撑,利用大数据、物联网、云计算等新一代信息技术,推动技术、业务和数据融合,让数据为企业、群众提供精准化、个性化的服务。

【启用“人工智能首席服务官”】 2018年,徐汇区推出政府服务的“智能模式”——在政务服务中应用人工智能技术提升服务水平。针对企业、群众在办事过程中遇到的堵点、痛点和难点,增加政务服务中的“智能含量”——尝试智能客服、智能机器人、刷脸服务、辅助填表等多项智能化“场景应用”,为办事人员提供更智能化和精准化,且体验度更好的全新服务。

【区行政服务中心2.0版】 2018年,徐汇区深化国家“互联网+政务服务”示范区建设,完善“指尖上、家门口、一体化”工作体系。聚力理念变革、职能再造、空间重塑和技术赋能,打造法人事项综合受理大厅、个人事项综合受理大厅、24小时自助服务大厅、城市网格管理服务大厅和大数据治理创新实验室五大政务服务新空间,制定专项实施办法,做优“一窗综办”服务体验,打响“一网通办”服务品牌。如建立覆盖全区的电子证照库以及互认共享机制,通过“一库管理、互认共享”“一次生成、多方复用”等方式,实现商事登记、人才用工、建设工程等领域综合窗口受理,161项“全市通办”事项上线运行;先后推出企业设立、人力资源、科创服务等13个套餐式主题服务,最大程度再造流程、压缩时限,让企业、群众办事实现“只进一扇门、只问一个窗、只跑一次腿”,获评中国“互联网+政务”50强。

【法院工作信息化】 2018年,徐汇区人民法院深入推进信息化建设成果的实际应用,切实发挥信息化服务群众诉讼、服务法官办案、服务法院管理的功能。一是强化应用问题反馈机制。在全院各部门设立信息化联络员,及时反映信息化设施或系统使用中的问题,提出应用需求。二是加大应用宣传普及力度。开设“人工智能与法院信息化建设前瞻”讲座、召开信息化建设意见征询座谈会、将信息化应用知识纳入业务考核竞赛等,让广大干警了解信息化,乐用、善用信息化技术。三是开展人员分类应用培训。如对司法行政人员重点培训OA智能办公系统的使用,对审判辅助人员强化智能庭审设备、电子印章系统、审判信息录入等方面的操作培训,对办案法官主要加强庭审助手、远程庭审等系统的指导,对诉讼服务人员做好诉讼导引查询系统、“诉讼一卡通”的使用培训。四是加强应用成效督察工作。依托大数据统计监测智能庭审设备的使用率,定期督查相关业务部门开展在线司法确认、远程庭审(提审)、远程执行认证和调解的工作情况。

二、社会领域信息化

【医疗健康信息化】 2018年,徐汇区通过打造“AI医疗健康”平台,推进医疗健康创新发展。在“AI

居民健康管理”方面，打造“互联网 N(各类目标人群)”工作模式。如依托儿科医院开展社区儿童生长发育 AI 智能筛查服务等项目；依托五官科医院，搭建近视眼网上数据中心、监测中心和干预中心。在“AI 疾病预防控制”方面，研发疾病发病预测模型，实现传染病、慢性病预防控制成本效益最优化。在“AI 智能临床医疗”方面，探索辅助精准外科手术，帮助规划最优手术路径；通过 VR/AR 等技术，推动临床模拟训练科学化精细化。在“AI 疾病辅助诊疗”方面，依托肿瘤医院等三甲医院，以“病理云、影像云、检验云”为基础，整合建设区域临床智能诊断平台，提升诊断准确率。

【交通信息化】 2018 年，徐汇区加强交通数字化、网络化、智能化管理。一是建设区交通信息综合管理平台，接入全区 317 个路段、274 个公共停车场库、2.7 万辆共享单车的实时数据，实现道路路况、停车业务、公交线网站点、轨道交通客流等交通运行状况“一网打尽”；二是开发“徐汇出行”微信小程序，方便市民通过手机查询公交车到站信息、公共停车场库点位信息等。升级徐家汇商圈交通诱导标志，自动发布交通路况、剩余停车位等动态信息，有效缓解交通拥堵现象和停车矛盾；三是在太原路试点开发路内停车管理系统，通过实时监控、自动拍照取证和网络自助缴费，实现“无人值守、无感支付”停车管理。

【教育信息化】 2018 年，徐汇区积极推广教师网一期各类平台的使用，推进线上线下混合式研修。根据义务教育城乡一体化建设要求，完成无线覆盖工程四期建设。完善《徐汇教育城域网网络安全指南》，明确各单位网络和信息安全主体责任，开展网络安全专项整治，应用与备份云化，加强网络安全防护加固。同时，加快推进人工智能赋能教育，从教案分析纠错、师生心理辅导、口语发音纠正、微课录制、学校食堂监控等方面寻找解决方案。

【公共法律服务】 2018 年，徐汇区完善区公共法律服务中心功能设置，运用互联网、人工智能等技术手段，整合法律援助、人民调解、法治宣传等数据资源，增设自助终端、智能机器人等现代化设备，为市民提供更便捷的法律服务。开发社区矫正综合指挥系统，连通移动执法 APP 平台，形成常规派警、突发预警、应急出警一体化指挥体系，提升社区矫正工作能级。加快打造“智慧公证”平台，优化官方网站、微信平台等对外服务系统，健全公证办证、远程办公等内部管理系统，强化质量监控和流程管理，有效提升工作效率。

【斜土街道】 2018 年，斜土街道多措并举提升社区管理能级。一是建设城市运行管理平台。初步建成城市运行管理中心即由综治中心、网格中心合署办公，依托综治信息和网格化管理平台，将物联网感应感知系统等各类数据与标准网格化管理模式相结合，有效整合资源。二是深化问题会商研究机制。定期召开例会，推动“12345”市民服务热线疑难工单解决，提高案件办理质量和服务水平。三是全面加强应急处置能力。完善防台防汛应急预案，做好汛前店招店牌安全排查、排水管线全面清淤疏通、防汛设备保养调试等工作，落实值班等相关制度，快速有效应对突发事件。

【田林街道】 田林街道大力推进“智慧社区”建设。一是打响一个服务品牌，打造具有田林特色的优化营商环境服务品牌；二是搭好“五大合作平台”，即专家智库资源效应平台、商会和社会组织信息平台、企业业主高管联络平台、职能部门联动平台、楼宇物业经理联系平台；三是推出“八大专项行动”，设立“一站式”街道营商服务中心，建立“一键式”企业服务专线，拓展“一门式”政务延伸服务，深化“一体化”社企融合发展，聚焦服务企业。作为试点，田林街道率先通过建设分局平台(分局智能安防社区系统、视频智能分析子系统)和小区前端(WiFi嗅探子系统、消防感知子系统、小区感知子系统、智能井盖监控管理子系统、高清监控子系统)，实现道口车牌识别、人脸识别门禁、主路监控等功能，完善智能安防社区系统。

【应用场景落地】 一是应用场景丰富且开放。2018年，徐汇区启动智慧安防、“AI＋医疗”“AI＋交通”“AI＋教育”等应用场景和示范项目建设，累计有24个项目获得上海市人工智能创新发展项目支持。在上海首批人工智能应用场景试点环境中，有5个场景位于徐汇区，分别是上海肿瘤医院(AI＋医院)、上海世外教育集团下属上海区域16所学校(其中包括徐汇区4所学校，AI＋教育)、斜土街道(AI＋社区)、徐汇区行政服务中心(AI＋政务)及田林街道(AI＋安防)。二是落地服务到位。徐汇区积极落实“放、管、服”，科技先行，组织培训“企业微信和科技创新一站式功能平台后台”，同时开启平台试运行。

三、城市建设管理领域信息化

【网格化综合管理】 2018年，徐汇区依托信息化手段加强城区精细化管理。一是建设完善城市运行管理信息指挥平台，涵盖市场监管、平安综治、城市交通、应急管理等多项功能模块，实时掌握城区运行动态；二是指导各街镇建设“标准化管理网格”，逐步推广“网格化小区智慧治理”创新试点，通过人脸感知、消防感知、监控感知等智能化手段，形成发现、派遣、结案的徐汇标准；三是梳理12345市民服务热线工单督办流程，建立疑难工单目录，协调相关单位会商解决。加强大数据分析应用，定期发布城区运行分析报告，为区委、区政府决策提供依据。

四、信息产业发展

【产业能级整体提升】 2018年，徐汇区信息化相关产业总产出903.7亿元，同比增长9.2%，保持平

稳快速增长。一是区内龙头企业在国家和市级大力扶持自主创新系统的背景下继续做大做强；二是随着人工智能产业新一轮扶持政策的出台，给人工智能行业带来重大利好，相关企业在各自优势领域陆续推出新产品；三是随着互联网从消费领域向产业领域渗透，智能硬件行业继续保持较高的增长速度，机器人、智能家居、医疗健康、车载智能系统等领域迎来更大发展空间。同时，徐汇区紧密依托西岸、枫林等载体，引大引强，提升信息产业的整体能级。

【重点领域聚焦突破】 上海市403家重点人工智能企业中有1/4在徐汇区，既有国际领军企业，也有独角兽企业。2018年，徐汇区人工智能总产出达210亿元，同比增长30%。徐汇区集成电路相关企业53家，2018年实现销售收入225亿元，约占全市15.5%。

【产业地图逐步完善】 2018年，徐汇区汇聚科创企业数据资源，建设科创产业地图平台，以地图的形式展现区内企业、人才、载体的分布情况，从行业、功能区的维度分析徐汇区企业布局，深化科技创新“放管服”改革。地图支持企业、人才、载体的垂直搜索功能，可查询企业工商信息、动态舆情、经营信息、融资情况、税收情况、申报项目等情况，融资板块与人工智能板块直观展示区内企业融资情况分布、融资额排名、最新融资企业、融资历程、投资机构信息等。并可直观展示区内人工智能企业分布图、行业分布图，为相关企业打上人工智能行业标记。

【制造信息化】 2018年，徐汇区制定出台《徐汇区打响“上海制造”品牌，构筑赋能制造的人工智能新高地三年行动计划》，通过人工智能赋能产业升级，构建以科技创新为特色的枫林—滨江服务型制造创新带，以传统制造业转型升级为特色的漕河泾—华泾智能制造创新带，实现“上海制造”核心技术加速突破，建设徐汇区特色鲜明的人工智能发展高地。一是以基础创新赋能制造，推动建设高端服务型制造品牌；二是打造两大战略性新兴产业集群，发展数字经济，不断催生新产业、新业态、新模式，整体带动和提升新型工业化，培育壮大新动能，推动战略性新兴产业高端化、集群化、国际化发展；三是以质量品质提升制造，积极构建智能制造标准高地。推动两化融合贯标工作，对接国家智能制造示范工程，参与智能标准体系建设，推动智能制造创新平台建设，形成具有自主知识产权的智能制造技术产品和品牌，制定和实施与国际先进水平接轨的质量标准，增强国际话语权。

五、信息基础设施建设

【“1+4”战略合作】 2018年，徐汇区与上海市通信管理局及上海电信、上海移动、上海联通、铁塔公司形成战略合作协议，加快推进信息基础设施建设，形成符合区域智能经济和智能社会发展需

要的通信基础设施体系，支撑徐汇区具有全球影响力的科创中心重要承载区、国家级双创示范基地和人工智能产业集聚区建设。

【移动用户感知度提升】 2018年，徐汇区集中针对信号弱覆盖的“三中心”“邻里汇”等公共区域分批次开展网络信号优化建设工作。评测结果显示16个点位的移动通信信号显著优化，移动用户感知度明显提升。

【首个5G和宽带“双千兆”视频通话】 2018年，基于中国移动千兆的5G网络和千兆的家庭宽带网络的首个视频通话在徐汇西岸滨江成功连线，加速信息基础设施建设步伐。

【重大活动保障建设】 2018年，徐汇区通过室外宏站、杆站建设，室内室分、微站建设，及出动应急通信保障车等方式加强移动通信网络信号保障。做好2018世界人工智能大会、中科院上海巴斯德研究所2018《自然》学术会议—第二届病毒感染与免疫大会、2018上海国际进口博览会、AI+2018上海(国际)花展等重大活动的信息基础设施保障。

六、信息化环境建设

【公共信息资源开放环境】 2018年，徐汇区积极响应上级号召，推进资源分级分类开放机制，联合浦东新区、静安区等试点区构建市、区联动开放模式，依托依申请开放、安全认证等方式，满足不同主体的数据使用需求，力争充分利用徐汇区现有的政府数据及行业数据优势，鼓励社会对数据增值开发和利用，促进人工智能、大数据等相关产业的发展及智慧城市建设。同时，通过产业发展带来更多的公共数据资源开放，最终形成数据提供方和数据利用方相互促进、相互支撑的良性运行体系，助力“四个徐汇”建设。

【政策和组织保障环境】 一是政策保障，徐汇区制订《徐汇区人工智能产业规划》《徐汇区关于建设人工智能产业集聚区的实施意见》及配套专项政策，发布《关于建设人工智能发展新高地打造徐汇高质量发展新引擎的实施办法》，加大对信息产业发展的支持力度；二是组织保障，徐汇区积极推进各部门协同，协调市、区联动，建立工作例会制度，合力推进市、区两级重点工作，保障信息化建设健康发展。

【协同合作环境】 徐汇区积极推进政企校协同合作，如人工智能产业技术联盟、腾讯—交大—华师大联合创新中心、商汤交大联合实验室、上汽人工智能实验室环境等，形成了良好生态。推进微软加速器·上海二期，为15家校友企业成功加速，所有校友企业估值均超过1亿元，其中9家估值1亿元至10亿元，4家估值10亿元至50亿元，1家估值50亿元至100亿元，企业总估值超过212亿元，是进入加速器前总估值的2.9倍。二期校友进入加速器后新增融资超过9亿元，所有校友企业都得

到了微软云及大数据技术的支持。后续，徐汇区相关部门将积极开展毕业企业落户对接工作。

【网络安全保障建设】 2018年，徐汇区关注关键信息基础设施网络安全检查，针对政府部门、医疗卫生、金融、电信和互联网等领域开展安全排摸，确保重点网站及系统“零”隐患。启动“一区一网”网站整合工作，归并子网站信息和功能，实施统一管理，降低安全风险。推进教育系统网络安全检查，将远程测试与实地检查相结合，确保管理制度、应急响应、敏感数据保护等措施落实到位。选取具有代表性的企业进行网络漏洞、数据库和身份信息安全等检查，督促落实整改措施。全面摸底检查区内LED智能大屏，落实安全措施，杜绝安全事件发生。

【知识产权服务】 2018年，徐汇区协同区产业促进中心，积极与运营主体对接，做好人工智能产业知识产权保护与运营平台运营主体落地服务，并启动企业注册工作。

（鲍心洋）

四、信息基础设施建设

【加强信息基础设施服务能力】 2018年，长宁区进一步提升光纤网络服务能力，在率先成为全市首个千兆全覆盖行政区后，不断开发增值应用，提高居民的获得感。积极推动窄带物联网全覆盖和5G移动通信网络建设，确保长宁率先完成5G试商用，优化长宁配套服务环境，为实现“智能园区”“智能城区”打下坚实基础。

【基础设施集约化建设】 2018年，长宁区三大运营商千兆到楼建设任务全部完成，5G网络已全面覆盖，并在中山公园等重点区域开始试运行。政务外网承载能力显著提升，区主干网升级到万兆，千兆到各单位，视频会议延伸到所有185个居委会。区政务云电信、联通分中心正式交付，全区各应用系统迁移上云工作全面启动。窄带物联网(NB-IoT)自动感知设备已在全区消防栓、部分井盖、泵闸等市政设施上得到应用，并在小区智能安防、高龄老人照顾、行政执法车辆监控等综合应用场景中进行试点。

【加强网站安全监测】 2018年，长宁区根据进博会网络安全管理要求，委托第三方安全公司对区关键信息基础设施申报中第一批上报的区内部门、国企网站进行了主机和Web漏洞扫描，并督促和配合7家存在高、中危漏洞的责任单位及时修复整改安全漏洞和隐患，提升区内部分网站的连续服务能力。

【关键信息基础设施网络安全检查】 2018年7月25日，长宁区委网信办和区科委联合召开了长宁区关键信息基础设施网络安全检查动员部署培训会，全区65个部门和单位的分管领导和责任人出席了会议。本次检查的主要目的是深入贯彻落实习近平总书记关于网络安全的重要讲话精神，在2017年基本摸清区关键信息基础设施底数的基础上，开展2018年长宁区关键信息基础设施安全检查，坚持“以查促建、以查促管、以查促防、以查促改”，进一步推动关键信息基础设施网络安全责任制和防范体系建设，有效提升长宁区关键信息基础设施的整体安全防护能力和水平，做好首届进博会网络安全服务保障工作。区科委就2018年长宁区关键信息基础设施安全检查工作进行了部署和培训。区委网信办总结了2017年长宁区关键信息基础设施网络完全检查的总体情况，并进行了工作动员。

五、信息化环境建设

【长宁区智慧城市建设水平】 在2018上海智慧城市体验周开幕式上，市经济信息化委发布《2018年上海市智慧城市发展水平评估报告》，长宁区智慧城市建设情况综合评分位列全市第三名，排名比上年度提升一位。

【信息化专家咨询会议】 2018年1月8日，长宁区召开区信息化专家咨询会议。会上，区领导为新聘请的区信息化建设专家发放聘书。各位专家根据长宁区信息化建设的实际情况，分别从网络安全、信息安全、线上线下相结合、特殊人群体验、数据标准制定、市区接口衔接、数据向市场开放、政务资源整合、从体制机制上突破创新来打破各部门地域壁垒、在线离线数据分析等多角度为长宁区信息化建设建言献策。专家组组长是中科院院士、华东师范大学软件学院院长何积丰，成员包括致公党上海市委专职副主委、市经济信息化委副主任邵志清，中科院无线传感网与通信重点实验室主任、中科院上海微系统所研究员杨旸等十位专家学者。

【“2018上海智慧城市体验周”活动】 2018年12月6日至12日，长宁区紧紧围绕“2018上海智慧城市体验周”主题“AI时代下的智慧城市”，聚焦智慧社区建设，积极开展相关特色活动。长宁区与西区电信、西区联通合作，走进元丰天山花园等3个小区开展智慧城市进社区服务活动。通过现场设摊吸引社区居民广泛参与和体验，让市民获取更多智慧改变生活的信息，体验到AI成果为家庭生活带来的便利，感受智慧城市的魅力。同时，向社区居民介绍长宁区在智慧城市中相关建设成果、将要推出的惠民举措，包括千兆小区覆盖、智慧城管、智慧安防以及智慧家庭等应用场景。利用长宁体验周活动，进一步提升了市民的智慧城市意识，普及了智慧城市的相关知识与理念，了解了社区居民对于智慧城市新的关注热点与需求。

（李　辰）

第四章 普陀区信息化建设

概 述

2018年是普陀区落实“十三五”规划，建设“科创驱动转型实践区、宜居宜创宜业生态区”的关键之年。普陀区紧紧围绕区委、区政府中心工作，主动对接中国(上海)自由贸易试验区(以下简称“上海自贸试验区”)改革、科创中心建设两大国家战略，加强“一轴两翼”联动，放大武宁创新发展轴带动作用，打造“北翼”科技智慧功能组团和“南翼”四新经济功能组团，重点发展智能科技、科技金融、“互联网+”产业、人工智能等产业，着力提升科技创新对经济发展质量和效益的贡献度。

普陀区信息化工作在市经济信息化委的指导下，在区委、区政府的领导下，遵循《普陀区智慧城市建设“十三五”规划》路径，围绕《上海市智慧城市发展水平评估指标体系》各项工作指标，依托区智慧城市建设领导小组，重点围绕信息基础网络就绪度提升，多角度深入挖掘智慧应用，努力营造良好的智慧城市发展环境，强化体制机制建设，注重资源共享整合，以点带线，以线促面，有序推进区域信息化建设，取得了显著成效。

一、政务领域信息化

【“一网通办”建设】 2018年，普陀区以整合促便捷，推动审批服务事项“一网通、网上办”，实现“应上尽上，全程在线”，提升线下实体大厅、线上网上大厅“双厅联动”的智能化办事模式。对区内“一网通办”事项全面推行网上预审制度，在纳入“一网通办”平台的303项审批服务事项中，达到“三级办理”(一次上门)35项，达到“四级办理”(零上门)264项。截至2018年11月，普陀区社区事务

受理服务中心累计受理"一网通办"业务 20 998 件,其中,直接受理 20 671 件。

【政务服务"一口式"建设】 2018 年,普陀区以集成提效能,推进线上线下"一口"办事。区 238 项涉企审批事项全部达到网上三级以上办理深度,提前实现只跑一次、100%一次办成。推动实体大厅"多门"变"一门",加快实现"前台综合受理、后台分类审批、综合窗口出件",企业和群众必须到现场办理的事务也力争做到"只进一扇门,最多跑一次"。启用"通用类""食品流通""餐饮服务"三个领域的综合窗口,截至 2018 年 11 月,普陀区"综合窗口"受理业务总量为 1 164 件,其中,接待咨询 510 件,办理刻字代办业务 25 件,数字证书代办业务 497 件。

【政府信息公开】 2018 年,普陀区通过政府门户网站、政府公报、政务微博微信、公共查阅点、自助服务终端和电视报纸六大渠道向社会主动开放包括规范性文件、规划和统计信息、行政权力信息、财政资金信息、公共监管信息、公共服务信息、重大建设项目和公共资源配置信息、国资监管和国有企业信息八大类政府信息。2017 年 1 月 1 日至 2018 年 9 月 30 日,主动公开政府信息 8 302 条,其中公文类政府信息 4 956 条,党政混合信息 239 条,全文电子化率达 100%。此外,普陀区还对区级各部门行政权力清单和政务服务事项进行梳理,统一事项名称、事项代码和市区权限,完善 33 项程序性要素,形成了标准化、规范化的政务服务事项 3 688 项、行政权力 3 163 项,并在上海政务服务网对社会公开。

【公共信用信息归集】 2018 年,普陀区完成公共信用信息"三清单"编制,共涉及 23 个部门 934 个数据事项、156 个行为事项、105 个应用事项。首次编制了政务诚信"三清单",涉及 3 个部门 5 项政府机构信息事项和 3 项公务员信息事项。在落实清单编制的基础上,不断提高普陀区信用信息归集率。截至 2018 年 9 月,共向市公共信用信息服务平台报送"双公示"信用信息 1 271 条,非双公示信息 1 544 条,累计上报"双公示"信用信息 16 061 条、其他公共信用信息 5 110 条。2018 年 3 月首次向市公共信用信息中心上报公务员诚信数据 546 条,政府部门诚信数据 143 条。

【区数据开放平台建设】 2018 年 2 月 1 日,普陀区基础数据库升级优化项目正式上线试运行,在区基础数据库一期项目的基础上,围绕整体架构优化、交换体系完善、数据数量提升、数据质量管控、展现方式丰富和数据应用拓展六方面内容进一步深化应用,建成区政务数据开放门户。作为全区政务数据共享应用的统一入口,通过平台门户的展现方式,使用户操作更直观、更便捷,提升人性化体验。一是整合平台各子系统功能入口和层级的展现。二是优化人口、法人、资源目录等查询功能,形成一键式快速查询。三是汇聚各应用统计图表,展示全区基础数据库已有成果和运行态势。四是形成区级一轴两翼和政务地图,通过 GIS 地图方式展现全区数据资源。五是提供区内政务类、民生类、产业类、建管类和移动端各应用的快速跳转或导览。

【政务数据资源共享】《普陀区政务资源目录清单》涵盖了市级人口、法人及地理信息数据、区内

"一数一源"填报数据和区级系统对接数据,已建资源目录共计180个,其中人口类42个,法人类109个,经济类29个,合计1 933项。同时通过"普陀区政务资源目录管理"可在线进行资源编目、目录审批、目录注册、资源申请、资源审核、资源访问和资源使用。区基础数据库解决了数据孤岛、数据蜘蛛网的问题,解决了不同系统中不同数据字段标准化的问题,解决了数据一次填报、多次应用问题。区政务数据开放门户在区政务平台上实现了政务资源目录在线检索。作为全区政务数据共享应用的统一入口,门户整合了丰富的数据来源、便捷的一键查询、全方位的综合展示和立体化的地图呈现,真正让数据"活"了起来。

【普陀市民云】 "普陀市民云"上线以来,不断更新基础数据信息,优化服务类目,整合服务资源,完成了普陀区主页及部分功能的升级,融合了更多普陀特色服务。"普陀市民云"可为128万普陀居民提供55类1 800余项信息查询服务、16项普陀特色服务,实现243项事项在线预约,79项事项在线办理,创新"十五分钟生活圈"特色服务功能,提供"我要查""我要约""我要办"等特色服务功能及普陀文化云、普陀体育、智慧长征等特色应用。截至2018年11月,"普陀市民云"共有17万人次完成注册,其中实名制注册26 901人。

【电子政务云建设和系统上云】 根据《国家信息化发展战略纲要》《政务信息资源共享管理暂行办法》和《上海市电子政务云建设工作方案》中关于政务云集约化建设和信息共享的要求,普陀区积极组织推进落实此项工作,明确职责分工,形成以区府办为牵头单位,普陀区科学技术委员会(以下简称"区科委")作为技术支撑和建设单位的组织架构。普陀区政务云第一阶段计划上云系统39个,根据对39个系统实际需求统计再增加30%的冗余量计算,CPU总规模约为1 700核,以1∶4的比例估算内存需求规模约为8 000 GB,存储需求规模约为300 TB,后续根据建设和实际需求,可进行平滑扩容。2018年三季度已完成项目申报和招投标工作,2018年共完成5个重点系统的迁移部署工作。

【12345热线服务】 2018年,普陀区通过信息化手段形成了12345城市综合治理常态长效的工作机制。一是统一对区和10个街镇网格中心的12345平台安装电话录音系统,要求所有工单"一案两附",确保承办部门拿到工单必须先行联系。二是采取三级催办制度,利用微信群每天发布"超期预警、超期提醒、红灯通报",及时提醒相关委办局科室负责人。

二、社会领域信息化

【视频监控设备和智能图像分析系统】 2018年,普陀区结合上海市智慧公安建设要求,立足区公共安全管理需求,分区域、分类别积极推进视频监控设备和智能图像分析系统的建设应用。在视频

监控建设方面，普陀区公安监控探头数已增加至3 853路，全区视频监控覆盖密度已达65个/平方千米；区域电子警察固定监控点数达139处，违停监控点数达1 471处，覆盖普陀区全部287.3公里道路。在应用系统建设方面，已完成智能图像分析系统建设，并通过该项目在全区重点宾馆、重要道路和重点商场建设了人像智能识别系统，有力提升全区的公共安全防控能力。

【EHR电子健康档案体系】 2018年，普陀区以“智慧健康，服务于民”的思想为指导，积极推进健康惠民项目，启动社区综改项目建设。该系统从“健康生活、疾病问题、卫生服务”三个维度构建居民的EHR电子健康档案体系，实现医疗机构间信息互通和共享，充分发挥各条线业务专业性，同时实现医疗卫生服务和管理的协同。2018年4月，全区10家社区卫生服务中心中已有5家社区卫生服务中心通过EHR电子健康档案评测，5家启动测评流程(准备阶段)。此外，普陀区医疗救助一站式服务项目至2018年三季度末已实现了全区各街镇和17家定点医院医疗救助“一站式”服务全覆盖。

【教育信息化基础应用环境】 2018年，普陀区不断优化教育信息化基础应用环境，加强学校信息化环境建设。一是加强学校无线网络覆盖率，全区中小学校教学、办公等室内重点区域无线网络覆盖率达100%。二是提升学校普通教室多媒体建设，普通教室覆盖率为100%，专用教室覆盖率为90%。三是开展移动终端建设，全区计算机生机比达5∶1，师机比为151.97%，提前达到了1∶1目标。四是完成网络升级项目，建成万兆双环骨干、千兆到校、百兆或千兆到桌面的裸光纤教育城域网。五是建成智慧教育云，以“智慧教育云数据中心、智慧教育云平台以及智慧教育云端”为主体，聚焦网络环境下学习方式变革实验项目和“J课堂”微视频项目，引导学校开展基于在线平台的教学新模式。

【科技助老】 2018年，普陀区制定了《普陀区老龄办关于“智联普陀物联网”应用实施方案》，认真研究梳理养老领域物联网应用需求，切实做好智慧养老工作。一是为社区2 000户独居老人家庭安装“智联普陀居家安全智慧套装”(无线门磁、红外体征传感器、无线烟感、无线可燃气体监测)，保障独居老人居家安全。二是开展综合为老服务平台二期建设，以“长护险”试点为牵引，完成与街、镇平台数据下行对接、与市级平台数据上行对接，形成区域内养老机构长护险服务全覆盖。三是推进数字信息进社区，依托普陀社区治理云平台，推广社区电子触摸屏。208个居委会已安装电子触摸屏并投入使用，共感知到6万余次的居民使用点击。

【智慧旅游】 2018年，普陀区制定《普陀区“十三五”旅游业发展规划》《普陀区苏州河旅游“十三五”发展规划》探索旅游产业全面融合，并围绕“互联网+旅游”工作思路，着重提升工作能级。一是完成“乐游普陀”微信公众号功能升级，开通普陀旅游门户网站，加强旅游信息的互动共享；二是开展智慧旅游线上线下活动，促进文化传播、创意展示、科普教育、文明旅游宣传等活动开展；三是加强对景区道路指引标示巡查，查漏补缺。探索景区景点内指引标识的更新升级工作，结合智慧旅

游开发相关景区内咨询系统，完成 M50 创意园区内的相关景区内咨询系统。

【就业创业公共服务 e 平台】 2018 年，普陀区积极打造职业技能培训公共服务平台，实现职业培训与智慧城市发展的紧密融合、培训资源和企业需求的有机对接，建立定单、定向、定岗"三定"式培训模式，大力发展"互联网＋"培训技术，促进普陀区培训机构能级提升和高技能人才培养基地建设。创立了"上海创业汇"和"普陀就业源"等就业创业公共服务 e 平台，实现线上推广和线下活动的有效结合，集就业、创业、政策、服务于一体。

【智慧气象】 2018 年，普陀区积极配合上海市气象局，以开放合作的姿态，积极推动气象信息化与城市信息化接轨。一是配合上海市东方智慧屋的建设，将气象元素融入其中，为社区居民提供一站式智慧气象服务。二是启动 2018 年普陀区"气象与生态环境教育进校园"主题活动，推进"智慧气象"校园行。三是推动上海市中小学网络专题教育《小学气象探究》、学校气象科普阅读平台、"智慧气象"专栏上线。四是设立"社区气象服务点"，开展天气播报、气象科普知识讲解等，将气象信息、气象防灾减灾、避灾知识送进社区。此外还将启动桃浦社区"气象播报进社区"项目。

【食品安全智慧监管】 2018 年，普陀区深入推进食品安全智慧监管，加大对新业态、新模式以及重点领域的治理。一是推广"明厨亮灶"工程，将餐厅后厨的画面通过就餐区域的电视屏幕直播。2017 年 1 月至 2018 年 9 月，安装"明厨亮灶"的餐饮单位共 1 263 户。二是推进"阳光厨房"项目，将线下餐饮单位后厨视频监控对接至线上，已在近铁城市广场开展试点。三是建立"全球眼"食品安全视频监控中心，已涵盖普陀区全部 31 户食品生产企业。

【传统商贸企业向电商转型】 2018 年，普陀区积极推动传统商贸企业向电商转型。百联集团开展全渠道服务，电商服务平台 i 百联全面上线；麦德龙通过与阿里巴巴合作，在天猫开旗舰店开展 B2C 服务，同时在企业官网针对企业大客户开展 B2B 服务；红星美凯龙提出 1001 计划，形成独立的线上经营交易主体；上海友谊商店在东方购物频道开设购物专场，推动电商交易；农工商超市（集团）依托农口及农工商超市资源开展电子商务第三方平台服务；近铁城市广场通过微信平台与平安付合作，推动线上线下一体化的购物体验。

三、城市建设管理领域信息化

【"智联普陀"建设】 2018 年，普陀区全面推进"智联普陀"建设，面向公共安全、公共管理和公共服务"三个公共"的需求，打造"物联、数联、智联"三位一体的驱动模式，围绕"神经元网络"和"城市大脑"两大工程，在全市率先建成区级"城市大脑"平台，着力解决区域发展中暴露出的城市管理问题，

提升区域精细化管理能级。“智联普陀”各项工作均按计划稳步推进，已基本完成初期建设任务，实现了基础网络全区覆盖、三级平台投入运行、物联应用场景丰富、运营中心正式启用的建设目标。一是实现基础网络全覆盖，无线专网方面实现NGB-W和IoT专网全区覆盖，光纤专网方面完成骨干网络及重点保障区域联通工作。二是初步建成“智联普陀城市大脑”平台，三级平台、四级应用覆盖全区所有10个街镇、25个片区、重点委办局以及所有社区单位，建立大屏管理系统、PC端应用平台、移动端APP“三位一体”的管理体系。初步实现区基础数据库、相关委办局、各街镇及各类专题政务数据的汇聚应用。三是在全区范围部署了近10万个物联传感器，为全区10个街镇和8个重点部门的45项应用场景分别制定了相应的处置流程，并依托“城市大脑”平台投入了实际运行，将前端感知转化为有效管理。四是智联普陀运营中心正式建成并投入使用，成为全区城市管理和运营指挥中枢。2018年11月15日，“智联普陀城市大脑”综合管理服务平台新闻发布会在普陀召开，区科委主任李文波出席，并就“智联普陀城市大脑”的整体建设推进情况作专题发布。

【综合管理与执法】 2018年，普陀区贯彻落实《上海市城管执法系统区级信息化建设要求》，以“互联网＋业务”“互联网＋数据”为驱动，积极推进普陀“智慧城管”建设和应用。建设内容包括一个中枢(区局指挥中心改造升级项目)、一个核心(以一线勤务应用为核心)、一个重点(以网上办案系统的升级改造为重点)、一个载体(以普陀城管微信公众号为载体)，项目所有建设内容均按期达成既定要求。

【BIM技术运用】 2018年，普陀区根据上海市建筑业转型升级工作要求，积极推进区域绿色建筑、建筑信息模型技术(BIM)运用、装配式建筑发展。一是夯实工作基础，搭建了由区建管委牵头，区发展改革委、区规土局等职能部门参与的工作平台。二是全面开展调研，编制了《普陀区绿色建筑暂行管理规定》和《普陀区建筑信息模型技术应用项目管理办法》，为加强BIM技术管理提供了制度支撑。三是推进重点区域应用，聚焦长风生态商务区、桃浦智创城等重点地区，在《长风生态商务区规划建设管理导则》和桃浦智创城绿色生态城区实施方案中明确了BIM技术实施标准。

【环境质量监测系统升级改造】 近年来，普陀区实施了环境质量监测硬件和软件的升级改造。硬件上，普陀区拥有2座环境空气质量自动监测站，其中1座为国控点、1座为市控点。市建36个道路扬尘污染防治在线监测点位，在全市7个中心城区中点位数量最多。自建4座噪声自动监测站、5座地表水自动站。软件上，建有普陀区空气质量实时发布系统，每小时向公众实时发布空气质量状况。2017年至2018年，普陀区在环保信息化一期项目基础上开展二期建设，深化完善环境数据中心，打造“全、真、精”的普陀环保数据中心，整合来源于在线监测等多渠道的环境数据。基于GIS平台，以环境数据描述性分析为重点，对环境数据进行深度钻取、定量分析，建立了以大气、水、扬尘、污染源为主题分析的监管分析平台，为环境管理提供了更全面、准确的决策支持和知识服务。

四、信息产业发展

【机器人研发与转化功能平台】 2018年，普陀区以产业需求为导向，聚焦机器人可靠性和智能化水平，集聚优势资源，建成国际一流的机器人研发与转化功能型平台，为机器人生产企业和集成企业提供可靠性测评、智能化测评、整体解决方案，以及核心共性技术，支撑国产机器人可靠性和智能化水平达到国际先进水平。普陀区已完成机器人研发与转化平台运营公司的实体注册，组建了机器人功能型平台团队，微信平台同步上线；积极推进国评中心建设，完成国评中心检测一期能力建设，全面推广机器人CR认证及国际机构互认，完成对工业机器人、服务机器人、特种机器人等产品的认证和检测能力的覆盖。

【上海工业控制系统安全创新功能性平台】 上海工业控制系统安全创新功能性平台是上海市首批推动建设的18个研发与转化功能型平台之一，主要对接工业互联网及中国制造2025战略创新发展要求，通过发挥上海和长三角地区工业控制产业链优势，以工控安全技术为引领，连接政府、产业上下游企业、科研院校、社会资本等相关主体，打造技术创新和产业生态服务平台。2018年3月，成立了上海工业控制安全创新科技有限公司，引入市、区两级引导资金和社会资本，成立工控系统安全发展基金，争取到2021年形成国家级工控安全测试中心和“1+X”工控系统安全创新转化服务体系。普陀区正推进平台开展技术功能布局，主要面向轨道交通、汽车电子、航空航天等重点行业开展安全技术产品及解决方案供给对接，并参与2项工信部工业互联网专项建设。

【中以创新园建设】 2018年，普陀区科委会同桃浦智创城就中（国）以（色列）创新园背景与市、区中以创新合作项目情况，以及华师大、曹杨二中等中以合作内容所形成的影像和资料，制作中以创新园宣传片。达成太库（上海）企业发展有限公司、雷哈韦（上海）众创空间管理有限公司等机构入驻中以创新园，争取上海延藜生物技术有限公司等一批中以创新项目入驻园区。协调做好园区载体腾挪工作，已完成1 500平方米展示区建设，2019年可腾出约5 000平方米的办公场地。

【网络安全产业发展】 2018年，普陀区网络安全产业整体发展保持平稳增长。政策扶持方面，普陀区依托张江国家自主创新示范区专项发展资金和区信息化发展专项资金，扶持了“基于主动防御技术的APT对抗系统”等一批项目和上海高重信息科技有限公司等一批企业。

【两化融合】 2018年，根据市经济信息化委两化融合工作要求，普陀区积极组织区内企业开展两化融合自评估和贯标试点，充分利用区内园区、平台等载体，通过对接市、区两级资源做好宣传、培训、指导等服务工作，积极鼓励区内符合条件的企业主动申报，提升贯标工作的知晓率、参与度及覆盖率。截至2018年11月，普陀区共有31家企业进行了两化融合自评估诊断，贯标企业共10家（其中3家企业启动并通过了贯标评定审核且获得了证书）。

【新一代信息技术产业】 2018年，普陀区围绕区

域科创中心建设,从产业集聚出发,依托信息服务产业基地、科技园区、众创空间等科技载体建设以及高新技术企业、小巨人企业等创新主体培育,稳步推进区域软件和信息服务业各项工作。2018年,普陀区软件信息服务业实现营业收入214.45亿元,同比增长17.5%;年营收超亿元企业达到46家,相比2017年同期增加6家,区域软件信息服务产业总体保持稳步增长态势。

【国家电子商务示范基地】 普陀区中环商贸区是一个以传统商贸企业电商转型为特色、以新型电商集聚为优势、以电商配套企业为支撑,特色鲜明、产业齐全、体系完善的国家电子商务示范基地。商贸区内建设有完善的电商生态体系,既有传统商贸总部企业,如百联集团、麦德龙、红星美凯龙等,又有新型电商企业,如饿了么、驴妈妈等,同时还汇聚了一大批电商技术支撑企业,如安付宝商务有限公司等支付企业,以及技术支持企业、海外推广电商企业和物流企业,已形成完整的电商生态。中环商贸区国家电子商贸示范基地在2018年国家电子商务示范基地综合评价中再次名列全国第一名。

五、信息基础设施建设

【基础网络优化】 2018年,根据上海市关于信息基础设施建设工作要求,普陀区将提升用户感知作为服务民生、服务企业的重要手段,以社会获得为标准,以用户感知为导向,结合实际推动信息基础网络全面优化。一是布局城域物联专网建设及覆盖。区域内三大运营商的物联专网(NB-IoT)已完成建设,广电500M频段IoT专网实现95%覆盖率。二是加快千兆宽带小区全覆盖。依托三大运营商,完成全区所有小区千兆宽带接入能力改建,在全市固定宽带下载感知速率测试中排名全市第一。三是全面完成34处公用移动通信信号弱覆盖区域整改。通过任务分解,依托运营商,协调街镇于2018年三季度前全部完成34处弱覆盖区域优化。四是开展移动通信感知度测评。对全区九大类52处场点进行测评并协调运营商整改,对6个科技园区和长风生态商务区21栋重点商务楼宇开展信息基础设施调研。五是实施i-Shanghai无线网络覆盖。完成全区115处居委会i-Shanghai应用覆盖,并实现全区52处政府公共场所无线网络与i-Shanghai的对接。六是做好2018上海国际10公里精英赛通信保障工作。

【下一代无线广播电视网NGB-W建设】 2017年四季度开始,普陀区依托"智联普陀"项目开展下一代无线广播电视网(NGB-W)建设。截至2018年8月,共完成建设NGB-W专网宏站58处,实现全区95%覆盖率并开通使用。在应用层面,截至2018年9月,全区已有483个无线视频监控设备在NGB-W专网上运行,并通过"智联普陀城市大脑"三级平台进行视频分发,实现了NGB-W网络无线视频监控回传和共享共用,有效支撑了45项应用场景的处置。

【城域物联网专网建设】 2018年，普陀区全面贯彻落实市委、市政府要求，加快建设新型城域物联专网，合力推进从“城市大脑”到“神经元”的“1234X”工程，将前端感知转化为有效管理，通过流程再造提升城市精细化管理水平，实现将现有城市标准化流程管理向“标准化＋智能化”的流程管理转变。普陀区已建成新型城域物联(IoT)专网微站119处，于2018年8月实现全区覆盖并开通使用。截至2018年9月，已有超过10万个物联传感器在IoT专网运行，覆盖全区的十万余个物联传感器通过广电500M频段的IoT物联专网，将感知数据回传至智联普陀“城市大脑”区级平台。“城市大脑”根据45项应用场景处置流程，利用覆盖全区所有10个街镇、25个片区、重点委办局以及全区所有社区单位的光纤专网，将处置信息下发至三级平台、四级应用，并在智联普陀运营中心、街镇和片区大屏、PC端应用平台、移动端APP上实时处置反馈，形成了报警后的派单、处置、反馈等全过程管理体系。普陀区新型城域物联专网依托智联普陀“城市大脑”平台真正投入了实际运行，将前端感知转化为有效管理，有力整合了各部门处置职责，实现了管理流程再造，形成了普陀城市精细化管理的创新实践。

【共同推进“互联网＋”战略合作框架协议】 2018年1月12日，普陀区政府与上海移动就共同推进普陀区“互联网＋”建设签署了《共同推进普陀区“互联网＋”战略合作框架协议》。双方将以本次签约为新的起点，共合作、谋发展、同成长，通过提升信息基础设施能级、推进数据开放共享、加大多方协同合作等，以网络建设、技术创新和应用推广为重点，加快普陀“互联网＋”建设与应用，助力“科创驱动转型实践区、宜居宜创宜业生态区”建设。

【全力保障无线电通信安全】 2018年，普陀区积极协调运营商保障2018年普陀区“两会”、第十五届上海苏州河城市龙舟国际邀请赛、2018上海国际10公里精英赛等重大会议、活动和赛事的无线电通信，在场所主要区域进行重点网络部署和优化，同时督促各运营商派出通信保障车辆和专业人员为活动现场通信信号提供有力支撑。

六、信息化环境建设

【2018“创业在上海”国际创新创业大赛普陀赛区】 2018年3月27日，“创业在上海”国际创新创业大赛普陀赛区在麦腾创业天地召开。此届普陀赛区以“智汇普陀、创业启航”为主题，致力为怀揣优质项目、拥有技术创新、开拓商业新模式、聚集专业人才的企业和团队提供一个梦想起航的展示平台。上海市科委副巡视员刘勤、普陀区副区长魏静、上海市科技创业中心党委书记王震、普陀区科委主任李文波出席启动仪式。参赛企业代表约180人参加活动。

【普陀武宁创新发展轴理事会成立大会暨区校合

作签约仪式】 2018 年 9 月 14 日,普陀武宁创新发展轴理事会成立大会暨区校合作签约仪式于普陀区召开。大会审议通过了《普陀武宁创新发展轴理事会章程》和普陀武宁创新发展轴理事会理事长、理事、秘书长名单,颁发了理事长、副理事长和理事证书。首任理事长、华东师范大学校长钱旭红宣布普陀武宁创新发展轴理事会正式成立。会上,普陀区人民政府与华东师范大学共同签订了共建国际教育科技园合作意向书。

【2018 中国(上海)国际嵌入式大会】 2018 年 9 月 10 日,中国(上海)国际嵌入式大会举行,会议围绕“嵌入式系统构筑智能未来”这一主题,从技术研讨、案例分享、展览展示到项目合作,全方位打造嵌入式领域专业人士交流的平台。本次会议由国家可信嵌入式软件工程技术研究中心、上海产业技术研究院主办,区科委联合主办,会议吸引了来自制造业、自动化、信息化领域的国内外 300 多位代表出席并参与讨论。

【上海人工智能创新项目签约仪式】 2018 年 9 月 17 日,世界人工智能大会成功举办,其间举行了上海市人工智能产业规划政策发布会暨项目签约仪式,普陀区政府与上海电器科学研究所(集团)有限公司合作签署的机器人研发与转化功能型平台、与华东师范大学合作签署的基于人工智能的工控安全服务平台正式启动。此外,上海工业控制安全创新科技有限公司携手中控科技集团有限公司、TUV 北德车辆检测认证(上海)有限公司、北京天融信科技有限公司、SGS 通标标准技术服务(上海)有限公司 4 家行业巨头签署战略合作协议,共建基于人工智能的工控安全服务平台。此次战略签约共建基于人工智能的工控安全服务平台,旨在致力于以人工智能、机器学习等技术全面赋能工控安全产业,通过 AI 预判工业风险,提高工业生产效率。

【以色列创新成果项目路演活动】 2018 年 11 月 20 日,以色列创新成果项目路演活动在华师大出版社召开,此活动由区科委联合华东师大转化科学与技术联合研究院、雷哈韦(上海)众创空间管理有限公司共同举办,邀请了以色列海法大学 7 个创新项目来上海路演并开展项目对接。此次活动为华师大及海法大学初步搭建了一个技术研发与市场对接的平台,充分展示了双方在智能医疗、视觉传感等产业合作的广阔前景。

【2018 年普陀区无线电科普宣传月系列活动】 2018 年普陀区无线电科普宣传月系列活动于 9 月启动,10 月落幕。本系列活动分为线上、线下两部分,线上活动为网上无线电知识竞赛,吸引了近千人参与;线下活动为无线电知识进社区、进校园开展专家讲座和科普设备巡展,先后在晋元高级中学附属学校及甘泉、真如、石泉和长征等社区开展活动,共计发放宣传册近千份,直接参与市民达 700 余人,切实提升了全社会的参与度和获得感。

【智慧为老暨市民云系列培训】 2018 年 8 月至 9 月,普陀区完成市“智慧为老”系列培训暨普陀市民云培训,深入全区 10 个街镇完成十场百人培训,培训涉及市民云应用、手机使用、互联网使用等近十项内容,共计发放宣传册近 1 500 份,受益人员达 2 000 余人次。

【2018“智慧普陀”大搜索】 2018 年 12 月 28 日，作为 2018 年上海市智慧城市进万家系列宣传活动的最后一站，“2018 上海智慧城市进万家”系列宣传普陀站活动暨“智慧普陀”大搜索活动在普陀区天地软件园中心广场举行。普陀区组织 100 名市民参加，通过分组参加、线上打卡、线下体验的方式，完成事先选取的具有代表性的区智慧城市场景点任务，亲身感受普陀智慧城市建设成果。

【网络安全宣传】 普陀区结合国家网络安全宣传周，连续两年开展了网络安全宣传系列活动，设计制作普陀科技版宣传手册，在“普陀科技”网站开启飘窗，在微信公众号推送网络安全宣传周相关内容，组织科技园区企业、市民广泛参与网络安全竞赛活动。2018 年 9 月，召集全区各部门系统管理员，开展网络安全知识培训，并赴个别街镇进行了网络安全基础知识全员宣讲，发放宣传手册 500 余册，收到了良好的宣传效果。

（余　尔）

第五章　虹口区信息化建设

概　述

2018年，虹口区信息化建设以《虹口区智慧城区“十三五”规划(2016—2020)》为指引，深入开展信息基础设施建设，以统筹、共享、集约为原则，以智慧生活、智慧经济、智慧城市管理、智慧政务、智慧产业为重点，扎实推进网上政务大厅、事中事后监管平台等重大项目建设，全区各领域信息化水平进一步提升。其中，在市经济信息化委大力支持下，虹口区成为上海市5G综合示范区。为全力打响“双千兆第一区”品牌建设，虹口区加大全区5G基础设施建设，以及创新应用在资金、载体、人才上的投入力度，围绕区科创中心建设各项重点任务，以优化营商环境为指引，聚焦5G综合示范区建设，统筹规划，引导并促进5G产业链及其他相关行业共同发展。

一、政务领域信息化

【“一窗受理、分类审批、统一发证”改革】　2018年，虹口区按照“应纳尽纳、集成服务、效果导向”的原则，实施“一窗受理、分类审批、统一发证”改革，通过行政服务大厅升级改造项目建设，推动各部门通过流程再造，将碎片化的审批服务集成化，各部门法人审批事项(除公安、税务外)统一由行政中心窗口受理，建立前端一窗受理、后台分类审批、统一出件发证的运行模式，变企业“一事跑多门”为“中心一窗办多事”，实现线上线下联动，着力优化营商环境，最大程度便企利民。

【深化推动政府领域信用应用】　2018年，虹口区发挥信用支撑“互联网＋政务服务”作用，深化信用信息应用，根据办事主体信用状况，推动各部门

实施事前差异化服务、事中信用监测预警和事后联动奖惩措施，开展网上政务服务全过程信用管理。实施信用证明“N证合一”专项行动，切实降低群众和企业办事成本，努力提高行政效能。依托市信用联动惩戒系统，构建“一处失信、处处受限”的信用惩戒格局。推进政务诚信建设，开展网上政务服务诚信评价，将群众满意度评价、政务信息公开、行政事务办理效率、差异化服务、信用监测预警、联合奖惩落实等情况纳入政务诚信考核。启动区信用子平台的二期升级改造建设，增设信用联合奖惩模块和政务诚信管理模块；区信用子平台与区事中事后监管平台建立数据共享和联合奖惩应用对接机制；完成与区市场监督管理局的联合奖惩备忘录梳理，区事中事后平台中已归集的行政处罚和行政许可数据定期交换至区信用子平台，实现激励名单和惩戒名单（红黑名单）共享；推进区网上政务大厅和信用子平台对接，实现跨部门公共信用信息共享；与区大数据中心建设对接，开展资源目录的梳理；通过区信用子平台，将信用管理与日常管理服务紧密衔接，提高部门查询应用。编制应用清单108项，应用查询量总计7 615次，在公务员招录、政策评审、招标投标、文明创建中发挥了积极作用。

【加强事中事后综合监管】 2018年，虹口区完善综合监管机制，把部门监管事项全部接入综合监管平台，强化跨部门、跨区域执法联动和数据共享，加快实现违法线索互联、监管标准互通、处理结果互认。完善专业监管机制，深化落实分行业监管方案，全面建立监管对象追溯体系。完善监管方式，深化“双随机一公开”，强化信息归集和联合惩戒，加强诚信监管、智能监管、分类监管、风险监管，推进线上线下监管一体化。

【推进移动电子政务应用】 2018年，虹口区政务服务移动端应用是区“一网通办”及智慧政府建设的重要阵地，充分发挥移动互联技术在远程数据采集、远程信息交互、远程决策管理等方面的先天优势，加快推进区移动办公、移动办事、移动采集、移动监测、移动城管、移动执法等工作，为政府、企业、居民等提供“全天候、零距离”的高效政务服务。

【完成系统迁移上云工作】 虹口区于2017年10月启动虹口政务云平台的规划建设工作，采取向云服务提供商购买服务的方式，构建符合全区统一技术标准的私有云平台，为各部门提供按需分配、动态扩展的基础设施保障。虹口区在三个云机房之间创新采用了数据中心级别的“大二层”的网络模式设计。“大二层”网络模式将三个云机房的政务外网环境在逻辑上变成了一张“大网”，云上各类应用和数据均可在不需要进行配置更改或系统改造的情况下，在三个云平台之间无阻碍通讯和任意迁移，使三个不同的云平台环境真正整合成了一个统一的区电子政务云平台。虹口区政务云平台已完成信息安全三级等保测评，正式上线运行，并已实现全区所有政务网（包括互联网）自建自管（共计39个部门，63个系统）系统迁移上云的总体工作目标。

【建成统一云数据库】 虹口区依靠区电子政务云平台“大二层”的网络构建以及云数据库的多节点并行部署方案，在全区形成“统一云数据库”，将原先向各部门提供虚拟数据库服务器并由各部门在

服务器上自行部署数据库的传统方式，变为在云数据库里开设子数据库并直接向各部门提供数据库实例的创新方式。通过这样的数据库平台化服务，能够为数据交换平台、数据资源目录以及数据统一标准提供统一的数据库环境，避免“信息孤岛”，真正实现数据互联共享。

二、社会领域信息化

【智慧养老】 2018 年，立足虹口区深度老龄化的趋势，虹口区积极推进养老服务信息化建设，搭建线上线下的服务供给平台，为老人提供各类养老服务信息，保障养老服务供给。截至 2018 年年底，全区共有养老机构 42 家，其中 41 家(另有 1 家在建)养老机构的基本信息和入住老人基础情况，均已全部录入上海市养老机构日常管理系统，为加强养老机构日常管理夯实了信息数据基础。同时，引入 103 家服务供应商，为老年人提供紧急援助、生活服务、主动关爱、质量回访、远程健康管理等各类养老服务，累计服务数量已达 108 968 次。通过为孤老、低保和 90 岁以上独居老人配置智慧终端项目，为 2 778 名特殊群体老年人提供紧急救助、信息咨询等服务，满足老年人的个性化需求。

【建设精准化企业服务体系】 2018 年，虹口区在上海市企业服务云及虹口门户网站开设“虹口企业服务云”板块，针对区内企业开展全规模、全所有制、全生命周期的企业服务。集聚市、区两级政府政策，实现一站式政策服务，形成一网式政务服务；集聚公共服务及社会机构专业服务资源，形成一门式专业服务，并构建了区统一企业诉求受理平台。

【社区治理“全岗通 2.0”】 为顺应社区治理精细化、智能化的发展趋势，虹口区自 2018 年 4 月 1 日起正式实施“全岗通 2.0”，推行居委会“不见面办事、零距离服务”社区治理新模式，对 61 项居民需求较为集中的办事事项，梳理了申请条件和流程等政策依据，制定了 2018 年版居委会“不见面办事”清单和工作指南，开发了居民网上办事平台，将事项分为在线预约类 19 项、在线咨询类 28 项、在线办理类 14 项。截至 2018 年 12 月，虹口区各居委会共受理事项 28.4 万余件，其中，处理“不见面办事”事项 31 822 件，处理“零距离服务”需求 14 032 次，实现邻里互助微心愿 1 591 条，工作取得初步成效。

【社区就业创业服务】 2018 年，虹口区按照“腾出一块、置换一块、整合一块”的思路，指导各街道调整和优化 30 个社区就业服务工作站环境，制定了示范性工作站评估标准和评审办法，通过推进社区就业服务工作站规范化、标准化建设，使街道就业服务管理的职能进一步强化，一线就业服务的力量得到加强，社区就业服务的基础得到夯实。同时，在充分调研的基础上，对原有就业社区管理信息系统进行优化升级，重点强化失业管理、就业服务，做实劳动力资源数据，细分有就业能力、就

业愿望的社区劳动者和用工单位的需求,为实施精准服务提供支撑。2018 年,共安置就业困难人员 1 799 人,规定时间内安置率为 100%。

【智慧社区】 为提高社区治理智能化水平,由虹口区地区办牵头,区科委协同,在广中街道实践基础上,研究建设"系统集成、数据共享、管理协同"的综合管理执法指挥处置信息平台,通过物联网技术感知、智能视频巡查等手段,对辖区内所有人、单位、房、点、物、网、路七大类 43 小类数据进行排摸和梳理,将发现的各类问题整合至一个统一的信息数据平台,通过系统判定与人工核实相结合的方式进行综合分析派遣,实现变"被动接收"为"综合发现",促进综合管理在"公共安全、公共管理、公共服务"三大领域全面落地,进一步降低管理难度、提升管理效率,为社区综合管理执法工作得到有效实施提供保障。同时,根据《上海市智慧社区建设指南(试行)》,围绕公共服务、公共安全和公共管理,深入开展智慧社区试点示范建设。鼓励建设面向市民服务的云平台,汇聚政府公共服务和市场服务资源,通过电脑、手机、数字电视等渠道,为市民提供社会保障、医疗健康、交通出行、气象信息、智慧物业、文化娱乐、公用事业、智能安防等服务。

【智慧文化】 2018 年,虹口区依托公共文化大数据平台打造"政府配送、百姓点单、社会主体提供服务"的公共文化配送新模式,通过建设"虹口文化云",让更多群众喜闻乐见的公共文化服务走进社区,走近群众,"虹口区文化云"开启了公共文化服务线上线下全覆盖的新时代,实现了信息共享、活动预约、场馆预定、数据管理等便民功能。另外,为加强区域内各类博物馆、图书馆、文化馆的数字化建设,虹口区借助"三网融合"工程打造数字展厅,把展厅搬到"云"上,使展览在虚拟空间中延展,让更多人观展并参与线上活动,不仅扩展了空间,在时间上也能延长,有效利用活动资源。

【智慧体育】 2018 年,为加快信息化发展步伐和推进智慧城市建设,虹口区体育局通过"智慧球场"的建设来满足市民日益增长的体育健身锻炼需求,在体育健身锻炼的过程中感受技术给生活带来的发展和便利。区体育局对四川北路社区篮球场(四川北路虬江路)、水木年华社区篮球场(粤秀路 351 号)、汶水东路社区篮球场(汶水东路水电路口)三片运动场进行了"智慧球场"改建工作,已对社会开放,并通过安装监控等设施,完善市民球场功能,满足市民锻炼的需求。

【智慧健康】 一是为体现"惠民、惠医、惠业、惠政"的建设实效,区卫计委统筹推进并深化适应医改要求的医疗服务、公共卫生、医疗保障、药品管理、计划生育与综合管理等信息系统建设,完善在区域卫生信息平台上的资源共享和服务协同,提高各级医疗卫生机构的管理效能和服务水平。二是依托电信裸光纤及区政务外网,推进联通全区医疗卫生机构和市级平台的区域健康信息网和卫生综合管理信息平台建设,已形成联通全区 2 所市级三家医院、17 家区属医疗卫生机构、4 家部队、企业办及社会办医疗机构的区卫生专网,辖区内公立医疗机构已实现网络接入全覆盖。三是继续推进区域卫生数据中心建设,完善统一标准的居民电子健康档案库、电子病历资源库和区域人口库建设,实现居民核心电子健康档案的区级统

一管理，各社区卫生服务中心与区级平台的健康档案数据同步，区级平台共管理保存有效健康档案 730 217 份。四是强化区级卫生信息化平台建设，完善社区卫生服务中心综合管理信息平台，推进区属医院、社区卫生服务中心和公共卫生专业机构信息化联动应用实现。在全市卫计系统数据质量排名中，虹口区位列全市第二。在市级社区卫生服务综合改革试点评价中，虹口区位列中心城区第三。

【智慧教育】 2018 年，虹口区教育局充分发挥信息技术对教育现代化的支撑作用，创新教学手段和模式。教育系统信息化专网覆盖全区 21 个教育机构及 124 个基层学校节点的约 2 万台终端设备。全区 62 所公办学校中，29 所学校无线网络全覆盖，占 46.77%；28 所学校的普通教室已建成互动多媒体教室，占 45.16%。虹口区是上海市“智慧校园”建设试点区，为提高教育管理效率，复兴高级中学正在建设“智慧校园”项目，利用大数据支持教学决策，包含学生成长、多媒体课程、图书馆管理等多种应用，将教学、管理和校园生活进行充分融合，以满足学生个性化发展。

【智慧旅游】 2018 年，结合区内特色和商旅文体会融汇发展要求，虹口区进一步加强旅游公共服务中心智能化建设，完成四川北路旅游公共服务中心功能提升，建设智能化、人性化服务设施，采用“旅游＋科技植入服务综合体”的概念，建设成为融宣传推介、旅游咨询、商务洽谈、休闲体验等于一体的多功能服务平台。同时，利用新媒体等工具为游客提供更好的旅游体验，进一步“活化”虹口历史文化资源，在区重点景区开展统一铭牌，配以二维码及文字说明。重点做好历史保护建筑及名人故居二维码设置及讲解工作，2018 年已完成 120 个历史保护建筑二维码铭牌设置，从旅游的角度将遗迹旧址的故事和特点进行直观展现，实现相关场馆的全媒体、沉浸式导览，让虹口重要的文化遗址旧址成为市民及游客可参观、可阅读、可融入的重要活动场所。

【智慧商圈】 2018 年，虹口区继续深化智慧商圈建设。一是鼓励凯德龙之梦虹口进一步挖掘数码体验区、智能导航机器人“小美”、凯德星会员系统等项目的效益和价值，通过科技与商业的结合，给租户及顾客带来全新的购物体验。二是推荐号百商旅电子商务有限公司、翼集分电子商务（上海）有限公司、上海中晨电子商务股份有限公司、天翼征信有限公司、虎扑（上海）文化传播股份有限公司等企业开展 2018 年至 2019 年电子商务示范企业申报工作。三是探索“线上线下一站式”新零售模式，推动欧尚无人超市、苏宁小店、无人面馆等新业态落户虹口，并鼓励“天使之橙”实现“无人零售智能现榨橙汁终端”概念，提升社区商业便利度。

【智慧园区】 按照“总部＋一圈一街一园”的规划布局（一圈：环同济经济圈；一街：中山北二路、汶水东路邯郸路绿色技术创新大街；一园：上海节能环保产业园），努力打造绿色技术创新要素集聚示范区，深入推进同济虹口绿色技术产业园、花园坊节能环保产业园等园区建设，继续推动马登仓库等载体的产业升级改造。建设绿色技术转移转化专业化众创空间，搭建公共服务平台，为绿色技术的孵化、集成和产业化提供配套服务。

三、城市建设管理领域信息化

【提高城市精细化综合管理能力】 2018年，虹口区通过实时感知、智能管理等先进手段，加强全区各部门、各街道城市管理类信息资源向区城市运行综合管理中心汇聚，进一步强化区城市运行综合管理中心城市管理中枢作用，推进街道城市精细化管理和街道社区智能物联应用的融合对接，逐步形成“数据汇聚—综合分析—智能派单—精准监管”的城市管理新模式，努力实现城市精细化管理全覆盖、全过程、全天候。整合完善“数字城管”综合管理系统，提高城管执法的针对性和有效性。加快社区综合管理执法平台建设，实现街道(社区)对各类执法事件的预测、监控、预警、指挥、决策、处置、善后等综合管理的执法管控。积极推进城市精细化管埋技术应用相关项目，创新体制机制，打造服务型、开放型、和谐型的智慧城市管理新模式。

【智慧公安】 虹口区公安分局坚持警务活动科技含量提升和现代警务流程再造，将大数据、云计算、物联网、人工智能等先进技术和产品，集成创新应用于公安工作。开展街面、社区、单位(楼宇)智能安防设施和传输网络建设，推进智能消防感知系统建设，完成区内涉及的有关智能图像识别系统、智能语音识别系统、智能交通安全管理系统、智能危化品管理系统等重点项目建设，有序推进“感知泛在、研判多维、指挥扁平、处置高效”的精准警务改革，探索自助自救、互助互救、公助公救梯次递进处置模式，为人民群众提供更充分、更均衡的公共安全产品。2018年，虹口区积极推进高清图像监控系统建设。为落实智慧滨江建设要求，提升滨江贯通区域管理和服务水平，积极推进北外滩综合示范区建设的重点项目滨江智能融合杆建设，项目已整体完工，主体工程基本建成高清球机107个、全景相机2个。此外，区公安分局对照市局任务要求，积极有序推进智慧公安建设任务18项。其中，市局指定配套项目16项；区自主试点建设项目2项，分别为虹口足球场智慧安保体系建设和天山宾馆智慧反恐建设。

【虹口足球场智慧安保系统】 2018年，虹口区对照一流球场建设，结合安保实际，协调场地，强化虹口足球场软硬件升级改造。在外部人流主通道、场馆周边、场馆内部新增三道反恐防冲撞桩；新增人流导引系统，并对各通道梯、看台门进行了改造，同时新增16套安检仪，35套人脸识别闸机，以及烟感、温感、电气、水压监测、不间断电源监控等感知设备50余套；全面升级球场的视频监控体系，共改建、增设探头167个，可分别实现人流计数、人流密度预警、人脸识别、热成像等不同功能。通过改造，极大提升了球场安保工作科学化、精细化水平，观众进退场用时分别减少15分钟、10分钟，活动安保警力节省近30%。

【天山宾馆智慧反恐建设】 2018年，虹口区通过对天山宾馆及周边区域的三维精细化建模，优化网络结构，布建了天山宾馆反恐设施智慧监测平台，并对接市公安局，获取在沪重点关注人员数据。平台集成了人像智能识别比对、WiFi管控、网安非经系统、车辆分析等系统，实现了人证合一、人像比对、临时布控、车辆搜寻、车牌研判等功能。

【警务流程再造】 2018年,虹口区将欧阳派出所作为辖区警务流程再造试点单位,划分警务责任区4个,扩充了责任区民警的工作职责。在改革过程中,欧阳派出所研发并不断完善"我在执勤"应用软件,将信息化技术应用于街面勤务管理工作中,初步实现了"勤务轨迹可显现、警情信息可推送、工作任务可管理、工作绩效可评估"。欧阳派出所坚持运用该软件对街面勤务民警工作绩效进行评分公示,在提高工作效能、严密防控网络、强化队伍管理等方面取得了良好效果。

【民防BIM系统区级平台部署】 2018年,为响应《上海市推进建筑信息模型技术应用三年行动计划》的要求,奠定良好的工作基础,虹口区加快推进上海市民防工程BIM信息管理系统区级平台部署工作,做好与市民防办BIM管理系统接轨,逐步连通民防工程管理"网格化、标准化"数据信息,打造感知敏捷、互联互通、实时共享的民防领域"神经元"系统。

【白玉兰广场智慧消防】 2018年,虹口区利用白玉兰广场作为试点,建立了消防独特的实战应用模型和智能消防感知系统,完成对消防信息化数据的分析研判,实现了基于楼宇消防的可视化展示,异常情况预警,异常预警核查、处置、反馈等功能,并与警务微信互通联动应用,形成"感知泛在、处置迅速、管理高效"的新型消防管理模式,成为全市高层公共建筑消防安全管理样板。

【网格化综合管理平台应用】 2018年,虹口区网格化工作通过"三级平台,五级网格"的网格化综合管理格局,发挥各级城市网格化管理平台的作用。区城市网格化综合管理中心依托城市网格化综合管理信息系统,整合"12345"市民服务热线工作,进一步发挥在城市管理中的协调指挥、监督评价作用,督促各条线部门专业、依法、高效地解决处置问题;各街道通过城市网格化综合管理信息系统,结合城区管理、社区党建、社区服务、平安建设工作,由街道城市网格化综合管理中心解决百姓身边的"急、难、愁"问题;居委平台扎根基层,通过社区自治与共治,发挥居委会自我管理、民意收集、主动发现的功能,凝聚社区力量,推动社区建设。

【食品安全远程监控系统推进覆盖】 2018年,为打造"透明厨房",让食客吃得放心,虹口区创新监管方式,将企业自律、社会监督与政府监管相结合,大力推进以"现场视频显示、远程网络监管"为特征的"明厨亮灶"工程,将操作间、凉菜间等关键部位和重点环节,通过直观形式或视频方式予以展示,使"后厨"可视、可感、可知,加强食品安全保障。食品安全远程监控室已覆盖8个街道,500余家餐饮单位签约安装"明厨亮灶"视频系统,已完成安装200余家,龙之梦、月亮湾、瑞虹新城等重点区域大中型餐饮企业实现100%全覆盖。

【地下管线资源梳理和系统建设】 根据市政管线管理工作要求,虹口区建管委完成区地下管线资源梳理采集及地下管线信息系统建设,为市政和水务管理工作提供业务支撑。同时,建立健全地下管线数据更新长效机制,做好维护管理工作。

【环境监管大数据应用】 为提升环境监管的效能和水平,做到"全区域覆盖、全过程跟踪、全方位监

管”,动态监管环境管理数据,虹口区环保局建立环保大数据监控平台,整合了扬尘与噪声在线监测、移动执法、环境信访等18个环保业务平台的环保大数据,并与地理信息进行有效整合,通过将分散的环境管理数据与GIS相结合,实现“一点一档”实时管理。

【道路停车电子支付试点】 为加强停车规划调控和设施建设,控制核心区商业办公建筑的停车配建规模,进一步提升道路停车场/位管理和服务水平,虹口区在全市率先实施道路停车电子支付系统改造试点,飞虹路、天虹路等试点路段完成POS机改造,可实现在线扫码支付。全区122家备案停车场(库)中,有75家实现了支付宝、微信支付停车费,有49家已联网使用税控机打印发票。

【智慧水利河道监控】 2018年,虹口区顺利完成“智慧水利”河道监控项目建设,在四川北路横浜桥、水电路万安路桥、俞泾浦张贵桥等8个重点河道断面安装监控探头,实现在线视频监控,方便掌握河道动态。同时,积极推进市政泵站排污(水)口数据联网改造,完成春生街、车站北、新乍浦3座区管泵站运行及排口监测数据联网技术改造,与市水务局实现数据共享对接,实时掌握区管泵站运行动态。进一步完善河道水质水量实时监测布局。启动江湾市河、南泗塘水质自动检测站新建项目,完善水质监测布局,补足河道管理短板。

【工地远程监控应用】 2018年,虹口区完成工地远程监控系统建设,在6个深基坑工程中安装远程监控系统,每个工地配置两台枪机一台球机(分别安装在工地大门、重要作业面、塔吊等部位),对工地进度变化情况、工程质量安全动态实施监管,一旦发现违规行为,可及时进行证据锁定,并通知工地整改。

四、信息产业发展

【信息产业结构不断优化】 2018年,虹口区信息服务业共实现三级税收12.47亿元,较2017年同比增长26.1%;区级税收3.57亿元,同比增长24.7%,销售收入175.24万元,同比增长7.7%。从企业结构和数量上来看,信息服务业企业2 810家,比2017年增加319家,增长12.8%。信息服务业2018年度营业收入超亿元的企业有32家,这32家企业营收合计119.31亿元,占信息服务业营收的68.08%。西门子工业软件(上海)有限公司、珍岛信息技术(上海)股份有限公司等存量重点企业仍是主要产业增长点。

五、信息基础设施建设

【光纤前兆入户万兆进楼】 2018年,虹口区完成光纤入户工作,具备26.5万户覆盖能力。开展2018年度提升移动用户感知度工程,梳理87处重点场所清单,并组织开展重点场所移动用户感知度第三方测评。通过实施千兆光纤入户及万兆进楼,运营商网络优化、资源调优等方式,逐步提升宽带用户感知体验。

【"极速北外滩综合示范区"建设】 2018年,虹口区完成北外滩智能融合杆二期工程,国航段、置阳段、国客段完成超高速公益WiFi覆盖(四亭八杆)。共建成13个"超·爱上海信息亭"(滨江4个、建投书局3个、浦江金融广场3个、足球场3个),编制完成"超·爱上海信息亭"改造建设方案。实现万兆公益WiFi在北外滩全球商用首发;三大运营商在北外滩开展5G技术试点,上海移动完成5G无人机北外滩试飞,标志着上海面向5G试商用迈出关键步伐;上海联通已完成5G设备的安装。

六、信息化环境建设

【关键信息基础设施网络安全检查工作会】 2018年7月20日,虹口区召开2018年区关键信息基础设施网络安全检查部署培训会,区关键信息基础设施网络安全检查工作领导小组办公室副主任龚旭华出席会议作动员部署,明确了此次安全检查的要点、范围以及与2017年检查填报的区别。会上印发了《关于开展2018年虹口区关键信息基础设施网络安全检查的通知》《2018年虹口区关键信息基础设施网络安全检查实施方案》,各单位按照会议精神和实施方案要求,领回任务,明确职责,协同推进。全区62家部门、街道、部分直属单位信息化负责人和具体责任人共80余人参加会议。

【组织开展青少年无线电科普活动】 为做好和扩展无线电科普社会普及宣传,2018年12月21日,虹口区无线电管理办公室在区青少年活动中心组织开展了无线电科普宣传活动,旨在宣传科普无线电知识,让无线电教育从小抓起。活动形式以参观科普展板展箱、观看科普视频、听科普讲座为主,受到师生们的好评。

(薛凌怡)

第六章　杨浦区信息化建设

概　述

2018年，杨浦区扎实推进智慧城市建设。利用物联网、云计算、移动互联网、大数据等技术，提高政府办公、监管、服务和决策的智能化水平。同时，不断创新管理方式、提升服务质量，助力服务型政府转型，完善信息化环境建设。

一、政务领域信息化

【光缆预警系统发布】　2018年9月19日，在复旦大学举行的2018年国家网络安全宣传周上海地区活动——网络安全治理和产业创新发展论坛上，复旦大学和杨浦区科委联合发布了杨浦区政务外网光缆预警系统，将为政务网、专用网络、金融关键通信线路和国防通信线路提供智能安全保障。

二、社会领域信息化

【社区大数据应用试点】　2018年，杨浦区推进控江路街道“社区大脑”应用试点，以控江街道为样板，布设20 000余个传感器，并建设“社区大脑”综合管理平台，实现对采集数据的展现、分析与决策支撑；实施“流程再造”，优化社区管理模式，做到制度化与信息化建设同步，提高了城市管理精细化水平。

三、信息产业发展

【产业发展概况】 2018年,杨浦区高新技术产业和战略性新兴产业增加值比2017年增长16.5%;完成2018年度上海市软件和信息服务业统计系统年报统计工作,共有235家企业填报统计数据,累计经营收入252.29亿元,其中超亿元企业数达46个;完成2017年度软件和集成电路开发人员专项奖励工作,奖励总额567.3万元;上海市云计算产业促进中心"企业上云"公共服务平台等6个项目获2018年度软件和集成电路专项资金项目立项,获得市级扶持资金2 200万元。

【产业重点领域推进】 2018年,杨浦区强化企业主体地位,提升创新创业服务水平。高新技术产业和战略性新兴产业增加值比2017年增加16.5%。与百度签署战略合作协议,双方将着力打造杨浦AI特色产业集聚区,共同推进百度(上海)创新中心建设,助力杨浦智慧城市建设;操作落实《杨浦区促进新一代人工智能及大数据产业发展的若干意见》的实施细则;完成以"现代设计、人工智能和大数据"为引领的杨浦区产业地图规划。通过相关工作,展示杨浦区在新一代人工智能及大数据产业方面的创新实践和成果。同时,倡议发起成立人工智能与大数据产业协同创新联盟,并以此为基础,聚合更多人工智能和大数据领域的文化创新企业,共同推进产业发展。

四、信息基础设施建设

【网络速率位列全市第三】 2018年,杨浦区加大信息基础设施投入水平,提升社区治理智能化水平,家庭宽带用户平均互联网接入带宽达93.6 Mbps,平均下载速率89.92 Mbps,家庭宽带用户数44.28万户,家庭光纤入户数26.58万户,实际光纤入户率达到60%。IPTV用户数14.39万户,高清数字电视和高清IPTV用户共计20.8万户。根据市经济信息化委委托第三方专业机构评估报告,杨浦区网络速率位列全市第三。

五、信息化环境建设

【智慧城市顶层设计和发展评估】 2018年,杨浦区信息化建设水平稳步提高,设立杨浦区智慧城市建设领导小组,完成《杨浦区新型智慧城市顶层设计》《杨浦区2018年度智慧城市发展水平自评

其中,使用区级系统事项100%达到"零上门"服务标准。以网购理念打造"店小二"主题式服务,覆盖金融服务、科技创新、食品餐饮等14个领域187个行业,推出智能帮办引导、机器人解答、线上即时互动、政务购物车等功能。建成全市首个"一网通办"自助服务区,引导企业公众由窗口办事向线上办理转变。

(洪 达)

【启动黄浦区大数据平台(一期)建设】 2018年,黄浦区依托区政务云资源,完成区数据共享交换系统和部门共享数据库的部署,基本实现不同网络环境、不同数据库类型的数据归集、交换和管理服务。率先实现市、区交换平台对接,向市大数据中心上传第一批政务资源目录360个,归集数据库表135张,挂载区公共数据477万余条,梳理、核定政务资源目录299个。截至2018年12月,完成13个部门、17个应用系统、153张数据库表归集,在区大数据中心挂载公共数据737万余条,占大数据平台(一期)计划完成量的65%。拟制《黄浦区公共数据资源管理暂行办法》,明确公共数据的采集、编目、归集、治理、管理、共享、开放、应用、安全、评估等内容;制订了《黄浦区公共数据归集协议》,明确了部门和区大数据中心在公共数据归集中的各项权利和义务,确保公共数据交换、归集的及时、有效、安全、可靠,有11个部门已签订《黄浦区公共数据归集协议》。

(傅 纲)

【推进区政务云建设】 2018年,黄浦区累计为33个部门提供虚拟服务器138台,完成网上政务大厅等83个应用系统向政务云、政务外网数据中心迁移,应用上云率达50%,初步具备向用户提供政务云资源服务的能力;组织编写《黄浦政务云管理办法》《政务云安全管理规定》《政务云绩效考核办法和测评标准》等制度性文件。完成区政务云互联网数据中心建设,为区大数据应用提供了资源保障。

(顾树钧)

【促进政务数据资源共享开放】 一是继续做好区政务资源目录编制工作。截至2018年12月,24个单位57个系统编制了966个资源目录。二是促进政务数据资源共享。推进区实有人口资源共享,全年接收市人口办导入人口信息8 800余万条,为区19个部门和街道提供人口数据共享;推进地理信息数据利用,为区10个部门应用系统提供地图展示、定位等服务。三是逐步实现政务资源开放服务。梳理"黄浦区政务资源开放确认清单",确立了数据开放分类标准。

【推进区办公无纸化应用】 一是推进区府办抄告件、请示件网上流转。完成区文档管理系统的功能优化和架构升级。区发展改革委、财政局等8个部门率先开展试点应用,截至2018年12月,共网上流转区府办抄告单342件,部门请示件116件。完成106个电子签章和数据证书制作。二是完善市、区协同办公平台对接工作,实现会议通知、信息发布、公文流转数据市、区交互。三是区府办会议纪要、会议管理、外出报告、目标管理、文档管理、机关干部工作日志等系统实现跨业务、跨部门的信息共享和协同应用。

【机关干部工作日志系统】 2018年，黄浦区建成机关干部日志管理系统，实现个人日志、部门日志、领导周安排、综合查询、统计分析等功能。截至2018年12月，系统录入日志数据1 116 223条，平均填报率102%。在黄浦移动政务平台上增加了日志录入模块，支持科大讯飞语音录入功能，方便机关干部使用。

【黄浦移动政务平台】 2018年，黄浦区推出黄浦移动政务平台(通用版)，实现通讯录、邮件收发、普发文件、会议通知、短信中心、工作日志等11个应用功能接入平台。截至2018年12月，黄浦移动政务平台已覆盖全区各委办局、街道，用户数超过4 000人。

(傅　纲)

【区事中事后综合监管平台(一期)】 2018年11月16日，黄浦区事中事后综合监管平台(一期)项目通过专家验收。平台以区法人库为支撑，以企业统一社会信用代码为标识，实现企业信息统一归集共享、政府部门监管履职与业务协同、社会力量参与信用监督，为构建与现代商事制度相适应的市场监管体制机制、形成完善的事中事后综合监管体系提供有力支撑。截至2018年12月，推送“双告知”数据1万余条，接收反馈信息8 065条，归集许可、监管和处罚等各类信息数据13万条。

(郭晓磊)

【推进政府软件正版化工作】 2018年，为贯彻“政府机关使用正版软件”相关工作精神，黄浦区科学技术委员会(以下简称“区科委”)制定年度正版软件工作计划，组织开展相关培训和自查工作，全程跟踪、指导、协助各部门的自查行动，覆盖全区60个部门，终端总数4 237台，其中政务外网3 229台、互联网722台、专网或其他286台。

(钱志红)

二、社会领域信息化

【建成黄浦市民云平台(一期)】 2018年，完成“黄浦市民云”一期平台建设，实现“我要查”功能。通过“黄浦市民云”平台，黄浦居民可以查询文化教育、社区生活、健康卫生和为老服务四大板块22类信息，实现了黄浦街道图、黄浦新闻、医疗机构、养老机构、健身步道、体质监测站、公安警点等特色服务，有效提升市民对智慧黄浦建设的感知度和获得感。

(王海峰)

【健康网二期项目启动实施】 黄浦区健康网二期在2018年年初正式开始实施，围绕信息资源共享、医疗业务协同、行政办公协同、便民服务应用、应用支撑平台五个方面开展优化升级。在大数据共享平台方面，初步建成供领导决策的数据展示系统，为各业务主管部门提供了数据分析系统，为数据采集层面提供了数据质控系统。建立了视讯中心，实现了视频会议，视频培训、监控汇聚等基础功能并为远程医疗提供了基础平台和业务应用

接口。初步建立了移动互联网平台,为家庭医生、辖区居民提供数据查询服务。

【区医疗中心信息化建设】 2018年,黄浦区完成医疗中心(上海市第九人民医院黄浦分院)相关弱电智能化和信息化配套工作。涉及综合布线、数据网络、无线覆盖、楼宇自控、多媒体信息发布、能源管理、数字化手术室、移动护理、输液监护等25个弱电智能化系统。在医院信息化方面,完成病员服务、临床应用、医技管理、医院综合管理、移动应用以及医院信息平台的建设,为医院开业、逐步实现智慧化医院打好基础。

(何安勇)

【教育信息化建设深入推进】 2018年,黄浦区开展网站群信息发布系统一期项目建设,完成50个网站的迁移。网站群项目进一步加强学校网站管理能力,有力推进黄浦教育系统信息化系统集约化建设。幼教健康监测平台在公办幼儿园全面推广使用,围绕"疾病伤害、生长发育、膳食营养、情绪干预"四大核心要素,监测分析四大领域指标,对全区的幼儿健康管理起到了积极的支撑与保障作用。与区妇幼保健所积极合作,落地医教结合信息化合作项目,探索网络、数据对接共享方案和管理办法,提升系统效能。

(陆　敏)

【建成"智慧养老"一体化综合服务管理平台】 2018年,建成黄浦区"智慧养老"一体化综合服务管理信息平台,完成智慧养老综合数据中心、养老服务分析及监管系统、综合为老服务信息系统建设,有效整合区域内各类养老服务资源,合理调配养老供需均衡,推进各类养老服务机构运营监管,为政府部门制定养老政策提供支持,形成了区、街道及社区为老服务机构三级联动的综合养老服务管理体系。

(郭晓磊)

【推进黄浦区社区治理综合信息系统建设】 2018年,黄浦区社区治理综合信息系统完成一期开发建设,系统由社区治理综合信息平台(PC端)、社区治理微信公众号、社区治理APP三部分构成,形成数据标签149项,汇集人口数据、社区治理专业数据、工作信息类数据超过360万条,实现数据分析展示、"一口受理""社工日志""社区通"等功能,为社区治理智能化提供重要支撑。

(张　强)

【瑞金二路街道社区治理平台】 2018年3月27日,瑞金二路街道社区治理平台通过项目验收。平台围绕"人、事、物"等要素,不断完善社区治理数据库,累计形成126个数据子库,实现数据分析、问题会诊、应急响应等功能,构建全民共治的社会综合治理和服务体系。

(费征峰)

【淮海中路街道开展智能烟感建设】 2018年,黄浦区淮海中路街道在住宿与生产、经营混合使用的"三合一"场所布放了880个基于NB-IoT技术的烟雾感应器,智慧烟感可实时监测空气中的烟雾浓度,一旦超过阈值,即告警并上报街道管理平

台，便于街道监控中心、居委、平安办等相关单位实时了解现场情况，对火灾预警快速响应，减少火灾带来的人员及财产损失。

（张唐俊）

【开展区民防工程BIM信息管理系统建设】 2018年，黄浦区围绕打造上海市民防工程BIM信息管理平台区民防办二级平台，完成BIM信息管理系统(一期)建设，开展民防工程静态数据审查和预处理、GIS数据转换、地图配置和导入、数据集成和发布等工作，并接入网格化系统动态数据，民防工程管理的工作效率与服务水平进一步提高。

（沈　凤）

【建设区宏观经济数据共享平台】 2018年12月，黄浦区宏观经济数据共享平台建成并进入试运行阶段，平台具备资源中心、综合分析、专题分析、地理分析、指标检测、我的订阅五大功能，通过与区发展改革委、区财政局、区税务分局、区规土局等部门经济数据对接，形成涵盖财政、税收、就业、商旅文等领域的宏观经济数据库，实现经济数据统计展示和运行态势分析预判，为经济发展决策提供依据。

（潘冠华）

【远程视频监控全面覆盖重点食品生产经营单位系统建设】 2018年12月13日，黄浦区远程视频监控全面覆盖重点食品生产经营单位系统建设项目通过专家验收。截至2018年年底，食品远程视频监控已覆盖辖区机关、企事业单位、学校及养老机构食堂、餐饮企业等700余户食品生产经营单位，市场监管网格中心和各分中心累计远程视频巡查4 600余户次，发现并整改食品加工人员着装不规范、专间温度超标、厨房出现老鼠等问题850余项，食品安全风险防控能力进一步提高。

（李文鹏）

三、城市建设管理领域信息化

【黄浦城区图像监控和治安卡口建设】 2018年，黄浦区公安分局大力推进以视频监控为主的街面“感知端”建设。项目共计完成3 714个高清视频监控设备和168套治安卡口断面设备布置，其中1 245套监控设备具备人脸抓拍功能，所有断面设备具有车牌识别功能，为社会治安打造了有效的安全屏障。

【上海市公安局黄浦分局小区监控系统四期建设】 2018年，黄浦区开展第四期小区监控建设，为五里桥、打浦桥地区的100个小区建设了2 100套监控前端，并配套建设传输系统、存储及监管系统等。每个小区出入口均安装了车牌识别和人脸识别的智能化监控设备，建立社区“车牌围栏”和“人脸围栏”，大大提升社区警务智慧含量。

【建成区电子警察系统】 2018年，黄浦区开展“电子警察”智能取证前端和系统建设，共建成违法停车电子警察设备1 455套。“电子警察”有效辅助交通违法行为的自觉纠正，解放了交警力量，提升了道路秩序。以外，电子警察还能够作为可控图像监控探头使用，大大提升系统效能、节约了政府投资。

（马　力）

【停车诱导系统二期建设项目】 2018年12月，黄浦区停车诱导系统二期通过专家验收。项目实现了停车状态和诱导屏的信息发布功能，并与上海市公共停车信息平台对接，将停车信息发布到停车诱导屏、手机、网站，实现多功能、多渠道的综合信息服务，完善了数据分析和道路停车管理功能。

（常　磊）

【智能井盖监测试点】 2018年，黄浦区网格中心在“一带一路一环”区域开展智能井盖项目试点，安装传感设备1 000个，实现市政井水位超标、堵塞满溢、擅自开闭等情况的自动监测预警，城区管理智能化、精细化水平进一步提升。

（孙兆嫕）

四、信息产业发展

【上海市软件和集成电路产业专项资金政策培训】 2018年，为帮助区内软件和集成电路企业申报项目，2月7日，召开2018年度上海市软件和集成电路产业专项资金申报培训会议，对市经济和信息化委员会专项资金申报工作做专题培训。区域内14家软件和集成电路企业参加。

【区软件和集成电路产业发展专项政策】 2018年10月31日，黄浦区发布《黄浦区软件和集成电路产业发展专项资助操作办法》。该办法是根据上海市软件和集成电路产业发展政策调整变化，对到期的《黄浦区电子信息产业发展专项资助操作办法（试行）》进行修订，扩大政策资助范围，调整资助标准和资金拨付方式，强化监督管理和信用管理，从而进一步发挥政策的激励导向作用，促进区软件和集成电路产业能级提升。

【市软件和集成电路产业发展专项资金配套】 2018年，黄浦区对区内获得2015年度黄浦区电子信息产业发展专项资助且完成项目验收的上海宏慧创意产业投资管理有限公司、上海新联纬讯科技发展有限公司等6家单位进行了区级扶持资金尾款拨付。

【支持软件和集成电路企业设计人员申请市级奖励】 上海立信维一软件有限公司、上海点融信息科技有限责任公司等9家企业的143人次获2017年度软件和集成电路企业设计人员专项奖励。

【3家企业入选2018上海软件企业双百名单】 2018年10月26日，市经济信息化委发布“2018上海软件企业双百名单”，区内上海点融信息科技有限责任公司、上海电信科技发展有限公司进入规模百强，上海最会保网络科技有限公司进入高成长百强。“2018上海软件企业双百名单”采取企业自主申报和相关协会、主管部门推荐相结合的评选方式，根据企业2015年至2017年经营情况，按照年度经营收入规模和增长速度进行排名。

【鼓励企业申报上海市专项支持】 2018年，黄浦区内2家企业获得2018年第二批上海市人工智能创新发展专项支持项目，3家企业获得2018年上海市信息化发展专项资金(智慧城市和大数据发展)，2家企业获得2018年度上海市工业互联网创新发展专项，2家企业获得2018年度上海市工业APP项目和应用示范企业称号。

(谭　军)

五、信息基础设施建设

【信息基础设施建设持续优化】 2018年，基本实现全区光纤到户、千兆家庭宽带接入能力全覆盖。家庭宽带用户的平均接入带宽达97M，固定宽带用户平均可用下载速率超过24 Mb/s，具备千兆接入能力小区超过99%。

【开展外滩滨江沿线通信杆合杆工作】 2018年，结合外滩滨江区域多杆合一工作，黄浦区研究部署外滩滨江区域4G优化和5G前期布局工作。截至2018年年底，完成73个综合杆站施工，其中35根杆站已开通运营。

【开展移动信号弱覆盖区域排查和优化】 2018年，组织完成全区38个商业场所和23个住宅小区的信号优化工作。组织完成9类126处公共场所弱覆盖排查。10月12日，开展专题工作会议，通报弱覆盖情况，督促优化整改。截至2018年年底，完成优化整改5处，其他场所也列入运营商计划，力争2019年上半年完成整改。

(郭晓磊)

六、信息化环境建设

【区关于加强新型智慧城区顶层设计的实施意见】 2018年8月27日，《黄浦区关于加强新型智慧城区顶层设计的实施意见》出台，提出“两网一云、一中心、五平台、N个重点项目”总体框架。实施意见的发布旨在加强新型智慧城区建设统筹协调，整合全区资源，着力解决“数据孤岛”等瓶颈问题，加快推动跨部门、跨领域的基础共性平台建设，深入推动大数据、物联网、人工智能等新一代信息技

术在各领域的应用，提升城区管理服务水平和市民获得感。

【区大数据中心正式揭牌】 2018年8月28日，黄浦区召开2018年智慧城区建设领导小组工作会议。区委书记、区长杲云，市经济信息化委总工程师张英为黄浦区大数据中心揭牌。黄浦区成立大数据中心，旨在贯彻落实上海市大数据发展的方针政策，以跨部门、跨行业、跨系统应用为重点，着力构建全区数据资源整合、梳理、分析、共享、应用、展示一体化服务平台，不断提高区域数据“加工”能力，实现数据“增值”，推动政府进一步提升行政效能和精细化、智慧化服务管理水平。

【区智慧城区顶层设计通过验收】 2018年10月25日，黄浦区智慧城区顶层设计项目通过专家验收。顶层设计项目自2017年5月启动以来，区科委会同区府办、区商务委与华为公司组建了智慧黄浦顶层设计联合工作组，并成立8个专题组，开展走访调研、专题座谈、报告编制等工作，形成“智慧黄浦”信息化现状调研报告、总体框架、大数据平台等8篇专题报告，明确了黄浦区智慧城区建设总体框架、实施路径和重点项目。

【获“2018中国领军智慧城区”奖】 2018年11月16日，在中国(深圳)智慧城市峰会上，国家信息中心向上海市黄浦区颁发了“2018中国领军智慧城区”奖。黄浦区在会上做了题为“加强顶层设计，打造面向未来的新型智慧城区”的报告，介绍了黄浦区开展智慧城区顶层设计和推进新型智慧城区建设的相关情况。

【2018年区信息化项目申报培训会】 2018年5月8日，区科委举办2019年度信息化项目申报专题培训。区科委介绍项目申报时间、申报范围以及立项审核、验收、后评估工作流程和相关注意事项，区府办对电子政务项目必要性审核内容、审核重点等进行说明，区财政局对项目预算申报及项目的追加、审价进行说明。通过培训，帮助各部门、街道进一步掌握信息化项目申报材料的编制规范、审核流程等内容，项目申报过程管理进一步加强。

(郭晓磊)

【2018年关键信息基础设施网络安全检查部署及培训工作会议】 2018年7月23日，黄浦区召开2018年关键信息基础设施网络安全检查工作专题会议。会议由区委常委、宣传部部长余海虹主持，区委常委、副区长陈卓夫出席会议并讲话。会议传达了市委网信领导小组会议精神，总结了黄浦区2017年关键信息基础设施网络安全检查工作总体情况，并对2018年的检查工作安排做了具体部署。

(钱志红)

【“智慧黄浦 你我共享”智慧应用宣传体验活动】 2018年6月27日至29日，“智慧黄浦，你我共享”智慧应用宣传体验活动举行。上海市民信箱、上海产业研究院、科大讯飞等单位围绕公共安全、公共管理和公共服务三大类23种智慧应用场景，现场演示智慧养老、智慧家居、智慧停车、智慧路灯、智慧垃圾清运、市民云等智慧应用产品。区机关12个部门、街道及周边企业和市民共计约150人次参与活动。

(郭晓磊)

【2018上海智慧城市进万家黄浦宣传周系列活动】 2018年12月15日，“2018上海智慧城市进万家”黄浦宣传周系列活动启动仪式在南京路步行街世纪广场举行。市经济信息化委总工程师张英，黄浦区委常委、副区长陈卓夫出席启动仪式并致辞。25家科技型企业在现场展示了60余种丰富多彩、各具特色的智慧产品，涵盖了智慧园区、智慧商圈、智慧家庭、智慧政务等20余种应用场景。宣传周期间还举办了“智慧黄浦”定向赛活动、“老有智慧社区行”等活动，让市民感受到物联网、大数据、人工智能等新一代信息技术给生活带来的便利。

（来天皓）

第八章　静安区信息化建设

概　述

2018年是全面深入贯彻落实党的十九大精神的第一年，也是实施科技、信息化“十三五”规划承前启后的关键之年，静安区按照上海市建设智慧城市的总体要求和区委、区政府加快实施“一轴三带”发展战略，以及静安区国民经济和社会信息化“十三五”规划要求，大力开展以大数据引领城市管理与社会治理的创新试点工作，着力提升城区管理精细化、智能化、科学化水平，基本形成以数字化、网络化、智能化为主要特征的智慧城区框架，静安区信息化整体水平继续保持上海中心城区领先地位。

一、政务领域信息化

【区电子政务云升级改造和系统上云】　2018年，静安区推进区电子政务云平台的升级改造及规范化建设，完成51个部门共113个信息系统上云迁移或部署工作，100%完成2018年上云计划总数要求；完善政务云安全架构和安全措施，划分政务网、互联网、数据交换及网络管理等区域。对政务云现有资源进行升级改造，增加计算资源和存储资源扩容，同时为新建信息系统部署上云提供操作系统、数据库等软件服务支撑；通过政务云网络信息系统等级保护三级安全测评；进一步加强信息系统上云迁移、部署技术规范，制定上云的技术规范。

【区北片政务网结构与配置优化】　静安区北片网络结构是树形结构，网络层次多，情况比较复杂，经过技术论证，静安区制定北片网络优化方案，使用三层网络技术对网络进行重新分割，以此来缩小故障影响范围。一是摸清北片八街一镇汇聚层网络情况，制定每个街镇的改造方案，在提高网络性能及可靠性的同时，兼顾未来进一步扩展，实现

与其他网络更好的安全融合；二是在不影响部门网络正常工作的情况下，完成北片八街一镇汇聚层网络及下连36个部门升级改造，到各街道镇汇聚节点更换交换机，完成网络连通配置、测试，使八街一镇网络带宽从原有千兆提高到万兆，解决了街道与社区受理中心地址段重合相互影响、不同网络分支网络地址冲突等问题，为云计算、大数据应用提供网络基础支撑；三是调整解决一批历史遗留问题，共解决30多节点的近40个问题，为网络整体结构优化扫清了道路。

【区南片政务网防火墙策略配置优化】 2018年，根据静安区南片政务网、互联网使用情况，静安区对中心机房防火墙配置策略进行梳理，并更新优化配置，经过5个月的整理，对策略进行重新规划，细化至IP端口级，删除多余策略210条，对已知IP地址进行重命名和备注，确保各集中办公点的网络畅通。

【区“一网通办”工作推进】 2018年，按照上海市关于全面推进“一网通办”、深化“一网通办”项目应用的相关要求，静安区积极推动区行政服务中心、社区事务受理服务中心建立一窗受理、分类审批、一口发证的新型政务服务机制建设。建设静安区政务服务智能向导系统（一期），整合网厅事项预约、申报、受理系统收件等功能，搭建主题引导系统，导引用户进行简单的勾选来确定办件情形，并根据不同情形生成个性化的注意事项和专属办事指南，为用户营造“点餐式”的办事体验，逐步形成融合一网受理、协同办理、综合管理为一体的政务服务体系。

【政务外网优化保障】 一是梳理了静安区内街镇社区事务受理中心政务外网的网络结构和设备情况，积极配合市政务外网满足社区事务受理业务“全市通办”网络保障要求；二是优化区政务外网市级链路，制定区政务外网出口链路冗余解决方案，改单设备单链路为双设备双链路的网络结构，确保市、区两级政务外网畅通；三是落实各部门网络维护责任，加强中心机房网络及系统监控，做好运行保障工作。

【区政务数据资源管理和开放服务】 2018年，静安区按照做实基础数据、整合部门数据的方式，深入开展政务数据目录资源梳理，制定了数据交换共享管理规范和制度，并着手构建全区政务数据资源交换体系。推进基础数据库升级建设和应用，以地理信息资源共享为目标，继续推进区地理信息库的升级建设和应用开发，以集约化服务的方式更好地为其他委办局提供相关服务；进一步整合信息资源，实现市人口库落地；加强市、区联动，逐步建设全区统一的政府公共数据开放平台。

【区公务网分级保护方案确定】 2018年，静安区草拟区公务网分级保护建设方案、安全保密方案，完成所有接入集中办公点和接入点的实地勘察，根据涉密信息系统建设的新要求，绘制静安公务网的网络拓扑图，在征询市公务网管理中心、市保密局相关意见后，对方案内容进行了调整和补全，取得了市公务网管理中心《关于同意静安区公务网接入网建设方案的复函》，确认了分级保护方案。

【重点部门业务信息化】 2018年，静安区建成社区矫正指挥中心，完成视频督察、移动监管、综合指挥、业务监控等功能建设，提高区服刑人员定位

监管的覆盖率，促进社区矫正工作智能化和便捷化；建成区医保费用监督管理系统，将社会医疗保险与定点医疗机构、参保单位和参保人员有机联系在一起，建成统一的医疗保险监管信息系统，使医疗保险管理标准化、规范化；建成区新金融大数据监测服务平台，通过数据采集、建模分析、分业监测、量化评估和风险预警等功能的建设，实现新金融的分类评级监测，提高监测工作的系统性和可预见性；建成静安精细化管理空间信息系统，以项目审批事前服务、事中监察和事后考核为抓手，打破条块分割，实现项目审批全流程对外精准服务、对内精细管理，进一步优化营商环境。

二、社会领域信息化

【卫生领域信息化】 2018年，静安区打造“健康静安”信息惠民系列应用，包含针对区内居民的健康门户、微信平台、支付宝服务窗以及针对全科医生的移动家庭医生APP共四大应用，覆盖了诊前、诊中、诊后的整个就医流程，让医生走出医院也可以查看辖区内居民的各项健康档案数据。并现场进行“1＋1＋1”签约、慢病随访等业务操作，实现对社区居民健康管理的零距离服务；同时考虑到辖区内65岁以上的老年人占了三分之一，特别推出“敬老模式”，将最常用的四大功能集中在同一界面上，极大地方便了老年人的使用。建设“静安家庭医生”APP，为辖区家庭医生提供移动签约、健康档案管理、慢病管理、妇幼保健、家庭病床、互动咨询等服务，在提高家庭医生工作效率的同时，更提升了家庭医生的服务质量，为居民带来了更多便利和实惠。推进区域医疗移动综合管理平台建设，实现了区域卫生综合管理数据的移动端展示，为卫生管理与决策人员提供更便捷高效的数据掌控手段、为领导决策提供信息辅助。2018年，区域医疗移动综管平台已分别完成了八大类别、共计261项指标的展示，其中包含医疗服务类44项、医疗监管类82项、药品监管类31项、中医监管64项、分级诊疗16项、数据质量7项、疾控简报11项及人力资源6项。

【社区为民服务信息化】 2018年，静安区结合政府实事项目“互联网＋公共服务平台”，继续做好智慧社区平台的功能优化，依托“市民云”建设，打造面向社区居民智能化、一体化的信息服务平台，全区14个街镇均开设了服务，包括办事、文化、生活、综治、党员等服务分类。其中，36家服务机构开通了预约服务，可办理事项达134项，形成“云”＋“端”的一体化服务模式，注重根据用户标签主动推送服务，优化社区频道布局，提升政府整体公共服务能力。建立区综合为老服务平台，统筹政府部门及市场为老服务机构的各类养老服务信息资源，加强区级信息网络和市场平台的互联互通，建立涵盖服务政策、服务项目、服务机构、服务设施、服务队伍等信息的为老服务管理信息系统，逐步实现全区养老服务在网络空间上的延伸。

【社区综合治理信息化】 2018年，建成静安区社区综合治理服务平台，全面对标市民政局关于区级平台系统的部署架构、功能建设及市、区数据对

接等要求，以人、户、房、社区基本元素信息为基础，以社区分析整体工作流程为核心，依托区电子政务云，通过日常办公、居民服务、社区自治管理、绩效考核等功能的建设，形成全区统一的社区基层数据规范标准，为社区居民提供服务。建设街道“民情日志”系统，临汾路街道先行先试，以人、户、房信息为基础，以身份标签、服务标签、管理标签为扩展，形成了集信息采集、管理、分析、应用为一体的综合信息平台，通过收集、整理、分析、管理居民一户一表数据、社区事务受理中心居民办事数据、条线部门数据，以及大调研、大走访数据等方式，进一步提高社区服务的精准度；建成静安区智慧党建平台，汇集、共建、共享各类党建信息，整合党员党组织管理、社区党建、区域化党建等工作，实现党建工作的全过程记录、管理信息留痕、上下联动管理，推动党建工作向区域化拓展，推动区域化党建、两新党建和居民区党建的“三建融合”。

【智慧商圈建设】 2018 年，根据新静安高端商业集聚带设想，推进南京西路智慧商圈试点工作。一是建设以“数圈”为核心的智慧商圈，即依托大数据分析，以市场化的运作方式建立一个能够解决政府、商场、品牌、中介和消费者等多方需求的综合数据分析平台，通过平台可以获知商圈客流比例情况、商品销售情况、品牌业态布局合理性等数据分析，为商圈规划和业态调整提供决策依据，推进商圈良性发展；二是加强商圈客流分析系统建设，建立商圈公共区域客流分析系统、面向商圈范围内大客流的安全管理系统、面向商圈的智慧营销服务系统、商圈公共区域线下互动体验系统等；三是打造移动支付示范区，以白领午餐项目为切入点，推出“静安白领卡”系列营销活动，在静安嘉里中心、恒隆广场、梅龙镇广场、1788 广场、久光百货、吴江路步行街等区域打造移动支付示范区域。同时，静安区围绕苏河湾商圈，推动苏河湾信息基础设施建设，提升支付、信用等配套服务能力。

【智慧园区建设】 2018 年，静安区市北高新园区、“800 秀”创意园区和多媒体谷被列为上海市智慧园区试点单位。市北高新园区建设企业办公云服务平台，“800 秀”创意园区建设园区企业服务平台，多媒体谷园区实施“四化”工程（基础设施优化、开发管理精细化、功能服务专业化和产业发展智能化），加强了企业信息的全方位分析和综合评估。同时，开展信息定位推送、商铺产品发布、服务评价和口碑体系等管理和服务。

三、城市建设管理领域信息化

【大数据与城市精细化管理（静安）项目】 2018 年，静安区深化上海大数据城市管理和社会治理试验区建设，全力推进国家发展改革委 2018 年数字经济试点重大工程——大数据与城市精细化管理（静安）项目的试点工作，即建成一张新型城域物联感知网络，覆盖交通、健康医疗、食品安全、环保、城市公共设施五大民生热点领域。并在此基础上，建成 1 个能分析、能判断、能指挥、能协调、

能处置的城市智能综合运营管理平台，简称“151项目”。一是部署顶层设计，成立静安区推进上海大数据城市管理和社会治理试验区建设领导小组，加强工作统筹和协调推进，2018年5月和8月，召开了领导小组第一次、第二次会议，会上区委书记、区长陆晓栋要求充分认识“151项目”对城区精细化管理的重要意义，会议印发了《静安区关于推进“上海大数据城市管理和社会治理试验区”建设实施方案》，明确了“151项目”建设的工作目标、实施原则、整体推进计划、主要任务及各相关部门、单位的任务和责任推进举措；同时成立了由邬贺铨院士领衔、16名资深专家组成的专家组，并提请成立由市经济信息化委、市发展改革委、市科委、市住建委组成的市级指导组，对规范、标准、技术、评估、制度、指挥机制等一系列“151项目”所涉及领域进行探讨、引领、咨询、研究、指导和制定。二是试点先行建设，针对“151项目”的30个应用场景，采取了“试点中有先行、边建设边优化”的分步实施步骤，“一域一路一园一站”先行建设。一域，选择临汾路街道作为试点，2018年3月临汾路街道“社区大脑”联合指挥中心正式启用并上线试运行，部署了近8 000个感知设备，完成与社区相关的22个应用场景覆盖，通过试点，明确了立足共性需求、满足个性需求、“必选场景＋适度延展”的街镇社区建设模式；一路，选择南京西路沿线作为试点，5月南京西路精细化管理指挥中心正式上线试运行，部署了近500个感知设备，完成5个应用场景覆盖，涉及南京西路街道、石门二路街道、静安寺街道，实现了物联设备自动感知、通过视频流分析事件、多维城市管理数据汇聚、跨属地统一指挥的初步突破；一园，选择市北高新园区作为试点，在原有智慧园区管理平台基础上，新增感知设备近200个，覆盖“河道水质实时监测”“消防安全实时监测”等9个应用场景，推进静安智慧园区建设再上新高度；一站，选择上海火车站作为试点，共部署了近500个感知设备，完成13个应用场景覆盖，进一步优化跨市属、统一指挥、协同管理的系统平台以及分置流程，实现站区治理的全方位、无死角。三是梳理部门需求，对全区14个街镇开展调研走访，并逐一召开项目动员会，书面签字盖章确认场景需求，通过现场勘察，就街镇所需部分涉及条线部门的场景，如电梯、道路扬尘温湿度、道路人车管理（南西示范区）、智能井盖、电箱（南西示范区）等，分别与区市场监管局、区房地局、区环保局、区公安分局、区市政配套中心等相关条线部门进行了一对一沟通，并盖章确认。四是确定采购方式，“151项目”成员单位经多次协调沟通，形成了《关于“151项目”政府采购相关情况的汇报》，在征求了相关部门的意见和建议后，两次向区领导做了专题汇报，在领导小组第二次会议上获原则通过。会后，区政务数据管理中心组织编制了《静安区城市精细化管理神经元服务可行性研究报告暨项目建议书》《静安城市智能综合运营管理平台项目可行性研究报告暨项目建议书》。五是探索体制创新，构建覆盖全区的智能综合运营管理平台，与各个街镇的综合管理平台以及相关部门原有的工作响应指挥系统对接，实现各种工作力量在社区层面的协同整合，在感知网络部署基本完成后，通过大数据技术的应用来优化管理流程，减少公共资源投入，提高工作效能，实现指挥机制的扁平化，从而形成对管辖区域内全覆盖、全过程、全天候、跨属地的精细化管理能力统筹。特别是通过“151项目”一域一路一园一站的试点，研究建立经区政府授权的、跨属地的统一指挥系统，如南京西路精细化管理示范区和市北高新园区，作为区智能综合运营管理中心的分中心，

所涉及的管理体制机制不局限于一个区域、一个街道,需要赋予跨属地、跨区域实施直接指挥和管理的权利。此外,相关部门正在研究制定关于南京西路精细化管理示范区和市北高新园区两个大数据城市网格化管理统一指挥管理办法,为全区大数据应用下城市管理的机制创新贡献先行经验,为构建以多元数据自动化实时采集、汇聚与基于大数据、人工智能分析预测相结合的上海城市精细化管理模式提供有效借鉴。

【交通信息监管系统】 2018 年,静安区依托城市交通相关数据,通过接入各类交通信息资源,建成交通综合管理信息系统,实现对静安区道路交通、公共交通、停车设施、互联网租赁自行车(共享单车)运行状况的实时监测和特性分析,科学掌握动态交通和慢行交通运行规律,为区域交通动态监测、指挥管理、应急响应和发展研判提供支撑。

【区重点目标立体防护系统】 2018 年,静安区开展重点目标立体防护系统建设,围绕上海火车站、兴业太古汇、上海展览馆 3 个重点目标,实施三维建模工作,优先考虑进博会重大安保工作所涉及场馆及警卫线路,出入市境道口和区内其他重点区域、场所、道路,提升静安区相关重点目标的安全防护能力;开展智慧社区防护系统工程建设,以石门二路街道为试点,建立“人防部署到位、物防设施完善、技术手段先进、应急处置高效”的集管理、防范、控制于一体的小区安全保障体系,切实加强小区的安全保障能力和应急响应能力;开展静安区人像大数据研判比对系统(一期)建设,在重点区域所有进出口以及重要管控节点布设人脸识别设备,并在此基础上拓展智能分析和研判功能,形成可复制、可推广的人脸识别系统;建设静安分局车辆智能研判系统,实现与邻区之间道路卡口设备全覆盖,并对区内重点区域加油站出入口增设智能微型卡口设备,实现静安区智能交通“由车到人”“由点到线”的科学化和智能化管理;加强静安北片区域图像监控系统建设,将标清模拟监控设备进行高清智能化更新及改建,部分增加人体/车辆检测等智能功能,提高北片数字化图像监控系统的监控水平和质量。

四、信息产业发展

【大数据产业发展】 2018 年,静安区深化大数据产业基地品牌建设。聚焦大数据、云计算、人工智能和物联网等新兴产业发展,成功创建国家新型工业化产业示范基地(大数据)。静安区成为上海首家以大数据为主导产业的国家新型工业化产业示范基地。

【上海—亚马逊 AWS 联合创新中心项目】 2018 年,静安区推进上海—亚马逊 AWS 联合创新中心项目,举行上海—亚马逊联合创新中心新闻发布会,完成联合创新中心项目执行方案签约;完成联合创新中心智慧城市创新实践展示体验中心设计方案,完成智慧城市创新实践展示体验中心场地装修并对外启用,成功举办上海—亚马逊 AWS 联合创新中心项目招募会、BOT 新零售创

新创业赛决赛；启动云创技术培训中心讲师培训和学员招募，通过技术峰会等渠道开展国际联动创新孵化器宣传推广工作；开展创业团队和企业入驻招募工作，收到10家入驻申请，研究制定上海亚马逊AWS联合创新中心的企业上云及企业培训实施细则等，筹备亚马逊AWS云服务资源使用等相关培训和云创技术培训中心学员培训计划。

【“静安智造”助力“上海制造”】 2018年，静安区主动对接上海打造“四大品牌”要求以及相关专题会议精神，制定形成了《静安区全力打响“上海制造”品牌推进国家大数据产业示范基地建设三年行动计划(2018—2020年)》。行动计划围绕打造优势企业、标杆项目、卓越园区和高端平台四大重点任务，推进国家新型工业化产业示范基地、城市管理和社会治理试验区、市北国际化大数据卓越园区、国际创新创业活力区建设四大专项行动，以“静安智造”融合助力“上海制造”品牌。

【中航联创上海创新中心建设】 2018年，静安区通过线上与线下相结合、技术资源与创业能力供给协同推进的产业模式，着力打造培育辅导创新创业的高科技孵化平台，专业运营并打通与社会企业合作通道，充分释放地方与航空工业创新创业资源结合的潜力。与上海、华东及全国多地企业形成合作关系，联合开发并孵化大数据、物联网、新型显示、高分子材料等新兴产业重点项目，开展3次以上项目路演活动，对接30家上海企业，达成3个项目合作意向。

五、信息基础设施建设

【静安北片街道—居委会政务光纤网络建设】 2018年2月项目启动建设，历经7个月光纤铺设，北片八街一镇所属居委会和工作站均能通过光纤直连区政务网，总计开通点数282个，各居委会和工作站原有接入政务网的VPN方式将逐步取消。

【政务光缆架空线入地】 2018年，静安区根据区架空入地和合杆整治指挥部的统一要求，完成27个路段政务光缆资源的梳理和排查，7月正式启动对政务网光缆涉及的五段路线(慈溪路、康定东路、石门二路、武定路、新闸路)架空线入地工作，按照指挥部要求的时间进度于8月中旬完成架空线的割接、入地、落线清理工作。

【政务光纤网络拓展项目可行性研究暨项目建设】 2018年，静安区通过对现有光纤资源排摸和整理，并征求专家意见和建议，完成静安区政务光纤网络延伸拓展项目可行性研究暨项目建设，9月初进行专家评审，完成所有立项评审程序。

【云立方机房与大统路480号政务大楼机房网第二条光缆建设项目】 2018年，静安区根据区行政服务中心(区政务数据管理中心)要求，新建一根24芯光缆，作为云立方机房、大统路机房双链路备份，确保通信线路的畅通。经过前期的现场勘查、方案设计，该项目已进入区采购办招投标程序。

【基础设施建设和运维保障】 2018年,静安区组织编制新型城域物联专网建设方案,加快推进新型城域物联专网在静安的全覆盖;继续协助上海移动、上海电信、上海联通三大运营商和铁塔公司在静安区无线通信基站的布局建设;编制《静安区公用移动通信基站站址布局专项规划》。

六、信息化环境建设

【网络安全宣传活动】 2018年,静安区按照国家网络安全宣传周上海地区工作要求,结合静安区特点和热点事件,举办面向社区、园区、学校的网络安全系列宣传体验活动,在彭浦新村街道开展居民网络安全知识普及,加强社区居民个人信息保护和网络欺诈防范意识;在"汇智·园满星空间"园区,针对企业网络安全和企业业务,开展对于数据采集及使用安全的宣传,加强企业网络安全和隐私数据保护意识;在市西中学,开展对校园网络安全管理以及相关网络安全知识普及,提高师生在网络安全管理以及网络安全业务应用等方面的意识。

【加强网络和信息安全保障】 2018年,静安区落实网络安全防范工作,加强信息网络监测和管控能力提升,确保基础信息网络和重要信息系统安全;不断完善信息安全制度和规范建设,落实区网络和信息安全应急预案,梳理应急机制和流程,坚持"谁主管谁负责、谁运行谁负责"的原则,明确部门信息安全保障工作责任制;起草网络安全工作总结,配合区网信办完成市网安办在静安区的检查调研工作。

【强化信息化培训】 2018年,静安区围绕智慧城市建设,宣传、培育智慧城市建设理念,提升全社会的数字应用能力。针对社区居民,加强对智慧城市宣传,开展贴近居民生活的知识普及和数字应用技能培训,提高全民科学素质和数字化应用能力;推进各部门、企事业单位开展包括部门网站维护管理、信息管理操作技能等各项信息化业务培训;加强信息安全培训,推进各重要信息系统、各部门开展信息安全培训,深化机关干部网络安全意识,提高区各部门信息安全责任意识和防范能力。

【智慧城区"十三五"规划中期评估】 2018年,静安区对照"十三五"期间静安区智慧城区建设的主要目标和重点任务,全面评估《静安区智慧城区建设"十三五"规划》进展情况,查找存在的问题,落实推进举措,确保"十三五"规划确定的各项目标任务按进度完成。

【2018静安智慧城市体验周】 2018年,以"城市管理精细化,让万物互联更简单"为主题的2018静安智慧城市体验周于12月在芷江西路街道拉开帷幕,活动重点宣传"151项目"。此外,在曹家渡街道以及市北高新园区分别开展静安物联网感知体验进社区、进园区的现场宣传活动,活动现场通过展示"AI时代的智慧城市"主题背景板、"151项目"试点建设活动展板,以及发放宣传资料等多

种形式,向市民、园区企业宣传、展示静安“151项目”的试点建设成果,让市民体会物联网时代的便利,让企业知晓所在园区的物联感知资源。

【静安国际大数据主题论坛】 2018年,静安区举办2018世界人工智能大会——静安国际大数据主题论坛活动。本次论坛紧扣“智能城市,数聚有为”主题,深入探讨了大数据与城市智能治理、数据推动城市精细化管理、大数据加速机器学习创新、数据开放共享、数据流通以及个人信息安全保护等热门话题,为未来上海乃至全国大数据产业发展和智慧城市建设建言助力,为静安区推进上海大数据综合试验区建设、全面助力上海建设具有全球影响力的科技创新中心提供了有益的探索。

【组织参与静安区2018年创全复评工作】 2018年,静安区根据区文明办的统一部署,积极组织协调上海移动、上海电信、上海联通三大运营商的各营业网点参与和支持静安区2018年的创全国文明城市(社区)复评工作。

(王述之)

第九章　宝山区信息化建设

概　述

2018年，宝山区信息化工作积极响应党的十九大“加快建设创新型国家，建设数字中国、智慧社会，提高社会治理的智能化水平”战略决策部署，按照上海市及区委、区政府关于智慧城市建设的要求，以“十三五”智慧城市规划为引领，以实现社会治理体系和治理能力现代化为目标，积极推进信息化与宝山区经济社会发展的深度融合，全面提升宝山区智慧城市建设水平。

坚持规划引领，持续优化信息化发展软环境。一是开展新型智慧城市研究，完善智慧城市顶层设计。全面提升智慧城市建设水平，对接上海市新型智慧城市总体框架，开展宝山区新型智慧城市建设课题研究，充分梳理宝山“十三五”中期智慧城市建设的现状、存在的问题，并作前瞻性研究，编制形成《宝山区新型智慧城市三年行动计划》。联手百度公司谋划智慧城市顶层设计，共同打造AI智能城市示范区。二是加强统筹管理，着力推进智慧城市建设。制定发布《宝山区推进智慧城市建设2018年工作要点》，进一步明确2018年度智慧宝山建设主要任务。修订并发布《宝山区信息化项目管理办法》，进一步加强全区信息化项目前置技术性审查，强化信息化项目计划编制的全覆盖，推进资源共享、集约建设与整合实施，提升区域信息资源共享和协同服务水平。对标《上海市智慧城市发展水平评估指标体系》，分析研究评估指标，聚焦问题补短板、抓落实、破瓶颈，不断提升区域智慧城市发展水平。2018年，宝山区智慧城市发展水平继续蝉联全市郊区第一名。

聚焦项目建设，全力提升智慧城市建设水平。推进一批智慧城市重大项目建设。推进区政务信息资源共享平台项目建设，促进政务信息资源在政府行政、民生服务、城市管理、社会治理、经济运行等领域的开发利用。着力推进“一网通办”，打通全程网办服务链，全区379项涉企审批事项100%开通“三级办理（一次上门）”和“四级办理（不见面审批）”。推进“一区一网站”整合工作，完成全部52个政府网站整合工作。积极创建“公共安全视频监控建设联网应用示范城区”，建设宝山区公共安全视频监控共享平台，整合公安各类视频监控及“雪亮工程”社区视频监控等资源，实

现宝山区视频监控资源集中管理和按需共享。完成2018年区政府实事项目“宝山区义务教育学校无线网络覆盖”项目，实现宝山区义务教育阶段111个学校无线网络覆盖。推进区域智慧健康信息化建设，完善区级卫生应用系统建设，推进“互联网+医疗健康”应用，2018年宝山区健康档案管理平台的诊疗数据质量综合评价位列全市各区第一。建设“智能交通三期”、停车诱导、共享停车公共信息平台等智慧交通信息化项目，进一步提升交通通行效率和智能交通管理水平，有效提升宝山区停车资源利用效率。推进一批“智慧公安”项目建设，实现现代警务流程再造与管理升级，切实有效提升辖区群众的安全感、满意度和获得感。

2018年，宝山区“社区通”系统获评2018年中国网络理政十大创新案例。宝山区“雪亮工程”建设荣获2017中国(上海)社会治理创新实践案例优秀案例奖。

一、政务领域信息化

【区实有人口基础数据库共享应用改造】 2018年3月14日，宝山区公共数据共享平台——实有人口基础数据库共享应用改造项目通过专家验收。改版后的人口基础数据库共享了宝山区域范围内的人口以及房屋信息，为选民登记、老年工作管理、育龄妇女管理、学龄前儿童管理、青年和团支部工作等社区基层管理提供了数据支持；为地区办的社区管理信息系统提供社区人口的数据共享，增加人口信息的准确度；为人口办的农村房屋租赁管理系统提供基础的房屋出租信息，为求租和出租的市民提供实在的帮助；利用区人口数据资源对区内新农合参保人员进行了信息核对工作，为宝山区的社保卡服务工作提供了辅助与支持。该系统推动了区内各部门之间的综合应用、协同管理，将丰富的区人口信息资源，通过有效的信息资源共享，进一步提高了人口信息资源的应用成效。随着实有人口数据在区平台的落地，通过搭建信息共享平台，为区层面各委办局的信息共享工作提供接口支持，促进了区内信息资源的合理利用，共同打造信息互连互通的开放性局面。系统中的云检查、人口查询、房屋查询、万用表查询、GPS轨迹查询等功能，实现了多位一体化搜索，有效提高了已有信息的利用，通过多种查询方式，实现了基础信息的高融合和高共享，有效提高了基础信息的利用率和办事效率，为一线实战工作提供了信息保障。

【区公共信用信息服务平台(二期)】 2018年4月3日，宝山区公共信用信息服务平台(二期)项目通过专家验收。平台实现与市信用平台的信用数据交换任务的创建和管理，完成定期的市信用平台数据落地、解析和管理；实现与区事中事后监管平台(主要为行政处罚数据)的数据交换任务的创建和管理，完成定期的事中事后监管平台数据解析和管理；按照市信用平台要求，完成2017版数据清单、行为清单和应用清单管理功能的升级。根据上海市《公共信用信息“三清单”系列地方标准》、国家发展改革委《行政许可和行政处罚等信

用信息公示数据标准(暂行)》的规范要求开展数据清单编制。按照上海市地方标准《全过程信用管理要求第 2 部分:行为清单编制指南》的相关要求,对单位基本信息表和行为事项表进行编制或补充、完善。按照上海市地方标准《全过程信用管理要求第 3 部分:应用清单编制指南》的相关要求,对单位基本信息表、应用事项表、奖惩措施表进行编制或补充、完善。2018 年,平台清单数据总计 8 544 条,归集“双公示”数据总计 8 465 条,其中行政许可记录 5 277 条,行政处罚记录 3 188 条。累计向市平台上报行政许可数据 3 967 条,累计上报行政处罚数据 2 737 条。

【区公务用车北斗监控管理平台】 2018 年 4 月 25 日,宝山区公务用车北斗监控管理平台项目通过专家验收。该项目于 2017 年 11 月 21 日完成开发、测试,投入试运行。建设该项目旨在建立长效机制,按照“制度加科技”“互联网+公务用车管理”的理念,进一步加强宝山区车改后公务用车信息化、规范化、科学化监管模式。平台主要建设了公务用车基础信息管理、车辆派遣调度管理、车辆卫星定位监控等软件应用模块,实现了全区公务用车的里程、保养、保险、维修、报废等数据自动统计的台账记录功能;实现了用车申请、在线审批、人车调度、行车分析、安全监督、违规分析等调度功能;实现了驾驶人员信息化管理和车辆“一车一档”的信息化管理;同时建立统一的车辆定位监控系统,系统可根据各部门的不同权限实现层级动态管理,各部门可以对各自的公务车辆进行实时监管,区机管局对公务用车进行统一监管,可通过车辆派遣记录的审查、车辆运营统计、车辆监控、轨迹管理,全方位、多角度、实时和动态的监控宝山区各单位日常车辆使用运行情况,提升宝山区公务用车管理水平和工作效能。

【区产业发展区域统筹管理平台】 2018 年 7 月 17 日,宝山区产业发展区域统筹管理平台通过专家验收。该项目主要包括以下功能:一是产业项目准入管理,实现全区产业项目的在线填报、审核和入库及全区鼓励类产业项目的在线填报和备案。二是招商项目管理,实现了全区招商项目的在线记录、跟踪和入库。三是招商资源管理,建立了招商资源数据库,实现全区可利用或可开发的土地、厂房、楼宇资源的在线查询、更新和智能化匹配。四是招商素材管理,实现招商活动素材、实体项目数据、开发区经济数据等素材的上传和管理。五是综合统计分析,实现资源分析、项目分析、可视化展示等综合功能。该项目以资源整合共享、招商引资业务协同为目标,通过信息技术手段,为宝山区招商引资项目跟进、汇总、辅助决策提供良好支撑。

【区行政服务中心信息系统(二期)】 2018 年 9 月 19 日,宝山区行政服务中心信息系统(二期)项目通过验收。项目主要建设内容包括:建设项目跟踪系统,以发展改革委立项审批文号或者项目编号作为项目审批环节过程中的唯一索引,对建设项目审批事项进行有机关联、统一展现,实现对项目的统一跟踪、管理;建设中心管理系统,实现行政服务中心内部办公平台信息化;对中心事项及部门的收费情况进行统计;升级外网及业务系统,外网栏目调整、业务系统监管等功能升级深化;建设智能化大厅,提供服务引导、自助查询、自助申报、自助预约等功能;搭建微信服务平台,通过移动微信端提供办事指南、办件查询、在线咨询投诉、预约等便捷服务。二期项目在一期平台基础

上，对日常业务和管理相关模块功能进行扩展，对中心全部进驻窗口和人员进行集中监管。通过形成标准统一、功能完善、技术先进、安全实用的中心审批服务系统，实现行政审批服务流程规范化、网络化、公开化、制度化。

【区网上政务大厅智能化硬件系统】 2018 年 9 月 19 日，宝山区网上政务大厅智能化硬件系统项目通过验收。项目主要建设内容包括：设置政务服务一体机，提供办事指南、自助申报、办件查询、自助填表预约等服务；设置自助查询引导机，提供中心简介、办事指南、现场排队、预约等服务；设置迷你取号机，提供现场取号、预约取号服务；设置窗口平板，提供工作人员简介、窗口业务展示、物流填写、扫码支付等服务；设置样表查询机，提供大厅常用表单、热门表单展示服务；设置高拍仪，通过高拍仪使材料电子化；设置扫码枪，实现条码、二维码信息输入；设置拾音器，实现窗口音频拾取、与窗口视频监控整合。通过智能化硬件设备的引进和软硬件集成，延伸和拓展服务方式、服务渠道，进一步提高行政服务的效率和水平，提高公众满意度。系统自 2017 年 9 月正式运行以来，已为 2 万余人次提供了相关服务。政务服务一体机日均提供指南查询 10 余次，自助打印表格填写 30 余次，预约服务 20 余次；自助查询引导机一一对应中心各工作板块，动态展示最新政策、服务动态、服务引导等信息；迷你取号机日均取号 40 余次、已取号 8 000 余次；样表查询机 450 余项审批及服务事项的 400 多个样表，为办事人员提供细致到位的样表查询服务。

【区政府网站群平台升级】 2018 年 10 月 11 日，宝山区政府网站群平台升级项目通过专家验收。项目于 2018 年 6 月完成开发并投入试运行。宝山区政府网站群平台主要包括以下建设内容：对现有的管理平台进行了整体升级，由原来的 TRSWCMV6.0 系统升级为 TRSWCMV7.0，提高了平台的性能和稳定性；整合“上海宝山电视台”和“宝山电视台网”的资源，实现宝山电视台相关工作人员对视频素材进行剪辑、在线点播、直播等；实现各职能部门的微信公众号统一管理，可按权限管理各自站点及微信公众号，实现网站内容与微信公众号的一次采编，同步发布；实现多官微的统一管理，在系统中一次创建可同时发布到各个平台，可管理、图形化监控和评测各个平台微博；全面改建宝山建交委网、宝山财政局网 2 个子站点，作为宝山示范性特色政府网站，实现在不同尺寸屏幕及操作系统访问，满足对不同尺寸终端的自适应访问；建设无障碍示范站点，嵌入信息无障碍工具条，实现网站页面放大缩小、各种页面配色方案、纯文本展示、辅助线开关、语音播报等无障碍功能；将原网站的栏目与改版后的栏目对应，对主站和子站所有的历史数据进行筛选和甄别，完整保留有效的业务数据，剔除无效和冗余数据，共完成了 35 个站点的数据迁移。新平台带动工作人员信息化水平的整体提高，促进政府职能的转变和管理的精细化发展。增加“无障碍＋响应式”网页的访问体验，提升使用界面的友好度和获取政府信息的便捷性，同时提升网站信息管理和技术防护功能。

【区网上政务大厅（二期）建设】 2018 年 10 月 11 日，宝山区网上政务大厅（二期）建设项目通过专家验收。项目于 2018 年 7 月完成开发、测试和投入试运行。项目主要包括以下建设内容：梳理全区 485 项审批事项、210 项服务事项并接入网上政

务大厅,统一编码,完成办理类公共服务事项录入和权限管理改造;在政务大厅为用户提供全程网上办理功能;申请人可登录网厅页面查看、修改自己的快递信息,通过统一审批编码查询办理进度及物流状态信息;通过预约叫号系统与街镇排队叫号机的联调和对接,实现宝山行政服务中心及14个街镇社区事务受理中心网点的"预约先办";标准化办理系统升级,申办人在进入网上申报页面时,通过获取用户中心信息,可自动读取该申办人信息,预填入在线申报的字段;法人通过一证通登录识别该法人信息,实现信息预录入;通过微信网厅系统的升级,用户可以通过"上海宝山"的微信公众号中的网厅入口链接进入政务大厅页面,通过微信端便可完成事项的查询、申报和递送服务申请以及在线支付等内容;通过后台数据与业务系统对接的方式,实现与区事中事后监管平台的对接互动,实现事项审批信息由网厅交换至监管平台;将各部门的审批事项与服务事项的上网情况、落地的所有办件信息汇总统计,将网上审批综合效率指数、网上审批部门综合效率、网上审批行业分类效率、网上审批单一事项效率、网上审批事项三级办理情况、网上审批实时监控、网上审批受理办理情况和网上审批满意度评价数据分析并以柱状图、扇形图等形式清晰展现;管理平台应用程序和相关数据库通过远程备份管理机制,每天进行数据备份,每周进行数据库可用性测试,保证项目数据安全。项目覆盖全区,建成了整体联动、部门协同、市级统筹、一网办理的"互联网+政务服务"技术和服务体系,政务服务流程显著优化,服务形式更加多元,服务渠道更为畅通,让企业和群众办事更方便、更快捷、更有效率。

【区电子政务数据中心】 2018年11月21日,宝山区电子政务数据中心项目通过专家验收。项目建设内容主要包括:完成区电子政务网络平台升级优化,互联网出口设备升级替换;完成区电子政务网络主干网络万兆升级,实现双核心双活网络,市政务外网双链路双路由接入,有效保障区电子政务网平台应用,为全区各街镇、委办局、园区及500多个村居委提供了可靠稳定的政务外网、互联网服务。监控中心对政务网起到管理和支撑的作用,全局掌控数据中心系统的运行状况和趋势,网络设备、安全设备、服务器设备等设施实施监控与管理,有效提升网络运维管理能力、处理能力,缩短故障解决时间。屏蔽机房完成扩容改建,最大容量可以放置16个机柜,满足未来公务网屏蔽机房的业务需求。该项目既能有效解决区电子政务网应用中涉及的实际困难,又能进一步提高区电子政务网在各单位中信息安全交换、资源授权共享、业务按需协同等;同时也能有效提升区电子政务网数据处理能力,对区电子政务工作产生了积极的影响。

【区行政服务中心统一受办理系统】 2018年11月28日,宝山区行政服务中心统一受办理系统建设项目通过验收。项目按照"资源整合、信息共享,需求导向、以人为本"的原则,从与市级平台对接、优化办事体验的角度出发,对原有平台进行升级,突出信息协同、强化各类应用,旨在为办事人员提供透明、规范、高效的政务服务。主要建设内容包括:建设统一受理平台,为后续的"一窗式"政务服务新体系奠定基础,减少工作人员二次录入的工作量,推进信息的全面共享与融合;与区法人库对接,获取相关的数据,运用政务服务一体机、高拍仪等硬件设备的一体化集成,全面收集和沉淀各类办件过程中的数据,构建中心动态法人库、

【区就业促进网上业务办理与监管系统(三期)】 2018年11月22日,宝山区就业促进网上业务办理与监管系统(三期)通过专家验收。系统分为两个模块,一是创业带动就业补贴模块。该模块的主要功能是创业带动就业补贴实现网上申报,同时根据政策规定在模块中设置相关字段限制,对不符合政策的情形,由系统自动识别,拒绝录入。模块于2018年7月上线试运行,9月正式运行,截至2018年年底,共受理206家创业组织申请,涉及人数468人,金额322.96万元。该模块确保了促进就业专项资金安全,进一步提高补贴审核效率,降低审核中的人为错误。街镇社区事务受理服务中心、区就业促进中心、区人力资源社会保障局相关经办人员可按权限登录,实现创业带动就业补贴全区网上规范化、流程化办理。二是智能档案管理模块。智能档案管理系统主要包括:档案的流转(含入库、上架、下架、出库)、档案证明的出具、疑难档案处理、档案查询、档案信息统计等功能。智能档案管理系统已经覆盖全区12个街镇社区事务受理服务中心,截至2018年年末通过该系统管理的档案共有323 163份,其中包含疑难档案1 280份;开具证明3 337份;档案入库操作380 491次;档案出库操作231 337次,全面实现无纸化、数字化的档案管理模式。智能档案系统能够及时准确掌握库房存储情况,合理安排档案存放,有效降低人工存放的差错率,基本实现档案存放无差错,更好地保障档案完整性和安全性。

三、城市建设管理领域信息化

【区环境监察移动执法系统】 2018年3月28日,宝山区环境监察移动执法系统一期项目通过专家验收。环境监察移动执法是融入4G移动通信、互联网、移动终端、GIS、GPS定位等先进技术的一种新的执法方式,可以简化现场执法工作、规避人为工作疏漏、严格绩效考核、提高执法效率,实现"空间全覆盖、工作全覆盖、任务全覆盖、责任全覆盖"。项目建设目标是建立集手持移动执法终端的环保执法系统、PC端的后台支撑系统和车载移动视频监控传输系统等于一体的移动执法体系,实现信息查询、环境监察、专项行动、排污申报核定及收费、投诉调处、移动办公等功能。执法人员在执法现场持PAD通过系统能够生成执法文书,完成现场照片、音视频证据的采集和上传,推进环境监察执法的规范化、高效化和智能化。此外,系统还实现了"双随机"信息向市局平台和区事中事后综合监管平台实时推送,与区环保局信访投诉信息、LIMS监督性监测报告、环境质量及污染源在线监测等其他业务系统之间数据共享互通,为现场执法提供基础数据支撑。

【区民防减灾应急指挥中心多媒体系统升级改造】 2018年4月27日,宝山区民防减灾应急指挥中心多媒体系统升级改造项目通过专家验收。项目建设内容包括大屏显示系统、音响摄像系统和中央控制系统。大屏显示系统采用1.2寸小间距LED显示屏,实现单屏显示双向高清视频信号,与数字化音响摄像系统配合,呈现完美视听效果;数字中

控实现了对原有的灯光、窗帘以及新增设备的控制,操作更加方便快捷。录音录像可通过在个人电脑进行点播回放,便于日常办公。系统试运行期间,顺利举行远程视频会议十余次,经受防台防汛、警报试鸣、民防演练等大型活动检验,使用情况良好。项目满足了各类业务需求,进一步提升了应急指挥中心系统功能和服务水平,同时,确保了区委、区政府、市民防办的电视电话会议的质量和效率,为市民防办实现突发公共事件指挥以及区领导对区域内重大事故、自然灾害、突发事件实施统一、准确、高效、快捷的决策指挥提供了坚实保障。

【区城市管理行政执法局网上办案系统】 2018年10月18日,宝山区城市管理行政执法局网上办案系统项目通过专家验收。项目于2018年2月完成开发、测试并投入运行。本项目的建设实现了宝山城管简易、一般和拆违案件的信息录入及法律文书上传;案件相关流程的管理;执法专用纸的管理;个人执法档案、执法相对人档案的管理;建立案件信息库、执法对象信息库、法规案由库、文书模板库;实现执法案件的汇总统计、业务数据自动上报等功能。按照城管案件审批流程、法律文书中执法主体的不同,分别设计3个版本,供区执法局、街道中队、镇中队使用。网上办案系统的投入使用,提高了区城管执法局与街镇城管中队以及区城管执法局内部的沟通效率。通过规范案件数据的录入,加强了对街镇中队案件的监督管理;通过规范案件的办理流程和文书制作,提高了整体执法效能及过程监管;通过与上海市城管执法系统的数据对接,实现业务数据自动上报。网上办案系统项目将区城管资源进行有效整合,为城管各部门间信息的共享和使用提供了一个统一的平台,加快城管内部案件信息的流转、处理、协调、整合和共享,提高了办事效率,办结案件所需时间大幅缩短,审批流程简洁高效,减少了对应的人力成本,提高了执法相对人的满意度。同时,通过整合业务数据,可以全面、直观了解区域案件情况,辅以统计分析,最终为决策提供数据支撑,为宝山城管打造服务型部门提供有力支撑。截至2018年年底,网上办案系统共录入案件总数5 885件,其中一般案件3 934件,简易案件1 247件,拆违案件704件,处罚金额7 959 423元。

四、信息基础设施建设

【无线电管理培训】 2018年12月6日,宝山区在上海市无线电监测培训中心组织了2018年度宝山区无线电管理培训会,区规划土地局、区公安分局、区市场监管局、区卫生计生委等8个相关委办局和区14个街镇、园区的无线电管理工作人员参加了本次培训会。会上,邀请了市无线电管理局专家对新出台的无线电管理政策进行解读,并着重介绍了上海市公用移动通信基站的管理、"伪基站""黑广播"的监测、治理等方面的具体情况,最后各相关单位就如何进一步推进宝山区公用移动通信网络弱覆盖区域的优化工作进行了讨论。通过开展本次培训,加强了宝山区无线电管理相关部门之间的沟通和交流,提升了管理人员的技术水平,并为宝山区进一步做好公用移动通信基

站的建设推进和管理工作夯实了基础。

【信息基础设施能级稳步提升】 2018年,宝山区新建通信管线102沟公里,新建和共建共享4G移动通信基站383个。至2018年年底,累计可用通信管线共3 491沟公里,公用移动通信基站3 071个。累计接入宽带用户约56万户,平均接入带宽达到150M;无线覆盖热点597个,无线AP数5 546个,在206个公共场所开通公共WiFi免费上网服务。移动通信应用更加普及,移动电话用户约283.46万户;固定电话用户约44.66万户。IPTV用户数达28万户,增加11.1万户;数字电视用户覆盖全区73万户,覆盖率达100%。

五、信息化环境建设

【宝山区与百度公司签署战略合作协议】 2018年11月27日,宝山区政府与百度公司签署战略合作协议,双方将致力于共同促进人工智能、大数据、云计算与实体经济融合发展,将宝山打造成为智能城市示范区和人工智能产业集聚高地。宝山区委书记汪泓,区委副书记、区长范少军,副区长吕鸣,区相关部门、单位负责人等,百度创始人、董事长兼首席执行官李彦宏、百度副总裁王路、张东晨等出席签约仪式。根据协议,百度公司将充分发挥在人工智能、大数据、云计算、物联网、自动驾驶、智能城市、人机交互、区块链、计算机软硬件、互联网信息与广告等领域领先的技术与应用优势,利用先进的人工智能技术和平台,积极推动智能交通、智能出行、智能家居、智能教育、智能安防、智能医疗、智能环保、智能城市管理等在宝山区的产业化试点,提升城市智能化水平,提高居民生活质量,打造智能城市建设标杆。

【"2018上海智慧城市进万家"系列宣传活动启动仪式暨宝山区机器人主题活动】 2018年7月7日,"2018上海智慧城市进万家"系列宣传活动启动仪式暨宝山区机器人主题活动在宝山区中成智谷创意产业园举行。本次活动由市经济信息化委、宝山区人民政府指导,宝山区经济委员会(信息化委员会)主办,宝山区顾村镇人民政府、上海机器人产业园、上海浦东智慧城市发展研究院协办。市经济信息化委总工程师张英、宝山区副区长吕鸣出席活动并致辞。到场的市民观看了机器人企业的精彩展示,并与机器人进行了多样的互动。作为"2018上海智慧城市进万家"系列宣传活动的首站,本次活动的举办,不仅让广大企业、市民更好地了解了宝山区智慧城市和机器人产业发展成果,进一步增强了市民对智慧城市的获得感和感受度,也通过展示宝山机器人典型产品及应用,进一步提升了宝山机器人产业在全国的知名度和影响力。

【2018上海市工业互联网、两化融合管理体系培训会议(宝山站)】 2018年8月29日,由市经济信息化委指导、宝山区经济委员会(信息化委员会)主办、上海市智慧园区发展促进会联合上海质量管理科学研究院及工业互联网产业联盟上海分联

盟共同承办的“2018 上海市工业互联网、两化融合管理体系培训会议”在智慧湾科创园国际会议中心举行。宝山区各街镇(园区)、200 余家制造业企业、20 多个产业园区及载体的代表参加了本次活动。本次活动集学习、交流于一体,帮助区内企业深化对工业互联网、两化融合管理体系的认识,对于加快推进宝山区工业互联网发展,普及两化融合管理体系标准,加速产业技术创新和管理变革,提升全要素生产率和企业竞争力起到了积极的作用。

【2018(第五届)中国产业互联网高峰论坛】 2018 年 10 月 12 日,由市经济信息化委、市发展改革委、市科委、市商务委和市文创办支持,中国互联网协会和宝山区政府联合主办,中国产业互联网促进中心、中国产业互联网创新实践区建设领导小组办公室、宝山区经济委员会和宝山区文广局承办,宝山区大场镇人民政府、宝山航运发展区、宝山区月浦镇人民政府、宝山工业园区、工业互联网产业联盟上海分联盟、上海市生产性服务业促进会、上海北郊未来产业园共同协办的 2018(第五届)中国产业互联网高峰论坛在上海开幕。作为我国产业互联网每年一度的高端论坛,本次盛会重点围绕“产业互联网 · 工业互联网 · 工业电子商务”主题,汇聚了来自国家工信部、中国互联网协会、中国信息通信研究院、市经济信息化委、市发展改革委、市商务委、市科委、市宝山区委区政府、全国区块链产业联盟、宝武集团、商汤集团、百度集团、浪潮集团、中兴集团、树根互联等政、产、学、研领域的多位大咖以及各行业的众多资深专家,共同围绕产业互联网、工业互联网及工业电子商务的发展与应用等内容进行了深入探讨与经验分享。论坛上,参会领导共同为国家工业电子商务试点区重点园区、中国产业互联网创新实践区重点园区和产业互联网创新示范企业授牌,并揭牌成立了宝山区区块链产业联盟。业内知名专家分别做主题演讲,分享了产业互联网、人工智能、工业互联网、区块链、智慧城市等诸多前沿技术和最新实践成果。

【工业互联网及两化融合政策宣贯培训会】 2018 年 12 月 20 日,由市经济信息化委指导,宝山区经济委员会主办,工业互联网产业联盟上海分联盟携手上海质量管理科学研究院共同承办的“工业互联网及两化融合政策宣贯培训会”在上海宝山举行。此次培训聚焦“工业互联网”和“两化融合”,旨在推进宝山区工业互联网发展,提升企业两化融合管理体系建设水平,加强专业人才队伍建设,特邀数名行业资深专家实战讲解,吸引了百余名工业互联网行业相关人士到场参与。宝山区明确“推进深度融合、加快转型发展”的工作主线,从工业互联网相关优势产业加速集聚、推进工业互联网载体和平台建设、积极开展工业互联网安全保障工作、加快工业互联网信息基础设施建设四个方面深入推进工业互联网发展,积极推进工业化与信息化深度融合,积极争创上海市工业互联网示范基地,全力推动宝山经济高质量发展。

(张婷婷)

第十章　闵行区信息化建设

概　述

2018年，在闵行区委、区政府的领导下，在市经济信息化委的指导帮助下，闵行区信息化工作围绕全面实施“互联网＋”及大数据战略，按照“创新驱动、转型发展”的总体要求，将“智慧闵行”建设作为落实信息化领先发展和带动战略的抓手，以贴近民众需求和服务改革发展为导向，以深化智慧应用、信息整合服务为主线，有序开展智慧生活、创新社会治理、助力产业升级等智能化应用，稳步推动“智慧闵行”建设进程。

一、政务领域信息化

【积极推进“互联网＋政务服务”】　2018年，闵行区做好区级网上政务大厅运行维护，完成市、区两级“一网通办”总门户对接整合工作。上半年度持续做好区级网上政务大厅系统运行维护及技术支持工作，配合市网上政务大厅进一步完善区网上政务大厅建设，完成相关页面的改版及调整。截至6月完成九大类5 600余项事项的上报工作；网厅共办件251 228件，同比增长339.49％，办结76 677件，同比增长157.59％，其中区级自建系统办理量293件，同比增长344.71％，已办结139件，同比增长187.83％。下半年度为贯彻落实市委、市政府关于《全面推进“一网通办”加快推进智慧政府工作方案》要求，深入推进“互联网＋政务服务”，根据总体进度安排，闵行区原网上政务大厅于7月份统一升级为“一网通办”栏目并开展试运行，系统升级运行情况良好，基本完成相关工作目标及要求。截至9月，网上受理率71％，网上办结率49％，全程网上办理事项办理量为4 390件，网上受理事项办理量为1 112件，网上申报事项办理量为21 877件，其中区级自建系统办理量342

件,已办结 163 件,网上办结率 47.7%。另外,根据上海市"一网通办"总体工作要求,10 月,闵行区配合审改办梳理审批事项,接入统一受理平台工作,并指导全区 23 家单位完成"一网通办"平台共 917 项审批事项网上办事入口网址配置。2018 年,闵行区实现市区两级系统事项办理系统数据的全面对接,最终建成事项全口径、内容全方位、服务全渠道的政务服务"一网通办"总门户。

【区政务一体化办公平台建设】 2018 年,闵行区持续深化无纸化应用,增加会务通管理系统模块,统一管理区人代会、人大常委会、人大主任会议等四套班子会议;优化资料审批、公文交换系统等功能,71 家单位使用公文流转系统,流转公文 8.7 万余件,较 2017 年增长 69%;政务平台访问量 9.3 万人次/月;短信平台发送量 75 万条/月,较 2017 年增长 25%;日程安排模块使用单位 68 家;会议室管理模块使用单位 34 家,累计申请达 6 万次;请示件模块累计流转 4 654 件;政务平台邮件系统收件量 118 万件/月,达 2017 年同期 2 倍,发件量 140 万件/月,是 2017 年同期 1.4 倍;在督查平台模块,各委办局共上报事项 9 142 件;在用车申请模块,共提交申请 7 549 件;在请假单模块,累计流转请假单 3 130 件。移动政务办公平台用户数量明显增加,开通用户数 2 634 人,是 2017 年同期的 1.7 倍。

【深化区数据中心建设】 2018 年,闵行区科学技术委员会(以下简称"区科委")完成与市法人库落地数据、市人口库落地数据、区房管局经营性场所数据等数据库系统的对接及建模,抽取数据量达 1.2 亿条,部分数据实现实时更新。后续将按照市大数据中心的统一部署,开展与市级数据共享交换平台的对接工作,供区内各单位共享使用。

【面向市民的一站式"互联网+"公共服务平台】 2018 年,闵行区为贯彻落实市政府实事项目要求,区科委结合闵行区实际,牵头推进市政府实事项目——面向市民的一站式"互联网+"公共服务平台,通过与上海"市民云"进行对接,将已在"上海闵行"APP 上发布的便民服务事项,以轻应用的方式实现应用共享,有效利用"市民云"在全市范围的覆盖效应,扩大闵行区为市民提供政务便民服务的途径和影响,已完成公共体育设施、创业服务、居住证积分查询等 23 项便民服务项目的对接发布工作。

【"上海闵行"政务 APP 建设】 2018 年,闵行区科委进一步优化完善"上海闵行"政务 APP,并做好平台的日常运行维护工作。为优化营商环境,提升闵行区政府服务水平,开设全新"区长直通车"栏目,完成与"上海闵行"APP 的对接,面向企业和个人受理对公共政策、公共服务的咨询以及意见建议。截至 2018 年年底,"上海闵行"APP 注册用户数 5 326 人,日均访问量 350 次左右。"上海闵行"APP 设有要闻、领导之窗、街镇动态、委办局动态、政府公告、任前公示、干部任免、新闻专题、数据闵行、闵行报、闵视新闻、美景美图 12 个栏目。内有 4 大板块:新闻、政务大厅、便民服务、移动政务办公。共发布版本更新:安卓端 17 个版本,iOS 端 8 个版本。

【优化和完善区政务基础设施】 2018 年,闵行区科委深化区政务云建设,完成区"智慧政务"基础设施私有云平台建设,为各委办局信息化应用按需提供计算、存储、备份等基础设施云服务,已有

217个政务应用系统迁移上云；加强区政务云网络安全防护，通过优化调整网络结构、增加政务网互联网出口区域安全管控设备、提升对政务云内各应用系统的检测和扫描力度等措施，有效增强区政务云网络安全防护能力；持续推进集中灾备系统应用，为全区所属的委办单位提供业务系统异地容灾和数据备份，已有40多个系统纳入平台实现统一灾备。

【规范政务外网使用和管理】 为更好地维护网络和信息安全环境，闵行区网安办进一步规范政务外网的使用和管理。根据《闵行区政务外网使用和信息安全管理规定》，继续做好政务网接入资格审核、政务网网络搬迁的审核和协调等工作。2018年，共处理审核全区各委办局及街镇132份政务网接入资格申请，处理53份政务网用户访问互联网审核表。

二、社会领域信息化

【推进区"数字化课程环境建设和学习方式变革"（电子书包）规模化应用】 闵行区"电子书包"项目在全市率先实现规模化应用，完成了所有实验班级及20所学校的无线网络全覆盖。已覆盖95所中小学、902个班级，占区域学校总量的4/5左右，参与项目的教师约3 750人、学生30 437万多人。

【完善区教育数据中心建设】 2018年，闵行区全面构建并完善以学生成长数据为龙头的区域教育数据中心，完善了数据存储环境，确保了数据中心稳定运行和服务。着力汇聚或整合优化区域业务管理系统数据，将活动中心原有的课程管理平台、学生校外竞赛管理平台、少年宫活动管理平台、社会场馆聚享平台进行优化整合，打造成闵行区学生校外实践活动管理平台。将校外实践基地学生社会实践数据、志愿者服务平台数据、后勤服务管理中心新建的大批学校图书馆的数据对接，形成多渠道的数据源头，丰富学生成长数据。2018年，区域教育数据中心已汇聚学生基础数据335万条，数据元8.9亿个。还汇聚了学生成长体验和个性技能数据2 090万条、身心健康数据2 471万条、学业进步数据250万条，合计4 811万条。

【区学生电子成长档案建设应用】 2018年，闵行区教育局完成学生成长数据实时采集，并及时在学生个人空间呈现；立足3至5年级学生学科分项评价改革，重新制定落实学业质量平台数据的常态化对接的标准和接口的更新工作，新增了学业质量中各学科的分项等第字段；进一步优化后台教师管理平台，理顺并规范教师业务工作的流程，减轻教师负担。2018年，公办小学4至5年级和部分初中共计67所学校的学生成长空间全面实施，现有学生互动数据5 976 009条、教师操作数据7 196 113条，23 554位家长绑定微信。

【优化数字校园环境】 2018年，闵行区教育局继续贯彻执行市教委139号文件精神，优化教育城域网核心网络的结构和性能，完善教育网机房和网络管理，调整和汇总了64家公办中小学的出口

设备信息,新增13所学校千兆接入教育网,已完成117所中小学(含分校)千兆接入,并完成无线校园信号覆盖。

【升级区域卫生平台软硬件系统和网络设施】 2018年,闵行区以居民电子健康档案为核心,建立Brower/Server系统改造业务,完善技术功能规范,推进全区BS系统同质化发展。完成区内13家社区卫生服务中心BS系统改造,最终实现各社区服务中心的信息系统版本统一;进一步加强全区卫生单位网络信息安全整治工作,通过加强区域内安全防护措施,完成数据中心及各单位防火墙白名单访问控制策略,通过管理平台统一安装服务器及终端设备的系统补丁、防病毒软件,关闭高危端口,消除弱口令。

【区域卫生协同服务及业务领域信息化应用】 2018年,闵行区卫计委参照国家基本公共卫生服务标准规范最新版要求,以及区内电子健康档案的现状,制定出电子健康档案清理方案,规范与完善电子健康档案建立、使用与管理制度。通过"家庭医生"2.0版的签约工作,做好健康档案的动态更新和有效利用。实现全区信息化建设同质化发展,做到医疗机构之间互通互联、同质梯度的有效服务。重点打造"复旦—儿科—闵行"和"仁济南院—浦江"医联体内的信息互联互通"升级版",使资源共享更顺畅,服务延伸更便捷。

【探索文化体育智慧服务模式】 2018年,"闵行文化云"正式上线,并与"文化上海云"系统对接,初步实现文化信息共享、活动预约、场馆预定、数据管理等一站式数字公共文化服务。依托闵行区公共文化配送供需管理平台,实现闵行文化"云上配送"。2018年完成文化资源配送651场;完成全民艺术普及31门课、1 260个课时点单工作及课程执行;完成区级文艺指导员项目81门课、3 183个课时点单工作及课程执行。探索文化设施远程管理,鼓励有条件的文化设施上线,向市民或团体提供远程管理功能;运用"闵图数字资源统一搜索框"方便读者查询、阅览区图书馆的各类数字资源。完成体质监测网络与电子健康平台互联互通,推动"1+6"区、镇两级体质监测网络与卫生电子健康档案平台的互联互通,探索开展体、医结合体质监测慢性病运动干预试点,已开展两期糖尿病人群干预,累计30余人参与项目。推进学校场地开放,完成学校场地开放系统部署更新,完成现有104处开放场地学校中44处教育局直管学校的设备安装调试。推进社区公共体育设施信息化管理,将闵行区14个街镇的1 546个社区健身苑点的基本信息全部录入上海市社区体育设施管理服务平台,实现社区公共体育设施信息化管理。

【区信用信息共享平台】 2018年,闵行区继续完善区信用信息子平台建设,已开发三期,整合了区人保局、区税务局、区文广局等11家单位并纳入诚信平台归集信息数据。平台具有共享目录、信用查询、信息分析、信用警示、清洗对比等核心功能,信用工作中的清单上报、数据整合、信息查询等工作主要围绕该平台开展。结合"三清单",进一步收录公开闵行区在税务、环保、劳动保障等领域的行政许可、行政处罚的信用信息,扩大信用数据归集范围,为上海市信用信息共享平台提供数据支撑。闵行区信用平台共收集信息31万余条,上传"三清单"数据8 000余条,为闵行区的信用体系建设筑牢基础。

三、城市建设管理领域信息化

【区水网远程监测、监控、泵管河闸联动应用】 2018年，闵行区水务局推进水务基础设施远程监控改造，完成14座水闸、1座信息中心的提标改造，完成泵站监控系统6处、大型水文测站4处、防汛移动泵车远程调度7座。完善水务综合事务管理应用，完成闵行区地表水环境监测与评估、取水监测管理、闵行区河道巡检、许可证批后监管系统（一期）等系统建设，推进河长管理信息平台与市平台对接，推动水务综合管理移动平台、水务综合数据库、水务大数据分析平台（一期）的建设工作。

【社区单位“微卡口”建设】 2018年，闵行区公安局采取众筹的方式在全区各居住小区、单位楼宇开展以人脸识别、车牌识别和WiFi嗅探为基础的“微卡口”建设。已累计完成452个小区的安装，居住小区安装率达40.72%；累计完成159家宾馆、9个商圈、5家医疗机构、4家学校、1家加油站以及15个其他单位的安装工作。

【区城管执法与服务平台】 2018年，闵行区城市管理行政执法局推进数字城管综合监管平台应用，实现了对全区城管类问题的信息共享、问题掌控，达到预期的执法常态化管理目标。完成职级绩效管理平台建设，通过“六个网上”应用，将各类工作过程及成果全部上网；通过执法单兵管理应用，实现执法力量、督查及信访处理的信息互通；通过各类细化制度，形成绩效考核体系，累计执行勤务计划（任务）派单430起、签到56 636人次、网上投诉处置2 939件、实施网上督察365人次、督察派单304张。推进综合指挥监管平台建设，全区执法队员已配备执法终端，800M电台固定台及手持台合计165台，车载视频调试完成。

【区社会治理联动创新应用】 2018年，闵行区网格化中心构建辅助决策分析系统，为区网格化中心、街镇网格化中心、各委办局查询及精准化配置资源提供决策支撑。优化工作平台及业务模式，升级完善“城管通”APP、GIS平台、微信企业号、大应急平台等工作支撑平台，将“文明创全”作为“网格化+”专题进行试点，积极开展网格化业务拓展合作，并联合多个部门推动大联动平台数据共享与整合，实行城市精细化管理。

【完善区智慧交通应用】 2018年，闵行区交通委完善扩展公共交通智能化应用。8月完成全部公共停车场电子收费系统的改造和联网，并对新增备案的55家公共停车场库进行了改造联网，完成了146条道路手持POS机的配置使用，新增41家新能源充电桩公共停车场；推进静态交通智能化应用。为迎接进博会的召开，在进博会核心区及古美地区安装并运行了333台电子显示屏，这些显示屏与市区1 600个电子屏一同接入统一数据中心管理平台，对重大活动进行全城直播，并可发布台风等灾害预警信息。

四、信息基础设施建设

【推进宽带接入优化升级工程】 2018年，闵行区继续推进千兆家庭宽带网络覆盖，共完成区内578个小区、65.4万户家庭千兆宽带覆盖，较2017年年底28.4万户新增37万户家庭，为"智慧家庭"建设夯实基础。

【加快无线网络覆盖接入】 截至2018年12月，闵行区4G通信基站总量达2 364座，无线局域网覆盖场所达1 831处，其中免费场所525处。

五、信息化环境建设

【区智慧城市发展水平评估工作】 为客观评价闵行区智慧城市建设现状，闵行区科委开展2018年闵行区智慧城市发展水平评估工作。根据上海市2018年智慧城市发展水平评估指标，以调研和座谈的形式，深入掌握各部门2018年信息化项目建成情况、实施中的疑难点及工作亮点，并梳理2017年"智慧闵行"建设情况，形成2018年闵行区智慧城市发展水平评估报告。

【街镇信息化专项资金管理工作】 2018年，闵行区科委以街镇信息化专项资金为抓手，注重顶层设计、解决实际问题以及便民应用。专项资金设立5年来，累计支持街镇信息化建设资金达2 290余万元，支持60个信息化项目建设，一批优秀的基层信息化应用项目取得良好成效。如华漕镇人大代表履职管理平台，为镇代表提供服务，与微信端之间实现无缝整合，让微信企业号成为高效的交流工具，使人大工作借助信息化手段变得更加快捷、透明、高效和方便，也进一步推动了人大工作的改革和创新；梅陇镇社区治理平台打破现有的格局，打通政府与居民之间的沟通壁垒，实现从传统社区管理模式向智慧社区管理转变，在模式上建成继颛桥镇"田园模式"后又一个可供全区乃至全市全国复制推广的"智慧社区"管理平台，为创建闵行区全国文明城区奠定坚实的基础。

【加强网络与信息安全工作】 2018年，闵行区按照上海市公安局《关于印发〈2018年本市网络安全执法检查工作方案〉的通知》要求，认真组织开展网络安全检查工作。经过认真梳理，部门自建的信息系统有10个，其中闵行区电子政务平台、闵行区电子政务邮件系统、区电子政务灾难备份中心、区社区事务受理信息系统已通过三级等保测评，并按照等保相应要求执行运行保障和安全防护，闵行区电子政务平台、闵行区科创服务平台作为2018年关键信息基础设施上报，其他新建系统也逐步落实相应定级备案工作。

【2018年智慧城市体验周活动】 为进一步加大智慧城市建设的宣传力度，提升市民对智慧化民生服务的感受度，深化应用体验，2018年上海智慧城市体验周活动于12月6日至12月12日举行。闵行区科委积极组织发动全区各镇、街道、莘庄工业

区,在智慧城市体验周期间开展举办各项宣传体验活动。全区共计8个街镇参与活动,其中颛桥镇以"智慧城市,惠享生活"为主题走进社区,通过分发宣传资料、纪念品的方式,使广大社区居民对智慧城市有更好的理解与认识;浦锦街道以"智在浦锦,创享未来"为主题开展"浦锦杯"小小工程师电子编程设计竞赛,让青少年学习和掌握电子技术与智能控制知识与应用,推动青少年电子科技创新工作,以信息化带动教育的现代化,为培养未来科技创新人才打下坚实基础。通过举办体验周活动,让市民全方位互动与参与,真切体会到智慧城市带来的便利与好处。

(肖　越)

第十一章　嘉定区信息化建设

概　述

2018年,在市经济信息化委等领导部门的关心支持下,在嘉定区委、区政府的正确领导下,嘉定区智慧城市建设紧紧围绕“打造科创中心重要承载区,加快建设现代化新型城市”两大核心任务,聚焦长三角一体化发展,进一步强化体制机制建设,提升信息基础设施能级,推进信息资源共享共用,推动智慧产业创新发展,全面提升区域信息化水平。根据全市总体规划和统一部署,嘉定区主动顺应互联网技术发展趋势,以智慧政务管理体系、智慧民生服务体系建设为主要抓手,不断推进智慧城市试点示范应用建设,进一步提升民生服务能力,提升城市精细化管理水平,从而使智慧城市总体布局逐渐清晰、信息产业发展迅速、区域特色日趋明显、市民感受明显增强,在各领域都取得了较为优秀的成绩。

一、政务领域信息化

【“上海嘉定”微信公众号整合上线】　2018年5月,“嘉定发布”“嘉定报社”“嘉定广播电视台”三家新媒体微信公众号通过资源有效整合,正式合并为“上海嘉定”微信公众号。全新的“上海嘉定”日均推送微信6至8条,内容包括与市民群众生活息息相关的各类民生信息,如教育、医疗、交通、天气、招聘以及各类活动等。“上海嘉定”一经上线,粉丝量、阅读量日渐攀升,影响力、传播力大大增强;此外,“上海嘉定”还主动创新互动形式,统筹资源,通过“指尖办事”“微信矩阵”及“嘉定印象”三大栏目,为市民提供“一站式”便捷服务;在“指尖办事”中的“政务大厅”板块中,全区各相关职能部门对外开展的398项审批事项全部上网,并实现网上办理进度及结果查询,239项审批事项实现网上申报,151项审批事项实现网上预约、线下优先办理,72项审批事项实现全流程网上办理,

全区各街镇130项事项办事指南实现在线查询，并对不动产登记、数字证书等一些量大面广、与老百姓工作生活密切相关的服务事项开通在线预约，切实方便基层群众办事。此外，市民还可通过“上海嘉定”微信公众号，浏览《嘉定报》电子版，在线观看《嘉定新闻》视频，收听嘉定本地广播节目，还可以通过“意见箱”提出自己的意见建议，加强市民与政府之间的互动。

【召开区“一网通办”推进会议】 2018年7月31日，嘉定区召开“一网通办”推进会议，贯彻落实市委、市政府工作要求和全市政务服务“一网通办”推进会精神，部署下阶段“一网通办”建设重点任务。会上，区委书记、区长章曦出席会议并讲话。他指出，全区上下要统一思想，把“一网通办”作为贯彻市委、市政府决策部署的重要抓手，嘉定打造创新活力之城的重要举措，以及提升企业、群众获得感的重要手段；各单位要统一行动，推动各项改革措施落实到位，坚持应进必进，以新的行政服务中心建设为契机，提升事项入驻集中度；坚持应上尽上，推进政务服务事项全部上网，实现线上线下业务协同；坚持应简尽简，推进100%涉企事项只跑一次、一次办成；坚持应联尽联，打破行业信息壁垒，实现数据共享共用，要通过强化责任落实、加强队伍建设、开展督查评估，统一责任，形成全区推进“一网通办”的合力。根据部署，嘉定区落实“一网通办”的主要任务包含四个方面：一是“一网通办”改革任务必须达标，实现网上办事100%全覆盖、涉企审批事项100%只跑一次、个人服务事项99%全市通办；二是政务服务便捷化改革必须见效，在提高政务服务事项进驻中心比例的同时，尽快试行“一窗受理”运行机制；三是产业项目流程优化目标必须实现，实现审批时限压缩的目标，即从项目准入开始，最快9个月拿到施工许可证；四是事中事后监管平台的使用率必须大幅提升，健全以“双随机、一公开”为基本手段、以重点监管为补充的新型监管机制，推进跨部门综合执法、联合监管，提升监管的常态化、精细化、现代化水平。

【智慧政务建设持续深化】 2018年，嘉定区智慧政务建设持续深化，区、镇、村三级光纤网络全覆盖，涉及1 721个接入单元，其中包括行政村170家，居委会68家，社区201家，镇企业141家，各委办局、职能部门及事业单位(如学校、医院、公安等各条线)1 141家，接入网络用户达22 044名，移动政务开通用户数为6 372人，日均访问量为413人次。嘉定移动办公平台微信服务号正式开通；政务平台累计发布工作纪实691.36万条、政务短信9 043.29万条、专送件291.13万件；智慧政务云计算中心不断完善，政务云平台建设完成，共承载全区各类网络设备1 721台、服务器234台、安全设备89台、存储系统5套、虚拟机345台、政务云主机120台，运行全区业务系统132个，总体上云进度已超50%，形成了嘉定区政务信息系统“硬件集中、云端共享”格局；政务光纤网络引入运营商竞争机制，互联网出口实现全区统一安全管理，率先探索购买服务的运维方式，有效降低政府部门运维压力，同时有效控制相关财政压力。

二、社会领域信息化

【物联网医学分级诊疗示范基地建设】 2018年2月,嘉定区中心医院获上海市呼吸病研究所授予的“物联网医学分级诊疗示范基地”称号。长期以来,嘉定区中心医院呼吸内科致力于专科与全科相结合的慢性阻塞性肺疾病(COPD)的规范化管理,自2017年起,通过与嘉定镇社区卫生服务中心等基层单位合作,研发成功COPD网络化管理软件。通过该平台,区中心医院呼吸内科与社区卫生服务中心紧密相连,共同管理COPD患者,社区医生每月对患者进行随访,嘉定区中心医院呼吸专科医生则根据社区医生上传资料,指导患者调整用药方案,给予个体化的运动处方,并通过该软件实现COPD患者的双向转诊。通过多方联动,分级诊疗工作已覆盖全区13家社区卫生服务中心,网络化管理水平走在了全市前列。鉴于嘉定区中心医院呼吸内科在COPD规范化、同质化管理方面所取得的显著成效,上海市呼吸病研究所授予嘉定区中心医院“物联网医学分级诊疗示范基地”称号,进一步推动了嘉定区中心医院加强与社区医生合作,推动COPD及肺康复诊治进展再上新台阶,为更多COPD患者服务。

【公共文化资源“线上+线下”直配网络】 2018年3月,嘉定区建立完成公共文化资源“线上+线下”直配网络,以“线上+线下”共推为主要形式,实现居民区和行政村综合文化活动室的项目与配送活动有效对接,内容全覆盖;通过“线上+线下”直配网络的应用,多项公共文化演出、讲座和培训项目实现了线上配送。同时,结合嘉定地区文艺团队众多、曲艺特色突出等特点,成立“文化配送轻骑兵”,以文化小分队的形式,走近百姓;在启动全区公共文化资源配送的过程中,嘉定区通过网络开展了配送项目的公开征集,邀请市民对展示项目进行线上及线下的满意度测评,结合线上展示的市民打分、线下的市民满意度测评和专家评审,有关部门选出合格的配送主体和配送项目,形成区域公共文化资源配送目录,由基层单位“点单”,将公共文化服务配送内容引入居民区和村级文化设施,打通公共文化服务的“最后一公里”。

【超声中心视联网高清远程会诊系统】 2018年7月,视联动力和上海联影医疗科技有限公司达成战略合作协议。双方将成立医疗影像视频云联合发展中心,在医疗项目中集中投入优势资源,致力于医疗影像视频传输、医疗影像技术传播、医疗装备视频联网等方面的进一步深入合作;双方搭建的超声中心视联网高清远程会诊系统能够大幅优化全区影像诊断资源合理布局、综合提升区域整体医疗服务水平,实现全区重大疾病与疑难杂症远程会诊,使百姓就医“大病不出区,小病不出社区”。

【新增3家专业型益农信息社】 2018年10月,在2017年两家专业型益农信息社的基础上,上海马陆葡萄公园有限公司、百蒂凯—安亭农业生态园和上海缘菊果蔬专业合作社3家专业型益农信息社正式运行,嘉定区专业型益农信息社总数增至5家。其中,拥有258亩葡萄种植面积的上海马陆葡萄公园将着重为农户提供葡萄种植技术培训示范,推广新品种、新技术,并在葡萄节期间进行品牌推广。位于安亭镇的百蒂凯现代农业生态园则侧重发挥自身优势,通过自创的“百蒂凯农产品电

车开放道路测试号牌也正式在上海发放。根据上海市道路交通实际情况和第三方机构对相关道路的评估，嘉定区安全性高、风险等级低的5.6公里道路成为上海第一阶段智能网联汽车开放测试道路。根据第三方机构测试试验和专家组评审，上海市智能网联汽车道路测试推进工作小组审核通过，上海汽车集团股份有限公司和上海蔚来汽车有限公司获得第一批智能网联汽车开放道路测试号牌和智能网联汽车测试道路资格。3月1日，上汽集团与蔚来汽车研发的高级别智能网联汽车从国家智能网联汽车(上海)试点示范区科普体验区(E-Zone)发车，并在博园路正式展开了道路测试。

【第二阶段智能网联汽车开放测试道路】 2018年9月，上海市发布了第二阶段智能网联汽车开放测试道路，测试道路在安亭、临港地区规划建设，包括城市主干道、城市次干道、产业园区主干道共十二条道路，共计31.6公里。其中嘉定区新开放路段长度为5.5公里，与首批开放测试道路一起，构成了累计长度为11.1公里的嘉定智能网联汽车开放测试道路。根据规划，位于嘉定区的11.1公里开放测试道路将主要聚焦于推进乘用车自动驾驶技术的研发测试，由此推动上海进一步形成乘用车、商用车同步推进的智能网联汽车发展布局，加快推动智能网联汽车从研发测试向示范应用和商业化推广转变。2018年，各厂商测试车辆在嘉定智能网联汽车开放测试道路上累计测试里程超过10 000公里，结合新能源汽车分时租赁等全新商业模式，有效推动了L3及以上级别技术水平的不断优化提升，进一步加快推动了智能网联汽车量产步伐，为智能网联汽车蓬勃发展提供适宜生长的土壤和广阔的生长空间。

【智能网联汽车整车硬件在环实验室】 2018年7月，由上海国际汽车城(集团)有限公司与上海机动车检测认证技术研究中心有限公司共同投资、合作共建的智能网联汽车整车硬件在环实验室建成。实验室主要应用于传感器标准制定、智能驾驶辅助系统纵向工况测试验证以及V2X网联技术相关测试扩展，主要面向高等级自动驾驶的研发测试需求，打造集成交通模拟、气象模拟、通信模拟等多耦合模拟环境。整车硬件在环实验室作为国际领先的测试系统，将更好服务于智能网联汽车企业测试开发，为测试方法及相关标准研究提供有力的技术支撑。

【国家智能传感器创新中心实质运营】 2018年7月3日，在工信部副部长罗文，上海市委常委、常务副市长周波的见证下，国家智能传感器创新中心在嘉定区正式揭牌成立，这标志着承载着解决我国智能传感器“关键和共性技术协同研发，实现首次商业化”战略任务的国家级创新中心全面转入实质性运营阶段，我国智能传感器领域的强“芯”之旅正式起航。上海嘉定芯天地产业园也与创新中心启动同步，在当天正式开园。同时，进行了国家智能传感器创新中心、嘉定芯天地战略合作签约仪式，中电海康集团有限公司、华润微电子有限公司、科大讯飞研究院、歌尔声学股份有限公司、启迪科技服务集团、上海鸿控物联网有限公司、上海凯乐士科技有限公司七家企业与国家智能传感器创新中心、上海市嘉定工业区签订入驻意向。依托国家智能传感器创新中心，嘉定将进一步汇集国内已有研发中试平台资源，加强研发软硬件投入，以共性技术研发为主要目标，着力打造物联网核心器件智能传感器产业高地，建立特色产业聚集区，逐步形成智能传感产业生态圈。

【2018世界智能网联汽车大会】 2018年9月18日，由工信部、上海市人民政府共同主办的2018世界智能网联汽车大会在上海嘉定汽车会展中心举行，本届大会以“新融合，新动能”为主题，一是全面展示了智能网联汽车最新技术水平，如限速信息识别及响应、车辆碰撞自动紧急制动、前方车辆变更车道检测及响应、交通信号灯识别及响应、行人和非机动车识别及避让、车道保持控制、网联通信等最新的自动驾驶技术；二是推动智能网联汽车全球创新资源集聚，会上，全球智能网联汽车测试与示范联盟亚洲秘书处揭牌成立，将进一步集聚全球创新资源，共同推动智能网联汽车开放道路测试和示范应用；三是达成了长三角智能网联汽车一体化发展共识，上海、无锡、温州、苏州、宁波、南京、嘉兴、太仓等长三角主要城市代表共同启动了长三角智能网联汽车一体化测试认证体系；四是加快完善智能网联汽车产业链发展布局，一批国内外智能网联汽车产业链重点项目签约落户上海。

【“上交会发布”走进嘉定】 2018年12月6日，作为第七届中国(上海)国际技术进出口交易会的先期发布活动，“上交会发布”走进嘉定，22个机器人及智能制造领域创新项目和新成果在发布会上集中亮相。在现场发布的9个项目中，上交会优秀展商代表上海智臻智能网络科技推出了小i机器人新一代智能bot开放平台，上海优望信息科技发布了基于AR/VR技术的工业智能指导与实训平台，意大利柯马公司首次发布e.Do六轴开源教育机器人。其余13个项目在中国(上海)国际技术进出口促进交易服务平台及上交会线上平台同步发布。发布会上还举行了第二批上交会技术贸易专家受聘仪式以及系列签约，包括第七届上交会境外主宾州德国萨尔州政府代表与上交会组委会执行办合作备忘录的签订、嘉定工业区与东浩兰生集团合作备忘录的签订等。此外，小i机器人、方立机器人与东浩兰生集团签订了参展合约。

【国美在线“亚太一号”总部基地落户嘉定】 2018年9月19日，国美在线亚太一号项目在嘉定工业区兴邦路正式奠基，启动开工建设，项目总投资约3亿元，总占地面积82亩，规划总建筑面积58 899.61平方米。包括两栋双层现代化仓储用房，一栋工业厂房，一栋配套办公楼，计划于2019年年底竣工。国美在线“亚太一号”项目集云计算中心、大数据处理中心、运营中心、结算中心、管理中心和华东物流中心于一体，承担国美在线的网站运营、商品采购、线上销售、订单处理、物流配送、销售结算和客户行为大数据分析等功能。建成并投入运营后，其将成为国美在线全国总部基地，服务范围将覆盖华东五省、日处理包裹量达5万件以上，每个订单最快可实现30分钟内出库，并保证48小时内完成配送与安装工作。

【“嘉定一号”高性能微纳卫星】 2018年11月20日，中国首颗由商业航天公司独立自主研发及制造的高性能微纳卫星——“嘉定一号”，在酒泉卫星发射中心搭载长征二号丁型运载火箭发射升空。“嘉定一号”由落户于嘉定的上海欧科微航天科技有限公司研制，设计使用寿命3年，卫星使用Q-SAT标准系列OKW-SAT-50卫星平台，总重45千克。这颗卫星是我国首个依靠自主知识产权独立打造的天基物联探测系统——“翔云”卫星星座的首发星，至2021年，“翔云”星座将组成我国首个低轨通信卫星星座，信号覆盖全球，为跨境运

输、石油电力、工程机械、海洋岛屿、环境监测、紧急通信等行业用户提供“天基物联探测”服务。

【京东“亚洲一号”无人仓】 2018年“双十一”期间，位于嘉定工业区的京东“亚洲一号”基地作为全球首个正式落成并规模化使用的全流程无人物流中心，为京东“双十一”期间稳定高效的物流配送发挥了重要作用。在仓内打包环节，京东物流首次启用智能包装机，通过磁悬浮技术，实现每小时打包1 000件包裹，较传统的打包作业速度提升10倍；在软件方面，京东物流自主研发智能控制系统，在仓储、拣货、打包、分拣、出仓等环节实现人工智能自主决策与指挥，可在0.2秒内计算出300多个机器人的680亿条可运行路径，并做出最佳选择；无人仓内，货架穿梭车、搬运机器人、分拣机器人、六轴机器人等物流机器人可实现货物从入库、存储、包装、分拣的全流程、全系统的智能化和无人化运作；此外，在配送环节，京东也开始试点应用配送员穿戴外骨骼机器人，从而有效减轻劳动强度。未来，外骨骼机器人将和京东新一代无人机、配送机器人、智能购物车、巡检机器人一起，运用于“最后一公里”的配送中。

【EVCARD服务网络拓展】 2018年，上汽集团旗下新能源汽车分时租赁平台EVCARD成功将服务网络拓展至全国62座城市，在长三角26座城市中入驻18座，实现了近70%的城市覆盖率，成为“上海服务”助力长三角一体化进程的又一积极实践。自2013年在安亭诞生起，EVCARD凭借迅速扩张的服务网络和专业的运营模式，为市民提供了一种全新、高效、便利的出行方式，已整体布局超过1.2万个网点、6.4万个专用停车位，注册用户超过250万，EVCARD服务平台上平均每1.23秒就产生一笔订单。此外，EVCARD在长三角城市群服务网络逐步建立完善，为“上海服务”加速长三角交通一体化发展提供了有益实践，通过规模化、协同化、多样化、智能化、绿色化发展，EVCARD已逐步成为互联网新兴出行服务代表，由上海辐射长三角，进而服务全国，成为“上海服务”的出行品牌之一。

五、信息基础设施建设

【区信息基础设施建设完善】 2018年，嘉定区信息基础设施建设不断完善。全区家庭宽带覆盖用户总数达91.62万户，覆盖率达100%，实际在网用户总数达44.6万户，同比增长2.03%。全区范围内，“光纤到户”覆盖家庭用户总数达87.78万户，实际在网用户数达43.64万户，家庭光纤最高宽带速率可达1 000 Mbps。全区累计建成并开通4G移动通信宏基站物理站址1 645处，累计建成4G移动通信室内分布系统1 245处，极大提升了移动通信网络深度覆盖能力。全区在网手机用户总数达259.31万户，同比增长7.78%，其中4G手机用户数达221.23万户，同比增长34.35%。在推进以5G为引领的新一代信息基础设施建设方面，上海移动、上海联通积极在嘉定区布局5G测试网络，先后在嘉定主城区、国际汽车城等试点区域实现5G信号连续覆盖。在物联网建设方面，三家运

营商均已实现全区范围内 NB-IoT 网络覆盖，并完成商用开通。

【区无线电管理工作】 2018 年，嘉定区聚焦智慧城市建设，以完善信息基础设施、提升移动通信网络深度覆盖为抓手，围绕建设“宽带、泛在、融合、安全”的移动通信网络、创新发展无线电管理工作新模式的目标，积极开展无线电管理工作。制定并发布《关于配合做好 2018 年嘉定区移动通信基站建设选址工作的通知》《关于配合做好 2018 年第二批移动通信基站建设选址工作的通知》，明确 203 处移动通信基站选址点位，加强移动通信基础设施建设保障；持续开展移动通信基础设施优化及弱覆盖区域整改工作，进一步完善各类居民小区、公共区域移动通信网络质量，指导督促各运营商运用技术手段强化室内分布系统覆盖，完善 4G 网络覆盖率。同时，嘉定区积极开展无线电进社区宣传，在社区、学校、街道等累计开展宣传活动 6 次，发放宣传材料（手册、宣传页等）共计 500 余份，受众人数达 500 余人次。

六、信息化环境建设

【区智慧城市建设工作推进会】 2018 年 5 月 25 日，嘉定区召开智慧城市建设工作推进会，总结回顾上阶段全区智慧城市建设及应用情况，并对下阶段相关领域重点工作进行部署。区智慧城市领导小组各成员单位负责同志及联络员，各运营商代表，以及部分区属公司、经济小区、园区负责同志参加了会议。根据会议部署，下阶段嘉定将继续聚焦推动产业精准转型、城市精美成长、民生精细服务，在推进政务大数据建设、深化智慧医疗体系、构建智慧教育资源体系、完成民生智慧化服务体系、打造平安城市、提升城市精细化管理水平等十大领域持续发力，推进一批重点项目建设；着力推进“雪亮工程”项目建设，建立“智慧公安”数据中心，围绕区城市管理精细化工作三年行动计划，推进高层和老旧小区智能化改造，构建广泛、深度覆盖的物联感知体系，形成城市“神经元系统”；探索建立城市智能化综合运营、管理中心，进一步提升城市运营管理效能；推进政务资源共享交换，推动各单位积极探索数据共享开放，提升政务信息资源综合应用水平；开展信息资源标准化体系、任务目标体系、质量跟踪体系研究，推动政务数据资源在城市管理、公共服务、产业发展等各领域发挥积极作用；打造与市平台对接的区级“市民云”应用，融合文化云、农业云、社区事务受理等应用，进一步创新数字化公共服务模式。

【南翔镇获评中国最佳管理实践智慧小镇 50 强】 2018 年 7 月，在由中国信息化研究与促进网、国衡智慧城市科技研究院等社会第三方研究机构组织开展的中国新型智慧城市建设与发展综合影响力评估中，通过网络采集、在线申报、问卷调查、单位自荐、专家推荐、综合评估，嘉定区南翔镇获评 2017 至 2018 年度中国最佳管理实践智慧小镇 50 强。

【世界人工智能无人驾驶挑战赛在嘉定举行】 2018 年 9 月 1 日，2018 世界人工智能无人驾驶挑

战赛(WAIAC)在嘉定区国家智能网联汽车试点示范区封闭测试区开赛。本次挑战赛是2018世界人工智能创新大赛的分赛之一,关注无人驾驶、汽车电子领域,共设置了"人机交互、无人驾驶、医疗创新和智能机器人"四条赛道。本次大赛吸引了包括高校、企业、主机厂、创业公司在内的10支车队参加,涵盖了乘用车、商用车、专用车等多个领域,从自主性、可靠性、安全性方面展开比拼,展示在不同算法、不同车型、不同场景下的无人驾驶应用。经过激烈角逐,最终清华大学苏州汽车、韫慧汽车车队、前行者车队获领军奖,上海易巴车队、西安理工大学车队、上海奕勤车队获优秀奖,西北工业大学车队、仙途智能车队、厦门金旅车队、青飞智能车队获应用奖。

【青少年无线电亲子主题活动】 2018年9月至11月,全国无线电管理宣传月期间,为进一步普及无线电科学知识,提升青少年对业余无线电活动的认识与热情,嘉定区举办了一系列青少年无电线主题活动。9月8日,在上海市无线电管理局、上海市无线电协会、上海市无线电科普教育基地的支持与协助下,嘉定区无线电管理办公室组织娄塘小学的40名学生,前往上海市无线电科普教育基地,开展为期一天的青少年无线电科普体验日活动。11月5日,作为2018年无线电宣传月主题活动重头戏之一,嘉定区亲子无线电通信挑战赛在嘉定镇街道创新屋举行;11月10日,组织天华学院大学生们走进上海无线电博物馆,了解无线电发展历史。此外,嘉定区无线电管理办公室为嘉定镇街道、徐行镇、工业区等带去了无线电知识科普讲座,讲座内容涉及"辐射与生活""认识身边的辐射""信号那点事"等多个主题。

【网络文化月系列活动】 2018年9月12日,嘉定区2018年网络文化月启动仪式暨"网聚正能量·和谐乐生活"文艺巡演"六进"活动在菊园新区日月光中心启动。活动前期,嘉定区委宣传部向社会开展了网络视听作品征集,最终确定了由嘉定青年作曲家关伟等人主创的歌曲《E起冲浪》为"上海嘉定网络文化月主题歌",并在启动仪式上首次发布;把嘉定作为第二故乡的知名网络大V"二混子"陈磊,在启动仪式上发布了自己向改革开放四十年和嘉定建县八百年献礼的作品《漫读嘉定800年》,以漫画的笔触生动展现了嘉定800年的深厚历史人文底蕴和改革开放以来的辉煌成就;上海市网络作家协会副会长、知名网络作家刘炜带领互联网企业代表、网络好榜样等共同宣读了网络文明倡议。活动还发布了以"安全、守法、文明、共享、创新"为主题的游戏《嘉定即将开建一座高耸入"云"的高楼》和H5动画《寻找嘉定云端城主》,用闯关式的主题考验,探索网络文化良性发展。本届活动围绕"守护清朗网络空间,共建文明云端城市"主题开展了一系列富有网络特色的正能量活动,其中有"网聚正能量·和谐乐生活"文艺巡演"六进"活动、"同阅嘉情"红色经典阅读双城赛主题征文网上展评活动、"E路守护E起嗨"网络文化联盟联建活动、"指尖传情,银发触网"幸福关爱行动等。

【长三角5G创新发展联盟成立】 2018年11月29日,以"5G新时代·智联长三角"为主题的长三角数字经济协同发展高峰论坛暨长三角5G创新发展联盟成立大会在嘉定举办。市经济信息化委主任陈鸣波,嘉定区委常委、副区长沈华棣出席会议并致辞。会上,三省一市的5G创新发展联盟负责人共同签署了《长三角5G创新发展联盟倡议

书》,并发布了《长三角5G协同发展白皮书》。长三角5G创新发展联盟将作为长三角政府与企业间沟通的桥梁和纽带,围绕5G发展的重点领域和关键环节,坚持创新驱动、加强统筹协调,以集成优化资源配置为核心,以建立健全产学研用协同创新机制为手段,汇聚和整合通信及相关行业优势资源,聚焦政策和战略研究、关键共性技术研发、标准体系和应用示范建设、5G产业化推广、学术交流和国际合作等重点内容,协同开展工作。会上,首次跨省5G视频通话在嘉定、苏州、杭州、合肥四城实现互联。三省一市还分别发布了5G及物联网创新应用典型案例,并做了展示和分享。

【"AI时代的智慧城市"体验周活动】 2018年12月14日至16日期间,以"AI时代的智慧城市"为主题的2018年上海市智慧城市体验周嘉定区活动在中信泰富万达广场举行,中国联通、上海智臻智能网络科技股份有限公司、上海驿动汽车服务有限公司等来自智能家居、智慧交通、智慧社区等多个领域的10家企业,在体验活动上为市民带来了诸多智慧生活新产品、新应用。同时,在本次智慧城市体验周上,嘉定、昆山、太仓三地联合举办的2018年嘉昆太智慧生活随手拍活动进行了获奖作品展示,组委会综合评比照片主题、拍摄质量、文字内容等要素,共评选出一等奖15名、二等奖20名、三等奖25名、入围奖30名。

(金　戈)

第十二章　松江区信息化建设

概　述

2018年，松江区在四个方面加快信息化建设。一是推进两化深度融合，加快国家级工业互联网示范基地建设。二是落实国家级商用密码检测机构培育试点任务，全面推进泗泾商用密码产业基地建设。三是促进城市管理与先进信息技术融合发展。四是以“云网合一、云数联动”为目标，稳步推进电子政务云建设。

一、政务领域信息化

【推进电子政务云建设】　2018年，松江区电子政务云建设启动，一期内容包括：电子政务云基础硬件（服务器、虚拟化软件、存储、网络及安全设备）采购、统一云管平台、云机房租赁及整体政务云运营服务采购，预计2019年完成建设。建成后，区门户网站群、网上办事大厅、事中事后监管平台以及部分信息系统将进行整体迁移试点，进一步优化区电子政务整体基础环境，提升网络信息安全总体水平。

【健全管理机制】　2018年，松江区修订《松江区信息化项目管理办法》，优化信息化项目在申报、审核、建设等各环节的科学化管理；制定《松江区“雪亮工程”“智慧公安”项目实施细则》，加强“雪亮工程”“智慧公安”相关信息化项目在各环节的规范操作，促进全区统筹规划，加快项目推进速度。

二、信息产业发展

【国家级商用密码检测机构培育试点任务】 国家级商用密码检测机构培育试点任务一期以上海智巡密码检测中技术有限公司为商业主体开展相关培育试点工作，已注册完成，开办场所(5 000平方米)处于装修中；二期及三期将泗泾镇北部工业园区共222亩土地分阶段、分形式供给密码产业园区(其中土地出让135亩，存量盘活87亩)，由赛迪研究院做概念性规划。

三、信息基础设施建设

【基站建设力度不断加大】 编制2018年度松江区公用移动通信基站建设计划，新增小微站建设计划编制。2018年，对158个基站(宏站118个，小微站40个)需求位置的环境逐一进行实地勘察。结合街镇和相关委办的意见，确定2018年全区基站建设计划119个，其中宏站86个、小微站33个。小微站建设形式为路灯杆的5个，楼顶美化的5个，电力合杆的18个，占小微站总数的84.85%。

【严密组织信号保障工作】 制定《松江区决战中国进口博览会200天城市保障之通信保障工作方案》，明确保障内容和措施；建立通信保障周报制度，聚焦进博会重点保障区域，促进通信保障工作有效落实。同时，落实2018年高尔夫“世锦赛—汇丰冠军赛”信号保障工作，组织佘山高尔夫俱乐部、赛事运营单位IMG、各运营商共同商议信号保障事宜；组织运营商开展赛事区域信号测试，排摸信号现状，聚焦重点区域，有针对性地制定保障方案，并要求运营商通过基站临时扩容、派驻应急通信保障车等方式提升信号服务能级。

【区域规划编制落地】 2018年，松江区组织各电信运营商就南部新城、广富林文化遗址公园、松南郊野公园三个区块的信息基础建设优化情况与新城公司相关部门对接洽谈，督促相关建设主体将信息基础设施建设纳入区块开发建设，并予以落实。编制南部新城信息基础设施规划方案，对优化遗址公园无线通信信号覆盖提出指导意见，确定由上海铁塔公司牵头、以“宏微”结合的方式、依托路灯杆等公共设施开展松南郊野公园信息基础设施建设。

四、信息化环境建设

【工业互联网工作推进大会】 2018年7月30日，为进一步推进国家工业互联网领域新型工业化产

业示范基地建设,松江区召开工业互联网工作推进大会。松江将全面实施工业互联网“基础设施建设、平台梯度培育、创新应用示范、生态环境营造、开放合作共赢”五大工程,力争在2020年年底,培育1至2个通用型工业互联网平台,打造5个行业级工业互联网平台,培育10个企业级工业互联网平台,推动1万家工业企业上云上平台,促进企业降本增效,推动工业互联网与实体经济深度融合。

【2018长三角工业互联网峰会】 2018年9月1日,2018长三角工业互联网峰会暨G60科创走廊工业互联网协同创新工程启动大会在松江举行。会议同期举办了“城市的工业互联网之路”“工业互联网平台与连接”“工业互联网产业创新与安全应用”“工业互联网网络创新应用”四个主题论坛。此次大会发布了《G60科创走廊推进工业互联网协同发展实施方案》,公布了G60科创走廊九城市第一批18个工业互联网平台和12家专业服务机构推荐目录。

(何月丽)

第十三章　金山区信息化建设

概　述

2018年,金山区紧扣“两区一堡”战略定位,根据加快打造“三区”“五地”、全面建设“三个金山”工作要求,围绕“1+4+4”智慧工作体系,立足区域特色,聚焦城市管理创新、市民生活品质提升、经济转型发展等领域,深入推进信息技术与城市建设融合发展,进一步提升金山区信息化发展水平。根据市经济信息化委发布的《2018上海市智慧城市评估报告》,2018年金山区智慧城市发展水平指数为93.79,比2017年提高5.47,位列全市第14名,郊区第6名。

一、政务领域信息化

【推进区信息化项目建设】 2018年,在推进金山区信息化项目建设方面,主要做了以下工作:一是有序推进区级财政预算信息化项目建设,2018年共立项17个,财政预算960万元。二是配合做好其他单位的信息化项目调研与建设方案编制,组织安排专家对区卫计委、区公安分局、区气象局等6家单位43个项目进行可行性论证工作,并出具了相关项目的论证意见。三是对2017年在建信息化项目做验收工作,共完成12个在建信息化项目的跟踪与巡访,并安排项目验收。

【区“一网通办”建设落地】 2018年,金山区严格按照市“一网通办”建设要求,持续推进金山区“一网通办”建设。一是编制《金山区落实推进“一网通办”加快建设智慧政府三年行动计划(2018—2020)》。二是全面梳理政务服务事项,2月完成“最多跑一次”入网事项清单,明确办理深度,5月配合市级统一受理平台建设,明确金山区审批事项接入计划并同步接入市统一受理平台。三是完成区级平台进驻“一网通办”总门户工作,6月配合上海市“一网通办”栏目升级,以实现市级部门、

区、街镇按频道入驻的目标，完成页面同步切换，于10月17日上线，并公布了清单事项2 691项。四是推进电子证照应用，7月梳理形成金山区政务服务事项证照目录221项，梳理数据共享需求2 200余条，经市大数据中心核实，最终形成713条数据共享需求清单。同时，初步确定了金山区现阶段电子证照应用场景，完成与市电子证照库技术对接的各项工作。五是全面落实金山区事项办理在总平台的应用，完成金山区309项行政审批事项100%对接，开通“立即办理”功能，实现只跑一次、一次办成。

【建成区“一网一平台”】 2018年，金山区按照“顶层设计、统筹谋划、分步实施”原则，以现有金山区城市网格化综合管理平台为载体，在充分挖掘、整合、利用现有城市管理资源和政务数据资源的基础上，有序推进区“一网一平台”建设，并于12月19日正式启用。“一网一平台”共有四大主题版面，分别是“今日金山”“城市运行”“应急管理”和“政务大数据”。初步实现三大功能：一是对金山区城市运行相关体征指标的实时监测与动态预警；二是对应急事件可进行多部门业务联动、视频会商、指挥调度；三是对“一网一平台”所汇集的各类政务数据进行实时质量监管与动态监测。

【改造区智慧政务大厅】 2018年，金山区行政服务中心结合《金山区推进政府效能建设推动营商环境优化三年行动计划(2018—2020年)》，积极推进智慧大厅改造。5月完成《上海市金山区行政服务中心软硬件一体化升级改造项目方案》，7月方案通过专家评审并完成项目核价，8月完成招投标，9月项目正式实施，12月项目建设取得初步成效，并正式进入试运行阶段。该项目完成了原有排队叫号系统改造，并对接“一网通办”以及“一网一平台”，实时显示排队情况；完成了一楼窗口工位屏、排队显示屏、楼层功能导引等硬件设置，并配备相应运作系统；开辟了“金山政务服务自助区”，配备政务自助一体机，并对接“一网通办”以及市电子证照库等平台，汇集自助申报、自助打印、自助查询、自助复印四大功能，为申请人提供自助化、便捷化的政务服务。

【搭建区政务数据共享交换平台】 2018年，结合金山区“一网一平台”建设，在对32家政府部门政务数据资源情况进行摸底和梳理的基础上，完成区级政务数据共享交换平台的初步搭建，并实现全区政务数据交换对接、集中汇聚、共享治理功能，初步建立了金山区自建信息系统与三大基础数据库(法人、人口、空间地理)、事中事后综合监管、公共信用信息平台等系统之间的数据共享对接机制。至2018年年底，已归集21个部门34个信息系统的1 982个数据项，数据量达230万条，并初步完成与市政务数据共享交换平台的对接工作，编制完成金山区公共数据资源目录，共26个目录项、439个信息项纳入市政务数据共享交换平台。

【推进国家级数字档案馆建设】 一是实施档案基础软件升级改造工作，完成金山区馆藏档案资源管理系统升级改造，包括电子档案移交系统、电子阅览室系统、档案利用服务系统、网络信息采集系统、金山区网上档案利用及地方志成果展示系统建设。3月，档案基础软件的6个系统全部上线试运行，8月，通过上海市计算机软件评测重点实验室的软件测试并全面投入正式使用，11月，完成项目验收。二是新增硬件设备与系统软件，硬件方

面添置服务器、存储阵列、各类交换机、防火墙、漏洞扫描系统、入侵防御系统、网络审计系统、查档终端等设备共63台(套),系统软件新增备份软件、操作系统、防病毒软件、全文检索系统、数据库、虚拟化软件、中间件等共21套,实现软件正版化。7月,完成项目硬件上架安装和系统集成工作,11月,与硬件等安全设备配套的政务网应用(集成式数字档案室管理系统)、局域网应用(馆藏档案资源管理系统),分别通过上海市计算机软件评测重点实验室的信息系统安全等级保护(二级)测评。三是实施馆藏档案信息资源建设,开展馆藏档案数字化清理、整合工作,截至9月,金山区档案馆现有馆藏档案(案卷)202 070卷(256 534件),总计19 056 032页,已建成涵盖全部馆藏档案的案卷级、文件级目录数据库。其中,案卷级目录202 070条,文件级目录4 274 647条,档案数字化全文17 468 772页,馆藏档案全文数字化率达到91.67%。11月21日,由国家档案局、上海市档案局组成的专家组对金山区档案馆进行数字档案馆系统测试,项目高分通过,成为国家级数字档案馆。

【移动检务新功能建设】 2018年,金山区检察院在移动检务一期基础上,继续探索开发移动检务新功能,持续推进智慧检务建设。在"执检通"原有基础上进行了"附件上传""约见检察官"等功能的升级,同时新增公诉文书送达、公益诉讼、考勤统计、地图导航、金检·常青藤、律师辩护意见、律师控告七个功能模块。升级后的"执检通"成功打通了监所检察与"墙外"的信息壁垒,推动监所检察向主动规范转变。自上线运行以来,浏览量达10 386人次,受理提交羁押必要性审查有效申请128个,其中申请建议变更强制措施50人,获采纳48人,共收到投诉信息10条,均已反馈处理。

【智能化办案区建成试运行】 2018年,为深入推进"智慧公安"建设,着力促进执法办案效能和水平提档升级,金山公安分局在全市率先完成试点派出所执法办案场所智能化改造并投入使用。在此基础上,继续全面推进分局14个执法办案场所的智能化改造建设工作。9月,智能化办案区完成建设并投入试运行。分局优选42项智能化设备并主动适用更高标准,自主增设了智能探头移动侦测、智能手环等多项技术前沿的特色智能化项目,通过智能探头、定位感应器与智能手环的"一体化"应用,解决了过去功能区依靠事后人工检查才能发现安全隐患的问题,确保了执法安全并提升了执法监督管理效能。在市局法制总队的指导协调下,打通了功能区管理系统与执法办案综合信息、110接处警、执法记录仪信息综合管理等系统之间的信息壁垒,实现无缝对接,解决了不同系统间的重复录入问题,大大节约办案时间,每起案件平均节省办案时间2小时,避免了过去大量"重复查询、重复采集、重复录入"的问题。

【推进司法视频会议系统建设】 2017年下半年,金山区司法局开始筹建视频会议系统一期建设,并于2018年完成部署并投入使用。2018年10月,在与市司法局信息技术部门充分对接的基础上,区司法局积极启动局视频会议系统(二期)建设。2018年11月,顺利部署了视频会议高清终端、配套软件终端、多点控制单元、电视墙服务器等,实现了独立的微控制单元(MCU)设备向市局级联,同时实现分会场视频信号轮循和双视频会议终端功能。金山区内共设置区局分会场1个,司法所、区法律援助中心、金山公证处、社区矫正

中心等二级分会场14个。该系统运行平稳，在减少会议层次、提高工作效率、降低会议组织成本等方面发挥了积极作用。2018年共开展视频系统电视电话会议20次。

【智慧法庭建设】 2018年，金山法院通过大力推进智慧法庭信息化建设，积极打造人民法院信息化3.0版，全面提升法院现代化能力与水平，建设具有显著时代特征的审判法庭。金山法院在全区所有三十个审判法庭全部建成数字高清法庭，并且配以高清庭审系统。该系统具有证据展示，庭审实况采集、直播、存储、点播，以及设备集中控制、庭审录像刻录等功能；同时在所有法庭中配以庭审智能辅助系统，便于法官、原被告和公诉人在开庭过程中实时跟进案件信息，并在各个法庭门口使用实时开庭排期，动态显示开庭信息；金山法院所有的法庭都采用科大讯飞语音文字智能转换技术，配备庭审语音输入功能，大大降低了法官和书记员的文字录入负担，同时有效提高庭审笔录的正确性。

【升级版诉讼服务中心】 2018年，金山法院积极打造升级版诉讼服务中心，为群众提供更优质的服务。通过升级版诉讼服务中心建设，整合司法大数据资源，推动诉讼服务线上线下结合，实现网上服务与窗口服务无缝对接，基本建成“全方位、零距离、无障碍”的诉讼服务体系，让群众获得更为便捷高效、惠而不贵的司法服务。升级版诉讼服务中心引进了12368诉讼服务智能机器人，提供全天候不间断诉讼服务；人脸识别技术的采用，可以自动对比审核当事人的身份信息，快速完成身份认证；智能文书书写系统的建立，有利于当事人快速书写法律文书，提高立案效率；3D诉讼导航系统的采用，可以让当事人更加快速地找到诉讼服务窗口、法庭和调解室；诉讼服务中心大数据的引入，可以实时分析诉讼中心运行状况，更好地通过大数据技术服务诉讼工作。

【加强区信用信息归集和查询】 2018年，金山区重点围绕安全生产、市场监管、交通安全、环境整治等方面积极组织各单位结合自身职能工作，编制“三清单”并报送数据。截至2018年年底，区信用平台共收集到来自全区35家委办局编制的数据清单1 085项、行为清单325项、应用清单119项；汇集数据16 358条，较2017年增长86.0%；各单位利用平台进行查询操作7 909次，较2017年增长81.9%。

【区政府投资项目联合监管信息系统建设】 2018年，金山区发展改革委积极推进金山区政府投资项目监管信息系统建设。3月，在征求各相关部门意见的基础上，形成了金山区政府投资项目联合监管信息系统建设方案，6月通过专家评审，9月完成系统招标工作。11月，系统建设任务基本完成，并进行了初步验收。系统不断完善并实现数据初始化，2019年正式启用。系统功能包括在线审批、协同监管、问题预警、监测分析、稽查管理、项目考核、数据展示、政策法规等。系统建成后，可以有效整合区内政府投资项目信息，实时了解项目建设进展情况，探索项目建设流程再造、疑难解答、指标对比等，指导金山区项目投资与管理工作。

【区国资监管信息系统建设】 2018年，为全面提高金山国资委各科室的工作效率和对监管企业的有效监管，区国资委着手开发建设金山区国资委

监管信息系统。3月,在前期与软件公司对接的基础上,开始调研各科室业务需求。6月,区国资委监管信息系统项目正式批复同意。8月,根据调研需求,初步开发完成人事管理、资产管理、法人治理结构等监管模块。10月,为统筹国资委信息化工作,财务采集模块并入国资委监管信息系统中。12月,区国资委监管系统年度目标基本开发完成,包括财务采集、工作总额、法人治理、法律法规、改革发展、产权架构、人事、资产管理八大监管模块正式上线,进入数据导入阶段。该项目的建成并投入使用,将为金山区国资委信息化建设奠定坚实的基础。

【国库集中支付电子化改革实践】 作为上海首批试点区,金山区财政局稳步推进国库集中支付电子化改革,2018年实现区级和4个试点镇全方位、全业务流程的电子化管理。一是打造资金安全“防护网”。通过“电子凭证+电子签章”身份识别、自动留痕等控制机制,整合再造了一个完整的管理链条,建立了动态校验、电子验章、全程动态跟踪的业务管理方式。资金支付实现“环环相扣、互相牵制、有始有终”,启用电子凭证库预留签名,实现电子印章与数字证书绑定校验,有效提升资金支付安全水平。二是开通集中支付“直通车”。以电子印章、电子凭证取代人工签章、纸质凭证,只需发送电子数据即可进行资金转账及清算,全程使用电子认证和审核校验,打破资金清算时空限制,提高了资金运行效率。三是实现财政服务“零距离”。电子支付系统通过与代理银行核心业务系统的无缝对接,实现“数据多跑路,人员少跑腿”,同时不断拓展银行自助柜面使用范围,保证预算单位足不出户即可完成支付业务。

【区经济信息管理平台建设应用】 2018年,金山区经委依托区经济信息管理平台建设,加强区域经济统筹发展,推动全区经济协同一体、集约高效发展。通过搭建产业项目及资源的信息集成和供需对接平台、建立从引进到投产产业项目全生命周期管理平台,及时跟进重点项目招商或建设。结合大调研工作推进各镇(工业区)持续开展基础数据梳理、比对及核查工作,同步制定各职能部门联席会议制度,建立常态化数据更新及维护机制。通过整合各职能部门数据,开展项目推进、审批行政效能分析,土地、能耗为主的资源利用效率分析,企业产出、税收为主的经营效益分析。并在此基础上,研究制定企业绩效评估办法,以实现企业分级管理、分类施策、分层服务。

【首张“一窗通”营业执照】 上海市“一窗通”网上服务平台于2018年3月31日正式启用,向申请人提供新设企业营业执照、公安公章备案、税务涉税事项的在线申请等服务。3月31日,上海重源宝泾国际物流有限公司成为金山区首家通过“一窗通”网上服务平台注册登记的企业。截至2018年年底,全区共有27 865家企业通过“一窗通”网上服务平台办理开业手续。

【推进区级市民云建设】 2018年,金山区完成区级“市民云平台”建设,在“市民云平台”社区板块发布各街镇社区事务受理服务中心、文化体育服务中心、社区卫生服务中心、社区党建服务中心、综治中心、城市网格化综合管理中心的机构信息及活动信息。同时在朱泾镇、山阳镇、金山工业区社区3个试点镇启动“市民云服务”特色试点工作。

【市区办公平台对接和政务外网改造】 2018年，金山区信息化管理中心根据市府办公厅的对接要求，协调市、区两级办公平台开发单位做好对接工作。3月，根据区办公平台现有模块，确定对接的内容和完成时间。7月，完成公文、会议、简报、目标管理和组织架构等模块功能的开发、对接及测试工作。此外，根据市大数据中心要求，做好市政务外网链路对接工作。8月，制定优化方案并购买相关网络设备，9月，双链路对接工作完成。同时，促使用户安装部署360天擎软件，及时安装漏洞补丁，为政务网终端提供实时保护，12月完成6 300余台用户终端部署，基本实现全覆盖。

二、社会领域信息化

【区新版社保卡换发准备】 2018年，金山区科学技术委员会(以下简称“区科委”)按照市社保卡工作要求，制定《金山区新版社保卡换发工作方案》，并针对不同换发人群明确具体的换发时间节点和换发要求；完成各受理网点设备采购、改造以及即时补换卡网点设置工作；做好区内各受理中心工作人员培训工作。全区11家银行共开设了14个即时补换卡网点。

【“全·网·通”交易登记】 为进一步构建优质的营商环境，2018年1月金山区房地产交易中心全面开展不动产登记“全·网·通”服务改革工作。通过对不动产交易、纳税、登记等工作进行流程改造、系统升级和资源整合，实现了“一口受理、内部流转、并联审批、统一时限”，并提供不动产权证书EMS快递送达服务，不断提升办事体验、提高服务效率。“全·网·通”实施之后，一次受理、内部运转，只要5个工作日，申请人就能领到产权证。2018年，全区共受理“全·网·通”业务9 810件，完成发证9 618本，其中通过EMS快递送达服务788本，办结率98.04%。

【区住房租赁公共服务平台实施运作】 2018年7月1日起，金山区正式实施运作住房租赁公共服务平台。平台通过对住房租赁企业和房地产经纪机构备案、平台用户入网认证，把好准入关；依托住房租赁机构自我规范和管理部门房屋数据核验，确保平台“发布房源真实、发布人身份真实、发布行为真实”，把好房源关；以合法合规为前提，以合同示范文本为基础，以信息化技术为支撑，为租赁当事人提供便捷的网签服务，把好网签关。租赁平台还引入法律、金融、租金查询等部分公益服务项目，为社会提供住房租赁服务资讯。2018年，金山区共网签1 418件住房租赁合同。

【不动产登记人脸识别系统应用】 2018年9月18日，金山区房地产交易中心9个综合受理窗口正式启用人脸识别系统，以确保登记业务办理准确度，减少工作量。该系统通过二代身份证照片与人脸扫描照进行自动精确对比，有效辨别人证是否一致，身份辨别更加精准高效。系统的准确率已超过99%，能有效保障真实权利人的利益，防范登记风险。

【区教育学习中心重点学科资源库建设】 2018年,金山区教育信息和发展研究中心联合区教育学院信息教研室,以新高考改革的课程标准为知识框架,建成高中、初中、小学三个学段的数学和英语学科题库。截至2018年11月,该题库已采集学科题目8万多条,并分别加注关键属性,如类别、难度等30余万次。该题库的建设,在区域学科资源数据格式的标准化、内容的碎片化、检索引用的可行性等方面实现了突破,为推进更多学科教学资源的建设、拓展其他类型的教育教学资源(如音像资源)、形成统一的资源库框架打下了良好的基础,也为教育大数据的形成和前端智能化应用提供了资源支持。

【区学前教育信息化基础建设】 2018年,在基本完成义务教育信息化建设任务的基础上,金山区教育局提前谋划、启动学前教育信息化一期项目,主要建设内容为无线网络覆盖和教室互动式多媒体中心。截至2018年12月,已完成6家幼儿园的无线网络覆盖,并配备教室大屏多媒体电脑370余台。该项目的建成,将大大改善学前教育园所的网络状况和幼儿保教的信息化应用环境,改进课堂保教活动中师生互动的信息化手段,拓展保教资源的展示和流转方式,也为更大规模的二期项目提供了产品的标准架构和建设应用的经验。

【区学生数字阅读平台建设】 金山区学生数字阅读平台集成区域期刊库、电子书库、校本课程库等大量资源,整合了中小学在线图书管理和纸质图书管理,具有数据汇集、资源共享等多维功能架构,是构建金山特色的中小学阅读评价体系,推动金山区中小学校教育改革的一项重大举措。2019年1月项目验收成功,全区70 000余名学生、7 000余名教师能在平台上开展实名制阅读、讨论、评价等活动。

【区居家智慧管理平台覆盖】 2018年,金山区民政局继续完善科技助老平台功能,覆盖全区的福鑫宝962899热线平台将全区近9.6万名老人纳入服务范围,为居家养老人员提供紧急救助、远程关爱等服务。居家智慧管理平台已实现街镇(金山工业区)全覆盖,服务居家养老对象1.3万余名,充分发挥了信息化在推进老年宜居社区建设和养老服务管理中的作用。

【开通与浙江海盐医保联网直接结算】 2018年12月5日,上海金山区和浙江海盐医保联网结算签约暨开通仪式在金山区政府会议中心举行。副区长吴瑞弟、海盐县副县长高海华等相关领导出席会议。两地人社局、组织部、卫计委、发展改革委等部门负责同志参加会议。开通后,海盐县的参保人员在金山医院和爱尔睛亮眼科医院就医时,可以用医保卡直接完成刷卡结算,这是继平湖后,又一长三角地区在金山区开通医保联网结算。实施区域性跨省定点医院医保结算,推进区域性医疗资源的共享,是贯彻中央提出的长江三角洲区域一体化发展国家战略的举措,也是民生为本的政治任务和责任使命。

【“互联网＋医疗健康”惠民服务】 2018年,金山区卫计委持续推进“互联网＋医疗健康”便民惠民服务。通过“金山健康”微信服务号,对接区内全部17家医疗机构的号源、检验、影像、体检等系统,为居民提供实时在线的门诊预约挂号、检验检查报告查询、CT及X片下载、个人健康档案查询、体检报告查看等服务。2018年,“金山健康”累计

关注人数达 1.95 万人，预约挂号功能累计使用 2.47 万人次。同时，建立区域统一支付平台，对接区内全部 11 家社区卫生服务中心收费系统。全年各医疗机构通过微信、支付宝结算 5 800 万余元。建立远程会诊平台，实现视频会诊、诊疗信息实时共享，亭林医院、六院金山分院 2018 年通过该平台与上海市第六人民医院共同会诊 50 余人次，促进了医疗联合体的建设。

【区药品“零库存”管理平台建设】 2018 年，金山区卫计委利用互联网、大数据等现代信息技术，建设药品“零库存”管理平台，进一步加强药品供应的全方位监管及服务。通过该项目建设，实现全区药品、耗材、试剂的网络电子化采购，促使全区药品采购平台互联互通，包括与上海市阳光采购平台实现精准对接；实现各社区卫生服务中心采购信息、发票信息、结账信息、消耗信息对接上海 GPO 平台；对接国药、上药、九州通等医药公司 ERP 系统，实现全区社区卫生服务中心药品“零库存”业务模式；实现全区药品消耗、结算、库存信息实时监控和业务数据展示。2018 年 8 月，全区 11 家社区卫生服务中心及 124 家村卫生室全部接入药品“零库存”管理平台。

【医疗卫生机构信息化】 2018 年，金山区卫计委持续推进医疗卫生机构信息化建设。一是以电子病历(EMR)应用水平建设为核心推动综合性医院信息化建设。复旦大学附属金山医院通过 EMR4 级评审；第六人民医院金山分院完成 EMR5 项目二期建设；亭林医院 EMR5 项目正式启动；中西医结合医院完成 EMR4 项目政府采购，进入项目实施阶段。二是以电子健康档案(EHR)应用水平测评为抓手推动社区卫生服务中心信息化建设。2018 年漕泾、工业区、枫泾 3 家社区卫生服务中心通过上海市 EHR4 测评；石化、吕巷、亭林、山阳 4 家社区卫生服务中心通过系统功能测评。

【食品安全信息追溯管理】 2018 年，金山区持续加强对食品安全信息的溯源管理，督促市场主体责任落实，未发生一起食品安全事故，“舌尖上的安全”得到了保障。金山区农产品纸质档案覆盖率 92.1%，达到市级 90%的要求。其中，414 户蔬菜产品农业企业、合作社以及 10 亩以上常年蔬菜种植户开展全程档案记载，覆盖率达到 100%。并且，已有 53 家农业企业进入市电子化生产信息平台。此外，金山区经济作物实现二维码全覆盖，对“小皇冠”西瓜、“施泉”葡萄等主要品牌农产品，全面实施二维码质量追溯。食品生产经营环节，应落实信息追溯责任的 676 家食品生产经营单位已全部完成注册和材料上传，完成全市食品安全信息追溯管理达到两个 100%的目标。其中，在食品流通环节，23 家标准化农贸市场肉菜均录入市商务委肉菜追溯系统，豆制品、粮食及其制品等其余 7 类食品均录入“上海市食品安全信息追溯平台”，注册率和上传率均为 100%；食品餐饮环节，134 家学校食堂均注册并使用阳光午餐追溯系统。并且，金山区积极鼓励区内主要食品生产企业食品安全信息追溯管理创新，如上海山林食品有限公司、上海融氏健康产业股份有限公司、上海石库门酿酒有限公司 3 家食品生产企业已成功申报上海市重要产品追溯体系建设示范支持项目，可通过二维码定位到每份产品信息，实现从原料供应、生产加工、储存运输到销售 4 个环节全链条可追溯管理。

【区公共法律服务平台建设】 2018 年，金山区司

法局开始建设新版区公共法律服务平台，并于2018年5月正式上线。新网站将原有栏目板块重新分类整合，组成“法治宣传”“法律服务”“工作动态”“党建园地”“在线互动”菜单导航，方便社会各界查阅信息。此外，为进一步方便群众寻求法律服务，新网站增设了“12348 金山法网”板块，内设“找律师”“寻法援”“办公证”“想调解”“要咨询”“寻法条”栏目，满足了不同群众、不同事项对咨询方式的不同需求。同时，新版“i 法治金山”微信公众号在2018年6月正式上线。公众号开设“互动咨询”“法律服务”“历史推文”三大板块，内设法律服务在线咨询、在线申请等功能，已成为开展法治宣传教育、提供公共法律服务的重要平台。截至2018年12月，网站和平台共收到网上咨询44件、大调研意见92条、建言献策5条，全部咨询和建议都已回复处理。

【“金山体育”官方微信公众号】 自“金山体育”官方微信公众号设立以来，已拥有用户2 000余名。2018年，金山区先后成功举办“光明地产杯”浙沪乡村半程马拉松赛、2018年城市沙滩铁人三项赛、金山城市沙滩体能挑战赛等各类体育赛事活动。“金山体育”及时掌握赛事活动举办情况，做到第一时间推送信息，帮助市民通过平台能够更快知晓区体育新闻信息，并努力做到实时解答社会各类人群的问题，进一步实现市民的体育生活化需求。

【公共文化服务数字化】 为落实《关于加快构建现代公共文化服务体系的意见》和《上海市贯彻〈关于加快构建现代公共文化服务体系的意见〉的实施意见》，加快推进公共文化服务数字化建设，推进公共文化数字化服务，2018年，金山区文广局进一步加强“文化金山云”和“文化金山”建设。“文化金山云”有PC端和APP端，设有文化活动、文化场馆、文化地图、网上悦读、资源共享等模块，提供了活动预览、活动预约、互动交流等功能，运作良好。2018年共发布18 092条文化活动，可预约活动901个，文化场馆馆均活动发布量1 130条，可预约活动室60个。此外，为满足不同群体的文化数字化服务需求，区文广局不断加强“文化金山”微信公众号服务功能，设置“文化资讯”“最文艺”“文化直击”等多个栏目，2018年共推出360条信息。

【石化街道社区服务信息化】 一是优化社区治理服务平台，对现有街道社区治理平台和电子走访APP做了优化升级，完善对石化街道辖区内关爱人口、老年人口等的走访机制，同时增加了统计分析模块。以全区“一网一平台”建设为目标，将街道社区治理服务平台与区网格化城镇综合管理信息平台对接。二是开发滨海石化微信公众号，通过滨海石化微信公众号公开社区服务资源、特殊民生服务资源、居家养老资源，将社区各类服务资源的影响力、辐射面不断扩大，提高服务质量。三是开发“滨海石化掌上社区”APP，通过该APP为居民提供信息推送、办事咨询、意见投诉等服务。掌上社区APP包含文体服务资源管理平台、特殊民生服务基地智能线上线下匹配服务、福鑫宝对接和社区居民积分体系平台。四是建立石化街道门户网站。通过门户网和社区生活服务网，分别从政府行政与生活服务等多方面为市民提供信息。

【互联网＋金山现代农业大数据平台】 “互联网＋金山现代农业大数据平台”总投入300万元，

于2018年7月通过验收，实现对为农信息综合服务平台、涉农资金补贴、三资监管、农业数据中心四大系统中区级数据的筛选、清洗与整合。同时，完成金山区蔬菜研发中心等四家物联网应用示范基地建设，累计部署各类物联网设备36套，视频监测点21个，实现数据采集、监测和预警服务功能，完成补贴管理系统建设及数据接口开发，以及与市级补贴资金平台及上海市农业云平台对接等工作。

【农业“GIS一张图”】 2018年，以地理信息系统(GIS)为技术依托，金山区在原有基础上完成农用地信息化管理平台功能升级，实现农用地系统分析功能升级，基本实现区、镇、村自主画图及审核，并完成12个区域特色产业功能的上图开发设计；制定了农用地信息化管理平台与涉农补贴系统数据衔接的工作思路，以实现补贴数据与地块面积、农机购置补贴与土地流转的数据对接，实现以农用地管理系统作为涉农补贴发放依据的管理目标。

【信息进村入户工程】 金山区作为上海市信息进村入户试点区，2018年继续推进益农信息社建设。在124个行政村建设标准型的益农信息社，在农业企业、农民专业合作社建设20个专业型的益农信息社。益农信息社建设按照农业农村部的“六有”要求，做到“有场所、有人员、有设备、有宽带、有网页、有可持续运营能力”。信息社站点设立专门的服务场地，并且统一标牌、站点编号、规章制度。站点配备工作电脑、电话，同时开通宽带及免费WiFi，并利用“市民云”APP、为农综合信息服务平台开展信息服务。每个专业型益农信息社根据“有文化、懂信息、能服务、会经营”的要求，配备1名信息员，提供各类服务，并签订服务承诺书。

【动物检疫移动监管平台金山模式】 2018年，金山区积极打造动物检疫移动监管平台金山模式——“金山动检通”。该平台是全国首创的智能化、痕迹化、便捷化的移动动物检疫监管系统。以动物检疫环节为切入点，将动物检疫申报、养殖信息记录统计、防疫工作、病死畜禽收集等工作环节融合贯通，通过一部智能手机，就可以轻松实现养殖档案规范化、动物检疫痕迹化、统计数据分析自动化，服务监管实时化。“动检通”平台已经在浙江、广东、湖北、北京等地落地，金山区是上海唯一建成该平台的地区。与其他已建成平台相比，“金山动检通”具备功能最全、覆盖面最广、涵盖畜禽品种最多等优势。因此，金山区农委将平台建设成“金山模式”并向全国推广。在2018年中国三农发展大会分论坛——移动互联网新时代·畜牧业智慧监管“金山模式”研讨会暨“动检通”移动动检品牌发布会上，金山区凭借畜牧业智慧监管的“金山模式”荣膺2017中国“三农”十大创新榜样。

【金水湖产业社区】 2018年11月，第八届世界智慧城市大会在西班牙举行年度颁奖典礼，上海金山区申报的金山工业区金水湖产业社区获得一致好评，一举摘得城镇环境奖(Urban Environment Award)。世界智慧城市大会评审委员会给出了以下获奖评语：“金山金水湖产业社区在生态建设、绿色智能制造、智慧化城市治理等方面所做的努力受到评审组的高度认可，被评价为绿色、智慧、融合发展的卓越城镇。”金水湖以智慧环保环境监测系统为亮点，以安防数据交互中心及“雪亮工程”二级系统管理平台、住宅小区技防改造、智慧工地管理平台等一系列智慧管理措施为辅。从试

点项目运行情况年度数据报告来看，金水湖产业社区在空气质量和水质状况上已达到宜居乐业的标准。

【推进产业园智能化建设】 2018 年，金山工业区完成上海(金山)国际中小企业产业园(一期)智能化工程建设，产业园内共布置 79 个高清探头、专业安防机房、配套管线及通信配套等，力争安防无死角，打造智能化产业园。同时，计划在产业园试点“ZETA 低功耗广域物联网”项目，正在方案设计阶段。该试点项目力主创建现代化人工智能物联传感产业园。

三、城市建设管理领域信息化

【“雪亮工程”区级共享平台】 2018 年，金山区科委有序推进“雪亮工程”区级共享平台建设，完成了项目(一期)建设，编制完成区级“雪亮工程”区级共享平台的使用管理规定(暂行)。截至 2018 年年底，平台已获取 9 800 路视频图像资源，实现视频图像实时播放、录像回放等功能，并按需将视频图像监控资源共享给区“一网一平台”、区综治平台。10 月，编制项目(二期)招标文书，11 月，完成了项目(二期)招标工作。

【公共安全视频监控建设联网应用项目】 2018 年，为贯彻落实《关于加强公共安全视频监控建设联网应用工作的若干意见》，金山区作为公共安全视频监控建设联网应用项目试点区域，计划投资 2.9 亿元开展“雪亮工程”项目建设。4 月，区委召开金山区“雪亮工程”“智慧公安”建设专题会议，原则同意“雪亮工程”建设方案并要求按照中央综治委、市公安局时间节点和建设部署，扎实有序推进各项建设任务。7 月，金山公安分局完成项目招标并启动项目建设工作。11 月，完成公安原有 2 690 个模拟监控改为高清监控，并新增 1 890 个高清监控，总计完成 4 580 个监控点位建设与联网工作；完成新建治安卡口 160 套并改建原有治安卡口 48 套。该项目建设前，全区公共安全一类监控点位每平方公里数量不足 5 个，项目建成后，金山区监控数量达到每平方公里 15 个，进一步提高了金山区监控覆盖率，推动全区公共安全视频监控建设集约化、联网规范化、应用智能化，有效发挥视频监控在社会治安综合治理和平安建设中的作用。

【行人、非机动车交通违法电子警察系统】 2018 年，为进一步推进上海交通大整治，金山公安分局在试点利用“电子警察”查处行人和非机动车交通违法行为的基础上，稳步推进行人、非机动车交通违法电子警察系统建设。11 月，金山公安分局启动了项目建设推进工作。12 月，共完成 13 个点位、116 套摄像机以及 13 套提示大屏的布置建设，从而可全天候抓拍行人和非机动车交通违法行为，同时在现场大屏进行实时提醒，有效减少交通违法行为。

【区智能交通信号灯控制系统联网建设】 2018 年，金山公安分局根据 2018 年金山区重大工程和

实事项目建设任务安排,在一期、二期智能交通信号机建设基础上,在石化城区新增41套道路智能交通信号灯设备,完成智能交通信号灯控制系统的联网建设工作,实现了石化城区主要道路智能交通信号灯自适应协调控制工作。10月,项目通过政府采购完成招标并启动项目建设。12月,该项目完成建设并投入试运行。系统建成后,通过石化城区早晚高峰、平峰交通流的数据采集与分析,优化交通信号灯绿信比,使区域交通信号总体控制效率得到提升,有效提高了石化地区乃至金山新城的路网通行能力。

【市域卡口监测系统】 2018年,根据上海市公安局《市域卡口监测系统属地配套建设任务书》要求,金山分局启动了市域卡口(陆路、水路、铁路及无名道口)监测系统的建设工作。项目共涉及金山区内7个陆路道口(检查站)、3个水上道口、4个火车站及14个无名道口的市域卡口监测系统建设。7月,项目通过政府采购完成招标并启动项目建设。9月,该项目完成建设并投入试运行。该项目在出入市域卡口设立人像识别、智能视频监控等系统,可实现全天候、不间断地对出入市域卡口的人、车(船)等开展信息监测采集。依托市局"一中心一平台"强大的数据分析和推送能力,实现结构化、碎片化数据交换,对涉恐涉暴等重点人、车(船)等实时预警拦截,打造出入市域卡口闭环管控,实现嫌疑目标的快速排查,为公安部门侦破案件提供了有力的技术支撑。

【区危险化学品流动流向监控平台升级】 2018年,金山区升级区危险化学品流动流向监控平台,新增地图模块,方便信息交互与查询;增加园区管理模块,实现平台与金山第二工业区门禁系统对接,对企业运单、运输车辆形成联动管理;开发手机端APP,可实时查看运输车辆位置,预判货物送达的时间;优化数据统计分析功能,提供更为全面的大数据分析能力。

【金山二工区污水纳管企业管理平台建设】 为满足污水数据采集、操作记录、远程控制监控、数据汇总及纳管企业业务数据综合管理、数据展示等需求,2018年5月,金山第二工业区开发了污水纳管企业管理平台。11月,项目通过业务部门的试运行及项目验收小组的现场验收。该项目的建成,为加快金山卫污水厂自动控制及统计数据资源管理的信息化建设奠定了坚实的基础,实现了管理部门统计数据资源管理的流程化、标准化、制度化。整个系统部署在阿里云云服务器ECS上,确保了系统的稳定性、安全性和可拓展性。

【地名数据库完善】 2018年,金山区规土局完成第二次全国地名普查工作。通过试点和补查两个阶段的工作,共形成普查成果4 493条地名条目。按照国家工作规范和标准,同步建立和完善地名数据库,不断进行数据修整完善,全部数据通过审核及与邻省邻区数据接边检查,最终整合纳入全市数据库并上报国家验收通过。

【区燃气信息系统二期建设】 2018年,为规范金山区燃气管理所的管理和监督工作,促进相关单位与燃气管理所更好地互动,燃气所推进燃气信息系统二期建设,不断加强和完善系统功能。系统通过搭建"巡检执法"APP,在移动端现场检查重要燃气设施设备,开展打非治违等行动,并计划与区内燃气企业的信息系统数据对接,更好监督和管理瓶装液化气配送情况。项目处于建设中,

预计于2019年试运行。

【区船舶动态监管平台二期建设】 金山区船舶动态监管平台二期于2017年11月开建，2018年8月竣工验收。二期在原有视频监控功能上新增了多项基于软件平台的子系统。一是码头监管子系统，加强码头装卸监管，减少事故发生。二是移动执法子系统，提高执法人员现场处置能力。三是RFID卡口子系统，利用市航务处在辖区内安装的RFID卡口读卡设备和船舶电子标签，对进出金山辖区的船舶进行身份识别和流量统计。截至2018年年底，已在全区航道布设77个视频监控点位、156台摄像头，可实时掌握辖区航道船舶航行、停泊、水上污染作业等动态。

【市政信息化建设】 2018年，金山区市政所以管理升级、服务增效为目标，推进市政信息化管理平台建设，逐步实现市政设施智能化管理，助力平安交通、智慧交通的建设和发展。二期平台包含区域内交通设施管理、路政管理、市政项目管理、日常养护管理、应急事件处置管理、投诉管理、GIS地图、智能井盖系统八个模块的开发，并完成13座下立交、125个点位的视频监控及1 642个窨井盖智能传感器的安装。2018年4月，二期项目通过专家评审和网上招标确定了施工单位。12月完成视频监控立杆的基础施工、二个模块的开发以及窨井盖感应器的安装。

【区域智慧交通建设】 一是完善硬件建设。在海汇街、万达停车场、金山医院附近建设9块停车电子诱导屏，提高了停车资源使用效率，后期将以云计算技术、无线通信技术等为技术支撑，实时发布停车场空位信息，使公众方便掌握交通动态，合理安排出行。对铁路金山卫站原有模拟监控系统进行全面替换升级，安装了1 080 P监控定焦摄像机166台，1 080 P高清网络球机22台，720网络半球摄像机6台，同时更换三楼总控制室大屏。二是提升软件功能，进一步完善公交服务系统，打造智能公交。全区公交车已全面开通微信扫码支付车费服务功能，实现“先乘车，后付费”，满足了市民多样化的支付需求。

【吕巷特色小镇建设】 吕巷特色小镇项目是市经济信息化委专项资金扶持的试点项目，由金山东方有线承建实施并于2018年12月建设完成。该项目分为智慧综治、智慧电视、智慧党建、智慧旅游、智慧小区、智慧水务、智慧警务、智慧养老八个方面，项目建设了智慧综治网格化管理平台、基于数字电视机顶盒的互动信息平台、“掌上金山”手机APP等软件平台，在主要路段和重要场所进行室外AP的WiFi覆盖，部分小区建设人脸识别门闸、楼幢门禁、车牌识别车闸系统、LoRa物联网范感知设备、居家养老套装设备等，同时为居民升级了数字电视智能机顶盒并开通了上网业务，项目覆盖吕巷镇2居10村的居民以及镇政府各相关职能部门。

【村居信息化推进】 2018年1月，根据金山区推进村(居)综治中心效能化建设要求以及考评意见，张堰镇制定《张堰镇村居综治中心建设指导意见》，加强统筹部署，科学拟制方案，统一规划设计，统一标准质量，统一职责制度，推进村居综治中心标准化、规范化、效能化建设。10月，继秦望村“监控进宅基”试点经验被《上海法制报》报道后，以点带面建设完成了其他12个村居和工业园区综治中心及独立监控室标准化建设，全镇探头总量从637个增加到941个，平均每平方公里探

头数达27个,基本实现全覆盖、无盲区。此外,为进一步推进智慧社区建设,11月又相继完成45套微卡口和245个新增探头建设。12月,富民二村、留溪佳园作为智慧社区第一批试点建设的封闭式小区,建设完成小区出入口智能门禁系统以及楼栋智能门禁的改造,为小区智慧化管理做好了基础硬件设施的建设工作。

【石化街道智能安防小区建设】 2018年,石化街道与通信运营商加强合作,开发智能安防小区建设项目,为辖区内36个居民小区提供车辆微卡口子系统、人脸抓拍子系统、智能闸机子系统、WiFi嗅探子系统。在石化七村试点为80周岁以上独居老人安装火灾烟感、用水数据采集、紧急求助、电气火灾监控、可燃气体探测等安防设施,实现社区“人、屋、车、场、网”管理立体化、可视化和可控化,助力强化社会综合治理,协同公安进一步提升治安管理水平。

四、信息产业发展

【软件和信息服务业快速发展】 2018年,金山区软件和信息服务业发展平稳,总体形势良好,超额完成预期目标。据上海市软件和信息服务业统计平台统计,2018年金山区共有软件和信息服务业企业41家,实现营收46.62亿元,增幅达39.7%。收入超亿元企业包括迈创智慧供应链股份有限公司9.3亿元、上海旗计智能科技有限公司8.4亿元、上海和辉光电有限公司8亿元、上海龙创汽车设计股份有限公司3.3亿元、上海与德通讯技术有限公司2.6亿元、上海众达信息产业有限公司2.6亿元、上海汇纳信息科技股份有限公司2.4亿元、上海向隆电子科技有限公司1.6亿元、上海紫越网络科技股份有限公司1.5亿元、上海程迈文化传播股份有限公司1.1亿元,合计营收40.8亿元,占比高达87.5%。众多中小微企业通过模式创新,不断开拓发展领域,也呈现快速发展趋势。

【试点工信部两化融合贯标】 2017年,金山区内中国核工业第五建设有限公司、上海众力投资发展有限公司、上海西门子线路保护系统有限公司3家企业首次入围工信部2017年两化融合管理体系贯标试点企业名单,实现了零的突破。2018年,金山区又组织、辅导多家企业申报工信部两化融合管理体系贯标试点,其中上海汉钟精机股份有限公司、上海嘉麟杰纺织品有限公司、上海富朗特动物保健股份有限公司3家企业顺利入围2018年贯标试点名单。

【企业信息化建设】 一是组织金山区多家企业和个人申报上海市和工信部信息化项目资金。其中,上海精珅新材料有限公司获得市软件和集成电路发展专项资金,上海致达智能科技股份有限公司获得市首版次软件产品专项支持,上海华峰超纤材料股份有限公司获得工信部工业互联网创新发展工程支持,上海汇纳信息科技股份有限公司入围工信部大数据产业发展试点示范项目。二是做好工业企业信息安全检查工作。按照市经济信息化委要求,会同区经委完成对区内近700家规模以上

工业企业的信息安全进行检查和上报工作。

【区级信息化专项资金申报】 一是组织评选金山区两化融合示范、试点企业。组织区内企业参加两化融合示范、试点企业评选,共32家企业参评。围绕食品加工、智能制造等重点产业,评选出18家两化融合示范试点企业。二是组织开展区级信息化专项资金申报。围绕区内重点产业,积极组织各镇、工业区企业开展区级信息化专项资金申报工作。2018年,金山区共支持企业信息化建设项目32个,支持资金960万元,撬动企业信息化投入近5 000万元。

五、信息基础设施建设

【提升信息基础设施承载能力】 2018年,金山区信息基础设施实现了“四个全覆盖”,即光纤网络实现全覆盖,全区累计建设通信光缆31 652皮长公里,覆盖用户18.5万户,实际光纤接入16.4万户,入户率88.6%。累计完成建设7 008个10GEPON端口,完成全部家庭宽带用户的端口升级,实现金山区千兆网络全覆盖,固定宽带用户感知速率达16.77 Mb/s;无线网络基本实现重要公共场所全覆盖,拥有无线热点540个,AP3 622个,i-Shanghai接入场点57处;4G网络实现城镇地区全覆盖,建设通信物理基站1 150个,手机使用用户87万,通过微基站对道路弱覆盖区域进行有效改善,全年开工建设微基站40座,完工28座,17处公用移动信号弱覆盖区域得到有效改善,历年累计完成36处,改善比例达到100%;NGB网络实现全覆盖,完成全区24万户有线电视数字化整体转换。

【金山电信局推进物联网建设】 截至2018年12月,金山电信共建设NB-IoT基站238个,利用800M频点优良的覆盖性能以Stand-alone模式开通NB-IoT扇区703个,基本实现全区信号覆盖。

【金山移动优化无线网深度覆盖】 2018年,上海移动金山分公司持续增强金山区4G网络深度覆盖,助力推进智慧城市建设,LTE综合覆盖率保持同城领先。截至2018年年底,区内移动客户数达63.92万户,其中4G客户数突破40.85万户;移动网络标准化基站达1 282个(其中宏基站站点1 028个),优化枫泾古镇等重点区域网络覆盖;NB-IoT完成385个改造和167个共址新建,光网覆盖区内各镇区和工业区,实现了政企和个人业务的就近接入。

【金山联通推进基础网络建设】 2018年,金山联通完成建设综合业务接入点机房6个,新建光缆配线环2个,用于承载各类固网及移网业务。在无线网方面,开通1 800M频段LTE基站33个,开通900 M频段LTE基站137个,室内分布LTE站点4个,有效解决4G信号问题,为试商用VoLTE打好基础。同时,紧密关注基站网络利用率情况,完成87个基站的LTE扩容,确保流量释放阶段的网络通畅。此外,完成现有4G站点改造(替换传统2G基站设备),在确保原2G用户感知不受影响的前提下,完成原900 M频段GSM设备

的退网工作。开通NB-IoT站点138个，覆盖金山全域，可以提供超大数量连接的物联网能力，为城市精细化管理、工业互联网等场景提供服务。在固网方面，完成商务楼宇宽带接入4个，开通小区宽带覆盖6 500户，完成全量PON网络OLT设备升级改造，具备了万兆到楼、千兆到户的宽带接入能力，可为用户提供100 M至1 000 M的多种宽带业务产品，为实现“双千兆宽带城市”打好基础。截至2018年年底，金山联通已完成固网宽带覆盖15万户小区居民、60个商务楼宇和商业广场，以及2座高校的建设工作。已开通981个4G基站，536个3G基站，137个NB-IoT基站，部署了3个汇聚层机房、76个综合业务点接入机房、10个光缆调度环、33个光缆配线环。

【金山东方有线完成有线电视终端升级】 作为金山区政府2018年度重大工程实事项目，金山东方有线大力开展有线电视智能数字终端升级安装工作，实现有线电视、手机、电脑三屏互动，至2018年11月，提前超额完成1.1万户升级安装工作。

六、信息化环境建设

【编制发布区智慧城市建设三年行动计划】 2018年，金山区编制发布《金山区智慧城市建设三年行动计划(2018—2020年)》，在总结提炼前阶段成效的基础上，提出到2020年，金山区智慧城市建设将基本形成三大体系，即以下一代信息基础设施、网络安全、数据资源开发共享为内涵的智慧城市支撑体系；以立体高效的城市管理、普惠宜居的智慧生活、协同透明的智慧政务为重点的智慧应用服务体系；以高端、绿色、融合为特征的智慧经济创新体系。通过实施28项重点任务，初步建成以泛在化、融合化、智敏化为主要特征的智慧城市，智慧城市发展水平指数达到95，总体水平位居上海市郊区前列。

【制定区两化融合三年行动计划】 2018年，金山区编制发布《金山区两化融合三年行动计划(2018—2020年)》，提出到2020年，初步形成“示范—试点—培育”的两化融合生态体系，主要聚焦技术创新、产业应用和服务支撑三个方面，围绕高端智能装备制造、生命健康、新材料、新一代信息技术四大产业，提升传统产业的智能设计、智能制造、上下游协同、经营管理和集成服务五项能力。

【召开区信息化工作推进会】 2018年8月22日，金山区召开信息化工作暨智慧城市建设和两化融合推进会。会议通过播放两化融合典型案例宣传片、信息化工作经验交流以及对《金山区智慧城市建设三年行动计划(2018—2020年)》和《金山区两化融合三年行动计划(2018—2020年)》的解读，进一步总结和提炼前阶段金山区推进智慧城市和两化融合工作中的经验和成效，在新形势和新要求下，指导推进下阶段工作。

【举办区智慧城市论坛】 2018年10月18日，金山区成功举办2018年金山区智慧城市论坛。论坛通过邀请院士、市级专家、行业企业代表，集聚

各方资源，分享、探索物联网、大数据等新一代信息技术在传统产业协同发展、城市精细化管理、民生服务等领域的应用经验和未来发展趋势，共同推动金山智慧城市建设。

【推进落实金山与通信运营商战略合作】 一是围绕智慧安监、智慧水务、智慧医疗三个领域，协调金山电信局推进落实系列工作，包括二工区门禁系统与危化品流动流向平台对接、危化品流动流向平台 2.0 建设、中小河道监控整治建设、社区卫生服务业务处理平台建设等相关工作；完成金山电信智慧展厅建设，各类智慧应用可实现展示。二是协调金山移动参与山阳镇建设金山嘴渔村智慧商圈一期项目；参与区旅游局、枫泾古镇合作开发景区视频监控和人流量监控预警系统；参与“雪亮工程”建设，重点推进石化街道智能安防小区建设，推进廊下中华村智慧村庄建设。

【智慧新城试点项目验收】 2018 年，金山区按照市经济信息化委信息化项目验收要求和项目建设计划任务书，顺利完成对金山智慧新城试点项目中智能停车信息平台、街镇(工业区)安全生产综合管理信息系统、金山市民云服务等 12 个项目的软件测试和项目审计工作。

(李　俊)

第十四章　奉贤区信息化建设

概　述

2018年，奉贤区信息化工作围绕全面实施“互联网＋”及“大数据”战略，以深化智慧应用为主线，以强化网络安全为保障，通过理顺组织体系成立奉贤区政务数据中心；通过加强顶层设计，组织编制《奉贤区新型智慧城市建设总体规划和总体设计》；通过政府、社会等多渠道筹措建设资金，营造智慧城市建设保障环境；通过对财政资金预决算、行政权力运行、公共资源配置、公共监管、民生档案查询、“双公示”等信息的公开、公示，推进公共信息资源开放；通过建设奉贤区信息资源云服务平台，完成奉贤税务电子地图、奉贤区公用移动通信基站管理平台、奉贤区区镇综合治理系统等项目建设，实现了与市级系统（如市法人库、市人口库等）和区内平台（如上海市诚信平台奉贤子平台、奉贤区企业经济信息管理平台等）数据实时对接，达到数据资源共享；通过光缆建设、无线局域网热点覆盖、移动通信基站和公益WLAN等通讯基础设施建设，夯实智慧城市基础；通过在生活服务、产业融合、城市治理、绿色发展、政务服务等领域信息技术的推广，加大智慧应用建设力度。同时，奉贤区获得了“国家第二批智慧健康养老应用示范基地”称号。

一、政务领域信息化

【政务信息化】　2018年，奉贤区以行政审批制度改革为突破口，优化对外公共服务渠道，提升移动互联网端服务建设，完成区政务办理自助服务终端、市民云便民服务一站通建设；为提升电子政务服务能级、增强安全防护能力，完成区电子政务虚拟化平台扩容项目、电子政务隔离区（DMZ）三级等保测评项目，启动奉贤区电子政务云建设。完成区产业发展专项资金服务平台、区科技项目管

理信息系统升级改造，推进管理联动、信息互通和资源共享。

（金　麟　尤　杰）

【奉贤“随申办市民云”建设】 2018年，奉贤区全面推进奉贤“随申办市民云”建设，完善互联网端“一网通办”统一平台，汇集全区各类信息发布、服务办事和基层治理信息，创新建设全区用户线上线下相结合的积分活动体系。创新社会治理工作，提升区内基层信息化水平。共有857家社区服务机构、场馆入住奉贤“市民云”，举办4场奉贤“市民云”科普公益讲座，参与居民达数百人。奉贤“市民云”平台获2018年上海市“随申办市民云”示范区称号，以及奉贤区2018年“宣传大篷车”巡回下乡优秀项目称号。

（金　麟　陆超杰）

【电子政务系统】 2018年，奉贤区配合当前机关事务改革，利用云计算等新兴技术，针对区各部门内部的信息建设，完成多部门的电子政务系统建设；通过跨部门的信息共享和信息化手段提高了各部门的工作效率及管理水平，促进信息记录归集，实现信用信息查询比对、信用预警等功能，满足企业信用信息的使用需求；全面掌握企业信息，便于各行业部门进行查询与监管；建设完成的项目有区镇社区治理信息化平台三期、区城管网上考核系统、区城管网上勤务系统、区人大业务综合平台、区政协一体化管理平台、区“两会”业务管理平台、区财政综合监管平台、区财务监理管理平台等。

（金　麟　尤　杰）

【区电子政务虚拟化平台资源扩容】 2018年，奉贤区科学技术委员会(以下简称“区科委”)完成区电子政务虚拟化平台系统资源扩容，包括OA区资源扩容、内部托管区资源扩容、虚拟化系统规划设计、机房空调扩容等，提升了区电子政务虚拟化平台系统的软硬件基础，为区内大量业务应用系统提供了更稳定可靠的基础信息化资源支撑，极大推进了政府信息化发展。

【区DMZ区网络安全加固】 2018年保障了区内各部门104个应用系统的计算存储支撑。根据国家网络安全法等重要法律的要求，完成了区电子政务隔离区(DMZ)托管平台安全加固项目，达到了网络安全等级保护三级的要求，有效规避各部门托管系统面临的安全威胁，确保了各部门应用系统安全稳定运行。

（魏善禹）

二、社会领域信息化

【智慧养老】 2018年，基于智能穿戴设备技术，奉贤区搭建完成了智慧居家养老服务系统，首批服务对象包括南桥镇、海湾镇和金海社区4 200多名80岁以上老人，并建设完成了综合养老服务平台

作为后台支撑。同时,奉贤区获得了“国家第二批智慧健康养老示范基地”称号。

【智慧健康】 2018年,奉贤区为进一步深化基于市民电子健康档案的卫生信息化,完善公共卫生信息平台安全保障和信息系统支撑;建设完成区医疗健康信息查询系统,并实现了奉贤区域公共卫生医疗机构移动支付;基于移动互联网服务,建设完成食品追溯管理和公众查询系统,实现了奉贤区域食品流通领域的追溯管理。

【智慧文化】 2018年,奉贤区为保障市民对公共文化服务的需求,建立“文化上海云”平台奉贤区子平台,实现市、区资源共享;汇聚整合区、镇(社区)两个层级的文化活动、文化展示、文化演出、文化培训、场馆导览、图书阅读、非物质文化遗产保护等公共文化资源,配合奉贤区博物馆新建项目,搭建奉贤区数字智慧博物馆平台;启动区图书馆RFID项目,提升图书馆信息化水平,实现自助借阅等功能。

(金　麟　尤　杰)

【社保卡申领及补换】 2018年,奉贤区在社会保障卡工作方面,完成旧版社保卡申领3 023张,启动新版社保卡的集中换发工作,新版社保卡申领25 599张,临时卡申领7 694张,敬老卡申领10 506张。

(卫　明　周永新)

【智慧就业】 2018年,奉贤区通过完成区人才服务信息化平台、“就业E本通”二期项目、事业单位人事管理信息系统(四期)建设,继续提升奉贤区劳动就业、人才服务的信息化水平;同时建设完成区劳动争议远程预防调解项目,从而实现政府就业监管和预防调解机制的创新。

【智慧农业】 2018年,奉贤区充分应用现代信息技术成果,推进农业物联网技术应用,打造奉贤农用地综合管理GIS平台,实现农业各类资源的信息化管理,农业智能化、精准化、网络化、信息化水平显著提高。

(金　麟　尤　杰)

三、城市建设管理领域信息化

【智慧交通】 2018年,奉贤区基于移动互联网服务,建设完成了区智慧停车项目,实现了奉贤区南桥镇主城区的智能停车;继续提升奉贤区公共交通领域信息化建设,完成了区公交行业监管平台、公共交通智能终端全覆盖项目,启动了全区公共交通智能化应用二期项目等。

【城市精细化管理】 通过升级现有网格化管理平台,继续提升奉贤区城市精细化管理水平。建设完成区大联动网格化综合管理信息平台升级项目、区奉浦街道城市网格化管理中心等项目,启动了奉贤区城市运营中心项目的前期工作。

(金　麟　尤　杰)

四、信息产业发展

【软件和信息服务业】 2018年奉贤区软件和信息服务业保持了平稳发展。从统计数据看，统计系统中45家主要企业2018年度营业收入为46.7亿元，比2017年略降2.21%；利润总额4.46亿元，比2017年略降4.49%；研发经费支出2.70亿元，与2017年同期相比增长了50.74%；从业人员平均人数为3 774人，比2017年同期增长12.32%。由于平台统计企业基数较小，排名前十的企业营收占比达90%，从2018年全年统计数据来看，区内大部分重点企业的营收和利润较2017年增长或持平，但其中一家规模较大企业营业收入由2017年的18亿元降到2018年的11亿元，对2018年整体营收影响很大，是整体营业收入较2017年出现了小幅下降的主要原因。

（卫　明　董亚楠）

五、信息基础设施建设

【提升信息基础设施水平】 2018年，区科委推进宽带网络升级改造。全区无线局域网热点累计516个、无线访问接入点6 403个；统筹做好全区4G网络实施布局，全区共有基站2 972个，宏基站对区内三家运营商开放；新建VDC机房1个，奉贤移动互联网数据中心1座（IDC机柜166个）；有效改善了移动通信布局，有力支撑智慧城市应用推进。2018年新建光缆238 173芯公里。

【推进三网融合】 2018年，奉贤区城市光网新覆盖12.2万户，累计覆盖109.9万户，完成全部光网覆盖工作；已有300多个小区具备接入千兆宽带能力；有线电视农网新建设1.28万户，累计完成9.2万户，完成覆盖90%；积极促进高清交互式网络电视发展，高清IPTV用户共计约15.98万户，有效完善了奉贤区数字电视与网络电视的战略格局；移动通信用户共计155.13万户，有力支撑奉贤区智慧城市应用推进。

（魏善禹）

六、信息化环境建设

【信息安全工作】 一是完成工作职能，奉贤区制定网络安全保障方案，保障重大活动、节假

日、重要会议期间的网络安全；二是积极配合相关职能部门，开展各类信息安全排摸、检查工作；三是不断加强区 104 个政务网应用系统漏洞扫描和整改工作，累计发现高危漏洞 133 个，修复 93 个，整改率 69.92％；四是积极主动开展奉贤区 43 个政务网站群漏洞扫描和整改工作，累计发现高危漏洞 147 个，修复 140 个，整改率 95.24％。

（魏善禹）

第十五章　青浦区信息化建设

概　述

2018年，青浦区信息化工作在区委、区政府的领导下，在市经济信息化委的关心指导下，大力实施《青浦国民经济和社会信息化“十三五”规划（2016—2020）》，在各方面取得了新成效、新突破。

广泛推动信息化、工业化深度融合，深化信息技术在各领域的集成应用，加快推动电子商务应用，引领智慧城市建设。推进信息化应用惠民工程，在智慧健康、智慧养老、智能交通、智慧教育等领域开展信息化惠民项目。做好重点区域信息基础设施规划编制，增强无线城市服务，推进4G网络建设，全面保障进博会通信安全工作。深化多媒体信息发布应用，提升网站信息发布实时化、政务信息新闻化、重大信息专题化、信息服务互动化、传播形式多样化的能力和水平。强化重要信息系统安全管理，完善信息化应急管理机制，推进信息安全战略规划布局，保障信息安全。强化无线电安全保障，做好重要节点、重大活动的无线电安全保障任务，以信息安全保障区域经济社会稳定发展。

2018年，全区信息化建设以提高社会管理能力和公共服务水平为重点，以整合资源、深化应用、创新服务、绩效管理为主线，全面加强信息化建设与管理，努力构建与现代化行政管理要求相适应、与城市创新驱动和转型发展大局相一致、与信息网络技术发展水平相同步的信息化发展新格局，充分发挥信息化在国民经济和社会发展中的带动和促进作用。

一、政务领域信息化

【提升政府网站服务能级】　“上海青浦”政府网站群（门户网站和各子网站）首页访问量（访问总页

次)2 437.8 万次(其中,门户网站为 441.1 万次)、页面总访问量 2.5 亿页(次)(其中,门户网站为 9 047.9 万页(次))、总点击数 4.2 亿次(其中,门户网站为 2.3 亿次)。门户网站发布政务新闻、便民服务信息等各类动态信息 8 963 篇(条)。"上海青浦"政府门户网站荣获"2017 年度中国政务网优秀奖"荣誉称号。网站围绕核心板块,深化政府网站内容建设,聚焦 2018 年"两会""大调研工作""轨交 17 号线公交配套方案解读""创全"等经济发展、民生热点开展专题网宣建设。

【健全电子政务安全体系】 进一步增强青浦区电子政务云计算平台的安全防范能力,从技术和管理层面入手,有序落实整改措施,完善多层次、立体式、一体化的电子政务云安全防护体系。继续扎实推进两个三级信息系统(青浦区政务公共信息平台及"上海青浦"政府网站系统)安全等级保护整改工作,确保系统稳定高效运行。完成"全市通办"业务接入链路优化升级,保障全区核心网络与信息系统平稳运行。拟订青浦区电子政务网络安全保障专项行动计划方案,加强对本区行政区域内基础信息网络和重要信息系统的网络与信息安全保障工作,预防重大网络与信息安全事件发生,维护信息安全态势的整体可控,全力保障进博会顺利召开。

【优化电子政务应急预案】 2018 年,青浦区充分考虑各种可能的突发事件,补充并优化相应处理措施,持续改进《青浦区政务外网系统应急预案》及《青浦区政府网站系统应急预案》,进一步明确全区各部门突发事件应对职责,规范应对流程,建立健全应急机制,积极构建多重防护结构,逐步完善区电子政务网络与信息安全防御体系,保障基础信息网络和重要信息系统的运行安全。

二、社会领域信息化

【推动社区和村庄信息化】 2018 年,青浦区推进"智慧社区""智慧村庄"建设。完善银行卡、交通卡实名制社区一卡通方式,集聚社区公共服务资源、商业资源,向社区居民提供便利的智慧服务。继续开展智慧村庄试点建设应用,从村庄自治管理、公共服务、公共安全、旅游服务等各方面实行智慧试点应用。2018 年,全区共制发各类社保卡 6 297 张,补换社保卡 12 613 张。完善"青浦区社会保障卡服务中心"微信公众号服务功能,通过微信公众号发布信息 110 条。

【深化农村信息化工作】 2018 年,青浦区完善村民信息化活动室监管平台,加强对活动室硬件设施、使用情况的监管。推进建设青浦区村民信息化服务平台,为村民提供信息知识、信息安全、农业信息等服务。优化村民信息化服务点建设方案,开展村民信息化服务点申报、立项评审工作。开展移动互联网应用宣传培训,培训采用"统一组织、统一教材、统一培训点认定、统一考核、统一发证"的方式,面向全区居民开展移动互联网应用培训和宣传普及,共培训 700 人、宣传普及 5 000 人。

【项目阶段性验收工作】 2018年,社会治理信息平台项目立项及设计招标、智慧城市顶层设计规划政府采购工作、“十二五”图像视频监控项目阶段性验收等工作顺利完成。

三、信息产业发展

【软件和信息服务业集聚提升】 2018年,青浦区全面推动市西软件信息园规划建设,推进产业政策制定和宣传、推广等工作,促进软件信息服务业持续快速发展。2018年,全区软件和信息服务业实现销售额309.9亿元,同比增长18.1%,税收收入22.3亿元,同比增长29.9%。

【深入推进“两化”融合】 2018年,青浦区完善软件信息服务业扶持政策,支持企业以应用信息技术提升核心力。完成2017年度软件信息服务业七大类66个项目的验收及绩效评估工作,推荐11家企业申报2018年度上海市软件和集成电路产业发展专项资金项目。开展软件和信息服务业运行监测分析,依托相关单位坚持每月对软件和信息服务业产值形成统计报表,及时掌握全区产业发展情况,做好运行分析工作。

四、信息基础设施建设

【夯实智慧城市建设基础】 2018年,青浦区推进“互联网+”战略合作框架协议,打造智能化高速网络,夯实无线城市和移动互联网业务应用的网络基础。协调通信运营商实施会展中心区域移动通信信号弱区域整改工作,严格按照时间节点要求,推进4G网络弱覆盖区域年度优化工作。全区固定电话总数达28.7万户,4G手机用户达107.4万户,城市光网接入用户28.9万户,数字整转用户为25.8万户,共发出45条道路的管线建设征询单。

【协调推进重大工程和市政道路通信设施集约化建设】 2018年,配合轨道交通17号线、国家会展中心项目等重大工程和市政建设,推进通信设施集约化建设,积极协调通信运营商做好通信基础设施搬迁和新建工作,对盲点区域进行无线信号提升。做好会展中心区域架空线入地和多杆合一整治工作。配合全区大社区建设积极推进基础设施的集约化建设,推进老旧小区改造项目中的弱电管线改造,切实保证居住社区内信息基础设施建设的进度和质量。

【加强无线电项目管理工作】 2018年,青浦区探索区无线电管理工作模式,利用门户网站、电视台、电梯广告及发放宣传册等形式,开展无线电知

识进社区、进学校宣传活动，宣传有关无线电管理法律法规知识，普及社区居民的无线电管理和频谱资源基本常识，组织“社区居民无线电科普”主题教育活动，增强社区居民对无线电频谱资源和无线电管理工作的认知度、认可度。积极联系市无线电监测站对全区的高考考场进行电磁环境监测，在高考前夕对各考场听力考试的收听频率进行了考前测试和收听指导。

五、信息化环境建设

【进博会服务保障工作】 2018年，青浦区加强统筹谋划，全面推进进博会服务保障工作。持续开展进博会信息化项目稽查工作，推进信息化配套项目建设，组织协调通信运营商做好进博会通信保障工作。牵头召开市西软件信息园展览区协调会，对接区内软件企业与科创园区，研究制定市西软件园的整体宣传方案，利用进博会加大市西软件信息园等重大项目宣传力度，培育软件信息服务业等特色产业。

【加强信息安全宣传】 2018年，青浦区开展以“网络安全为人民，网络安全靠人民”为主题的2018年青浦区信息安全活动周。活动周期间，举办信息安全专题培训、信息安全知识竞赛、市民信息安全宣传、信息安全应急演练等系列活动，增强了全民信息安全防范意识。同时，以信息化专管员队伍为抓手，开展专题集中培训，提高全区信息化安全技术水平。

（张　峰）

第十六章　崇明区信息化建设

概　述

2018年，崇明区信息化工作在市经济信息化委的指导下，在区委、区政府的领导下，根据世界级生态岛建设总目标，围绕智慧崇明建设任务，聚焦生态监测、社会综治、村居信息等崇明智慧城市建设重点，以打造与上海全球城市地位和功能相匹配的世界级智慧生态岛为目标，积极推进各领域信息化建设。

一、政务领域信息化

【企业市场准入综合窗口】 2018年6月28日起，为进一步优化营商环境，建设以政务服务"一网通办"为载体和标志的智慧政府，崇明区在区行政服务中心受理大厅推出企业市场准入"综合窗口"，实现政务服务事项"一窗"受理，让企业只跑一次，一次办成，切实提高政府服务效能，当好服务企业的"店小二"。企业市场准入综合窗口建设工作是崇明区为贯彻落实市委、市政府"全面推进'一网通办'，加快建设智慧政府"的工作要求，按照国务院关于"前台综合受理、后台分类审批、综合窗口出件"的工作模式而加以开展的。实施企业市场准入事项"一网通办"后，企业平均实际办理时间比原先缩短了85%。

二、社会领域信息化

【"趣游崇明"公众号】 2018年，崇明区旅游局"趣游崇明"微信公众号正式上线。本着"一部手机畅游崇明"的目标，积极打造"吃住游购"全覆盖的便民网络空间。未来三年内，"趣游崇明"将逐步实现景点语音解说、实景AR体验、趣游一卡通、聚合支付等功能，真正实现从旅游信息化到旅游智慧化。"趣游崇明"主要分"吃、住、游、购"四个栏目。在"吃"一栏，游客可浏览当季崇明美食，还能根据推荐去特色餐馆大饱口福；"住"汇集了崇明的精品酒店、开心农场、特色民宿等住宿资源，游客可通过平台预订房间；"游"里有崇明全域的Q版卡通画风导览图，景点以图案呈现，清晰明了；"购"一栏则可在线选购崇明生态农产品。

【国家卫生健康委领导调研智慧健康屋】 2018年10月25日，国家卫生健康委医政医管局副局长周长强、国家卫生健康委医政医管局医疗资源处副处长王莉莉、崇明区卫计委主任蔡志昌等一行来到崇明区城桥镇社区卫生服务中心，调研新华—崇明区域医疗联合体"智慧健康屋"。调研组在崇明区城桥镇社区卫生服务中心进行了实地走访，随后，周长强等一行来到社区卫生服务中心的"智慧健康屋"，听取了新华—崇明区域医疗联合体的建设模式、应用成效，认为崇明区医联体工作独具特色和水平，尤其是"智慧健康屋"的推广更是把医联体工作推向了深入，是推动医疗卫生工作重心下移、资源下沉的深入探索。

【区域"卫生云"】 2018年，崇明区域卫生信息化云平台项目由中国电信上海公司崇明局承建。该项目实现了崇明三岛卫计委信息化系统的一揽子上云计划。该项目利用政务云已有资源实现"卫生云"的建设。

【绿华镇"智慧社区"项目上线】 2018年，崇明绿华镇的"智慧社区"平台正式上线运行。打开电视机进入"智慧社区"平台，点击"村(居)务公开"栏，选择相应村(居)，则相关村(居)的概况、党务情况、村务情况、财务情况即能清晰浏览。除了基层相关工作信息，该平台上还有很多本地新闻和便民信息可供浏览。该平台导视服务界面分为新闻宣传、公众服务、创城动态、居家养老、生态旅游、办事指南等板块，用户通过电视遥控器可选择相应栏目，浏览绿华镇的相关建设情况。本地公交线路发车时间调整、西沙湿地公园临时闭园公告、相关区域水电线路修理通知等便民信息也会发布在该平台上供用户查询。

【"小黄狗"进入堡镇社区】 2018年，为加快推动崇明区堡镇垃圾分类高品质全覆盖，堡镇引进"小黄狗"智能垃圾分类回收机，开启智能垃圾分类回收新模式。"小黄狗"进入社区后，发挥大数据、人工智能、物联网等技术优势，实现对生活垃圾进行前端返现分类回收、中端统一运输、末端集中处理的"物联网＋智能回收"模式。一方面，"小黄狗"通过现金奖励刺激居民积极参与垃圾分类，从"要我分"转变为"我要分"；另一方面，"小黄狗"自建回收清运体系，并拥有分拣、再利用的完整生态产

业链，确保生活垃圾真正变废为宝。堡镇共设置18个点位，下一步还将根据实效进行全面推广。

【陈家镇打造社区智慧大脑】 2018年，崇明区陈家镇通过打造社区智慧大脑“陈管家”系统，用数据分析的形式进一步提升社区治理的精细度，逐步建立社会治理一网联动的创新模式。“陈管家”是创新社会治理的重要探索，它突破了信息孤岛和数据瓶颈，用“线上＋线下”的模式，实现了社会服务治理、政府应急指挥、网格化治安监控、恶劣天气应急指挥等多平台的集中指挥调度，创新探索基层社会治理一网联动方法。该系统可通过线上平台和手机APP的结合，由网格化管理员发现问题，汇总梳理后通过线上平台转化成具体的任务，派发给相关人员处置，极大提升了社会治理效率。同时，为完善与110、12345市民热线的对接，平台还开发了矛盾纠纷调处模块，积极发挥网格员、人民调解信访代理员作用，将社区矛盾及时化解在基层。

【崇明所有乡镇签约建设智慧社区】 2018年，崇明所有18个乡镇均与中国电信上海公司崇明局签署了智慧社区建设协议，签约率达100%。内容涵盖以政务云为依托的智慧政务、以物联网以及大视频大连接为依托的智慧民生、基于“互联网＋”的智慧产业三个模块。同时，结合各乡镇的实际情况，将政务公开、党建、多终端信息发布等平台以及外勤管理等系统建设也纳入协议。

三、城市建设管理领域信息化

【提升交通智能化水平】 2018年3月，《崇明区绿色交通发展指导意见》发布。根据指导意见，崇明将进一步提升交通智能化水平，如搭建综合交通信息平台并挖掘分析数据，开发辅助决策支持系统和出行信息发布系统，为政策制定、重大工程建设等提供辅助决策，为出行者提供公交、停车、换乘等信息。崇明还将先行试点建设“智慧交通岛”，积极推动智能网联汽车、无人驾驶汽车等新技术在崇明尤其在横沙岛率先使用。

【崇明三岛全部公交线路实现扫码支付乘车功能】 2018年11月11日起，经过前期的第4代POS机更新和试运行，崇明三岛所有公交线路实现扫码支付乘车。市民可通过微信或者上海交通卡APP扫码付款乘坐公交车，免受没带零钱的尴尬，也解决了找零等问题。

【崇明路口增设人脸识别系统】 为进一步规范行人、非机动车的交通行为，2018年，崇明区交警部门在城内主要路口增设了人脸识别系统。首批启用的7套人脸识别系统于2018年年底前正式启动运行。该系统对行人、非机动车闯红灯等交通违法行为进行抓拍，并通过后台进行人脸识别，通过公安系统内人脸记录的查询和匹配，获取违法行为人的个人信息，并依法予以处罚，相关处罚信息纳入诚信系统。

【横沙生态智联大脑】 2018年,崇明区横沙乡启动实施“生态智联大脑”建设。这一项目秉承“物联、数联、智联”的理念,是以水联、土联、林联、气联为基础,以生产、生活、生态数据为纽带,以人工智能为驱动的新型生态岛治理平台。通过实时数据传送,智联大脑可以清晰显示横沙生态各项指标。数据传输来源于分布全岛的115个水、土、林、气检测站点,这些站点犹如一个个生态神经元,通过无线传输,到达智联大脑终端。另外,水、土、林、气等数据资源,与社会开放数据、政务存量数据实现深度融合,将成为横沙实现生产高效、生活宜居、生态友好的新引擎。

【横沙生态智联大脑展示】 2018年9月19日,崇明区委书记唐海龙来到2018世界人工智能大会会场,实地察看崇明横沙生态智联大脑展示。作为2018世界人工智能大会四大板块活动之一,人工智能精品展以“城市智脑、智能核芯、创新算法”为主题,集中呈现人工智能领域的技术变革与创新。唐海龙详细了解了崇明横沙生态智联大脑运行情况,就数据层级、智能技术运用等同相关负责人进行深入讨论。

【区“智慧环卫”大数据管理平台】 2018年,崇明区级“智慧环卫”大数据管理平台一期建成运行。该平台已在全区18个乡镇的21个湿垃圾处置站点安装了视频监控,重点监控站点进出口、卸桶点和操作间等处,平台实时更新全区各站点湿垃圾处置的相关信息,区级管理部门可有效实现在线实时管理。平台充分运用大数据、信息技术等手段,探索垃圾分类处置的“互联网+”模式;在港沿镇探索实现智能称重检测功能,即湿垃圾专项运输车进站后,系统对卸载的湿垃圾桶进行过地磅智能称重,数据实时传输至管理平台并自动生成汇总。通过大数据平台的数据检测和实时提醒纠正,干湿分类的规则将越来越深入人心、越来越规范,让全区垃圾分类减量工作逐步精细化。

【推进区智能安防体系建设】 2018年8月,崇明区召开全区“雪亮工程”及智慧公安建设推进会暨社会面智能安防建设动员部署会。崇明区长李政,区政法委书记梅云平,副区长、公安分局党委书记、局长谷继明等领导出席。区“雪亮工程”、智慧公安建设领导小组成员单位、各乡镇主要领导,分局有关部门、治安支队、消防支队主要领导及各派出所所长与会。会上就推进下步工作提出要求:一要提高思想认识。准确把握建设“雪亮工程”、智慧公安是推动城市管理精细化,服务世界级生态岛建设,以及政法工作创新发展的必由之路,要强化责任担当,进一步坚定信心和决心。二要强化统筹协调。重点做好项目规划、建设、应用等关键环节工作,真正把“雪亮工程”和智慧公安建好用好。三要加强组织领导。逐级细化分解职责任务,做好区级统筹和属地配套建设工作,全面有序推进“雪亮工程”和智慧公安建设。

四、信息产业发展

【软件和信息服务业】 2018年,崇明区参加网上直报的软件和信息服务类企业共有29家,其中,

经认定的软件企业有 18 家，非认定企业 11 家。这 29 家企业共计实现营业收入 420 600.9 万元，与 2017 年同期相比增加 19.45%，利润总额 78 606.9 万元，与 2017 年同期相比增加 112.47%，增幅明显。资产超亿元的企业 9 家，其中新增上海财拓电子商务有限公司、上海大汉三通无线通信有限公司。2018 年，崇明区软件和信息服务业从业人员数为 2 338 人，与 2017 年同期相比减少 21.88%，说明企业人员结构在不断调整中。

【智慧岛数据产业园】 2018 年，崇明智慧岛数据产业园共引进企业 1 422 家，其中文化创意类 409 家，信息技术类 296 家，现代服务业 487 家，建筑业 113 家，其他 117 家。入园企业累计已超过 2 604 家，其中产生税收的企业 789 家，超过 100 万元以上税收企业 25 家，超过 1 000 万元以上税收企业 3 家。目前，崇明智慧岛数据产业园在引进企业方面，还存在以下问题：注册企业产税户数比例不高，新注册企业需要一定时间的培育。园区产生税收的有效发展企业占比为 33%，大部分企业没有产生税收；优质企业稀缺，百万元以上纳税企业占比不到 1%。

五、信息基础设施建设

【i-Chongming 公益无线网络】 2018 年 9 月 30 日，崇明区开通试运行重点区域 i-Chongming 公益无线网络。崇明区重点区域 WiFi 覆盖项目是 2018 年崇明区政府的重点工作之一，是“智慧崇明”建设的重要内容。打造一个高安全、高可用、易管理、易扩展的公共无线局域网，探索研究无线局域网应用与旅游、文化、公共服务融合发展，是实施“互联网＋”战略推动区域经济社会发展的有力支撑，有利于提升旅游业服务品质，进一步提高政府公共服务水平，对崇明打造世界级生态岛具有重要意义。

六、信息化环境建设

【智慧崇明建设调研】 2018 年 10 月 11 日，崇明区委书记唐海龙，区委副书记、区长李政，区委副书记侯继军，以及区领导梅云平、郭亚兵、谷继明、郑益川等，集中调研崇明区“智慧公安”“一网通办”和“大数据中心”建设。唐海龙指出，建设智慧崇明，需要有与新时代世界级生态岛建设相适应的智能化政务服务和管理水平，需要对行政管理和服务流程进行再造。唐海龙运用图表模型讲解了智慧崇明建设的设想，强调智慧崇明建设要有一套智慧管理系统，数据管理要讲究统一平衡性、栏目科学性、应用阶段性和融合精准性。要结合“一网通办”“一网通管”和“一网通服”三个中心，

建设具有鲜明特色的智慧崇明。李政指出,信息化建设是推进政府工作的重要抓手,是实现政府职能转变的基础性工作。建设智慧崇明,顶层设计很重要。当前,全市推进"一网通办"工作,崇明要在服务布局优化、服务流程再造、监管水平提升等方面做好文章,努力打造崇明独特的"智慧名片"。

【崇明智慧生态岛论坛暨地理信息科学教育部重点实验室学术委员会会议】 2018年1月5日至7日,由地理信息科学教育部重点实验室举办的崇明智慧生态岛论坛暨重点实验室学术委员会会议在崇明岛举行。地理信息科学教育部重点实验室学术委员会委员和特邀嘉宾和重点实验室师生共100余人参加了论坛和会议。与会专家围绕地理信息科学、科学大数据支撑生态岛文明建设做"生态系统服务与生态文明建设""长江经济带绿色生态廊道建设基础与策略"等多场专题报告,并前往华东师范大学崇明西沙湿地试验站与崇明西沙国家湿地考察,为研究站的建设与湿地生态保育提供了宝贵的建议。

【崇明"生态+"能源专题论坛】 2018年1月19日,首期崇明世界级生态岛建设周末讲坛崇明"生态+"能源专题论坛在崇明区会议中心开幕。来自市政府相关部门、崇明区政府相关部门以及生态建设和绿色能源领域的专家、企业代表、高校代表共聚一堂,针对崇明生态建设与能源发展以及崇明能源互联网国家试点项目展开深入研讨,用智慧与行动助力崇明世界级生态岛建设。

【第三期崇明世界级生态岛建设周末讲坛】 2018年3月30日,区农委和发展改革委联合举办2018年第三期崇明世界级生态岛建设周末讲坛,此次论坛围绕智慧农业与农业营销主题。各委办局、乡镇、公司、园区相关负责人,区农委机关全体工作人员、基层班子成员、委后备干部以及新型农业经营主体代表等三百余人参加讲坛。第三期生态岛论坛旨在通过宣传学习信息化行业专家的先进理念与实战案例,拓宽广大"三农"工作者的视野,学习先进理念应用于实际工作。区农委将继续运用工业理念发展农业,联手阿里云在智慧农业、农产品品牌建设与营销等方面开展合作,为崇明绿色农业插上高科技的翅膀。

【2018上海崇明生态岛国际论坛】 2018年9月4日,2018上海崇明生态岛国际论坛(第七届)在崇明会议中心开幕。此次论坛是2016年崇明确立世界级生态岛建设目标以来举办的首次论坛,旨在搭建一个国际交流与合作的平台,为新时代高质量建设崇明世界级生态岛带来国际视野和全球智慧。为期3天的论坛以"生态优先　绿色发展——高质量建设崇明世界级生态岛"为主题,为崇明高质量建设世界级生态岛贡献智慧。

【"大数据与我们的未来"报告会】 2018年12月,崇明区政协、区委统战部在区会议中心联合举行专题学习报告会,邀请上海交通大学教授、博导杨力,做"大数据与我们的未来"专题讲座。讲座指出,大数据正改变着人类的生活、生产、工作和思维方式,大家要善于了解它、学习它、利用它,才能真正让大数据为人类服务,让大数据创造更大价值。特别是在崇明建设世界级生态岛的历史征程中,更需要区政协各参加单位和全体政协委员勤学善思、积极建言,推动大数据在崇明的经济社会

发展中发挥更大作用。

【崇明与东浩兰生集团战略合作框架协议签订仪式】 2018 年 10 月 8 日，崇明区政府与东浩兰生集团战略合作框架协议签订仪式举行。东浩兰生集团董事长、党委书记王强，集团总裁曹炜、副总裁高文伟，崇明区委书记唐海龙，区委副书记、区长李政，副区长王菁、郑益川出席签约仪式。李政、曹炜代表双方签署战略合作框架协议。根据协议，双方将在构建智慧城市、智慧水务的开发和发展、绿色能源开发、智慧通信、体育产业发展等方面展开合作。通过发挥各自优势，构建相互支持、互惠互利的战略合作模式，并通过进一步完善工作推进机制，落实合作计划、促进战略目标的达成。

（施　华）

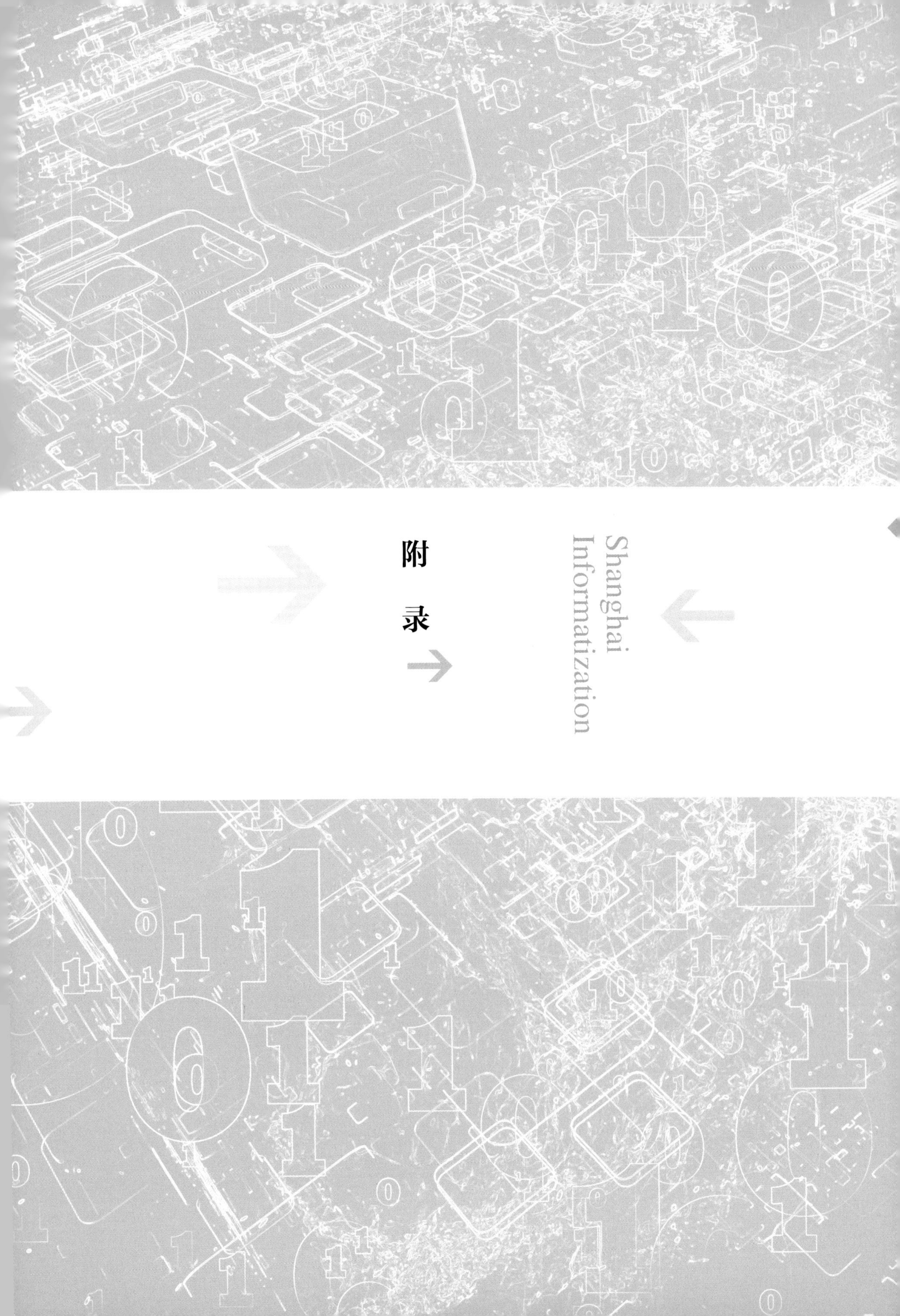

附录

Shanghai Informatization

2018年上海信息化建设大事记

1月

1月3日，市经信两委(上海市经济和信息化工作党委、上海市经济和信息化委员会)召开专题会议传达十一届市委三次全会精神并部署大调研工作。上海市经济和信息化工作党委(以下简称“市经济信息化工作党委”)书记陆晓春、上海市经济和信息化委员会(以下简称“市经济信息化委”)主任陈鸣波出席会议并讲话。市经信两委党政领导班子出席会议。陆晓春传达了市委全会精神，对贯彻落实市委大调研工作的有关精神、扎实推进机关大调研工作提出具体要求。

1月4日，市经信两委召开第十一次党代会部分代表座谈会，面对面听取党代表提出上海产业和信息化发展中存在的瓶颈问题以及工作建议。市经信工作党委书记陆晓春、市经济信息化委主任陈鸣波出席会议。

1月10日，市经济信息化委主任陈鸣波带队赴松江区座谈调研，重点了解松江区盘活存量工业用地用于发展先进制造业的工作经验和政策建议，实地调研松江区“退二优二”案例。松江区委书记程向民，区委副书记、区长陈宇剑，副区长陈小锋等出席相关活动。

2月

2月26日，市经济信息化工作党委、市经济信息化委召开市经济信息化系统2018年工作会议。上海市副市长吴清出席会议并讲话。市经济信息化工作党委书记陆晓春代表市经济信息化工作党委做工作报告，市经济信息化工作党委副书记、市经济信息化委主任陈鸣波代表市经济信息化委做工作报告，市经济信息化工作党委副书记马列坚主持会议。陆晓春部署了2018年的主要任务。陈鸣波对2018年重点工作做出安排。

3月

3月14日，第十五届上海国际信息化博览会在上海新国际博览中心开幕。上海市副市长吴清、中国

电子信息行业联合会常务副会长曲维枝、市经济信息化委副主任戎之勤、浦东新区副区长陈希、中国电子商会会长王宁出席开幕活动。

3月20日，由工业和信息化部(以下简称“工信部”)支持、中国电子电路行业协会(CPCA)主办的第二十七届中国国际电子电路展览会(2018 CPCA SHOW)在国家会展中心(上海)开幕。展会设置了70余场市场和学术报告，其中以“智能创新、共享未来”为主题的“2018春季国际PCB技术/信息论坛”邀请了国内外知名专家分享产业发展趋势和技术发展动向。

4月

4月12日，常务副市长周波在市政府新闻发布会上介绍了上海全面推进“一网通办”、加快智慧政府建设相关情况。上海于2018年3月30日正式印发《全面推进“一网通办”加快建设智慧政府工作方案》，计划2018年建成上海政务“一网通办”总门户。到2020年，形成整体协同、高效运行、精准服务、科学管理的智慧政府基本框架。

4月24日，市委、市政府召开全力打响“四大品牌”推进大会。市委副书记、市长应勇做工作部署。市政协主席董云虎，市委副书记尹弘出席，市委常委、常务副市长周波主持，市领导翁祖亮、诸葛宇杰、徐泽洲出席。

4月25日，市经济信息化委主任陈鸣波会同徐汇区区委书记鲍炳章、区长方世忠等赴徐汇西岸，调研世界人工智能大会筹备情况。

5月

5月10日，上海移动联合华为公司在虹口北外滩开展了面向4K高清视频和VR实际应用的5G外场综合测试，标志着上海5G建设迈出关键性步伐。

5月16日，市经济信息化委主任陈鸣波带队赴返利网、复宏汉霖调研，了解上海市独角兽企业发展情况。

5月23日，工信部在上海组织召开国家集成电路、智能传感器创新中心建设方案专家论证会。工信部副部长罗文，上海市委常委、常务副市长周波出席会议并讲话。工业和信息化部科技司副司长范书建，电子信息司副司长吴胜武，上海市政府副秘书长、市发展改革委主任马春雷，市经济信息化委主任陈鸣波、副主任傅新华及两家创新中心有关单位代表出席会议。中国工程院院士干勇、柳百成、李培根、卢秉恒，中国科学院院士郑有炓、杨德仁、李儒新，中国工程院制造业研究室主任屈贤明，中科院上海技术物理所所长陆卫等专家出席论证会。

5月29日，市经济信息化委副主任吴金城率队赴临港地区调研，实地走访临港产业区和临港科技城，了解临港地区产业发展和科技创新平台建设情况。

5月30日，市经济信息化委主任陈鸣波带队赴优刻得、虎扑体育调研，了解上海市科技型中小企业发

展情况。

5月31日，静安新型城域物联专网暨大数据城市管理与社会治理实验区全面建设启动会召开，市经济信息化委副主任张建明出席会议。静安区副区长周海鹰出席会议并做工作动员。

6月

6月1日，长三角首批工业互联网平台公司与中国信息通信研究院在长三角地区主要领导座谈会上签署了《长三角地区推进工业互联网平台集群联动战略合作框架协议》。中国信息通信研究院、智能云科信息科技有限公司、上海宝信软件股份有限公司、阿里云工业互联网有限公司、江苏徐工信息技术股份有限公司、安徽合力股份有限公司相关负责人共同签署协议。

6月7日，为加强机关公务员能力培养，推动机关干部不断适应产业和信息化发展前沿趋势，把握"上海制造"在新技术、新产业、新模式下的创新思路，主题为"新一代信息技术推动数字经济与社会治理"的市经信机关提高机关公务员产业创新能力培训班举行。市经济信息化工作党委书记陆晓春做开班讲话。阿里巴巴集团副总裁刘松做主题报告。

6月14日，由市委宣传部、市发展改革委、市经济信息化委和市商务委共同主办，上海图书馆承办的上海"四大品牌"发展战略系列讲座在上海图书馆举行。市经济信息化委主任陈鸣波做了题为《全力打响"上海制造"品牌　加快迈向全球卓越制造基地》的专题报告。

6月27日，市经济信息化委副主任张建明出席"2018年世界移动大会—上海"开幕式、GTI上海峰会、车联网生态峰会，并为"中移智行网络科技有限公司"揭牌。张建明赴中国移动、中国电信、中国联通、上海诺基亚贝尔、华为等展台参观，鼓励企业把握互联网产业发展大势，为上海"五个中心"建设做出新的贡献。

6月28日，以"合作共融·互济互保"为主题的"2018首届长三角区域能源互联网创新发展论坛"在沪开幕。市发展改革委副主任阮青，市政府办公厅副主任、市大数据中心主任朱宗尧，市经济信息化委副主任张建明，市科委副巡视员刘勤等及能源互联网创新联盟相关成员单位代表参加论坛。论坛开幕式由上海科学院副院长曹阿民主持。上海市能源互联网创新联盟揭牌仪式同步举行。

7月

7月2日，和辉光电第6代AM-OLED显示项目生产设备搬入仪式在沪举行。市经济信息化委副主任傅新华，金山区委常委、副区长张权权，上海联和投资有限公司党委书记、董事长秦健，上海和辉光电有限公司党委书记、董事长、总经理傅文彪等出席仪式。随着光刻机设备起吊并送入相应吊装口，标志着上海最大的工业洁净厂房初步建成，项目进入生产设备安装调试阶段。

7月3日，国家集成电路创新中心、国家智能传感器创新中心启动会在上海举行。工信部副部长罗文，市委常委、常务副市长周波为创新中心揭牌。市政府副秘书长、市发展改革委主任马春雷主持会议。

工信部科技司副司长范书建、电子司副司长吴胜武,市经济信息化委主任陈鸣波、副主任傅新华、总工程师张英,市教委巡视员蒋红,市发展改革委副巡视员裘文进,上海推进科创中心办公室执行副主任彭崧,嘉定区区委书记、区长章曦,嘉定区委常委、副区长沈华棣,浦东新区副区长管小军等出席会议。

7月26日,市经济信息化委主任陈鸣波调研上海和辉光电有限公司,了解市重大工程和辉光电二期项目建设进展情况。调研组一行查看了大宗气站、动力站、变电站建设,并进入主厂房洁净室仔细查看阵列区、蒸镀区和模组区的情况。和辉光电董事长傅文彪介绍情况并陪同调研。

8月

8月7日,上海市政府与小米集团在沪签署战略合作框架协议。签约前,市委书记李强,市委副书记、市长应勇分别会见了小米集团董事长兼首席执行官雷军一行。应勇见证双方签约。市委常委、市委秘书长诸葛宇杰参加会见。市经济信息化委主任陈鸣波、总工程师张英及徐汇区负责人出席签约仪式。

8月9日,市委书记李强专题调研半导体产业发展情况,实地察看集成电路企业,主持召开座谈会深入了解产业发展态势并听取企业意见建议。李强指出,集成电路具有战略性、基础性,上海要坚决贯彻落实习近平总书记重要指示精神,以更坚定的决心、更有力的支持、更务实的举措加快发展,努力打造"上海制造"品牌中具有标杆性的企业,为服务国家发展大局做出更大贡献。

8月16日,上海市政府与阿里巴巴集团、蚂蚁金服集团签署新一轮战略合作协议。上海市委副书记、市长应勇,阿里巴巴集团董事局主席马云出席签约仪式。市委常委、常务副市长周波与阿里巴巴集团首席执行官张勇、蚂蚁金服集团董事长兼首席执行官井贤栋签署战略合作协议。在前期合作基础上,上海市政府和阿里巴巴、蚂蚁金服主要就长三角一体化建设、社会治理创新、技术创新和制造业转型升级、新零售发展、文创产业发展和人才培养等方面签署新一轮战略合作协议。

9月

9月17—19日,2018世界人工智能大会在上海举办。中共中央总书记、国家主席、中央军委主席习近平发来贺信,国务院副总理刘鹤亲临大会发表讲话,中共中央政治局委员、上海市委书记李强致辞,上海市委副书记、市长应勇主持开幕式。大会由国家发展改革委、科技部、工信部、国家网信办、中国科学院、中国工程院和上海市政府联合主办,吸引了40多个国家的7.2万名嘉宾、20万观众参会观展。大会汇聚了一批重量级行业人士。罗杰·瑞迪、潘云鹤、姚期智等国际人工智能顶级科学家,马云、马化腾、李彦宏等行业领袖到会演讲。大会取得了一系列创新成果:上海人工智能战略专家咨询委员会、全球高校人工智能学术联盟、青年AI科学家联盟先后发起设立。

9月19—23日,第二十届中国国际工业博览会在国家会展中心(上海)举办。大会由工信部、发展改革委、商务部、科技部、中国科学院、中国工程院、中国贸促会、联合国工发组织和上海市政府共同主办,以"创新、智能、绿色"为主题,围绕"中国制造2025",设置了八大专业展。展览总面积28.79万平方米,观众

181 346 人次。大会安全、有序、高效，参展面积和参观人次均创历史新高，是历史上规模最大、影响最广、参展层次最高的一届盛会。

9 月 27 日，上海市政府与科大讯飞股份有限公司在沪签署战略合作框架协议。市委书记李强，市委副书记、市长应勇会见了科大讯飞股份有限公司董事长刘庆峰一行。

9 月 28 日，上海市政府与网易公司签署战略合作协议。上海市委书记李强，市委副书记、市长应勇会见网易公司董事局主席兼 CEO 丁磊一行。上海市副市长吴清和网易公司副总裁陶剑琴分别代表双方签约。双方将共同参与全球文化创意产业中心和科技创新中心建设，发挥在游戏电竞、网络文化、创意设计等方面的优势，不断强化上海市长江经济带龙头作用以及网易公司在全球互联网行业的领军地位。

10 月

10 月 11 日，市经济信息化委主任陈鸣波赴航天八院调研上海航天产业相关情况，市经济信息化委副主任吴金城、市国防科工办副主任韦平，航天八院院长代守仑、副院长汪浩平、副院长兼上航工业总裁姜文正等参加调研。

10 月 18 日，经过 22 个月的艰苦奋战，上海最大的集成电路产业投资项目——华力二期 12 英寸先进生产线正式建成投片。第九届全国政协副主席胡启立，市委副书记、市长应勇出席项目建成投片大会，并与工信部副部长罗文、副市长吴清共同启动按钮。罗文、吴清分别讲话。市政府副秘书长马春雷主持会议。市经济信息化委主任陈鸣波、副主任傅新华等出席会议。

11 月

11 月 7 日，“极速双千兆，幸福满满第一城”活动在徐汇西岸滨江举行。市经济信息化委副主任张建明接通了首个基于中国移动千兆 5G 网络和千兆家庭宽带的视频通话，标志着上海市顺利实现双 G 贯通。

11 月 27 日，“新技术、新应用，赋能产业发展”2018 上海区块链应用创新大赛决赛落幕。市经济信息化委副主任傅新华出席并致辞。大赛由市经济信息化委、虹口区政府指导，虹口区科委(信息委)、区金融服务局主办，上海金融信息行业协会、区块链技术应用联盟承办。

11 月 27 日，上海市政府与百度公司在沪签署战略合作框架协议。市委书记李强，市委副书记、市长应勇会见了百度公司董事长兼首席执行官李彦宏一行。市委常委、市委秘书长诸葛宇杰参加会见。副市长吴清与百度公司副总裁王路代表双方签约。市政府秘书长汤志平、百度公司副总裁尹世明、副总裁张东晨等出席签约仪式。市政府副秘书长马春雷主持签约仪式。市经济信息化委主任陈鸣波、总工程师张英等出席。

11 月 28 日，上海集成电路设计产业园正式揭牌，上海市政府与紫光集团有限公司签署战略合作框架协议。紫光集团有限公司、上海韦尔半导体股份有限公司、北京兆易创新科技股份有限公司、阿里巴巴

(中国)有限公司等企业、项目首批入驻园区。市委书记李强,市委副书记、市长应勇会见了紫光集团董事长赵伟国等相关企业负责人。市领导翁祖亮、诸葛宇杰、吴清参加相关活动。上海韦尔公司、兆易创新公司、阿里巴巴集团分别与浦东新区政府、张江科学城建设管理办公室签署合作协议。

11 月 29 日,以"5G 新时代 · 智联长三角"为主题的长三角数字经济协同发展高峰论坛暨长三角 5G 创新发展联盟成立大会在嘉定举行。会上,全国首个跨省 5G 视频通话在上海、苏州、杭州、合肥四城实现互联。市经济信息化委主任陈鸣波,副主任张建明,安徽省经济和信息化厅副厅长王厚亮,浙江省经济和信息化厅总工程师厉敏,江苏省工业和信息化厅副巡视员常如平,嘉定区委常委、副区长沈华棣等出席论坛。论坛由长三角区域合作办公室、上海市经济和信息化委员会、江苏省工业和信息化厅、浙江省经济和信息化厅、安徽省经济和信息化厅指导,上海嘉定区政府主办,长三角三省一市 5G 联盟承办。

11 月 30 日,工信部信息化和软件服务业司在沪召开 2018 年全国信息消费工作推进会,解读《扩大和升级信息消费三年行动计划(2018—2020 年)》,研究部署全国信息消费下一阶段推进工作。工信部信息化和软件服务业司副司长任利华出席会议并讲话,市经济信息化委副主任傅新华、黄浦区副区长陈卓夫等出席会议。

12 月

12 月 12 日,上海人工智能应用场景建设实施计划正式发布,这是全国首次面向人工智能应用场景需求的征集计划。上海十大人工智能应用场景、19 个具体点位需求和 60 个人工智能创新产品集中首发,旨在面向全球人工智能企业征集解决方案,破解供需两类主体对接瓶颈,为 AI 企业提供广阔的应用场景,推动新技术、新产品、新模式在上海率先运用,加速转变为现实生产力、发展新动能。

12 月 13 日,由市经济信息化委、市通信管理局、市临港地区开发建设委员会、中国信息通信研究院主办的"工业互联网标识解析国家顶级节点(上海)签约暨启动仪式"在沪举行,部市合作签约共同推动工业互联网标识解析国家顶级节点(上海)建设并正式上线运行。会上,市经济信息化委、市通信管理局、市临港地区开发建设委员会、中国信息通信研究院共同签署《推进工业互联网标识解析国家顶级节点(上海)建设合作协议》,共同推进标识解析集成创新应用,打造工业互联网产业生态,共同推动上海及长三角地区工业互联网产业加速集聚和跨越发展。工业互联网标识解析国家顶级节点(上海)正式上线,工业互联网标识解析二级节点建设同步正式启动。

12 月 19 日,2018 年度电子信息制造业行业协会秘书长会议召开。集成电路、通信制造业、交通电子、物联网、信息家电、光电子、电子元器件、计算机、电子制造业、印制电路十家行业协会参会,总结 2018 年各产业领域发展情况,分析重点企业现状,展望 2019 年产业发展趋势。市经济信息化委电子信息产业处相关负责人参会。

2018年上海市智慧城市发展水平评估报告

一、评估体系与方法

(一) 评估体系概述

1. 评估体系框架

上海市智慧城市发展水平评估指标体系,包括构成总指数的3个一级指标,即网络就绪度指数、智慧应用指数与发展环境指数,以及作为总指数值修正系数的网络安全状况系数。其中,网络就绪度指数、智慧应用指数与发展环境指数3个一级指标的权重按20%∶50%∶30%的比例分布;在3个一级指标以下,共有10个二级指标,具体包括基础能力指数、生活服务指数、数字经济指数、创新应用指数等;三级指标共有42个,作为形成各级指数值的评估指标,具体包括固定宽带用户感知速率、公共停车场(库)系统联网率、公共信息资源社会开放水平、制度机制、宣传体验等(详见附录一)。网络安全状况系数本身没有权重,在对各区的总指数值进行修正后,形成各区的智慧城市发展水平指数。各区修正后智慧城市发展水平指数的平均值即为上海市智慧城市发展水平指数。

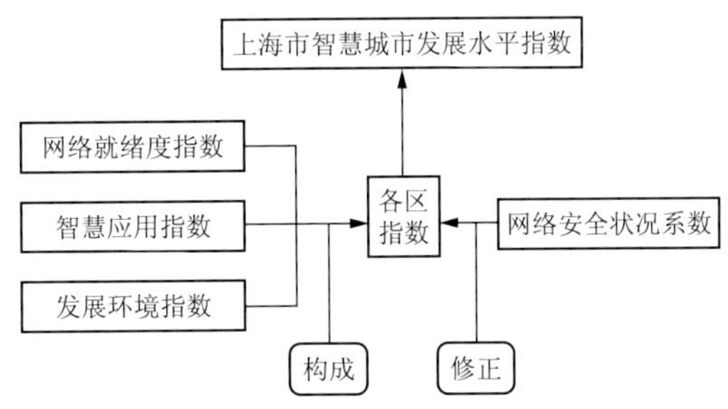

图1　上海市智慧城市发展水平评估体系

2. 评估指标构成

表1　上海市智慧城市发展水平评估指标体系

一级指标	二级指标	序号	三　级　指　标
网络就绪度指数	基础能力指数	1	i-Shanghai 覆盖率
		2	家庭光纤入户率
	应用感知指数	3	固定宽带用户感知速率
		4	移动通信网络用户感知度
智慧应用指数	生活服务指数	5	智慧社区(村庄)建设水平
		6	公交电子站牌覆盖率
		7	公共停车场(库)系统联网率
		8	上海健康信息网联网率
		9	义务教育阶段学校信息化环境建设水平
		10	中心图书馆"一卡通"读者证普及率
		11	文化上海云公共文化设施上线率
		12	市民云公共服务接入应用水平
	数字经济指数	13	智慧园区(商圈)建设水平
		14	两化融合管理体系贯标和自评估企业覆盖率
		15	单位地区生产总值发明专利申请量
		16	单位地区生产总值发明专利授权量
		17	单位地区生产总值软件及相关信息服务业收入
	城市治理指数	18	电子警察监控点覆盖率
		19	城市网格化综合管理水平
	绿色发展指数	20	家庭能源自动化采集覆盖率
		21	环境质量监测水平
		22	道路扬尘监测点覆盖率
		23	建筑用能分项计量应用水平
		24	气象自动监测站覆盖率
	政务服务指数	25	政务网站服务水平
		26	公共信息资源社会开放水平
		27	数据资源共享水平
		28	区政务云平台应用水平

续表

一级指标	二级指标	序号	三　级　指　标
发展环境指数	机制保障指数	29	制度机制
		30	规划计划
		31	专项资金
		32	人才保障
	创新应用指数	33	信息基础设施能级
		34	生活服务
		35	数字经济
		36	城市治理
		37	绿色发展
		38	政务服务
		39	工控安全
	试点示范指数	40	工作试点
		41	项目培育
		42	宣传体验

网络就绪度指数、智慧应用指数以及网络安全状况系数的评估信息来自市级各相关政府部门、事业单位；发展环境指数的评估信息由各区信息化工作主管部门提供。

（二）评估测算方法

1. 指标测算标准

对于具体指标，即三级指标测算方法，为了消除各指标单位不同的问题，首先对数据进行无量纲化处理，计算出无量纲化后的相对值。处理方法为，对于每个具体量化指标的数值，记16个区的中位值为 $\overline{X}_i$（i＝指标），各评估指标原始值记为 X_i，无量纲化后值记为 Z_i。公式如下：

$$Z_i = \left[\mathrm{Log}_2\left(1 + \frac{X_i}{\overline{X}_i}\right)\right] \times 100$$

对于逆向指标，具体计算方法为在以上公式中对调 $\overline{X}_i$ 与 X_i 的位置。对于可进行纵向比较的指标，计算方法与以上公式相似，对象变为该指标的不同年度中位值之间的比较。

2. 分级测算方法

三级指标以上的各级指标指数值测算采用线性加权方法，公式如下：

$$II = \sum_{i=1}^{n} w_i p_i$$

其中，II 为智慧城市发展水平总指数值，n 为构成总指数的指标个数，p_i 为第 i 个指标的指数值，w_i 为 p_i 的权重。

考虑到实际存在的多级指标，因此具体的计算分为多步，以两步计算为例，第一步公式为：

$$Q_i = \sum_{j=1}^{m} w_{ij} p_{ij}$$

其中，Q_i 为第 i 个一级指标(分指数)的指数值，m 为构成该一级指标的二级指标个数，p_{ij} 为第 i 个一级指标中的第 j 个二级指标的指数值，w_{ij} 为第 i 个一级指标中的第 j 个二级指标的权重。

第二步公式为：

$$II = \sum_{i=1}^{n} w_i Q_i$$

其中，II 为发展水平总指数的指数值，n 为一级指标(分指数)个数，Q_i 为第 i 个一级指标值，w_i 为 Q_i 的权重。

3. 指数的修正形成

对于每个区，使用网络安全状况指数乘以该区的总指数值，即为该区的智慧城市发展水平指数。各区修正后的智慧城市发展水平指数的平均值，即为上海市智慧城市发展水平指数，而市级有关各级分指数与指标的指数值，则分别对应各区相关分指数与指标的平均值。

4. 关于区域划分

参考上海市的有关行政区域划分标准，在评估分析中将 16 个区分为中心城区与郊区两类区域。其中，浦东、黄浦、静安、徐汇、长宁、普陀、虹口、杨浦为中心城区；宝山、闵行、嘉定、金山、松江、青浦、奉贤、崇明为郊区。

表 2　中心城区—郊区区域划分表

区	区域划分	区	区域划分
浦东	中心城区	宝山	郊区
黄浦	中心城区	闵行	郊区
静安	中心城区	嘉定	郊区
徐汇	中心城区	金山	郊区
长宁	中心城区	松江	郊区
普陀	中心城区	青浦	郊区
虹口	中心城区	奉贤	郊区
杨浦	中心城区	崇明	郊区

二、评估总体情况

(一)智慧城市发展水平指数

评估结果显示,2018上海智慧城市发展水平指数为105.13,相较上一年度提高5.6。中心城区智慧城市发展水平指数为114.48,郊区智慧城市发展水平指数为101.08,相较上一年度分别提高4.98和11.52。中心城区与郊区指数平均差距缩小了6.54,尤其在智慧应用方面差距缩小明显,缩小了14.38。

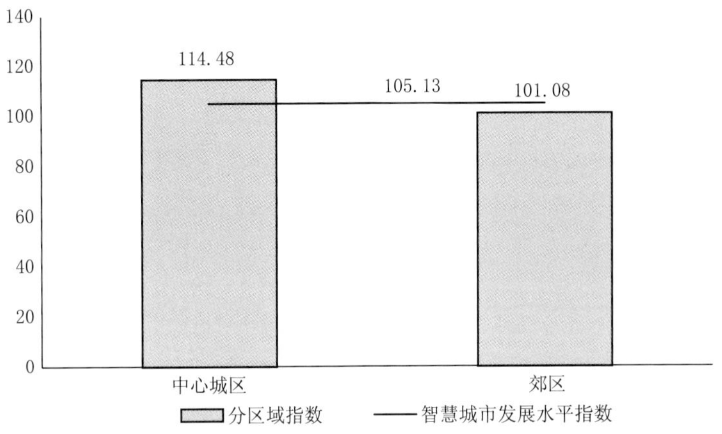

图2 上海市智慧城市发展水平指数

从一级指标来看,网络就绪度指数为117.7,智慧应用指数为110.01,发展环境指数为97.69,相较上一年度分别提高18.67、4.27、2.39。通过对本年度智慧城市评估的具体分析,现阶段本市智慧城市建设成效显著:基础网络应用感受水平大幅度优化提升;各类智慧服务应用加速普及覆盖;市区两级各种应用创新广泛开展;数字经济全面提升发展;政务服务重点工作快速拓展推进;智慧城市建设发展环境保障持续加强。

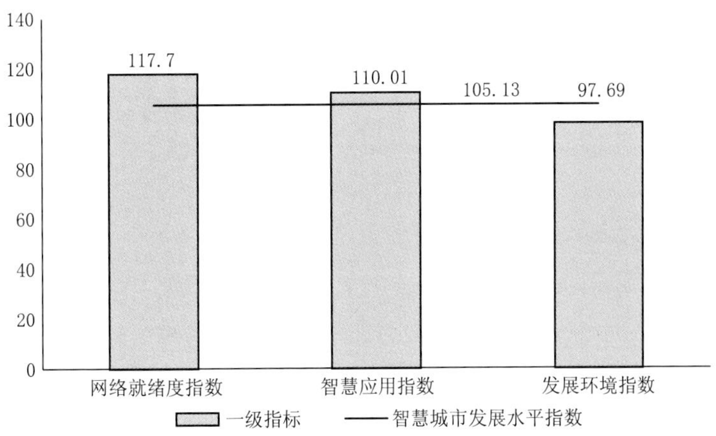

图3 上海市智慧城市发展水平指数一级指标

(二) 网络就绪度指数

1. 总体情况

上海市网络就绪度指数指数值为 117.7,相较上一年度提高 18.67;按各区所属区域划分,中心城区网络就绪度指数为 120.75,郊区网络就绪度指数为 114.63。

网络就绪度指数的明显增长,信息基础设施能级建设与应用感知水平的持续全面提升,宽带城市与无线城市建设效果不断体现。"i-Shanghai"覆盖与带宽不断增长;固定宽带速率方面,上海平均下载速率连续多年领跑全国,截至 2018 年 3 季度,较去年同期提升 50%以上;移动通信方面,根据相关测评结果,上海的移动通信用户感知综合评分与数据下载速率均呈现明显上升趋势。

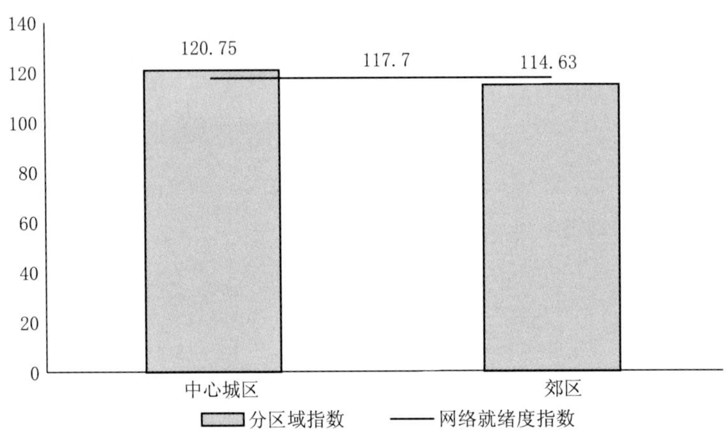

图 4　上海市网络就绪度指数

2. 二级指标

其中,网络就绪度指数相关二级指标指数值如下:

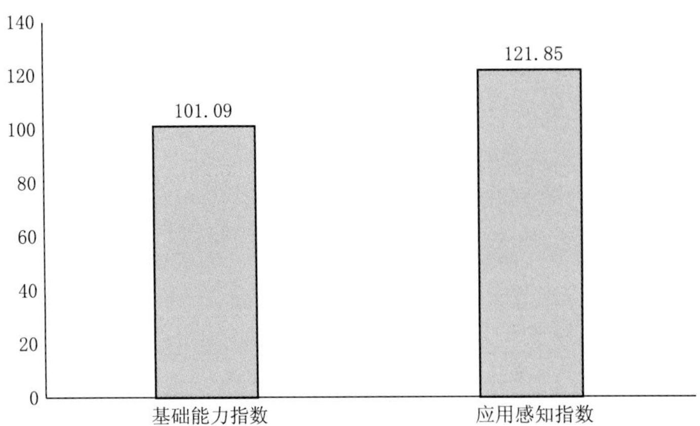

图 5　上海市网络就绪度指数二级指标

表 3　上海市网络就绪度指数二级指标

二级指标	指数值
基础能力指数	101.09
应用感知指数	121.85

3. 三级指标

（1）基础能力指数

其中，基础能力指数相关三级指标指数值如下：

表 4　上海市网络就绪度指数——基础能力指数

三级指标	指数值
i-Shanghai 覆盖率	97.47
家庭光纤入户率	104.71

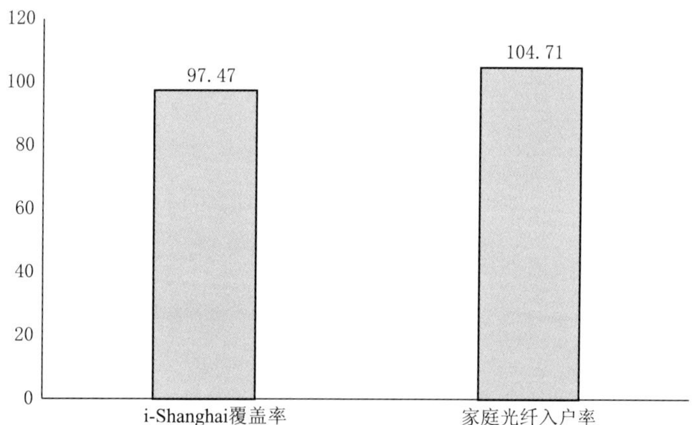

图 6　上海市网络就绪度指数——基础能力指数

（2）应用感知指数

其中，应用感知指数相关三级指标指数值如下：

表 5　上海市网络就绪度指数——应用感知指数

三级指标	指数值
固定宽带用户感知速率	144.1
移动通信网络用户感知度	99.6

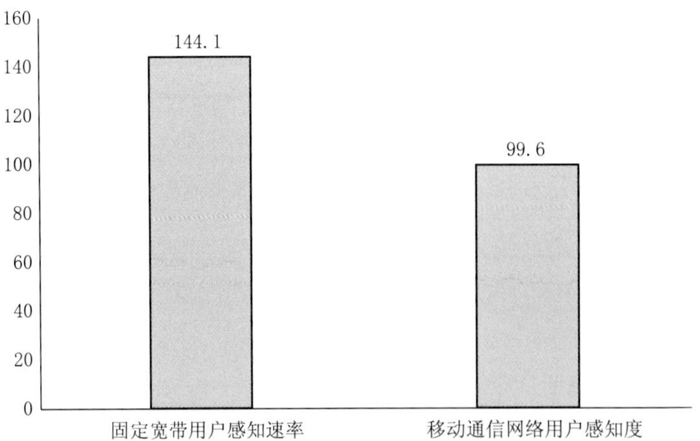

图 7　上海市网络就绪度指数——应用感知指数

(三) 智慧应用指数

1. 总体情况

上海市智慧应用指数指数值为 110.01,相较上一年提高 4.27。按所属区域划分,中心城区智慧应用指数为 119.56,郊区智慧应用指数为 100.19。

智慧应用指数的增长主要体现在于社会生活领域各类智慧服务应用加速普及覆盖,如在智能交通方面,全市经营性公共停车场库实现信息联网全覆盖,联网信息准确率平均超过 90%。智慧医疗方面,全市卫生行政部门设置的公立医院与社区卫生服务中心实现信息联网全覆盖。文化方面,“文化上海云”各区公共文化设施上线率均达到 100%。“市民云”区级平台建设方面,已有 13 个区实现区级信息化应用服务接入上海市民公共服务平台。

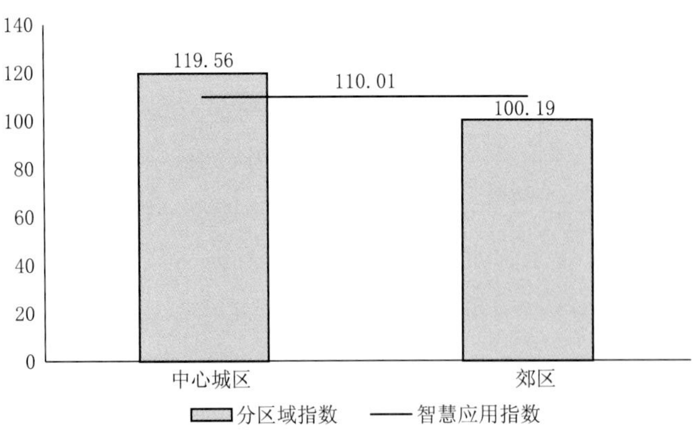

图 8　上海市智慧应用指数

2. 二级指标

其中,有关二级指标指数值如下:

表6　上海市智慧应用指数二级指标

二级指标	指数值	二级指标	指数值
生活服务指数	112.06	绿色发展指数	115.55
数字经济指数	110.88	政务服务指数	97.77
城市治理指数	110.24		

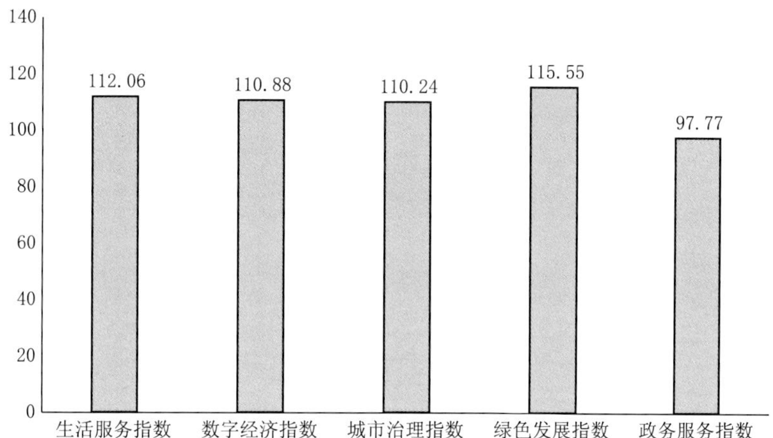

图9　上海市智慧应用指数二级指标

3. 三级指标

(1) 生活服务指数

其中,生活服务指数相关三级指标指数值如下:

表7　上海市智慧应用指数——生活服务指数

三　级　指　标	指数值
智慧社区(村庄)建设水平	106.56
公交电子站牌覆盖率	102.26
公共停车场(库)系统联网率	188.04
上海健康信息网联网率	100.00
义务教育阶段学校信息化环境建设水平	96.61
中心图书馆"一卡通"读者证普及率	103.26
文化上海云公共文化设施上线率	100.00
市民云公共服务接入应用水平	99.77

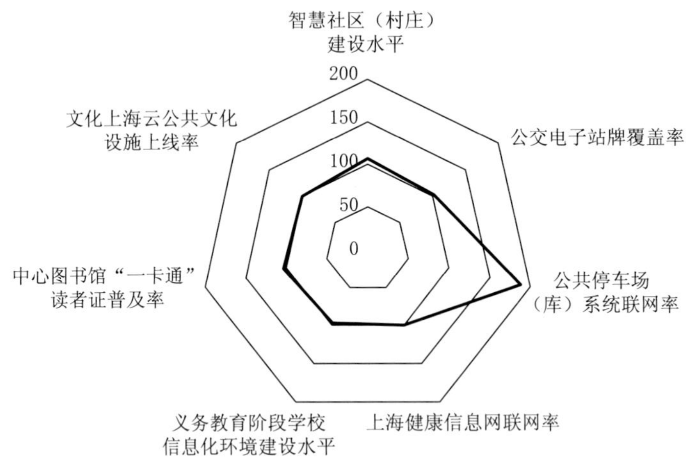

图 10 上海市智慧应用指数——生活服务指数

(2) 数字经济指数

其中，数字经济指数相关三级指标指数值如下：

表 8 上海市智慧应用指数——数字经济指数

三 级 指 标	指数值
智慧园区(商圈)建设水平	86.64
两化融合管理体系贯标和自评估企业覆盖率	133.42
单位地区生产总值发明专利申请量	101.84
单位地区生产总值发明专利授权量	111.61
单位地区生产总值软件及相关信息服务业收入	120.90

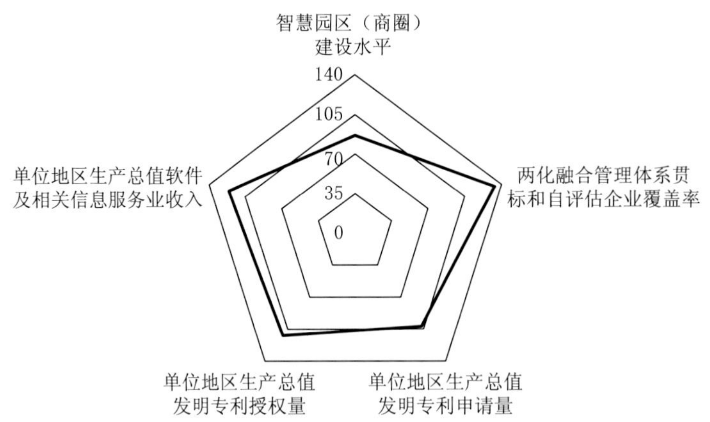

图 11 上海市智慧应用指数——数字经济指数

(3) 城市治理指数

其中,城市治理指数相关三级指标指数值如下:

表 9　上海市智慧应用指数——城市治理指数

三　级　指　标	指数值
电子警察监控点覆盖率	121.70
城市网格化综合管理水平	98.78

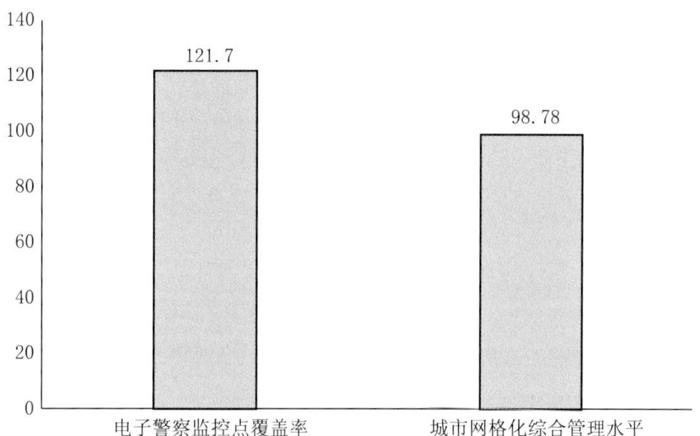

图 12　上海市智慧应用指数——城市治理指数

(4) 绿色发展指数

其中,绿色发展指数相关三级指标指数值如下:

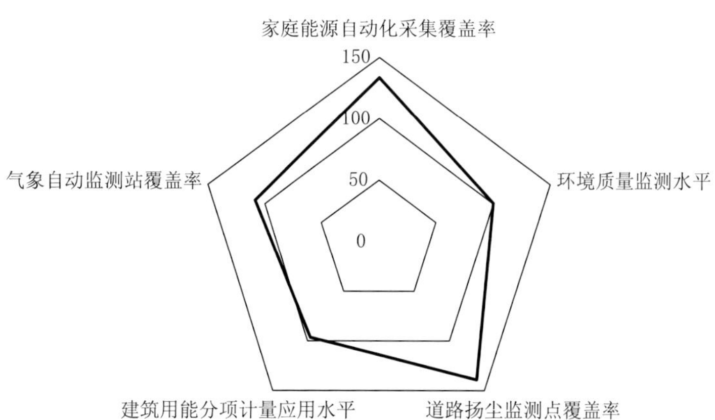

图 13　上海市智慧应用指数——绿色发展指数

表 10 上海市智慧应用指数——绿色发展指数

三级指标	指数值	三级指标	指数值
家庭能源自动化采集覆盖率	133.74	建筑用能分项计量应用水平	96.44
环境质量监测水平	100.13	气象自动监测站覆盖率	108.55
道路扬尘监测点覆盖率	138.89		

(5) 政务服务指数

其中,政务服务指数相关三级指标指数值如下:

表 11 上海市智慧应用指数——政务服务指数

三级指标	指数值	三级指标	指数值
政务网站服务水平	91.21	数据资源共享水平	100.47
公共信息资源社会开放水平	99.64	区政务云平台应用水平	99.77

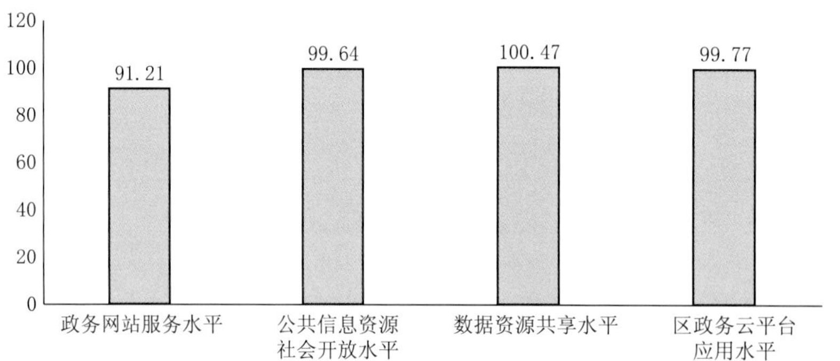

图 14 上海市智慧应用指数——政务服务指数

(四) 发展环境指数

1. 总体情况

上海市发展环境指数指数值为 97.69,相较上一年提高 2.39。按所属区域划分,中心城发展环境指数为 101.83,郊区发展环境指数为 93.54。

发展环境指数的增长主要体现在各区对于智慧城市保障机制的进一步建设完善,对于智慧城市建设领域各种应用创新力度的加大。目前各区都已拥有智慧城市或信息化工作领导小组,并由区委区政府主要领导担任组长,各区都形成了关于智慧城市的顶层设计规划。通过各级财政资金支持智慧城市领域重大项目建设,引领多渠道、多元化资金推动区域应用服务拓展、产业发展升级的局面基本形成。各区在生活服务、数字经济、城市治理、绿色发展等方面打造了诸多各具亮点的创新应用。各区普遍承担与智慧城市相关的试点工作与宣传体验活动。

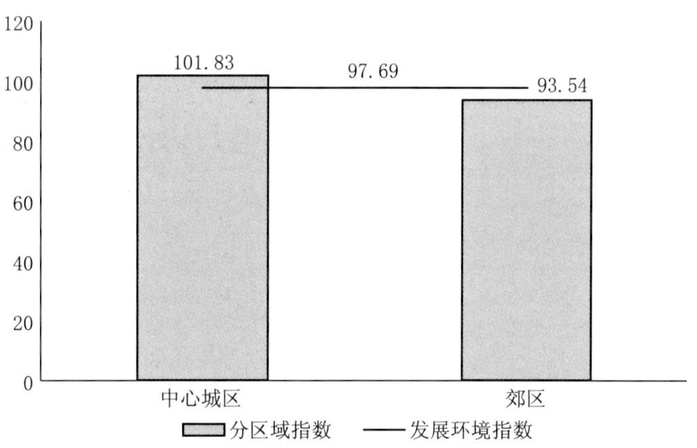

图 15　上海市发展环境指数

2. 二级指标

其中,上海市发展环境指数相关二级指标指数值如下:

表 12　上海市发展环境指数二级指标

二级指标	指数值	二级指标	指数值
机制保障指数	94.78	试点示范指数	99.69
创新应用指数	98.39		

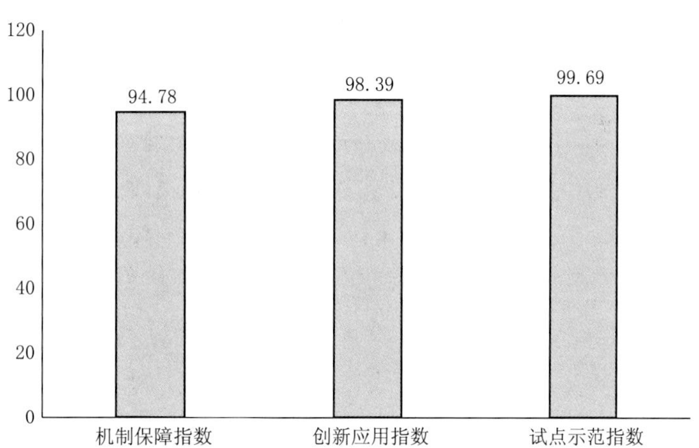

图 16　上海市发展环境指数二级指标

3. 三级指标

(1) 机制保障指数

其中,机制保障指数相关三级指标指数值如下:

表 13 上海市发展环境指数——机制保障指数

三级指标	指数值	三级指标	指数值
制度机制	95.51	专项资金	93.24
规划计划	91.23	人才保障	99.15

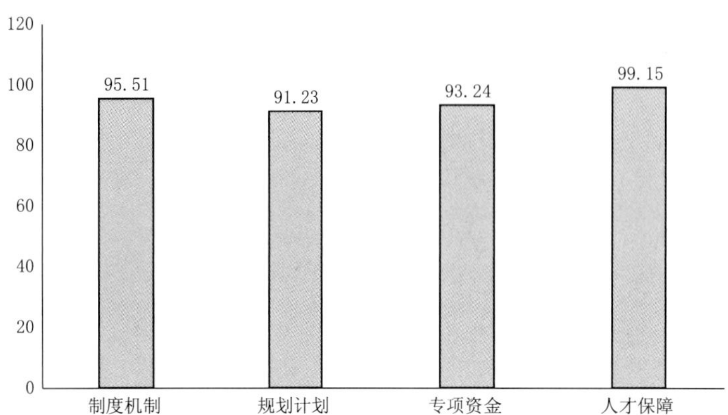

图 17 上海市发展环境指数——机制保障指数

(2) 创新应用指数

其中,创新应用指数相关三级指标指数值如下:

表 14 上海市发展环境指数——创新应用指数

三级指标	指数值	三级指标	指数值
信息基础设施能级	102.79	绿色发展	103.66
生活服务	96.07	政务服务	90.00
数字经济	97.59	工控安全	106.37
城市治理	93.79		

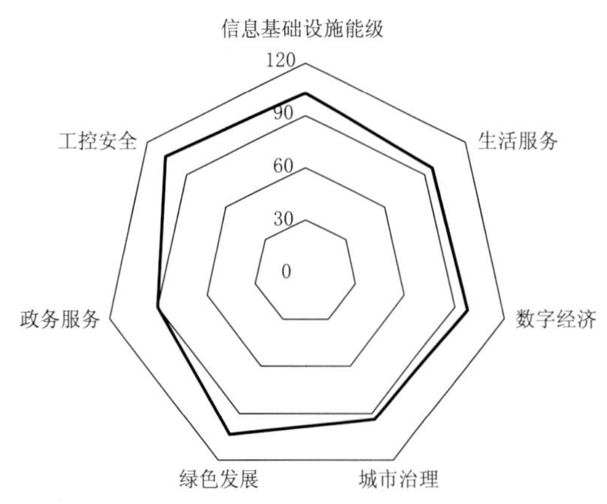

图 18 上海市发展环境指数——创新应用指数

(3) 试点示范指数

其中,试点示范指数相关三级指标指数值如下:

表 15　上海市发展环境指数——试点示范指数

三级指标	指数值	三级指标	指数值
工作试点	102.22	宣传体验	101.89
项目培育	94.95		

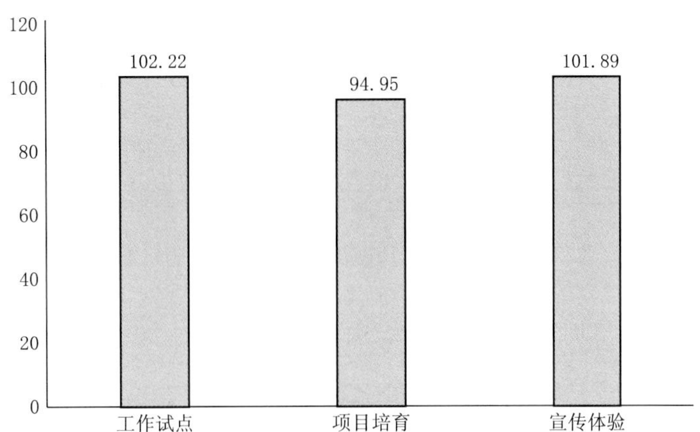

图 19　上海市发展环境指数——试点示范指数

三、各区评估结果

(一) 智慧城市发展水平指数

按智慧城市发展水平指数从高到低依次排名,徐汇、静安、长宁依次为智慧城市发展水平总指数的前三名,指数值分别为 116.05、112.26 和 111.89。其中,网络就绪度指数排名前三位的区分别是普陀、黄浦和长宁,指数值分别为 123.9、122.51 和 122.43。智慧应用指数排名前三的区分别是徐汇、杨浦和长宁,指数值分别为 127.86、122.91 和 121.25。发展环境指数排名前三的区分别是普陀、浦东和徐汇,指数值分别为 106.72、105.72 和 105.14。

表 16　智慧城市发展水平指数

序号	区	智慧城市发展水平指数	评估指标指数			
			网络就绪度指数	智慧应用指数	发展环境指数	网络安全状况系数
1	徐汇	116.05	114.74	127.86	105.14	98%
2	静安	112.26	120.42	120.41	100.89	98%
3	长宁	111.89	122.43	121.25	96.89	98%
4	普陀	111.55	123.90	121.24	106.72	95%
5	黄浦	111.45	122.51	117.15	102.16	98%
6	杨浦	111.44	121.02	122.91	93.53	98%
7	宝山	110.31	118.43	120.46	95.49	98%
8	浦东	109.76	120.44	119.47	105.72	95%
9	嘉定	106.90	117.78	108.17	104.79	98%
10	虹口	106.12	120.57	106.19	103.59	98%
11	闵行	105.72	117.02	107.47	102.46	98%
12	松江	101.68	112.87	107.47	91.47	98%
13	奉贤	95.45	114.58	93.47	92.50	98%
14	金山	93.79	116.44	92.09	87.91	98%
15	青浦	90.13	109.82	88.90	85.18	98%
16	崇明	87.51	110.17	81.36	88.59	98%

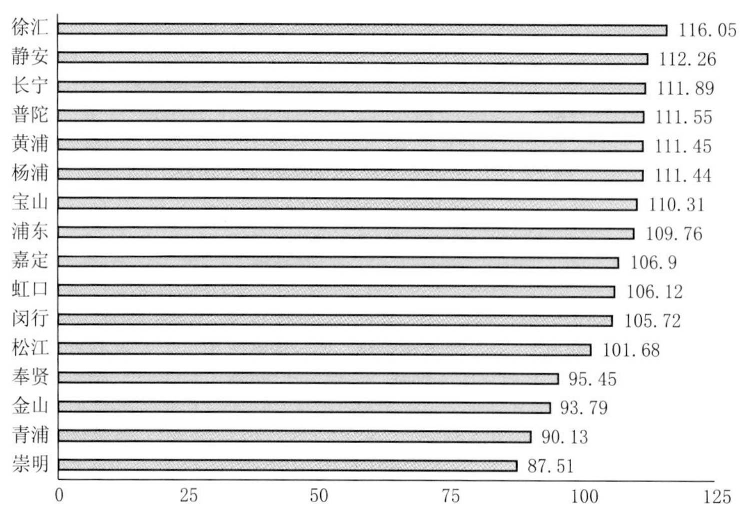

图 20　智慧城市发展水平指数

按所属区域划分，各区智慧城市发展水平指数从高到低依次排名分别如下：

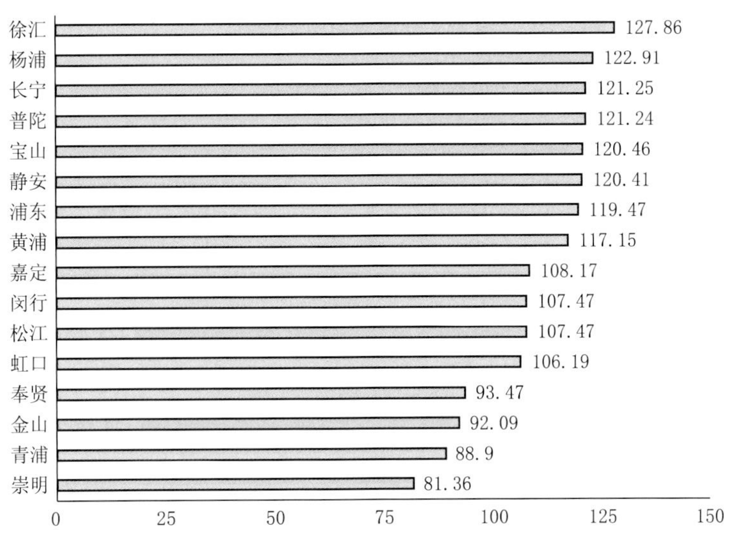

图 32　智慧应用指数

按所属区域划分，各区智慧应用指数从高到低依次排名分别如下：

表 29　中心城区智慧应用指数

序号	区	指数值	序号	区	指数值
1	徐汇	127.86	5	静安	120.41
2	杨浦	122.91	6	浦东	119.47
3	长宁	121.25	7	黄浦	117.15
4	普陀	121.24	8	虹口	106.19

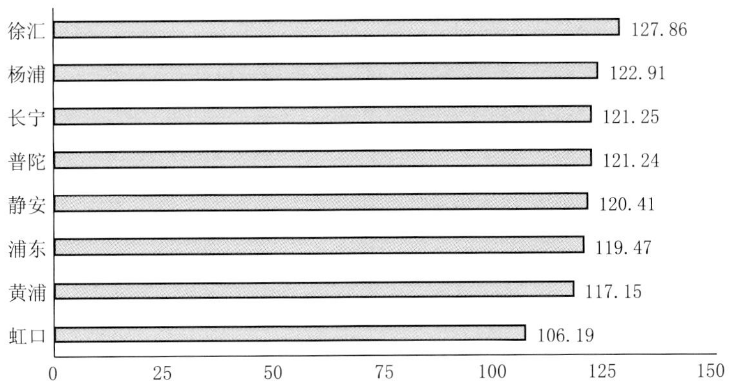

图 33　中心城区智慧应用指数

表 30 郊区智慧应用指数

序号	区	指数值	序号	区	指数值
1	宝山	120.46	5	奉贤	93.47
2	嘉定	108.17	6	金山	92.09
3	闵行	107.47	7	青浦	88.90
3	松江	107.47	8	崇明	81.36

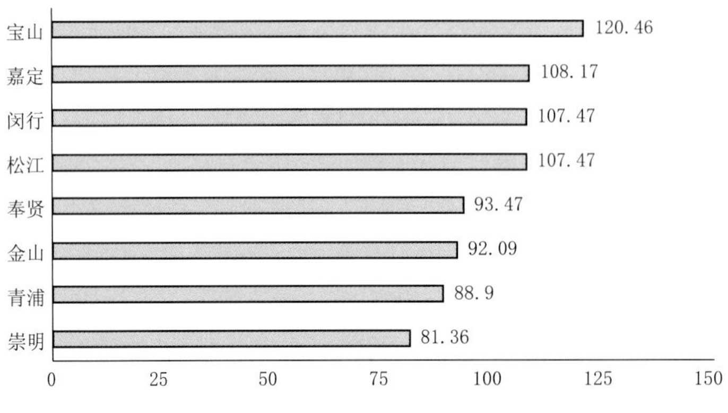

图 34 郊区智慧应用指数

1. 生活服务指数

生活服务指数高于上海市生活服务指数的区有长宁、静安、黄浦、嘉定、杨浦、普陀、虹口、浦东、徐汇。其中,智慧社区(村庄)建设水平排名前三的区分别是宝山、奉贤和普陀;公交电子站牌覆盖率排名前三的区分别是黄浦、静安和长宁;公共停车场(库)系统联网率排名前三的区分别为奉贤、虹口和普陀;所有区在上海健康信息网联网率上并列第一;义务教育阶段学校信息化环境建设水平排名前三的区分别为普陀、杨浦和嘉定;中心图书馆"一卡通"读者证普及率排名前三的区分别是嘉定、长宁和虹口;所有区在文化上海云公共文化设施上线率上并列第一;市民云公共服务接入应用水平排名前三的区分别是虹口、奉贤和静安。

表 31 生活服务指数

序号	区	指数值	序号	区	指数值
1	长宁	126.89	9	徐汇	112.70
2	静安	123.24	10	奉贤	109.66
3	黄浦	120.46	11	宝山	108.09
4	嘉定	119.89	12	松江	104.62
5	杨浦	118.22	13	金山	101.32
6	普陀	117.44	14	闵行	96.87
7	虹口	117.29	15	青浦	96.14
8	浦东	116.40	16	崇明	91.01

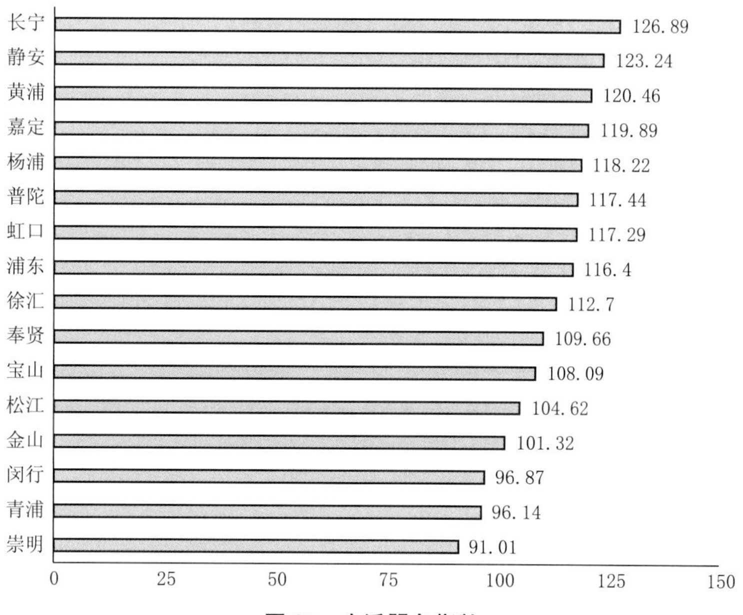

图 35　生活服务指数

按所属区域划分,各区生活服务指数从高到低依次排名分别如下:

表 32　中心城区生活服务指数

序号	区	指数值	序号	区	指数值
1	长宁	126.89	5	普陀	117.44
2	静安	123.24	6	虹口	117.29
3	黄浦	120.46	7	浦东	116.40
4	杨浦	118.22	8	徐汇	112.70

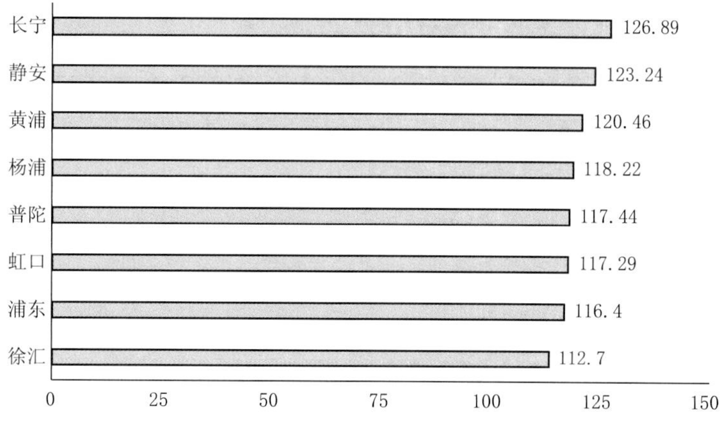

图 36　中心城区生活服务指数

表 33 郊区生活服务指数

序号	区	指数值	序号	区	指数值
1	嘉定	119.89	5	金山	101.32
2	奉贤	109.66	6	闵行	96.87
3	宝山	108.09	7	青浦	96.14
4	松江	104.62	8	崇明	91.01

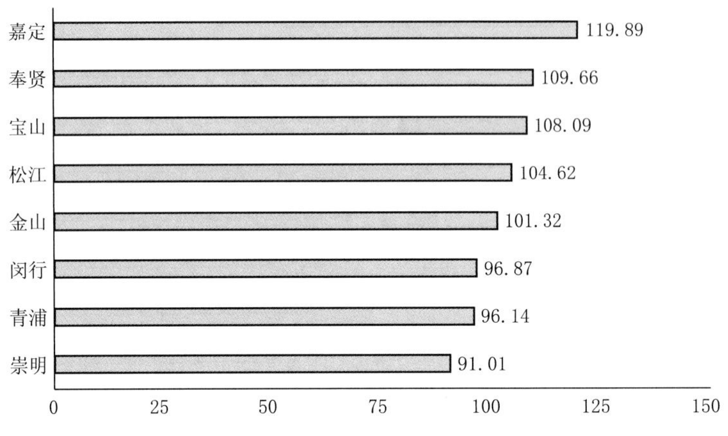

图 37 郊区生活服务指数

2. 数字经济指数

数字经济指数高于上海市数字经济指数的区有宝山、浦东、徐汇、松江、闵行、杨浦、嘉定、长宁、普陀。其中，智慧园区(商圈)建设水平排名前三的区分别是黄浦、普陀和浦东；两化融合管理体系贯标和自评估企业覆盖率排名前三的区分别是浦东、松江和宝山；单位地区生产总值发明专利申请量的区分别为杨浦、徐汇和闵行；单位地区生产总值发明专利授权量排名前三的区分别为松江、闵行和杨浦；单位地区生产总值软件及相关信息服务业收入排名前三的区分别是长宁、浦东和宝山。

表 34 数字经济指数

序号	区	指数值	序号	区	指数值
1	宝山	164.84	9	普陀	119.41
2	浦东	161.36	10	静安	93.48
3	徐汇	151.85	11	金山	86.30
4	松江	142.56	12	青浦	84.19
5	闵行	127.63	13	奉贤	77.93
6	杨浦	125.21	14	虹口	76.45
7	嘉定	120.79	15	黄浦	68.59
8	长宁	119.73	16	崇明	53.79

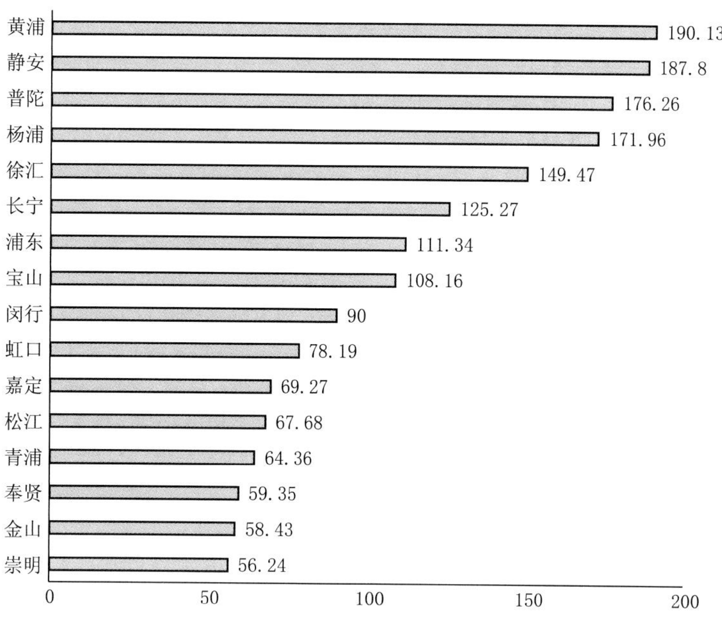

图 41　城市治理指数

按所属区域划分，各区城市治理指数从高到低依次排名分别如下：

表 38　中心城区城市治理指数

序号	区	指数值	序号	区	指数值
1	黄浦	190.13	5	徐汇	149.47
2	静安	187.80	6	长宁	125.27
3	普陀	176.26	7	浦东	111.34
4	杨浦	171.96	8	虹口	78.19

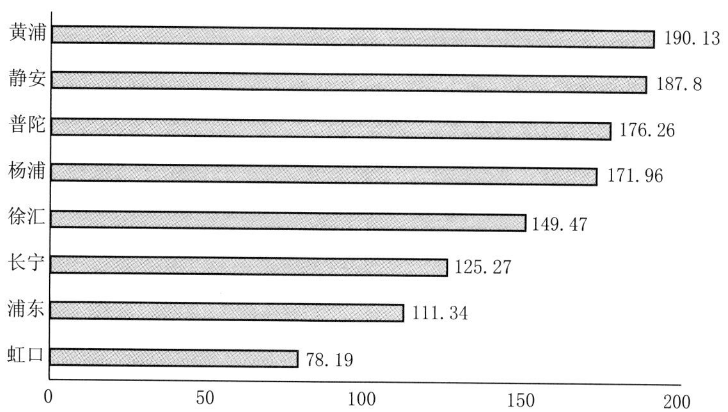

图 42　中心城区城市治理指数

表 39　郊区城市治理指数

序号	区	指数值	序号	区	指数值
1	宝山	108.16	5	青浦	64.36
2	闵行	90.00	6	奉贤	59.35
3	嘉定	69.27	7	金山	58.43
4	松江	67.68	8	崇明	56.24

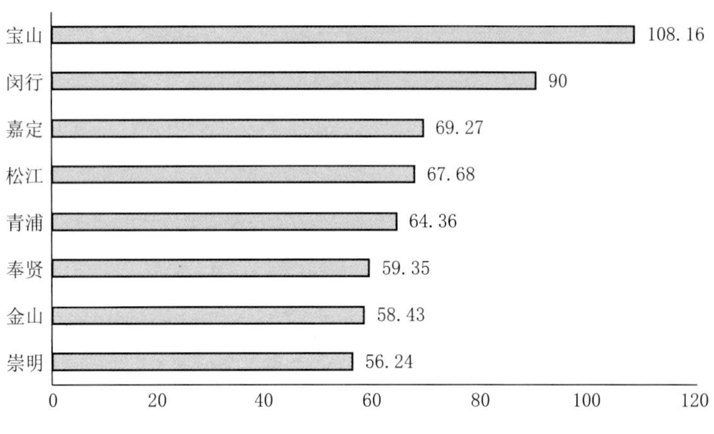

图 43　郊区城市治理指数

4. 绿色发展指数

绿色发展指数高于上海市绿色发展指数的区有黄浦、徐汇、虹口、长宁、杨浦、静安、普陀、宝山。其中，家庭能源自动化采集覆盖率排名前三的区分别是嘉定、奉贤和松江；环境质量监测水平排名前三的区分别是浦东、奉贤、虹口、杨浦、闵行(虹口等区并列第三)；道路扬尘监测点覆盖率排名前三的区分别是徐汇、静安和杨浦；建筑用能分项计量应用水平排名前三的区分别是浦东、黄浦和普陀(三区并列第一)；气象自动监测站覆盖率排名前三的区分别是黄浦、虹口和静安。

表 40　绿色发展指数

序号	区	指数值	序号	区	指数值
1	黄浦	143.12	9	闵行	114.66
2	徐汇	138.84	10	松江	107.83
3	虹口	136.09	11	嘉定	104.93
4	长宁	132.46	12	浦东	100.83
5	杨浦	129.14	13	奉贤	96.71
6	静安	125.81	14	金山	94.58
7	普陀	124.55	15	崇明	91.81
8	宝山	115.81	16	青浦	91.61

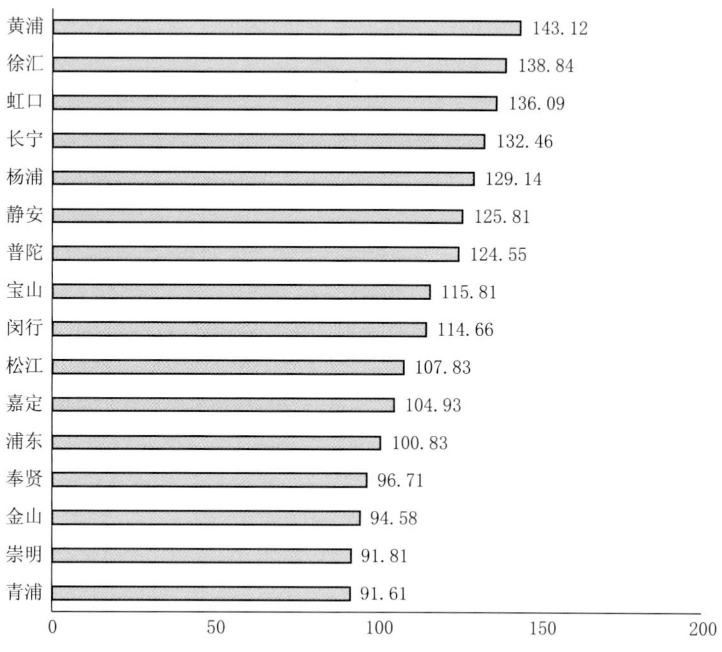

图 44　绿色发展指数

按所属区域划分，各区绿色发展指数从高到低依次排名分别如下：

表 41　中心城区绿色发展指数

序号	区	指数值	序号	区	指数值
1	黄浦	143.12	5	杨浦	129.14
2	徐汇	138.84	6	静安	125.81
3	虹口	136.09	7	普陀	124.55
4	长宁	132.46	8	浦东	100.83

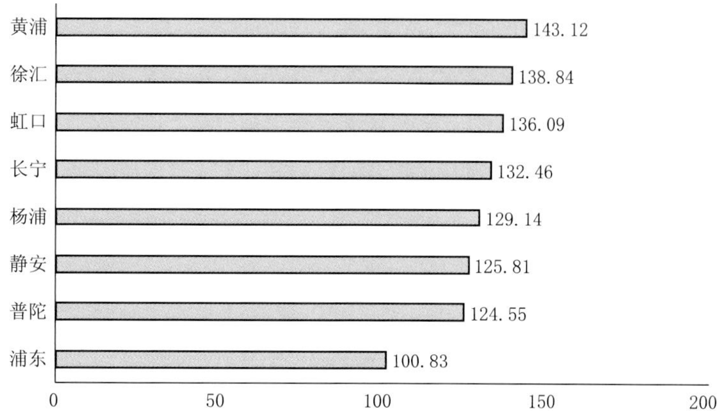

图 45　中心城区绿色发展指数

表 42 郊区绿色发展指数

序号	区	指数值	序号	区	指数值
1	宝山	115.81	5	奉贤	96.71
2	闵行	114.66	6	金山	94.58
3	松江	107.83	7	崇明	91.81
4	嘉定	104.93	8	青浦	91.61

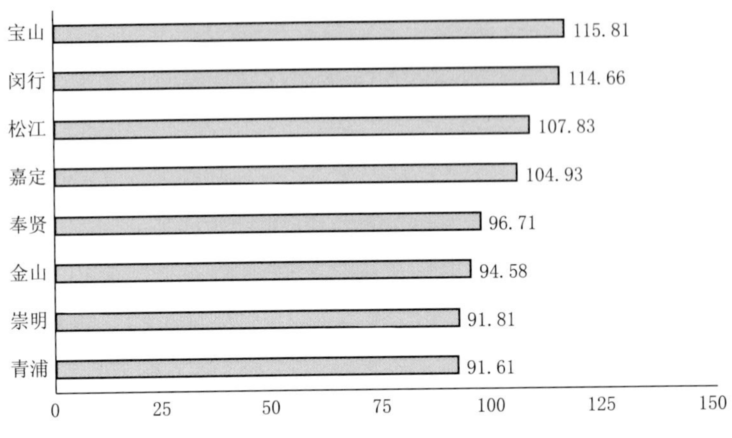

图 46 郊区绿色发展指数

5. 政务服务指数

政务服务指数高于上海市政务服务指数的区有静安、徐汇、闵行、黄浦、宝山、浦东、普陀、虹口。其中,在政务网站服务水平上黄浦、静安、徐汇、普陀、杨浦、宝山、闵行、金山、奉贤、崇明等区并列第一;在公共信息资源社会开放水平方面浦东、静安、徐汇三区并列第一;在数据资源共享水平上排名前三的区是浦东、静安(并列第一)和徐汇;区政务云平台应用水平排名前三的区分别为静安、虹口和闵行。

表 43 政务服务指数

序号	区	指数值	序号	区	指数值
1	静安	107.98	9	杨浦	97.13
2	徐汇	103.69	10	崇明	96.02
3	闵行	103.23	11	长宁	95.84
4	黄浦	102.30	12	金山	94.60
5	宝山	101.71	13	奉贤	93.53
6	浦东	100.63	14	嘉定	92.47
7	普陀	99.50	15	青浦	89.18
8	虹口	97.79	16	松江	88.74

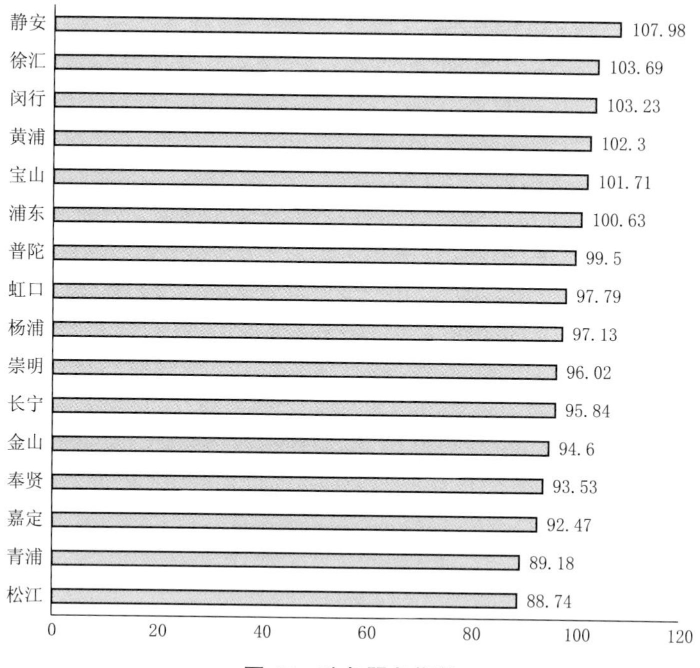

图 47　政务服务指数

按所属区域划分，各区政务服务指数从高到低依次排名分别如下：

表 44　中心城区政务服务指数

序号	区	指数值	序号	区	指数值
1	静安	107.98	5	普陀	99.50
2	徐汇	103.69	6	虹口	97.79
3	黄浦	102.30	7	杨浦	97.13
4	浦东	100.63	8	长宁	95.84

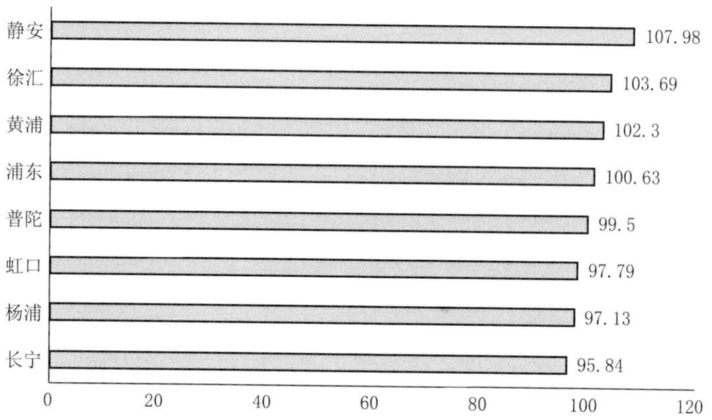

图 48　中心城区政务服务指数

表 45　郊区政务服务指数

序号	区	指数值	序号	区	指数值
1	闵行	103.23	5	奉贤	93.53
2	宝山	101.71	6	嘉定	92.47
3	崇明	96.02	7	青浦	89.18
4	金山	94.60	8	松江	88.74

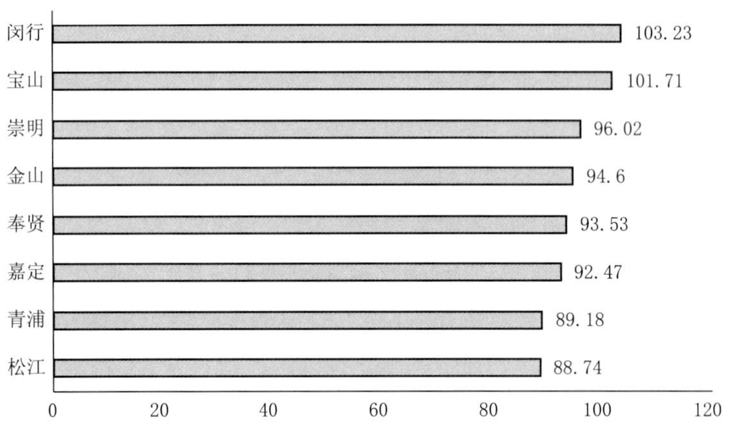

图 49　郊区政务服务指数

(四) 发展环境指数

发展环境指数高于上海市发展环境指数的区有普陀、浦东、徐汇、嘉定、虹口、闵行、黄浦、静安。其中,浦东、普陀、虹口、嘉定、长宁、闵行等区在机制保障指数上并列第一;嘉定、虹口、崇明在创新应用指数上分列前三;徐汇、黄浦和浦东在试点示范指数上分列前三。

表 46　发展环境指数

序号	区	指数值	序号	区	指数值
1	普陀	106.72	9	长宁	96.89
2	浦东	105.72	10	宝山	95.49
3	徐汇	105.14	11	杨浦	93.53
4	嘉定	104.79	12	奉贤	92.50
5	虹口	103.59	13	松江	91.47
6	闵行	102.46	14	崇明	88.59
7	黄浦	102.16	15	金山	87.91
8	静安	100.89	16	青浦	85.18

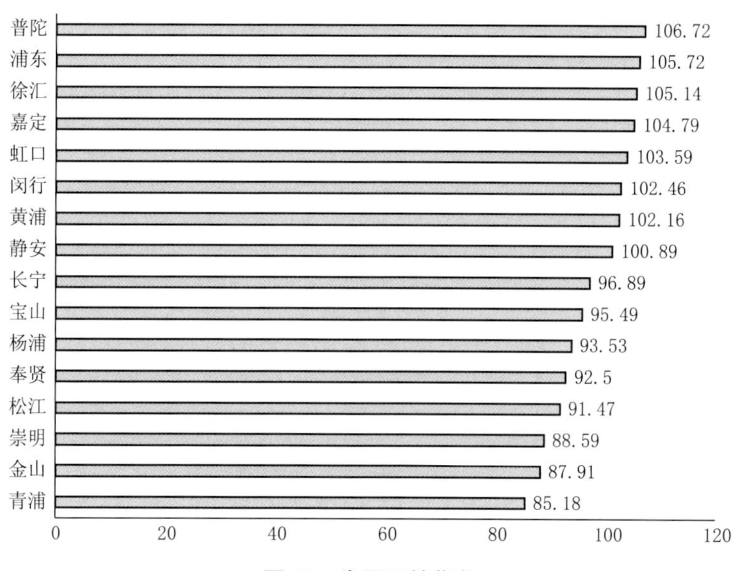

图 50　发展环境指数

按所属区域划分，各区发展环境指数从高到低依次排名分别如下：

表 47　中心城区发展环境指数

序号	区	指数值	序号	区	指数值
1	普陀	106.72	5	黄浦	102.16
2	浦东	105.72	6	静安	100.89
3	徐汇	105.14	7	长宁	96.89
4	虹口	103.59	8	杨浦	93.53

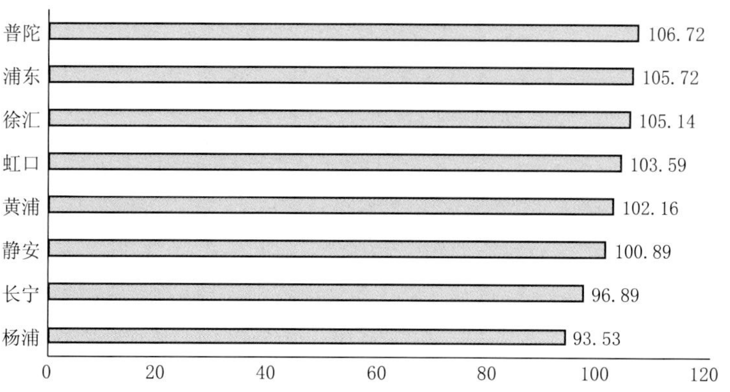

图 51　中心城区发展环境指数

表 48 郊区发展环境指数

序号	区	指数值	序号	区	指数值
1	嘉定	104.79	5	松江	91.47
2	闵行	102.46	6	崇明	88.59
3	宝山	95.49	7	金山	87.91
4	奉贤	92.50	8	青浦	85.18

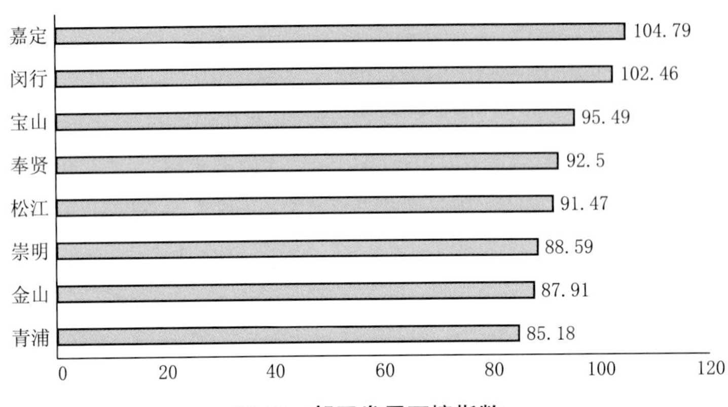

图 52 郊区发展环境指数

1. 机制保障指数

机制保障指数高于上海市机制保障指数的区有浦东、普陀、虹口、嘉定、长宁、闵行、静安、徐汇、宝山。其中,浦东、黄浦、静安、徐汇、长宁、普陀、虹口、杨浦、宝山、闵行、嘉定、金山、奉贤等区在制度机制上并列第一;浦东、静安、徐汇、普陀、虹口、宝山、闵行、嘉定、松江等区在规划计划上并列第一;浦东、静安、徐汇、长宁、普陀、虹口、宝山、嘉定、青浦、奉贤等区专项资金上并列第一;浦东、长宁、普陀、虹口、闵行和嘉定在人才保障上并列第一。

表 49 机制保障指数

序号	区	指数值	序号	区	指数值
1	浦东	104.25	9	宝山	95.19
1	普陀	104.25	10	奉贤	91.39
1	虹口	104.25	11	松江	89.54
1	嘉定	104.25	12	青浦	88.15
5	长宁	100.45	13	黄浦	87.59
5	闵行	100.45	13	金山	87.59
7	静安	100.00	15	杨浦	83.91
7	徐汇	100.00	16	崇明	75.29

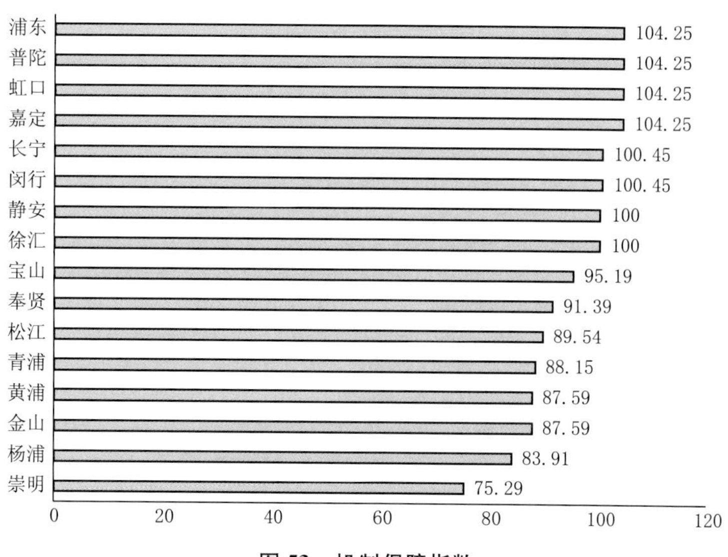

图 53　机制保障指数

按所属区域划分，各区机制保障指数从高到低依次排名分别如下：

表 50　中心城区机制保障指数

序号	区	指数值	序号	区	指数值
1	浦东	104.25	5	静安	100.00
1	普陀	104.25	5	徐汇	100.00
1	虹口	104.25	7	黄浦	87.59
4	长宁	100.45	8	杨浦	83.91

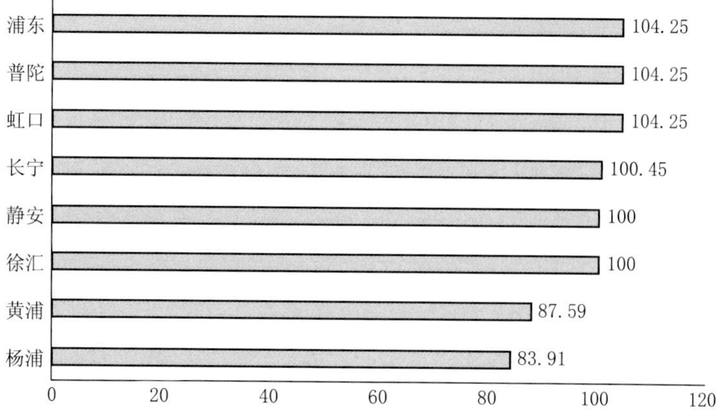

图 54　中心城区机制保障指数

表 51 郊区机制保障指数

序号	区	指数值	序号	区	指数值
1	嘉定	104.25	5	松江	89.54
2	闵行	100.45	6	青浦	88.15
3	宝山	95.19	7	金山	87.59
4	奉贤	91.39	8	崇明	75.29

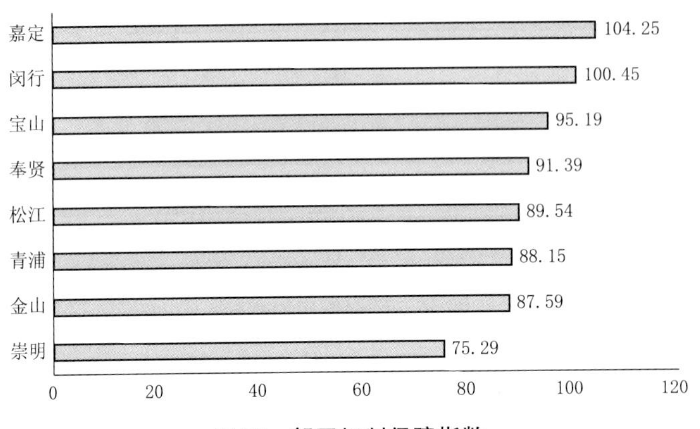

图 55 郊区机制保障指数

2. 创新应用指数

创新应用指数高于上海市创新应用指数的区有嘉定、虹口、崇明、普陀、黄浦、奉贤、浦东、闵行、宝山。其中,信息基础设施能级排名前三的区分别是普陀、虹口和浦东;普陀、虹口和宝山在生活服务上并列第一;浦东、黄浦、静安、徐汇、长宁、普陀等多个区在数字经济上并列第一;浦东、黄浦、静安、普陀、虹口、宝山、闵行等多个区在城市治理上并列第一;杨浦、嘉定、青浦、奉贤、崇明等区在绿色发展上并列第一;浦东、黄浦、静安、徐汇、普陀、虹口等多个区在政务服务上并列第一;黄浦、虹口、嘉定、松江、青浦、崇明等区在工控安全上并列第一。

表 52 创新应用指数

序号	区	指数值	序号	区	指数值
1	嘉定	105.88	9	宝山	98.76
2	虹口	105.65	10	徐汇	96.45
3	崇明	104.73	11	静安	94.99
4	普陀	104.04	12	长宁	93.34
5	黄浦	102.76	13	松江	92.87
6	奉贤	102.00	14	杨浦	92.48
7	浦东	101.53	14	金山	92.48
8	闵行	100.18	16	青浦	86.12

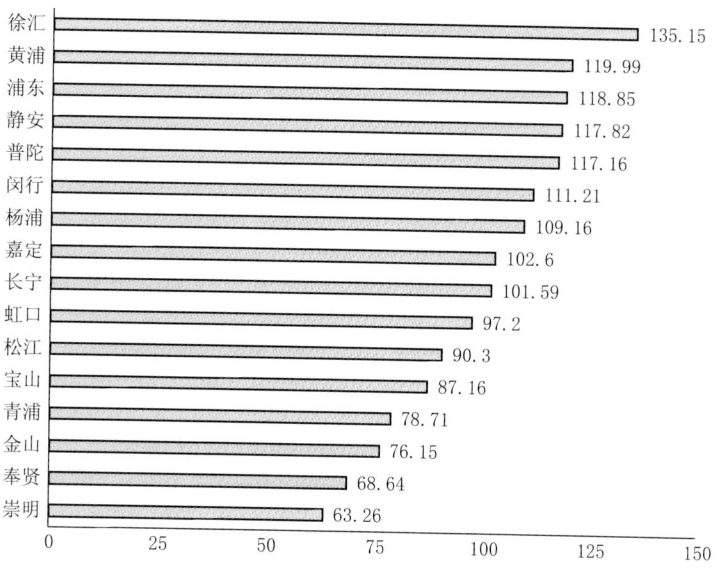

图 59　试点示范指数

按所属区域划分,区试点示范指数从高到低依次排名分别如下:

表 56　中心城区试点示范指数

序号	区	指数值	序号	区	指数值
1	徐汇	135.15	5	普陀	117.16
2	黄浦	119.99	6	杨浦	109.16
3	浦东	118.85	7	长宁	101.59
4	静安	117.82	8	虹口	97.20

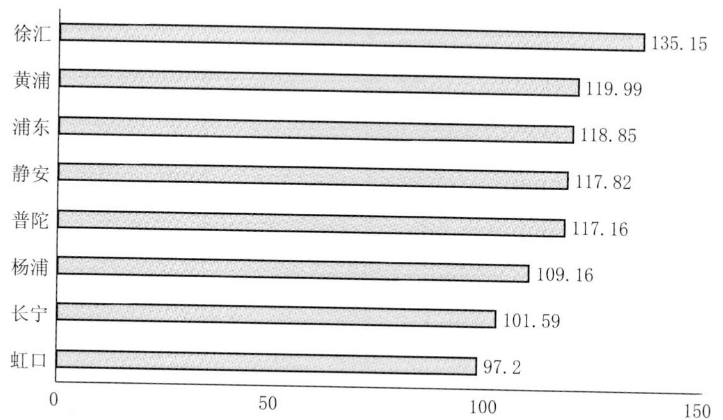

图 60　中心城区试点示范指数

表 57 郊区试点示范指数

序号	区	指数值	序号	区	指数值
1	闵行	111.21	5	青浦	78.71
2	嘉定	102.60	6	金山	76.15
3	松江	90.30	7	奉贤	68.64
4	宝山	87.16	8	崇明	63.26

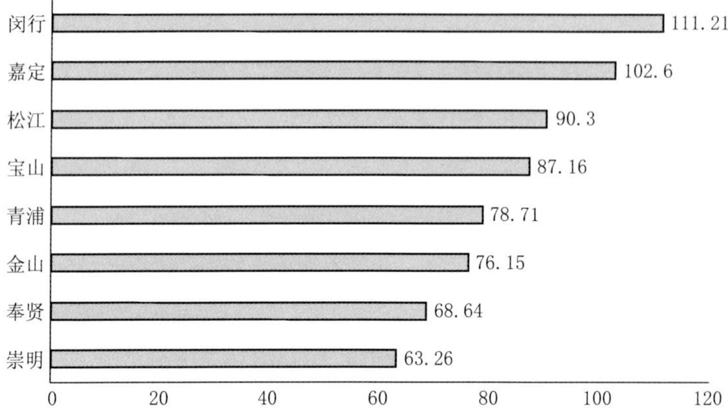

图 61 郊区试点示范指数

2019年度上海市网络与信息安全服务单位推荐名单

（排名不分先后）

杭州安恒信息技术股份有限公司
上海市数字证书认证中心有限公司
上海计算机软件技术开发中心
上海观安信息技术股份有限公司
上海辰锐信息科技公司
深信服科技股份有限公司
北京天融信网络安全技术有限公司
网神信息技术(北京)股份有限公司
上海中信信息发展股份有限公司
蓝盾信息安全技术有限公司
北京神州绿盟科技有限公司
上海三零卫士信息安全有限公司
上海市信息安全测评认证中心
格尔软件股份有限公司
上海上讯信息技术股份有限公司
万达信息股份有限公司
上海斗象信息科技有限公司
上海天泰网络技术有限公司
上海鹏越惊虹信息技术发展有限公司
中远海运科技股份有限公司
亚信科技(成都)有限公司
上海理想信息产业(集团)有限公司
上海宝信软件股份有限公司
北京网御星云信息技术有限公司
新华三技术有限公司
上海安言信息技术有限公司
上海络安信息技术有限公司
上海豌豆信息技术有限公司
上海启明星辰信息技术有限公司
上海嘉韦思信息技术有限公司
上海汇哲信息科技有限公司
上海卫道信息技术有限公司
上海安识网络科技有限公司
上海万雍科技股份有限公司

2018年(第25批)国家企业技术中心名单(上海企业)

序号	企业名称	企业技术中心名称
1	上海华测导航技术股份有限公司	上海华测导航技术股份有限公司技术中心
2	澜起科技(上海)有限公司	澜起科技(上海)有限公司技术中心
3	普元信息技术股份有限公司	普元信息技术股份有限公司技术中心
4	上海联影医疗科技有限公司	上海联影医疗科技有限公司技术中心
5	科大智能科技股份有限公司	科大智能科技股份有限公司技术中心
6	上海汇众汽车制造有限公司	上海汇众汽车制造有限公司技术中心

索　引

Shanghai Informatization

D

E

F

G

H

I

J

K

L

M

N

Q

R

S

X

Y

图书在版编目(CIP)数据

2019上海信息化年鉴/《上海信息化年鉴》编纂委员会编.—上海:上海人民出版社,2019
ISBN 978-7-208-16060-6

Ⅰ.①2… Ⅱ.①上… Ⅲ.①信息工作-上海-2019-年鉴 Ⅳ.①G202-54

中国版本图书馆CIP数据核字(2019)第191255号

责任编辑 罗 俊
封面设计 零创意文化

2019上海信息化年鉴
《上海信息化年鉴》编纂委员会 编

出　　版 上海人民出版社
(200001 上海福建中路193号)
发　　行 上海人民出版社发行中心
印　　刷 上海盛通时代印刷有限公司
开　　本 787×1092 1/16
印　　张 35
插　　页 46
字　　数 780,000
版　　次 2019年10月第1版
印　　次 2019年10月第1次印刷
ISBN 978-7-208-16060-6/Z·214
定　　价 450.00元

中国首个5G通话手机

2019年3月30日上午，在“全球双千兆第一区”上海市虹口区，上海市副市长吴清与在北外滩的上海航运交易所总裁张页拨通了中国首个5G手机通话：**“我在浦江边，你像在我身边”。**

上海市虹口区率先实现“全球双千兆第一区”

2018年以来，为将上海建设成为世界级信息基础设施标杆城市，虹口区率先打造5G综合先导示范区，实现了千兆固定宽带网络和5G网络全区基本覆盖，成为全球首个固定宽带和移动通信网络双双实现千兆覆盖的地区。虹口区域内实现了5G网络基本覆盖，万兆楼宇（园区）接入能力、市民小区千兆入户能力全覆盖，有效改善了虹口区社区居民和入驻企业的用户感知度。未来虹口区将聚焦智慧医疗、智慧教育、智慧楼宇、虹口足球场、智慧社区、无人机巡航、城市安全、城市管理、金融服务、文创体育十大领域的探索创新，努力成为5G建设和应用的先行区、创新应用的示范区、相关产业发展的集聚区，让5G更加精准地赋能虹口区的高质量发展、高品质生活。

上海市长宁区信息化建设

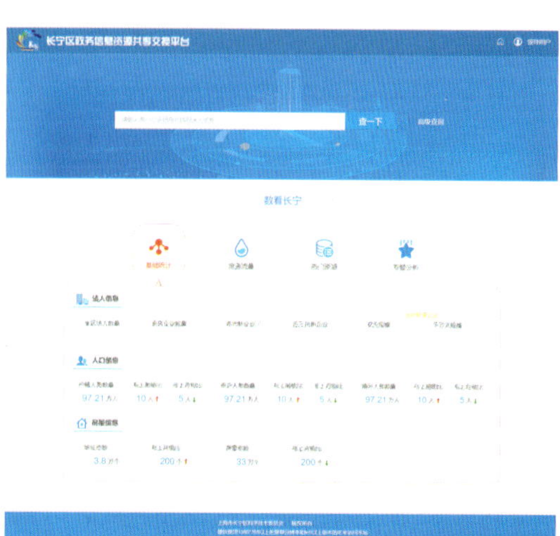

2018年，长宁区以党中央国务院全面推进“网络强国、数字中国、智慧社会”等新型智慧城市建设理念为核心，全面贯彻“互联网+政务服务”“一网通办”等建设要求，紧紧围绕“国际一流精品城区”战略目标，进一步强化了全区信息化工作统筹规划和统一建设，夯实了政务云基础设施建设，稳步推进“雪亮工程”“虹桥智谷”“智慧养老”等区层面重大工程建设，深化了在城市运行、公共服务、综合监管等领域的应用实效，开辟了数据资源化利用的新格局，信息化整体水平继续保持全市第一梯队。

上海市虹口区人民检察院

——以“智慧”促发展

上海市虹口区人民检察院紧扣“智慧”要素，推动虹口检察工作创新发展。以服务办案为立足点，加强透明公开，深化数据利用，开发、引进符合虹口办案特色的信息化应用，不断推动虹口检察工作向“智慧办案”“智慧管理”“智慧服务”迈进。

引进卷宗智能管理系统，使案件流转“可视化”

借助二维码标识和智能卷宗柜，案卷的流转使用情况清晰可查，实现案件卷宗流转全过程跟踪，规范管理。

语音输入+阅卷OCR技术，提供智慧办案“加速度”

提审智能语音识别系统配合电子卷宗OCR技术，切实提升检察官办案效率。讯问笔录自动生成同时保存原始录音，保证了客观性和可追溯性，促进一线检察官办案质效全方位提升。

开发自助阅卷系统，律师阅卷搭上“直通车”

自动阅卷系统与上海市检察院律师名单库认证系统对接，经智能人像比对功能查验确认身份后，律师即可便捷地自主阅卷、获取案件承办人的联系方式和查阅法律法规，健全法律服务的智慧性、高效性、规范性。

在部门间共享卷宗，垒实监督线索“支撑墙”

为诉讼监督、民行检察官增授与审查起诉检察官同步阅卷的权限，助力类案监督、公益诉讼等线索排摸，达到业务部门间的办案线索共享，提升区院内部部门间的协同作战能力。

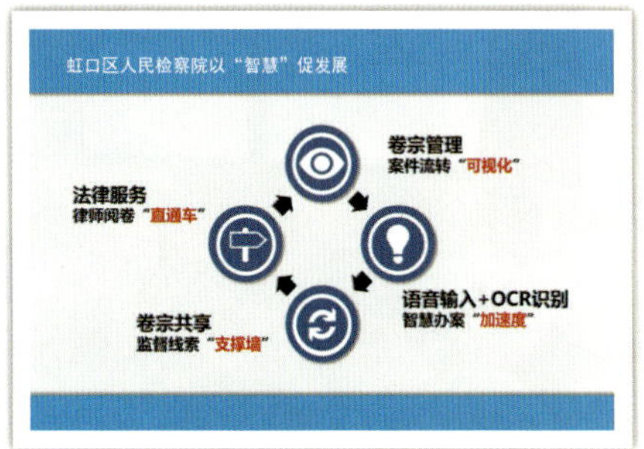

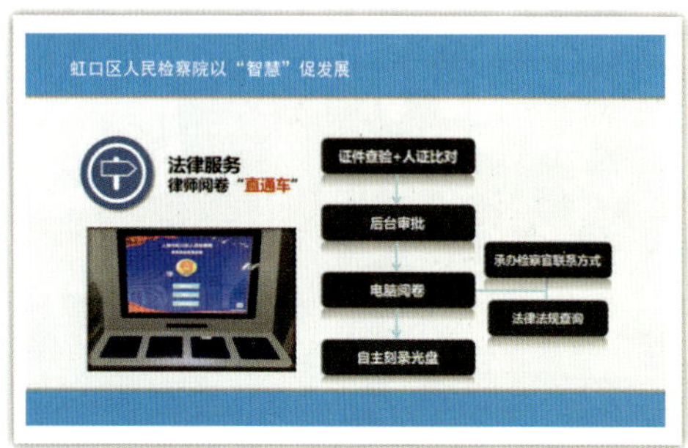

上海市行政管理学校

SHANGHAI ADMINISTRATION SCHOOL

学校简介

上海市行政管理学校是上海市教育委员会直属的一所国家级重点中等专业学校和上海市唯一一所招收西藏学生的完全民族中学。学校位于上海虹桥商务功能拓展区，与轨道交通13号线金运路站毗邻。校区占地近100亩，建筑面积40000多平方米，交通便捷、环境优美、设施先进、功能齐全。

学校坚持“就业、升学双导向，改革、创新双驱动，以服务发展为宗旨，以核心素养为本位，以信息化、国际化为手段，以全面提高教育教学质量为目标”的办学指导思想，以“为学生终身发展奠基，为教师专业进步辟路，强技博文，务实求真”为办学宗旨，以“藏汉同校，普职渗透，人文见长，多态发展”为办学方略，以培养“身心健康、自信阳光、品德高尚、学业优良”的优秀毕业生为育人目标，以“四教（教学、教研、教辅、教管）联动、五育（德育、智育、体育、技育、美育）并重”为育人策略，不断改革、创新，取得了丰硕的办学成果。学校先后获得了“全国民族团结进步模范集体”“全国学校对口支援先进单位”“国家级重点中等职业学校”“上海市文明单位”“上海市中等职业教育改革发展特色示范学校”“上海市职业教育先进单位”“上海市民族教育先进集体”“上海市中小学行为规范示范校”“上海市安全文明校园”“上海市艺术教育特色学校”“上海市民族团结进步先进集体”“上海市对口支援与合作交流工作先进集体”“西藏自治区民族团结学校”等荣誉称号。

学校信息化建设

依据教育信息化发展趋势，按照“找准定位、凸显特色，加强管理、提高质量”的要求，学校提出信息化“765”目标和“123工程”。

“765”目标即实现“7网（互联网、广播网、电视网、电话网、一卡通网、技防监控网、教室集控网）”合一、“6化（数字化、多媒体化、网络化、移动化、智能化、个性化）”推进、“5A（Anyone，Anytime，Anywhere，Anyway，Anything，即任何人、任何时间、任何地点、用任何方式做授权他的任何事）”功能。

“123工程”即架构“1”个基础网络；实现教职工信息化应用能力和学生信息化素养“2”个提升；建设校园管理、教育资源、学校服务“3”个中心。

打造环境智能化、管理智能化、教学智能化、产学研智能化、学习智能化、生活智能化的智慧校园，实现教职工和学生的管理、教学、科研、学习、生活等主要活动的一站式服务，提高对师生服务水平，提高对社会服务能力，推动学校可持续发展。

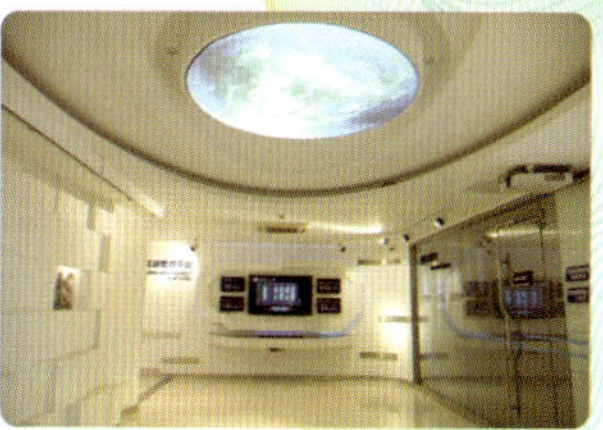

上海商业会计学校——信息化助力学校专业转型

物联网、大数据、人工智能……不断涌现的信息技术给社会带来了巨大变化，推动着产业的更新迭代，所以社会对人才的需求也在不断地变化。而职业院校作为技能人才培养的主阵地，改革成了发展的主旋律。

上海商业会计学校作为一所传统的老牌中专，拥有会计、金融这样国内顶尖、国际一流的专业，也有商务英语、国际商务等社会主流专业，在这波信息化改革浪潮中，学校除了努力做精做强传统专业，也积极探索新兴领域。近几年，学校积极把握信息化发展带来的机遇，通过前期深度调研，精准把脉市场需求，依托上级单位上海市经济和信息化委员会的产业优势和行业资源，先后开发了网络与信息安全、新媒体技术应用专业。

在信息化不断深化的过程中，网络信息安全已成为全社会关注的焦点，各行业对专业人才的需求急剧上升。2016年，学校与上海市信息安全行业协会合作，在全市首次开设了网络与信息安全专业，并与协会下属的上海众人网络安全技术有限公司、上海市信息安全测评认证中心等行业龙头企（事）业单位进行深度合作，实现校企融合、专业共建。该专业一经推出便广受欢迎，学生报名积极踊跃，原定一个班招生变成了两个班。这几年，学校在上级单位和相关单位的全力支持下，在全体教师的努力下，在学生和家长的积极配合下，专业建设取得了丰硕的成果，国赛、市赛、行业赛，一座座金色的奖杯被收入囊中。2018年学校还成功获得了信息安全中高职贯通培养试点，向培养更高层次的信息安全专业技能人才发力。

在信息技术的推动下，以微信、微博、抖音、简书等为代表的新媒体企业蓬勃发展，即时、交互、超时空、便捷等特性开始让更多的人接触新媒体、使用新媒体，大量的传统媒体也在积极转型，社会对新媒体专业人才的需求也呈现爆炸式增长。2018年，学校与上海市数字内容产业促进中心合作，开发了新媒体技术应用专业，由行业独角兽企业——上海证大喜马拉雅网络科技有限公司冠名建班，以喜马拉雅公司的岗位需求为标准培养专业技能人才。目前，演播室、航空无人机4S科创中心、专业机房，这些现代化、智能化的实训空间已全部建成。短视频大赛、数字故事大赛普及了专业知识，也提升专业了知名度；无人机航拍已服务于学校各类大型活动，在全市的各类专业比赛中，新媒体专业的学生也已崭露头角。

地址：上海市黄浦区陆家浜路918号 电话：021-63779439（总机） 地址：上海市普陀区交通路1933号 电话：021-56940085

获奖证书

上海市代表队

在2019年全国职业院校技能大赛中职组"磐云杯"网络空间安全比赛中荣获一等奖。

学校名称：上海商业会计学校

选手姓名：[illegible]

指导教师：[illegible]

全国职业院校技能大赛组织委员会

编号：201906091

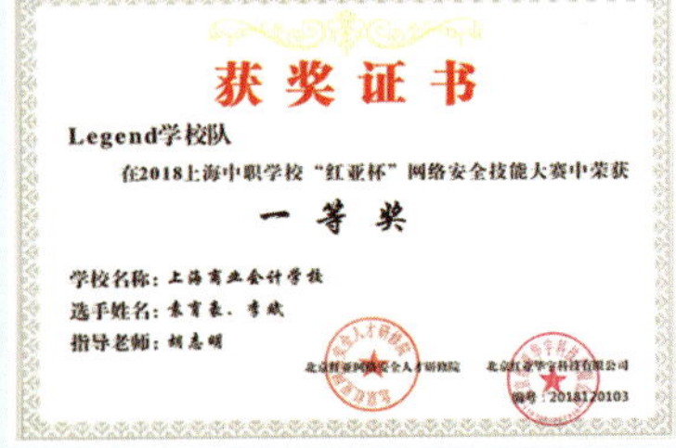

获奖证书

Legend学校队

在2018上海中职学校"红亚杯"网络安全技能大赛中荣获

一等奖

学校名称：上海商业会计学校

选手姓名：[illegible]

指导老师：[illegible]

编号：2018120103

上海市黄浦区卢湾一中心小学

上海市黄浦区卢湾一中心小学依托浓厚的区域传统文化氛围，秉承优良的办学传统，提出了“教有真情，育无止境”的办学理念，积极探索信息化与教育教学深度融合，在全市、全国具有一定影响。新华社、《解放日报》、《文汇报》、中央电视台、上海电视台多次进行专题报道；9万余人次到校参观、访问、调研，开设国家级公开课近600节，市、区级公开课近300节，辐射教育同仁近5万人次。教育部原副部长杜占元、经济合作与发展组织（OECD）Andreas Schleicher部长、苹果公司CEO库克等也专程来校考察。

卢湾一中心小学获得国家教育部信息化优秀试点单位、上海市教科研成果特等奖、全国二等奖等荣誉，被评为“首批上海市教育信息化应用标杆培育校”，入选上海市第二批信息化应用场景，并被授予“中国教育转型期十大变革学校”称号。

上海学前教育网

“一网三通”信息化应用

上海学前教育网——“园园通”管理平台自开通运行以来，不断对功能进行提升优化，逐步形成了由“一网三通”组成的应用集群。

“一网”上海学前教育网是传递上海学前教育政策、教学与活动的窗口。“家门口的好幼儿园”“06国际资讯”“科学育儿”等精品内容和活动逐步成为特色名片，百度搜索、ALEXA排名在国内同类网站中排位第一。

“直报通”包含数据采集、信息传送等多项管理功能，数据“伴随”教师和托幼机构的日常业务工作而产生，为上海市小学入学报名登记提供了基础数据。

“课程通”通过资源、备课、教研三大模块，实现上海市学前教育课程资源的共建共享，支持教师的教育教学与专业成长，目前平台内已经有覆盖全市幼儿园学习、生活、游戏、运动四大板块课程的3000余件优质资源，并荣获2014年上海市基础教育教学成果一等奖。

“家园通”为园所和家庭提供了主页、论坛等家园共育的平台，并逐步向移动互动平台发展。

“一网三通”是上海学前教育信息化的建设成果。在上海市教委领导下，上海学前教育信息部将继续携手各区县园所、教师共同努力，让园所更优质、让育儿者更专业、让儿童更快乐，创新突破，建设信息化应用良好环境，促进学前教育转型。

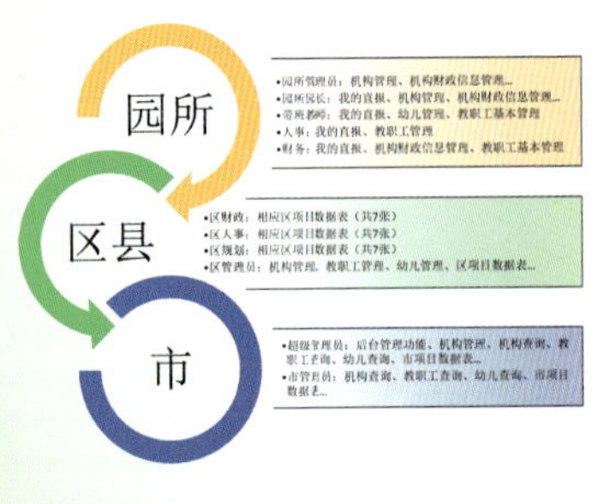

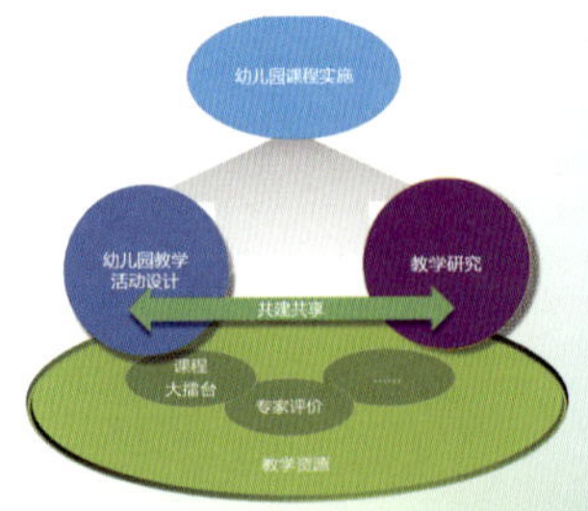

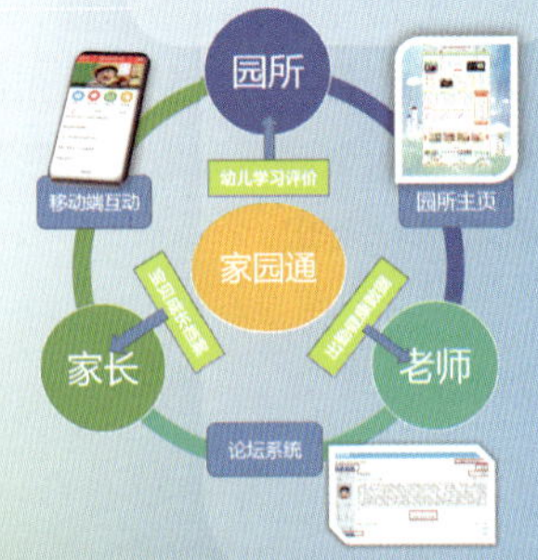

上海市教委信息中心学前教育信息部　地址：黄浦区皋兰路24号（200020）　电话：021-33080099-211

上海申康医院发展中心

上海申康医院发展中心（以下简称“申康中心”）作为市级公立医疗机构国有资产投资、管理、运营的责任主体和政府办医的责任主体，以居民问题和需求为导向，致力打造市级医院医疗业务发展与“互联网+”深度融合的上海市互联网总医院，以满足百姓日益增长的医疗需求。

申康医联工程建设以来，已相继推出预约挂号、报告查询、排队候诊等多项备受欢迎的便民服务。2019年5月，由申康中心主导建设的医联智慧便民服务“上海市互联网总医院”重磅升级，融合上海38家市级医院的优质医疗资源，以手机为载体，不断优化及推出更多便民服务。在全新的“上海市互联网总医院”中，市民将感受到“五大升级体验”。

【寻医问药】让看病不再迷茫：融合上海38家市级医院的优质医疗资源，整合发布权威的医院、医生、疾病、药品等信息，面向有就诊及健康服务需求的患者，提供专业的医疗信息搜索引擎和智能问答服务

【影像云胶片】方便查看电子胶片：在“报告查询”中将实现影像云胶片的在线调阅和高清浏览，并支持患者将电子胶片的二维码授权分享给医生参考，既减少了重复拍片次数，能减少不必要的医疗支出

【院内导航】医院再大不怕迷路：通过医院高清3D地图视角，向患者展示院区位置、自动规划路线并实现精准导航，实现就诊区域的快速引导

便民影像图像与报告随时随地掌上查询：由申康中心权威发布的“上海市互联网总医院”微信公众号和APP推出了“影像云胶片”查询服务，市民可以随时随地掌上查询自己在申康联网38家市级医院的检查影像和报告。通过前沿的信息技术，市民不仅可在多种智能移动设备（手机、平板）上查看报告，而且可以浏览高清晰、无损完整的检查影像。“影像云胶片”提供对影像的移动、缩放、播放和缩略图等浏览功能。后续还将提供对影像的分享功能，市民在任何一家医院就诊时，可将市级医院拍摄的影像通过二维码授权分享给临床医生，医生即可查看市民影像资料，这样既可以减少重复拍片的次数，提高就诊效率，又能为市民减少不必要的医疗支出。

瑞金医院建于1907年，原名广慈医院，是一所集医疗、教学、科研为一体的三级甲等综合性医院，有着百年深厚底蕴。医院占地面积12万平方米，建筑面积30万平方米，绿化面积4万平方米，核定床位1693张(实际开放2100余张)。拥有中国科学院院士陈竺、陈国强，中国工程院院士王振义、陈赛娟、宁光等一大批在国内外享有较高知名度的医学专家，其中王振义院士荣膺2010年度国家最高科学技术奖。医院连续九年位列复旦大学医院管理研究所中国最佳医院排行榜第四位。

瑞金医院一直以信息化推进医院“医教研人财物”的现代化管理，自1988年成立计算机室起，信息化建设已走过30多个年头。从1995年开始全院HIS系统建设，2000年实践自主开发为主的建设模式，到2002年医院提出“数字化医院、人性化服务、科教创新、生态院容”的发展愿景，再到逐步探索从数字化医疗到智慧、认知医疗，瑞金医院在持续创新中向智慧医院转型发展。

瑞金医院已通过国家电子病历应用水平测试六级与医院信息互联互通标准化测评五级乙等，在国内位居前列。近两年来，瑞金医院也在不断推进人工智能、5G等技术与医疗场景的融合与落地应用，帮助医院解决诊前、诊中与诊后的痛点问题。

AI时代持续创新的医院信息化

Continually Renovation & Innovation

数字化医疗阶段
· 基本实现基于数字化的电子病历、数字影像、基因检测等
■ 医疗穿戴式设备
■ 各类组学数据
■ 分子医学

智慧医疗阶段
· 基本形成院内及区域内互联互通、协同医疗与感知预警框架
■ 紧密型医联体、专科医联体互联协同
■ 互联网医院服务
■ 过程质控预警

认知医疗阶段
· 医疗中的互动、发现、决策能力建设已经起步
■ 人机交互与生物识别
■ AI诊疗方案推荐
■ 医学影像辅助诊断

瑞金医院AI应用场景覆盖

诊前　诊中　诊后

01 智能分诊
02 智能预问诊
03 智能病历语音精准输入
04 医学影像智能辅助诊疗
05 单病种过程质控、VTE防治
06 智能移动远程医疗
07 智能语音随访

医学AI能力支撑平台

5G下远程超声检查与诊断

语音识别创新应用

■ 诊间、病房病史语音录入
——习惯养成不易，多了一个可选项

■ 导诊机器人“小颖”
——多了一个问路、问诊的小帮手

上海交通大学医学院附属新华医院

XINHUA HOSPITAL AFFILIATED TO SHANGHAI JIAOTONG UNIVERSITY SCHOOL OF MEDICINE

新华医院信息化建设工作包括信息集成平台建设，升级改造住院电子病历，构建数据中心，横向和纵向地扩展医院底层架构，清洗、整合医疗业务和医院管理的数据。目前，新华医院通过了国家医疗健康信息互联互通标准化成熟度测评（四级甲等），电子病历系统功能应用水平分级评价方法及标准（4级），现正深入建设HRP平台，进一步提高信息化管理能力。

信息集成平台建设

基于HL7、《卫生部基于电子病历的医院信息平台技术规范》等国内外行业标准及规范，新华医院通过信息集成平台将业务系统采用SOA架构和ESB技术进行松耦合集成，建立医院信息集成平台及主数据管理系统，实现医院业务系统的数据共享，消除医院信息孤岛。目前基于集成平台已实现16个厂家的33个业务系统间数据交换，重点解决了47个业务场景系统间的信息共享，对接服务共计161个，实现全院信息互联互通。

临床数据中心

新华医院采用智能化的双向数据采集工具，依据标准数据集、标准值域对照、标准OID字典设计表映射关系，将分散在不同业务系统、异构数据源中的临床数据，经抽取、清洗、转换及元素化后集中存入hadoop数据中心，同时也为各医疗业务系统提供统一的资源库服务。以大数据hadoop为中心通过hbase hive spark kafka flume等大数据分布式计算框架，实现实时数据以及离线大数据分析计算。目前，已处理清洗19394995条历史患者信息，生成13895344条患者主索引，建立105个数据同步任务。

HRP平台建设

财务业务一体化

平台集成了财务模块和其他业务模块系统，完成了各个系统模块之间的协同运作，实现与医院现有信息系统（人力资源系统，供应链系统，HIS系统等）的共享，确保系统间数据的一致性。

专项管理

根据医院科研项目、专项项目、教育项目、财政专项等不同类别的项目，实现对项目从立项到结题的全过程事务管理，包括：课题立项、预算编制、实施及结项、课题实施过程中的经费收入支出管理以及科研所涉及的物资、材料领用的管理。

全面预算

构建医院、归口科室、临床科室共同参与的预算管理平台，打破各个科室之间预算信息沟通的壁垒，将个人、临床科室、归口科室的预算和医院的整体预算统一起来，实现真正意义上的全面预算。提供多角度预算分析工具，实现预算分析的及时性、准确性、 全面性，为医院管理者的决策提供数据支撑。

党务管理

为更好地开展党建工作，新华医院党委办公室联合大数据中心共同研发了党务管理信息系统。系统主要包括党支部管理、党员信息管理、党费的计算与缴纳、思想汇报、经费管理等功能，既节省了工作人员的时间，同时又提高办事效率，从而更好地实现医院党务工作的规范化管理。

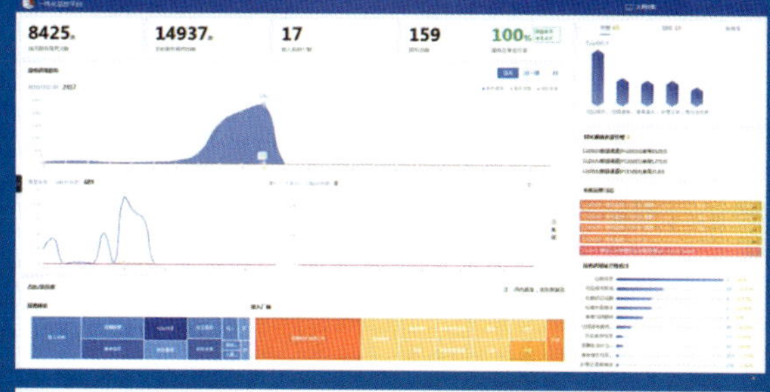

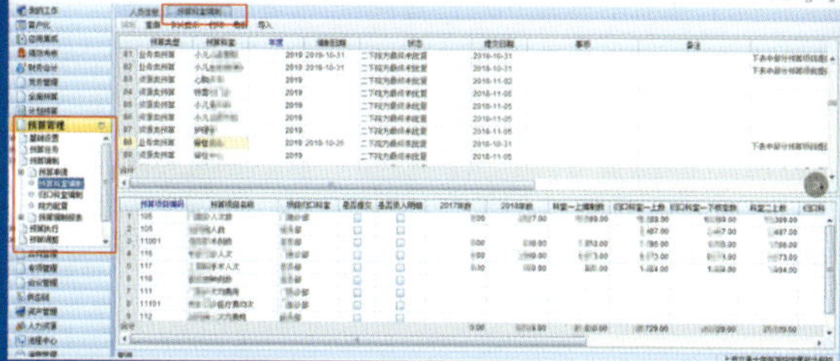

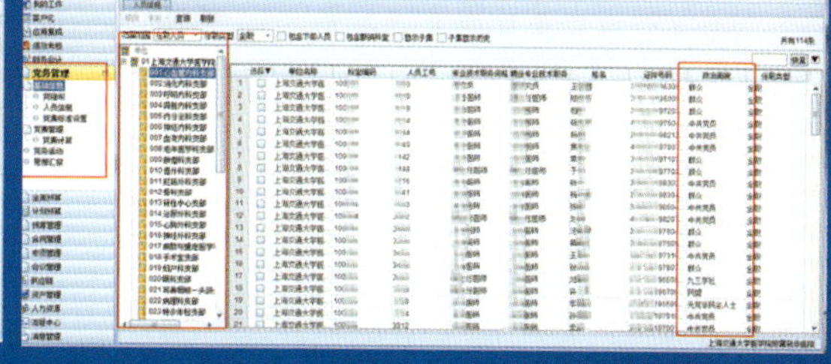

上海健康醫學院

SHANGHAI UNIVERSITY OF MEDICINE & HEALTH SCIENCES

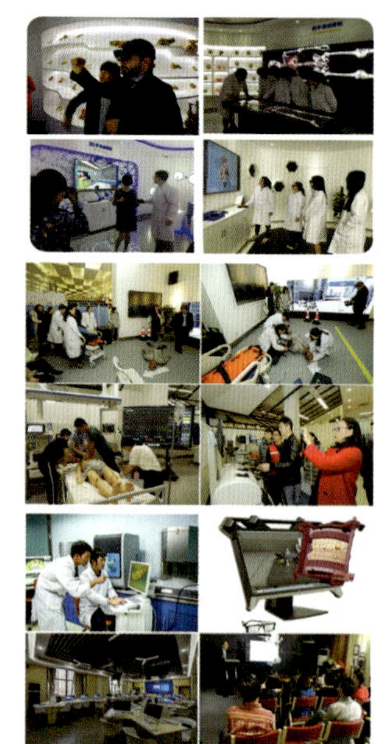

上海健康医学院（以下简称“学院”）诞生于“健康中国”新时代，是一所上海市属应用技术型本科医学院校。学校现有在校生1.5万余人，开设了14个本科专业和27个专科专业。学校秉承60多年的办学历史，定位于“应用型、特色型、国际化”医学本科院校，坚持“医工结合、医养结合、医保结合”发展方向。学校重视信息化建设工作，“十三五”期间以智慧校园建设为契机，坚持顶层设计、统筹规划、分布实施、精准落地的建设原则，致力于发掘学生潜质、激发学生兴趣、指导学生学习、成就学生价值的“育人为本”教育理念，着力构建基于信息技术的新型教育教学模式及教育管理和服务新模式，凝结医学教育特色，构建智慧校园新生态。

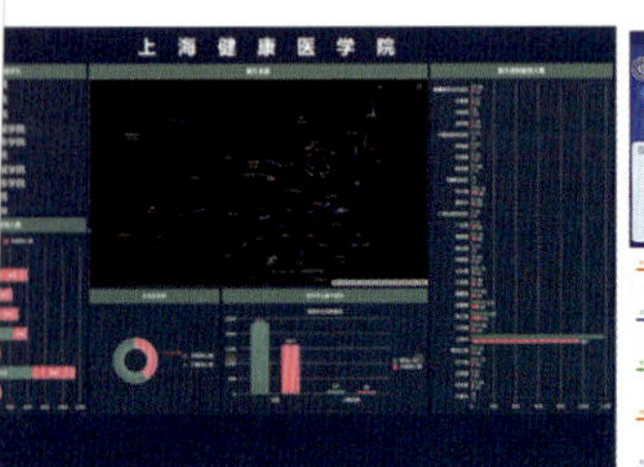

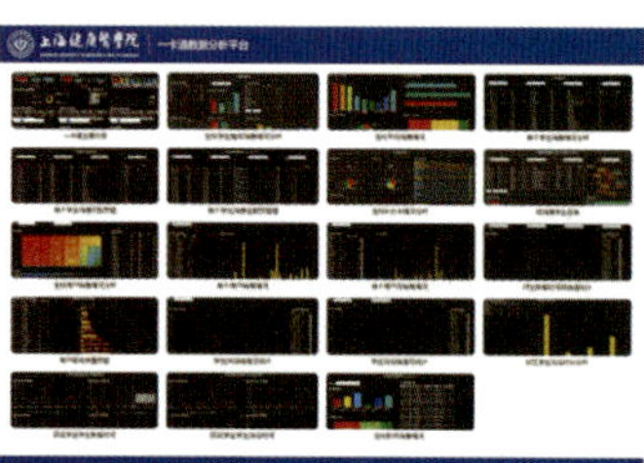

智慧校园建设

上海健康医学院以国家、市教委信息化规划为指导，围绕学校“十三五”事业发展规划、“十三五”信息化建设规划，依托智慧校园建设思路与方案，以“质量”为核心，以校园支撑体系为建设重点，以服务师生为根本，落实规划的顶层设计和实际需求抓协同、落实制度和工作流程抓规范、落实项目抓执行，持续推进系统融合、数据统一和移动应用建设，并将上海健康医学院附属卫校的信息化建设工作纳入学校一体化管理和统筹建设的范畴，实现信息互联和协作，加强智慧校园的基础保障建设，切实提升面向师生的个性化服务质量。

学校于2017年建成并启用模块化数据中心核心机房，采用敏捷网络解决方案、CSS网络虚拟化技术，实现了三校区多核心设备横向虚拟化，三校区多核心设备之间通过40G光纤链路直连。学校利用大数据开放交换中心，在数据标准统一规划的基础上，实现部门学院、教职工、学生等基础数据的接入和应用系统的数据同步，完成用户角色管理的功能设计，启动统一管理。

2018年，学校完成了“全球漫游eduroam”无线上网认证工作，完成无线访客管理系统并上线，实现校内WiFi统一认证、统一SSID、跨校认证、国际认证；完成了IPv6地址部署，完成“E办事”大厅升级，上线100多个移动端智慧应用。新增完成智慧门户中108项“E办事”业务，新上线5个业务系统，增加校园无线覆盖密度。落实校校合作共建模式，积极落实校方的知识产权，新增专利获批3项。

2018年度学校迎新工作中，启用了“刷脸报到”，简化新生注册报到流程，启用微信企业号的“移动迎新”应用；发布了2018新生大数据，迎新当天还设置了“一屏知晓”，报到现场实时动态地了解和掌握新生报到、住宿等各类数据。在2018年毕业生离校手续办理过程中，师生可通过扫描二维码轻松办理各类相关手续，实现离校办理的网络化、自动化和无纸化；使业务办理便捷化、个性化服务强、数据定位精准度高。

学校不断完善优化信息化管理相关制度，探索项目管理长效机制建设，统筹规划学校的信息化资源管理。积极落实上级部门有关网络安全工作会议和文件的要求，强化网络安全管理，完善网络安全管理制度，优化网络突发事件应急处理流程。落实各二级部门网络安全责任制，明确“谁运行谁负责、谁管理谁负责、谁使用谁负责”的原则，签订网络安全责任承诺书。

学校每年定期开展网络信息服务月活动，向师生推广校园智慧应用，推送网络安全信息、提供技术服务、开展专项学习讲座，提高全校师生信息化素养和网络安全意识，不断提升校园信息化技术服务的专业化、规范化水平。

学校秉承信息技术与教育教学实践深度融合的核心理念，依托智慧校园建设平台，把应用驱动作为推进教育教学信息化的基本方针，在教学过程中，学校的教学、实践模式进行了教育信息化创新探索，全面运用现代化信息技术，促进教育教学改革，适应信息化时代的教育新要求。

上海市防伪技术产品测评中心

上海市防伪技术产品测评中心（以下简称“中心”）成立于2004年，属全额拨款事业单位，直属于上海市科学技术委员会。中心下设办公室、质量管理部、测评室、市场部4个内设机构，拥有一支专业技术能力雄厚的检测和鉴定队伍。中心租赁办公及实验用房面积共2000平方米，配备国际知名品牌的检测和鉴定仪器。

中心坚持以“诚实守信、科学严谨、公正准确、优质高效、持续改进”为质量方针。作为一家专门从事防伪技术产品检测与评估的第三方独立检测鉴定机构，中心从事防伪技术产品的检测与评估以及相关技术培训与咨询服务。中心坚持司法鉴定客观、独立和公正的原则，为司法诉讼提供司法鉴定服务。中心的司法鉴定业务范围涉及仲裁委员会、市场监督管理局、上海区县法院以及苏、浙、皖地区所辖50余家法院。

上海化学工业经济技术开发区

Shanghai Chemical Industry—The National Economical and Technological Development Zone

上海化学工业区地处杭州湾北岸，横跨金山、奉贤两区，规划面积29.4平方公里。2018年实现销售收入1368.07亿元，同比增长3.7%；完成工业总产值1338.20亿元，同比增长5.3%。实现利润总额271.31亿元，同比增长4.0%；累计上缴税金167.62亿元，同比增长33.5%。工业总产值在全市石油化工和精细化工行业总产值中的占比达到33.40%，继续保持高位；主要能源消耗总量指标及单耗指标较上一年度均明显下降，万元产值能耗创下园区建园来新低，为全市工业节能降耗作出突出贡献。

自1996年8月批准设立以来，上海化工区学习借鉴国际先进园区，创造性地践行“产品项目、公用辅助、物流传输、生态保护、管理服务”五个一体化的开发理念，经过20年发展，已成为基础设施完备、公用配套齐全、管理服务便捷的现代化石化基地，成为集聚国际知名跨国企业最多、产业能级和产品关联度最高、资源循环利用水平最先进的国家级经济技术开发区之一，是国家首批新型工业化示范基地、国家生态工业示范园区、全国循环经济先进单位。

目前，德国巴斯夫、美国亨斯迈、日本三井等世界著名跨国化工公司，荷兰孚宝、法国液化空气集团、苏伊士集团、美国普莱克斯等世界著名公用工程公司和中石化、上海石化、高桥石化、华谊集团等国内大型骨干企业，成为上海化工区的投资主体。

“十三五”期间，上海化工区将坚持“立足上海、放眼全球”的战略定位，按照“做强化工产业、做实安全环保、做优营商环境、做精管理服务、做深产城融合”的发展要求，以智慧园区建设为突破口、科创中心建设为抓手，力争实现上海化学工业区“从大到强、从强到优、从优到精”的迭代升级，将园区建成产品技术高端、安全环保先进、智能高效显著，具有国际竞争力的世界级石化产业基地和循环经济示范基地，努力成为环境友好的排头兵、绿色发展的先行者。

浦发银行
小微金融业务

小微企业是国民经济的生力军，在支持经济增长、缓解就业压力、改善经济结构上发挥着重要作用。早在建行之初，浦发银行就高度重视小微金融服务，将支持小微企业发展定位成一项长期的战略性事业。

2005年6月，浦发银行设立中小客户部专司中小微金融业务，2009年9月，经过中国银监会批准，浦发银行“中小企业业务经营中心”挂牌成立，该机构是上海市场上最早设立的中小企业专营机构之一，实现了浦发银行中小企业业务管理的专业化和独立化；2012年12月浦发银行再次明确将中小微业务作为全行五大重点战略突破领域之一；2014年2月，浦发银行在战略上更加专注于小微金融服务，建立小企业金融服务中心，明确以小微企业和个人经营者为浦发银行小微金融的重点服务对象，体现了支持小微，真正服务实体经济的决心和力度。

金融服务创新方面，秉承“笃守诚信、创造卓越”的经营理念，浦发银行积极探索金融创新，以专营机构为载体，以解决中小企业融资难问题为宗旨，积极打造“科技金融”品牌，奠定了浦发银行在科技型中小企业领域的领先地位；2012年初，浦发银行再推创举，针对小微企业推出“五宝一厂”体系，包括“投贷宝”“银元宝”“银通宝”“银链宝”“微小宝”五大专属系列产品及信贷工厂专门业务系统；2014年机构整合后，浦发银行在原有开发模式的基础上，进一步创新升级，结合电商金融互联网融资的发展趋势，全新推出“银商宝”“银链宝”“银元宝”三类实体批量开发方案，以及"电商通”和“网贷通”两类线上批量平台，形成了具有浦发小；微特色的“三宝两通”批量开发模式。在搭建批量模式的基础上，浦发银行小微特色产品持续丰富：对于高成长型小微客户，建立“千人千户”培育计划，提供定制化金融服务；对于一般小微客户，则通过“4+1”小微金融特色产品体系提供标准化金融服务，更贴合小微企业以及企业主的经营特点和实际需求。

2013年10月为应对小企业持有小额票据难以贴现的困境，在上海市促进中小企业发展协调办公室（以下简称“中小办”）的牵头指导下，浦发银行与中小办合作设立“上海市小额票据贴现中心”，并形成了“贴现金额全受理、承兑银行全覆盖，服务网点全配套，金融服务全流程”的“四全”模式。其中尤为突出的两点：“承兑银行全覆盖”，指小票贴现可受理的承兑银行覆盖了全国所有银行；“金融服务全流程”指浦发银行对于申请贴现的小微企业，配套浦发银行特有的“千人千户”小微成长客户培育计划，为企业及企业主个人提供包括贷款融资，往来结算，资金理财增值服务等全面全程的一揽子金融服务。

浦发银行小微金融-贯秉持“积小善而臻大成”的经营理念，积极探索小微金融创新。未来浦发银行将结合移动金融的领先优势和互联网融资的发展趋势，继续保持对小微金融的全心投入，时刻活跃在服务小微实体经济的第一线。

新思维 心服务

客户服务热线 95528
spdb.com.cn

上海市智能网联汽车创新中心
（上海淞泓智能汽车科技有限公司）

上海淞泓智能汽车科技有限公司是中国首个国家级智能网联汽车试点示范区（以下简称“示范区”）的运营管理单位，也是上海市经济和信息化委员会授牌的第一家制造业创新中心——智能网联汽车创新中心的承担实体。

业务介绍

2017年示范区提出“昆仑计划”，面向智能网联汽车产业，打造全世界技术先进且功能完善的测试工具链和评价方法体系，涵盖中国典型道路环境全息驾驶场景库、整车硬件在环实验室、封闭测试区、开放道路测试环境、V2X实验室、智能网联汽车云控基础平台等若干功能平台。

检测认证

封闭测试区能够提供上百种智能类测试与50余种网联类测试，并可组合成多种自定义场景，支持场景柔性化设计，满足自动驾驶在正常驾驶工况下的行为能力测试、危险工况下的避撞能力测试及退出机制和应对能力测试三方面的测试需求，并于2019年展开沃尔沃、宝马、特斯拉、奥迪、凯迪拉克等先进车型的ADAS系统的深度评测工作。

数据服务

示范区是国内较早提出、并启动中国典型道路环境全息驾驶场景库构建的第三方机构，所建场景库是一个面向全行业的场景数据库及其测试评价理论体系。形成了以V2X网联通信场景数据、交通事故场景数据、场地测试场景数据和自然驾驶场景数据等为主要来源的场景数据库。

建设方案

依托已有的技术设计与建设经验，提供全面、科学可行的智能网联汽车及相关项目建设的技术设计方案与实施服务。基于封闭测试区和开放测试道路的建设运营管理经验，整合相关的设备和技术资源，提供全面的设计和建设方案，已为多地区的智能网联示范项目建设提供技术输出。

产业融合

UIC产业联盟会员单位已达到200多家，为会员提供：
- 业务对接服务（含国际交流合作）
- 产品及资源商务开发服务
- 行业从业人员社群服务
- 面向行业高技能人才、管理层的培训服务

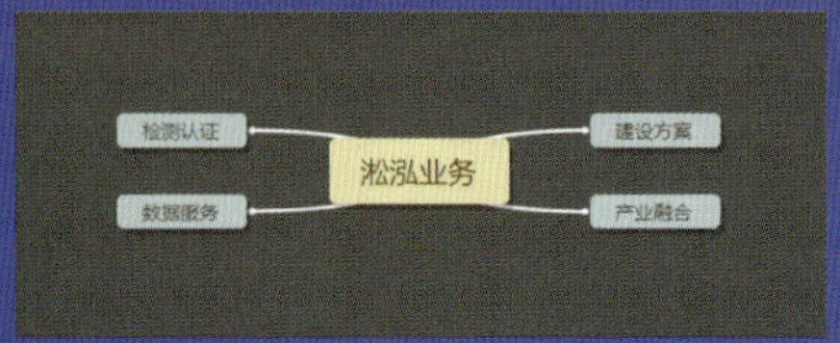

海南博鳌东屿智能网络示范区

上海闵行客运服务有限公司

荣获“2018年闵行区区长质量奖”金奖的上海闵行客运服务有限公司（以下简称“闵客运”），系闵行区属全资国有企业，主要承担闵行区370平方公里区域内公交服务的主体运营。

新时代的闵客运公交人是追梦人！春夏秋冬、日复一日；披星戴月、风雨无阻；全年无休、一路驰骋；用心服务、创造感动。平凡职责的背后，凝聚着令人心动的价值。用辛勤的劳动，编织城市文明和谐的流动风景线。

近年来，闵客运经营逐年发展，业绩不断刷新，2017年在上海市公交行业指标考核排名中荣获“一区一骨干”企业综合排名第一、上海较小规模公交企业（区级）乘客满意度第一、交通部运输企业安全生产标准化达标（二级）企业、上海市公交行业世博安全运营服务立功竞赛优秀企业、守合同重信用企业、五星级诚信创建企业、规范服务示范线路创建优胜单位、四星级交通安全资信企业等荣誉；多条线路连年评被为上海公交品牌线路、上海工人先锋号、公交文明枢纽站（东川路枢纽站）；荣获闵行区行风建设一、二、三等奖及优胜线路、志愿服务先进集体等荣誉称号；2011年至今荣获三届“上海市文明单位”称号。

【使命】让粉红巴士成为闵行区市民安全、便捷、舒适的出行伙伴

【愿景】示范委托管理模式，不断追求绩效卓越，努力成为上海市国有公交企业的“排头兵”

【核心价值观】员工以乘客为本、管理以一线为本、公司以员工为本

地址：上海市闵行区放鹤路11号　　邮编：200241
电话：021-34023227　　传真：021-34023227
网址：http://www.shmhky.com/　　微信公众号：minhangkeyun

新炬网络董事兼总经理 李灏江

新炬网络 是一家以提供IT数据中心第三方运维服务及运维产品为主营业务的IT系统软件服务商。新炬网络深耕企业级市场，立足总部所在地上海，并先后在广州、杭州和北京三地设立区域运营中心，在全国十余个主要城市设立了分支机构，建立了完善的营销服务网络，拥有强大的研发力量和技术服务专家团队。新炬网络自主研发了智慧运维管理平台（SIOPS）、数据库性能管理平台（DPM）、SQL审核管理平台、大数据日志分析管理平台（IVORY）、数据治理及资产管理平台（DAMS）、敏捷开发与持续交付管理平台（GDEVOPS）等产品，为电信、金融、交通、政府等行业客户提供“服务+产品”模式的综合解决方案。

李灏江

新炬网络连续多年参与行业技术峰会，发表运维和数据领域研究成果及实践经验

SHSNC.COM

中国电信
CHINA TELECOM

天添盈系列
浦e保
基金定投
因投入
浦 发 银
#让每一份
普发/活期宝

2019上海信息化年鉴

《上海信息化年鉴》编纂委员会◎编

SHANGHAI INFORMATIZATION

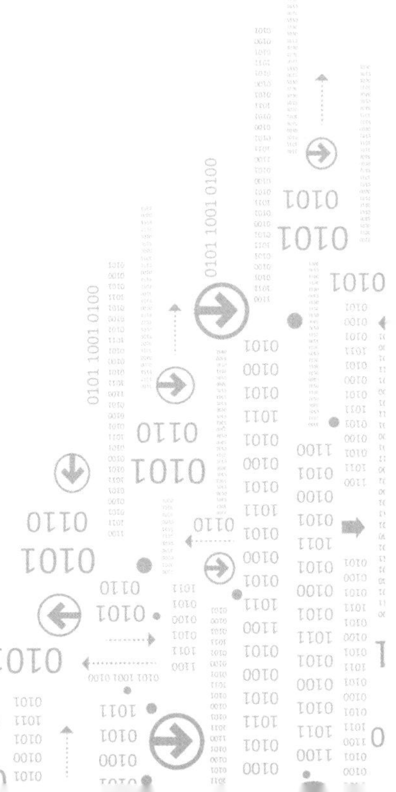

上海人民出版社